"과정 기반 인지행동치료는 인지행동치료 분야에서의 하나의 중요한 진전이다. 진단을 초월하여 인간의 건강한 성장 및 발달과 관련된 과정을 어떻게 표적으로 삼을지 감탄스러울 정도로 잘 설명하고 있다. DSM에 기초한 효과성 연구는 특히 공존질환이 있을 때 종종 심각한 한계를 드러낸다. 학생, 임상가, 교육자, 그리고 연구자들은 이 책에 제시된 핵심 과정을 학습함으로써 자신이 질적으로 풍성해지는 경험을 하게 될 것이다."

- 주디스 벡 Judith S. Beck, 심리학 박사, 벡 인지행동치료 연구소 소장, 펜실베이니아 대학교 정신건강의학과 심리학과 임상 교수

"정부와 보건정책 입안자 그리고 전 세계 수만 명의 심리치료자는 효과가 있다는 이유로 인지행동치료를 강력히 추천하지만, 아쉽게도 인지행동치료가 항상 작동하는 것도 아니고 또 작동한다고 하더라도 종종 우리가 모두 원하는 만큼 효과적이지 않다. 세계 최고의 이론가이자 임상 과학자인 스티븐 헤이즈와 스테판 호프만은 이 놀라운 저서에서 미래 지향적 인지행동치료라면 (그들이 과정 모델이라 부르는) 초진단적 핵심 정신병리 과정과 핵심 행동 개입에 초점을 맞추어야 한다는 강력한 논거를 제시한다. 이것은 명백히 우리가 맞이하게 될 과학과 전문성의 미래이다."

- 데이비드 발로 David H. Barlow, 심리학박사, 미국 전문심리학 이사회, 보스턴대학교 심리학과 및 정신건강의학과 명예교수, 동 대학교 불안 및 관련 장애 센터 설립자 겸 명예소장

"나는 교육자, 연구자, 또 임상의로서 과정 기반 인지행동치료가 매우 필요한 것이고 자극을 주는 자원임을 알게 되었다. 과학은 우리가 어떤 치료법이 효과가 있는지 결정하는 데 도움을 제공해 왔다. 이제는 이러한 치료법이 어떻게 작동하는지, 또 왜 작동하는지와 관련된 복잡성을 정확히 이해해야 할 시기가 왔다. 임상 심리학계의 선두주자 스티븐 헤이즈와 스테판 호프만에 의해 편집된 이 책은 인지행동치료에 관한 새로운 비전을 제시한다. 새로운 진단법, 공식화, 평가, 설계, 분석을 위한 방법론 개발에 박차를 가하면서, 회기 내 작업과 절차를 통해 그 밑바탕에 있는 과정들을 훌륭하게 연결한다. 단기적으로는 이러한 아이디어가 수련 커리큘럼과 연구에 중요한 정보를 제공할 것이다. 장기적으로는 한 세대의 실무자에게 영향을 미칠 것이다. 인지행동치료를 배우고, 연습하거나 연구하는 모든 사람에게 이 책을 강력히 추천한다."

- 니콜라오스 카잔치스 Nikolaos Kazantzis, 심리학박사, 호주 멜버른 모내시대학교 임상심리학 프로그램 책임자 및 인지행동치료 연구부 책임자

"이 책은 핵심 치료 과정에 대한 우리의 관심을 강력히 촉구하는 최첨단 저서이다. 주제의

폭과 깊이에서 인상적일 뿐 아니라 역사적, 철학적 함의에도 민감성을 유지한다. 과정 기반 인지행동치료는 세계 유수 전문가들의 지식과 결합하여, 다가올 가까운 미래의 심리치료 실습과 훈련의 발전 방향에 커다란 영향을 미치게 될 것이다."

– 앤드류 글로스터 Andrew Gloster, 스위스 바젤대학교 임상심리 및 중재과학 부서장

"인지행동치료의 모든 필수 기술을 갖춘 전문가들이 내담자를 도울 수 있는 최선의 준비가 된 상태로 방을 가득 메우고 있다고 상상해보라. 이 책을 구매하면 바로 그렇게 된다. 이 책은 표준 인지행동치료를 마음챙김과 수용기반의 접근 방식과 통합하려고 애쓰고 있는 인지행동 치료자에게 제공되는 뛰어난 도구 상자이다."

– 재클린 퍼슨스 Jacqueline B. Persons, 심리학 박사, 캘리포니아주 오클랜드, 캘리포니아대학교 버클리 인지행동치료 및 과학센터

"심리치료의 미래를 향한 새로운 지평을 열다! 이 책은 현재의 인지행동치료 수준을 넘어 철학적 맥락까지 아우르는 보다 광범위한 시야를 열어준다. 또한 서로 다른 계열의 정신치료들(전통 인지행동치료, 수용전념치료 및 마음챙김 기반 인지치료)을 통합한다. 이 책은 환자의 특정 문제에 대한 특정 개입 선택 방법을 개선하고 개별 맞춤화를 통해 치료 기술을 향상하려는 사람뿐만 아니라, 심리치료 분야가 새로운 차원으로 발전하고 체계적인 심리 개입의 방향으로 나아가길 진심으로 원하는 심리치료 연구자에게 필수품이 될 것이다."

– 윈프리드 리프 Winfried Rief, 심리학 박사, 유럽 임상심리 및 심리치료협회 (EACLIPT) 이사회 멤버

"이 주목할 만한 책의 출간은 매우 시의적절하다. 내가 아는 한 '인지 및 행동 심리학 박사 교육을 위한 조직 간 특별위원회'가 제시하는 수련 표준과 임상 역량을 한 곳에서 다루는 첫 번째 책이기에, 박사 수준의 인지행동 수련 프로그램에 핵심 교과서가 될 가능성이 높다. 더욱이 인지행동치료를 구성하는 인식론, 이론, 기본 원리와 핵심 과정을 한 분야로 설명하는 것은 인지행동치료와 경험에 기반을 둔 치료 운동이 단순히 증후군과 개입을 짝짓는 방식에서 실증적으로 지지를 받는 이론과 맥락 분석에 근거한 임상 개입을 선택하고 특화하는 방식으로의 진화를 촉진할 것이다."

– 마이클 도우어 Michael J. Dougher, 심리학 박사, 뉴멕시코대학교

"오늘날 임상 심리치료자와 연구자에게 가장 어려운 과제는 어떻게 가용한 치료 전략과 평가 도구를 선택하여 근거 기반 심리치료 과정을 개별 맞춤화할 것이다. 나는 이러한 과제

를 해결하는 데 있어 저명한 두 명의 전문가, 스티븐 헤이즈와 스테판 호프만에 의해 발간된 이 눈부신 책보다 더 나은 자원을 상상할 수 없다. 다양한 주제들을 풍성하게 수집함으로써 행동, 인지, 정서, 동기, 대인관계뿐만 아니라 심리치료 안에서 수용과 마음챙김 전통을 통합한다. 이는 중요한 진전이며 근거 기반 심리치료의 미래를 위한 새로운 표준이다. 심리치료에 관심이 있는 사람이라면 누구나 이 책이 포괄적이고 재미있게 읽을 수 있음을 발견하게 될 것이다. 이 책은 임상 훈련용으로 사용될 수 있을 뿐 아니라 실제 임상에도 탁월한 자산을 제공한다."

- 볼프강 루츠 Wolfgang Lutz, 심리학 박사, 독일 트리에대학교 심리학과

"임상의가 임상 개입을 할 때 과학 기반의 접근 방식을 따르는 데 실패하면 내담자는 최적에 미달되는 서비스를 받을 위험에 처하게 된다. 헤이즈와 호프만의 이 책은 다양한 치료 모델과 증후군에 걸쳐 적용할 수 있는 개입 역량과 전략을 통합하는 근거 기반의 핵심 원리, 실천, 과정에 관해 포괄적인 개관을 제시한다."

- 스테판 하이네스Stephen N. Haynes, 마노아 하와이대학 심리학 명예 교수, 미국 심리 학회 저널 '심리 평가 Psychological Assessment' 편집자

"인지행동치료의 '인지'와 '행동' 중 어느 쪽이 더 중요한지, 수용 기반과 변화 기반 개입법의 차이가 무엇인지, 공통적 혹은 비특이적 심리치료 요인과 비교하여 특정 인지행동치료 매뉴얼의 구별점이 무엇인지에 관해 어느 하나를 강조한 책들이 너무 많다. 헤이즈, 호프만과 그들의 동료들은 완전히 다른 접근법을 취한다. 그들은 잘못된 이분법과 불필요한 단순화로 인지행동치료를 풍자화하는 것을 멀리하고, 인지치료와 행동 치료의 기저에 있는 경험적으로 지지 받는 많은 변화 과정을 받아들임으로써 이 분야를 한 단계 앞으로 나아가게 한다. 임상의에게 분명하고 실용적임이 드러나고 있다. 어제의 인지행동치료가 오늘날 성장하는 다양한 현대 인지행동치료 패밀리에 의해 대체되고 있다."

- 재커리 로젠탈 M. Zachary Rosenthal, 심리학 박사, 듀크대학교 인지행동 연구 및 치료 프로그램 부교수, 부의장, 임상 책임자, 임상 심리학 펠로우십 프로그램 책임자, 정신건강의학 및 행동과학, 심리학과 및 신경과학 내 미소포니아(청각과민증)와 감정 조절 프로그램 책임자

과정 기반 인지행동치료

심리치료는 어떻게 작동하는가

PROCESS BASED CBT

저자 스티븐 헤이즈 Steven C. Hayes, PhD • 스테판 호프만 Stefan G. Hofmann, PhD
역자 곽욱환 · 이강욱 · 조철래

과정 기반 인지행동치료

저자_ 스티븐 헤이즈 / 스테판 호프만
역자_ 곽욱환 / 이강욱 / 조철래

초판 1쇄 인쇄_ 2019. 09. 02.
초판 1쇄 발행_ 2019. 09. 12.

발행처_ 삶과지식
발행인_ 김미화
편집_ 박시우(Siwoo Park)
디자인_ 다인디자인(E.S. Park)

등록번호_ 제2010-000048호
등록일자_ 2010-08-23

서울시 강서구 강서대로47길 108
전화_ 02-2667-7447
이메일_ dove0723@naver.com

ISBN 979-11-85324-47-0 03180

이 도서의 국립중앙도서관 출판예정도서목록(CIP)은 서지정보유통지원시스템 홈페이지(http://seoji.nl.go.kr)와 국가자료공동목록시스템(http://www.nl.go.kr/kolisnet)에서 이용하실 수 있습니다.
(CIP제어번호: CIP2019034473)

목차

2부

3부

◐ 일러두기

- ***용어**는* 기존에 있는 것이면 이를 되도록 존중하고자 했고, 여러 가지로 번역된 것이면 최대한 문맥에 맞는 용어를 선택하고자 했다.

- ***역주**는* 두 가지로 나누었는데 문장 이해에 도움이 되는 것은 문장 끝에 괄호로 설명했고, 참고할 내용이면 각주에 넣었다.

- ***각주**는* 후원처를 알리는 문구와 특별히 저자 주라고 표시한 경우가 아니면 모두 역주이다.

- ***urge**는* 욕구need도 아니고 충동impulse도 아니다. 급하게 어떤 행위를 하게 만드는 느낌이라는 의미로 '촉박감'이라는 단어를 만들었다.

역자서문

심리치료, 어떻게 하면 내담자를 효율적으로 도울 수 있는가?

심리치료, 어떻게 하면 오히려 해로움을 끼치게 되는가?

• • • • •

심리치료에 첫발을 내디딜 때 역자 자신들에게 던지던 질문이었다. 역자들은 그동안 기존 모임에 참가하거나 혹은 새롭게 모임을 조직하여 공부를 이어가면서 역동정신치료, 인지행동치료, 수용전념치료로 대표되는 3동향 행동치료 등 많은 심리치료와 만날 수 있었다. 이런 긴 여정에서 최근 이 책을 접하게 되었을 때 마치 여행을 하다 뜻하지 않은 곳에서 어느 멋진 풍광을 접하며 느끼게 되는 감격을 맛보았다. 찬찬히 책 내용을 들여다보고서는 역자들이 초심자 시절 가졌던 질문에 매우 근접한 해답을 제시하고 있다는 것을 발견할 수 있었다. 그 답은 다시 다음의 질문으로 수렴된다.

심리치료는 어떻게 작동하는가?

'과정 기반 인지행동치료'는 심리치료의 미래 방향을 제시하려는 하나의 프로젝트이다. 이것은 많고 많은 심리치료법에 이름만 다르게 붙인 또 하나의 치료법을 추가하려는 시도가 결코 아니다. 오히려 과학과 임상개입에서 철학, 이론적 원리와 토대, 심리치료 핵심과정과 핵심 치료역량들이 통합적으로 함께 움직이게 함으로써 심리치료에서도 과학적 진보를 이루어 보자는 일종의 야심찬 제안이다. 저자들은 이 책을 통해 그동안 차곡차곡 쌓여 있던 과학 지식을 이제는 저장고에서 꺼내 임상현장으로 이동시키고 현장의 피드백은 다시 이론을 발전시키는 선순환을 이루는 새로운 시대가 활짝 열리기를 바라고 있다. 어쩌면 이 책은 그동안 여기 저기 괜찮은 치료법을 찾아다니다 지쳐 버린 치료자가 있다면 그런 분들을 위한 처방전이라 할 수 있겠다.

심리치료에 관심이 많은 주변 사람들과 이야기를 나누다 보면 크게 두 가지 종류의 시도를 발견하게 된다. 하나는 자신의 주된 치료법을 굳이 정하지 않고 다양한 근거기반 치료법을 두루 섭렵하려는 시도이고, 다른 하나는 자신의 치료 정향을 확고하게 정한 다음 이것을 조금씩 확대하려는 시도이다. 첫 번째라면 여러 치료법에서 말하는 기법들이 이름만 다르지 결국 그게 그것으로 느껴지는 경험에 부딪히게 될 것이고, 반대로 두 번째라면 비슷한 용어라 해도 그 용어를 정의하는 철학 기반이나 개념이 치료법마다 달라 더 확장할 수 없는 난관을 경험할 것이다(그런데도 자신의 치료법을 고수하면서 무한히 확장할 수 있다고 믿는다면 이는 전혀 과학적이지 않은 태도이다).

이 책의 좀 더 구체적인 내용은 그동안 행동치료, 인지치료, 수용과 마음챙김 기반 치료라 불리던 심리치료에서 변화과정에 기반을 둔 공통 치료 요인을 찾으려는 시도에 관한 것이다. 하지만 이 책이 여러 치료법의 단순한 요약본이 아닌 이유가 있다. 치료 요인을 치료 원리나 변화과정에서 분리하여 흔해 빠진 기법중 하나로 격하시키는 우를 범하지 않으면서도, 마치 하나의 완결된 요인인 것처럼 침범할 수 없는 영역으로 남겨두지도 않았다. 그러면서도 치료의 효과는 어디서 나오는지를 끈질기게 추적한다. 거기에는 성역도 없고 금기도 없다.

이 책은 스스로 이상한 커플이라 칭하는 호프만과 헤이즈, 더 구체적으로는 정통 인지행동치료 전통과 3동향이라 불리는 행동치료 전통의 두 대가가 만나 100년이 넘는 역사를 가진 행동주의 심리학을 현시대 맥락과 과학적 세계관을 기반으로 재구성한 책이다. 내용을 살펴보면 알겠지만, 두 사람은 평소 서로 치열하게 다투던 두 진영의 저자들을 한곳에 모아 하나의 협력 작품이 탄생할 수 있도록 조율하는 역할을 했다.

마침 한창 번역작업이 마무리되어 가던 2019년 7월의 어느 날, 역자 한 명이 베를린에서 개최되었던 세계인지행동치료학회에서 이 책과 같은 이름으로 진행되었던 1일 워크숍에 참여한 적이 있다. 호프만과 헤이즈는 과정 기반 인지행동치료의 핵심 철학과 이론 소개, 간단한 조별 실습, 이어지는 워크숍 참여자 상담 시연의 전 과정을 공동으로 진행하였는데, 각자 자신의 심리치료 전통에 대한 확신을 양보하지 않는 모습을 보였지만, 내담자에게 치료 작용이 있다면 어떤 절차든 논의 테이블에 올려놓고 무엇이 효과를 가지는지 고민하겠다는 기본 전제를 몇 번이고 강조하는 모습이 무척 인상적이었다.

이 책 전반을 아우르는 두 가지 키워드가 있다. 하나는 과학철학이고 다른 하나는 의료윤리이다. 사실 이 둘은 서로 긴밀하게 연결되어 있다. 역자들은 한국의 정규 의학교육을 받은 의사임과 동시에 앞에서 밝힌 것처럼 심리치료의 효율성과 윤리성에 관한 물음에 해답을 찾아온 사람들이다. 그러다 보니 자연스럽게 갖게 되는 또 다른 질문은 "심리치료 작업이 과학 원리를 따라야 하는데, 그럼 심리치료가 과연 과학일 수 있을까?" 하는 것이었다. 그간 역자들은 이 질문에 속 시원하게 답해 주는 선배나 동료를 만난 적이 없는 것 같다. "심리학은 과학이기 힘들다."는 얘기를 들었고 심지어 "심리치료가 왜 과학이어야 하는가?"라는 역질문도 받았다. (아마도 이분들은 자신의 치료 행위를 과학으로 가두면 제한될 수밖에 없는 예술이라고 보는 것 같다.)

과학 지식이 임상에 적용되기에 거리가 너무 멀었던 시대에는 그럴듯한 주장이지만, 지금은 임상과 과학의 간격이 우리가 알고 있는 것보다 훨씬 가까워졌다. 수많은 과학 정보와 접촉하다 보면 우리가 행하는 심리치료가 과학 지식의 양적, 질적 발전 속도에 압도당할 것 같은 시대에 놓여 있음을 쉽게 깨닫게 된다. 이 책의 2장 '임상 심리학에 적용하는 과학 철학'과 3장 '임상에서의 과학'에서 심리학이 과학이 되려면 어떤 모습을 갖추어야 할지 기본 개념을 안내하고 있고 이후 개별 장들에서도 이 원리를 참조할 것을 권고하고 있다.

의료윤리란 선서만 하고 서랍장에 넣어둘 게 아니라 진료 현장에서 우리를 찾아오는 내담자에게 우리가 할 수 있는 최선의 서비스를 제공하려는 노력이다. 이와 궤를 같이하여 의학계 일반에서는 이미 1980년대 후반부터 "근거 기반 실천evidence based practice"이라는 조류가 밀어닥쳤고, 정신의학에서는 이것이 "증후군별 프로토콜 접근syndromal protocol approach"이라는 형태로 결말이 났다.

하지만 이러한 접근법이 심리학에서 갖는 태생적인 문제점이 있다. 정신의학 영역에서 진단은 기저에 있는 병리를 특정하지 못하므로 수많은 공존 진단을 남발할 수밖에 없다. 자연히 치료 프로토콜 안의 기법들이 중첩되고 어떤 기법이 어떤 병리를 특정하여 치료할 수 있는지에 대한 확증이 없다. 이런 상황에서 진단기준(DSM, ICD)에 따라 대상군을 모집한 후, 임의의 치료 기법을 모아 프로토콜을 만들고 이를 마치 약물 효능에 대해 대조군 실험하듯 효과성을 검증하는 과정이 심리학에서 근거 기반을 확보하는 통상적인 방법이다. 여기서 살아남은 프로토콜에는 기득권이 주어지고 급기야 얼마나 이것에 충실했느냐를 기준으로 인증절차를 설정하여 치료자를 줄 세우는 것이 작금의 현실이다.

이 책에서 제시하는 과정 기반 접근이 이런 문제에 대한 해결책이 될 수 있다. 어떤 치료법이 기존 치료법보다 낫다는 것을 증명하기 위해 프로토콜을 표준화하고, 대조군과 비교하여 그 효과성을 검증하고, 보급된 후에는 현장 목소리를 담기 위해 수정을 거치고, 프로토콜 효과성을 보증하기 위해 자격증을 만들고 하는 동안 많은 시간이 흘러간다. 게다가 무엇보다 중요한 것은 프로토콜대로 아파주는 내담자가 그리 많지 않다는 점이다. 우리를 믿고 찾아오는 내담자를 앞에 두고 우리 자신의 예감이나 직관에 의존할지, 아니면 프로토콜을 고수할지 매번 갈림길에 서게 된다. 이 순간 과학이 임상을 지지할 여지는 좁아진다.

과정 기반 접근에서는 치료 효과가 있는 과정에 바로 집중하면 이들 중 많은 단계를 생략하거나 재구성할 수 있고 시의적절하게 내담자를 도울 수 있다고 본다. 저자들은 이것이야말로 바로 진료 현장에 과학의 숨결을 불어넣는 것임과 동시에 실천적인 의료윤리라는 주장을 펼친다. 이 책은 그 첫 번째 과학적 시도이다. 이러한 시도를 위해 1부에서는 인지행동치료의 역사, 과학철학, 윤리학, 변화하는 임상의 역할이라는 주제를 다루며, 이후 2부와 3부에서는 18개 핵심 임상 역량[1]과 그 기반이 되는 원리, 영역, 분야를 언급하고 있다.

이제까지 '근거 기반'이라는 용어조차 제대로 정립하기에 너무나 열악한 국내 현실에서 이런 얘기들이 멀게 느껴질 수 있을 것 같음에도 불구하고, 두 가지 과제를 동시에 이루어나가야 하지 않을까 조심스럽게 기대해 본다. 기존 프로토콜은 그것대로 내재화하는 동시에, 이 책 내용처럼 과학을 임상현장에 접목하는 그다음 단계를 준비해야 할 것이다. 그동안 서로 다른 전통에 있는 치료자들 사이에서 당신은 당신대로 나는 나

1) 이 책 서론에 인지 및 행동 심리학 박사교육을 위한 조직간 특별 전문 위원회에서 17개 핵심역량을 제시하였음(2012)을 참조하였다고 언급되어 있으나 이 책 본문에서는 18개 핵심역량을 제시하고 있다. 역자들의 추적 결과 고통감내(distress tolerance)가 대처하기와 감정조절 영역에 포함되어 있고, 문제 해결, 마음챙김 실습 영역이 새로이 포함된 것으로 보인다.

대로 최선을 다하다 보면 어디선가 만나지 않겠느냐는 식의 ‘장님 코끼리 비유’에 의지하여 안위하기에는 심리치료나 기초과학의 발전 속도가 너무 빠른 것 같다.

이 책의 끝맺음 말을 이곳에서 미리 언급하면서 저자들의 집필 의도를 다시 한번 강조하고자 한다. “심리치료 분야에서 많은 사람들이 해답이 필요하여 찾고 있다. 그들에게 답을 제공하는 것은 우리에게 달려있다. 우리는 이 책이 우리가 어디 있는지에 관한 스냅사진뿐 아니라 우리가 어디로 가야 할지 방향을 밝혀주는 등불이 되기 바란다.”

마지막으로 번역 과정에 관심과 제언을 아끼지 않은, 역자들의 든든한 동반자인 ‘맥락적 행동과학 연구회’ 모든 회원분께 감사를 전한다. 그리고 부족한 지식을 나누는 우리들의 활동에 열심히 참여해 주신 많은 분께도 고마움을 전한다.

이 책을 번역할 수 있었던 행운에 감사하지만, 이 책 한 줄 한 줄이 위대한 연구와 논쟁의 산물이기에 과연 역자들이 제대로 번역해 낸 것인지 걱정이 앞선다. 부족한 부분이 많겠지만 이는 모두 역자들 역량의 한계이고 앞으로 역자들이 메꾸어야 할 짐이라 받아들이며, 심리치료 발전에 관심이 많은 독자들께 넓은 아량을 부탁드린다.

2019년 8월
곽욱환, 이강욱, 조철래

서론

스티븐 헤이즈 Steven C. Hayes, PhD • 네바다대학 리노 심리학부

스테판 호프만 Stefan G. Hofmann, PhD • 보스턴대학 심리학 및 뇌 과학부

• • • • •

이 책의 목표는 인지행동치료의 세 가지 접근, 즉 행동, 인지, 수용과 마음챙김 영역을 존중하면서 그것의 핵심 과정을 제시하는 것이다(역주, 각각은 1 동향, 2 동향, 3 동향을 가리킨다). 또 이 책은 그 범위뿐 아니라 각 영역과 전통을 진정으로 이해하고 공통 목적을 위한 토대를 마련하려 한다는 점에서 독특하다.

우리는 이 교과서를 인지 및 행동 심리학 박사 교육을 위한 조직간 특별 전문 위원회Inter-Organizational Task Force on Cognitive and Behavioral Psychology Doctoral Education가 새로운 임상 역량 교육의 표준으로 정한 내용에 폭넓게 바탕을 둔 첫 번째 책으로 알고 있다(Klepac et al., 2012). 이 책에서 "수련 특별 전문 위원회"(이하 위원회)라고 부르는 모임은 행동 및 인지치료 학회Association for Behavioral and Cognitive Therapies, ABCT의 후원으로 조직되었다. 위원회는 14개 조직의 대표자로 구성되었고, 2011년부터 2012년까지 10개월 동안 4일의 대면 회의와 여러 번의 전화 콘퍼런스를 거쳤다. 이 조직은 인지치료 아카데미Academy of Cognitive Therapy에서부터 맥락 행동과학 협회Association for Contextual Behavioral Science까지, 변증법 행동치료 개선 및 훈련을 위한 국제연합회International Society for the Improvement and Teaching of Dialectical Behavior Therapy에서부터 국제적 행동 분석 연합Association for Behavior Analysis International까지 인지 및 행동 치료 실무에 관한 다양한 사고와 세대를 아우른다.

위원회의 임무는 미국의 인지 및 행동 심리학에 대한 통합적인 박사 교육 및 수련

지침을 개발하는 것이었다. 위원회가 최신 문헌을 사려 깊게 검토했고 구체적인 권고 사항을 끌어냈는데, 그 결과물은 이 책의 기초가 되었다.

수련 표준이 다루는 모든 영역을 포괄하는 책은 세상 어디에도 없다. 연구 방법과 평가 영역에 관한 쟁점은 기존의 책이 잘 다루었기에 이 책에서는 다루지 않는다. 이 책은 기존의 책이 다루지 않았던 새로운 아이디어와 민감성을 다루는 영역에 초점을 둔다.

과학적 태도 영역에서의 수련 표준에 관해 위원회는 두 가지 강력한 입장을 가진다. “첫 번째 명제는 인지 및 행동 심리학 박사 과정에 과학 철학의 기초를 쌓는 것이다(Klepac et al. p. 691).” “두 번째 명제는 윤리적 의사결정이 인지 및 행동 심리학의 기본이 되고, 연구와 실습의 모든 측면에 스며들어야 한다(p. 692).” 이 두 표준은 행동 및 인지치료의 본질을 다루는 이 책 1부에 폭넓게 들어 있다. 또 다른 장에서도 계속 언급된다.

우리가 알기에 이 책은 수련 표준에서 “중요한 과학적 세계관(p. 691)”이라 말한 것의 함의를 충분히 탐구한 최초의 인지행동치료 교재이다. 위원회는 서로 다른 인지 및 행동 방법의 밑바탕에 있는 다양한 철학적 세계관을 훈련하는 것이 다양한 영역과 동향, 전통을 아우르는 정확한 의사소통 능력을 갖추는 데 핵심적인 것이라고 주장한다.

> 많은 심리학자가 자기 작업의 바탕이 되는 암묵적 가정을 인식하지 못할 수 있다. 이러면 과학의 진보를 방해하는 혼란과 논쟁을 낳기 쉽다. 여러 가지 과학 철학(특히 인식론)은 질문 방법이 다를 뿐 아니라 때로는 똑같은 자료를 두고도 아주 다르게 해석한다. 사전 분석적preanalytic 가정의 차이를 인식하지 못하면 학자와 임상가가 좌절감을 느낄 수 있다. 서로 동료의 임상 관찰이나 연구 결과에 있는 함의를 확신하지 못하며 당황할 수 있다. 또 철학적 가정에 대한 인식이 부족하면 과학에 관한 대안적 철학을 비교하거나 비판적으로 검토하지 못하고, 처음부터 이것을 배제하기 쉽다(p. 691).

위원회는 중요하다고 알려진 17가지 핵심 임상역량을 목록화했고, 교육이 “개입 뒷면에 있는 기본 원리의 훈련(p. 696)”에 초점을 두어야 한다고 제안했다. 또 이러한 원리가 학습이론과 인지, 감정, 치료 관계, 신경과학 같은 몇 가지 핵심 영역에 관한 이해에서 나온다고 보았다.

이 책은 이러한 지침에 주로 관심을 두고 있다. 진화과학에 관한 장과 함께 표준으로 언급한 모든 핵심 임상 역량과 핵심 과정 영역을 포함한다. 각 임상 역량을 쓴 저자들도 이러한 방법의 효과를 설명할 수 있는 핵심 과정과 원리에 중점을 두었다.

새로운 수련 표준을 만들겠다는 생각으로 그동안의 근거 기반 개입evidence-based intervention을 검토할 때, 우리는 근거 기반 치료가 문제를 줄이고 번영을 북돋우는 근거 기반 절차와 함께 근거 기반 과정을 표적으로 삼아야 한다고 믿는다. 과정 기반 치료process-based therapy에 초점을 두는 것은 이 영역에서의 장기적인 미래를 안내할 것이다. 핵심 과정을 찾는 것은 증후군에 대한 프로토콜 사용을 치료에 대한 주요 경험적 접근법으로 삼았던 한계를 뛰어넘어 치료를 이론과 직접 연결해 줄 수 있을 것이다.

우리는 이 교재가 이러한 방향으로 가는 중요한 발걸음이기 바란다. 이 책이 폭넓게 정의할 수 있는 행동 및 인지치료의 임상적 개입에 참고 문헌이나 교재 역할을 했으면 좋겠다. 이로써 임상가와 연구자, 인턴, 학생들은 현대의 행동 및 인지치료, 이외 어느 정도까지는 근거 기반 치료에 포함할 수 있는 핵심 과정(역주, 핵심 과정에는 인지행동치료의 전통이 아닌 부분도 있다)을 철저히 검토할 수 있을 것이다. 이 책이 근거 기반 역량에 초점을 두는 것은 다른 치료법처럼 구체적인 프로토콜이나 기법을 강조하는 것보다는 한발 물러서 경험적으로 지지받는 접근 방식에 있는 *공통적인 핵심 과정을 포괄하려는* 뜻이다. 우리는 서로 다른 과정이 서로 다른 행동 및 인지치료의 다양한 전통과 세대에 걸쳐 있다는 것을 분명히 인식한다. 또 연구와 발전에서도 이들이 독특하다는 것을 존중한다.

이 책은 세 부분으로 나뉜다. 1부는 행동 및 인지치료의 특성으로 인지행동치료의 역사에서 처음에는 신빙성 없는 낯선 치료 모델로 취급받았지만 오늘날에는 근거 기반 치료의 최전선에 있는 과학 철학, 윤리학, 변화하는 임상의의 역할에 관한 주제를 다룬다. 2부에서는 인지행동치료가 경험적 지지를 받는 치료를 모아나갈 때 이론적 토대가 되는 원리와 영역, 분야에 초점을 둔다. 여기서는 행동 원리와 인지, 감정, 신경 과학, 진화과학을 다룬다. 3부에서는 수반성 관리, 자극 조절, 조형, 자기 관리, 각성 감소, 대처 및 감정 조절, 문제 해결, 노출 전략, 행동 활성화, 대인관계 기술, 인지 재평가, 핵심 신념 수정, 탈융합/거리두기, 심리적 유연성 기르기, 가치, 마음챙김과 통합적 접근법, 동기 전략, 위기 개입을 포함한 인지행동치료 개입 대부분을 구성하는 핵심 임상역량에 관해 논의한다. 역량에 관한 각각의 장은 이 책 앞부분에서 설명한 과정 영역과 원리를 각 방법에 연결하는 것으로 보이는 매개자mediators와 중재자moderators에 초점을 둔다. 마지막에는 우리가 배운 것을 요약하고 이 분야의 미래를 전망한다.

이 책의 편집자인 우리 두 사람은 이상한 커플처럼 보일지도 모른다. 사실 우리는 이상한 커플이다. 우리가 행동 및 인지치료 학회(ABCT) 회장을 역임했지만, 우리의 철학적 배경은 굉장히 다르다. 우리는 현대 인지행동치료에서 반대처럼 보이는 두 캠프인 수용전념치료/차세대 인지행동치료(헤이즈)와 벡 진영/더 전통적인 인지행동치료(호프만)를 대표하는 공동체에서 두각을 나타낸 인물이다. 패널 토론(학술적 버전의 권투 시합이나 레슬링 이벤트)과 서면으로 열띤 논쟁을 무수히 벌인 다음에 우리는 친한 친구이자 협력자가 되었다. 우리는 서로의 차이와 견해를 존중하며 공통 기반을 찾으려고 계속 노력했다. 우리의 목표는 항상 같았는데, 과학과 임상 개입의 실제가 발전하는 것이었다.

우리 둘은 이 분야의 각 진영에서 한 자리씩 차지하고 있었기에 다양하고 중요한 저자들을 모을 수 있었다. 그들의 전문성을 결합하여 행동치료, 행동분석, 인지치료, 수용 및 마음챙김 기반 치료를 함께 제공하는 혁신적이고 현대적인 교재를 만들 수 있었다. 또 모든 임상의가 알아야 하는 개입에서 변화의 핵심 과정을 강조했다. 우리는 이 책이 우리가 봉사하는 사람의 삶에 긍정적인 영향을 미칠 과학적 진보의 시대를 향해, 사일로[1] 시대era of silos를 뛰어넘어 임상 현장으로 이동할 수 있는 과정 기반 치료의 시대를 새롭게 열기 바란다.

참고문헌

Klepac, R. K., Ronan, G. F., Andrasik, F., Arnold, K. D., Belar, C. D., Berry, S. L., et al. (2012). Guidelines for cognitive behavioral training within doctoral psychology programs in the United States: Report of the Inter-Organizational Task Force on Cognitive and Behavioral Psychology Doctoral Education. *Behavior Therapy, 43*(4), 687–697.

1) 중요한 것을 보관하는 저장고

1부

근거 기반 치료로서 인지행동치료의 역사와 현황

The History and Current Status of CBT as an Evidence-Based Therapy

스테판 호프만 Stefan G. Hofmann, PhD • 보스턴대학 심리학 및 뇌 과학부

스티븐 헤이즈 Steven C. Hayes, PhD • 네바다대학 리노 심리학부

행동 및 인지치료 학회가 조직한 인지 및 행동 심리학 박사 교육을 위한 조직간 특별 위원회(Klepac et al., 2012)는 성숙한 응용과학을 향한 임상 심리학의 고된 여정에서 중요한 진보를 이루었다. 위원회는 미국의 박사 수준에서의 인지 및 행동 심리학에 대한 통합 교육 및 수련에 필요한 지침을 개발했다. 우리는 이것이 수련 과정에 중요한 길을 열었다고 생각한다.

근거 기반 개입 접근법의 발전을 예고했던 역사에 남을 일련의 중요한 합의 과정이 있었다. 이러한 여정의 중요한 이정표는 1949년 볼더Boulder 컨퍼런스였다. 여기서 사람들은 임상심리 수련은 전문직으로서의 임상 실제와 과학이라는 두 가지를 함께 강조해야 한다는 것을 공식적으로 받아들였다(Raimy, 1950). 이어서 1952년에 한스 위르겐 아이젱크Hans-Jürgen Eysenck는 그의 정신치료의 효과에 대한 검토에서 임상심리 과학 분야의 태동기에 대한 다소 침울한 도전장을 내밀었다. 즉 그는 내담자를 치료하는 데 있어 정신치료가 단순한 시간 경과보다 효과적이지 않다고 결론을 내렸다.

> 보통 이러한 자료로 확실한 결론을 내릴 수 있는 것은 프로이트식이든, 다른 방식이든 정신치료가 신경증 환자의 회복을 촉진한다는 걸 증명하지 못한다는 것이다. 신경증 환자의 약 2/3는 정신치료를 받았는지와 관계없이 발병 후 약 2년 안에 뚜렷이 회복되거나 호전된 것을 보여준다. 이 수치는 치료받는 환자의 유형이나 적용한 회복 기준, 사용한 치료 방법, 연구의 종류와 관계없이 안정적인 값을 나타낸다. 이러한 양상은 신경증 환자 입장에서는 크게 환영할 일이지만, 정신치료자 입장에서는 자기주장을 뒷받침하는 일이 아닐 것이다(p. 322~323).

아이젱크는 정신 분석에 대한 강한 편견으로 유명했다. 하지만 행동치료의 발전은 적어도 부분적으로는 그의 도전에 응답하려는 시도였다. 1965년에는 최초의 행동치료 저널인 *행동연구와 치료Behavior Research and Therapy*가 등장했다. 그로부터 몇 년 안에 아이젱크의 원래 질문이었던 정신치료는 효과가 있느냐는 물음이 다음과 같은 구체적이고 까다로운 질문으로 바뀌었다(Paul, 1969, p. 44). "어떤 사람이 하는 어떤 치료가 특정한 문제가 있는 개인에게 가장 효과적이고, 그것은 어떤 일련의 상황에서 어떻게 일어날 수 있는가?" 행동치료자와 (나중에는) 인지행동치료자는 다양한 특정 질환이나 문제에 적용하는 프로토콜을 연구하여 이 질문에 부분적이라도 답하려고 했다.

스미스와 글래스Smith and Glass(1977)는 정신치료 결과에 대한 메타 분석을 처음으로 수행했다. 약 25,000명의 피험자를 대표하는 375개 연구를 조사했고, 833개의 효과 크기 측정치에 기반한 효과 크기 분석을 했다. 이러한 인상적인 분석 결과, 정신치료에는 단순히 기다리는 것 이상의 효과가 있었다. 평균적으로 어떤 형태의 심리 치료를 받은 전형적인 환자는 치료받지 않은 사람들의 75%보다 좋은 상태였고, 전반적으로 다양한 형태의 정신치료(체계적 탈감작, 행동 수정, 내담자 중심, 정신 역동, 합리적 감정, 교류 분석 등)도 효과적이었다.

이후에 정신치료 연구는 크게 발전했다. 임상 방법론 및 연구 설계, 다양한 정신병리학에 대한 이해, 정신과 질병분류학 및 평가와 치료 기법에서 개선이 있었다. 정부 기관과 보험 회사, 환자 옹호 단체는 근거에 기반하여 심리적 개입을 할 것을 요구하기 시작했다. 근거 기반 의학을 지향하는 더 일반적인 움직임(Sackett, Strauss, Richardson, Rosenberg, & Haynes, 2000)과 발걸음을 맞췄을 때 정신치료에서 *근거 기반 실천*evidence-based practice이라는 말은 치료의 효과, 치료받는 환자의 특성, 치료를 제공하는 치료자의 임상적 전문성에 관한 이용할 수 있는 최선의 연구 증거를 고려하겠다는 뜻이다(근거 기반 실천에 관한 미국 심리학 협회 회장 산하 특별대책위원회, 2006). 전 세계에 있는 다양한 에이전시와 협회는 근거 기반 정신치료 방법의 목록을 편집하기 시작했다. 예를 들면 정신 건강 서비스 행정부서 또는 미국 물질 남용자를 위한 근거 기반 실천 프로그램 국가 등록 부서National Registry of Evidence-based Programs and Practices, NREPP 같은 곳이다.

1995년에 있었던 영향력이 컸던 발전은 임상 심리 연합(미국심리협회 12분과)이 연구 지지 심리 치료research-supported psychological treatments, RSPT 목록(이 목록의 초기 이름은 근거 지지 치료와 근거 기반 치료이다)을 개발하려는 목표로 심리 절차 촉진 및 보급에 관한 위원회를 만든 것이다. 12분과 위원회는 학파 사이의 이견을 피하려고 일부러 정신역동, 대인관계, 인지행동 및 체계적 관점을 포함하여 다양한 이론적 지향에서 임상의와 연구자를 모집했다(Olendick, Muris, & Essau, 출판 중).

12분과 위원회는 1995년에 첫 번째 보고서를 발표했다. 이들은 연구 지지 심리 치료를 (1) 잘 확립된 치료well- established treatments, (2) 효과적일 가능성이 있는 치료probably efficacious treatments (3) 실험적 치료experimental treatments라는 세 가지 범주로 나누었다. 잘 확립된 치료는 심리적 위약 또는 약물이나 다른 치료법보다 우수해야 한다. 또 효과적일 가능성이 있는 치료는 대기 명단이나 치료하지 않는 통제 조건보다 우수해야 하고 최소 한 연구팀에서 나온 증거가 있어야 한다. 잘 확립된 치료는 적어도 서로 다른 두 연구팀에서 나온 증거가 있어야 한다. 더욱이 위원회는 모든 치료에 환자의 특성(나이, 성별, 인종, 진단 등)을 명시할 것과 치료 매뉴얼이 구체적인 치료 전략을 설명할 것을 요구했다. 엄격하게 요구한 것은 아니지만, 크게 보아 연구 지지 심리 치료 목록은 정신장애 진단 및 통계 편람(DSM; American Psychiatric Association, 2000, 2013, 이하 진단 편람)에 정의한 특정 장애를 치료한 것을 기반으로 한다.

마지막으로 이는 잘 통제된 임상 시험이나 잘 통제된 연속적 단일 사례 설계에서 치료 후 임상 결과를 입증해야 한다. 설계가 가져야 할 속성은 치료에서 관찰한 혜택이 단순한 시간 경과나 심리 평가로 인한 효과, 다양한 치료 조건에서 다양한 유형의 내담자에게 일어날 수 있는 우연이나 혼동 요인으로 생긴 것이 아니어야 한다는 것이다(Chambless & Hollon, 1998). 이 치료 분류 시스템은 계속 진행형으로 기획된 것이었다. 이에 충실하여 연구 지지 심리 치료 목록을 온라인에 올려두고, http:// www.div12.org/psychological-treatments/treatments에서 유지 관리 및 업데이트 중이다.

최근에는 연구 지지 심리 치료가 여러 기능 영역에서 여러 번에 걸쳐 시도되었다는 것을 메타 분석 검토로 확증해야 한다는 기준이 추가되었다(Tolin, McKay, Forman, Klonsky, & Thombs, 2015). 인지행동치료는 모든 치료 가운데 근거 기반이 가장 크다. 정신 질환에 대한 인지행동치료의 효능 검토는 커다란 교과서 세 권을 채우고도 남을 것이다(Hofmann, 2014b). 하지만 일부 질환만 다른 치료법보다 기존의 인지행동치료에서 잘 반응한다는 것도 말해야 한다. 예를 들어 불안 장애의 치료에서 방법론적으로 엄격한 무작위 위약 대조 연구를 따랐을 때 인지행동치료는 강박 장애와 급성 스트레스 장애에는 효과가 컸지만, 공황장애에서는 비교적 효과가 작았다(Hofmann & Smits, 2008). 또 일부 인지행동치료 프로토콜은 장애 특이성을 나타낸다. 예를 들어 불안 장애를 표적으로 하는 프로토콜에서 우울은 불안보다 훨씬 적게 개선되고, 우울 장애에서는 그 반대이다. 이것은 인지행동치료에는 치료 특이성이 부족하다는 주장과는 반대이다. 동시에 이와 관련한 많은 메타 분석 결과는 현대 인지행동치료에는 개선할 여지가 많다는 것을 분명하게 보여준다(Hofmann, Asnaani, Vonk, Sawyer, & Fang, 2012).

잘 계획했고 맡은 임무를 잘 수행했는데도 12분과 위원회 보고서가 지지한 치료 목록은 열띤 논쟁과 다툼을 불러일으켰다. 일부 반론은 치료 매뉴얼을 사용하면 기계적이고 유연성 없는 개입과 치료 과정에서의 창의성과 혁신 상실로 이어질 것이라는 두려움에 초점을 맞춘다. 자주 제기되는 또 다른 논쟁은 임상 연구 환경에서는 이것이 효과적인 치료일 수 있지만, 더 어렵고 공존 질환이 있는 내담자를 주로 보는 "실제" 임상 현장 환경에서는 제대로 전달되지 않는다는 것이다(Chambless & Ollendick, 2001을 보라). 연구 지지 심리 치료 기준을 만족하는 치료 가운데 인지행동치료 프로토콜의 강력한 대표성(정신역동 또는 인간 중심적 치료법과 대조적으로)도 논쟁의 강도를 높였다. 심지어 일부 심리 치료자의 최종적인 주요 관심사는 특정 진단 범주에서 경험적으로 지지받는 치료법과 짝을 맞추는 작업이었다.

예를 들어 인지행동치료와 정신역동 지향 치료의 차이점을 생각해 보자. 역동 지향 치료는 숨겨진 갈등을 찾고 이것을 해결하려고 한다. 반면에 인지행동치료 임상가는 내담자에게 더 적응력 있는 전략을 활용하여 현재 심리 문제를 다루라고 권할 수 있다. 인지행동치료에 있는 이러한 상대적 일치성 때문에, 인지행동치료는 실제로 정신장애 진단 및 통계 편람과 국제 질병 분류 10판(ICD-10, 세계 보건기구, 1992~1994, 이하 질병 분류)의 거의 모든 진단 범주에 대응하는 프로토콜을 개발할 수 있었다.

최근의 문헌 검토로 거의 모든 진단 편람 범주에 걸쳐 인지행동치료의 효과를 조사한 269건의 메타 분석 연구를 찾을 수 있었다(Hofmann, Asnaani et al., 2012). 보통 인지행동치료의 근거 기반은 불안 장애나 신체형 장애, 과식증, 분노 조절 문제, 일반적인 스트레스에 특별히 강했다. 인지행동치료 프로토콜이 이들 정신과 범주와 잘 맞기 때문이다. 전반적으로는 효과적이지만 장애에 따른 인지행동치료의 효과 정도에는 분명한 차이가 있다. 예를 들어 주요 우울장애와 공황장애는 기본적으로 위약 반응률이 비교적 높다. 이러한 장애는 경과가 변동적이며 반복적인 과정을 거친다. 따라서 많은 치료법이 초기에는 효과적일 수 있지만, 단기간 결과는 그다지 중요하지 않다. 치료가 장기간 재발과 반복을 예방하는 데 얼마나 효과가 있는지가 중요하다(Hollon, Stewart, & Strunk, 2006).

진단 편람에 정의된 정신과 장애에 초점을 맞추는 것은 때때로 측정과 적용에 있어 인지행동치료의 시야를 제한한다. 예를 들어 내담자가 관심을 가질 수 있는 삶의 풍요로움이나 삶의 질, 친 사회성, 관계의 질, 성장과 번영에 초점을 맞춘 주제들은 인지행동치료에서는 종종 관심을 두지 않는다. 불행하게도 이러한 시야의 제한은 행동적 수단에서 특히 그러하다. 이것은 우리가 아는, 근거 기반 치료에서 사용하는 방법 가운데 일부가 건강이나 번영과 관련한 주제에도 적용될 수 있기 때문이다.

장애에 초점을 두고 특정 프로토콜을 만드는 것은 오히려 수련을 어렵게 하고, 연구와 임상 문헌의 통합을 제한할 수 있다. 구분할 수 있다고 여겼지만, 종종 겹쳐지는 방법의 바다에 빠져 임상가들이 길을 잃을 수 있다.

초점의 범위와 장기 효과, 프로토콜 양산 같은 주제는 심리적 기능과 치료 목표의 본질에 관한 몇 가지 근본적인 주제를 건드린다. 현재의 도전에 대응하기 위해 이 분야에서 경로 수정이 필요하다는 것이 이 책의 주장이다.

생물의학 모델의 문제점 Problems with the Biomedical Model

진단 편람 및 질병 분류에 있는 다양한 진단을 대상으로 인지행동치료 모델이 개발되고 발전되면서 치료자와 연구자는 넓은 범위의 정신 병리 전반에 특정 치료 기법을 적용할 수 있게 되었다. 하지만 인지행동치료 프로토콜을 정신장애의 의학적 분류와 전반적으로 짝짓기에는 불리한 면이 있다(예, Deacon, 2013). 예를 들어 지금 보이는 증상에 기초한 정신과 진단 범주를 사용하여 사람들을 분류하면, 문제를 일으키는 데 기여하는 맥락적 또는 상황적 요인을 최소화하거나 무시하게 된다(예, Hofmann, 2014a). 현대 인지행동치료는 종종 이론과 사례 개념을 희생하고 특정 증상에 대한 기법을 지나치게 강조하며 발전에 제한을 가져온다. 증후군적 사고가 지배하면서 건강 증진과 전체 사람에 초점을 맞추기가 어려워진다. 인지행동치료는 아직 완결된 상태가 아니다. 시험할 수 있는 모델(Hofmann, Asmundson, & Beck, 2013)과 새로운 치료 전략(예, Hayes, Follette, & Linehan, 2004)을 계속 개발해야 한다.

연구 기반 개입을 개발하는 임상 연구자는 보통 (특정 치료 전략과 반대되는) 공통 요인을 무시하는데, 이러한 공통 요인이 치료적 변화에 주요 역할을 한다고 주장하는 일부 연구자도 있다(Laska, Gurman, & Wampold, 2014). 이러한 문제를 이분법으로 접근하는 것은 잘못이다. 예를 들어 경험적으로 지지 받는 치료를 개발하는 임상 연구자가 실제로는 치료 동맹을 자주 검토하며 이러한 요인이 결과에 미치는 효과를 고려한다. 공통 요인의 영향은 장애에 따라 다르며, 중요할 수도 있지만 치료 결과에서 최대 효과를 산출하기에 충분하지 않을 수도 있다. 더구나 관계 요인은 근거 기반 방법이 표적으로 하는 동일한 심리적 과정에 반응할 수 있다. 이것은 인지행동치료에서 이론적으로 일관성 있게 다루어지는 과정이 부분적으로는 공통 요인을 설명할 수 있다는 뜻이다. 예를 들어 내담자의 심리적 유연성이 추가적인 매개자로 주어지면, 작업 동맹 관계 자체를 매개하는 것이 더는 결과에 의미가 있지 않았다(예, Gifford et al., 2011). 이는 치료 동맹이 수용과 비판단, 이와 비슷하게 현대 인지행동치료 방법이 표적으로 삼는 과정을 모델링하여 작동한다는 것을 뜻한다(역주, 그동안 정신치료의 효과가 특이적 기법보다는 치료 관계 같은 비특이적 공통 요인에서 주로 나온다는 주장이 많았다. 하지만 이것은 오히려 치료 관계를 치료 기법 안으로 끌어들여 치료법의 이론에 맞게 설명할 수 있다는 뜻이다).

치료 동맹을 다룬 수많은 자료는 이것이 치료자 변수로서 치료 결과와 상관관계가 있고 상대적으로 변치 않는 특징이라는 점을 강조한다. 하지만 다른 근거 기반 방법과 마찬가지로 공통 요인을 바꾸는 특정 방법을 개발하고 검증하여 이것을 치료의 중심에 둘 수 있다. 이러한 작업은 막 시작되고 있다. 이 작업을 잘 수행하려면 치료자가 치료 동맹에 관한 이론과 (더 정확하게는) 인지행동치료와 근거 기반 치료가 도움이 되는 영역에서 이를 잘 해내는 방법에 관한 이론을 개발해야 한다.

이제는 임상 심리학과 정신 의학이 흑백 논리로 공통 요인이나 근거 기반 심리 치료 가운데 하나를 선택하는 것을 넘어서는 움직임이 필요하다(Hofmann & Barlow, 2014). 이렇게 하는 것보다는 치료 관계 요소도 하나의 과정으로 보아야 한다. 다만 효과적인 변화 과정과 이를 표적으로 삼는 방법을 나누어 이해하는 것이 필요하다. 이러한 접근법으로 내담자의 삶이 나아지고 임상가의 진일보한 과학적 훈련을 돕는 주제로 관심을 옮길 수 있다.

정신치료 및 심리적 개입의 표적 정의하기

Defining the Targets of Psychotherapy and Psychological Intervention

행동 치료 초기에는 특정 문제나 특정한 긍정적 성장 표적이 개입의 흔한 목표였다. 하지만 진단 편람이 새롭게 나타나며 증후군과 정신장애가 더 큰 관심을 받게 되었고, 임상 과학자들은 어떻게 하면 정신장애를 가장 잘 정의하고 분류할 수 있을 것인지를 두고 오랫동안 논쟁을 벌였다(예, Varga, 2011). 진단 편람 5판과 질병 분류 10판의 구조는 징후와 증상이 밑바탕에 있는 잠재적인 질환의 실체를 반영한다고 가정하는 생물의학 모델에 단단히 뿌리를 둔다. 이 매뉴얼의 과거 버전은 정신장애의 밑바탕에는 깊게 자리 잡은 갈등이 있다는 정신분석 이론에 기초했다. 대조적으로 이들의 현대 버전은 정신장애의 주요 원인을 유전이나 생물학적, 심리학적, 발달 과정상의 역기능과 관련짓는다.

*정신장애mental disorder*라는 용어에 관한 두드러진 사회 생물학적 정의는 이것을 "해로운 역기능harmful dysfunction"으로 규정하는 것이다(Wakefield, 1992). 문제가 있으면 인간이 진화에 따라 설계된 대로 자연적인 기능을 수행할 수 없다는 점에서 "역기능"이라고 본다. 문제가 내담자에게 부정적 결과를 가져오기에 "해로운" 것으로 여긴다. 또 사회는 역기능을 부정적으로 본다.

이러한 정의가 행동의 기능과 역기능을 어떻게 정의하고 결정하는지는 분명하지 않다. 따라서 당연히 비판이 나오게 된다(예, McNally, 2011). 초기 비판자(예, Szasz, 1961)는 정신장애란 사회가 정상적인 인간의 경험에 기능적으로는 아무런 가치가 없는 딱지를 붙인 것으로, 본질에서는 임의적인 사회 구성일 뿐이라고 했다. 한 문화나 역사의 한 지점에서 비정상으로 여겨지는 현상이 다른 문화나 역사의 다른 지점에서는 정상이나 (심지어) 바람직한 것으로 여겨질 수 있다.

진단 편람에서는 정신장애를 "정신 기능 밑바탕의 심리, 생물, 발달 과정에 어떤 역기능이 있고, 이를 임상적으로 드러내는 개인의 인지와 감정 조절, 행동에 의미 있는 장애가 나타나는 것을 특징으로 하는 증후군"이라고 공식적으로 정의한다(American Psychiatric Association, 2013, p. 20). 이 정의가 생물학적인 것 이외의 주요 원인으로 심리 발달 과정을 구체적으로 언급하지만, 정신의학은 오랫동안 주로 생물 의학적 틀 안에서 운영되었다.

인지 행동적 접근은 보통 특정 환경 요인이나 스트레스 요인이 개인의 취약성 요인과 결합하여 장애의 발달로 이어질 수 있다고 가정하는 체질 스트레스 모델에 기반한다. 이러한 관점은 *개시initiating* 요인(문제의 발달에 이바지하는 요인)과 *유지maintaining* 요인(문제의 유지에 책임이 있는 요인)을 중요하게 구분한다(Hofmann, 2011). 이 두 가지 요소는 확실히 다르다. 정신장애에 관한 다른 이론적인 모델과는 다르게 인지행동치료는 보통 유지 요인에 관심이 많은데, 이것이 현재의 기능 장애에 대한 효과적인 치료 표적이기 때문이다. 따라서 인지행동치료 관점에서 볼 때 유지 요인을 바탕으로 개인을 분류하는 것이 유전적 요인이나 뇌 회로 같은 단일 취약성에 바탕을 두고 분류하는 것보다 중요할 것이다.

이러한 강조는 넓게는 행동주의 전통의 발달적 접근과 일치하는 것으로, 취약성과 스트레스 요인을 강조하지 않으면서 문제를 일으켰던 역사적 요인과 이를 유지하는 환경적 요인은 다를 수 있다는 것을 인식한다. 기능 분석은 개인의 정신 건강을 개선하려면 현재 행동을 유지하는 요인을 바꿔야 한다는 점에 정확하게 초점을 맞춘다.

왜 정신장애를 분류하는가? **Why Classify Mental Disorders?**

진단 편람 지지자들은 다음과 같은 까닭으로 아무리 부정확한 정신 질환 분류 체계라 하더라도 반드시 있어야 한다고 말한다. 첫째, 심리학적 문제가 있는 사람을 기술하는 공통된 언어의 장을 제공한다. 이것은 임상가 사이의 의사소통을 단순화하고 보험회사가 쓸 코딩 시스템을 제공하기에 실용 가치가 크다. 둘째, 비슷한 문제가 있는 사람들을 묶어 공통된 패턴을 식별하고 다른 집단과 구별되는 특징을 분리할 수 있으므로 임상 과학을 발전시킨다. 셋째, 이 정보를 이용하여 기존 치료법을 개선하거나 새로운 개입을 개발할 수 있다. 후자의 목적은 진단 편람 5판에서 인정한 것으로 다음과 같이 언급되었다. "정신장애의 진단은 임상적으로 유용해야 한다. 임상의가 환자의 예후와 치료 계획, 잠재적 치료 결과를 결정하는 데 도움이 되어야 한다(American Psychiatric Association, 2013, p. 20)." 하지만 이러한 숭고한 목표에도 진단 편람 5판은 이전 판과 비교하여 새롭거나 다른 자료를 거의 제공하지 못해 의료와 연구 분야의 불만족이 컸다.

정치적이거나 재정적인 문제(진단 편람은 미국 정신의학회의 주요 소득원이다) 말고도 진단 편람에는 이론이나 개념상의 문제가 많다. 임의의 절단점을 사용하여 정상 범주를 병리화한 것도 한 예이다. 진단 편람을 사용하여 내린 진단은 객관적인 측정보다는 임상의의 주관적 판단에 근거한다. 또 증상에 지나치게 초점을 둔다. 범주를 나눌 때 이질적인 집단의 개인을 묘사하며, 같은 진단으로 정의하는 서로 다른 증상의 조합을 남발한다. 대부분 내담자가 전문가들이 합의하여 유도한 진단 범주 가운데 어느 것에도 깔끔하게 들어맞지 않기에 대부분의 임상의는 잔여 진단residual diagnosis("달리 명시되지 않는")을 계속 사용한다(검토를 위해 Gornall, 2013을 보라).

가장 큰 개념상의 문제는 공존 진단(둘 이상의 다른 진단이 함께 생김)일 것이다. 공존 진단은 어떤 장애의 증상은 잠재적 질병의 실체를 반영한다는 기본적인 생각과 어울리지 않는다. 장애가 실제로 분명한 질병 단위가 된다면, 공존 진단은 분류상 예외이어야 한다. 하지만 정신장애에는 공존이 흔하다. 예를 들어 진단 편람 5판에 기분 및 불안 장애로 분류한 단극성 우울증과 범불안장애, 사회 불안 장애, 강박 장애, 공황 장애, 광장 공포증의 구성물에 해당하는 잠재 변수 가운데 고려할 수 있는 거의 모든 공분산covariance을 부정 정동과 긍정 정동의 고위 단계 차원으로 설명할 수 있다. 이는 기분과 불안 장애가 심리사회적 및 생물학적/유전적 소인을 공유하면서 이로부터 출현한다는 뜻이다(Brown & Barlow, 2009).

이와 같은 관찰은 최근에 장애의 핵심 양상을 다루려고 초진단적transdiagnostic (Norton, 2012) 또는 단일화된unified(Barlow et al., 2010) 치료 프로토콜이라는 것을 개발하는 바탕이 되었다(Barlow, Allen, & 2010, Choate, 2004). 목표는 더 간단하고 (어쩌면) 더 강력한 치료를 개발하는 것이다. 이러한 접근법을 통해 어쩌면 임상의가 장애 특정적인 인지행동치료 프로토콜로 수련받을 때 종종 나타날 수 있는 인간 고통의 지나친 단순화와 임상의로서의 경직성, 낮은 근거 기반 실천 등의 난관을 극복할 수 있을 것이다(McHugh, Murray, & Barlow, 2009).

연구 도메인 진단기준 Research Domain Criteria

진단 편람 및 질병 분류 10판의 진단 분류 문제에 대한 해결책을 제시하려고 국립 정신 보건원National Institute of Mental Health, NIMH은 관찰할 수 있는 행동과 신경생물학적 척도를 바탕으로 정신장애를 분류하는 연구 도메인 진단기준 계획Research Domain Criteria, RDoC Inintiative이라는 새로운 체계를 개발했다(Insel et al., 2010). 이는 정신 질환을 뇌 장애로 개념화하는 분류 체계를 만들어 정신의학 분야를 발전시키려는 시도이다. 여기서는 정신장애를 파악할 수 있는 병변이 있는 신경학적 장애라고 하기보다는 뇌 회로가 비정상적인 것으로 본다(Insel et al., 2010). 국립 정신 보건원은 이질적이고 겹쳐지는 진단군을 임의로 정의한 범주로 나누는 임상적 인상에 의존할 것이 아니라, 현대 뇌과학 소견을 통합하여 정신장애를 정의하고 진단할 것을 제안했다(Insel et al., 2010).

이 프로젝트의 목표는 현재의 이질적인 진단 편람 범주를 넘어 생물의 행동 차원에 기반한 정신장애 분류 시스템을 개발하는 것이다. 연구 도메인 진단기준 체계는 전기 생리학과 기능적 신경영상, 생체 내 연결을 정량화하는 것 같은 새로운 임상 신경과학의 도구로 신경 회로의 역기능을 찾을 수 있다고 가정한다. 더 나아가 유전학과 임상 신경과학에서 나온 자료를 통해 임상 관리에 사용할 수 있는 증상과 증후를 떠받치는 생물학적 지표를 얻을 수 있다고 가정한다. 예를 들어 앞으로 임상가는 불안 장애의 적절한 치료법과 예후를 결정하려고 뇌 기능 또는 구조 영상, 유전자 서열, 공포 조건화, 소거에 관한 실험실 기반 평가에서 나온 자료를 활용할 수 있을 것이다(Insel et al. 2010). 연구 도메인 진단기준 계획의 구체적인 결과물은 정신장애마다 핵심 증상으로 여겨지는 구성물과 분석의 다양한 수준(분자, 뇌 회로, 행동 및 증상)을 행과 열의 목록으로 정의하는 것이다.

보통은 신경 과학자들이 연구 도메인 진단기준 계획에 박수를 보낸다(Casey et al., 2013). 하지만 다른 이들은 이것을 여러 가지 까닭으로 비판한다. 예를 들면 프로젝트가 특정 종류의 생물학적 과정을 지나치게 강조하여 정신 건강 문제를 단순한 뇌 장애로 축소한다는 것이다(Deacon, 2013, Miller, 2010). 지금까지의 연구 도메인 진단기준은 임상적 의사 결정을 안내하는 것이 아니라 미래의 연구를 개발하려는 것이었기에 임상적 유용성이 제한적이었다(Cuthbert & Kozak, 2013). 게다가 연구 도메인 진단기준 계획은 진단 편람과 심리적 문제("증상")가 잠재적인 질환에 의해 일어난다는 강력한 이론적 가정을 공유한다. 진단 편람은 이러한 잠재적 질환의 실체가 증상의 보고와 임상의의 인상으로 측정되고, 연구 도메인 진단기준은 정교한 행동학적 검사(예, 유전자 검사)와 생물학적 도구(예, 뇌영상)로 측정되는 것이 다를 뿐이다.

정신병리학의 핵심 차원으로 이동
Moving Toward Core Dimensions in Psychopathology

지난 수십 년 동안 정신 병리의 핵심 차원을 찾아내는 데에 상당한 진전이 있었다. 연구 도메인 진단기준 계획도 이러한 차원 분류 체계를 제안한다. 비슷하게 심리학자들도 정신 병리의 차원을 재검토했다. 예를 들어 많은 저자가 감정 장애에서 초진단적인 핵심 문제 가운데 하나로 감정조절부전emotional dysregulation을 거론한다(Barlow et al., 2004; Hayes, Luoma, Bond, Masuda, & Lillis, 2006; Hayes, Strosahl & Wilson , 1999; Hofmann, Asnaani et al., 2012; Hofmann, Sawyer, Fang, & Asnaani, 2012). 이것은 그로스Gross(1998)가 과정 모델에서 설명한 현대 감정 연구와 완전히 일치한다. 그로스의 감정 생성 과정 모델은 감정 관련 단서가 처리되어 생리적, 행동적, 경험적 반응을 활성화하고, 이들 반응은 감정 조절 경향에 의해 조절된다는 것이다. 따라서 사용하는 기법이 감정 조절에 참여하는 시점에 따라 선행 자극 초점antecedent-focused 전략이나 반응 초점response-focused 전략 가운데 하나가 된다. 선행 자극 초점 감정 조절 전략에는 인지 재평가와 상황 수정, 주의 배치가 포함되는데, 감정적인 반응이 완전히 활성화하기 전에 일어난다. 대조적으로 반응을 억제하거나 참아 내려는 반응 초점 감정 조절 전략은 반응이 시작된 다음에 감정 표현이나 경험을 바꾸려는 시도이다.

진단 편람에 정의된 장애를 가로지르는 많은 병리학적 차원이 있다. 일부만 나열하면 부정적 정동, 충동 조절, 주의력 조절, 반추와 걱정, 인지 유연성, 자기 인식, 접근 기반 동기 등이다. 이러한 차원이 정신 병리 이해의 중심이 되면, 주어진 맥락과 추구하는 목표에 따라 가장 적합한 전략을 유연한 방식으로 채택하는 것이 장기적인 적응에 최적의 방법이 될 수 있다(Bonanno, Papa , Lalande, Westphal, & Coifman, 2004). 많은 형태의 정신 병리는 공포나 슬픔, 분노, 고통 같은 부정적인 유인가를 지닌negative valenced[1] 반응과 관련이 있다. 하지만 이들은 삶에서 긍정적인 역할을 하기도 한다. 어떤 심리적 반응이나 이런 반응을 다루는 어떤 전략도 변함없이 적응적이거나 부적응적이지는 않다(Haines et al., 2016). 현대 인지행동치료의 목표는 느낌이나 사고, 감각,

1) 유인가(valence) : 심리학 용어로는 어떤 사물이나 현상이 지니고 있는 심리적 매력 또는 심리적으로 끄는 힘의 정도를 말한다. 주로 감정 이론에서 한 축을 유인가로, 다른 한 축을 각성의 정도로 두고 여러 가지 감정 상태를 설명하는 용도로 쓴다.

기억을 없애거나 억제하는 것이 아니라 더 긍정적인 삶의 궤적을 밟도록 북돋는 것이다. 긍정적인 성장과 발전을 조성하는 것과 관련한 과정을 표적으로 하는 가장 좋은 방법을 배우는 것이 현대 개입 과학의 도전이며 이 책의 초점이다.

인지행동치료의 핵심 과정을 향한 이동
Moving Toward Core Processes in CBT

한스 위르겐 아이젱크(1952)가 공식화하고, 고든 폴Gordon Paul(1969)이 개정한 정신치료 연구에 관한 근본적인 질문은 여전히 수정할 필요가 있다. 이제 핵심 질문은 전반적인 방식에서 개입이 효과가 있을 것인지도 아니고, 맥락 특정적인 방식으로 효과적인 기법을 어떻게 결정할지도 아니다. 첫 번째 질문은 이미 답이 나왔고, 기법을 강조한 두 번째 질문은 진보적인 방식으로 체계화하기 어려운 방법만 양산했다. 순전히 증후군에 초점을 맞추는 것이든, 주로 기법적인 접근을 했든 기능적으로 분명한 실체를 찾을 수 없으므로 더 이상 의미를 둘 필요가 없다.

연구 도메인 진단기준을 향한 움직임에는 정신치료 분야에서의 진화의 순간과 맞아떨어지는 중요한 측면이 있다. 복잡 네트워크 접근complex network approach은 정신 병리와 치료에 대한 잠재적으로 앞날이 밝을 새로운 전망을 제시한다(Hofmann, Curtiss, & McNally, 2016). 이 접근법은 정신장애가 밑바탕에 있는 질병 실체 때문에 생긴다고 가정하지 않고, 관련 요소의 네트워크 때문에 생긴다고 본다. 효과적인 치료는 핵심 과정을 표적으로 하여 병리적 상태의 네트워크 구조를 바꿔 비병리적 상태로 만든다. 전통적인 기능 분석과 마찬가지로 이러한 핵심 병리 과정을 표적으로 이를 찾아 맥락 특정적인 방식으로 바꾸려면, 자극과 반응 사이의 인과 관계를 이해해야 한다. 종단 설계longitudinal designs는 임상의가 시간에 따른 정신 병리의 발달을 예측할 수 있는 표적화한 특정 척도를 개발할 수 있게 한다(Westin, Hayes, & Andersson, 2008). 임상의는 근거 기반 방법을 사용하여 이러한 척도를 변화의 표적으로 삼을 수 있다. 또 이 과정에서 변화를 매개하는 역할을 정할 수 있다(예, Hesser, Westin, Hayes, Andersson, 2009, Zettle, Rains, & Hayes, 2011).

연구자들은 연구 도메인 진단기준과 기능 분석, 복잡 네트워크 접근, 종단 설계 같은 전략을 결합하여 정신치료와 심리적 개입의 핵심 변화 과정을 찾는 데 진전을 이루고 있다(Hayes et al., 2006). 표적 과정으로 이동하는 구성 성분에 관한 지식이 늘어나며 이러한 바탕 위에 하나의 틀이 만들어지고 있다(예, Levin, Hildebrandt, Lillis, &

Hayes, 2012). 주어진 상황에서 주어진 목표가 있는 내담자에게 어떤 핵심 생물심리사회적 과정을 표적으로 해야 하는지를 배우고, 그 다음으로는 이 과정을 바꿀 확률이 가장 높은 성분 방법을 찾는 것이 목표이다.

정신치료에서 핵심 과정을 찾는 작업은 정신치료자를 미래로 안내할 것이다. 이러한 과정은 경직되고 임의적인 진단 시스템을 바탕으로 하는 치료 프로토콜의 한계를 넘어설 수 있게 할 것이다. 또 치료를 이론과 직접 연결할 수 있다. 이런 비전은 인지행동치료와 근거 기반 치료를 좀 더 과정 기반 형태로 만들려는 이 책에 생기를 불어넣는다. 또한 이미 이 영역에 존재하는 경향을 한곳에 모아 많은 전통과 세대의 작업을 인지 및 행동적 접근에 따른 치료의 강점으로 만들어 내고 있다.

참고문헌

American Psychiatric Association (2000). *Diagnostic and statistical manual of mental disorders: DSM-IV-TR* (4th ed., text revision). Washington, DC: American Psychiatric Association.

American Psychiatric Association (2013). *Diagnostic and statistical manual of mental disorders:DSM-5* (5th ed.). Washington, DC: American Psychiatric Association.

American Psychological Association Presidential Task Force on Evidence-Based Practice (2006). Evidence-based practice in psychology. *American Psychologist, 61*(4), 271–285.

Barlow, D. H., Allen, L. B., Choate, M. L. (2004). Toward a unified treatment for emotional disorders. *Behavior Therapy, 35*(2), 205–230.

Barlow, D. H., Ellard, K. K., Fairholm, C., Farchione, T. J., Boisseau, C. L., Ehrenreich-May, J. T., et al. (2010). *Unified protocol for transdiagnostic treatment of emotional disorders (treatments that work series)*. New York: Oxford University Press.

Bonanno, G. A., Papa, A., Lalande, K., Westphal, M., & Coifman, K. (2004). The importance of being flexible: The ability to both enhance and suppress emotional expression predicts long-term adjustment. *Psychological Science, 15*(7), 482–487.

Brown, T. A., & Barlow, D. H. (2009). A proposal for a dimensional classification system based on the shared features of the DSM-IV anxiety and mood disorders: Implications for assessment and treatment. *Psychological Assessment, 21*(3), 256–271.

Casey, B. J., Craddock, N., Cuthbert, B. N., Hyman, S. E., Lee, F. S., & Ressler, K. J. (2013). DSM-5 and RDoC: Progress in psychiatry research? Nature Reviews: *Neuroscience, 14*(11), 810–814.

Chambless, D. L., & Hollon, S. D. (1998). Defining empirically supported therapies. *Journal of Consulting and Clinical Psychology, 66*(1), 7–18.

Chambless, D. L., & Ollendick, T. H. (2001). Empirically supported psychological interventions: Controversies and evidence. *Annual Review of Psychology, 52*, 685–716.

Cuthbert, B. N., & Kozak, M. J. (2013). Constructing constructs for psychopathology: The NIMH research domain criteria. *Journal of Abnormal Psychology, 122*(3), 928–937.

Deacon, B. J. (2013). The biomedical model of mental disorder: A critical analysis of its validity, utility, and effects on psychotherapy research. *Clinical Psychology Review, 33*(7), 846–861.

Eysenck, H. J. (1952). The effects of psychotherapy: An evaluation. *Journal of Consulting Psychology, 16*(5), 319–324.

Gifford, E. V., Kohlenberg, B. S., Hayes, S. C., Pierson, H. M., Piasecki, M. P., Antonuccio, D. O., et al. (2011). Does acceptance and relationship focused behavior therapy contribute to bupropion outcomes? A randomized controlled trial of functional analytic psychotherapy and acceptance and commitment therapy for smoking cessation. *Behavior Therapy, 42*(4), 700–715.

Gornall, J. (2013). DSM-5: A fatal diagnosis? *BMJ, 346*: f3256.

Gross, J. J. (1998). Antecedent-and response-focused emotion regulation: Divergent consequences for experience, expression, and physiology. *Journal of Personality and Social Psychology, 74*(1), 224–237.

Haines, S. J., Gleeson, J., Kuppens, P., Hollenstein, T., Ciarrochi, J., Labuschagne, I., et al. (2016). The wisdom to know the difference: Strategy-situation fit in emotion regulation in daily life is associated with well-being. *Psychological Science, 27*(12), 1651–1659.

Hayes, S. C., Follette, V. M., & Linehan, M. M. (Eds.). (2004). *Mindfulness and acceptance: Expanding the cognitive-behavioral tradition*. New York: Guilford Press.

Hayes, S. C., Luoma, J. B., Bond, F. W., Masuda, A., & Lillis, J. (2006). Acceptance and commitment therapy: Model, processes, and outcomes. *Behaviour Research and Therapy, 44*(1), 1–25.

Hayes, S. C., Strosahl, K. D., & Wilson, K. G. (1999). *Acceptance and commitment therapy: An experiential approach to behavior change.* New York: Guilford Press.

Hesser, H., Westin, V., Hayes, S. C., & Andersson, G. (2009). Clients' in-session acceptance and cognitive defusion behaviors in acceptance-based treatment of tinnitus distress. *Behaviour Research and Therapy, 47*(6), 523–528.

Hofmann, S. G. (2011). An introduction to modern CBT: *Psychological solutions to mental health problems*. Oxford, UK: Wiley.

Hofmann, S. G. (2014a). Toward a cognitive-behavioral classification system for mental disorders. *Behavior Therapy, 45*(4), 576–587.

Hofmann, S. G. (Ed.). (2014b). *The Wiley handbook of cognitive behavioral therapy* (Vols. I–III). Chichester, UK: John Wiley & Sons.

Hofmann, S. G., Asmundson, G. J., & Beck, A. T. (2013). The science of cognitive therapy.

Behavior Therapy, 44(2), 199–212.

Hofmann, S. G., Asnaani, A., Vonk, I. J., Sawyer, A. T., & Fang, A. (2012). The efficacy of cognitive behavioral therapy: A review of meta-analyses. *Cognitive Therapy and Research, 36*(5), 427–440.

Hofmann, S. G., & Barlow, D. H. (2014). Evidence-based psychological interventions and the common factors approach: the beginnings of a rapprochement? *Psychotherapy, 51*(4), 510–513.

Hofmann, S. G., Curtiss, J., & McNally, R. J. (2016). A complex network perspective on clinical science. *Perspectives on Psychological Science, 11*(5), 597–605.

Hofmann, S. G., Sawyer, A. T., Fang, A., & Asnaani, A. (2012). Emotion dysregulation model of mood and anxiety disorders. *Depression and Anxiety, 29*(5), 409–416.

Hofmann, S. G., & Smits, J. A. J. (2008). Cognitive-behavioral therapy for adult anxiety disorders: A meta-analysis of randomized placebo-controlled trials. *Journal of Clinical Psychiatry,69*(4), 621–632.

Hollon, S. D., Stewart, M. O., & Strunk, D. (2006). Enduring effects for cognitive behavior therapy in the treatment of depression and anxiety. *Annual Review of Psychology, 57*, 285–315.

Insel, T., Cuthbert, B., Garvey, M., Heinssen, R., Pine, D. S., Quinn, K., et al. (2010). Research domain criteria (RDoC): Toward a new classification framework for research on mental disorders. *American Journal of Psychiatry, 167*(7), 748–751.

Klepac, R. K., Ronan, G. F., Andrasik, F., Arnold, K. D., Belar, C. D., Berry, S. L., et al. (2012). Guidelines for cognitive behavioral training within doctoral psychology programs in the United States: Report of the Inter-Organizational Task Force on Cognitive and Behavioral Psychology Doctoral Education. *Behavior Therapy, 43*(4), 687–697.

Laska, K. M., Gurman, A. S., & Wampold, B. E. (2014). Expanding the lens of evidence-based practice in psychotherapy: A common factors perspective. *Psychotherapy, 51*(4), 467–481.

Levin, M. E., Hildebrandt, M. J., Lillis, J., & Hayes, S. C. (2012). The impact of treatment components suggested by the psychological flexibility model: A meta-analysis of laboratory-based component studies. *Behavior Therapy, 43*(4), 741–756.

McHugh, R. K., Murray, H. W., & Barlow, D. H. (2009). Balancing fidelity and adaptation in the dissemination of empirically-supported treatments: the promise of transdiagnostic interventions. *Behaviour Research and Therapy, 47*(11), 946–995.

McNally, R. J. (2011). *What is mental illness?* Cambridge, MA: Belknap Press of Harvard University Press.

Miller, G. A. (2010). Mistreating psychology in the decades of the brain. *Perspectives on Psychological Science, 5*(6), 716–743.

Norton, P. J. (2012). *Group cognitive-behavioral therapy of anxiety: A transdiagnostic treatment manual.* New York: Guilford Press.

Ollendick, T. H., Muris, P., Essau, C. A. (in press). Evidence-based treatments: The debate.

In S.G. Hofmann (Ed.), Clinical psychology: *A global perspective*. Chichester, UK: Wiley-Blackwell.

Paul, G. L. (1969). Behavior modification research: Design and tactics. In C. M. Franks (Ed.), *Behavior therapy: Appraisal and status* (pp. 29–62). New York: McGraw-Hill.

Raimy, V. C. (Ed.). (1950). *Training in clinical psychology*. New York: Prentice Hall.

Sackett, D. L., Strauss, S. E., Richardson, W. S., Rosenberg, W., & Haynes, R. B. (2000). *Evidence-based medicine: How to practice and teach EBM* (2nd ed.). London: Churchill Livingstone.

Smith, M. L., & Glass, G. V. (1977). Meta-analysis of psychotherapy outcome studies. *American Psychologist, 32*(9), 752–760.

Szasz, T. (1961). *The myth of mental illness: Foundations of a theory of personal conduct*. New York: Hoeber-Harper.

Tolin, D. F., McKay, D., Forman, E. M., Klonsky, E. D., & Thombs, B. D. (2015). Empirically supported treatment: Recommendations for a new model. *Clinical Psychology: Science and Practice, 22*(4), 317–338.

Varga, S. (2011). Defining mental disorder: Exploring the "natural function" approach. *Philosophy, Ethics, and Humanities in Medicine, 6*(1), 1.

Wakefield, J. C. (1992). The concept of mental disorder: On the boundary between biological facts and social values. *American Psychologist, 47*(3), 373–388.

Westin, V., Hayes, S. C., & Andersson, G. (2008). Is it the sound or your relationship to it? The role of acceptance in predicting tinnitus impact. *Behaviour Research and Therapy, 46*(12), 1259–1265.

World Health Organization (1992–1994). *International statistical classification of diseases and related health problems: ICD-10* (10th rev., 3 vols.). Geneva: World Health Organization.

Zettle, R. D., Rains, J. C., & Hayes, S. C. (2011). Processes of change in acceptance and commitment therapy and cognitive therapy for depression: A mediational reanalysis of Zettle and Rains. *Behavior Modification, 35*(3), 265–283.

2장

임상 심리학에 적용하는 과학 철학

The Philosophy of Science As It Applies to Clinical Psychology

션 휴즈 Sean Hughes, PhD[1) • 겐트대학 실험 임상 및 건강 심리학부

1) 저자 주. Jan De Houwer가 받은 The Ghent University Methusalem 연구 기금BOF16/MET_V/002이 이 장의 집필을 지원했다. 교신저자 메일 sean.hughes@ugent.be.

인간 이해의 한계를 넓히려는 과학자가 세 명 있다고 상상하자. 첫 번째는 차갑고 어두운 달 표면에서 토양 샘플을 분석하느라 바쁜 우주인이다. 두 번째는 해양 생물학자로 펭귄이 대형 수족관에서 더 활발히 활동할 방법을 찾는다. 세 번째는 중앙아프리카 열대 우림을 헤치고 다니는 은백색 고릴라가 구애하는 행위에 관심이 깊은 영장류 학자이다. 세 사람은 모두 특정 현상을 이해하려고 과학적 방법을 사용하지만 다른 방식으로 목표에 접근한다. 그들이 흥미를 느끼는 근본 질문(예를 들어 달 토양의 구성 성분은 무엇인가? 사로잡힌 펭귄의 행동은 어떻게 바꿀 수 있는가? 영장류는 야생에서 어떻게 사회적 행동을 하는가?)이 그들이 사용하는 절차와 이론의 생성, 수집 자료의 유형, 궁극적으로 만족스러운 해답 등을 안내할 것이다.

여러 면에서 임상 심리학은 이와 비슷한 상황에 있다. 임상의와 연구자는 인간의 고통을 줄이고 삶의 질을 증진하는 방법을 이해하려는 공통의 목표를 위해 서로 연결되었다. 하지만 종종 이들은 근본적으로 다른 방식으로 이것을 다룬다. 어떤 사람은 역기능적 신념, 병적 인지 도식, 심리적 고통의 근거가 되는 잘못된 정보 처리 스타일 등을 탐지하고 수정하며 이런 목표를 가장 잘 달성할 수 있다고 주장한다(예, Beck, 1993; Ellis & Dryden, 2007). 다른 사람은 내적 사건의 특정 형태나 빈도가 아니라 그것의 기능과 접촉하여 이를 바꾸는 것이 최선의 해결책이라고 반박한다(예, Hayes, Strosahl, & Wilson, 1999; Linehan, 1993; Segal, Williams, & Teasdale, 2001). 우리는 종종 빽빽하게 들어찬 임상 연구와 이론화의 정글에서 서로 다른 전통이 치열하게 경쟁하는 것을 발견한다. 한 관점을 지지하는 그룹은 자신의 절차와 결과, 이론, 치료법에 있는 논리적 우위성을 주장하지만, 다른 사람도 마찬가지로 자신의 것을 확신하며 반응한다(예, Reyna, 1995를 보라). 이런 환경에서 당신은 *심리적 고통 문제에 "최선의" 해결책이라는 것이 실제로 있는지* 자문할 수 있다. 임상의와 연구자가 "최선의" 질을 어떻게 규정하는가? 이 선택은 주관적인가, 객관적인가? 주어진 절차와 결과, 이론, 치료법이 다른 것보다 만족스럽거나 나은지를 실제로는 어떻게 결정하는가?

임상 연구자가 진공 상태의 차가운 우주 공간이나 수족관 수조, 열대 우림의 습한 실내에서 활동하지는 않는다. 하지만 그들은 과학의 가치와 목표를 끌어내는 더 큰 맥락 범위에서 활동한다. 이 맥락에서 중요한 측면 가운데 하나가 철학적 세계관worldview이다. 세계관은 과학, 인과 관계, 자료, 설명의 본질과 목적을 특정한다. 세계관은 우리가 우리 분야에서 적절한 주제로 어떤 것을 고려하는지, 무엇이 분석 단위가 될 것인지,

우리가 구축하고 평가하는 이론과 치료법의 유형이 무엇인지, 우리가 구축하는 방법론이 무엇이고 어떻게 결과를 생성하고 해석해야 하는지를 정의한다.

존재론ontology과 인식론epistemology, 가치론axiology에 관한 질문은 임상 연구와 치료를 구성하는 일상적 시도와 그 과정에서 겪는 어려움과는 동떨어진 추상적인 것으로 여겨질 수 있다. 우리는 철학적 가정이 우리가 숨 쉬는 공기와 얼마나 비슷한지 보여줄 것이다. 보통은 그것이 눈에 띄지 않는다. 우리의 일상 기능에 필수적인 것이지만, 우리는 종종 당연한 것으로 여긴다. 하지만 이러한 문제를 피할 수 있는 특권이 있는 곳은 없다. 당신의 세계관은 당신이 생각하고 행동하는 방식을 소리 없이 조형하며 이론과 치료법, 기술, 당신이 맞다고 믿는 자료 등에 영향을 미친다(예, Babbage & Ronan, 2000; Forsyth, 2016). 그것이 내담자와 상호 작용할 때 당신의 순간순간 행동을 좌우한다. 이러한 가정을 분명하게 표현하고 조직화하면 당신은 자신의 과학적 관점이 내적 일치도를 갖게 하는 강력한 방법에 접근할 수 있다. 또 지식을 개발하려는 노력이 당신의 (임상) 과학 목표에 준하여 측정되었을 때 당신은 진보했다는 걸 확신할 수 있다.

과학적 노력이 진전을 이루려면 경쟁하는 이론적, 방법론적 설명을 평가할 기준을 갖추어야 한다. 하지만 학자들은 종종 다른 유형의 논쟁에 참여한다. 즉, 합법성legitimacy, 우선성primacy, 가치value 등에 중점을 두고 한 가지 지적 전통과 다른 것 사이에서 논쟁을 벌인다. 자신이 접근하는 방법의 철학적 가정(결국 과학적 목표와 가치)을 다른 사람의 가정, 목표, 가치에 적용하려 한다는 점에서 이러한 논쟁을 "유사 갈등pseudoconflicts"이라고 한다(Pepper, 1942; Hayes, Hayes, & Reese, 1988). 예를 들어 행동주의 치료자는 인지 도식이나 인지편향 같은 설명적 구성물은 심리 사건의 예측과 영향력을 촉진하는 조작할 수 있는 맥락적 변수에 중점을 두는 것과 상반되는 것이라고 (심지어는 전혀 관계없다고) 생각한다. 따라서 그들은 정신을 매개로 한 표현과 과정의 가치를 무시할 수 있다. 비슷하게 인지 기반 연구자는 마음의 정신적 장치mental machinery를 언급하지 않은 분석은 어떤 것이라도 단순히 기술적descriptive인 것이고 설명력이 부족하다고 생각할 것이다. 다우어Dougher(1995)가 지적했듯이 학자들은 상대방이 "왜 그렇게 구식이거나 방향이 명백히 잘못된 견해를 굳게 지키는지, 남의 견해를 왜곡하는 것을 고집하는지, 논리와 자료가 모두 자기 견해가 열등하다고 말하는데도 보지 못하는지" 의아해할 것이다(p. 215). 이러한 논쟁의 철학적 기원을 인식하지 못하면 종종 좌절하거나 비꼬게 된다. 심지어 견해가 다른 사람을 지적하거나 그들의 학문적 능력에 관해 인신공격하기도 한다(p. 215).

자신의 철학적 가정을 논리정연하게 표현할 수 있는 심리학자라면 각 전통에서 어떤 것이 더 진실하고 생산적인 갈등인지 확인할 수 있을 것이고, 이는 이론과 연구에 진전을 가져올 것이다. 그들은 본질적으로 퇴행적인 경향을 띨 수밖에 없는 유사 갈등에 시간을 낭비하지 않는다. 다른 말로 하면 당신이 하는 작업의 철학적 토대를 제대로 인식하면 당신은 독단주의나 오만함 없이 다른 가정을 하는 사람들과 소통할 수 있다. 이러한 융통성이 이 책의 핵심 주제이다. 이는 근거 기반 치료의 다양한 분야가 철학적 분할philosophical divides을 넘어 서로 소통하는 법을 배우게 한다. 이런저런 까닭으로 인지 및 행동 학파 컨소시엄은 최근에 경험적 임상가empirical clinician를 위한 훈련 표준에 과학 철학 훈련을 추가했다(Klepac et al., 2012).

임상 문헌은 압도적인 숫자의 관점이 모이는 곳이다. 이는 개연성 있는 이론과 개념을 모두 섞어서 더 나은 치료 성과가 나타나게 한다는 희망을 품게 하지만, 동시에 학생들이 김빠진 절충주의를 채택하도록 유혹하기도 한다. 잘 훈련된 접근법을 조합하는 것은 할 수 있는 일이고 도움이 되지만, 이론과 치료법을 일관성 없는 방식으로 섞으면 혼란만 더해진다. 밑바탕에 있는 철학적 가정을 잘못 이해하거나 무시하기 때문이다.

이번 장은 세 절로 나누어진다. 1부에서는 임상 훈련을 수행하는 사람에게 적용할 수 있는 과학 철학의 핵심 주제를 간단히 소개한다(더 확장된 치료법의 예는 Gawronski & Bodenhausen, 2015, Morris, 1988, Guba & Lincoln, 1994에 있다). 2부에서는 1940년대에 스테펜 페퍼Stephen Pepper가 처음으로 추진했던 여러 가지 세계관을 소개하며 특별히 기계론과 맥락주의에 초점을 맞추었다. 이런 세계관들이 임상 심리학을 어떻게 조형하여 이끄는지를 보여줄 것이다. 3부에서는 세계관 선정과 평가, 소통, 협력에 관한 주제를 살펴본다. 나중에 독자가 특정한 철학적 관점을 채택하기로 할 때 대안 관점이 무엇인지, 이 결정이 어떻게 자기 생각과 행동을 조형하는지, 자신과 다른 방식으로 세계를 보는 (또는 구성하는) 동료와 어떻게 상호 작용할 수 있는지 등을 인식하게 될 것이다.

1부: 과학 철학의 개요 A Brief Introduction to Philosophy of Science

*과학*은 보통 경험적으로 유도한 근거와 연결하여 체계적인 지식의 본체body of knowledge를 개발하려는 것과 관련이 있다(예, Lakatos, 1978; Laudan, 1978). 이러한 지식 체계는 "경험한 세계의 현상과 과정이 서로 관계하는 패턴"을 이해하고, 이것에 영향을 미치려는 뜻으로 만들어졌다(Lerner & Damon, 2006, p. 70). *과학 철학*이란 이러한 체계적 지식 본체를 구축하게 하는 하부의 개념적 바탕을 뜻한다. 과학의 영역을 정의하

는 특정 이론이나 방법, 관찰에 초점을 맞추기보다는 과학한다는 것scientific enterprise 자체에 관심을 둔다. 과학 철학의 목표는 실제 과학에서 종종 암묵적으로 (또는 당연한 것으로) 받아들여지거나 그 경로를 결정하는 가정을 밝히는 것이다(즉, 과학을 어떻게 진행해야 하는지, 어떤 조사 방법을 써야 하는지, 나타난 결과를 얼마나 믿어야 하는지, 획득한 지식의 한계는 무엇인지 등을 말한다). 이런 식으로 과학 철학은 임상 심리 과학을 살펴보고 평가할 수 있게 하는 하나의 관점을 제공한다.

철학적 세계관 **Philosophical Worldviews**

*철학적 세계관*은 일련의 일관성 있는 가정의 집합으로 과학이나 치료 활동의 장을 마련하게 하는 사전 분석적preanalytic 틀을 제공한다(Hayes et al., 1988을 보라. 밀접하게 관련된 용어로 쿤의 "패러다임"(1962)과 라카토스의 "연구 프로그램"(1978)이 있다). 어떤 사람의 세계관이란 그가 자료나 도구, 이론, 치료법, 참가자, 결과 등을 수용할 수 있을지를 설명하고 규정하는 신념 체계이다. 세계관을 구성하는 기본 신념은 전형적으로 다음에 나오는 서로 관련된 질문을 주고받는 가운데 만들어진다. 한 질문에 대한 답변이 다른 질문에 대한 답변을 제한한다.

존재론적 질문 The ontological question

*존재론*Ontology은 보통 실재reality[2]나 "존재being"의 본질nature, 기원origin, 구조structure와 관련이 있다. 다른 말로 하면 무엇인가를 "실재real"라고 할 때 그것이 무엇을 뜻하고, 객관적인 방식으로 그 실재를 연구할 수 있는지에 관한 의문이다. 많은 존재론적 입장이 있을 수 있고, 우리는 그러한 입장을 취해 왔다. 다른 관점도 많지만 심리학에서의 중요성을 고려하여 우리는 실증주의와 후기 실증주의, 구성주의를 간단히 살펴볼 것이다.

*실증주의*Positivism는 종종 "소박 실재론[3]naïve realism"에서 보이는 신념을 말하는 것으로 환원론reductionistic과 결정론deterministic의 관점이다. 여기서는 자연 법칙natural law과 기계론mechanisms 체계에 의해 지배되는 발견할 수 있는 실재가 있다고 생각한다. 과학 모델과 이론은 그것이 마음과 독립적인 실재로서의 독립체entity와 그것들의 관계에 관해 주장할 수 있게 하는 범위에서만 유용하거나 타당하다(즉, 대응성으로서의 진리truth

---

2) 이 장에서는 real을 '실재'로 번역했다.

3) 감각이 우리가 사물을 있는 그대로 자각할 수 있게 한다는 개념이다. 사회심리학적으로는 우리가 주변 세계를 객관적으로 보지만, 우리에게 동의하지 않은 사람은 비합리적이거나 왜곡되었다고 생각하는 인간의 경향성을 뜻한다.

as correspondence). 이런 형태의 "지식은 관례적으로 시간과 맥락을 벗어난 일반화 형태로 요약되고, 그 가운데 일부는 인과율 형태를 취한다."(Guba & Lincoln, 1994, p. 109) 과학적 진보 자체는 이론이 나타내는 본질representational nature이 점차 단일한 실재에 수렴할 때 발전하는 것으로 본다.

후기 실증주의Postpositivism 역시 마음과 독립적인 실재가 존재한다고 가정한다. 하지만 인간은 지적 능력이 편향되었고, 현상은 근본적으로 다루기 어려운 속성이 있으므로 그 실재는 불완전하게 또 확률적으로만 이해할 수 있다. 후기 실증주의자는 지각이나 이론과 관계없는 독립적인 실재가 있다고 믿지만, 동시에 인간은 절대적 확실성으로 그 실재를 알 수는 없다고 주장한다(예, Lincoln, Lynham, & Guba, 2011을 보라). 따라서 우리가 수용할 수 있는 실재에 대한 이해에 수렴하려면 (완벽하지는 않더라도) 실재에 관한 모든 과학적 주장을 빈틈없이 조사해야 한다.

*구성주의Constructivism*는 실증주의나 후기 실증주의와 달리 상대론적relativistic 존재론 입장을 취한다. 마음과 독립적인 실재는 구성물로 대체되며, 실재는 우리의 지각이나 이론과 독립적으로 존재하지 않는다. 대신 우리는 우리의 경험과 우리가 속한embedded 사회적, 경험적, 역사적, 문화적 환경과의 상호 작용을 바탕으로 실재를 해석하고 구성한다. 구성된 실재는 변형될 수 있고, 구성된 각각의 실재는 내용과 세련도에서 차이가 있고, 절대적인 의미에서 "진리truth"가 아니다. 구성주의자는 이런 현상이 있다는 것을 인정하지만, 도대체 우리의 개인적 관점을 벗어나서 합리적으로 실재를 알 수 있는 범위가 있느냐고 이의를 제기한다(예, Blaikie, 2007; Lincoln et al., 2011; Von Glasersfeld, 2001을 보라). 일부 구성주의자는 단순히 실용주의 기반에서 존재론적 질문을 답변할 수 있고, 유용하고, 필요한 질문으로 보는 걸 반대한다(Hayes, 1997).

인식론적 질문 The epistemological question

인식론Epistemology, 즉 지식 이론은 지식의 획득과 그것이 타당한 까닭에 관심을 둔다(즉, 지식의 타당성과 우리가 그것을 어떻게 알게 되는지, 우리가 어떤 것을 아는지 또는 알 수 있는지를 다룬다). 그것은 "우리가 지식을 축적해 왔다는 것을 우리는 얼마나 확신하는가?", "우리는 지식과 신념을 어떻게 구별할 수 있는가?" 등의 질문을 포함한다. 과학에 적용했을 때 "지식"은 과학 이론이나 과학적 설명, 과학 법칙을 뜻하고, "인식론"은 "근거가 어떤 방식으로 이론을 지지하는가?"나 "이론이 참 또는 거짓이라고 말하는 것이 무엇을 뜻하는가?", "이론의 개정과 변화가 합리적 과정인가, 비합리적 과정인가?"와 같은 질문이 될 수 있다. 다시 말하지만 과학 지식을 추구할 때 각기 다른

입장이 있을 수 있다.

실증주의는 이원론적dualistic[4]이고 객관주의자objectivist 입장을 취한다. 적절한 방법론에 접근할 수 있는 범위에서 인식자(과학자)the knower는 사건을 "실제 있는 대로" 또 "실제 작동하는 대로" 객관적으로 관찰하고 기록할 수 있다고 본다. 이 과정이 관심 대상인 현상에 영향을 미치지 않고, 현상도 인식자에게 영향을 미치지 않는다. 인식 대상the known에 영향을 미치는 (또는 반대인) 상황은 타당도를 위협한다는 걸 나타내고, 인식자는 잠재적 오염원을 줄이거나 없애려는 전략을 행한다.

후기 실증주의는 제한적qualified 이원론자/객관주의자이다. 이는 세계를 관찰하고 기록하는 방식이 불완전하다는 걸 고려하여 이원론을 강조하지 않는다. 관찰은 오류를 범할 수 있고, 항상 비판의 대상이 될 수 있다는 것을 수용한다. 이론은 궁극적으로 바뀔 수 있고, 다른 범주와의 관계 설정에 따라 교체될 수도 있다. 하지만 여기서도 객관주의는 여전히 과학자가 달성하려고 분투해야 하는 "조절력을 지닌 이상regulatory ideal"이다(Lincoln et al., 2011). 과학적 분석은 (완전하지는 않더라도) 실재에 대한 정확한 이해에 수렴할 수 있는 범위에서 "참"이나 "타당함"으로 여겨진다(즉, 진리는 대응성이다). 이러한 분석은 다음과 같은 생각에 기반한다. (a) 지식은 실재를 구성하는 구성 메커니즘 사이의 규칙성과 인과 관계를 알아차릴 때 가장 잘 얻을 수 있다. (b) 이러한 규칙성과 관계는 과학자와 현상이 서로를 오염하지 않을 때 쉽게 확인할 수 있다. (c) 과학적 방법은 과학자가 이러한 오염을 최소화하는 가장 좋은 도구이다. 따라서 모델과 이론의 목적은 논리적으로 조직화되고, 관찰할 수 있는 세계와의 연결성이 분명하게 확립된 일반적인 설명을 제공하는 것이다. 이러한 설명에는 사적 사건의 관찰 범위를 넘어서고 휴리스틱하고 예측할 수 있는 기능이 있다.

마지막으로 구성주의는 상호 교류적transactional이고 주관적subjective이다. 인식자와 인식 대상의 상호 작용으로 결과를 얻는데, 과학 또한 이런 식으로 펼쳐지면서 말 그대로 창조된다. 지식을 관찰하고 획득하는 객관적 위치가 없으므로 지식은 주관적이다(위치가 있더라도 우리에게는 그것에 접근할 방법이 없다). 따라서 인식자는 지식 획득과 정당화 과정에서 수동적 관찰자라기보다는 능동적 참가자이다. 진리는 바탕에 있는 어떤 실재와 대응하는 것이 아니다. 오히려 그것은 특정한 분석이 "성공적인 작동"을 일으키거나 "살아남을 것"으로 여겨지는 범위에서만 진리이다. "폰 글라서스펠트Von Glasersfeld가 말한 대로 구성주의자에게 개념과 모델, 이론 등은 그것이 창조된 맥락에서 적절하

4) 여기서의 이원론은 심신일원론과 심신이원론에서 나오는 말이 아니라, 인식 주체와 인식 대상 간의 구분이 분명하다고 보는 입장을 말한다.

다고 증명될 때 살아남을 수 있다(1995, p. 4).” 구성주의 관점에서 과학은 “효과적인 행동을 위한 규칙의 모음이고, 이루어질 수 있는 가장 효과적인 행동을 만들어 낼 때 그것이 참일 수 있다”는 특별한 의미가 있다(Skinner, 1974, p.235와 Barnes-Holmes, 2000을 보라).

가치론적 질문 The axiology question

*가치론*Axiology은 지식과 인간 가치의 관계성을 뜻한다. 과학에 적용할 때 이것은 “가치가 (과학적) 사실과 어떻게 관련되었는가?”나 “과학적 과정에 연구자의 가치가 어떤 역할을 하는가?”와 같은 질문을 뜻한다. 실증주의에서는 과학자가 실재를 단면 거울을 통해 편견 없이 객관적으로 바라본다. 가치와 편향은 과학적 과정에서 자리 잡을 곳이 없고, 어떤 상황에서도 이들이 자기 활동에 영향을 미치는 것을 방지해야 한다. 알맞은 방법론과 개념적 조절로 과학적 생산품이 가치 판단과 관계없다는 것을 확신하게 한다.

후기 실증주의는 제한적으로 이와 비슷한 입장을 취한다. 모든 관찰에는 이론 적재성theory laden[5]이 있다고 가정한다. 연구자는 절대 진리를 탐색하는 것을 포기하고, 분석이 문화적, 사회적, 역사적, 개인적 기대치에 따라 인도된다는 점을 수용한다(즉, 과학은 가치 판단적value laden이다). 그렇더라도 과학자가 이러한 오염 요인이 이론적 주장과 경험적 연구 결과에 미치는 영향을 최소화하려고 최선을 다할 때 진전을 가장 잘 이룰 수 있다고 본다.

한편 구성주의는 변증법적이다. 구성된 세계의 다양성과 개인의 속성을 고려할 때 실재를 독립적으로 관찰하거나 기록할 수 있는 객관적 위치가 없다. 과학자는 주제와 나누어질 수 없고, 이론도 실무와 나누어질 수 없다. 따라서 가치란 과학자와 연구 대상인 현상의 상호 작용에 필수적인 요소이다.

방법론적 질문 The methodology question

인식자(과학자)가 무엇을 알 수 있는지 결정한 다음에는 그 지식을 만들어 내는 데 적합한 일련의 도구를 확인해야 한다. 어떤 방법론도 충분하지 않을 것이다. 실증주의자에게 방법론은 실험적이고 조작적이어야 한다. 실재는 마음에서 독립하여 객관적으로 알 수 있는 것이기에 교란 요인의 통제에서 자유로운 실재를 활용할 수 있는 방법론이 필요하다. 또 마음에서 독립적인 실재라는 판단을 하려면 “질문과 가설을 명제 형식으

5) 어떠한 관찰이 되었건 처음에 세운 이론에 영향을 받을 수밖에 없다. 선입견으로부터 완전히 자유로운 객관적 관찰이 어렵다는 뜻.

로 기술하고, 검증을 위한 경험적 시험을 거쳐야 하며, 결과가 부적절한 영향을 받는 것을 막기 위해 교란 조건을 되도록 주의 깊게 통제(조작)해야 한다(Guba & Lincoln, 1994, p. 110)."

후기 실증주의자도 비슷한 관점을 공유한다. 하지만 측정에는 당연히 오류가 있다는 점을 고려할 때, 오류의 잠재 원천을 확인한 다음에 오류를 통제하고 실재에 더 가까이 다가가도록 (각각 다른 유형의 오류가 있을 수 있는) 복수의 관찰과 측정을 반드시 시행하는 *비판적 다수주의*critical multiplism 과정에 참여해야 한다. 과학자는 독립적인 연구를 반복하면서 모델의 존재론적 타당성에 관해 더 많이 알게 된다. 결국 가설과 이론을 검증verification하는 것보다는 다수의 연구자가 반증falsification에 참여할 수 있다고 생각한다.[6)]

구성주의는 지식이 세상 밖에 자유롭게 존재하고 그러한 세상을 포착하는 객관적인 측정 절차를 설계할 수 있다는 생각에 도전한다. 연구자의 해석에 따라 모든 정보가 달라지므로 연구자와 주제의 관계가 방법론의 핵심 초점이다.

철학적 가정들은 상호 작용한다 Philosophical assumptions are interactive

인식론, 존재론, 가치론, 방법론에 관한 질문이 서로 깊이 관련되었다는 것을 주목하라. "지식의 본질에 관한 견해는 실재의 본질에 관한 견해와 상호 작용한다. 존재하는 것은 우리가 알 수 있는 것에 영향을 미치고, 우리가 알 수 있다고 생각하는 것은 종종 우리가 존재한다고 생각하는 것에 영향을 미친다(Thagard, 2007, p. xi)." 예를 들어 연구자와 독립적인 실재가 있다고 믿는다면, 과학적 탐구는 객관적으로 분리된 방식으로 수행되어야 한다. 이를 통해 연구자는 "사물이 실제로 어떤 것인지"나 "사물이 실제로 어떻게 작동하는지"를 발견할 수 있게 된다. 이것은 결국 순수하거나 상대적으로 오염되지 않은 방식으로 객관적인 실재를 반영할 수 있는 일련의 방법론을 연구자가 확인하도록 요구한다. 이러한 관점에서 볼 때 가치론(가치)에 관한 질문은 합법적인 과학 탐구의 영역을 벗어난다(역주, 예컨대 실증주의자는 과학이 가치 중립적이어야 한다고 믿을 것이다).

6) 과학은 검증이 아니라 반증이라고 주장한 것이 칼 포퍼의 중요한 주장이다. '완벽한 검증'은 있을 수 없다는 경험론의 함정을 러셀은 '칠면조의 비유'를 들어 풍자했다. 즉 어떤 사람이 칠면조를 기르면서 매일 아침 먹이를 준다고 해서, 칠면조 입장에서 '아침 6시에 먹이가 생긴다'는 명제를 증명해 낼 수 없다. 어느 날 주인이 먹이를 주지 않고 목에 칼을 겨누는 것이었다. 하필 그 날은 추수감사절이었다.

결론 Conclusion

철학적 가정을 분명히 할 때 우리는 과학 활동이나 치료 실제에 참여하기에 앞서 우리가 내린 일련의 결정을 명확히 할 수 있다. 이러한 결정은 경험적인 것보다는 본질적으로 사전 분석적인 질문을 하고 답하는 것이 된다(예를 들어 우리는 어떤 유형의 지식을 축적하려 하는가? 왜 그런가? 우리는 그 지식 체계를 어떻게 조직화하고 구성할 것인가? 무엇을 "실재 또는 진정한 근거"로 삼아 질적으로 검증할 것이며, 그것을 어떻게 해석해야 하는가?). 이러한 질문에 대한 답이 경험적 연구를 수행하는 바탕을 이룬다. 튼튼한 집을 짓기 전에 기초를 닦는 것처럼 변함없이 일관된 과학 활동에 참여하려면, 우리는 자신의 철학적 가정을 규정해야 한다.

2부: 페퍼의 네 가지 세계관과 임상 심리학의 관련성
Pepper's Four Worldviews and Their Relation to Clinical Psychology

세계관은 수많은 방식으로 범주화할 수 있고, 그렇게 해 왔다. 하지만 페퍼(1942)의 분류 도식은 서로 다른 영역의 임상 및 응용 심리학에서 이루어진 이론과 연구를 주도하는 구성 요소, 가정, 관심사 등을 되돌아보는 데 유용하다.

페퍼 논문의 핵심은 인간은 항상 복잡하고 추상적인 생각에 참여하기가 쉽지 않고, 지적 태도를 유지하려고 상식적인 안내서나 "근원 은유root metaphors"에 의존하는 경향이 있다는 것이다. 그는 비교적 적절한relatively adequate 주요 철학적 입장은 형식주의, 기계론, 유기체론, 맥락주의라는 네 가지 핵심 모델 가운데 하나로 모일 수 있다고 주장했다("세계 가설"). 각각은 지식을 어떻게 정당화하거나 표현해야 하는지, 새로운 지식을 어떻게 얻는지, 진리를 어떻게 평가할 수 있는지에 관한 간단한 안내의 일종으로 서로 다른 근원 은유를 사용한다(추가로 Berry, 1984; Hayes et al., 1988; Hayes, 1993을 보라).

이러한 세계관은 자율적이고autonomous(그것들의 기본 가정을 서로 비교할 수 없기에), 서로 다른 영역에 있는 지식 내용을 정확성precision(즉, 특정 사건에 일련의 제한적인 원리를 적용)과 범위scope(즉, 다양한 상황에 걸쳐 포괄적 범위의 사건을 설명하는 분석)와 함께 기술하게 한다. 그것들의 진리 기준은 특정 세계관에서 드러나는 과학적 분석이 적합한지를 평가하는 방법을 제공한다. 다음 절에서는 이러한 세계관을 각각 고려한 다음에 특정 유형의 임상 연구와 임상을 위한 단계를 어떻게 설정하는지 살펴본다.

형식주의 Formism

형식주의의 근원 은유는 인식할 수 있는 형태의 반복이다. 형식주의를 생각할 수 있는 한 가지 쉬운 방법은 이것이 이름을 붙이는 행위, 즉 특정 사건을 특징짓는 방법을 아는 것에 기반한 철학의 형태라는 걸 인식하는 것이다. 예를 들어 스마트폰은 많은 세부 사항particulars이 어떤 군class이나 범주category에 "참여participate"하여 이루어진다(역주, 어떤 현상이 어떤 범주에 속하는지 분류하는 것이 그 현상을 아는 것이다. 범주는 선험적으로 이미 주어졌다고 본다). 분석의 진실성이나 타당성은 단순한 대응성correspondence에 기반한다. 개별 구성원은 그 군의 특성에 대응하는 특성을 소유한다. 벽돌은 전자 제품이 아니기에 스마트폰이 아니고, 당신은 벽돌로 전화를 걸 수 없다, 데스크톱 컴퓨터는 전자 제품이고 전화를 할 수 있지만, 휴대용이 아니기에 스마트폰이 아니다 등. 과학자의 과제는 범주나 이름이 있는 일련의 포괄적 집합을 만드는 것이고, 그들 행동의 진실성이나 가치는 이 범주 체계의 본질에 얼마나 철저한지에 따라 결정된다. "그 체계에 모든 종류의 사물을 위한 범주가 있고 모든 범주를 위한 사물이 있으면, 그 범주 체계는 *선험적으로a priori* 가정하는 사물과 사건의 세계에 대응하는 것으로 여겨진다(Wilson, Whiteman, & Bordieri, 2013, p. 29)." 심리학에 적용할 때 형식주의는 현상을 특정 군이나 유형에 할당해서 이해할 수 있다는 것을 암시한다. 따라서 몇몇 질병분류학nosology이나 성격 이론은 형식주의의 좋은 예이다.

기계론 Mechanism

기계론은 형식주의보다 정교한 변형이고, 현대 심리학의 경험적 연구를 가장 많이 뒷받침하는 입장이다. 기계론의 근원 은유는 상식적인 "기계"이다. "이 접근법은 부품의 선험적 상태를 가정하긴 하지만, 개별 부품과 그들의 관계, 이러한 체계에 생기를 주는 힘을 포함하는 하나의 모델을 구축한다(Wilson et al., 2013, p. 29)." 심리학에 적용할 때 과학의 목적은 각 부분과 그것의 입력(환경)과 출력(행동)을 매개하는 관계성을 확인하는 것이다(예, 정신적 구축물, 신경학적 연결). 또 기계가 성공적으로 기능하는(예, 주의, 동기, 인지 능력, 정보) 데 필요한 작동의 필요충분조건이나 힘을 확인하는 것이다("기계론"이 때때로 응용 심리학에서 "로봇 같은"이나 "감정 없는"을 뜻하는 별칭으로 사용되었다는 것을 주목하라. 이는 과학 철학에서 말하는 기계론을 뜻하지 않는다. 내가 이 용어를 사용할 때는 어떠한 부정적 함축성도 없다).

기계론적 세계관에서 인과 관계는 연속적이다. "기전mechanism의 한 단계(예, 정신 상태)가 다음 단계(예, 다른 정신 상태)에 시동을 건다(De Houwer, Barnes-Holmes,

& Barnes-Holmes, 2016; 이 책 7장).” 더 정확히 말하면 정신 과정이 제한된 조합의 조건에서 작동하고, 그것이 행동이 관찰되는 환경 맥락과 별개이면서도 함께 변한다고 주장한다. 따라서 기계론(정신적 또는 생리학적)의 분석 단위는 기계의 구성 요소이다(예, 하나의 과정process, 실체entity, 구성construct). 이러한 요소 가운데 일부는 원리상 직접 관찰할 수 있지만(예, 뉴런), 심리학에서는 환경과 유기체의 상호 작용으로 때때로 행동 변화에서 유추하기도 한다(Bechtel, 2008을 보라).

기계의 근원 은유가 인식자와 인식 대상 모두에 적용된다는 사실을 주목하라. “인식자는 기계적 변형으로 내적 복사본을 만들고 이를 통해 세계와 관계를 맺는다. 이러한 인식론적 입장에서는 인식자와 인식 대상은 자체로 온전한 상태이므로, 기본적으로 이 둘의 관계에 의해 변할 것이 없다(Hayes et al., 1988, p. 99).” 실재의 내적 복사본(가설 모델 또는 이론)을 세상의 본모습과 관련지을 수 있을 때, 분석이 “참”이나 “타당한” 것으로 간주한다. 이것은 형식주의의 대응성에 기반한 진리 기준보다 정교한 버전이다. 특정 체계가 실재를 얼마나 제대로 반영하는지는 다른 독립적인 인식자가 예측 검증predictive verification이나 반증으로 이것을 확증하는 정도에 따라 평가된다.

기계론자는 복잡성이 부분에서 만들어지는 것으로 본다. 따라서 이들에게는 환원주의 경향이 있다. 따라서 한 사건과 다른 사건의 시간 간격을 채우는 가장 기본적인 단위를 확인하는 것이 과학의 목표가 된다(예, 정신적 표상, 과거 행동, 신경 활동, 감정). 이것은 전형적으로 실재에 대한 복제(내적 사본)를 만들 때 이루어진다. 또 복제의 사실 여부나 타당성은 실재와의 객관적인 대응성으로 결정된다(예, 정신적 모델). 기술description과 이론적 예측을 통해 이론과 실제의 대응성을 평가할 수 있을 때 만족스러운 형태의 과학적 설명을 구성할 수 있다고 간주된다. 이러한 입장이 심리학에서는 대체로 가설 연역적hypothetico-deductive이고 이론 주도적인 연구 의제로 귀결된다. 이는 원거리distal 요인(학습의 역사)을 무시하고, 행동이 내적으로 독립적인 인과적 동인causal agent이나 시스템의 산물이란 것을 강조한다.

임상적 함의 Clinical implications

임상 심리학에서 기계론적 사고의 가장 보편적인 확장은 정신 기계의 구성 요소와 작동 조건을 구체적으로 설명하는 이론과 모델의 공식화이다. 이것이 환경과 역기능 행동을 매개한다고 본다. 어느 경우이든 임상 문제의 원인과 해결책은 체계를 구성하는 요소에서 찾는다. 기전이나 작동 조건의 추가, 개정, 제거를 통해 임상 결과가 일어날 확률에 영향을 줄 수 있다. 제시된 체계와 실재 사이의 정교한 대응성에 기반한 진리 기준을 고려할 때, 기계론자는 이론과 치료의 예측 검증을 필수적인 것으로 생각한다.

많은 인지 및 행동 치료에는 이러한 철학적 가정이 들어 있다. 예를 들어 초기 행동 치료에서는 자극 짝짓기stimulus pairing나 조작적 수반성의 영향을 자극-반응이나 자극-자극 연합의 형성과 개정으로 설명할 수 있었다(예, Foa, Steketee, & Rothbaum, 1989를 보라). 마찬가지로 인지치료자는 인지 치료의 효과(Beck, 1993; Mahoney, 1974)를 인지 도식, 잘못된 정보 처리 스타일, 불합리한 인지, 자동사고 등으로 설명했고, 이것들이 환경적 입력과 행동적/감정적 출력을 매개한다고 믿었다. 그렇다면 당연히 개입의 목표는 재구조화, 재평가, 핵심신념 수정 등으로 이러한 사건의 발생에 변화가 일어나는 것이다(예, Hofmann, 2011; 21, 22장을 보라).

유기체론 Organicism

유기체론의 핵심에 있는 근원 은유는 성장하는 유기체에 있다. 유기체론자는 유기체의 발달을 하나의 형태에서 시작하여 예상된 패턴으로 성장하고 이행한 다음에 궁극적으로는 과거부터 있었던 것이 형태만 다르게 끝맺는 것으로 본다. 예를 들어 씨앗이 나무로 변하는 유기적 과정을 생각해 보자. 상태states 또는 단계phase와 변화 기간 사이의 안정성에 관한 규칙이 있고, 일단 규칙이 확인되어 설명된 다음에는 상태 또는 단계, 안정성은 일관된 단일 과정의 일부로 여겨진다. (유기체의) 현재를 설명하고 미래를 예측하려면 발달을 지배하는 기본 규칙과 이러한 규칙이 시간과 맥락에 따라 어떻게 작동하는지를 이해해야 한다(Reese & Overton, 1970; Super & Harkness, 2003).

유기체론은 목적론적teleological이다. 씨앗을 나무로 "여기듯", 발달 단계는 그 단계들이 어디로 향하는지를 알아야 의미가 있다. 유기체론의 진리 기준은 정합성coherence[7]이다. "관련된 사실들의 네트워크가 하나의 결론에 수렴할 때, 이 네트워크의 정합성이 이 결론을 '참' 으로 만든다. 이해되지 않는 모든 모순은 유기적 과정 전체에 관한 불완전한 지식 때문에 일어난다. 전체가 알려질 때 모순이 없어지고 '유기체 전체가… 분절 안에 함축되었다는 것이 밝혀진다(Hayes et al., 1988, p. 100)."

유기체론자는 종합적인(상호 작용적) 접근 방식을 좋아하며, 단순하고 선형적인 인과 관계적 설명을 거부한다. 그들은 구성 요소로 분해해서는 체계를 이해할 수 없다고 주장한다. 전체는 개별 부분의 조합이 아니고, 오히려 전체일 때 의미가 있는 부분들과 함께하는 기본 단위이다. 부분이나 단계를 확인하는 것이 어느 정도까지는 조사라는 목

---

7) coherence는 기본적으로 일관성이라 했고, 이 장과 160페이지 REC모델에서만 정합성으로 번역했다.

적이 있는 임의적 연습이 될 수 있지만, 그 단계의 순서는 결코 임의적이지 않다. "예를 들어 영아와 걸음마기 유아를 구분하는 선은 임의적일 수 있지만, 영아기가 걸음마기에 앞선다는 것은 임의적이지 않으며 선험적인 발달의 조직화를 반영하는 것으로 추정된다(Wilson et al., 2013, p. 30)."

맥락주의 Contextualism

맥락주의의 근원 은유는 계속되는 "맥락 안에서 행위"이다. 현재와 역사적 맥락에서 행해지는 모든 것은 행위가 될 수 있고, 목적과 의미에 따라 정의할 수 있다. "맥락은 우주의 모든 것을 포함하도록 공간 바깥으로 진행할 수 있다… [또는] 가장 멀리 있는 과거사를 포함하도록 시간을 끝없이 거슬러 올라가거나, 가장 지연된 결과를 포함하도록 미래 시간으로 나아갈 수 있다(Hayes & Brownstein, 1986, p. 178)." 맥락에서 행동은 과거에 일어났던 어떤 고정된 사건에 대한 설명이 아니다. 대신 그것은 신체적, 사회적, 시간적 맥락 안에서 지금 여기에서 일어나는 목적이 있는 행동이다. 따라서 맥락주의에서도 (기계론과 유기체론처럼) 관계와 힘을 기술할 수 있다. 하지만 그러한 힘과 관계의 조직화를 기술하는 것이 (형식주의나 기계론처럼) 세상의 어떤 선험적 조직화를 반영하거나 (유기체론처럼) 하나의 "이상적인 형태"로의 진행을 반영한다고 가정하지 않는다. 오히려 부분과 관계를 말하는 것은 과학자가 자신의 맥락 안에서 자신의 목적을 위해 작동하는 행위 자체이다(Hayes, 1993). 결과적으로 (심리학 안에서) 맥락주의 사고에 기반을 둔 과학 활동은 "실재 세계"를 기술하는 것에 관심을 기울이지 않는다. "오히려 기초 및 응용 분야의 연구자와 임상가가 개인과 집단의 행동을 예측하고 그것에 영향을 줄 언어를 분석하는 일에 관심이 있다(De Houwer, Barnes-Holmes, & Barnes-Holmes; 이 책 7장)."

맥락에 따른 행동은 가장 가까이 있는 행동 사례(예, 지금 여기서 동료와 상호 작용할 때 느끼는 사회 불안)에서 시간상으로 멀리 떨어진 행동(예, 2년 전에 있었던 특정 경험이 며칠 후에 있을 사교 모임에 참석할지를 결정하는 데 미치는 영향)까지 다양할 수 있다는 것을 주목하라. 이러한 가능성의 확산에 질서를 주는 것이 분석가의 실용적 목표이다(Barnes-Holmes, 2000; Morris, 1988; Wilson et al., 2013을 보라). 진리를 계량적으로 측정하는 것은 마음과 독립적인 실재와의 대응성이나 정합성에 관한 것이 아니고, 어떤 것이든 단순히 성공적인 작업의 촉진에 관한 것이다(이것이 앞에서 말했던 구성주의의 진리 기준이다. 실제로 구성주의자는 종종 맥락주의자이다).

하지만 과학적 맥락주의에는 다양성이 있다. 성공적으로 작동한다는 것을 알려면 무엇을 향해 작업하는지를 알아야 한다. 즉, 과학자나 임상가의 목표나 의도에 관한 분명한 선험적 진술이 있어야 한다(Hayes, 1993). 기술적descriptive 맥락주의자(희극작가, 자기서사 심리학자, 포스트모더니즘파, 사회적 구성주의자)는 보통 역사와 환경의 참여를 인정하도록 돕는 분석에 초점을 맞춘다. 기능적functional 맥락주의자는 정확도, 범위, 깊이를 가지고 행동을 예측하거나 행동에 영향을 주려고 노력한다(Hayes, 1993). 따라서 맥락주의는 상대론적이다. 과학자마다 목표에 따라 진리로 여기는 것이 다르다.

임상적 함의 Clinical implications.

맥락주의는 임상 연구자와 임상가가 주어진 맥락에서 한 개인의 생각, 감정, 행동의 의미와 목적에 초점을 맞추게 한다. 인본주의 심리학humanistic psychology에서는 치료자가 심리 사건에 관한 전체성 인식을 추구하면서 기술적 맥락주의 입장으로 향하는 경향이 있다(Schneider, 2011). 수용전념치료(ACT, Hayes et al., 1999), 기능분석정신치료(Kanter, Tsai, & Kohlenberg, 2010), 통합부부행동치료(Jacobson & Christensen, 1998), 행동 활성화(Jacobson, Martell, & Dimidjian, 2001)와 같은 현대의 인지 및 행동치료는 의식적으로 기능적 맥락주의 입장의 핵심을 채택한다. 변증법 행동치료(Linehan, 1993; Lynch, Chapman, Rosenthal, Kuo, & Linehan, 2006), 마음챙김 기반 인지치료(Segal et al., 2001), 합리적 정서행동 치료(Ellis & Dryden, 2007) 등과 같은 기타 치료는 기계론적 사고와 맥락적 관점을 혼용한다.

맥락주의 사고가 과학자나 임상가로 하여금 어떻게 기계론적 관점과 다른 경로를 취하게 돕는지를 보여주는 간단한 사례로 수용전념치료를 들 수 있다. 보통 수용전념치료는 생각의 내용에 초점을 맞추거나 생각의 형태 또는 빈도를 조작하려 하지 않는다. 또 생각이 얼마나 "실재"인지에도 관심을 기울이지 않는다. 대신 수용전념치료는 주어진 맥락에서 사고나 느낌, 행동이 내담자에게 어떤 *기능*이 있는지를 주의 깊게 살핀다. 연단으로 걸어가며 *자신에게 공황 발작이 있을 것*이라는 생각을 직면한 공개 강연자를 생각해 보자. 수용전념치료 치료자는 이 생각이 반드시 해롭다거나 제거 또는 수정의 대상이라고 가정하지 않는다. 오히려 "당신이 원하는 것을 얻으려면 이 생각과 어떤 방식으로 관계할 수 있을까?"를 묻는다.

치료자가 이러한 접근법을 채택하는 것은 인지나 감정, 신념, 성향disposition 등을 명시적overt 행동 같은 기타 종속 변인의 (궁극적인) 인접contiguous 원인으로 보지 않고, 하나의 종속 변인(행위)으로 여기기 때문이다. 생각과 명시적 행동의 관계를 예측하고 그것에 영향을 주려면 치료자가 관계 수정을 위해 직접 조작할 수 있는 독립 변인을 확인해야 한다. 그런데 치료자의 관점에서는 맥락적 변인만이 직접 조작에 열려 있다(Hayes & Brownstein, 1986). 정신적 기전(예, 기억, 도식, 의미론적semantic 네트워크, 명제 등의 관련성)과 이들을 연결하는 가설의 힘은 (잘 해봐야) 더 종속적인 변인일 뿐이다. 이들은 기능적 원인이 아니다. 똑같은 진리 기준(성공적 작동)이 내담자에게도 적용된다. "내담자들이 자기 생각이나 평가라는 글자 그대로의 진리에 관심을 기울이는 것을 포기하고… [그리고] 대신… 어떻게 자신의 가치에 따라 인생을 살 것인지에 관한 열정적이고 지속적인 관심을 적극적으로 받아들이라고 격려한다(Hayes, 2004, p. 647)."

3부: 여러 세계관 사이의 선택, 평가, 소통

Selection, Evaluation, and Communication Among Worldviews

앞에서 우리는 몇 가지 세계관과 그것이 임상적 사고와 실무에 어떤 정보를 줄 수 있는지를 이야기했다. 이제 당신은 세계관의 선택과 평가, 소통에 관해 스스로 새로운 질문을 할 수 있을 것이다. 예를 들어 정확히 언제, 어떻게, 왜 특정 세계관을 따르기로 마음먹었는가? 또 당신의 신념 체계가 동료보다 낫거나 유용한가? 근본적인 차이가 있다는 것을 고려할 때, 한 세계관의 지지자가 다른 관점을 채택한 사람과 소통하고 상호 작용할 수 있을까? 이제 이런 질문을 주제로 삼는다.

세계관 선택 **Worldview Selection**

사람들은 여러 가지 까닭으로 자신이 특정 세계관을 굳게 지킨다는 걸 알 수 있을 것이다. 첫째, 철학적 지향성(결국 이론에 대한 호감)은 부분적으로 기질과 성격 속성 같은 개인 특성에 따라 결정될 수 있다(예, Babbage & Ronan, 2000; Johnson, Germer, Efran, & Overton, 1988). 둘째, 우리가 의식적으로 세계관을 선택한 것이 아니라, 우리가 속한 과학적으로, 문화적으로, 역사적으로, 사회적으로 지배적인 맥락이 암묵적으로 특정 세계관을 우리에게 떠안긴 것일 수 있다. 즉, 과학자는 자신이 훈련받던 기간에 지배적이었던 시대정신zeitgeist을 뒷받침하는 철학적 틀에 동화되거나 그러한 틀을 상속받았을 수 있다. 따라서 세계관은 어느 정도는 비합리적으로 선택된 것일 수 있다(Pepper, 1942, Feyerabend, 2010, Kuhn, 1962. 합리적 연구 프로그램 선택을 주로 다룬 논쟁을 보려면 Lakatos, 1978을 보라). 예를 들어 암묵적으로 예측을 과학적 목표로 채택해 버리면, 다음에는 (정신적) 기계론적 설명이 더 간단하고 "상식적"인 것일 수 있다. 반면에 행동을 예측하고 그것에 영향을 미치는 것이 목표이면 맥락적 입장이 더 가치 있게 보일 수 있다. 셋째, 사람들은 서로 다른 세계관에서 만들어진 과학적 성과의 여러 가지 유형을 평가할 수 있고, 효과적으로 "반대 의사를 표현하며 빠져나올 수" 있다(Hayes, 1993, p. 18). 세계관의 대중성은 시간이 지나며 과학 공동체 안이나 과학 공동체 사이에서 이동하는 것으로 보인다(Kuhn, 1962). 심리 과학도 예외가 아니며 다양한 메타 이론의 패러다임과 이론, 경험적 주제가 한 시대를 주도한다.

세계관 평가 **Worldview Evaluation**

대중적 관례와 인격적 성향, 취향이 특정 세계관을 선택하도록 안내하더라도 그 세계관에 적용되는 평가 표준은 특정되어야 한다. 과학 활동(예, 발견, 이론, 치료)의 특정 생산품을 괜찮다거나 만족스럽다고 평가할 때, 우리는 기본적으로 그 활동이 한 세계관의 내적 요구와 부합하는지, 새로운 지식이 소비자에게 정합성이 있거나 논리가 정연한지를 묻게 된다.

자신의 세계관을 평가하기 Evaluating one's own worldview

자신의 과학 활동을 평가하려면 자신의 철학적 가정을 분명히 해야 한다. 예를 들어 실증주의자(실재론자) 입장을 채택하면 이론은 "실제로 있는 그대로"의 세계를 반영하는 범위에서 변화하는 "거울"이다. 따라서 평가와 진보는 실재를 가장 잘 반영하는 거울을 개발하도록 이끄는 과학 탐구에 적용할 표준을 요구한다. 후기 실증주의자(비평적 실재론자)는 비슷한(즉, 제한적) 태도를 취하며, 연구자는 오류와 편향으로 오염된 더러운 거울에 가까운 이론을 개발한다. 평가와 진전의 표준은 되도록 실재에 가깝게 나타내려고 이론의 거울을 연마하여 왜곡을 없애는 일이 된다. 연구자는 가설-연역적 모델을 사용하여 자신의 지적 주장을 가장 잘 검증할 수 있다. 아주 정밀한 예측을 비교적 탐구되지 않았던 영역으로 확장하면서 이론을 발전시켜 나간다(Bechtel, 2008; Gawronski & Bodenhausen, 2015를 보라).

맥락적 또는 구성주의적 입장을 취하면 이론 검증이 완전히 다르게 보인다. 이런 세계관에서 이론은 결국 뭔가를 얻는 데 이용하는 도구일 뿐이다. 일상생활 도구인 망치를 어떻게 평가할 수 있을지 생각해 보자. "목수가 못을 박을 수 있으면, 그 망치는 좋은 '망치'이다. 망치가 정확히 못을 가리키거나 못을 반영한다고 해서 좋은 망치라고 하는 것은 이치에 맞지 않는다(Wilson et al., 2013, p. 30)." 마찬가지로 과학자에게 원하는 결과를 얻게 하는 것이면 좋은 이론으로 간주할 수 있다. 이 경우 어떤 이론이나 모델이 다양한 상황에 걸쳐서 효과적인 개입을 끌어내는 일관성이 있는지를 보는 것이 이론을 평가하는 것이다(예, Hayes, Barnes-Holmes, & Wilson, 2012; Long, 2013을 보라).

다른 세계관을 평가하기 Evaluating the worldview of others

당신의 것과 다른 세계관을 바탕으로 한 연구 프로그램을 평가할 때, 당신의 세계관 기준을 적용하는 것은 독단적인 일이다. 기초와 응용 심리 과학 분야 모두 쓸데없이 역효과를 내는 데 많은 에너지를 소모했다. 예를 들어 기능적 맥락주의 관점을 굳게 지키는 연구자와 치료자는 동료가 왜 그렇게 정신 기계와 그것의 작동 조건 한 조각에 몰두하는지 의문을 던지고, 그 결과 학습과 맥락이 변하는 까닭의 역사가 생각을 행위로 이끄는 데 작용하는 역할을 저평가할 수 있다고 걱정할지 모른다. 기계론자는 맥락주의자가 과학적 이해에 관심이 없다고 반박할 수 있다. 기계론자는 맥락주의자를 행동 변화를 매개하는 기전을 알지 못하고 단지 환경을 조작하여 행동 변화를 일으키려는 "기술자"나 "문제 해결사"로 본다.

하지만 분명히 밝혀야 할 것은 이러한 논쟁이 유사갈등이라는 점이다. 이것은 특정 세계관을 지지하는 사람들이 자신의 철학적 가정(결국 과학적 목표와 가치)을 올바른 것으로, 다른 사람의 세계관을 잘못된 것으로 자리매김하려는 시도이다. 하지만 철학적 가정은 근거에 따른 결과가 아니기에 옳고 그른 것으로 입증될 수 없다. "근거"로 간주할 수 있는 내용을 정의할 뿐이다. 주어진 세계관에서 개발된 표준은 그러한 접근법에서 나온 생산품에만 적용할 수 있다. 더욱이 어떤 운동 종목(축구)에서 의미 있는 규칙을 다른 운동 종목(가령, 농구)의 활동을 통제하는 데 사용할 수 없는 것처럼, 다른 세계관의 약점을 보여준다고 해서 자신의 세계관이 강해지지 않는다.

이를 적절히 평가하는 네 가지 형태가 있다. 첫 번째는 자신의 접근법에 적합한 기준으로 측정된 자신의 과학 생산품의 질을 높이는 것이다. 두 번째로 덜 분명하지만 전문적으로는 도움이 되는 협조적인 방법이 있다. 이것은 상대의 가정으로 들어간 다음에 이러한 가정에 적합한 기준에 따라 측정된 과학 생산품의 질을 높이는 데 도움을 준다. 세 번째는 자신의 과학 활동을 뒷받침하는 가정과 목적을 분명히 밝히고, 다른 사람과 어떻게 다른지를 (비평가적으로) 언급한다. 예를 들면 자신이 채택한 근원 은유 및 진리 기준과 이러한 관점에서 분석을 수행하는 방법을 말하는 것이다. 동시에 다른 가정이 있는 사람에게 같은 분석을 수행하라고 고집하지 않는다. 네 번째는 소비자(예, 정부 예산 제공처, 내담자)가 보는 과학의 목표와 용도에 주목하여 연구 프로그램이 이러한 목적을 달성하는지를 객관적으로 평가하는 것이다.

다른 세계관 지지자와의 소통과 협력

Communication and Collaboration Among Proponents of Different Worldviews

앞 내용을 볼 때 한 세계관의 지지자가 자신의 목표와 가치를 희생하지 않으면서도 세계관이 다른 사람과 소통하고 협력할 수 있을지 궁금할 것이다. 심리학에서 얻은 지혜는 다른 세계관끼리의 의사소통이 어렵다는 것이다. 구체적인 예로 연구자가 같은 용어를 다른 개념을 가리키는 데 사용하거나(예, 정신-기계론적 연구자와 기능-맥락적 연구자에게 "인지"의 의미는 아주 다르다. 7장을 보라), 비슷한 생각을 나타내는 데 서로 다른 용어를 사용한다(예, "주의 할당" 또는 "자극 변별"). 이러한 어려움이 초래하는 가장 흔한 결과는 인식된 과학적 합법성을 두고 투쟁을 벌이거나 동료가 노력으로 얻은 결실을 무시하는 것이다.

하지만 이 상황을 근본적으로 다르게 생각할 수도 있다. 그것은 임상가에게 과학 철학 훈련이 필요한 까닭을 설명하는 데 도움이 된다. 서로 다른 세계관의 과학적 목표가 직각을 이루면, 그것은 서로 직접적으로 충돌할 수 없다는 뜻이기도 하다. 따라서 한 전통 안에서의 발달이 다른 과학의 의제를 개발하는 데 쓰이지 못할 까닭이 없다. 이 책은 이러한 핵심 아이디어를 중심으로 이루어졌다. 과정 기반 치료는 다른 전통에서 나온 근거들과 연결될 수 있다. 합법적인 차이를 인정함으로써 근거 기반 치료의 다른 학파나 다른 동향이 서로에게 보완이 될 수 있다.

전통이 다른 개인이 과학적 협력을 이룰 수 있는 한 가지 방법은 기능적-인지적 틀 functional-cognitive(FC) framework이라는 메타 이론적 관점을 채택하는 것이다(자세한 사항은 7장을 보라). 이 관점에서는 심리 과학은 서로 다른 두 가지 지지적인 분석 수준, 즉 환경 요소에 따른 행동을 설명하는 것을 목표로 하는 기능적 수준과 환경 요소가 행동에 영향을 미치는 정신적 기전을 이해하는 것을 목표로 하는 인지적 수준에서 수행될 수 있다. 기능-인지 틀은 개별 연구자의 목표를 간섭하지 않을 뿐 아니라 연구자 뒷면에 있는 목표나 이유를 판단하지도 않는다. 대신에 서로 지지적인 상호 작용을 추구한다. 예를 들어 기능적(맥락적) 수준에 있는 연구자는 행동의 환경적 결정 요인에 관한 지식을 제공할 수 있고, 이것은 정신 연구에 동력을 제공하거나 정신 이론을 제안하는 데 활용될 수 있다. 각 접근법이 자신의 설명 형태로 충실하게 남아 있으면, 하나의 수준에서 얻은 지식이 다른 수준을 나아지게 하는 데 사용될 수 있다(De Houwer, 2011). 이러한 메타 이론적 틀 작업은 여러 가지 연구 분야에 혜택을 주었다

(최근 리뷰는 Hughes, De Houwer, & Perugini, 2016을 보라). 따라서 이것을 임상 심리학이나 행동치료와 인지치료의 차이 등에 관한 주제로 확장하지 못할 까닭이 없어 보인다(De Houwer, Barnes-Holmes, & Barnes-Holmes, 2016; 또 이 책 7장을 보라).

결론 Conclusion

이 장의 주요 목표는 임상 및 응용 심리학에 적용하는 과학 철학의 주제를 소개하는 것이었다. 철학적 가정은 우리의 과학 활동과 치료적 실무를 소리 없이 조형하고 안내한다. "가정이나 '세계관'은 사람이 서 있는 곳과 같다. 사람이 보는 것과 행하는 것은 그 사람의 위치에 따라 커다란 영향을 받는다. 이런 식으로 가정은 참이나 거짓이 아니다. 오히려 다른 풍경에 대한 다른 시각을 제공한다(Ciarrochi, Robb, & Godsell, 2005, p. 81)." 철학적 가정의 역할 인식은 같은 분야에 있는 동료의 상호 작용을 단련하고 안내하며 연구 평가와 소통, 협력을 위한 중요한 맥락이 될 수 있다. 철학적 가정은 실험실에서든, 치료실에서든 차이를 만들어 낸다.

참고문헌

Babbage, D. R., & Ronan, K. R. (2000). Philosophical worldview and personality factors in traditional and social scientists: Studying the world in our own image. *Personality and Individual Differences, 28*(2), 405– 420.

Barnes- Holmes, D. (2000). Behavioral pragmatism: No place for reality and truth. *Behavior Analyst, 23*(2), 191– 202.

Bechtel, W. (2008). *Mental mechanisms: Philosophical perspectives on cognitive neuroscience.* New York: Routledge.

Beck, A. T. (1993). Cognitive therapy: Past, present, and future. *Journal of Consulting and Clinical Psychology, 61*(2), 194– 198.

Berry, F. M. (1984). An introduction to Stephen C. Pepper's philosophical system via world hypotheses: A study in evidence. *Bulletin of the Psychonomic Society, 22*(5), 446– 448.

Blaikie, N. (2007). *Approaches to social enquiry: Advancing knowledge*. Cambridge, UK: Polity Press.

Ciarrochi, J., Robb, H., & Godsell, C. (2005). Letting a little nonverbal air into the room: Insights from acceptance and commitment therapy part 1: Philosophical and theoretical underpinnings. *Journal of Rational- Emotive and Cognitive- Behavior Therapy, 23*(2), 79– 106.

De Houwer, J. (2011). Why the cognitive approach in psychology would profit from a functional approach and vice versa. *Perspectives on Psychological Science, 6*(2), 202–209.

De Houwer, J., Barnes-Holmes, Y., & Barnes-Holmes, D. (2016). Riding the waves: A functional-cognitive perspective on the relations among behaviour therapy, cognitive behaviour therapy and acceptance and commitment therapy. *International Journal of Psychology, 51*(1), 40– 44.

Dougher, M. J. (1995). A bigger picture: Cause and cognition in relation to differing scientific frameworks. *Journal of Behavior Therapy and Experimental Psychiatry, 26*(3), 215– 219.

Ellis, A., & Dryden, W. (2007). *The practice of rational emotive behavior therapy* (2nd ed.). New York: Springer.

Feyerabend, P. (2010). *Against method* (4th ed.). New York: Verso Books.

Foa, E. B., Steketee, G., & Rothbaum, B. O. (1989). Behavioral/cognitive conceptualizations of post- traumatic stress disorder. *Behavior Therapy, 20*(2), 155– 176.

Forsyth, B. R. (2016). Students' epistemic worldview preferences predict selective recall across history and physics texts. *Educational Psychology, 36*(1), 73– 94.

Gawronski, B., & Bodenhausen, G. V. (2015). Theory evaluation. In B. Gawronski & G. V. Bodenhausen (Eds.), *Theory and explanation in social psychology* (pp. 3– 23). New York: Guilford Press.

Guba, E. G., & Lincoln, Y. S. (1994). Competing paradigms in qualitative research. In N. K. Denzin & Y. S. Lincoln (Eds.), *The Sage handbook of qualitative research* (pp. 105– 117). Thousand Oaks, CA: Sage Publications.

Hayes, S. C. (1993). Analytic goals and the varieties of scientific contextualism. In S. C. Hayes, L. J., Hayes, H. W., Reese, & T. R., Sarbin (Eds.), *Varieties of scientific contextualism* (pp. 11– 27). Oakland, CA: New Harbinger Publications.

Hayes, S. C. (1997). Behavioral epistemology includes nonverbal knowing. In L. J. Hayes & P. M. Ghezzi (Eds.), *Investigations in behavioral epistemology* (pp. 35– 43). Oakland, CA: New Harbinger Publications.

Hayes, S. C. (2004). Acceptance and commitment therapy, relational frame theory, and the third wave of behavioral and cognitive therapies. *Behavior Therapy, 35*(4), 639– 665.

Hayes, S. C., Barnes- Holmes, D., & Wilson, K. G. (2012). Contextual behavioral science: Creating a science more adequate to the challenge of the human condition. *Journal of Contextual Behavioral Science, 1*(1– 2), 1– 16.

Hayes, S. C., & Brownstein, A. J. (1986). Mentalism, behavior- behavior relations, and a behavior- analytic view of the purposes of science. *Behavior Analyst, 9*(2), 175– 190.

Hayes, S. C., Hayes, L. J., & Reese, H. W. (1988). Finding the philosophical core: A review of Stephen C. Pepper's world hypotheses: A study in evidence. *Journal of the Experimental Analysis of Behavior, 50*(1), 97– 111.

Hayes, S. C., Strosahl, K. D., & Wilson, K. G. (1999). *Acceptance and commitment therapy: An experiential approach to behavior change*. New York: Guilford Press.

Hofmann, S. G. (2011). *An introduction to modern CBT: Psychological solutions to mental health problems*. Oxford, UK: Wiley.

Hughes, S., De Houwer, J., & Perugini, M. (2016). The functional- cognitive framework for psychological research: Controversies and resolutions. *International Journal of Psychology, 51*(1), 4– 14.

Jacobson, N. S., & Christensen, A. (1998). *Acceptance and change in couple therapy: A therapist's guide to transforming relationships*. New York: W. W. Norton.

Jacobson, N. S., Martell, C. R., & Dimidjian, S. (2001). Behavioral activation treatment for depression: Returning to contextual roots. *Clinical Psychology: Science and Practice, 8*(3), 255– 270.

Johnson, J. A., Germer, C. K., Efran, J. S., & Overton, W. F. (1988). Personality as the basis for theoretical predilections. *Journal of Personality and Social Psychology, 55*(5), 824–835.

Kanter, J., Tsai, M., & Kohlenberg, R. J. (2010). *The practice of functional analytic psychotherapy*. New York: Springer.

Klepac, R. K., Ronan, G. F., Andrasik, F., Arnold, K. D., Belar, C. D., Berry, S. L., et al. (2012). Guidelines for cognitive behavioral training within doctoral psychology programs in the United States: Report of the Inter- Organizational Task Force on Cognitive and Behavioral Psychology Doctoral Education. *Behavior Therapy, 43*(4), 687– 697.

Kuhn, T. S. (1962). *The structure of scientific revolutions*. Chicago: University of Chicago Press.

Lakatos, I. (1978). *The methodology of scientific research programmes*. Philosophical papers (Vol. 1). Cambridge, UK: Cambridge University Press.

Laudan, L. (1978). *Progress and its problems: Toward a theory of scientific growth*. Berkeley: University of California Press.

Lerner, R. M., & Damon, W. E. (Eds.). (2006). *Handbook of child psychology* (Vol. 1, theoretical models of human development, 6th ed.). Hoboken, NJ: Wiley.

Lincoln, Y. S., Lynham, S. A., & Guba, E. G. (2011). Paradigmatic controversies, contradictions, and emerging confluences, revisited. In N. K. Denzin & Y. S. Lincoln (Eds.), *The Sage handbook of qualitative research* (4th ed., pp. 97– 128). Thousand Oaks, CA: Sage Publications.

Linehan, M. M. (1993). *Cognitive behavioral treatment of borderline personality disorder*. New York: Guilford Press.

Long, D. M. (2013). Pragmatism, realism, and psychology: Understanding theory selection criteria. *Journal of Contextual Behavioral Science, 2*(3– 4), 61– 67.

Lynch, T. R., Chapman, A. L., Rosenthal, M. Z., Kuo, J. R., & Linehan, M. M. (2006).

Mechanisms of change in dialectical behavior therapy: Theoretical and empirical observations. *Journal of Clinical Psychology, 62*(4), 459– 480.
Mahoney, M. J. (1974). *Cognition and behavior modification. Cambridge*, MA: Ballinger.
Morris, E. K. (1988). Contextualism: The world view of behavior analysis. *Journal of Experimental Child Psychology, 46*(3), 289– 323.
Pepper, S. C. (1942). *World hypotheses: A study in evidence*. Berkeley: University of California Press.
Reese, H. W., & Overton, W. F. (1970). Models of development and theories of development. In L. R. Goulet & B. P. Baltes (Eds.), *Life- span developmental psychology: Research and theory* (pp. 115– 145). New York: Academic Press.
Reyna, L. J. (1995). Cognition, behavior, and causality: A board exchange of views stemming from the debate on the causal efficacy of human thought. *Journal of Behavior Therapy and Experimental Psychiatry, 26*(3), 177.
Schneider, K. J. (2011). *Existential- integrative psychotherapy: Guideposts to the core of practice*. New York: Routledge.
Segal, Z. V., Williams, J. M. G., & Teasdale, J. D. (2001). *Mindfulness- based cognitive therapy for depression: A new approach to preventing relapse*. New York: Guilford Press.
Skinner, B. F. (1974). *About behaviorism*. New York: Alfred A. Knopf.
Super, C. M., & Harkness, S. (2003). The metaphors of development. *Human Development, 46*(1), 3– 23.
Thagard, P. (2007). *Philosophy of psychology and cognitive science*. Amsterdam: Elsevier.
Von Glasersfeld, E. (1995). A constructivist approach to teaching. In L. P. Steffe & J. E. Gale (Eds.), *Constructivism in education* (pp. 3– 15). Hillsdale, NJ: Lawrence Erlbaum.
Von Glasersfeld, E. (2001). The radical constructivist view of science. *Foundations of Science, 6*(1– 3), 31– 43.
Wilson, K. G., Whiteman, K., & Bordieri, M. (2013). The pragmatic truth criterion and values in contextual behavioral science. In S. Dymond and B. Roche (Eds.), *Advances in relational frame theory: Research and application* (pp. 27– 47). Oakland, CA: New Harbinger Publications.

임상에서의 과학
Science in Practice

켈리 코너 Kelly Koerner, PhD • 근거 기반 실천 연구소

근거 기반 실천evidence-based practice, EBP은 의학에서 기원한 개념으로 실수를 방지하고 건강관리 성과를 향상하려는 것이다(Sackett, Rosenberg, Gray, Haynes, & Richardson, 1996). 심리학에서 근거 기반 실천은 "환자의 특성, 문화, 선호도 맥락에서 사용할 수 있는 최선의 연구와 임상 전문지식을 통합하는 것"으로 정의한다(American Psychological Association Presidential Task Force on Evidence-Based Practice, 2006). 임상가는 다음 사항을 수행하며 근거 기반 접근법(Spring, 2007a, 2007b)에 바탕을 둔 의사 결정을 한다.

1. 개인, 공동체, 전체 사회 구성원을 돌보는 데 무엇이 중요한지 질문을 던져라.
2. 그 질문과 관련하여 되도록 최선의 근거를 확보하라.
3. 그 근거가 타당하고, 현재 문제에 적용할 수 있는지를 비판적으로 평가하라.
4. 그 근거를 건강 문제에 적용할 때 관련한 개인이나 집단 구성원과 협력하여 의사 결정에 참여하라(적합한 의사 결정이란 전문 지식을 포함한 사용할 수 있는 자원뿐 아니라 수혜자의 맥락과 가치, 선호도를 함께 통합하는 것이다).
5. 성과를 평가하고, 그 결과를 널리 보급하라.

근거 기반 실천은 단순하고 분명한 과정으로 보인다. 적합한 근거를 확보하고, 그것을 내담자와 논의한 다음에, 최선의 임상을 수행하는 것이다. 하지만 이렇게 하려면 두 가지 중요한 도전 과제를 극복해야 한다. (1) 수많은 임상 결정에 적합한 근거를 발견하고 평가하는 것은 어렵다. (2) 임상 판단은 잘 틀리기로 악명이 높다.

근거 기반을 임상 결정의 정보로 활용할 때의 도전

Challenges with Using the Evidence Base to Inform Clinical Decisions

임상가가 내담자의 특정 문제를 치료하며 근거 기반 접근법을 적용하려면, 먼저 문제를 가장 효과적으로 파악하는 법과 치료의 선택지에 무엇이 있는지를 찾아야 한다. 또 그것에 과학 지식의 축적과 진화에 따른 근거가 있는지를 평가해야 한다. 하지만 이렇게 하는 것이 어렵거나 불가능할 수 있다.

그날그날 소셜 미디어에서 수동적으로 접한 것이든, 특정 내담자와 관련한 의문이 생겨 적극적으로 탐색 엔진을 활용한 것이든 과거보다 연구 근거가 우리에게 쉽게 다가오는 것은 사실이다. 하지만 두 경우 모두 우리가 이것을 접하게 된 까닭은 해당 연구 근거의 질이나 장점과 관련이 없다. 꾸준히 인용되는 논문은 더 인용되기 쉽고 질이 높다는 인상을 주며 다른 근거를 가린다(이것을 Matthew effect라 한다. Merton,1968을 보라). 검색 엔진이 웹 페이지에서 높은 위치를 부여하는 알고리즘은 근거의 질과는 관련이 없다.

결과적으로 근거에 관한 균형 잡힌 평가를 하려면 임상가가 점점 더 전문가에게 의존해야 한다. 전문가들은 과학적 발견을 추출하고 엄선하고 종합한 형태로 임상 지침서나 경험적으로 입증된 치료 목록, 근거 기반 절차 등록 등을 만들어 낸다. 이들은 근거의 위계를 사용한다. 메타 분석과 무작위 대조 시험(RCTs)의 체계적 고찰은 가장 상위에 있는 것이다. 그다음은 개별 무작위 대조 시험이고, 비무작위 시험이나 관찰 연구, 증례 보고, 질적 연구 등 더 약한 형태의 근거가 뒤를 잇는다.

이러한 고정된 근거 위계는 자체로도 논란의 여지가 많고(Tucker & Roth, 2006), 성공 확률이 높을 조건부 계획을 선택하려고 할 때 기존의 문헌이 근거를 제대로 제공하지 못한다. 다시 말해 내담자가 표식자 A를 보일 때 B라는 개입을 하면, 예측할 수 있을 정도로 일관성 있게 C라는 변화를 만들어 낼까? 예를 들어 20대 후반의 라틴계 전문직 여성이 우울증으로 치료를 찾았다고 하자. 근거에 따르면 행동 활성화가 좋은 선택이 될 수 있다(Collado, Calder n, MacPherson, & Lejuez, 2016; Kanter et al., 2015). 하지만 이 내담자에게 우울증 말고도 불면이나 부부 갈등 같은 문제가 함께 있으면, 적절한 치료를 안내하는 것이 어렵거나 선택이 혼란스러울 수 있다. 일부 근거는 불면과 우울증을 동시에 치료하라고 안내하고, 다른 근거는 우울증 치료와 부부치료를 조합하여 우울증과 결혼 만족도에 도움을 줄 것을 제안한다(Jacobson, Dobson, Fruzzetti, Schmaling, & Salusky, 1991). 여기에 문제 음주나 자녀의 행동 문제 같은 공통 문제가 더해진다면 어떤 치료를 해야 하는지 안내하는 문헌이 거의 없을 것이다. 심지어 같은 계통의 치료법 안에서도 순서대로 시행할지, 조합해서 시행할지와 같은 의사 결정에 직접적인 정보를 제공할 근거가 부족하다.

임상 결정에 이용할 정보를 구하기 어려운 것은 연구의 어려움을 생각했을 때 어느 정도는 피하기 어려운 결과이다. 과학에는 시간이 걸린다. 정신병리학과 정신치료적 변화를 연구하는 것은 복잡한 일이다. 임상가에게 정말로 필요한 미묘한 차이를 담은 근거는 아무리 임상에 초점을 맞춘 연구 주제라 해도 언제나 현실적으로 가능한 범위를 넘어선다. 하지만 중요한 점은 정신치료 연구를 수행할 때 사용하는 방법론에 있는 치명적인 문제 때문에 임상 결정의 관례를 안내할 근거가 부족할 수 있다는 것이다.

행동 개입 연구에 사용했던 연구 방법은 역사적으로 대부분 약물을 개발하고 시험할 때 썼던 방법과 은유에서 빌려온 것이었다. 정신치료를 기술로 보는psychotherapy-as-technology 이러한 단계의 모델에서, I 단계는 기초과학이 임상 응용으로 이행되는translational 단계이다. 아직 검증되지 않은 새로운 치료법에 대한 예비 시험과 타당성 조사feasibility trials가 시작되고 치료 매뉴얼, 훈련 프로그램, 순응도adherence와 수행 능력competence을 측정하는 방법이 개발된다. II 단계에서는 내적 타당도를 강조하는 무작위 대조 시험(RCT)으로 전망이 있는 치료법의 효능을 평가한다. III 단계에서는 유효한 치료법을 효과 시험의 대상으로 삼는다. 즉, 외적 타당도와 지역사회 환경에서 타당도가 확보되는지transportability에 대한 평가가 이루어진다(Rounsaville, Carroll, & Onken, 2001). 이 단계 모델에서 여러 중요한 개정이 이루어지며 새로운 활력이 생겼지만(Onken, Carroll, Shoham, Cuthbert, & Riddle, 2014), 이 모델에 기반한 방법론적 선택은 뜻하지 않게 근거 기반이 오히려 관례적 임상 결정을 안내하지 못하게 방해하는 결과를 가져왔다.

핵심 문제는 그동안 정신치료에서 연구하고 전수했던 독립 변수들이 거의 전적으로 치료 매뉴얼 단위로 정의되고, 정신의학 증후군 수준에 초점을 맞춘다는 점이다. 치료 매뉴얼은 장애별로 임상 절차와 순서를 치료자와 내담자가 표준적으로 반복하도록 프로토콜로 문서화한 것이다. 예를 들어 우울, 불면, 문제 음주, 부부 스트레스, 부모 기술 등을 위한 프로토콜은 특정한 매뉴얼이 나열한 증례에는 맞을 수 있다. 하지만 매뉴얼화한 프로토콜 각각은 많은 전략 성분으로 이루어진다. 심리교육, 자기 모니터링, 동기 강화, 문제 해결, 활성화 할당activation assignment, 가치 명료화, 수반성 관리, 조형, 자기 관리 등이 거의 모든 매뉴얼에서 나타난다. 대부분의 전략 성분은 하나의 매뉴얼만 있는 것이 아니라 여러 매뉴얼에 공통으로 나타난다. 기본 구성이 같더라도 이러한 성분 요소를 강조하고 배열하는 방법에 따라(즉, 절차를 선택하고 반복하고 선택적으로 적용하고 전달하는 방식에 따라) 프로토콜이 달라질 수 있다(Chorpita & Daleiden, 2010). 연구자와 치료자는 매뉴얼을 분석의 기본 단위로 생각한다. 따라서 다양한 매뉴얼이 대부분 같은 구성물을 담았다는 사실을 빠뜨리기 쉽다. 이들은 각 매뉴얼을 자신만의 연구 기반을 구축한 별개의 개입법으로 취급한다(Chorpita, Daleiden, & Weisz, 2005; Rotheram-Borus, Swendeman, & Chorpita, 2012).

장애별 매뉴얼에 개입과 분석의 기본 단위라는 절대적 특권을 주는 것은 생각지 않았던 문제를 일으킨다. 매뉴얼화한 프로토콜에서는 작은 변화만 일어나도 실질적인 일탈이 생길 수 있다. 심지어 내담자의 요구나 상황에 더 잘 맞추려고 수정한 것이라도 기존의 근거 타당성을 해칠 수 있다. "연구자에게는 지형학적으로 정의된 어지러울 정도로 많은 증후군과 아증후군을 치료하려고 만들어진 다중 성분 매뉴얼multi-component manuals 목록이 계속 늘어나는 것이 곤란한 상황이다. 이러면 과학적 연구가 아예 시작되지 않거나… (중략) 알려진 것을 가르치거나 핵심적인 것에 초점을 맞추는 일이 점점 어려워진다(Hayes, Luoma, Bond, Masuda, & Lillis, 2006, p. 2).” 임상가의 선택은 환경이나 내담자 상황, 선호도와 관계없이 매뉴얼을 따르거나 맞춤형 치료가 매뉴얼을 벗어났을 때 어떤 결과가 올지 예상하지 못한 책임을 받아들이는 것이 된다.

“개별 장애를 위한 매뉴얼” 단위로 지식과 과학을 묶으면, 겹치는 성분이 많은 매뉴얼을 두고 매뉴얼 사이의 차이만 강조하게 된다. 연구자들은 혁신의 대가로 보상을 받는다. 하지만 근거 기반 프로토콜의 전달 여부에 따라 배상reimbursement이 이루어지면, 임상가는 실제 여부와는 상관없이 자신이 프로토콜에 맞춰 충실한 치료를 수행했다고 주장하고, 그 대가로 보상을 받게 된다. 이후에 치료법 개발자는 내담자가 원본대로bona fide version 치료를 받는다는 것을 보증하는 질 관리 방안을 개발하라는 압박을 받게 된다. 이는 상표 등록이나 치료자 인증 같은 보호 장치 개발로 이어진다. 이러한 단계는 다시 내담자의 필요와 관련한 효과 있는 치료 성분보다는 특정 상표가 붙은 프로토콜에 따라 연구자와 임상가의 전문가적 정체성과 충성도를 줄 세운다.

치료자가 특정 매뉴얼에 집착하는 것은 표준화가 이루어져 타당도가 입증된 프로토콜을 따르고 그것을 능숙하게 전달할수록 내담자가 치료의 활성 성분을 섭취하여 원하는 성과를 얻을 확률이 높다고 생각하기 때문이다. 이 가정이 사실이라면 순응도와 능숙도가 치료 성과를 예측하는 강력한 요인이어야 한다. 또 일반적으로 규모가 큰 패키지나 프로토콜일수록 고유하면서도 이론과 관련이 있는 치료적 성분을 보여주어야 한다.

지금까지는 이러한 가정을 지지하는 연구 근거가 부족하다. 몇몇 예외를 빼고는 순응도 또는 수행 능력과 치료 성과의 상관관계를 일관성 있게 보여주지 못한다(Branson, Shafran, & Myles, 2015; Webb, DeRubeis, & Barber, 2010). 또 이론과의 일관성을 유지하는 성공적인 매개 연구도 많지만, 잘 설계된 대형 연구라도 고유하고 뚜렷이 구별되며 이론과 관련 있는 변화 과정을 보여주지 못하고 실패한 경우도 많다(Morgenstern & McKay, 2007). 특정 성분과 절차에 더 초점을 맞추었으면, 변화 과정에 초점을 두기가 훨씬 쉬웠을 것이다. 하지만 대형 매뉴얼을 분석 단위로 활용하는 바람에 이렇게 될 확률이 줄어들었다.

약물치료 연구 개발에서 채택한 개념과 방법은 다른 문제도 일으켰다. 특정 용량의 활성 성분이 일정하고 선형적인 방식으로 내담자의 변화를 가져온다는 용량 반응 개념은 정신치료 연구에서 개인마다 내담자 반응성이 크게 다른 것과는 잘 맞지 않는다. 실제로 치료에서 다른 내용을 흡수하고 인지나 감정, 기술 등에서 원하는 변화를 얻었는지, 이러한 변화가 역으로 원하는 성과로 이어지는지는 내담자마다 다르다. 결과적으로 치료법이 엄격히 표준화되었고, 치료자가 치료 매뉴얼에 철저히 따르더라도 내담자 반응에는 커다란 개인차가 있다(Morgenstern & McKay, 2007).

치료자는 알약처럼 똑같지 않다. 예컨대 치료 동맹과 같은 프로토콜마다 공통으로 있는 비특이적 요인은 "알약을 만드는 결합제 성분처럼 단순히 특정 치료 요소가 전달되는 하나의 방안일 뿐이므로, 치료자와 환자 사이에서 최소 수준으로 일어나야 한다." (Morgenstern & McKay, 2007, p. 102)고 여겨졌다(역주, 특정 기법이 치료 효과가 있는 약 성분인데, 치료 동맹은 이를 먹기 좋게 알약으로 만드는 결합제 정도라고 생각한 적이 있었다는 말이다. 이때 결합제가 지나치게 많으면 약 성분을 붙잡아 효과의 전달을 방해할 위험이 있으므로 알약을 결합할 정도로만 최소화하자는 은유로 이해된다). 하지만 치료자는 똑같지 않고 다양함을 보여주는데(Laska, Smith, Wislocki, Minami, & Wampold, 2013), 이런 치료자 요인이 특정 방식으로 성과에 영향을 줄 수 있다.

베딕스Bedics와 아트킨스Atkins, 콤토이스Comtois, 리네한Linehan의 작업을 생각해 보자(2012a, 2012b). 그들은 행동치료 및 비행동치료 전문가가 수행한 치료에서의 치료 동맹과 비자살성 자해의 관계를 연구했다(2012a). 치료 관계에 대한 전반적인 평가는 비자살성 자해의 감소를 예측하지 못했다. 대신 치료자가 보인 긍정하기affirming, 통제하기controlling, 보호하기protecting 등과 같은 관계의 특별한 측면을 조합했다는 것을 내담자가 인식한 것과는 관련이 있었다. 그런데 한 비교 연구(2012b)에서는 비행동치료 전문가가 치료한 내담자가 치료자의 긍정하기를 높은 수준으로 지각한 것이 오히려 비자살성 자해의 증가와 관련이 있었다. 연구자들은 비행동치료 전문가의 긍정하기가 우연히 비자살성 자해를 강화하는 시점에 맞춰 주어졌고, 반면에 행동치료자는 개선이 일어났을 때 이에 맞춰 따뜻함과 자율성이라는 수반성을 제공한 것으로 추정했다. 이러한 사실은 성과에 영향을 줄 수 있는 특이 요인과 비특이 요인 사이에서 일어나는 일종의 상호 작용을 보여준다(역주, 전체 프로토콜을 두고 치료자의 따뜻한 태도가 치료 성적과 관련이 있다는 것이 아니라, 이것이 어느 특정 조건에서 주어졌느냐가 중요하다. 그렇다면 이것은 비특이적 공통 요인이 아니라 치료 기법과 연계해야 할 특이 요인인 셈이다). 신중하게 표준화한 치료법을 쓰더라도 치료 효과가 똑같거나 동질적이지 않다. 지나치게 단순화된 해석을 강요하는 연구 방법은 과학적 진보를 제한할 수 있다.

끝으로 사회적 과정은 근거 기반 실천의 범위와 채택, 실행, 유지와 관련한 결정적 요인을 기관 수준으로 몰아간다(Glasgow, Vogt, & Boles, 1999). 역사적으로 정신치료를 기술로 보는 단계의 모델은 효능efficacy[1] 시험에서 시작하여 순차적으로 유효성effectiveness[2] 평가, 보급 연구dissemination research, 실행 연구implementation research로 이어졌다. 그 결과 일상적인 조건에서의 외적 타당도, 임상적 활용도, 개입의 범위, 채택, 실행 및 지속 가능성에 등에 영향을 주는 결정적인 요인에 관한 연구는 전체 개발 과정 가운데 아주 늦은 시점에 이루어진다(Glasgow et al., 1999). 환경적 제약을 많이 받는 의사결정권자가 근거 기반 실천을 실행하며 바꿀 수 있는 것과 바꿀 수 없는 것을 판단하는데 이용할 근거가 거의 없다.

임상 판단에 의존할 때의 도전
The Challenges of Relying on Clinical Judgment

근거 기반 실천은 정의 상 임상 판단을 포함한다. 하지만 많은 임상 결정이 정보 자료가 거의 없는 상태에서 이루어지는 임상 판단에만 근거를 둔다는 점은 근거에 빈틈이 있다는 것을 뜻한다. 불행히도 임상 판단에는 잘 알려진 약점들이 있다.

다니엘 카너만Daniel Kahneman이 쓴 *생각에 관한 생각*(*Thinking, Fast and Slow*, 2011)은 이러한 약점에 관한 우리의 이해를 대중화했다. 카너만의 이중 처리 이론dual processing theory에 따르면 우리에게는 두 가지 정보 처리 모드가 있다. 시스템1은 정보를 단순화하여 괜찮은 해결책에 재빨리 이르게 하는 휴리스틱[3] 지름길 사용 모드인데 에너지를 적게 소모한다. 시스템2는 높은 수준의 체계적 추론 노력에 의존하는 느린 규칙 기반 모드이다.

시스템1은 빠르고 간단한 휴리스틱으로 복잡한 상황을 재빨리 단순화하도록 돕지만, 지각과 추론에서는 편향과 오류에 취약하다. 카너만은 위계가 있는 별도의 두 가지 시스템을 개념화했다. 즉, 더 합리적이고 의식적인 시스템2가 편향과 오류를 막아내려고 비합리적이고 무의식적인 시스템1을 제한할 수 있다고 주장했다. 하지만 실험 자료는 이 두 시스템이 통합되어, 별도로 존재하거나 위계적이지 않고 모두 "동기에 바탕을 둔 추론motivated reasoning"을 하는 경향이 있다는 것을 보여준다(Kunda, 1990; Kahan,

1) 신중하게 조절한 조건에서 약물이 원하는 치료 효과를 나타내는 능력

2) 다양한 환경 조건을 포함하는 실생활에서의 약물의 유용성

3) 의사 결정에 있어 다양한 변수를 충분히 고려할 수 있으면 좋지만, 현실적으로 정보의 부족과 시간의 제약이 있을 때 가장 이상적인 방법을 구하는 것이 아니라 현실적으로 만족할 만한 수준의 답을 발견하는 것이다. 변수는 많고 명확한 답은 없는 상황에서 경험이나 직관, 시행착오를 거쳐 점점 나은 결정을 해 나가는 것을 뜻한다. 실제 임상 상황이 대부분 이러할 것이다.

2012, 2013a). 인상에 바탕을 둔 재빠른 생각이 우리가 기대하거나 원하는 해답을 내놓지 않으면, 자신의 입장을 다시 돌아보기보다는 상충하는 근거를 차단하고 동기에 맞는 자료를 찾으려고 느린 추론 기술을 사용하는 경향이 우리에게 있다(Kahan, 2013b).

일부 전문 분야에서는 작업 환경 자체가 이러한 판단과 관련한 문제를 교정할 수 있다. 작업 관례에 따라 시스템1의 무의식적 과정이 정량화되고, 동시에 시스템2의 의도적 분석이 주의를 기울여야 할 의심스러운 패턴을 골라내도록 훈련할 수 있기 때문이다. 카너만과 클라인Klein은 경험이 많은 소방관이나 신생아 중환자실 간호사를 예로 들었다(2009). 그들은 건물이 무너진다는 신호나 신생아 감염이 생길 징후 같은 결과와 관련한 미세하면서도 복잡한 패턴의 단서를 탐지하는 법을 관찰하고, 이를 공부하고 보고하며 오랜 시간에 걸쳐 묵묵히 배운다. 그들의 작업 환경에서 단서는 원인과 행동의 성과 사이에 있을 관계를 말해주는 신호이다(타당한 단서). 이러한 타당도가 높은 "친절한kind" 환경에서는 객관적으로 확인할 수 있는 단서와 이어지는 사건 사이 또는 단서와 일어날 수 있는 행위의 성과 사이에 안정된 관계가 이루어진다. 표준화한 방법, 분명한 피드백, 오류에 대한 직접적인 성과를 통해 이러한 환경의 법칙을 묵묵히 배우게 된다. 맞지 않은 단서에 근거한 예감은 오류로 밝혀지고 평가받을 것이다. 패턴 인식은 발전한다. 카너만과 클라인은 우리가 탁월한 전문적 의사 결정 능력을 개발할 수 있다고 말한다(2009). 하지만 다음 두 조건을 만족할 때에만 그렇다.

1. 환경 자체가 객관적으로 확인할 수 있는 단서와 이어지는 사건 또는 단서와 일어날 수 있는 행위의 성과의 안정된 관계를 특징으로 한다(즉, 높은 타당도 환경).
2. 이러한 환경 규칙을 학습할 기회가 있다.

반면에 정신치료가 이루어지는 곳은 대부분 타당도가 낮거나 "사악한wicked" 환경이라서 암묵적으로 배우는 것이 어렵다(Hogarth, 2001). 단서는 고정되지 않고 역동적이며, 성과 예측이 어렵다. 피드백은 지연되고, 드물고, 막연하게 제공된다. 정신치료 시행 환경은 표준적 방법이나 명확한 피드백, 직접적인 성과가 부족하다. 따라서 임상 판단과 개입, 성과의 관계에 관한 규칙을 학습할 기회를 주지 못한다. 결과적으로 암묵적 학습과 직관적 전문성의 발달이 차단되며 지나친 과신을 불러온다(Kahneman & Klein, 2009). 이렇게 타당도가 낮은 환경에서는 임상 판단이 통계 분석에 근거를 둔 선형 알고리즘보다 형편없이 작동한다. 알고리즘도 종종 틀린다. 하지만 알고리즘은 적어도 타당도가 낮은 단서를 일관되게 탐색하게 하고, 활용될 때 정확도가 우연히 일어날 확률보다 높은 수준으로 유지되게 한다. 이것이 상당 부분 알고리즘이 사람보다 우수한 까닭이다(Karelaia & Hogarth, 2008). 구조화한 관례가 없으면 우리의 인식 바깥에 있는 휴리스틱 편향이 자동 스포트라이트처럼 무의식적으로 작용하여 복잡한 상황을 단순화한다. 우리 바로 앞에 있는 요소 가운데 하나의 부분 집합이 지각과 주의, 문제 해결을 사로잡는다. 특별하게 맞는 조건이 아니면 우리는 히쓰 등(2013)이 다음과 같이 정의한 동기에 바탕을 둔 추론과 예측할 수 있는 편향의 먹잇감이 된다.

- 협소한 프레이밍narrow framing – "X를 더 좋게 하려는 방법으로 어떤 것이 있는가?"보다는 하라 또는 하지 말라 가운데 하나.
- 확인 편향confirmation bias – 우리는 "진리"를 원하는 것처럼 행동한다. 하지만 우리가 원하는 것은 위안일 뿐이다.
- 단기 감정short-term emotion – 속이 뒤틀리고 불편하지만 사실은 변치 않는다.
- 지나친 과신overconfidence – 우리는 미래에 전개될 일을 실제보다 많이 안다고 생각한다.

훈련된 즉흥성, 휴리스틱 틀 작업으로 친절한 환경 만들기
Disciplined Improvisation: Create Kind Environments with Heuristic Frameworks

우리에게 필요한 것은 카너만과 클라인Kahneman and Klein(2009), 호가쓰Hogarth(2001)가 말한 친절한 환경을 만드는 것일지도 모른다. 그것은 일상적인 임상 상황에서 판단과 개입, 성과의 관계성을 학습하도록 돕는 개선된 조건을 말한다. 그렇게 하면 임상가가 응용 과학자로서 훈련받은 즉흥성에 참여할 수 있고, 내담자가 좋은 성과를 얻을 확률을 높일 수 있다. 이러려면 임상가에게 기능적 과학 소양뿐 아니라 임상 판단으로 자주 일어나는 문제 대부분을 교정할 수 있는 구조화한 관례가 있어야 한다. "기능적 과학 소양functional scientific literacy"이란 확률이나 우연성과 관련한 특별한 지식, 과학으로 사고할 수 있는 도구, 과학적 사고로 행동하는 경향, 가능성을 철저히 조사하는 경향, 자기 위주의 사고를 피하는 경향, 형식적 및 비형식적 추론의 몇 가지 규칙에 관한 지식, 논쟁을 평가하는 좋은 기술 등을 뜻한다(Stanovich, West, & Toplak, 2011). 이런 "마음 용품mindware"은 전형적으로 전문가 훈련 도중에 우연히 얻어진다(역주, 훌륭한 임상 판단은 매뉴얼과 지침을 곧이곧대로 따른다고 얻어지는 것도 아니고, 자신의 감에만 의지하는 것도 위험하다. 결국 임상의의 감을 따르되 그것이 근거에 기반할 수 있는 객관적 조건을 만들어나가야 한다).

이 장의 나머지 부분에서는 임상가가 임상 판단으로 자주 일어나는 문제 대부분을 교정할 때, 의사결정 과정을 더 잘 정량화하고 의미 있는 근거 기반 실천을 하게 하는 몇 가지 구조화한 관례의 세부 사항을 설명할 것이다. 제안된 각 관례는 객관적으로 확인할 수 있는 단서와 이어지는 사건 또는 단서와 일어날 수 있는 행위의 성과 사이의 안정된 관계성을 알아내고 학습하기 위해 타당한 단서를 만들어 내는 데 도움을 준다.

많은 관례가 사려 깊고 구조화한 작업 관례 안에서 휴리스틱을 사용하는 것을 포함한다. 이때 휴리스틱은 무의식적 스포트라이트라기보다는 수동으로 조절하는 스포트라이트(Heath & Heath, 2013)나 성과를 증진하는 체크 목록처럼 작동한다(Gawande, 2010). 휴리스틱을 사려 깊게 사용하면 해답을 어떻게 구할 것인지나 지금 여기의 문제를 해결하기 위해 합리적인 시간 틀 안에서 어떻게 "괜찮은" 해결책을 만들어 낼지에 관한 일반적 전략을 얻을 수 있다. 이것은 임상가가 최적의 효율적인 지점sweet spot of optimality, 완결성completeness, 정확도accuracy, 정확성precision, 실행 시간execution time 등을 찾도록 돕는다. 다음의 임상 관례 목록은 전형적인 작업 흐름에서 쉽게 실행할 수 있고, 표준화된 방법과 분명한 피드백을 얻는 방법을 제시한다. 그 결과 임상 판단과 개입, 성과의 관계에 관한 규칙을 학습할 기회가 늘어날 것이다.

핵심 작업 관례를 표준화하라 ***Standardize Key Work Routines***

알맞은 단서를 잘 찾아내고 그것에서 학습할 능력을 키우려면 사악한 환경을 친절한 환경으로 바꿔야 한다. 그러려면 핵심 작업 관례를 표준화하는 다음 세 단계를 검토해야 한다.

1. 경과 모니터링과 다른 평가 방법을 이용하라 USE PROGRESS MONITORING AND OTHER ASSESSMENT METHODS

경과 모니터링은 내담자의 기능, 삶의 질, 문제 및 증상의 변화와 관련한 자료를 규칙적으로 모으는 것이다. 학습하게 하는 적절한 단서가 있는 환경을 만들 때는 이 단계가 가장 중요하다. 이를 경과 모니터링progress monitoring, 내담자 보고 성과client-reported outcomes, 측정 기반 관리measurement-based care, 임상 기반 근거practice-based evidence 등으로 부르기도 한다. 어떤 식으로 부르든 내담자의 변화를 추적하는 것은 치료의 탈락과 실패를 막고, 치료 기간을 줄이고, 성과를 좋게 하는 것으로 증명되었다(예, Carlier et al., 2012; Goodman, McKay, & DePhilippis, 2013).

되도록 표준화한 정상치가 있는 평가법을 사용하라. 개별기술적idiographic 평가(즉, 자신과의 비교)가 필요할 때는 목표 달성 척도goal attainment scaling(Kiresuk, Smith, & Cardillo, 2014)나 "최우선 문제top problem" 접근법 등의 도구를 활용하라. 즉, 내담자에게 가장 중요한 세 가지 문제를 찾고, 매주 0에서 10까지 척도로 심각도를 평가하게 하는 것을 고려하라(Weisz et al., 2011). 또 사용했던 개별기술적 기능 평가법을 표준화하는 것을 고려하라. 이러한 표준 평가 휴리스틱(표적 문제가 X이면, Y 평가 방법을 사용한다)은 문제 확인의 신속성과 일관성을 높이고, 임상 판단의 한계에 대응할 방법을 제공한다.

특별히 편향이 잘 생길 것 같은 결정에 경과 모니터링 자료를 어떻게 사용할 것인지 휴리스틱 규칙을 적용하라. 예를 들어 타당도가 증명된 측정으로 내담자의 증상 호전이 적어도 50%에 도달하지 않으면, 10~12주마다 치료 계획을 변경하는 것 같은 관례를 고려하라(Un tzer & Park, 2012).

더 일반적으로 말하면 의사 결정에 참조할 수 있는 수준 높고 표준화한 자료를 정기적으로 확보하라. 현재 문제와 유지 요인을 찾게 하는 폭넓은 증상 평가 척도, 이에 더하여 심층적인 특이적 평가 척도, 이후의 표준화한 임상 면담 등의 근거 기반 평가 방법을 활용하여 변하지 않는 관례를 만드는 것을 고려하라(근거 기반 평가를 더 알려면 Christon, McLeod, & Jensen-Doss, 2015를 보라). 핵심은 방법에 따른 변동성이 줄어들도록 안정적이게 하고 표준화하는 것이다. 이러면 임상 판단과 개입, 내담자 성과의 관계성을 찾게 하는 적절한 신호를 탐지하는 관례를 세우게 된다.

2. 내담자의 최우선 문제를 위해 기존 근거 기반 실천을 고려하라 CONSIDER EXISTING EBPS FOR THE CLIENT'S TOP PROBLEM FIRST

되도록 언제나 가장 중요한 문제를 다룰 표준화한 치료 프로토콜로 시작하라. 표준화한 프로토콜은 장점이 많다. 첫째, 가장 중요한 문제를 치료하면 다른 문제도 해결될 수 있다. 둘째, 표준화한 프로토콜은 성과를 평가할 기준을 제공한다. 셋째, 근거 기반 프로토콜을 따르면 자신의 비일관성과 자기 위주 편향을 제한할 수 있다.

프로토콜은 근거가 알고리즘(언제나 정답이 나온다는 것을 예측할 수 있고 신뢰할 수 있는 단계별 지시)이라고 여길 만큼 강력하지 않아도 복잡한 상황을 유용한 방식으로 단순화하는 휴리스틱을 제공한다. 치료 프로토콜은 수단 목적 분석means-ends analysis으로 생각할 수 있다. 즉, 문제를 해결할 실효성 있는 수단을 발견할 수 없으면, 문제를 하위 문제 위계로 쪼개고, 이들을 다시 더 작은 하위 문제로 쪼갤 수 있다. 문제를 해결하는 수단을 발견할 때까지 이것을 반복한다.

프로토콜이 제공하는 구조화한 '~이면 ~하라if-then' 지침은 생각이나 행동을 일련의 체계적 방식으로 나타내어 복잡한 임상 상황을 단순화하도록 돕는다. 프로토콜은 치료자가 어떤 문제를 분석해야 하는지, 어떻게 분석해야 하는지를 특정한다. 또 내담자 문제의 본질과 심각도를 바탕으로 치료 전략 성분을 어떻게 조합할 것인지 추가적인 휴리스틱을 제공한다. 이런 식으로 임상 개입을 프로토콜로 구조화하면 적합한 단서를 찾아내고 학습을 촉진하는 구조화한 환경을 만드는 데 도움이 된다.

다른 유용한 표준 관례는 의사 결정과 치료 동의 대화를 함께 나누는 입장에서 내담자와 함께 적절한 대안 치료 프로토콜을 체계적으로 고려하는 것이다. 임상가가 대안적 경로의 조치에 관해 분명하고 사려 깊게 고려하고(Heath & Heath, 2013), 구조화한 '~이면 ~하라' 검증을 만들어 낼수록, 이러한 피드백 루프가 예측한 성과를 나타내는지(또는 그렇지 않은지)를 더 잘 탐지할 수 있고, 학습이 잘 이루어지는 환경을 만들 수 있다. PICO는 의사 결정을 공유할 때 문헌 검색이 잘 작동하도록 임상 질문의 틀을 잡는 방법이다. P는 "환자patient"나 "문제problem", "전체 인구population"를 뜻한다. I는 "개입intervention"을 뜻한다. C는 "비교comparison"나 "통제control", "비교자comparator"를 뜻한다. O는 "성과outcomes"를 뜻한다(Huang, Lin, & Demner-Fushman, 2006).

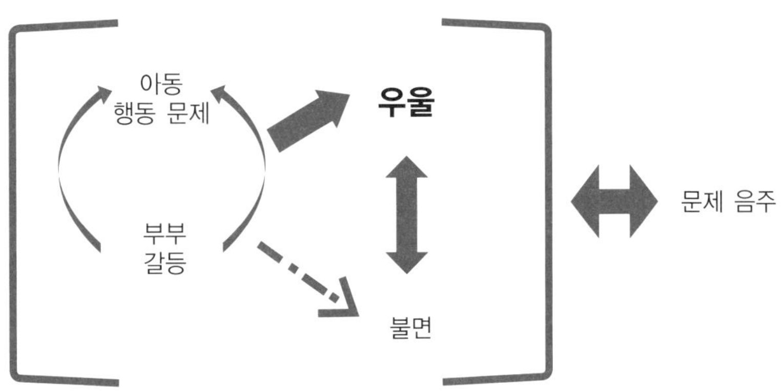

그림 1 내담자 문제의 관계성을 개념화하는 시각적 도표

예를 들어 그림1은 과거 사례에서 내담자 문제의 관계성을 알아내려고 치료자와 내담자가 함께 만들었던 시각적 도표이다. 내담자는 우울과 불안, 스트레스 척도(Depression Anxiety Stress Scales, Lovibond & Lovibond, 1995) 가운데 우울 척도에서 높은 점수를 나타냈다. 내담자는 기분 저하와 낮은 에너지, 피로, 집중하기 어려움,

강한 죄책감, 희망 없는 느낌 등으로 괴로워했다. 그녀 생각에 자식의 행동 문제와 남편과의 양육 갈등이 문제를 더 나쁘게 했고, 그녀 기분에도 커다란 영향을 미쳤다. 가끔은 수면에도 영향을 미쳤다(자세한 것은 표1을 보라).

표 1 모듈 성분 치료 계획

환자, 문제, 대상 집단	개입	비교와 성과
#1 우울	행동 활성화 (BA): • 50~60% 회복(Dimidjian et al., 2006) • BA 8~10회기를 시도하라. 그런 다음에 우울과 불안, 스트레스 척도에서 변화가 50% 이하이면, 재평가 후 대안 치료를 고려하라.	고려할 수 있는 다른 선택: • 자연 회복 • 항우울 약물(ADM): 1/3 이하의 반응, 1/3 부분 반응, 중단 시 재발률 높음 • ADM과 정신치료 조합: 53% 이하에서 증상이 줄었다고 보고함 • 대인관계치료와 기타 활성 치료: 50% 이하에서 증상이 줄어듦 • 부부 행동치료(Jacobson et al., 1991): 87%가 우울에서 회복, 부부의 스트레스도 줄어듦
#2 문제 음주	문제 음주를 해결하려는 단기 개입, BA의 첫 번째 활성화 과제 가운데 하나(O'Donnell et al., 2014)	많은 경우에 음주량과 음주 횟수가 줄어듦. 여성을 대상으로 한 연구가 거의 없음. 자조 모임이나 인지행동치료 난기 개입 시 알코올 사용장애 선별검사(AUDIT)에서 원하는 수준의 변화를 만들어 내지 못함
#3 불면	불면을 해결하려는 인지행동치료 CBT(CBT-I), BA의 첫 번째 활성화 과제 가운데 하나로 수면 일지 작성	약물보다 CBT-I가 효과적. 불면 개선이 다른 문제, 특히 우울을 줄일 수 있음
#3 아동 행동문제에 대한 부모 양육법	자조 모임, 활성화 과제로 [믿을 수 없는 날들](*The incredible years , A Trouble-Shooting Guide for Parents of Children Aged 2-8*, Webster-Stratton, 2006)을 읽게 함	자조 모임으로 충분한 혜택을 얻지 못하면 근거 기반 부모 훈련 프로그램을 고려
#3 부부 갈등	갈등을 해소하고 부부 만족을 강화하는 활성화 과제를 고안하라.	개인의 변화가 원하는 만큼 충분히 일어나지 않으면 부부 상담을 고려

3. 가설 검증을 위한 명시적 사례 공식화를 사용하라

USE EXPLICIT CASE FORMULATION FOR HYPOTHESIS TESTING

표준 치료법을 사용할 수 없거나 표준 치료법 사용으로 원하는 성과가 나타나지 않으면, 임상가는 맞춤형 개입을 위한 사례 공식화를 하게 된다. 이는 특정 개인에게 완벽하게 들어맞지 않는 표준화한 프로토콜보다는 맞춤형 개입의 성과가 나을 거라는 가정에 기반한다. 하지만 불행하게도 사례 공식화는 근거 기반이 빈약하다. 철저하게 공정한 입장에서 사례 공식화의 근거를 검토한 큐켄Kyuken은 다음과 같은 결론을 내린다.

신뢰도에서 "기술적 가설은 지지를 받는다. 하지만 추론 가설은 그렇지 않다."

타당도에서 "아주 제한적이지만 전망이 밝다."

수용성과 유용성에서는 "혼재되어 있다(2006, p. 31)."

큐켄은 "인지행동치료의 사례 공식화가 치료 과정이나 성과를 향상한다는 확실한 증거는 없다."고 결론지었다(p. 31).

사례 공식화에 기반한 맞춤형 개입이 더 우수하다는 것을 나타내는 확실한 근거는 부족하다. 하지만 이것을 체계적으로 활용하면 임상 작업에 과학적 방법을 적용할 수 있는 (한 가지) 절제된 방법이 될 수 있다(Persons, 2008). 치료자가 기존 프로토콜 너머의 세계로 가야 한다면 경과 모니터링과 함께 목적이 있는 상태에서 종속 변수와 독립 변수를 구체화하는 것이 좋다. 이러면 치료자가 판단과 개입, 성과의 안정된 관계성을 학습할 상황을 만들 수 있다. 또 이 방법은 편향과 무의식적으로 적용한 휴리스틱 문제에 대응하게 한다. 퍼슨스Persons(2008)와 페데스키Padesky, 큐켄, 더들리Dudley(2011)는 사례 공식화에 대한 체계적 접근에 관해 분명하게 말했다. 사례 공식화로 적용하려는 휴리스틱은 적어도 치료 표적(종속 변수)과 강력한 변화 과정(독립 변수)을 구체적으로 명시해야 한다.

과학을 참조한 치료 표적 위계를 사용하라

Use a Treatment Target Hierarchy Informed by Science

치료 표적 위계는 언제, 무엇을 치료할지를 처방할 때 '~이면 ~하라' 지침을 제공한다. 표적 위계는 치료자 변동성을 제한하고 이를 통해 가장 핵심적인 문제를 먼저 강조할 확률을 높이는데, 이는 응급실 체크 목록이 하는 역할과 비슷하다(Gawande, 2010). 예를 들어 리네한(1999)은 장애의 심각 정도에 근거하여 치료 표적을 여러 단계로 구성해야 한다고 주장했다. 그녀의 치료 모델에서는 치료자가 치료 전pretreatment

단계부터 환자의 동기와 전념을 극대화하고, 이를 통해 참여도를 높이는 것을 표적으로 삼게 한다. 연구 성과는 이러한 공통 요인을 지지한다(Norcross, 2002). 행동 조절 장애가 뚜렷할 때 치료자는 심각 정도에 따라 상식적인 방식으로 표적 행동의 우선순위를 정한다. 즉 생명을 위협하는 행동이 가장 먼저이고, 다음으로 치료 방해 행동, 삶의 질을 방해하는 행동, 기술 향상이 뒤따른다.

표적 위계로 정의한 단계에 따라 회기 시간을 할당한다. 이는 치료자가 일관성 있고 논리 정연하게 사고하고, 무관한 것에서 의미 있는 것을 분류하며, 인지 부하를 관리할 수 있게 돕는다. 앞에서 말했듯이 인간이 적합한 단서를 일관성 있게 찾아내어 반응하려면, 이런 종류의 체크 목록이나 결정 지원decision-support 도구가 필요하다. 내담자가 복합 장애를 지녔거나 복합적인 위기에 있어 일관성 있게 개입하는 것이 어려울 때는 치료 표적 위계가 특별히 유용하거나 필요할 수 있다.

또 특정 표적의 내용이 내담자에게 변화를 가져오기에 치료 표적 위계를 사용하는 것이 효과적이기도 하다. 예를 들어 자살 행동 자체를 하나의 문제 행동으로 표적화하는 것은 (기저의 장애를 치료하면서 해소해야 할 징후나 증상으로 여기는 것보다) 성과가 나아지는 것과 관련이 있다(Comtois & Linehan, 2006). 치료 표적 위계는 과학 지식을 튼튼히 하는 임상 친화적인 방식이다.

표적 위계는 장애 특이적인 과정에서 만들어지기도 하고, 정신 병리나 치료 연구에서 추출한 초진단적 과정에서 만들어질 수도 있다. 예를 들어 물질 남용을 치료하려고 장애 특이적 표적을 채택할 때, 맥매인McMain과 세이르스Sayrs, 디메프Dimeff, 리네한Linehan(2007)은 불법 약물 사용과 처방 약물 남용 중단만을 표적으로 삼지 않았다. 그들은 금단, 신체 및 심리적 불편감, 약물 사용의 촉박감 등도 표적으로 삼았다. 금단 증상이나 전날부터 계속되는 촉박감의 강도, 촉박감의 기간, 아침에 일어날 때의 촉박감 강도 등으로 재발을 예측할 수 있기 때문이다.

추가적 또는 대안적으로 표적은 초진단적일 수 있다(즉, 기존의 진단 명명법이 구분 지어 이름 붙인 것을 가로질러 장애를 일으키는 데 기여하거나 장애가 계속되게 하는 본질적인 과정이 될 수 있다). 맨셀Mansell과 하베이Harvey, 와트킨스Watkins, 샤프란Shafran은 초진단적 과정을 네 가지 관점으로 범주화했다(2009).

1. 보편적 복합 과정이 심리 장애의 전부 또는 대부분을 유지하게 한다.

예를 들면 자기 초점 주의력, 명시적 기억 편향, 해석 편향, 안전 행동 등의 과정이다(예, Harvey, Watkins, Mansell, & Shafran, 2004).

2. 다양한 인지 및 행동 과정이 한정된 범위의 장애를 유지하게 하지만, 이것은 전통적인 장애 특이적 모델보다는 폭이 넓다.

예를 들어 부적응적 인지 재평가, 빈약한 감정 조절 능력, 감정 회피, 감정에 이끌린 행동 같은 공통 과정은 불안이나 우울과 관련이 있고(Barlow, Allen, & Choate, 2004), 임상적 완벽주의과 핵심 자존심 저하, 기분 불내성mood intolerance, 대인관계의 어려움은 식이 장애와 관련이 있다고 한다(Fairburn, Cooper, & Shafran, 2003).

3. 진단 범주나 진단명보다 증상이나 심리 현상이 표적이 된다.

예를 들어 라이닝하우스Reininghaus와 프리베Priebe, 벤탈Bentall은 연구 자료들이 양극성장애와 조현병이 구분할 수 있는 독립적인 질환이라기보다는 상위 정신병의 증후군일 뿐 아니라 다섯 개의 독립 증상 차원인 양성 증상(환각과 망상), 음성 증상(사회적 위축과 즐거움을 경험하는 능력 상실), 인지 와해, 우울증, 조증으로 이루어졌다는 것을 나타낸다고 주장했다(2013). 이러한 차원을 표적으로 삼을 수 있다.

4. 보편적 단일 과정이 심리 장애의 전부나 대부분을 유지하는 주요 원인이다.

예를 들어 와트킨스(2008)는 반복적인 생각, 즉 자신이나 자신의 세계에 관해 집중적으로, 반복해서 자주 생각하는 과정이 정신 병리에서 중요하다고 말했다. 헤이즈와 동료들은(2006, p. 6) 심리적 경직성, 즉 "언어와 인지가 직접 수반성과 상호 작용하며 장기적으로 가치 있는 결말을 위해 행동을 지속하거나 바꾸지 못하는" 방식이 중요하다고 말했다.

표적을 강력한 변화 과정과 연결하라 **Link Targets to Robust Change Processes**

마지막으로 내담자의 문제가 정해진 프로토콜과 잘 맞지 않거나, 프로토콜에 반응하지 않아 훈련된 즉흥성이 필요할 때는 근거 기반 프로토콜의 모듈 성분을 시도하라. 초피타와 동료들(즉, Chorpita & Daleiden, 2010; Chorpita et al., 2005)은 분석의 단위로 치료 매뉴얼을 사용하는 것보다는 독립 변수로 제공할 수 있는 별개의 치료 기술이나 전략을 정의할 개입에 관한 표준화된 어휘 목록을 만들려고 노력했다. 우리는 이 책 3부와 다른 작업들(예, Roth & Pilling, 2008)에 특정 개입을 전달하는 데 필요한 모든 지식과 수행 능력이 담긴 근거 기반 프로토콜의 성분을 독립적인 모듈로 묶어 놓았다.

분석의 단위로 볼 때 이러한 모듈 접근법이 매뉴얼에 의존하는 것보다 과학적으로 유용하고 임상 지향적이란 것을 증명할 수 있다(Chorpita & Daleiden, 2010). 로써람-보루스Rotheram-Borus와 동료들은(2012) 근거 기반 치료 및 예방 개입 프로그램의 가장 강력한 특징들을 기초로 하여 이것을 더 단순하고 비용이 덜 들도록 재설계했다. 그들은 이렇게 했을 때 대부분 사람의 욕구를 충족시키면서 효과적인 도움을 줄 수 있고, 측정, 재현, 지속할 수 있게 만들 수 있다고 제안했다.

지금까지는 표적에 성분 개입을 맞추도록 안내할 수 있는 처방 휴리스틱은 없다. 더욱이 아직은 공통 요인 모델과 정신치료를 기술로 보는 모델 가운데 어느 쪽이 확실히 낫다는 자료가 없다. 따라서 두 모델 모두의 정보를 접하는 것이 임상가로서 최선의 경로일 것이다.

공통 요인 모델에서는 다섯 가지 성분이 변화를 만든다. (1) 치료자와 내담자가 감정이 담긴 유대 관계를 이루어야 하고, (2) 치료가 일어날 수 있는 자기 공개와 치유 환경을 설정해야 하고, (3) 감정 스트레스에 대한 심리적 유래와 문화적으로 내포된 설명을 제공해야 하고, (4) 설명은 적응적이면서(즉, 특정 어려움을 극복하는 데 믿을 만하고 실행할 수 있는 선택을 제공) 내담자가 받아들일 수 있는 것이어야 하고, (5) 내담자가 긍정적이고 도움이 되고 적응적인 어떤 것을 행동하도록 이끄는 절차의 조합이나 의식rituals이 임상가에게 있어야 한다(Laska et al., 2013). 이 공통 요인 관점에서는 다섯 가지 성분이 모두 있으면, 대부분의 장애에 효과가 있을 것으로 본다.

인지 행동적 관점에서 보면 일반적인 수단-목적-문제-해결 전략이 치료 표적에 대해 성분 요소를 선택할 방법을 안내한다. 첫째, 효과 있을 행동을 하지 않는 것이 능력 결핍(즉, 내담자가 필요한 행동을 어떻게 할지 모르는 것) 탓인지 평가하고, 그렇다면 기술 훈련 절차를 사용하라. 내담자에게 기술이 있지만 감정이나 수반성, 인지 과정, 내용 등이 내담자가 능숙하게 행동할 능력을 방해하면, 노출과 수반성 관리, 인지 수정에서 나온 절차와 원리를 활용하여 이런 방해물을 없애라. 장애 특이적 절차와 원리는 필요한 대로 적절한 프로토콜을 끌어들여 사용하라.

표1은 모듈 성분 치료 계획이 어떻게 보이는지 PICO를 사용하여 알려 준다. 행동 활성화가 기본 틀과 출발점을 제공하는데, 강화의 결핍으로 우울함이 생긴다는 전제에 근거한다. 따라서 (강화 수반성을 방해하는) 회피를 줄이고 숙련도와 만족도를 높이는(강화를 늘리는) 활성화 과제의 강력한 공통 절차로 문제 음주, 불면, 양육 전략, 부부 관계 등과 같은 복수의 표적을 치료할 수 있다. 근거 기반 특정 프로토콜(예, 불면, 문제 음주, 양육 훈련)에서 뽑아낸 장애 특이적 원리와 전략을 특정 표적을 치료하려는 목적에서 모듈 방식으로 사용할 수 있다.

치료실 너머에서, 조직화와 임상 기반 과학

Beyond the Therapy Room: Organizations and Practice-Based Science

특정 장애 진단과 서비스 분야를 위한 CPT(current procedural terminology) 코드[4]와 함께 진단 범주가 여전히 서비스의 전달과 보상 세계를 조직화한다. 이 조직은 이 장에서 다룬 비전을 실행하기에는 적절치 않다. 근거 기반 실천이라는 새로운 시대로 옮겨가려면 이러한 임상을 촉진하고 지원할 수 있도록 조직이 바뀌어야 한다.

근거 정보에 의한 휴리스틱이 드러나기 시작했고, 이것이 이러한 변화를 안내한다. 여기에는 "괜찮은good enough" 실행을 결정하고 유지하고(예, Damschroder et al., 2009; Proctor et al., 2009), 모듈 성분 모델의 유용성을 증명하는(Chorpita et al., 2015; Weisz et al., 2012) 핵심 변수를 확인하는 것이 포함된다. 표준 임상 안에 경과 모니터링을 도입하여 임상가와 조직 모두 질을 높이려는 노력이 좋은 성과를 얻으려면 무엇이 필요할지 스스로 답할 수 있다(Steinfeld et al., 2015). 임상 근거 연구의 장애물이 극복할 수 있는 것이 되고(Barkham, Hardy, & Mellor-Clark, 2010; Koerner & Castonguay, 2015), 새로운 단일 증례 방법론으로 의미 있는 방식의 정보를 수집한 다음 일반화할 수 있는 결론까지 추출하게 되면(Barlow, Nock, & Hersen, 2008; Iwakabe & Gazzola, 2009) 임상 기반 연구가 과학 문헌에 기여할 수 있을 것이다.

결론 Conclusion

근거 기반 실천의 편재성ubiquity은 그것이 단순하고 분명한 과정이라는 뜻이다. 하지만 근거 기반과 임상 판단은 모두 약점이 있어 심각한 도전을 받는다. 이는 임상가와 조직이 근거 기반 실천을 촉진할 "친절한" 환경을 만들어야 한다는 뜻이다. 현재 과학의 최선을 통합한 휴리스틱을 체계적으로 활용하는 것을 포함하여 표준 작업 관례를 시행하며 우리가 적절한 단서를 탐지하고 임상 판단과 개입, 성과의 관계성을 학습할 수 있도록 임상 판단을 훈련하고 측정할 수 있게 되었다. 또 임상 기반 질문에 답하고 더 폭넓은 연구 문헌에 기여하게 되었다. 임상에서 과학의 목표를 이루려면 많은 사람의 노력이 필요할 것이다.

4) CPT 코드는 미국의사협회에서 발행하며 의사가 직접 하거나 의사의 감독을 받아 실행한 의료행위의 대가를 청구하는 데 사용한다.

참고문헌

American Psychological Association Presidential Task Force on Evidence- Based Practice (2006). Evidence- based practice in psychology. *American Psychologist, 61*(4), 271–285.

Barkham, M., Hardy, G. E., & Mellor- Clark, J. (2010). Improving practice and enhancing evidence. In M. Barkham, G. E. Hardy, & J. Mellor- Clark (Eds.), *Developing and delivering practice- based evidence: A guide for the psychological therapies* (pp. 3– 20). Chichester, UK: Wiley- Blackwell.

Barlow, D. H., Allen, L. B., & Choate, M. L. (2004). Toward a unified treatment for emotional disorders. *Behavior Therapy, 35*(2), 205– 230.

Barlow, D. H., Nock, M. K., & Hersen, M. (2008). *Single case experimental designs: Strategies for studying behavior change* (3rd ed.). Boston: Pearson Allyn and Bacon.

Bedics, J. D., Atkins, D. C., Comtois, K. A., & Linehan, M. M. (2012a). Treatment differences in the therapeutic relationship and introject during a 2- year randomized controlled trial of dialectical behavior therapy versus nonbehavioral psychotherapy experts for borderline personality disorder. *Journal of Consulting Clinical Psychology, 80*(1), 66– 77.

Bedics, J. D., Atkins, D. C., Comtois, K. A., & Linehan, M. M. (2012b). Weekly therapist ratings of the therapeutic relationship and patient introject during the course of dialectical behavioral therapy for the treatment of borderline personality disorder. *Psychotherapy (Chicago), 49*(2), 231– 240.

Branson, A., Shafran, R., & Myles, P. (2015). Investigating the relationship between competence and patient outcome with CBT. *Behaviour Research and Therapy, 68*, 19–26.

Carlier, I. V., Meuldijk, D., van Vliet, I. M., van Fenema, E., van der Wee, N. J., & Zitman, F. G. (2012). Routine outcome monitoring and feedback on physical or mental health status: Evidence and theory. *Journal of Evaluation in Clinical Practice, 18*(1), 104– 110.

Chorpita, B. F., & Daleiden, E. L. (2010). Building evidence- based systems in children's mental health. In J. R. Weisz & A. E. Kazdin (Eds.), *Evidence- based psychotherapies for children and adolescents* (2nd ed., pp. 482– 499). New York: Guilford Press.

Chorpita, B. F., Daleiden, E. L., & Weisz, J. R. (2005). Modularity in the design and application of therapeutic interventions. *Applied and Preventive Psychology, 11*(3), 141–156.

Chorpita, B. F., Park, A., Tsai, K., Korathu- Larson, P., Higa- McMillan, C. K., Nakamura, B. J., et al. (2015). Balancing effectiveness with responsiveness: Therapist satisfaction across different treatment designs in the Child STEPs randomized effectiveness trial. *Journal of Consulting and Clinical Psychology, 83*(4), 709– 718.

Christon, L. M., McLeod, B. D., & Jensen- Doss, A. (2015). Evidence- based assessment meets evidence- based treatment: An approach to science- informed case conceptualization. *Cognitive and Behavioral Practice, 22*(1), 36– 48.

Collado, A., Calderón, M., MacPherson, L., & Lejuez, C. (2016). The efficacy of behavioral activation treatment among depressed Spanish- speaking Latinos. *Journal of Consulting and Clinical Psychology, 84*(7), 651– 657.

Comtois, K. A., & Linehan, M. M. (2006). Psychosocial treatments of suicidal behaviors: A practice- friendly review. *Journal of Clinical Psychology, 62*(2), 161– 170.

Damschroder, L. J., Aron, D. C., Keith, R. E., Kirsh, S. R., Alexander, J. A., & Lowery, J. C. (2009). Fostering implementation of health services research findings into practice: A consolidated framework for advancing implementation science. *Implementation Science, 4*, 50.

Dimidjian, S., Hollon, S. D., Dobson, K. S., Schmaling, K. B., Kohlenberg, R. J., Addis, M. E., et al. (2006). Randomized trial of behavioral activation, cognitive therapy, and antidepressant medication in the acute treatment of adults with major depression. *Journal of Consulting and Clinical Psychology, 74*(4), 658– 670.

Fairburn, C. G., Cooper, Z., & Shafran, R. (2003). Cognitive behaviour therapy for eating disorders: A "transdiagnostic" theory and treatment. *Behaviour Research and Therapy, 41*(5), 509– 528.

Gawande, A. (2010). *The checklist manifesto: How to get things right*. New York: Metropolitan Books.

Glasgow, R. E., Vogt, T. M., & Boles, S. M. (1999). Evaluating the public health impact of health promotion interventions: The RE- AIM framework. *American Journal of Public Health, 89*(9), 1322– 1327.

Goodman, J. D., McKay, J. R., & DePhilippis, D. (2013). Progress monitoring in mental health and addiction treatment: A means of improving care. *Professional Psychology: Research and Practice, 44*(4), 231– 246.

Harvey, A. G., Watkins, E., Mansell, W., & Shafran, R. (2004). *Cognitive behavioural processes across psychological disorders: A transdiagnostic approach to research and treatment*. Oxford: Oxford University Press.

Hayes, S. C., Luoma, J. B., Bond, F. W., Masuda, A., & Lillis, J. (2006) Acceptance and commitment therapy: Model, processes, and outcomes. *Behaviour Research and Therapy, 44*(1), 1– 25.

Heath, C., & Heath, D. (2013). *Decisive: How to make better choices in life and work*. New York: Random House.

Hogarth, R. M. (2001). *Educating intuition*. Chicago: University of Chicago Press.

Huang X., Lin J., & Demner- Fushman D. (2006). Evaluation of PICO as a knowledge representation for clinical questions. *AMIA Annual Symposium Proceedings Archive*, 359– 363.

Iwakabe, S., & Gazzola, N. (2009). From single- case studies to practice- based knowledge: Aggregating and synthesizing case studies. *Psychotherapy Research, 19*(4– 5), 601– 611.

Jacobson, N. S., Dobson, K., Fruzzetti, A. E., Schmaling, K. B., & Salusky, S. (1991). Marital therapy as a treatment for depression. *Journal of Consulting and Clinical Psychology, 59*(4), 547– 557.

Kahan, D. (2012). Two common (and recent) mistakes about dual process reasoning and cognitive bias. February 3. http://www.culturalcognition.net/blog/2012/2/3/two-common- recent- mistakes- about- dual- process- reasoning- cogn.html.

Kahan, D. M. (2013a). Ideology, motivated reasoning, and cognitive reflection. *Judgment and Decision Making, 8*(4), 407– 424.

Kahan, D. M. (2013b). "Integrated and reciprocal": Dual process reasoning and science communication part 2. July 24. http://www.culturalcognition.net/blog/2013/7/24/integrated- reciprocal- dual- process- reasoning- and- science- com.html.

Kahneman, D. (2011). *Thinking, fast and slow*. New York: Farrar, Straus and Giroux.

Kahneman, D., & Klein, G. (2009). Conditions for intuitive expertise: A failure to disagree. *American Psychologist, 64*(6), 515– 526.

Kanter, J. W., Santiago- Rivera, A. L., Santos, M. M., Nagy, G., López, M., Hurtado, G. D., et al. (2015). A randomized hybrid efficacy and effectiveness trial of behavioral activation for Latinos with depression. *Behavior therapy, 46*(2), 177– 192.

Karelaia, N., & Hogarth, R. M. (2008). Determinants of linear judgment: A meta- analysis of lens model studies. *Psychological Bulletin, 134*(3), 404– 426.

Kiresuk, T. J., Smith, A., & Cardillo, J. E. (2014). *Goal attainment scaling: Applications, theory, and measurement*. London: Psychology Press.

Koerner, K., & Castonguay, L. G. (2015). Practice- oriented research: What it takes to do collaborative research in private practice. *Psychotherapy Research, 25*(1), 67– 83.

Kunda, Z. (1990). The case for motivated reasoning. *Psychological Bulletin, 108*(3), 480– 498.

Kuyken, W. (2006). Evidence- based case formulation: Is the emperor clothed? In N. Tarrier & J. Johnson (Eds.), *Case formulation in cognitive behaviour therapy: The treatment of challenging and complex cases* (pp. 12– 35). New York: Routledge.

Laska, K. M., Smith, T. L., Wislocki, A. P., Minami, T., & Wampold, B. E. (2013). Uniformity of evidence- based treatments in practice? Therapist effects in the delivery of cognitive processing therapy for PTSD. *Journal of Counseling Psychology, 60*(1), 31– 41.

Linehan, M. M. (1999). Development, evaluation, and dissemination of effective psychosocial treatments: Levels of disorder, stages of care, and stages of treatment research. In M. D. Glantz & C. R. Hartel (Eds.), *Drug abuse: Origins and interventions* (pp. 367– 394). Washington, DC: American Psychological Association.

Lovibond, P. F., & Lovibond, S. H. (1995). The structure of negative emotional states: Comparison of the Depression Anxiety Stress Scales (DASS) with the Beck Depression and Anxiety Inventories. *Behaviour Research and Therapy, 33*(3), 335– 343.

Manber, R., Edinger, J. D., Gress, J. L., San Pedro- Salcedo, M. G., Kuo, T. F., & Kalista, T.

(2008). Cognitive behavioral therapy for insomnia enhances depression outcome in patients with comorbid major depressive disorder and insomnia. *Sleep, 31*(4), 489–495.

Mansell, W., Harvey, A., Watkins, E., & Shafran, R. (2009). Conceptual foundations of the transdiagnostic approach to CBT. *Journal of Cognitive Psychotherapy, 23*(1), 6– 19.

McMain, S., Sayrs, J. H., Dimeff, L. A., & Linehan, M. M. (2007). Dialectical behavior therapy for individuals with borderline personality disorder and substance dependence. In L. A. Dimeff & K. Koerner (Eds.), *Dialectical behavior therapy in clinical practice: Applications across disorders and settings* (pp. 145– 173). New York: Guilford Press.

Merton, R. K. (1968). The Matthew effect in science. *Science, 159*, 56– 63.

Morgenstern, J., & McKay, J. R. (2007). Rethinking the paradigms that inform behavioral treatment research for substance use disorders. *Addiction, 102*(9), 1377– 1389.

Norcross, J. C. (2002). *Psychotherapy relationships that work: Therapist contributions and responsiveness to patients*. New York: Oxford University Press.

O'Donnell, A., Anderson, P., Newbury- Birch, D., Schulte, B., Schmidt, C., Reimer, J., et al. (2014). The impact of brief alcohol interventions in primary healthcare: A systematic review of reviews. *Alcohol and Alcoholism, 49*(1), 66– 78.

Onken, L. S., Carroll, K. M., Shoham, V., Cuthbert, B. N., & Riddle, M. (2014). Reenvisioning clinical science: Unifying the discipline to improve the public health. *Clinical Psychological Science, 2*(1), 22– 34.

Padesky, C. A., Kuyken, W., & Dudley, R. (2011). *Collaborative case conceptualization rating scale and coding manual*. Vol. 5, July 19. Unpublished manual retrieved from http:// padesky.com /pdf_padesky/CCCRS_Coding_Manual_v5_web.pdf.

Persons, J. B. (2008). *The case formulation approach to cognitive- behavior therapy*. New York: Guildford Press.

Proctor, E. K., Landsverk, J., Aarons, G., Chambers, D., Glisson, C., & Mittman, B. (2009). Implementation research in mental health services: An emerging science with conceptual, methodological, and training challenges. *Administration and Policy in Mental Health and Mental Health Services Research, 36*(1), 24– 34.

Reininghaus, U., Priebe, S., & Bentall, R. P. (2013). Testing the psychopathology of psychosis: Evidence for a general psychosis dimension. *Schizophrenia Bulletin, 39*(4), 884– 895.

Roth, A. D., & Pilling, S. (2008). Using an evidence- based methodology to identify the competences required to deliver effective cognitive and behavioral therapy for depression and anxiety disorders. *Behavioral and Cognitive Psychotherapy, 36*(2), 129–147.

Rotheram- Borus, M. J., Swendeman, D., & Chorpita, B. F. (2012). Disruptive innovations for designing and diffusing evidence- based interventions. *American Psychologist, 67*(6), 463– 476.

Rounsaville, B. J, Carroll K. M., & Onken L. S. (2001). A stage model of behavioral therapies research: Getting started and moving on from stage 1. *Clinical Psychology: Science and Practice, 8*(2):133– 142.

Sackett, D. L., Rosenberg, W. M., Gray, J. M., Haynes, R. B., & Richardson, W. S. (1996). Evidence based medicine: What it is and what it isn't. *BMJ, 312*(7023), 72– 73.

Spring, B. (2007a). Steps for evidence- based behavioral practice. http://www.ebbp.org/steps.html.

Spring, B. (2007b). Evidence-based practice in clinical psychology: What it is, why it matters; what you need to know. *Journal of Clinical Psychology, 63*(7), 611– 631.

Stanovich, K. E., West, R. F., & Toplak, M. E. (2011). Individual differences as essential components of heuristics and biases research. In K. Manktelow, D. Over, & S. Elqayam (Eds.), *The Science of reason: A Festschrift for Jonathan St. B. T. Evans* (pp. 355– 396). New York: Psychology Press.

Steinfeld, B., Scott, J., Vilander, G., Marx, L., Quirk, M., Lindberg, J., et al. (2015). The role of lean process improvement in implementation of evidence- based practices in behavioral health care. *Journal of Behavioral Health Services & Research, 42*(4), 504–518.

Stepanski, E. J., & Rybarczyk, B. (2006). Emerging research on the treatment and etiology of secondary or comorbid insomnia. *Sleep Medicine Reviews, 10*(1), 7– 18.

Tucker, J. A., & Roth, D. L. (2006). Extending the evidence hierarchy to enhance evidencebased practice for substance use disorders. *Addiction, 101*(7), 918– 932.

Unützer, J., & Park, M. (2012). Strategies to improve the management of depression in primary care. *Primary Care: Clinics in Office Practice,* 39(2), 415– 431.

Watkins, E. R. (2008). Constructive and unconstructive repetitive thought. *Psychological Bulletin, 134*(2),163– 206.

Webb, C. A., DeRubeis, R. J., & Barber, J. P. (2010). Therapist adherence/competence and treatment outcome: A meta- analytic review. *Journal of Consulting and Clinical Psychology, 78*(2), 200– 211.

Webster- Stratton, C. (2006). *The incredible years: A trouble- shooting guide for parents of children aged 2– 8* (rev. ed.). Seattle: The Incredible Years.

Weisz, J. R., Chorpita, B. F., Frye, A., Ng, M. Y., Lau, N., Bearman, S. K., et al. (2011). Youth top problems: using idiographic, consumer- guided assessment to identify treatment needs and to track change during psychotherapy. *Journal of consulting and clinical psychology, 79*(3), 369– 380.

Weisz, J. R., Chorpita, B. F., Palinkas, L. A., Schoenwald, S. K., Miranda, J., Bearman, S. K., et al. (2012). Testing standard and modular designs for psychotherapy treating depression, anxiety, and conduct problems in youth: A randomized effectiveness trial. *Archives of General Psychiatry, 69*(3), 274– 282.

정보 기술과 변화하는 임상의 역할

Information Technology and the Changing Role of Practice

게하르트 안데르손 Gerhard Andersson, PhD
린셰핑대학 카롤린스카 연구소 행동과학 및 학습부

정신치료는 주로 개인적인 대면 방식에서 시작했다. 하지만 점차 집단 치료, 정보 자료, 교실 기반 개입, 비유도 예방 프로그램, 도서 등과 같은 다양한 대안적인 치료 전달 형태로 바뀌고 있다. 또 컴퓨터, 인터넷, 스마트폰 등의 전산화 플랫폼을 이용한 유도된[1] 자조 프로그램도 있다. 임상가의 역할에 관한 이러한 변화는 최근에 새롭게 일어난 것이 아니다. 또 현대의 정보 기술 발전으로 생긴 것도 아니다. 이 책에서 초점을 두는 것은 이미 있었던 일이다.

집단과 교실 기반 개입에 관해서는 아직 다툴 여지가 있지만(Morrison, 2001), 이것으로 일어난 변화는 일정 부분 현장에서 계속되었고, 정규 임상 실제의 일부이기도 하다. 적어도 일부 조건에서는 경험적 지지를 받는다(Cuijpers, van Straten, & Warmerdam, 2008, White, Keenan, & Brooks, 1992). 흔히 독서치료bibliotherapy라 하는 책이나 전단지 형태의 텍스트 기반 개입을 하나의 독립된 치료로 보는 것처럼 정보 기술도 마찬가지일 것이다(Keeley, Williams, & Shapiro, 2002). 웹 기반 정보물이나 온라인 지지 그룹을 찾는 등 일부 새로운 형태의 개입은 실제 임상과 거의 통합되지 않았기에(G. Andersson, 2014) 이 장의 범위를 벗어난다. 하지만 이 장에서는 최신 정보 기술이 기존의 서비스 전달 형식을 *보완*하고 때로는 *대체*하는 임상 실제에서의 변화된 역할에 관해 말할 것이다.

임상의와 접촉이 없는 인터넷 기반 치료
Internet-Based Treatments with No Clinician Contact

자동화되어 인간과 접촉하지 않는 많은 인터넷 기반 자조 프로그램이 있다. 이런 프로그램에는 예방에서 단계적 치료 과정상의 조기 개입(Nordgreen et al., 2016), 완전한 심리 치료에 이르기까지 다양한 목적이 있다.

임상의와 접촉하지 않는 치료법은 종종 "치료"가 아닌 다른 이름으로 제시되며 정신 건강 장애나 증후군보다는 특정 증상을 표적으로 하는 경향이 있다(Leykin, Muñoz, Contreras, & Latham, 2014). 이렇게 하는 것은 부분적으로는 국가의 법적 규제나 전문직의 윤리 규정 때문이다. 예를 들어 미국에서는 임상의가 자신이 면허 받은 주에 살지 않는 사람을 인터넷으로 치료할 수 없다.

늘어나는 수요에 비해 대면 서비스가 부족한 것도 자기 주도적self-guided 프로그램

1) 유도된guided은 문맥에 따라 안내된, 주도된(self-guided) 등으로 다양하게 번역함.

(Muñoz, 2010)을 만드는 까닭이다. 하지만 현실에서는 많은 사람이 이런 프로그램에 등록만 하고 개입의 끝을 보지 못한다(Christensen, Griffiths, Groves, & Korten, 2006). 자동화 알림 기능이나 순응을 조성하는 프로그램 방법은 사람의 지지 없이도 치료를 도울 수 있을 것이다. 최근 연구에서는 이런 형태로 보강한 인터넷 치료가 그렇지 않은 것보다 탈락률이 낮고 효과적인 것으로 나타났다(Titov et al., 2013).

온라인 개입이 건강관리 시스템의 일부로 사용될 때, 사람들의 참여 수준이 높아지는 경향이 있다. 온라인 개입에는 일차 진료 임상의나 참가자를 평가하는 연구원 같은 일부 인적 자원이 자동으로 들어온다(Ritterband et al, 2009). 임상의가 지지적 참여 과정의 일부가 되면, 대상군의 참여 수준이 높아진다.

임상의 지지가 있는 인터넷 기반 치료

Internet-Based Treatments with Clinician Support

임상의가 일정 형태로 지지하는 인터넷 기반 치료가 불안(Olthuis, Watt, Bailey, Hayden, & Stewart, 2015)이나 우울, 신체장애(G. Andersson, 2014) 같은 몇몇 조건에서 심리 치료를 전달하는 근거 기반 접근으로 떠오르고 있다. 이런 프로그램은 보통 5~15주 동안의 전면적full-scale인 치료로, 대면 개입의 구성 요소를 많이 포함한다. 다음과 같은 유도된 인터넷 치료의 특징은 앞으로 심리 치료가 나아갈 방향에 영향을 줄 것이다.

첫째, 보통 유도된 인터넷 기반 치료에는 온라인 평가 절차가 있다. 많은 연구자와 임상의가 치료하는 동안 결과를 반복해서 평가하는 것을 중요하게 생각한다(Lambert, 2015), 하지만 시간 제약과 설문지와 관련한 행정 처리 및 코딩의 불편함으로 임상 실제에서는 종종 이렇게 하는 것이 어렵다. 하지만 최신 정보 기술을 이용하면 성과 모니터링이 쉬워진다. 임상의는 인터넷으로 정신 측정 검사psychometric의 속성이 있는 자가보고 설문지를 관리할 수 있고(Van Ballegooijen, Riper, Cuijpers, van Oppen, & Smit, 2016), 핸드폰으로 내담자의 자료를 실시간으로 수집할 수 있다(Luxton, McCann, Bush, Mishkind, & Reger, 2011). 이것은 연구뿐 아니라 정기적인 치료에도 유용하다. 예를 들어 종이와 연필 대신 스마트폰을 사용하여 노출치료 도중에 SUDS 점수를 얻을 수 있다. 구스탑손Gustafson(2014)과 동료들은 약물 남용 치료를 지원하려고 스마트폰 앱을 사용했다. 또 다른 방법은 비디오 채팅을 이용하여 내담자와 면담하는 것이다. 물론 이때는 스카이프처럼 널리 사용되는 소셜미디어 프로그램은 적절하지 않고, 더 안전한 온라인 도구가 필요하다(Armfield, Gray, & Smith, 2012).

둘째, 유도된 인터넷 기반 치료가 어떤 일정으로 짜이고 내용이 무엇인지에 따라 앞으로의 심리 작업에 영향을 줄 확률이 높다(근거 기반 치료의 인터넷 버전에 관한 최근 검토는 G. Andersson, Carlbring & Lindefors, 2016을 보라). 대체로 온라인 프로그램의 일정은 대면 치료를 모방하는 경향이 있고, 매주 과제를 할당한다. 또 전체 치료 기간이 대면 치료 매뉴얼과 비슷하다. 온라인 치료 프로그램의 내용은 다양하지만 대부분 인지행동치료에 기반을 둔다(G. Andersson, 2014). 다른 것이 있다면 대인관계 정신치료(Dag 등, 2014)나 역동 정신치료(Johansson, Frederick, Andersson, 2013) 등이다.

많은 치료 프로그램이 공황장애나 우울증 같은 특정 장애를 해결하려는 프로토콜이지만, 근거 기반 치료는 장애나 문제 전반에 걸쳐 겹쳐지는 경향이 있다. 따라서 어떤 치료가 좋을지에는 최종 사용자에게 선택의 자유를 주는 것이 중요하다. 이런 딜레마를 해결하려고 서로 다르지만 부분적으로는 겹쳐지는 두 가지 해법이 개발되었다.

첫 번째 해법은 초진단 기제에 초점을 두는 것이다. 기분과 불안 장애를 해결하려는 발로우Barlow의 단일 프로토콜(Barlow, Allen, & Choate, 2004)과 여러 형태의 정신 및 행동 건강에 대해 심리적 유연성에 치료 초점을 둔 수용전념치료가 여기에 해당한다(Hayes, Strosahl, & Wilson, 2012). 티토프Titov와 앤드류스Andrews, 존스턴Johnston, 로빈슨Robinson, 스펜스Spence는 불안과 우울증에 대한 초진단 인터넷 치료를 개발하고 시험하여 좋은 결과를 얻었다(2010). 연구자들은 마음챙김(Boettcher et al., 2014), 정동 중심 정신역동 치료(Johansson, Bj kklund, et al., 2013), 수용전념치료(Levin, Pistorello, Hayes, Seeley, & Levin, 2015)와 같은 초진단적 접근을 인터넷 형식으로 사용해 왔다. 또 인터넷을 이용하여 응용 이완 같은 일반적인 치료법과 사회불안장애 같은 특정 장애의 치료를 검증했다(Carlbring, Ekselius, & Andersson, 2003).

초진단적 접근이라 해도 추가적인 조정이 없으면 내담자의 선호를 다룰 수 없다. 치료가 고정되면 임상의가 선호하는 사례 공식화를 통한 치료를 하기 어렵다. 한 가지 예외가 있는데, 티토프Titov와 동료들이 한 초진단적 접근은 고정된 프로그램 이외에도 내담자에게 자료를 제공했다(2011). 비슷하게 레빈Levin과 동료들이 기술한 프로그램은 내담자 문제 영역에 적합한 수용 및 전념 치료의 "풍미flavors"를 보여주었다(2015).

스웨덴의 연구 그룹이 최종 사용자에게 어떤 치료를 받을지 선택의 자유를 주도록 개발한 또 다른 접근 방식은 진단 인터뷰에 따른 사례 공식화와 내담자 선호도를 어느 정도 맞춤으로 구성하여 인터넷 치료를 제공하는 것이었다(Carlbring et al., 2010). 임상 실제에서는 기본 설정 모듈과 유연한 모듈로 맞춤 구성할 수 있다. 내담자는 심리 교육(고정), 사례 프리젠테이션과 선호에 기반한 맞춤 모듈(예, 사회 불안 및 스트레스 관리에 대한 모듈), 고정 결말(재발 방지)로 이루어진 10주 프로그램을 처방받을 수 있다. 이 초진단적 접근은 불면증과 관계 문제, 정신과적 상태(예, 일반화한 불안)가 함께 있는 상태를 다룰 수 있다. 지금까지 나온 증거를 보면 맞춤형 인터넷 치료가 장애 특이적 치료만큼 효과적일 것으로 보인다(Berger, Boettcher, & Caspar, 2014). 한 연구는 심각한 우울증에서는 맞춤 치료가 표준 인터넷 치료보다 우수하다고 발표했다(Johansson et al., 2012).

인터넷으로 제공하는 치료 프로그램의 장점은 텍스트를 넘어 오디오 파일이나 애니메이션, 비디오, 대화방, 문자 메시지, 자동 알림 등과 같은 기술적 도구를 포함할 수 있다는 것이다. 이러면 대면 치료로는 복제하기 어려울 만큼 매끄러운 방식으로 내담자의 행동 변화를 안내할 수 있다. 대부분 개입에서 텍스트는 여전히 주요한 부분이고, 많은 사람이 텍스트 처리에 익숙하다. 하지만 대부분 프로그램은 다양한 프리젠테이션 형식을 혼합한다. 예를 들면 치료자가 소개한 비디오, 텍스트 기반 지침 및 심리 교육, 상호 작용 과제 지침, 개념을 설명하는 그림 등이다. 실제로 연구자들은 만화 형식의 우울증 치료처럼(Imamura et al., 2014) 삽화를 폭넓게 사용하는 치료법을 개발했다. 호주의 한 프로그램은 예전 디즈니의 그림을 그렸던 예술가의 그림을 사용한다(Mewton, Sachdev, Andrews, 2013).

인터넷 기반 치료의 또 다른 장점은 언어와 문화 배경이 다른 사람들에게 적절히 변형하여 사용할 수 있다는 것이다. 그림 1은 한 가지 예이다. 이것은 쿠르드족 소라니Sorani 언어를 쓰는 사람들의 우울증을 치료할 때 사용한 연구용 스크린 샷이다. 비디오 제목에서 알 수 있듯이 원래 우울증 매뉴얼은 스웨덴어로 만들어졌다. 이 그림은 인터넷 개입이 다른 언어로 쉽게 번역되어 적용될 수 있다는 것을 보여준다. 또 인터넷 기반 치료는 문화적 상황에 맞게 프로그램의 사례나 이름, 사진을 바꿀 수 있다(예, 남성과 여성이 악수하는 그림을 페르시아어판 인터넷 프로토콜에서는 두 여성이 악수하는 그림으로 바꿀 수 있음).

그림 1 쿠르드족 소라니 언어로 만든 우울증 치료 스크린 샷(저작권 © 2017 린셰핑대학 행동과학 및 학습부의 허가를 받아 사용함)

장래의 심리 작업에 영향을 줄 유도된 인터넷 기반 치료의 세 번째 특징은 임상의의 역할이다. 대부분의 고찰과 메타 분석 결과 임상적 지지가 온라인 프로그램의 치료 결과를 좋게 하고 탈락률을 줄였다(Baumeister, Reichler, Munzinger, & Lin, 2014), 하지만 동시에 인터넷 기반 치료를 안내하는 치료자의 역할과 훈련에 더 많은 작업이 필요하다는 것도 말한다(G. Andersson, 2014). 지지의 효과는 대상마다 다르게 나타난다. 예를 들어 우울증 치료는 지지에 더 의존적일 수 있고(Johansson & Andersson, 2012), 일부 다른 조건은 임상적 지지가 덜 필요할 수 있다(Berger et al., 2011). 임상의와 내담자가 모두 어떤 형태의 임상적 접촉을 선호할 수 있지만, 경험적으로 어떤 지원이 얼마나 필요한지는 아직 알려지지 않았다. 어떤 내담자는 요구에 따른 전화 상담 서비스 정도면 충분할 것이다(Rheker, Andersson, & Weise, 2015). 다른 내담자는 계획된 지지나 맞춤형 알림이 필요할 수 있다. 앞으로 연구의 도전은 내담자에게 어떤 형태의 지지가 필요한지 임상의가 결정하도록 돕는 결과 중재 인자를 찾는 것이 될 것이다.

인터넷 기반 치료가 효과가 있다는 말은 효과적인 정신 사회적 치료에는 치료 동맹이 있어야 한다는 가정에 도전한다(Horvath, del Re, Fluckiger, & Symonds, 2011). 몇몇 연구가 내담자와 온라인 치료자의 치료 동맹을 살펴보았는데, 내담자 대부분이 동맹 수준에 높은 점수를 매겼다(치료 동맹 설문지 같은 측정치를 이용함). 하지만 이것과 치료 결과는 상관관계가 거의 없었다(예, Sucala et al., 2012).

우리는 인터넷 치료를 실행할 준비가 되었는가?
Are We Ready to Implement Internet Treatment?

문제와 임상 조건에 따라 근거 기반의 수준이 다양하기에, 나는 이 장을 유도된 인터넷 기반 치료에 한정하여 기술할 것이다(G. Andersson, 2014). 하지만 임상의가 현대 정보 기술을 일상에서 임상 실제에 적용하는 데는 어려움이 있다.

첫째, 내담자가 임상의보다 적극적이라는 연구도 있지만(Gun, Titov, & Andrews, 2011, Wootton, Titov, Dear, Spence, & Kemp, 2011), 내담자가 인터넷 치료를 직접적인 치료로 생각하지 않을 수도 있다(Mohr et al., 2010).

둘째, 표적 집단에 따라 태도가 다를 수 있다. 예를 들어 임상의가 젊은 내담자에게는 인터넷 치료를 기꺼이 사용하려 하지 않을 수도 있다(Vigerland et al., 2014).

셋째, 인터넷 치료가 대면 치료와 똑같이 효과적이라고 여겨지는 것을 제공자가 두려워할 수 있다. 직접적인 비교 연구는 유도된 인터넷 치료에서 나온 것인데(G. Andersson, Cuijpers, Carlbring, Riper, & Hedman, 2014), 모든 환자에게 적합한 치료법은 없고 임상의마다 결과가 다를 수 있다는 경고를 했다. 임상 관점에서 볼 때 (연구에서 전반적인 동등성을 고려할 때) 대면 치료가 효과적인 일부 내담자나 일부 임상의가 있을 확률이 높다. 하지만 인터넷 치료가 효과적인 내담자나 임상의가 있을 수도 있다. 불행하게도 결과를 예측하는 요인에 관한 문헌에서는 누구에게 무엇이 효과적인지에 관한 얘기를 하지 않았다. 따라서 이에 관해서는 분명한 메시지를 보내지 않는다.

넷째, 임상의는 광고로 참가자를 모집한 효능 연구 결과의 신뢰도를 의심한다. 유도된 인터넷 치료에 대한 빠른 연구 속도(기술의 도움으로)를 고려할 때, 이미 몇 가지 효과 연구(광고로 참가자를 모집하는 것이 아니라 일반적인 상황에서 볼 수 있는 일상적 내담자를 대상으로 한 임상적 대표성이 있는 연구)가 있다. 이런 연구는 이러한 치료(지금까지 예외 없이 인지행동치료를 기반으로 한 치료들)가 규칙적인 관리 아래서 전달되면 잘 작동한다는 것을 보여준다(G. Andersson & Hedman, 2013). 최근의 몇몇 연구는 아주 큰 표본을 대상으로 이루어졌다(예, 2,000명 내외의 내담자, Titov et al., 2015).

마지막으로, 서비스 제공 모델과 기금 확보처럼 윤리적인 걱정과 규제 때문에 인터넷 치료의 범위가 제한될 수 있다(Dever Fitzgerald, Hunter, Hadjistavropoulos, & Koocher, 2010).

결론적으로 유도된 인터넷 치료에 대한 경험적 지지는 빠르게 성장했지만, 아직은 임상 구조의 변화가 느리다. 시스템이 잘 갖춰진 인터넷 치료 기관(예, 1999년부터 이명의 고통을 치료하는 스웨덴의 웁살라 인터넷 치료 기관, Kaldo et al., 2013)과 오스트레일리아, 네덜란드, 독일, 노르웨이 등의 국가에서 실행되었지만, 아직은 많은 치료 프로그램을 정기적 관리 용도로 사용하지 않고 있다.

표준 치료의 보조로서 유도된 자조

Guided Self-Help As an Adjunct to Standard Therapy

자조 도서Self-help book 같은 경우 이미 치료 실제에 투입되어 사용되고 있다. 많은 자조 도서가 시장에서 판매되며, 그 가운데 일부는 통제된 치료 연구에서 효과를 인정받았다. 따라서 많은 임상의가 이것을 사용하고 권한다. 영국의 인지행동치료 치료자를 조사한 연구에서는 치료자의 88.7%가 자조 자료를 개인 치료 보충제로 사용했다(Keeley et al., 2002). 한편 비슷한 조사에서 실무 임상의의 1%만이 대면 서비스의 대안으로 전산화한 개입을 사용했다(Whitfield & Williams, 2004). 대면 서비스와 현대 정보 기술의 융합은 치료자와 임상의의 실무를 바꿀 최근의 발전이다.

이러한 융합의 예로 인지행동치료의 모든 서류(예, 과제 할당, 일기, 질문지, 정보 자료)가 온라인상에 존재하는 시스템을 들 수 있다. 하지만 이것은 대면 회기를 대체한다기보다는 보완하는 용도로 사용된다(Månsson, Ruiz, Gervind, Dahlin, & Andersson, 2013). 이러한 온라인 지원 시스템은 일반적인 실무 임상의를 위한 CD-ROM 지원 시스템 같은 초기 기술 개발에 기초한 것이다(Roy-Byrne 외., 2010). 또 다른 접근 방법은 온라인 치료 프로그램을 근거지로 사용하고 대면 면담을 통해 이를 보완하는 것이다(Van der Vaart 외, 2014). 일반적인 임상 실제에서 이루어진 노르웨이의 최근 우울증 연구에서는 MoodGYM이라는 온라인 프로그램을 기반으로 이 접근법이 성공을 거두었다(Høifødt et al., 2013).

최근에는 휴대 전화(스마트폰) 보급으로 실제적인 융합 기회가 더 생겼다. 임상가는 자조 도서를 사용하는 방식처럼 이 기술을 사용할 수 있다. 따라서 개입을 더 효과적이고 효율적으로 만들려는 목적에서 내담자에게 이것을 추천할 수 있다. 최근의 한 프로젝트에서는 행동 활성화를 지원하려고 스마트폰 앱을 개발했다. 또 우울증 진단을 받은 내담자 88명을 4회의 대면 회기와 앱을 결합하여 치료한 군과, 지도 감독을 받으면서 10회기 모두 대면 회기만으로 활성화를 시행한 군으로 무작위 할당하여 비교 실험하였다(Ly et al., 2015). 결과는 두 집단 사이에 별 차이가 없었다. 두 치료법 모두 각 집단 안에서 커다란 치료 효과를 보였다.

이런 시도는 경험적 기반에서 정기적인 대면 서비스와 현대 정보 기술을 통합하는 방법을 배워야 하는 때가 되었다는 것을 말한다. 컴퓨터와 스마트폰, 태블릿 같은 다양한 플랫폼을 사용하는 인터넷 지원 개입이 평범한 일이 되는 것은 필연적이다. 정기적인 임상 관리에서 이러한 개입의 융합은 두 가지 관점에서 일어날 수 있다. 첫 번째는 근거 기반 심리 치료 같은 정규 서비스에서 정기적인 대면 회기의 보조제로 이런 기술을 사용하는 것이고, 두 번째는 임상의가 온라인 치료 프로그램이나 스마트폰 앱, 보조 장치를 지원하는 것이다. 많은 인터넷 개입 시도와 임상적 응용은 수년에 걸쳐 두 가지 스타일을 융합해서 사용했다. 임상의가 기술 개발을 활용하려고 자신의 역할을 어떻게 조정할 것인지는 아직 분명하지 않다.

진행 중인 미래의 발전 Ongoing and Future Developments

현대 정보 기술이 전 세계에 빠르게 퍼지며 심리 평가와 치료의 실제도 분명히 변할 것이다. 물론 정확한 예측은 어렵다. 이 절에서는 이루어질 수 있는 몇 가지 시나리오를 설명하고 당면한 과제를 살펴보겠다.

첫째, 단지 전산화한 형태로만 편리하게 수행할 수 있는 일부 인터넷 기반 개입이 먼저 빠르게 채택될 것이다. 대부분 실험실 기반(Amir et al., 2009)에서 이루어지던 주의 수정 훈련이 온라인 전달로 이동한 것은 한 가지 예이다. 이러한 발전에는 희망과 위험이 모두 있다. 실험실 연구에서 희망적이던 소견이 인터넷으로 전달되는 프로그램에서는 나타나지 않거나(Boettcher, Berger, & Renneberg, 2012, Carlbring 등, 2012), 반대 결과가 보고되기도 한다(Boattcher et al., 2013; Kuckertz et al., 2014). 하지만 분명히 추가적인 사례가 드러날 것이다(특히 다음의 세 가지 논점).

둘째, 때로는 근거 기반 심리 치료에 있는 특정 치료 성분(예, 마음챙김이나 신체 운동)이 통제 연구를 통해 인터넷으로도 전달된다. 마음챙김 성분은 인터넷 전달 수용 지향 치료 프로토콜 가운데 일부였다(Hesser et al., 2012). 한 우울증 연구에서는 인터넷으로 전달되는 신체 운동 프로그램이 좋은 결과(Ström et al., 2013)를 나타냈다. 이는 인터넷으로의 전달이 개입 효과를 시험할 수 있는 방법이 될 수 있다는 것을 말한다. 또 인터넷을 통해 단독 개입으로 전달되는 치료 성분으로 마음챙김(Boettcher et al., 2014; Morledge et al., 2013)과 문제 해결에 대한 통제 연구가 있다(Van Straten, Cuijpers, & Smits, 2008). 이러한 특정 성분이 더 잘 개발되면 새로운 형태의 기능 분석이나 프로그램 개발과 연계하게 될 것이다. 특히 이 책의 과정 지향적 접근 방식이 중재나 변화 과정에 더 초점을 두기 시작하면 더욱 그럴 것이다. 인터넷 연구는 표본 크기를 쉽게 키울 수 있어 특정 성분의 영향을 따로 떼어낼 수 있는 해체 연구dismantling study를 촉진할 수 있다.

셋째, 우리는 이제 새로운 개입을 정규 대면 시도에서 먼저 개발하고 시험하는 것보다는 인터넷으로 직접 시험할 위치에 있다. 이러한 사례 가운데 하나가 미루기procrastination의 치료이다(Rozental, Forsell, Svensson, Andersson, & Carlbring, 2015). 정신 증후군에서 사람들이 겪는 문제나 이를 부추기는 과정에 초점을 두게 되며 인터넷으로의 시도가 증가할 것이다. 이러한 경향은 인터넷 개입의 초점을 문제 영역으로 좁힐 수도 있고(예, 완벽주의 치료 Arpin-Cribbie, Irvine, & Ritvo, 2012), 문제 영역의 범위를 현재는 프로그램에는 없는 경증에서 중등도 정신적 상태로 넓힐 수도 있다(G. Andersson, 2014). 즉, 만성 통증과 같은 신체적 건강 문제나 스트레스와 불면증과 같은 일반적인 건강 문제로 넓힐 수도 있다(G. Andersson, 2014).

넷째, 인터넷 치료 연구는 과정의 최전선에서 치료 결과를 중재하거나 매개하는 과정과 관련한 새로운 아이디어의 시험장이 될 수 있다. 즉, 인터넷을 통한 시도는 참가자가 훨씬 많아서 결과 예측 요인뿐 아니라 과정 연구에서 결과의 매개자를 시험하기에 충분한 통계적 힘이 있다(Lj tsson et al., 2013). 사회불안장애로 고통받는 사람 200명을 대상으로 대규모 통제 연구를 했더니 사회적 불안에 대한 지식과 그 지식에 대한 자신감이 치료를 이어 갈 확률을 높였다(G. Andersson, Carlbring, & Furmark, on behalf of SOFIE Research Group, 2012). 이는 인지행동치료에서 심리 교육이 중요하다는 것을 보여주는 사례가 될 것이다. 하지만 내담자가 치료에서 실제로 배우는 것이 무엇인지 조사한 연구는 거의 없다. 대부분의 심리 사회적 개입이 지식 습득을 중요한 치료 목표로 생각하는데, 더 연구할 가치가 있다(Harvey et al., 2014).

인터넷 시도와 관련한 또 다른 연구(Bricker, Wyszynski, Comstock, & Heffner, 2013)에서는 참가자에게 담배를 피우고 싶은 신체적, 인지적, 감정적인 단서를 수용하도록 했다. 수용전념치료 웹 사이트와 국립 암 연구소United Cancer Institute가 개발한 금연 웹 사이트(Smokefree.gov)를 통한 추적 조사 연구에 따르면, 금연이 일어난 경우의 80%를 이러한 수용으로 설명할 수 있었다. 몬슨(Monsson)과 동료들이 수행한 연구는 결과나 결과 예측 인자로서 뇌 기전을 살펴본 인터넷 관련 실험의 또 다른 예이다(2015). 다른 연구에서는(예, E. Andersson et al., 2013) 결과의 유전적 표식자를 연구했지만, 아직 중요한 발견을 내놓지 못했다.

다섯 번째이자 마지막 관심 분야는 인터넷을 통한 수련과 지도 감독, 교육의 제공이다. 인지행동치료의 온라인 교육에 관한 연구는 거의 없으며(Rakovshik 외., 2013), 온라인 지도 감독에 관한 연구는 더 적다. 하지만 대학 교육은 빠르게 바뀌고 있다. 또 전 세계의 교육 프로그램은 점점 더 많은 현대 정보기술을 사용한다. 보안 문제가 있고 효능에 관한 연구가 거의 없다고 해도 온라인 지도 감독이 자주 일어나고 있을 것이다. 근거 기반 심리 치료에서 인터넷을 어떻게 활용하여 교육에 잘 접근하게 할지 체계적 연구가 필요하다.

결론 Concluding Remarks

이 장에서는 사회가 현대 정보 기술을 도입하면 임상 실제가 어떻게 변할지 몇 가지 예를 들었다. 연구자들은 짧은 시간에 많은 인터넷 기반 연구를 수행했다. 이제는 대면 회기를 통해 시간 소모적으로 연구하는 것이 아니라 새로운 인구 집단을 표적으로 하는 새로운 치료법을 인터넷 연구로 직접 시험할 수 있게 되었다. 하지만 인터넷 기반 개입에도 도전이 있다. 보통 진단 절차 및 사례 공식화는 임상의와 내담자의 인간적인 상호작용을 기반으로 한다. 지금까지 인터넷 치료를 위한 이런 기본적인 절차는 종종 클리닉이나 전화를 통해 이루어졌다. 이제는 온라인으로 선별 검사와 진단을 하도록 절차를 개선할 필요가 있다. 또 온라인으로 인지검사 같은 다른 검사를 할 수 있어야 한다. 이 장에서 인터넷 개입으로 인한 비용 절감과 혜택을 다루지 않았지만(Donker et al., 2015), 대면 서비스보다 비용이 덜 든다는 점을 추가하는 것도 가치 있는 일이다. 더 중요한 것은 인터넷을 이용했을 때 내담자가 더 쉽고 빠르게 접근할 수 있어 고통이 줄어든다는 점이다.

지금 교육받는 임상의는 인터넷 시대에서 자랐고, 선배보다 더 준비되어 지평선 위에 떠오르는 새로운 세상을 담대하게 받아들일 것이다. 기회가 많지만, 실무 변화는 점진적으로 진행될 것이다. 이러한 발걸음은 대면 서비스의 장점과 현대 정보 기술을 융합하여 앞으로 있을 전문적이고 도전적인 단계를 위한 추가적 토대를 마련할 것이다. 이 장이 이 분야에서의 변화 과정을 시작하도록 격려하는 것이었으면 좋겠다.

참고문헌

Amir, N., Beard, C., Taylor, C. T., Klumpp, H., Elias, J., Burns, M., et. al. (2009). Attention training in individuals with generalized social phobia: A randomized controlled trial. *Journal of Consulting and Clinical Psychology, 77*(5), 961–973.

Andersson, E., Rück, C., Lavebratt, C., Hedman, E., Schalling, M., Lindefors, N., et al. (2013). Genetic polymorphisms in monoamine systems and outcome of cognitive behavior therapy for social anxiety disorder. *PLoS One, 8*(11), e79015.

Andersson, G. (2014). The internet and CBT: *A clinical guide*. Boca Raton, FL: CRC Press.

Andersson, G., Carlbring, P., & Furmark, T., on behalf of the SOFIE Research Group. (2012). Therapist experience and knowledge acquisition in Internet-delivered CBT for social anxiety disorder: A randomized controlled trial. *PLoS One, 7*(5), e37411.

Andersson, G., Carlbring, P., & Lindefors, N. (2016). History and current status of ICBT. In N. Lindefors & G. Andersson (Eds.), *Guided Internet-based treatments in psychiatry* (pp. 1–16). Switzerland: Springer.

Andersson, G., Cuijpers, P., Carlbring, P., Riper, H., & Hedman, E. (2014). Guided Internet-based vs. face-to-face cognitive behavior therapy for psychiatric and somatic disorders: A systematic review and meta-analysis. *World Psychiatry, 13*(3), 288–295.

Andersson, G., & Hedman, E. (2013). Effectiveness of guided Internet-based cognitive behavior therapy in regular clinical settings. *Verhaltenstherapie, 23*, 140–148.

Armfield, N. R., Gray, L. C., & Smith, A. C. (2012). Clinical use of Skype: A review of the evidence base. *Journal of Telemedicine and Telecare, 18*(3), 125–127.

Arpin-Cribbie, C., Irvine, J., & Ritvo, P. (2012). Web-based cognitive-behavioral therapy for perfectionism: A randomized controlled trial. *Psychotherapy Research, 22*(2), 194–207.

Barlow, D. H., Allen, L. B., & Choate, M. L. (2004). Toward a unified treatment for emotional disorders. *Behavior Therapy, 35*(2), 205–230.

Baumeister, H., Reichler, L., Munzinger, M., & Lin, J. (2014). The impact of guidance on

Internet-based mental health interventions—A systematic review. I*nternet Interventions, 1*(4), 205–215.
Berger, T., Boettcher, J., & Caspar, F. (2014). Internet-based guided self-help for several anxiety disorders: A randomized controlled trial comparing a tailored with a standardized disorder-specific approach. *Psychotherapy (Chicago), 51*(2), 207–219.
Berger, T., Caspar, F., Richardson, R., Kneubühler, B., Sutter, D., & Andersson, G. (2011). Internet-based treatment of social phobia: A randomized controlled trial comparing unguided with two types of guided self-help. *Behaviour Research and Therapy, 49*(3), 158–169.
Boettcher, J., Åström, V., Påhlsson, D., Schenström, O., Andersson, G., & Carlbring, P. (2014). Internet-based mindfulness treatment for anxiety disorders: A randomized controlled trial. *Behavior Therapy, 45*(2), 241–253.
Boettcher, J., Berger, T., & Renneberg, B. (2012). Internet-based attention training for social anxiety: A randomized controlled trial. *Cognitive Therapy and Research, 36*(5), 522–536.
Boettcher, J., Leek, L., Matson, L., Holmes, E. A., Browning, M., MacLeod, C., et al. (2013). Internet-based attention modification for social anxiety: A randomised controlled comparison of training towards negative and training towards positive cues. *PLoS One, 8*(9), e71760.
Bricker, J., Wyszynski, C., Comstock, B., & Heffner, J. L. (2013). Pilot randomized controlled trial of web-based acceptance and commitment therapy for smoking cessation. *Nicotine and Tobacco Research, 15*(10), 1756–1764.
Carlbring, P., Apelstrand, M., Sehlin, H., Amir, N., Rousseau, A., Hofmann, S., et al. (2012). Internet-delivered attention bias modification training in individuals with social anxiety disorder—A double blind randomized controlled trial. *BMC Psychiatry, 12*, 66.
Carlbring, P., Ekselius, L., & Andersson, G. (2003). Treatment of panic disorder via the Internet: A randomized trial of CBT vs. applied relaxation. *Journal of Behavior Therapy and Experimental Psychiatry, 34*(2), 129–140.
Carlbring, P., Maurin, L., Törngren, C., Linna, E., Eriksson, T., Sparthan, E., et al. (2010). Individually-tailored, Internet-based treatment for anxiety disorders: A randomized controlled trial. *Behaviour Research and Therapy, 49*(1), 18–24.
Christensen, H., Griffiths, K., Groves, C., & Korten, A. (2006). Free range users and one hit wonders: Community users of an Internet-based cognitive behaviour therapy program. *Australian and New Zealand Journal of Psychiatry, 40*(1), 59–62.
Cuijpers, P., van Straten, A., & Warmerdam, L. (2008). Are individual and group treatments equally effective in the treatment of depression in adults? A meta-analysis. *European Journal of Psychiatry, 22*(1), 38–51.
Dagöö, J., Asplund, R. P., Bsenko, H. A., Hjerling, S., Holmberg, A., Westh, S., et al. (2014). Cognitive behavior therapy versus interpersonal psychotherapy for social anxiety disorder delivered via smartphone and computer: A randomized controlled trial.

Journal of Anxiety Disorders, 28(4), 410–417.

Dever Fitzgerald, T., Hunter, P. V., Hadjistavropoulos, T., & Koocher, G. P. (2010). Ethical and legal considerations for Internet-based psychotherapy. *Cognitive Behaviour Therapy, 39*(3), 173–187.

Donker, T., Blankers, M., Hedman, E., Ljótsson, B., Petrie, K., & Christensen, H. (2015). Economic evaluations of Internet interventions for mental health: A systematic review. *Psychological Medicine, 45*(16), 3357–3376.

Gun, S. Y., Titov, N., & Andrews, G. (2011). Acceptability of Internet treatment of anxiety and depression. *Australasian Psychiatry, 19*(3), 259–264.

Gustafson, D. H., McTavish, F. M., Chih, M. Y., Atwood, A. K., Johnson, R. A., Boyle, M. G., et al. (2014). A smartphone application to support recovery from alcoholism: A randomized clinical trial. *JAMA Psychiatry, 71*(5), 566–572.

Harvey, A. G., Lee, J., Williams, J., Hollon, S. D., Walker, M. P., Thompson, M. A., & Smith, R. (2014). Improving outcome of psychosocial treatments by enhancing memory and learning. *Perspectives on Psychological Science, 9*(2), 161–179.

Hayes, S. C., Strosahl, K. D., & Wilson, K. G. (2012). *Acceptance and commitment therapy: The process and practice of mindful change* (2nd ed.). New York: Guilford Press.

Hesser, H., Gustafsson, T., Lundén, C., Henrikson, O., Fattahi, K., Johnsson, E., et al. (2012). A randomized controlled trial of Internet-delivered cognitive behavior therapy and acceptance and commitment therapy in the treatment of tinnitus. *Journal of Consulting and Clinical Psychology, 80*(4), 649–661.

Høifødt, R. S., Lillevoll, K. R., Griffiths, K. M., Wilsgaard, T., Eisemann, M., Waterloo, K., et al. (2013). The clinical effectiveness of web-based cognitive behavioral therapy with face-to-face therapist support for depressed primary care patients: Randomized controlled trial. *Journal of Medical Internet Research, 15*(8), e153.

Horvath, A. O., del Re, A. C., Flückiger, C., & Symonds, D. (2011). Alliance in individual psychotherapy. *Psychotherapy, 48*(1), 9–16.

Imamura, K., Kawakami, N., Furukawa, T. A., Matsuyama, Y., Shimazu, A., Umanodan, R., et al. (2014). Effects of an Internet-based cognitive behavioral therapy (iCBT) program in manga format on improving subthreshold depressive symptoms among healthy workers: A randomized controlled trial. *PLoS One, 9*(5), e97167.

Johansson, R., & Andersson, G. (2012). Internet-based psychological treatments for depression. *Expert Review of Neurotherapeutics, 12*(7), 861–870.

Johansson, R., Björklund, M., Hornborg, C., Karlsson, S., Hesser, H., Ljótsson, B., et al. (2013). Affect-focused psychodynamic psychotherapy for depression and anxiety through the Internet: *A randomized controlled trial. PeerJ, 1*, e102.

Johansson, R., Frederick, R. J., & Andersson, G. (2013). Using the Internet to provide psychodynamic psychotherapy. *Psychodynamic Psychiatry, 41*(4), 385–412.

Johansson, R., Sjöberg, E., Sjögren, M., Johnsson, E., Carlbring, P., Andersson, T., et al. (2012). Tailored vs. standardized Internet-based cognitive behavior therapy for depression and comorbid symptoms: A randomized controlled trial. *PLoS One, 7*(5), e36905.

Kaldo, V., Haak, T., Buhrman, M., Alfonsson, S., Larsen, H. C., & Andersson, G. (2013). Internet-based cognitive behaviour therapy for tinnitus patients delivered in a regular clinical setting: Outcome and analysis of treatment dropout. *Cognitive Behaviour Therapy, 42*(2), 146–158.

Keeley, H., Williams, C., & Shapiro, D. A. (2002). A United Kingdom survey of accredited cognitive behaviour therapists' attitudes towards and use of structured self-help materials. *Behavioural and Cognitive Psychotherapy, 30*(2), 193–203.

Kuckertz, J. M., Gildebrant, E., Liliequist, B., Karlström, P., Väppling, C., Bodlund, O., et al. (2014). Moderation and mediation of the effect of attention training in social anxiety disorder. *Behaviour Research and Therapy, 53*, 30–40.

Lambert, M. J. (2015). Progress feedback and the OQ-system: The past and the future. *Psychotherapy, 52*(4), 381–390.

Levin, M. E., Pistorello, J., Hayes, S. C., Seeley, J. R., & Levin, C. (2015). Feasibility of an acceptance and commitment therapy adjunctive web-based program for counseling centers. *Journal of Counseling Psychology, 62*(3), 529–536.

Leykin, Y., Muñoz, R. F., Contreras, O., & Latham, M. D. (2014). Results from a trial of an unsupported Internet intervention for depressive symptoms. *Internet Interventions, 1*(4), 175–181.

Ljótsson, B., Hesser, H., Andersson, E., Lindfors, P., Hursti, T., Rück, C., et al. (2013). Mechanisms of change in an exposure-based treatment for irritable bowel syndrome. *Journal of Consulting and Clinical Psychology, 81*(6), 1113–1126.

Luxton, D. D., McCann, R. A., Bush, N. E., Mishkind, M. C., & Reger, G. M. (2011). mHealth for mental health: Integrating smartphone technology in behavioral healthcare. *Professional Psychology: Research and Practice, 42*(6), 505–512.

Ly, K. H., Topooco, N., Cederlund, H., Wallin, A., Bergström, J., Molander, O., et al. (2015). Smartphone-supported versus full behavioural activation for depression: A randomised controlled trial. *PLoS One, 10*(5), e0126559.

Månsson, K. N. T., Frick, A., Boraxbekk, C. J., Marquand, A. F., Williams, S. C. R., Carlbring, P., et al. (2015). Predicting long-term outcome of Internet-delivered cognitive behavior therapy for social anxiety disorder using fMRI and support vector machine learning. *Translational Psychiatry, 5*(3), e530.

Månsson, K. N. T., Ruiz, E. S., Gervind, E., Dahlin, M., & Andersson, G. (2013). Development and initial evaluation of an Internet-based support system for face to face cognitive behavior therapy: A proof of concept study. *Journal of Medical Internet Research, 15*(12), e280.

Mewton, L., Sachdev, P. S., & Andrews, G. (2013). A naturalistic study of the acceptability and effectiveness of Internet-delivered cognitive behavioural therapy for psychiatric disorders in older Australians. *PLoS One, 8*(8), e71825.

Mohr, D. C., Siddique, J., Ho, J., Duffecy, J., Jin, L., & Fokuo, J. K. (2010). Interest in behavioral and psychological treatments delivered face-to-face, by telephone, and by Internet. *Annals of Behavioral Medicine, 40*(1), 89–98.

Morledge, T. J., Allexandre, D., Fox, E., Fu, A. Z., Higashi, M. K., Kruzikas, D. T., et al. (2013). Feasibility of an online mindfulness program for stress management—a randomized, controlled trial. *Annals of Behavioral Medicine, 46*(2), 137–148.

Morrison, N. (2001). Group cognitive therapy: Treatment of choice or sub-optimal option? *Behavioural and Cognitive Psychotherapy, 29*(3), 311–332.

Muñoz, R. F. (2010). Using evidence-based Internet interventions to reduce health disparities worldwide. *Journal of Medical Internet Research, 12*(5), e60.

Nordgreen, T., Haug, T., Öst, L.-G., Andersson, G., Carlbring, P., Kvale, G., et al. (2016). Stepped care versus direct face-to-face cognitive behavior therapy for social anxiety disorder and panic disorder: A randomized effectiveness trial. *Behavior Therapy, 47*(2), 166–183.

Olthuis, J. V., Watt, M. C., Bailey, K., Hayden, J. A., & Stewart, S. H. (2015). Therapist-supported Internet cognitive behavioural therapy for anxiety disorders in adults. *Cochrane Database for Systematic Reviews, 3*(CD011565).

Rakovshik, S. G., McManus, F., Westbrook, D., Kholmogorova, A. B., Garanian, N. G., Zvereva, N. V., et al. (2013). Randomized trial comparing Internet-based training in cognitive behavioural therapy theory, assessment and formulation to delayed-training control. *Behaviour Research and Therapy, 51*(6), 231–239.

Rheker, J., Andersson, G., & Weise, C. (2015). The role of "on demand" therapist guidance vs. no support in the treatment of tinnitus via the Internet: A randomized controlled trial. *Internet Interventions, 2*(2), 189–199.

Ritterband, L. M., Thorndike, F. P., Gonder-Frederick, L. A., Magee, J. C., Bailey, E. T., Saylor, D. K., et al. (2009). Efficacy of an Internet-based behavioral intervention for adults with insomnia. *Archives of General Psychiatry, 66*(7), 692–698.

Roy-Byrne, P., Craske, M. G., Sullivan, G., Rose, R. D., Edlund, M. J., Lang, A. J., et al. (2010). Delivery of evidence-based treatment for multiple anxiety disorders in primary care: A randomized controlled trial. *JAMA, 303*(19), 1921–1928.

Rozental, A., Forsell, E., Svensson, A., Andersson, G., & Carlbring, P. (2015). Internet-based cognitive-behavior therapy for procrastination: A randomized controlled trial. *Journal of Consulting and Clinical Psychology, 83*(4), 808–824.

Ström, M., Uckelstam, C.-J., Andersson, G., Hassmén, P., Umefjord, G., & Carlbring, P. (2013). Internet-delivered therapist-guided physical activity for mild to moderate depression: A randomized controlled trial. *PeerJ, 1*, e178.

Sucala, M., Schnur, J. B., Constantino, M. J., Miller, S. J., Brackman, E. H., & Montgomery, G. H. (2012). The therapeutic relationship in e-therapy for mental health: A systematic review. *Journal of Medical Internet Research, 14*(4), e110.

Titov, N., Andrews, G., Johnston, L., Robinson, E., & Spence, J. (2010). Transdiagnostic

Internet treatment for anxiety disorders: A randomized controlled trial. *Behaviour Research and Therapy, 48*(9), 890–899.

Titov, N., Dear, B. F., Johnston, L., Lorian, C., Zou, J., Wootton, B., et al. (2013). Improving adherence and clinical outcomes in self-guided Internet treatment for anxiety and depression: Randomised controlled trial. *PLoS One, 8*(7), e62873.

Titov, N., Dear, B. F., Schwencke, G., Andrews, G., Johnston, L., Craske, M. G., et al. (2011). Transdiagnostic Internet treatment for anxiety and depression: A randomised controlled trial. *Behaviour Research and Therapy, 49*(8), 441–452.

Titov, N., Dear, B. F., Staples, L. G., Bennett-Levy, J., Klein, B., Rapee, R. M., et al. (2015). Mind- Spot Clinic: An accessible, efficient, and effective online treatment service for anxiety and depression. *Psychiatric Services, 66*(10), 1043–1050.

Van Ballegooijen, W., Riper, H., Cuijpers, P., van Oppen, P., & Smit, J. H. (2016). Validation of online psychometric instruments for common mental health disorders: A systematic review. *BMC Psychiatry, 16*, 45.

Van der Vaart, R., Witting, M., Riper, H., Kooistra, L., Bohlmeijer, E. T., & van Gemert-Pijnen, L. J. (2014). Blending online therapy into regular face-to-face therapy for depression: Content, ratio and preconditions according to patients and therapists using a Delphi study. *BMC Psychiatry, 14*, 355.

Van Straten, A., Cuijpers, P., & Smits, N. (2008). Effectiveness of a web-based self-help intervention for symptoms of depression, anxiety, and stress: Randomized controlled trial. *Journal of Medical Internet Research, 10*(1), e7.

Vigerland, S., Ljótsson, B., Gustafsson, F. B., Hagert, S., Thulin, U., Andersson, G., et al. (2014). Attitudes towards the use of computerized cognitive behavior therapy (cCBT) with children and adolescents: A survey among Swedish mental health professionals. *Internet Interventions, 1*(3), 111–117.

White, J., Keenan, M., & Brooks, N. (1992). Stress control: A controlled comparative investigation of large group therapy for generalized anxiety disorder. *Behavioural Psychotherapy, 20*(2), 97–113.

Whitfield, G., & Williams, C. (2004). If the evidence is so good—Why doesn't anyone use them? A national survey of the use of computerized cognitive behaviour therapy. *Behavioural and Cognitive Psychotherapy, 32*(1), 57–65

Wootton, B. M., Titov, N., Dear, B. F., Spence, J., & Kemp, A. (2011). The acceptability of Internet-based treatment and characteristics of an adult sample with obsessive compulsive disorder: An Internet survey. *PLoS One, 6*(6), e20548.

행동 및 인지 치료에서의 윤리적 역량

Ethical Competence in Behavioral and Cognitive Therapies

케네스 포프 Kenneth S. Pope, PhD • 코네티컷 주, 노워크, 단독 개원

인지행동치료에서 윤리적 역량이라는 문제는 인지와 행동에서 우리에게 도전 과제를 안긴다. 이 두 가지 도전 모두 심리적으로 어려운 일이다.

우리는 끊임없이 변하는 상황에서 인지적 도전을 마주한다. 이때 우리는 정보에 근거한 판단으로 가장 윤리적인 경로를 찾거나 만들어야 한다. 상황은 언제나 다른 것과 온전히 같지 않다. 우리가 다른 많은 치료자와 어떤 식으로는 비슷할지 모르지만, 우리 각자는 중요한 방식에서 특별하다. 내담자도 다른 많은 내담자처럼 어떤 범주에 속하겠지만, 각자는 중요한 방식에서 특별하다. 치료자와 내담자, 복잡한 상황이 시간 안에 고정된 것이 아니고, 지난달과 지난주, 어제는 오늘과 똑같지 않다. 헤라클레이토스 Heraclitus[1)]의 말처럼 내담자와의 작업 과정에서 동일한 내담자와 동일한 치료 상황에 두 번 있을 수는 없다. 이러한 독특하고 끊임없이 변화하는 상황에서 가장 윤리적인 반응을 내놓는다는 것이 쉬운 일은 아니다. 쉬운 답이나 간편 요리책을 찾거나 모든 경우에 통하는 해결책을 기대하는 것을 일찌감치 내려놓아야 한다. 이는 우리가 늘 깨어 있는 마음챙김 상태에서 개방적이면서, 정보에 근거하여, 적극적으로 질문할 것을 요구한다.

또 윤리적 역량은 올바른 일을 하는 것이 때로는 불쾌하고, 두렵고, 비용이 들고, 하기 어렵다는 까닭에서 우리를 행동적 도전에 빠뜨린다. 다음 예를 생각해 보자.

사례 1. CEO가 제공한 평가

클리닉에서 일하는 첫날이다. 당신의 상급 관리자는 방침대로 클리닉 CEO가 만든 검사만 사용하여 모든 평가를 수행해야 한다고 말한다. 온라인으로 검색하니 동료들이 그 검사의 신뢰성이나 유효성을 검토한 연구가 없었다. 당신이 찾은 문헌은 CEO가 검사의 장점을 부풀려 선전한 뉴스 기사와 유사 과학의 한 예로 그 검사를 설명한 과학 저널뿐이었다. 어떻게 할 것인가?

사례 2. 진단명을 바꿔 보험 적용받게 하기

새로 온 내담자는 치료가 필요하고, 당신도 개업한 지 얼마 지나지 않아 임대료를 내려면 새 환자가 필요하다. 하지만 내담자가 든 보험은 내담자의 지금 병명에는 돈을 주지 않는다. 물론 내담자 상태와 꼭 맞지는 않지만 보험 적용이 되는 진단명을 선택하면, 내담자는 치료를 받을 수 있고 당신은 임대료를 낼 수 있다. 어떤 사람은 이렇게라도 거짓으로 진단명을 붙이는 것이 합리적이고(진단명을 완벽하게 분류할 수 있는 과학적

1) 기원전 6세기 초의 고대 그리스 철학자, "같은 강물에 두 번 들어갈 수 없다."는 말로 유명하다. 그는 어떤 것도 안정적이거나 머물러 있지 않다고 생각했다.

근거가 부족하기에), 윤리적이며(내담자가 필요한 전문적 도움을 빼앗기지 않게 하고, 내담자에게 해를 입히지 않으려고 노력하기에), 인도적인(도움이 필요한 고통받는 사람에 대한) 반응이라고 말할 것이다. 한편 다른 사람은 그것을 정직하지 못하고, 거짓이며, 보험 사기라고 말할 것이다. 어떻게 할 것인가?

사례 3. 크루즈 유람선을 타려 할 때, 내담자의 자살 메모가 도착했다

당신은 고단한 일주일을 보내고 배우자와 5일 동안 크루즈 유람선 여행을 할 것이다. 오늘 밤에는 결혼기념일을 축하할 것이다. 환불이 안 되는 표를 받아 배에 타려 할 때, 내담자에게 다음과 같은 전자 메일을 받았다. "더는 살아갈 수 없어요. 아무것도 도움이 되지 않아요. 저는 치료를 포함해서 모든 것을 끝내렵니다. 제게 연락하지 마세요. 곧 모든 게 끝날 겁니다." 어떻게 할 것인가? 출발하려는 배 앞에 서 있는 당신에게는 결정할 시간이 몇 초밖에 남지 않았다.

옳다고 판단한 일을 행하는 것은 우리에게 재정적 손실을 줄 수도 있고, 동료의 비판을 부를 수도 있고, 우리 자신이 하고 싶은 것일 수도 있다. 또 압도하는 유혹에서 벗어나도록 자신을 밀어붙이거나, 자신의 가장 깊은 두려움에 직면하는 것일 수도 있다. 우리에게 늘 있었지만, 과거에는 알지 못했던 도덕적 용기를 일으키려고 자신의 깊은 곳을 파고들어야 할 수도 있다.

이 장에서는 인지 및 행동적 도전을 마주하여 윤리적 역량을 개발하고, 이것을 임상 실제에 사용하려 할 때 일어나는 가장 중요하고 때로는 가장 까다로운 문제를 조명한다. 우리 작업의 윤리적 측면을 충분히 생각할 수 있도록 일련의 단계를 제시하며 결론을 맺을 것이다.

윤리 규정 Ethics Codes

다음 시나리오를 생각해 보자.

> 당신은 가정과 학교에서 파괴적인 행동을 하는 아동의 부모와 행동 수정으로 작업하는 동료와 이야기한다. 그는 부적 강화가 가장 효과적이라며 아동이 바람직하지 않은 행동을 할 때마다 부모에게 부드럽게 엉덩이를 때리라는 지침을 준다고 한다(역주, 이는 정적 처벌이다). 그는 이것이 바람직하지 않은 행동에 대한

파블로프의 용암법이라는 것을 만들어 낸다고 말한다. 또 비록 치료가 아동의 행동을 통제하긴 하지만 실제로는 은연중에 부모가 이 방법을 효과적으로 사용하도록 조건화시킨 것일 뿐이라고 털어놓으며, 이것은 스키너가 비오류 학습이라 불렀던 것이라고 했다. 말을 하면 할수록 당신은 그가 행동 치료의 용어와 원리, 연구, 이론을 전혀 모른다는 것을 알게 된다. 당신은 그가 치료 능력이 없고 내담자에게 해를 줄 수 있다고 생각했다. 이때 윤리 규정은 당신에게 어떤 조치를 하라고 요구하는가? 그렇다면 조치는 무엇인가? 무엇을 해야 한다고 생각하는가?

치료를 원하는 여성이 당신과 첫 진료 약속을 잡으려 한다. 그녀는 자신이 지금 정신역동 접근을 사용하는 심리학자를 만난다고 말한다. 처음에는 그 심리학자에 기대가 컸는데, 치료자가 자신의 과거 주변을 훑는 데 지나치게 많은 시간을 보냈다고 말한다. 최근에는 엄마가 자신을 대했던 것처럼 치료자가 자신을 대하기 시작한 것을 느꼈다고 했다. 그녀는 치료자에게 화가 나 있다. 그녀는 인지행동치료를 사용하는 치료자와 작업하면 좋아질 것이라고 믿지만, 지금 치료를 중단하기 전에 적절한 때에 새로운 치료자를 만날 수 있을지 단지 확인하는 것을 원한다. 윤리 규정은 당신이 즉시 그녀와 치료를 시작하는 것을 허용하는가? 아니면 당신이 반드시 취해야 하는 절차가 있는가? 절차가 있다면 어떤 것인가? 이 상황에서 당신은 실제로 어떻게 할 것인가?

당신은 외상 후 스트레스장애가 있는 전직 실전 무술 전문가를 치료하려고 인지처리치료cognitive processing therapy를 사용한다. 하지만 치료가 진행되며 단순히 불편한 정도가 아니라 그가 당신을 해칠 수 있고, 심지어 치명적인 폭력을 유발할 수 있다는 두려움이 생긴다. 윤리 규정은 당신이 내담자를 만나지 않고도 전화나 문자로 치료를 끝내는 것을 허락하는가? 당신은 어떻게 할 것인가?

윤리적 역량은 관련 윤리 규정이 제공한 판단을 사용하여 이런 어려운 상황에서 어떻게 할지 선택하게 한다. 미국심리학회American Psychological Association, APA와 캐나다 심리학회Canadian Psychological Association, CPA는 가장 두드러지고 영향력 있는 두 가지 규정을 출간했다.

미국심리학회의 현행 규정에는 서론과 전문preamble, 5가지 일반 원칙, 89가지 구체적인 윤리적 기준이 있다(2010). 전문과 일반 원칙(선행과 악행 금지, 충실도와 책임감, 진실성, 정의, 사람들의 권리와 존엄성에 대한 존중)은 심리학자를 심리학의 최고 이상으로 안내하려는 야심적인 목표를 담았다. 89개 윤리 기준은 행동을 강제하는 규칙들이다.

이 글을 쓰는 시점에 캐나다 심리학회는 윤리 규정을 개정하고 있다. 최근의 개정판 초안(2015년 2월)은 이전 판처럼 윤리 판단에 정보를 주는 네 가지 원칙을 따른다. 캐나다 심리학회는 가장 중요한 것에서 시작하여 중요도에 따라 원칙을 따를 것을 주문한다. 원칙 I. 사람과 인종의 존엄성에 관한 존중, 원칙 II. 책임 있는 돌봄, 원칙 III, 관계의 진실성, 원칙 IV. 사회에 대한 책임이다. 각 원칙에는 관련한 가치 목록이 이어지고, 각 가치 목록에는 그 원리와 가치가 심리학자의 작업(예, 치료 제공, 연구 수행, 교육)에 어떻게 적용되어야 하는지를 보여주는 윤리적 기준이 있다. 초판 규정은 "일부 윤리적 질문이나 이슈, 딜레마를 해결하는 데 원칙의 순서가 도움이 되겠지만, 많은 경우에 상황의 복잡성으로 다양한 요소를 고려하며 창의적이고, 자기 성찰적이고, 사려 깊게 윤리적 의사 결정을 하는 과정이 필요하다."(캐나다 심리 학회, 2015, p. 2)라고 했다. 초안 규정은 복잡한 상황에서 윤리적 판단을 내리는 데 필요한 열 가지 단계를 제안한다.

윤리적 역량은 우리가 마주하는 일에서 관련한 윤리 규정이 무엇인지 알도록 한다. 또 윤리 규정은 우리의 전문적인 판단에 정보를 주는 것이지, 윤리적 책임에 적극적이고 사려 깊으며 의문을 가지고 창조적으로 접근하는 방식을 대신하지 않는다. 우리 자신의 판단이나 개인적 책임을 규정에 맡길 수는 없다. 윤리 규정이 분명하게 비윤리적인 접근을 피하게 하고, 핵심 가치와 관심을 인식하도록 일깨울 수도 있다.

하지만 각각의 치료자와 내담자와 관련하여 끊임없이 변화하는 복잡한 상황에서 가치를 적용하고 관심을 다룰 방법을 알려주지는 않는다. 특히 윤리 규정끼리 서로 어긋날 때는 더 그렇다.

연구 Research

윤리적 역량은 인지 및 행동적 개입을 할 때 우리가 무엇을 하는지 알라고 요구한다. 우리가 작업 자체를 이해하지 못하거나 개입의 효과와 위험, 단점, 금기 사항에 관해 현재 연구가 말하는 것을 이해하지 못하면, 우리가 하는 일에 건전하고 윤리적인 판단을 내릴 수 없다.

미국심리학회의 윤리 규정은 "심리학자의 작업은 학문에 관한 과학적이고 전문적으로 확립된 지식을 기초로 한다."고 말한다(2010, 2.04 절). 캐나다 심리학회의 윤리 규정 2015년 4판의 초안은 "심리학자가 자신의 임상실제와 교육, 연구 활동으로 타인에게 혜택을 주고 해를 입히지 않으려면(2015, 섹션 II.9), 관련 문헌 고찰과 동료 상담, 지속적인 교육 활동으로 관련 지식과 연구 방법, 기법 및 기술, 개인 및 집단(예, 부부, 가족, 단체, 지역 사회, 인종) 등 자신이 영향을 미치는 넓은 범위에서 최신 지식을 쌓아야 한다."고 강조했다.

이는 위급한 순간에 우리가 정보에 근거해 판단하도록 돕고, 내담자에게 도움을 주게 한다. 우리가 인지 및 행동 치료의 효과, 단점, 위험, 대안 등에 관한 과학 지식의 최근 상태를 분명하게 설명할 수 없으면, 정보에 근거한 동의나 거부라는 내담자의 권리와 관련한 윤리적, 법적 책임을 다하지 못하게 된다.

새로운 연구를 검토하며 인지 및 행동 접근에 관한 우리의 이해는 끊임없이 예리해진다. 또 때로는 완전히 수정되고 재구성된다. 추세를 따르는 것은 우리의 책임이고, 동시에 도전이다. 데이비드 발로우David Barlow는 어떤 개입이 효과적인지, 쓸모없는지, 심지어 해가 되는지에 관한 우리의 이해는 연구를 통해 빠르게 바뀔 수 있다고 강조했다. "지난 수년 동안 건강관리 분야에서 눈에 띌 만한 발전이 이루어졌다. 널리 받아들여졌던 건강관리 전략이 혜택이 적을 뿐 아니라 해가 될 수도 있다는 연구 증거가 나오며 의심받을 수 있다(2004, p.869, Barlow, 2010; Lilienfeld, Marshall, Todd, & Shane, 2014를 보라)." 네이메이어Neimeyer와 테일러Taylor, 로젠스키Rozensky, 콕스Cox는 델파이 설문 조사로 현재의 인지 및 행동 심리학에서 지식 반감기가 9.6년이라고 산정했다(2014). 두빈Dubin은 심리학에서의 지식 반감기를 "새로운 발전에 맞는 전문직 종사자로서의 직업적 요구를 채우는 데 졸업 당시의 유능함이 대략 절반으로 줄 때까지 걸리는 시간"이라고 정의했다(1972, p. 487).

수십 년 전에 설득력이 높고 비용이 적게 드는 분노 조절 치료법에 많은 치료자가 뛰어들었다. 내담자는 자신의 분노를 치료적으로 분출하는 간단한 행동에 참여하도록 배웠다. 샌드백, 인형, 베개나 비슷한 대상을 주먹이나 몽둥이로 때리며 시간을 보냈다. 타격 행동이 어떻게 분노를 줄이는지 이론적 근거를 제시하기는 쉬웠다. 분노를 조장한 좌절을 행동적으로 방출한다. / 분노의 방향을 받아줄 수 있는 대상으로 변경한다. / 역동적인 카타르시스를 제공한다. / 화나는 느낌과 양립할 수 없는 만족감과 피로감을 느끼게 한다. / 정서적 강렬함을 느낄 "통풍구"를 만든다 등. 이론과 인기에서 확실한 토대가 있었지만, 치료법에는 단점이 있었다. 효과가 없었다. 연구 결과를 보면 내담자가 분노를 관리하는 데 도움이 되지 못했다. 심지어 치료 전보다 더 화내고, 혈압이 올라가고, 나쁜 기분이 계속되거나 미래에 분노를 일으킬 확률이 높아졌다(연구와 토론을 하려면 Bushman, 2002, Lohr, Olatunji, Baumeister, & Bushman, 2007, Tavris, 1989를 보라). 우리에게는 새롭고, 대중적이고, 희망적이고, 자신이 좋아하는 치료법이라도 다른 접근법보다 장점과 개선점이 없거나 해를 입힐 수 있다는 증거에 눈을 열어야 하는 필수적인 윤리적 책임이 있다. 내담자는 시간과 돈을 낭비하고 싶지 않다. 그들은 우리를 찾았을 때보다 나빠지는 것을 피하려고 우리에게 의지한다. 조지 스트라이커George Stricker는 어떤 접근법을 사용할 때, 이에 반하는 결과를 나타내는 연구가 있어도 그 접근법을 계속하는 것의 윤리에 관해 토론하며 "우리는 모두 희망적 자료가 없어도 노력을 아끼지 말아야 하지만, 모순된 자료를 무시하는 것은 변명의 여지가 없다."고 지적했다(1992, 544).

현재 연구가 개입의 효과와 단점, 위험, 금기 사항에 관해 말하는 것을 이해하려면 "인지행동치료가 외상 후 스트레스장애 치료에 효과가 있는 것으로 나타났다."와 같은 간단한 요약에 의존하는 것보다는 연구 자체를 이해해야 한다. 연구 소견을 이해한다는 것은 다음과 같은 핵심 질문에 답할 수 있는 능력을 포함한다. 내담자에 관해 무엇을 알고, 그들은 어떻게 모집되고 선별되었나? 인지행동치료를 다른 치료법과 비교했나? 그렇다면 치료 집단에 내담자를 무작위로 배정했나? 결과를 어떻게 평가했나? 어떤 내담자가 어떤 치료를 받았는지 평가자가 아는가? 알았으면 각 치료 집단에서 내담자의 몇 퍼센트가 개선되지 않았는가? 결과를 중재하는 내담자의 특성이나 심리적 과정(예, 다발성 외상, 공존 사회 문제, 높은 수준의 반추)은 무엇인가? 치료 후에 각 치료 집단에 속한 내담자 가운데 훨씬 나빠진 비율은 얼마이고, 어떤 방식으로 나빠졌는가? 치료에 따라 통계적으로 의미 있는 차이가 임상적으로도 의미 있는가(예, 효과 크기)? 무의도적으로 가설을 설정하는 방법, 선택한 방법론, 자료 분석 또는 보고 결과에 기금이나 후원, 이해 충돌이 영향을 미쳤는가(Flacco et al., 2015; Jacobson, 2015를 보라)? 치료 후 추적 기간과 치료 종료 후 몇 달 또는 몇 년 동안에 중요한 결과 변화가 있었는가?

이러한 질문에 답을 아는 것은 우리가 실무 역량에 대한 윤리적 책임을 다하게 하는 하나의 열쇠이다. 윤리 규정과 마찬가지로 연구는 우리가 판단하는 데 필요한 정보를 제공한다. 하지만 그 자리를 대신하지는 않는다. 우리는 실무 역량을 갖추는 것뿐 아니라 우리 작업에 영향을 받는 내담자와 다른 사람에게 해를 끼치지 않고, 그들을 도우려고 정보에 근거하여 판단하는 일을 해야 한다.

정보에 근거한 판단은 때때로 특정 상황에서 경험적으로 지지받는 기법을 넘어선

몇몇 지침을 줄 것이다. 우리가 새로운 기법을 사용할 때는 최선을 다해 최상의 것을 채택해야 한다. 연구가 우리에게 말하는 것과 그 지식의 한계를 모두 이해하는 것이 중요하다. 예를 들어 많은 연구 결과는 인구 집단 사이의 통계적 차이에 근거한다. 우리 지식의 필연적인 한계 가운데 하나는 근거 연구에서 통계나 임상적으로 효과가 있다고 인정되는 개입이 우리 건너편에 있는 내담자에게는 "작동"할 수도 있고 작동하지 않을 수도 있다는 것이다. 스키너는 "훈련받은 평균적인 개가 훈련받지 않은 개보다 의미 있게 자주 굴렁쇠를 점프한다고 해서, 이것을 보려고 서커스에 오는 사람은 없다."(1956, p. 228)는 비유로 집단이나 다른 통계적 관련 인자 사이의 통계적 차이가 특정 개인에게 자동으로 전환한다고 가정하는 것의 오류를 강조했다(역주, 서커스는 평균치를 보러 가는 것이 아니라 통계적으로 예외적인 사례를 보러 가는 것이다). 각 내담자에 대한 우리의 작업은 특정한 사람을 두고 개입의 효과를 주의 깊게 관찰하는 N = 1 연구와 비슷하다.

리텔Littell은 스키너의 통찰을 치료 상황에 적용하며 특정 치료가 "근거에 기반"했다는 말에 안심할 것이 아니라 연구 자체를 이해해야 한다고 강조했다(2010).

> 대부분의 과학적 지식은 잠정적이며 규범적인 것일 뿐 개별 사례에 직접 적용할 수는 없다. 하지만 전문가들이 이 틈을 파고들어 근거 기반이라고 하면서 이것을 실제로 사용할 수 있는 것으로 포장한다. 때때로 이것은 자신이 좋아하는 이론과 치료를 선전하려는 계책에 지나지 않는다. 하지만 일정 부분 과학적 수사학에 둘러싸여 어떤 것을 권위적으로 선언하면, 그것은 정설이 되어버린다(pp. 167-168).

법률, 면허 규칙, 치료의 법적 기준 및 기타 정부 규정
Laws, Licensing Rules, Legal Standards of Care, and Other Governmental Regulations

다음 상황에 있는 자신을 상상해 보자.

> 당신은 외상 후 스트레스장애가 있는 여성을 치료하려고 인지행동치료를 한다. 실험 및 메타 분석 연구 결과를 보고 인지행동치료가 외상 후 스트레스장애가 있는 내담자의 심박수를 줄인다는 것을 알게 되었다. 그래서 회기마다 시작과 끝에

맥박을 측정하는 방법을 보여주고, 주중에는 차트에 심박수를 표시할 것을 제안했다. 특히 그녀가 외상 후 스트레스장애 증상을 경험할 때 이것을 기록하게 했다. 그녀는 이 개입에서 꾸준한 개선을 보였다. 심지어 자신이 간헐적 심계항진으로 심장약을 먹었는데, 이 증상도 좋아졌다고 말했다.
법률, 면허 규칙, 치료의 법적 기준 및 기타 정부 규정은 약물 처방을 계속 받는 것을 인정하는가? 또 그것은 당신이 내담자가 복용하는 약물의 특성과 효과뿐 아니라 심장의 생리학과 생물학, 정상적인 기능, 병리학에 관해 잘 알 것을 요구하는가? 법률과 규정은 당신이 심장이나 다른 기관에 영향을 주는 것으로 알려진 개입을 시작하기 전에 내담자의 의학 기록을 얻도록 요구하는가? 인지행동치료가 외상 후 스트레스장애 환자에게 미칠 영향에 관한 정보를 정보 동의 과정에 넣어야 하는가? 그렇다면 당신이 제공한 정보에 내담자가 동의했고, 이를 당신과 논의했다는 사실을 차트에 적기만 하면 되는가? 아니면 법적인 서면 동의를 받아야 하는가(관련 규정은 지역마다 다르다. 한 주나 지역에서 요구되는 것이 다른 주나 지역에서는 언급되지 않을 수 있고, 오히려 금지일 수도 있다는 것에 주목하라)?

당신의 내담자는 만성 의학적 문제로 우울해져 도움을 찾은 노인 남성이다. 그는 끊임없이 자신의 문제가 나빠질 것이라고 걱정한다. 일상은 반추로 가득하다. 다양한 치료 옵션을 논의한 다음에 그는 마음챙김 기반 스트레스 감소법을 시도하기로 했다. 치료자와 내담자는 두 번째 회기에서 개선이 일어났다는 것을 알게 되었다. 불행히도 치료 시작 전에 그는 다음 주부터 다른 주에 있는 딸과 사위 집에서 6주 동안 지내기로 했었다. 당신과 내담자는 스카이프를 통해 매주 중단 없이 회기를 가지는 것에 동의했다.
법률, 면허 규칙, 치료의 법적 기준 및 기타 정부 규정에 따라 당신은 딸이 사는 주에서 발행하는 면허가 필요한가? 그렇다면 당신은 당신과 딸이 사는 주 양쪽 모두의 법적 기준에 맞춰 치료해야 하는가(예, 갖추어야 할 역량의 조건, 정보 동의, 기록 유지, 기밀 정보 공개, 특권에서의 예외 등)? 딸이 사는 주의 규정이 적용된다면, 당신은 그것을 잘 아는가? 주 정부 규정이나 미연방정부 건강보험 이동성 및 책임성 법률(HIPAA)과 개정안 규정 가운데 어느 것이 스카이프 회기를 암호화해야 하는가? 이것은 당신과 내담자의 전화 통화, 전자 메일, 문자 또는

기타 전자 통신을 암호화할 것을 요구하는가? 캐나다의 한 지역에서 업무를 수행하고 내담자는 다른 지역에 있으면, 관련 지역 규정이나 캐나다 사생활 법률, 캐나다의 개인 정보 보호 및 전자문서법(PIPEDA)은 당신의 통신을 암호화하라고 요구하는가?

당신이 새로운 내담자와 첫 번째 회기를 시작할 때, 그녀는 자신이 열여섯이고 불안 발작에 대한 여러 종류의 이완 치료를 원한다고 말했다. 그녀는 치료 내용이 비밀 유지가 되는지 물었다. 당신은 "네, 하지만 예외가 있습니다."라고 대답했다. 예외가 무엇인지 설명하기 전에 그녀는 낙태를 계획하고 있고, 부모가 모르게 하려 한다는 말을 불쑥 꺼냈다. 또 당신이 누군가에게 이 사실을 말하면 자살하겠다고 했다.

내담자는 법적으로 치료에 동의할 수 있는 나이인가 아니면 부모나 보호자의 동의가 필요한가? 부모나 보호자는 치료 기록을 보거나 그녀가 말한 것을 알 권리가 있는가? 당신이 종교적 신념으로 낙태를 반대한다면, 법은 그것을 바탕으로 그녀 치료를 거부하는 것을 허용하는가?

윤리적 역량은 임상의에게 특정 관할 지역에서 할 수 있는 일과 해야 할 일, 하지 말아야 할 일을 말하는 관련 법률과 면허 규칙, 치료의 법적 기준, 기타 정부 규정에 관한 지식을 쌓도록 요구한다. 이 정보는 건전하고 전문적인 판단을 내릴 때뿐 아니라, 치료 동의에서 내담자의 권리를 보장할 때도 중요하다. 일부 환자는 치료자가 특정 상황에서 법적으로 의무 보고서를 작성하는지나 사생활이나 기밀성, 특권에 예외가 있는지에 따라 치료 동의 여부를 결정한다.

윤리 규정이나 연구에서처럼 법원, 판례법, 행정 규정 등에 문서화하고, 법원이나 면허위원회, 기타 정부 기관이 강제하는 공권력이 우리의 전문적인 판단에 정보를 준다. 하지만 우리가 하는 판단을 대신할 수는 없다. 정신병이나 발달 장애가 있거나 약물의 영향을 받는 내담자와 작업할 때, 법률은 우리가 치료할 때 동의를 받도록 요구할 수 있다. 하지만 법률이 특정 내담자에게 이것을 알리는 최선의 방법과 그들이 치료를 이해하는지, 나아가 자유로운 의사로 치료에 동의하는지를 알 최선의 방법을 알려주지는 않는다. 내담자가 신원을 알 수 있는 제삼자에게 폭력을 행사하려 할 때 법률은 관할 지역의 법률에 따라 제삼자를 보호하는 합리적인 조치를 할 것을 요구한다. 하지만 특정 내담자나 제삼자에게 어떤 합당한 조치를 해야 하는지는 알려주지 않는다.

또 윤리적 역량은 법과 윤리가 충돌하는 경우에 주의를 기울일 것을 요구한다. 예를 들어 무엇이 내담자의 기본적 권리나 윤리이고 “제대로 하는 것”이 어떤 것인지에 관한 우리의 전문가적 신념이 법이 요구하는 것과 부딪칠 수 있다. 이러한 갈등에 처했을 때 우리는 전문가나 동료와 상의하여 윤리나 법을 위반하지 않고 갈등을 해소할 창조적 해결책을 찾아야 한다. 우리가 갈등을 해결할 수 없으면 주어진 상황에서의 옳은 일이 무엇인지 결정해야 하고, 그 길을 따를 때의 비용과 위험을 받아들일 수 있는지 판단해야 한다. 궁극적으로는 어떤 길을 선택하든 결과를 받아들여야 한다.

맥락 Contexts

당신이 다음 상황에 있는 가상의 치료자라고 상상해 보라.

> 새로운 내담자가 당신의 웹 페이지에서 당신이 사람들의 습관적인 사고방식과 상황에 대처하는 방식을 바꾸게 하고, 자기 패배적 행동을 없애도록 돕는다는 내용을 보고 왔다. 그는 운이 좋아 일자리를 구할 수 있었다며, 함께 사는 늙은 아버지를 부양할 방법은 일자리를 유지하는 것뿐이라며 당신에게 도움을 청했다. 그가 말하는 문제는 직장에서 자신만 인종과 종교가 다른 것이었다. 다른 직원은 자신을 존중하지 않고, 인종과 종교를 조롱하는 비아냥과 잔인한 농담을 한다고 했다. 그가 용기를 내어 몇몇 사람에게 자신과 자신의 인종, 종교 가운데 무엇이 마음에 들지 않는지 물었을 때, 그들은 그렇게 대한 적이 없고, 내담자를 엄청나게 존경하고, 인종이나 종교를 두고 비아냥이나 농담을 하지 않았다고 말했다고 했다. 그러고는 그가 멀어지자 웃음을 터뜨렸다고 했다.
>
> 그는 일을 그만두고 싶지 않고, 동료에게 다시 문제를 제기하거나 공식적인 불만을 표하거나 회사를 고소하는 것은 싫다고 했다. 단지 직장 생활을 하며 그러한 감정적인 반응을 느끼고 싶지 않다고 했다. 또 그 상황에서 부적응적이고 자기 패배적인 반응에 대안을 찾고, 직장 동료의 행동을 곰곰이 생각하는 것을 멈출 수 있도록 도와달라고 했다. 그는 더 긍정적인 태도를 취하고 동료 직원을 더 수용하는 법을 배우고 싶어 한다. 그는 동료가 비아냥이나 잔인한 농담을 할 때 못 들은 척하거나 온화하게 웃기를 원한다.

그가 원하는 치료를 제공할 수 있는가? 그렇지 않으면 당신은 무엇을 할 것인가? 당신이 상상한 인종과 종교와는 다른 내담자를 만난다면 당신 반응은 어떻게 달라지는가?

곧 만나게 될 당신의 새로운 내담자는 자신이 청중과 이야기해야 할 때마다 불안하고 혀가 얼어붙는 것 같다며 첫 약속을 예약했다. 그녀는 말을 하려고 일어날 때 자신을 진정시키고 이완하고 편하게 하는 방법을 배우고 싶어 한다. 전화 통화하며 당신은 그녀에게 당신을 어떻게 알았느냐고 물었다. 그녀는 웃으며 당신이 지역사회 보험 네트워크에 가입한 유일한 치료자라고 말하며, 치료자가 꼭 당신이어야 하는 것은 아니라고 했다.

첫 번째 회기에서 그녀는 어떤 종류의 치료가 자신을 도울 수 있는지 물었다. 당신은 자기 대화, 깊은 호흡 훈련, 인지 행동 수정 및 기타 다양한 접근법을 말한 다음에, 내담자가 특히 두려워하거나 어려워하는 대화나 상황, 청중이 있는지 물었다. 그녀는 자신이 새로운 정치 행동 위원회의 의장이라며 대중에게 돈과 후원을 요청해야 한다고 했다. 당신은 그녀가 말한 위원회의 활동이 당신의 가장 깊숙한 곳에 있는 가치에 반한다는 것을 깨달았다. 모든 정책이 그렇지는 않지만 당신은 그녀의 정책이 실행되면 기본적인 인권이 침해당하고 많은 사람이 해로워진다고 믿는다. 당신이 그녀가 더 유능한 연설자가 되도록 도우면, 그녀는 더 많은 지지를 얻고 당신의 가치에 반하는 법을 통과시킬 자금을 더 모으게 된다.

당신은 그녀를 도우려고 인지 및 행동 치료를 도구로 사용할 것인가? 그렇다면 치료 도중에 자신의 가치를 공개할 것인가? 자신의 가장 깊은 곳에 있는 가치 때문에 내담자와 작업하는 것을 거절하는 상황이 있을 수 있는가? 있다면 어떤 가치 때문에 거부할 수 있는가?

우리는 진공 상태에서 일하지 않는다. 우리 작업은 우리가 하는 일에 영향을 줄 수 있는 다양한 맥락에서 이루어진다. 윤리적 역량은 이러한 맥락과 그것이 우리와 내담자, 작업에 어떻게 영향을 미치는지 계속 인식하는 것을 뜻한다.

사회, 조직 또는 다른 환경에서의 태도나 신념, 가치의 배열은 맥락적 영향의 주요 원천이다. 앞에 있는 두 가지 가상 시나리오는 우리가 사용하는 개입 방법(자체로는 가치 중립적으로 보이는 것)이 이러한 맥락에서 볼 때 특정 가치나 정책, 인구 집단을 위해 작동할 수 있고, 윤리적 문제를 일으킬 수도 있다는 것을 보여준다.

데이비슨Davison은 10년 만에 동성애가 진단편람의 사회병질적 성격 장애에서 빠졌다는 글을 쓰며, 우리 분야가 맥락과 윤리적 함의에 관심을 기울일 것을 촉구했다. 그는 같은 기간에 일반 사회와 전문 영역 모두에 동성애에 관한 이러한 편견이 널리 퍼졌었다는 것을 강조했다.

> 냉철한 질문에 진지한 관심을 드러내지 않으면 행동치료는 아무 쓸모가 없다… 내가 씨름하는 몇 가지 걱정을 말하고 싶다… 행동 요법에서 폭넓은 문헌을 정독해 보면… 치료자가 대체로 동성애 행위와 태도를 바람직하지 않게 생각하고, 때로는 병적으로 보고, 어느 정도는 이성애 지향적인 방향으로 바꿀 필요가 있다고 여기는 게 분명하다. 그렇다면 나는 동성애에 관한 더 긍정적인 치료법 또한 윤리적인 근거에서 의문스럽기는 마찬가지이기에 특별히 혐오 치료만을 문제 삼지 못할 것이다(1976, p. 158).

당시에 그는 이러한 걱정과 씨름하며 급진적인 제안을 했다.

> 전문가들은 문제로 보지 않는 것을 치료 절차를 밟아 작업하지 않는다. 따라서 성적 지향을 바꾸는 프로그램이 있다는 것은 동성애에 대한 사회적 편견을 강화한다. 또 동성애자가 이성애자가 되려는 "자발적" 욕구를 자기혐오와 당황감으로 이끌 확률이 높다. 따라서 우리는 동성애를 바꾸려는 치료를 그만두고, 대신에 그들 대인관계의 질을 높일 것을 제안한다. 차라리 그들이 성인이 되어 어떤 성적 정체성을 선택하든, 더 많은 에너지를 성적 증강 절차에 사용할 수 있는 것이 나을 것이다(p. 157).

맥락 효과의 두 번째 주요 원천은 문화이다. 한 문화에 적합한 인지 및 행동적 개입이 다른 문화의 규범과 관습, 가정, 가치에는 맞지 않을 수 있다. 주어진 문제에 대한 어떠한 개입을 지지하는 연구는 우리 상담실에 앉은 사람과는 문화가 다른 사람을 대상으로 한 연구일 수 있다. 우리에게 익숙하지 않은 문화에서 나온 연구로는 내담자와 분명하게 의사소통하는 것이 어려울 수 있다.

내담자의 문화가 내담자와 치료에 어떻게 영향을 주는지만 생각하면, 우리 자신의 문화가 우리와 우리의 접근, 우리가 하는 일에 어떻게 영향을 주는지를 빠뜨리기 쉽다. *영혼이 당신을 잡아당기고 당신은 쓰러진다. 몽족 자녀와 그녀의 미국인 의사, 두 문화의 충돌The Spirit Catches You and You Fall Down : A Hmong Child, Her American Doctors, and the Collision of Two Cultures* (Fadiman, 1997)은 관련한 모든 사람에게 문화의 영향을 간과하는 것의 위험을 강조한다. 이 책은 캘리포니아의 병원 직원이 미국 의사가 간질로 진단한 몽족 아동을 도우려고 어떻게 노력했는지를 설명한다. 하지만 그녀 부모는 그녀 문제가 영혼 탓이라고 생각했다. 직원이 소녀를 도우려고 했지만 문화적 차이에 대한 관심 부족으로 실패했다. 이 책은 의료적 개입이라는 이름으로 사랑하는 부모에게서 아이를 떼어 놓는 끔찍한 결과를 시간순으로 기록했다. 다음은 의료 인류학자 아서 클라인먼Arthur Kleinman의 말이다.

> 이 사례에서 몽족 환자와 가족의 문화에 있는 강력한 영향력처럼 생물의학의 문화 영향력도 강력하다. 자기 문화에 있는 고유한 관심사나 감정, 편견을 보지 못하면서 어떻게 다른 사람의 문화를 성공적으로 다룰 수 있겠는가(p. 261)?

인지편향 Cognitive Biases

복잡한 윤리적 기준과 연구, 법률, 규정, 맥락을 통해 우리가 생각할 수 있는 것과 해를 끼치지 않고 도움이 될 치료를 제공하는 가장 윤리적인 방법을 생각해 내는 정도는 우리가 하는 판단의 질에 달렸다. 불행하게도 인간이 주의를 기울이고, 가정을 만들고, 정보를 선택하고, 추론하고, 정밀하게 언어를 사용하고, 압력과 유혹을 견디며 안전하게 탐색하고, 결정에 도달하는 인지 능력은 종종 다양한 실수의 희생물이 된다. 우리 모두에게는 취약성과 약점, 사각지대가 있다. 당신도 그럴 것이다. 당신도 우리에게 있는 기술과 강점, 통찰을 함께하면서도 이 장에 얼마나 많은 페이지가 있는지 궁금해하며 주의를 쉽게 놓치는 사람이다. 윤리적 역량은 논리적 오류, 유사 과학적 추론, 잘못으로 인도하는 휴리스틱, 윤리적 합리화와 비판적 사고, 건전한 판단을 방해하는 문헌과 함께 갈 수밖에 없다는 것을 뜻이다.

예를 들어 우리는 우리가 사용하는 개입의 단점과 위험, 다른 효과적인 개입과 연결되지 않는 한계를 무심결에 무시하고, 증거를 부정하거나 깎아내리며, 개입을 지지하는 연구에만 의지하는 자신을 발견하곤 한다. 수십 년 동안의 심리학 연구는 자신의 믿음과 충성도에 어긋나는 것은 무엇이든 간과하고 피하고 무시하려는 것이 인류 공통의 성향이라는 걸 보여준다. 이 목록에는 확증 편향, 인지 부조화, 미성숙한 인지적 전념, WYSIATI(what you see is all there is, 당신에게 보이는 것이 세상의 전부이다) 오류, 허위 합의 효과 같은 것이 끝없이 있다(Pope, 2016).

결함이 있는 판단은 집단, 조직, 사회는 물론이고 개인 차원에도 영향을 미친다. 1973년에 밀Meehl은 출간과 함께 10년 넘게 반향을 일으켰던 "내가 왜 사례 회의에 참석하지 않는가."라는 에세이를 발표했다. 그는 판단이 없어지게 하는 "집단 사고 과정"의 변형을 지적했다(1977, p. 228). 우리는 모두 이런 일에 익숙할 것이다.

> 어떻게 보면 임상 사례 회의에서 나타나는 일은 위원회 회의 등의 다른 학술 모임에서 보이는 집단 현상과 다르지 않다. 지능이 높고, 잘 교육받았고, 정직하고, 합리적인 사람들이 한 방에서 탁자 주위에 모이기만 하면 일종의 지적 저하 같은 것을 겪는 것 같다(1977, p. 227).

판단 함정에 관한 문헌의 교훈은 정보를 단지 다른 사람에게만 적용하려는 유혹에 굴복하지 말고, 자신에게 적용하는 것에서 시작하여 윤리적 역량을 키우는 거울로 삼으라는 것이다. 이 분야에서 읽을거리로서는 카네만Kahneman(2011), 크리스피스Kleespies(2014), 핑커Pinker(2013), 타렙Taleb(2010), 잠보크Zsambok와 크레인Klein(2014), "유사과학, 유행, 학술 도시의 전설 피하기Avoiding Pseudoscience, Fads, and Academic Urban Legends", "불확실성과 압력 아래에서의 윤리적 판단Ethical Judgment Under Uncertainty and Pressure", "휴리스틱, 권위와 집단에 관한 비판적 사고Critical Thinking About Heuristics, Authorities, and Groups", "윤리적 추론의 26가지 논리적 오류26 Logical Fallacies in Ethical Reasoning", "드러냄과 숨김을 위한 단어의 사용과 오용Using and Misusing Words to Reveal and Conceal", 포프Pope와 바스퀴즈Vasquez의 "윤리적 플라세보, 단점 및 창조적 부정행위 사용자 가이드Ethics Placebos, Cons, and Creative Cheating : A user guide(2016)" 같은 장이 있다.

유용한 단계 Helpful Steps

신중하고 체계적인 방식으로 윤리적 딜레마를 생각할 때 다음 단계(Pope & Vasquez, 2016에서 채택)가 유용할 것이다. 이들 단계 가운데 여덟 개(2, 8, 11, 12, 14, 15, 16 및 17)는 캐나다 심리학회 윤리 규정(2015)에 채택되었다.

1단계. 질문이나 딜레마, 관심사를 분명하게 언급하기

2단계. 결정에 영향을 받을 사람이 누구인지 예상하기
3단계. 영향을 받을 사람이 있으면 내담자 가운데 누구인지 파악하기
4단계. 우리의 지식과 기술, 경험, 전문성이 상황에 적합한지 평가하기
5단계. 관련한 공식적인 윤리 기준을 검토하기
6단계. 관련한 법률 기준을 검토하기
7단계. 관련한 연구와 이론을 검토하기
8단계. 개인적인 느낌과 편견, 자기 흥미가 우리의 윤리적 판단을 흐리게 하는지 고려하기
9단계. 사회적, 문화적, 종교적 요인이나 이와 비슷한 요인이 상황에 영향을 미치는지 고려하고 최선의 대응책을 구하기
10단계. 자문하기
11단계. 대안적 행위 과정 개발하기
12단계. 대안적 행위 과정 철저히 검토하기
13단계. 영향을 받을 사람의 입장이 되어 보기
14단계. 할 일을 결정하고, 검토 또는 재검토하고, 행위 취하기
15단계. 과정을 문서화하고 결과 평가하기
16단계. 결과에 대한 개인적인 책임 가정하기
17단계. 준비와 계획, 예방에 대한 함의 고려하기

동성애에 대한 사회적 편견에 용기 있게 맞선 데이비슨은 우리에게 윤리적 딜레마를 검토하는 예를 제공한다. 그는 질문을 분명하게 진술한다(1단계). 그는 내담자를 식별한다(3단계). 그는 개인적 또는 문화적 편향이 내담자에게 제공하는 치료에 어떤 영향을 줄지를 검토한다(8단계와 9단계). 그는 이해 관계자의 관점을 고려하며(13단계), 대안적 행위 과정을 생각한다(11단계). 그는 분명한 행위 과정을 권한다(14단계). 그는 추상화나 전문 용어, 위압적인 문장 구조 속으로 사라지려고 시도하지 않고 개인적 책임을 가정한다(16단계). 예를 들면 일인칭 단수로 자신을 나타내며 자신의 분석과 권고에 개인적 책임을 가정한다(예, "나는 지금 씨름하는 몇 가지 걱정을 말하고 싶다… 나는 동성애에 관한 더 긍정적인 치료법 또한 윤리적인 근거에서 의문스럽기는 마찬가지이기에 특별히 혐오 치료만을 문제 삼지 못할 것이다"). 그는 우리가 어려운 윤리적 딜레마에 대처할 때 사용할 수 있는 신중한 단계별 분석의 본보기가 되었다.

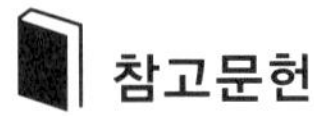

참고문헌

American Psychological Association. (2010). Ethical principles of psychologists and code of conduct including 2010 and 2016 amendments. Retrieved from http://www.apa.org/ethics/code/index. aspx.

Barlow, D. H. (2004). Psychological treatments. *American Psychologist, 59*(9), 869–878.

Barlow, D. H. (2010). Negative effects from psychological treatments: A perspective. *American Psychologist, 65*(1), 13–20.

Bushman, B. J. (2002). Does venting anger feed or extinguish the flame? Catharsis, rumination, distraction, anger, and aggressive responding. *Personality and Social Psychology Bulletin, 28*(6), 724–731.

Canadian Psychological Association. (2015). *Canadian code of ethics for psychologists* (4th ed., February 2015 draft). Ottawa, Ontario: Canadian Psychological Association.

Davison, G. C. (1976). Homosexuality: The ethical challenge. *Journal of Consulting and Clinical Psychology, 44*(2), 157–162.

Dubin, S. S. (1972). Obsolescence or lifelong education: A choice for the professional. *American Psychologist, 27*(5), 486–498.

Fadiman, A. (1997). *The spirit catches you and you fall down: A Hmong child, her American doctors, and the collision of two cultures*. New York: Farrar, Straus and Giroux.

Flacco, M. E., Manzoli, L., Boccia, S., Capasso, L., Aleksovska, K., Rosso, A., et al. (2015). Head-to-head randomized trials are mostly industry sponsored and almost always favor the industry sponsor. *Journal of Clinical Epidemiology, 68*(7), 811–820.

Jacobson, R. (2015). Many antidepressant studies found tainted by pharma company influence: A review of studies that assess clinical antidepressants shows hidden conflicts of interest and financial ties to corporate drugmakers. Scientific American, October 21. http://www.scientificamerican.com/article/many-antidepressant-studies-found-tainted-by-pharma-company-influence.

Kahneman, D. (2011). *Thinking, fast and slow*. New York: Farrar, Straus and Giroux.

Kleespies, P. M. (2014). Decision making under stress: Theoretical and empirical bases. In P. M. Kleespies, *Decision making in behavioral emergencies: Acquiring skill in evaluating and managing high-risk patients* (pp. 31–46). Washington, DC: American Psychological Association.

Lilienfeld, S. O., Marshall, J., Todd, J. T., & Shane, H. C. (2014). The persistence of fad interventions n the face of negative scientific evidence: Facilitated communication for autism as a ase example. *Evidence-Based ommunication Assessment and Intervention, 8*(2), 62–101.

Littell, J. H. (2010). Evidence-based ractice: Evidence or orthodoxy? In B. L. Duncan, S. D. Mler, B. E. Wampold, & M. A. Hubble (Eds.), *The heart and soul of change: Delivering what works in therapy* (2nd ed., pp. 167–198). Washington, DC: American

Psychological Association.
Lohr, J. M., Olatunji, B. O., Baumeister, R. F., & Bushman, B. J. (2007). The psychology of anger venting and empirically supported alternatives that do no harm. *Scientific Review of Mental Health Practice, 5*(1), 53–64.
Meehl, P. (1977). Why I do not attend case conferences. In P. Meehl (Ed.), *Psychodiagnosis: Selected papers* (pp. 225–302). New York: W. W. Norton.
Neimeyer, G. J., Taylor, J. M., Rozensky, R. H., & Cox, D. R. (2014). The diminishing durability of knowledge in professional psychology: A second look at specializations. *Professional Psychology: Research and Practice, 45*(2), 92–98.
Pinker, S. (2013). *Language, cognition, and human nature: Selected articles.* New York: Oxford University Press.
Pope, K. S. (2016). The code not taken: The path from guild ethics to torture and our continuing choices—The Canadian Psychological Association John C. Service Member of the Year Award Address. *Canadian Psychology/Psychologie canadienne,* 57(1), 51–59. Retrieved from http://kspope.com/PsychologyEthics.php.
Pope, K. S., & Vasquez, M. J. T. (2016). *Ethics in psychotherapy and counseling: A practical guide* (5th ed.). New York: John Wiley and Sons.
Skinner B. F. (1956). A case history in scientific method. *American Psychologist, 11*(5), 221–233.
Stricker, G. (1992). The relationship of research to clinical practice. *American Psychologist, 47*(4), 543–549.
Taleb, N. N. (2010). *The black swan: The impact of the highly improbable* (2nd ed.). New York: Random House.
Tavris, C. (1989). *Anger: The misunderstood emotion.* New York: Simon and Schuster.
Zsambok, C. E., & Klein, G. A. (Eds.). (2014). *Naturalistic decision making.* New York: Psychology Press.

2부

핵심 행동 과정
Core Behavioral Processes

마크 딕슨 Mark R. Dixon, PhD
루쓰 안네 르펠트 Ruth Anne Rehfeldt, PhD
서던일리노이대학 재활연구소

이 장의 목적은 행동에 대한 직접 수반성의 작동 원리를 요약하는 것이다. 이에는 습관화habituation, 조작적 조건화classical conditioning, 고전적 조건화operant conditioning라는 형태가 있다. 또 이것이 자극 조절stimulus control과 일반화generalization 과정에 미치는 영향을 살펴보고, 습관화를 언급한 다음에는 직접 수반성이 언어와 인지 문제로 이어지는 것을 간단히 다룰 것이다.

직접 수반성 학습 Direct Contingency Learning

직접 수반성은 행동을 조절하는 아주 오래된 과정이다. 심지어 17억 년 전에 출현한 무신경 단일 세포 생물체인 점균류에도 습관화가 있다(Boisseau, Vogel, & Dussutour, 2016). 조작적 조건화와 고전적 조건화에 해당하는 수반성 학습은 이전 생명체에는 없었다가 약 5억 년 전 캠브리아기 때 거의 모든 복합종이 출현할 때 나타났다(Ginsburg & Jablonka, 2010).

이러한 조절 과정의 출현 시기를 구분할 수 있다. 하지만 임상 관련 행동은 종종 부분적이라도 환경 안에서 직접 작용하는 수반성의 결과이다(역주, 조절 과정만 있으면 행동이 일어나는 것은 아니다. 그때그때 환경과 상호 작용하는 것이 중요하다). 이러한 조건이 관심 대상의 행동을 유발elicit하거나 유도evoke하여 고전적, 조작적 조건화의 핵심 원리를 이룬다. 보통은 고전적 조건화와 조작적 조건화를 분리해서 다룬다. 이해를 위해 이 둘을 처음에는 구분해서 말하는 것이 좋다. 하지만 두 가지 학습 과정은 중첩되고, 상호 작용이 아주 많다(Rescorla & Solomon, 1967).

습관화와 민감화 ***Habituation and Sensitization***

가장 오래되고 기본적인 학습 형태가 *습관화habituation*(이보다 덜 연구되긴 했지만 그 반대인 민감화sensitization가 있다)이다. 무조건 자극이 무조건 반응을 일으킬 때, 자극이 반복해서 주어지면 더는 반응이 일어나지 않는 지점까지 그 크기가 점점 줄어드는 것을 말한다. 한 예로 브레들리Bradley와 랭Lang, 쿠쓰베르트Cuthbert는 놀람 반사startle reflex를 측정하는 방법으로 심박수, 피부 전도, 얼굴 찡그림 반응을 기록했을 때, 처음에는 반사를 일으켰던 자극을 반복해서 주면 반응이 크게 줄어드는 현상을 발견했다(1993). 연구자들은 종종 신경학적 질환의 생리적 기반을 연구할 때 습관화 패러다임을 사용한다. 예를 들어 펜더Penders와 델와이드Delwaide는 정상인과 비교할 때 파킨슨병 환자가 근전도 검사에서 눈깜박임 반응의 습관화를 보이지 않다가, 도파민L-dopa이나 아만타딘amantadine을 복용한 다음에 정상적인 습관화 반응을 보이는 것을 발견했다(1971).

고전적 조건화 Classical Conditioning

인간을 포함한 유기체에는 여러 형태의 반사적 행동이 있다. 그 가운데 많은 행동은 학습으로 얻은 것이 아니면서 유기체의 생존을 돕는다. 예를 들어 음식을 입에 가져다 대는 것은 침흘림을 일으키고, 눈에 공기를 훅 불어넣은 것은 눈깜박임을 일으킨다. 이러한 행동-환경 관계는 학습으로 얻은 것이 아니고 타고난 것이기에 무조건 반응unconditioned response이라 한다. 한편 이때의 유발 자극은 무조건 자극unconditioned stimulus이라고 한다. *고전적 조건화*Classical conditioning는 과거에 중립 자극neutral stimulus, NS이었던 것이 무조건 자극(US)과 시간상으로 짝을 이루어 무조건 반응(UR)을 유발할 때 일어난다. 짝짓기pairing가 계속되며 무조건 자극(US)은 필요가 없게 되고, 중립 자극(NS) 혼자 반응을 일으키기 시작한다. 한때 중립적이었던 자극에 나타나는 이러한 새로운 "자동automatic" 반응을 조건 반응conditioned response, CR이라 한다. 이러한 고전적 조건화의 기본적 형태를 설명하는 데 자주 쓰는 사례는 개가 처음에는 종소리(NS)에 아무런 반응을 보이지 않다가, 종소리가 음식(US)과 짝을 이루면 종소리만으로 타액 반응(UR)을 일으키는 것이다. 음식(US)이 나오지 않더라도 개는 종소리(CS)에 침을 흘린다(CR).

고전적 조건화에서 하나의 자극에 있는 유발 기능은 근접성(또는 짝짓기)을 통해 다른 자극으로 전이된다. 중립 자극이 무조건 자극의 유발 기능을 얻었을 때 이를 조건 자극이라 하고, 이때의 반응은 조건 반응이라고 한다. 예를 들어 어떤 독성이 있는 음식은 자동적인 반사 반응으로 메스꺼움을 초래할 수 있다. 중립 자극, 즉 행동에 영향을 주지 않았던 냄새나 소리 같은 자극이 무조건 자극과 반복해서 짝짓게 된 다음에는 비슷하게 메스꺼운 반응을 일으킬 수 있다. 이러한 "미각 혐오taste aversion" 효과는 암 환자에서 커다란 문제를 일으킬 수 있는데, 조건화한 메스꺼움을 피하려면 항암제 치료 직전에 익숙하지 않은 음식은 피하는 것이 좋다(역주, 이때 함암제는 메스꺼움을 일으키는 무조건 자극이고 중립 자극이었던 새로운 음식이 조건화되기 쉬운 상황이다). 긍정적인 사례로는 커피를 즐기는 사람이 아침에 커피 냄새만 맡고도 잠에서 깨어나는 것을 들 수 있다(Domjan, 2013). 커피는 흥분제로 흥분 작용 이전에 맛과 향이 선행한다. 이때 조건화가 일어나려면 시간적 근접성이 필요하다. 이것을 다른 말로 하면 조건 반응을 확립하려면 두 개의 자극이 가까운 시간 안에 제시되어야 한다.

*이차 조건화*second-order conditioning에서 중요한 것은 과거에 중립적이던 자극이 다른 조건 자극과의 시간적 근접성에 기초하여 추가적으로 유발 기능을 얻는 것이다. 이는 유기체가 새로운 자극에 조건 반응을 만들 때 매번 무조건 자극에 반복해서 접촉하는 것이 아니라는 뜻이다. 이차 조건화는 임상 환경에서 고전적 조건화가 어떻게 직접적으로 영향을 준 사건과 멀리 떨어진 관계에 있는 반응을 초래하는지를 설명한다.

미각 혐오 같은 경우에서는 무조건 자극과 조건 자극의 시간 간격이 하루까지 지연되어도 일어난다(Bure, Berm dez- Rattoni, & Yamamoto, 1998). 하지만 일반적인 고전적 조건화는 대부분 자극 짝짓기 간격이 보통 1초 이하일 것을 요구한다. 전형적으로 조건 자극과 무조건 자극은 시간상으로 가까이 있어야 한다. 하지만 이들은 서로 다른 시간 배열로 일어날 수 있다. 그동안 이야기한 패러다임으로 보았을 때 *선행 조건 형성*forward conditioning이란 조건 자극이 먼저 주어지고, 이것이 있는 상태에서 무조건 자극이 주어지는 것을 말한다. 이에 반해 *역행 조건 형성*backward conditioning에서는 무조건 자극이 주어진 다음에 조건 자극이 주어진다. 역행 조건 형성이 실제로 일어나는지에 관해서는 오랫동안 논란이 있었다(파블로프가 이것에 회의적이었던 것도 주요한 까닭이다). 지금까지 나온 핵심적인 증거는 이것이 가능하다는 쪽이다(Spetch, Wilkie, & Pinel, 1981).

*흔적 조건 형성*trace conditioning은 무조건 자극이 주어지고, 이것이 중단된 다음에 조건 자극이 주어지는 것이다(무조건 자극이 유기체의 신경 조직이나 기억에 "흔적"으로 남아 조건화가 일어난 것으로 본다). *동시 조건 형성*simultaneous conditioning은 동시에 두 자극이 주어지는 것이다(역주, 조건 자극과 무조건 자극이 동시에 주어지는 것으로서 이 경우 조건화는 일어나지 않는다).

연구자들은 여러 가지를 조건화한 두려움과 공포 반응이 발달하는 것의 바탕에는 반응적 조건화respondent conditioning라는 학습 과정이 있다고 말했다. 예를 들어 행동주의의 창시자인 왓슨John B. Watson은 "리틀 알버트Little Albert"라는 유명한 실험을 했다. 실험에서 어린 아이에게 털이 있는 작은 흰색 동물을 보여주며 쇠막대기가 부딪히는 소리를 함께 들려주었을 때, 아이에게 놀람 반응startle response이 일어났다. 이후 반응적 일반화respondent generalization로 알려진 과정이 일어나면 작고 털이 있는 동물과 닮은 자극에 똑같이 놀라는 감정 반응을 유발한다. 오만Ohman과 미네카Mineka는 이러한 조건화한 공포 반응을 얻는 것에는 진화적 바탕이 있다고 주장했다(2001). 즉, 전형적으로 유기체에게 생존을 위협하는 임박한 재난을 알리는 단서나 경고 자극이 있다는 것이다. 다시 말해 유기체가 이러한 조건화한 공포 반응을 얻으면서 자신에게 해로울 수 있는 자극을 회피하거나 이것에서 도피할 수 있다. 그들은 (다른 연구자과 함께) 반응을 획득하는 데 관여하는 신경 회로, 즉 고전적 조건화에서 편도의 역할 같은 것에 관심을 기울였다.

행동 치료자는 오랫동안 불안 장애가 어떻게 일어나는지 설명하려고 반응적 조건화에 의지했다(예, Wolpe & Rowan, 1988). 최근에 이러한 연구는 특히 공포 조건화fear conditioning에 관여하는 신경 기제에 관심을 기울인다. 하지만 인간에게 공포 조건화는 단순히 혐오적인 경험과 현재 상황과의 형태적 유사성에만 기초하여 이루어지는 것이 아니다. 즉 상징적이고 인지적인 일반화도 공포 조건화에 상당 부분 관여하는 것으로 보인다(Dymond, Dunsmoor, Vervliet, Roche, & Hermans, 2015). 이 주제는 이 장 마지막 부분에서 다룬다. 또 7장에서는 이 관점을 더 확장할 것이다.

조작적 조건화 **Operant Conditioning**

비반사적 형태의 학습은 대부분 조작적 조건화로 분류할 수 있다. 즉, 비슷한 방식으로 환경에 작용하여 결과를 만들어 내는 일련의 반응 양태topographies를 말한다. 출입문을 통과하는 방법을 생각해 보라. 걷거나 춤추거나 뛰거나 구르거나 재주넘기를 하거나 다른 사람에게 질질 끌려 출입문을 지날 수 있다. 이러한 모든 반응형이나 양태는 비슷한 방식으로 환경에 작용한다. 즉, 사람이 출입문을 넘게 한다. 이렇듯 공통 효과를 내는 반응인 반응군response classes에 초점을 두면 시간이 지나며 여러 가지 조건화 과정이 행동에 어떻게 영향을 주는지(강화 또는 약화) 이해하는 데 도움이 된다.

3항 수반성three-term contingency(Skinner, 1953; Sidman, 2009)은 조작적 조건화를 연구하는 대부분 연구자가 사용하는 분석 단위이다. 흔히 A-B-C로 표시하는 이러한 조건화의 수반성은 연구 주제인 관심 행동과 이를 둘러싸거나 이에 관여하는 맥락적 조건을 특정한다. A는 행동을 위한 상황을 설정하는 "선행 사건antecedent"이나 선행자precursors를 나타낸다. B는 관심 대상이 하는 "행동behavior"을 나타낸다. C는 행동에 따른 "결과consequence"를 나타낸다(나중에 이 3항 공식화에 다른 항목을 추가할 수 있다). 3항 수반성으로 분석하면 왜 그 사람이 지금 이렇게 행동하고, 미래에 비슷한 행동을 어떻게 만들어 낼지에 관한 정보를 얻을 수 있다.

특정 선행 조건이 주어진 상태에서 특정 행동이 나타났을 때, 행동에 뒤따르는 결과는 미래에 비슷한 행동이 일어날 확률을 바꿀 수 있다. 뒤따르는 결과가 미래에 관심 행동군이 일어날 확률을 높이는 경우에는 *강화reinforcement*가 일어났다고 하고(Skinner, 1969), 뒤따르는 결과가 미래에 관심 행동군이 일어날 확률을 낮추는 경우에는 *처벌*

*punishment*이 일어났다고 한다(Dinsmoor, 1998).

현실 세계의 사례가 이러한 과정을 설명하는 데 도움이 될 것이다(11~14장을 보라). 떼쓰는 아이를 생각해 보자. 감정적 표출만 생각하면 아이가 *왜* 떼를 쓰고, 미래에 이 행동이 일어날 확률이 높아질지, 낮아질지 별 다른 통찰을 얻을 수 없다. 하지만 이 행동을 둘러싼 선행 사건과 결과를 살펴보면 우리가 이것을 바꾸는 데 도움이 될 정보를 얻을 수 있다. 아이의 떼쓰기가 아빠가 일을 시킬 때마다(예, "식탁을 정리할 시간이야. 집안일을 거들어야 용돈을 받는 것 알지?") 일어났고, 엄마에게는 그러지 않는다고 하자. 이것으로 우리는 다음에 이 행동이 다시 일어날지 추정할 정보를 얻는다(역주, 어떤 A가 주어졌을 때 어떤 B가 일어날지에 대한 정보를 얻는다). 하지만 왜 이런 일이 일어났는지에 대한 정보는 부족하다. 이러한 떼쓰기의 결과를 살펴봤더니 아이가 떼를 쓰면 아빠는 일을 시키는 것을 바로 그만두고 거실로 가 TV를 보았고, 엄마는 용돈을 줄이는 수반성을 도입하려고 떼를 쓴 것을 기록한다고 가정하자. 선행 사건과 결과를 함께 알면 떼쓰기가 일어나는 까닭과 이것이 일어날 확률이 높아지는 조건을 완전히 설명할 수 있다. 3항 수반성이 완성되었다.

선행 사건과 결과에 관한 기본적 논의는 조금 빠르게 기하급수적으로 복잡해졌다. 예를 들어 결과가 지연된 것인지(Madden, Begotka, Raiff, & Kastern, 2003), 개체가 결과를 좋아하지 않는지(DeLeon & Iwata, 1996), 결과가 지나치게 오래 그대로 있는지(Podlesnik & Shahan, 2009), 결과에 노력이 지나치게 들거나 요구가 많고 복잡한 행동을 요하는지(Heyman & Monaghan, 1987) 등을 따진다. 선행 자극의 조절에도 비슷한 주제가 있다(12장을 보라).

강화의 전반적 과정에 수정을 가하는 연구는 보통 그것을 전달하는 사이클을 논한다. 이것을 흔히 "강화 스케줄schedule of reinforcement"이라고 하는데, 강화 전달 방식이 행동이 일어날 확률에 중요한 영향을 줄 수 있다. 강화 스케줄은 주로 비율과 간격 변수를 사용한다. 비율 스케줄을 도입할 때는 어떤 횟수의 반응에 결과가 따르도록 프로그램 한다. 항상 5번의 반응 후에 결과가 오도록 고정할 수도 있고(고정 비율-5 또는 FR-5 스케줄), 5번 반응 대 한 번의 결과라는 평균은 지키면서 변동을 줄 수도 있다(변동 비율-5 또는 VR-5 스케줄). 간격 스케줄을 도입할 때는 일정 시간이 지난 다음에 오로지 첫 번째 반응에만 결과가 따르도록 한다. 이때 비율 스케줄과 마찬가지로 경과 시간을 고정(FI)이나 변동(VI)으로 할 수 있다. 주기적으로 폭발하는 화산을 지켜보는 것은 고정 간격 스케줄의 예이다. 즉, 아무리 지켜보아도 화산 폭발을 늦추거나 당길 수 없다. 빈 택시를 잡는 것은 변동 간격 스케줄의 예이다. 즉, 빈 택시가 규칙적으로 오지는 않지만, 지켜보고 있으면 어느 때이든 택시를 잡을 수 있다. 이렇게 다양한 스케줄이 어떻게 행동 패턴을 만들어 내는지 논리적 유추와 경험적 자료를 통해 결론을 내릴 수 있다. 통상 비율 스케줄에서 반응이 더 자주 일어날수록 결과가 빨리 산출된다. 따라서 비율 스케줄은 간격 스케줄보다 높은 비율로 반응을 부추기는 경향이 있다.

이러한 기본적인 강화 스케줄을 대상으로 많은 연구와 분석이 이루어졌고, 예측도 만들어졌다(예, Zuriff, 1970). 그 결과 수반성 과정을 임상에 적용할 토대가 만들어졌다(11장을 보라). 강화와 처벌 스케줄 분야에서의 중요한 발견은 똑같은 수반성 스케줄에서 모든 복합 생물체는 비슷한 패턴을 나타낸다는 것이었다. 적어도 언어 행동이 나타나기 전까지는 그랬다(Lowe & Horne, 1985).

긍정적 결과로 조절되는 행동은 혐오적 결과로 조절되는 행동(이것에는 반응이 나타났을 때 결과가 제거되는 도피 조건화와 반응이 결과를 늦추거나 막는 회피 조건화가 있다, 이 둘을 어떻게 구분하는지 알려면 Dinsmoor, 1977을 보라)과는 다르다. 많은 임상가가 이것을 임상 심리학에 응용하려고 관심을 기울인다. 회피 학습은 응용 맥락에서는 커다란 문제가 될 수 있는데, 환경과의 추가적인 접촉을 막아 회피할 까닭이 사라진 다음에도 회피를 계속할 수 있기 때문이다.

회피 조건화avoidance conditioning의 전형적인 임상 사례로 공포를 동반하는 생리적 조건을 회피하는 것을 들 수 있다. 이때 고전적 조건화가 이러한 생리적 조건을 확립하는 역할을 하고, 조작적 수반성은 외현적 행동을 강화하며 적극적인 회피나 도피를 만들어 낸다. 행동 치료 및 인지 치료에서는 오랫동안 이렇게 "2요인two factor"(예, Dinsmoor, 1954) 추론을 사용했다.

부적 강화negative reinforcement 절차는 자극을 없애거나 막는 것이고, *정적 강화positive reinforcement* 절차는 자극을 제시하는 것이다. "정적positive"이나 "부적negative"이라는 말은 어떤 것이 추가되거나 제거된다는 뜻이지 좋거나 나쁘다는 평가적 의미가 아니다. 아직도 이 둘을 구분하는 것의 근본 속성에 관해서는 논쟁이 있지만, 이것을 응용할 때는 실제적이고 윤리적인 측면이 중요하다. 예를 들어 부적 강화의 방법으로 혐오적 자극을 썼다면 아무리 주의를 기울였더라도 윤리적 문제를 일으킨다. 특히 긍정적 결과에 기초한 절차가 비슷한 결과물을 낳을 수 있으면 더 그렇다(Bailey & Burch, 2013).

(강화의 스케줄이나 유형과는 관계없이) 직접 수반성을 이용하여 행동 변화 절차를 도입할 때 빠뜨리면 안 될 핵심 요인 가운데 하나는 시간 경과이다. 행동이 나타나고 결과가 전달되기까지의 시간이 다음에 그 행동이 나타날 확률에 근본적인 영향을 미친다(Ainslie & Herrnstein, 1981). 효과가 가장 좋으려면 지연 시간이 가장 짧아야 한다.

행동이 나타나는 것과 결과가 전달되는 것 사이의 시간이 길수록, 미래 행동에 미치는 영향력이 작아진다(Mazur, 2000). 아이가 떼쓰기를 그만둔 것이 오후 1시이고 오후 3시에 아이에게 특별한 혜택을 준다면, 2시간 동안 다른 많은 행동이 일어날 것이다. 이러면 의도와는 다르게 2시 59분에 일어난 행동을 강화하게 된다. 많은 문화적 관습은 초기 행동과 시간상으로 멀리 떨어진, 지연된 결과가 효과를 가질 수 있다는 생각에 기초한다(역주, 마시멜로 이야기를 생각해 보라. 만족을 늦출 수 있는 능력을 문화적으로 권한다). 보너스나 카드 고객 등급을 연말에 발표하는 것도 여기에 해당한다. 비록 (인간에게) 이러한 지연된 결과가 작동한다고 해도 이는 직접 수반성 조절보다는 언어 규칙에 따른 것일 확률이 높다.

사람들이 임상적으로 중요한 자기 조절 문제를 만났을 때, 지연된 결과는 지독할 정도로 효과가 적다. 예를 들어 식사와 운동을 한 것과 실제로 살이 찌고 빠지는 결과 사이에는 아주 긴 지연이 있어 비만을 둘러싼 행동은 다루기가 어렵다.

지연된 결과는 본질적으로 행동을 조절하는 힘이 약하다. 하지만, 치료자는 다양한 수반성 조작 기법으로 그 효과를 높일 수 있다(14장을 보라). 첫째, 치료자가 처음에는 지연된 결과를 곧바로 이용하게 하고, 시간이 지나며 이를 조금씩 늦춘다면 행동이 계속되는 비율을 높일 수 있다(Logue & Pe a- Correal, 1984). 둘째, 치료자가 지연되는 시간 동안 참여할 수 있는 다른 활동을 함께 제공하면, 행동을 계속하도록 이끌 수 있다(Grosch & Neuringer, 1981). 지연된 결과의 최종적인 전달을 말로 표현하도록 요청받았던 사람은 이러한 언어화가 없었던 사람보다 과업을 훨씬 잘 수행할 수 있다(Binder, Dixon, & Ghezzi, 2000). 관심 행동을 늘이거나 줄이려고 시도할 때 결과가 지연되어 전달되는 것은 본질적인 도전이다. 임상 상황에서 지연을 피할 수 없을 때는 치료자가 구체적 조치를 취해 지연된 결과의 효과를 높여야 한다.

과거에 유지되던 행동의 결과가 제공되지 않을 때는 소거 원리를 고려해야 한다. *소거extinction*는 A-B-C 수반성에서 과거에 전달되던 결과가 없어지는 것으로 시간이 지나며 효과가 어떻게 될지 어느 정도 예측할 수 있다. 긍정적 결과를 제거하면 반응이 억제되다가 결국에는 완전히 소멸된다. 혐오적 결과를 제거하면 반응은 이전으로 되돌아간다. 소거에는 흔히 다른 여러 가지 효과가 관찰된다. 예컨대 과거에 강화되었다가 소거된 행동은 다시 출현하기가 쉽다(Shahan & Sweeney, 2011). 또 "소거 폭발extinction burst"로 특정 행동의 발생률이 일시적으로 높아질 수 있다(Lerman & Iwata, 1995). 자해와 같은 공격성이나 잠재적으로 위험한 행동이 일어날 수도 있다(Lerman, Iwata, & Wallace, 1999). 바람직하지 않은 행동을 소거로 없애려 할 때 이러한 부작용을 줄이려고 치료자는 전형적으로 이것과 공존할 수 없거나 더 적절한 대안 행동을 함께 강화한다(자세히 알려면 Petscher, Rey, & Bailey, 2009를 보라). 강화가 갑자기 줄어들며 감정적이거나 공격적인 결과가 나타나는 것을 방지하려고 치료자가 때때로 대안 행동과 무관하게, 소거와 동시에 비수반적으로 시간에 기초해 결과를 제시하는 강화 스케줄을 짝짓기도 한다(Lalli, Casey, & Kates, 1997). 지난 수십 년 동안 사회적으로 적절한 행동이 나타나게 하는 영역에서 임상적으로 소거와 이러한 조합을 이용하는 심리학자들의 역량이 크게 나아졌다.

관찰 학습 ***Observational Learning***

사회적 학습의 일부 기본적인 형태는 단지 다른 사람을 관찰하는 것으로 일어난다. 관찰 학습은 동물계 곳곳에 있다. 어린 아이, 완전히 발달한 성인, 인간이 아닌 동물 모두에서 볼 수 있다(Zentall, 1996). 동물 인지 연구에 나온 사례를 살펴보자. 배고픈 상태에 있는 표적 동물에게 경쟁 상대인 동물이 자신이 배운 적이 없는 행동을 하며 먹이를 구하는 것을 관찰하게 했다. 몇 번의 관찰이 있은 다음에 선행 사건이 주어지자 표적 동물이 그 행동을 정확하게 해냈다. 연구자들은 이러한 관찰 학습을 다양한 동물에서 관찰했다(Fiorito & Scotto, 1992; McKinley & Young, 2003). 이는 많은 복합 생물체가 다른 개체의 행위와 성공, 실패에서 배우도록 진화적으로 준비된 상태에서 세상에 나온다는 것을 뜻한다.

기본적 관찰 학습을 기반으로 다른 학습 과정이 이어진다. 예를 들어 정상 신생아는 처음에는 미소나 혀를 내미는 등 몇몇 행동을 흉내 낸다(Meltzoff & Moore, 1977). 하지만 나중에는 이러한 동작을 다른 사람을 사회적으로 조절하는 데 이용한다. 또 점점 자립적인 학습 과정으로 넘어가고, 일반적 행동군으로서 모방 능력을 얻게 된다(Poulson, Kymissis, Reeve, Andreatos, & Reeve, 1991).

인간에 있는 사회적 속성 때문에 관찰 학습은 응용 치료 프로그램에서 특히 중요한데, 좋은 쪽이든, 나쁜 쪽이든 하나의 힘으로 작용한다. 예를 들어 청소년 중독 집단 치료에서 집단 내 사회적 학습으로 다른 아이의 행동을 배우는 의인성 효과가 생길 수 있다(Dishion, McCord, & Poulin, 1999). 하지만 적절하게 다루어지면 사회적 맥락에서의 관찰 학습은 의미가 크고, 효과가 평생 유지될 수도 있다. (반끼리 좋은 행동을 두고 경쟁하는) "좋은 행동 게임good behavior game"은 하나의 예이다. 학동기에 여기에 잠깐 노출된 것만으로도 수년 넘게 폭력, 약물 사용 및 기타 다른 결과에 영향을 받았다(Embry, 2002).

변별 학습, 자극 및 반응의 일반화

Discrimination Learning and Stimulus and Response Generalization

임상가가 직접 수반성 학습 원리를 이용하여 최적의 반응을 만들려 할 때는 유발이나 유도할 행동이 정확한 표적이 되도록 노력해야 한다. 예를 들어 내담자가 강화를 얻을 수 있다는 신호(선행 사건)를 알아채지 못해 반응을 못할 수도 있다. 반대로 강화가 일어날 수 있다는 신호가 없는데도 반응할 수도 있다, 예측했지만 기대와 달리 잇따르는 강화가 없으면, 시간이 지나며 조작적 반응이 약해질 수 있다. 고전적 조건화에서도 비슷한 문제가 일어날 수 있다. 조건 자극이 자극의 여러 측면(부피, 높낮이, 색깔, 온도)에서 두각을 나타내지 못하거나 애매하면, 이에 대한 조건 반응이 일어나지 않을 수 있다.

변별 Discrimination

강화를 언제 얻을 수 있는지, 어떤 반응 패턴이 강화를 만들어 내는지 배우는 것도 중요하지만, 반응이 강화를 받을 맥락 조건을 익히는 것도 중요하다(12장을 보라). 변별 자극discriminative stimulus(또는 Sd)은 행동이 일어나면 강화가 있을 것으로 예측할 수 있는 자극 사건이다. 행동이 일어나더라도 강화가 일어날 것 같지 않은 사건은 *S-delta* 또는 SΔ라 한다. 종종 반응이 어떤 맥락에서만 일어나고, 다른 맥락에서는 일어나지 않는다는 것을 확실히 하는 것이 임상적으로 중요하다. 반응이 이런 식으로 일어날 때, 이를 자극 조절 아래에 있다고 한다. 보통 수반성을 교대로 주면서 이러한 변별을 훈련한다. *다중 스케줄*(줄여서 MULT)은 Sd가 있을 때의 특정 행위에 대한 강화가 풍부한 스케줄과, SΔ가 있을 때의 특정 행위에 대한 강화가 빈약한 스케줄(심지어 소거)로 구성된다. *변별 강화differential reinforcement*란 선호하는 결과에 대한 접근에서 차이가 나는 것이다. 이것이 자극 조절이 발달하는 바탕이다.

좋은 자극 조절일 때는 필요한 행위를 단순히 제시만 해도 사람들이 적절한 행동을 할 확률이 높다. 예를 들어 피셔Fisher와 그리어Greer, 푸르만Fuhrman, 쿠에림Querim은 심각하게 도전적으로 행동하는 사람에게 간단히 요청하는 것을 가르치려고 강화 스케줄과 소거(EXT)를 교대로 주는 다중 스케줄을 사용했다(2015). 이 스케쥴이 요청에 관한 재빠른 자극 조절을 만들었고, 환경 자체가 개인이 더 예측할 수 있게 바뀌며 도전적인 행동이 줄어들었다.

이런 식의 변별 훈련은 다른 방식으로 사용될 수도 있다. 예를 들어 기존의 결과가 더 효과적이게 돕는다. 한 연구에서 다중 변동 간격 - 변동 간격(MULT VI-VI) 스케줄을 다중 변동 간격 - 소거(MULT VI-EXT)스케줄로 바꿨더니, 스케줄 변동이 없을 때보다 반응이 늘어났다. 이러한 현상을 *행동 대조*behavioral contrast라고 한다(Pierce & Cheney, 2013).

일상 행동에서 변별 학습은 대부분 적절한 때와 장소에서 적절한 것을 하도록 배우는 것을 뜻한다. 예를 들어 아이들은 또래와 있을 때는 어떤 농담이 강화를 받지만 어른과 있을 때는 그렇지 않다는 것을 배운다. 또 교실에서는 조용하고 얌전히 행동하도록 기대되지만, 운동장에서는 시끄러운 행동이 변별적으로 강화를 받는다. 오스본Osborne과 루드러드Rudrud, 제조니Zezoney는 대학 야구 선수의 커브볼 치는 능력을 키우려고 변별 교육의 방법을 창의적으로 활용했다. 한동안 아무 표시도 없는 야구공을 치게 하다가, 한동안은 야구공 이음매에 3mm나 6mm 간격으로 오렌지 색깔 표시를 한 야구공을 치게 했다. 시각적으로 변별적인 자극이 있는 야구공을 칠 확률이 더 높았다. 변별 학습은 기능적 의사소통 기술을 가르칠 때도 이용할 수 있다. 예를 들어 그림 교환 소통 체계Picture Exchange Communication System는 자폐나 다른 발달 장애로 언어 장애가 심한 사람을 돕는 대체나 증진적인 의사소통 체계로 널리 쓰인다(예, Bondy & Frost, 2001). 아이가 여러 그림 가운데 양육자가 원하는 아이템을 골라 건네면, 실제 아이템으로 변별적으로 강화하며 해당 그림에 해당하는 특권을 주는 방법이다.

발달 장애나 정신장애가 있는 사람들에게 나타나는 도전적인 행동은 특정한 자극이 있을 때 자주 일어나는데, 자극 조절 과정을 알면 행동의 해로운 조절을 줄이는 데 도움이 된다. 투체트Touchette와 맥도널드MacDonald, 랑거Langer는 산포도scatter plot라는 도구를 이용하여 하루 동안 도전적인 행동이 (거의 확실하게) 일어나지 않는 시간과 일어나는 시간을 알아냈다(1985). 이 도구는 심각한 문제 행동에서 특히 효과가 있다. 실제에서는 두 가지 비율, 즉 전혀 일어나지 않는 비율(제로)과 받아들이기 어려운 비율이 중요하다. 예를 들어 어떤 과업이나 허드렛일을 시키거나 특정 직원이 있을 때 도전적인 행동이 일어나면, 이러한 자극 상황이 변화의 표적이 된다.

많은 학문적 과업이 변별 학습이다. 예를 들어 아이가 글자를 잘 구분해서 받아들이는 것도 변별 과업이다. 글자 b를 보여주면 아이가 b를 고를 수 있게 된다. 수준 높은 읽기 또한 변별 학습의 한 형태이다. 인쇄된 활자 자극의 변별적 조절 아래에서 크게 읽다가, 결국에는 속으로 읽는 수준까지 나아가게 된다(즉, 크게 읽지 않는다). 자폐 스펙트럼 장애나 다른 발달 장애가 있는 많은 사람에서 자극 과선택stimulus overselectivity이라는 현상이 나타난다. 이는 자극의 제한적인 속성이 반응을 조절할 때 일어난다

(Ploog, 2010). 예를 들어 방금 말한 문자 꼬리표 달기 과업을 할 때, 모든 글자에서 b에서처럼 닫힌 고리가 있는지 찾으려다 자꾸 틀린다면 자극 과선택이 일어난 것이다. 두브Dube와 동료들은 환자가 (글자의 닫힌 고리뿐 아니라 기둥을 포함한) 자극과 관련한 모든 상태를 보고 반응했을 때 적재적소에 강화 수반성을 주면 과선택 문제를 고칠 수 있다고 했다(2010). 즉, 자극의 중요한 상태에 골고루 주의를 기울이면 자극과 관련한 속성 전체에 정확한 반응을 일으킬 확률이 높다.

변별 학습은 3항 수반성의 예로 여겨지지만, 네 번째 항 즉, 조건 자극이 3항 수반성을 조절하는 경우도 있다. 예를 들어 카타니아Catania(1998)는 사과가 있는 상태에서 누군가 "사과"라고 말하는 것은 다른 사람이 사과를 가리키며 "이게 뭐지?"라고 묻을 때에만 변별적으로 강화된다고 주장했다. 이 시나리오에서는 질문("이게 뭐지?")을 조건 자극으로 간주한다. 사과가 변별 자극이지만, 오로지 "이게 뭐지?"라는 질문이 주어진 조건에서만 그것을 "사과"라고 말하는 행위가 강화될 것이다.

일반화 Generalization

일부 임상가는 자극 일반화를 변별의 반대 과정으로 본다. 자극 일반화란 처음의 조건 자극이나 변별 자극과 물리적으로 비슷한(예, 색상이나 모양 등) 자극이 있을 때 직접 강화를 받지 않은 반응이 일어나는 것이다. 물리적 차원에서 자극의 가치와 반응이 일어날 확률의 관계를 일반화 경사도generalization gradient라 한다. 예를 들어 특정 주파수의 빛이 있을 때 "파랑색"이라고 말하는 것을 배운 아이에게는 다른 주파수의 빛을 보여줄 때 같은 반응을 보일 확률이 점차 줄어들게 된다.

임상가들은 응용 상황에서의 자극 일반화는 전형적으로 바람직한 개입에 따른 하나의 결과일 뿐이라고 생각한다(역주, 개입을 아주 잘 해야 겨우 일어난다). 굉장히 구조화하고 엄격하게 조절된 상황에서 행동 개입을 실행하여 효과가 있었더라도, 새롭지만 중요한 맥락에서 일반화할 수 없는 것을 발견한다. 스토크Stokes와 배어Baer는 다음과 같은 자극 일반화를 향상하는 기술을 제안했다(1977). 충분한 사례를 가지고 교습하기, 느슨하게 교습하기, 교습 상황과 일반적 상황이 구분되지 않는 자극을 이용하기, 교습 환경과 일반적 환경의 공통 자극을 프로그래밍하기, 교습 환경이 일반적 상황과 아주 비슷해질 때까지 계속 변경하기 등과 같은 전략이다. 다중 사례를 가지고 교습한다는 것은 환자가 지시 도중에 사용된 것과 다른 자극이 있어도 정확하게 반응할 확률이 높도록 교습 단계에서부터 여러 다른 자극을 이용한다는 뜻이다. 예를 들어 다양한 크기와 종류, 색깔의 개를 "개"라고 부르도록 배운 아이는 모든 개를 "개"로 정확히 부를 확률이 높다.

*반응 일반화*response generalization는 강화 효과가 강화와 관련이 없는 다른 반응까지 퍼져 나가는 것을 말한다. 예를 들어 또래에게 웃어 주는 표적 행동이 변별 강화를 받았을 때, 비록 직접적으로 강화받지 않았더라도 눈 맞추고 대화를 먼저 시작하는 행동이 일어날 확률이 높다. 이런 일이 일어났을 때, 그 행동이 반응군response class 또는 기능군functional class을 구성했다고 한다(Catania, 1998).

행동 원칙과 언어 및 인지와의 관계
Interaction of Behavioral Principles with Language and Cognition

학습의 기본적 원리를 응용 상황에서 실행하려면 이들 원리와 인간의 상징 과정의 상호 작용을 유연하게 다루어야 한다. 인간의 인지를 연구할 때의 기본적인 행동 및 인지적 접근은 다음 장에서 살펴볼 것이다. 하지만 인간의 행동을 조절하는 부분에서는 직접 수반성과 단순한 형태의 관찰 학습뿐 아니라 (이를 넘어서) 인간의 언어 능력이 언제 나타나는지를 말해야 한다. 예를 들어 우리가 뜨거운 스토브에 손대지 말라고 들었지만, 우리 모두가 스토브에 화상을 입는 것은 아니다. 뜨거운 스토브를 피할 수 있는 능력은 스토브 자체와는 다른 종류의 자극의 조절을 받는 것으로 보인다. 인지적 관점은 이것이 당연한 사실이라고 계속 주장했다. 한편 (이 책의 주제이기도 한) 이번 장의 이 대목에서, 인지와 행동 중 행동치료 쪽 전통에서 이 현상을 이해하려고 수십 년 동안 연구했다는 점을 간단하게 언급하겠다.

30여년 전에 행동 심리학자는 한때 자신이나 다른 사람의 지시, 명령, 규칙의 형태로 주어지는 언어 자극이 직접 수반성의 작동을 바꾸는 방식으로 반응을 조절한다는 결론을 얻었다(Catania, Matthews, & Shimoff, 1982). 언어적으로 수반성을 묘사하거나(Catania, Shimoff, & Matthews, 1989) 행동을 동기화하는 것(Schlinger & Blakely, 1987)이 직접 수반성이 작동하는 방식을 바꿀 수 있다. 많은 연구에서 실험자가 제시한 규칙이 프로그램된 수반성과 충돌할 때, 정상 성인의 반응에는 대가를 치르더라도 바뀌어 나가는 수반성에 적응하기보다는 기존의 지시에 따른 조절에 머무르는 경향이 있었다(예, Catania, Lowe, & Horne, 1990). 또 환경에 따른 적응이 일어나는 것도 언어 규칙이 있었기 때문이었다. 언어 규칙이 다가오는 환경적 변화에 대한 민감도를 바꾸었다(Hayes, Brownstein, Haas, & Greenway, 1986).

직접 수반성 학습보다 상징적 과정이 우월하다는 것은 발달상의 궤적을 가진다

(역주, 발달 시기마다 다른 모습을 보인다). 예를 들어 비슷한 강화 스케줄이 주어졌을 때 말을 못 하는 어린 아이의 반응 패턴은 인간이 아니라 동물이 하는 것과 비슷하다. 하지만 언어 레퍼토리가 발달한 아이와 성인에서 강화 스케줄에 따른 수행 패턴은 교과서(역주, 주로 동물 실험 결과를 담은)에 흔히 나오는 것과 달랐다(Bentall & Lowe, 1987). 특히 유도된 관계 반응에 관한 연구 문헌(Hayes, Barnes-Holmes, & Roche,2001)은 그동안 인지 치료자나 연구자가 전통적으로 관심을 기울였던 주제에 공통의 기반을 구축할 방법을 제공했다(역주, 인간의 행동에 영향을 주는 생각의 힘, 즉 인지의 영향력을 부정하지 않으면서도 과학적으로 조망할 수 있는 새로운 관점을 제시했다). 이를 통해 임상가에게 유연한 인지 레퍼토리를 촉진하는 새로운 방법을 개발할 수 있는 힘을 실어 주었다(Rehfeldt & Barnes- Holmes, 2009; Rehfeldt & Root, 2005; Rosales & Rehfeldt, 2007을 보라).

도허Dougher와 해밀턴Hamilton, 핑크Fink, 해링톤Harrington의 연구는 어떻게 상징적 과정이 고전적, 조작적 조건화와 상호 작용할 수 있는지에 관한 기본적인 예를 제공한다(2007). 한 실험 집단은 세 가지 임의적인 사건을 (스크린 상에 구불구불한 글씨체로) X 〈 Y 〈 Z처럼 비교급으로 관련지어 익혔다. 또 다른 집단은 X, Y, Z가 어떻게 관련되는지를 익히지 않았다. 두 집단에 Y를 보여준 상태에서, 이 글자가 피부 전도 반응에서 불안이 측정될 때까지 충격을 가했다. 두 집단 모두 X라는 자극에는 별로 각성되지 않았고, X, Y, Z가 어떻게 관련되는지 배우지 않았던 집단에서는 Z에 약간의 각성을 보였다. 하지만 관계적으로 훈련된 집단에서는 Y보다 Z에서 훨씬 많은 각성이 일어났다. 이것은 임의적 자극이라 자극 일반화일 수는 없다. 대신 "Z가 Y보다 크다"는 상징적 관계 즉, 이 둘을 반복해서 짝지었을 뿐 한 번도 충격과 짝지은 적이 없는 자극에 더 큰 각성을 일으킨 것이다.

이러한 기본적인 소견은 자기 규칙에서도 볼 수 있다. 예를 들어 테일러Taylor와 오라일리O'Reilly, 팔룬Faloon, 레펠트Rehfeldt는 발달 장애가 있는 환자가 외현적 자기 규칙을 말하는 것이 과업의 연쇄적인 습득을 촉진하는 것을 발견했다(2008). 또 이러한 자기 규칙을 내현적 수준에서 말하라고 가르쳤을 때 수행 능력이 유지되었다. 두 연구 모두에서 임의의 숫자를 역순으로 외우게 하거나 자기 규칙을 표현하는 것을 막았을 때 수행 수준이 떨어졌다. 즉 외현적overt 또는 내현적covert 자기 규칙과 과업 수행이 기능적 관계에 있는 것을 알 수 있다.

앞 사례에서는 자기 언어화에 촉진 효과가 있지만, 많은 임상 상황에서는 그 역도 참이다. 예를 들어 도허Dougher와 동료들의 연구처럼(2007), 두 가지 상황의 물리적 실제 속성과는 관계없이 단지 하나가 다른 하나보다 "크다"라고 가르친 것만으로 불안 장애 환자가 어떤 상황에서 다른 상황보다 격렬하게 반응할 수 있다. 이는 경험 있는 임상의가 내담자의 문제를 해결하려 할 때 흔히 발견하는 문제이고, 이 책 3부에서 다룰 것이다. 하지만 이러한 효과는 직접 수반성 학습의 원리에 있는 관련성을 배제하지 않는다. 오히려 과거에 얻어진 과정과 나중에 얻어진 과정이 상호 작용하여 행동을 일으킨다는 점에서 임상 현장을 더 과정 지향적 초점으로 끌어들인다(역주, 인간 언어에 대한 최근 소견을 추가하면 인간 행동 전체를 과학적 원리로 설명할 여지가 더 커진다).

결론 Conclusion

핵심 행동 과정은 임상가가 행동적, 감정적, 신체적 걱정이 있는 개인에게 치료의 선택지를 넓힐 수 있는 자세한 원리를 제공한다. 행동의 겉모습이 어떠하든 치료는 행동에 영향을 주는 과정에 기초하여 개인화해야 한다. 행동의 원인을 엉뚱한 곳에서 찾으면 대부분의 내담자가 긍정적인 변화를 경험하지 못하게 된다. 직접 수반성 학습의 원리는 심리학 가운데 가장 잘 확립된 이론이고, 임상가에게는 바꿀 수 있는 맥락적 사건에 관해 방향을 제시하는 커다란 장점이 있다. 실증적인 임상의라면 자신의 행위를 증명이 가장 잘된 과학적 가치 위에 두어야 한다. 내담자가 자신의 삶을 우리 손에 맡겼기 때문이다.

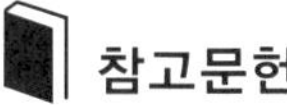

참고문헌

Ainslie, G., & Herrnstein, R. J. (1981). Preference reversal and delayed reinforcement. *Animal Learning and Behavior, 9*(4), 476– 482.

Bailey, J. S., & Burch, M. R. (2013). *Ethics for behavior analysts* (2nd expanded ed.). Abingdon, UK: Taylor and Francis.

Bentall, R. P., & Lowe, C. F. (1987). The role of verbal behavior in human learning: III. Instructional effects in children. *Journal of the Experimental Analysis of Behavior, 47*(2), 177– 190.

Binder, L. M., Dixon, M. R., & Ghezzi, P. M. (2000). A procedure to teach self- control to children with attention deficit hyperactivity disorder. *Journal of Applied Behavior Analysis, 33*(2), 233– 237.

Boisseau, R. P., Vogel, D., & Dussutour, A. (2016). Habituation in non- neural organisms: Evidence from slime moulds. *Proceedings of the Royal Society B, 283*(1829), n.p.
Bondy, A. S., & Frost, L. A. (2001). The Picture Exchange Communication System. *Behavior Modification, 25*(5), 725– 744.
Bradley, M. M., Lang, P. J., & Cuthbert, B. N. (1993). Emotion, novelty, and the startle reflex: Habituation in humans. *Behavioral Neuroscience, 107*(6), 970– 980.
Bureš, J., Bermúdez- Rattoni, F., & Yamamoto, T. (1998). *Conditioned taste aversion: Memory of a special kind*. Oxford: Oxford University Press.
Catania, A. C. (1998). *Learning* (4th ed.). Upper Saddle River, NJ: Prentice Hall.
Catania, A. C., Lowe, C. F., & Horne, P. (1990). Nonverbal behavior correlated with the shaped verbal behavior of children. *Analysis of Verbal Behavior, 8*, 43– 55.
Catania, A. C., Matthews, B. A., & Shimoff, E. (1982). Instructed versus shaped human verbal behavior: Interactions with nonverbal responding. *Journal of the Experimental Analysis of Behavior, 38*(3), 233– 248.
Catania, A. C., Shimoff, E., & Matthews, B. A. (1989). An experimental analysis of rule- governed behavior. In S. C. Hayes (Ed.), *Rule- governed behavior: Cognition, contingencies, and instructional control* (pp. 119– 150). New York: Springer.
DeLeon, I. G., & Iwata, B. A. (1996). Evaluation of a multiple-stimulus presentation format for assessing reinforcer preferences. *Journal of Applied Behavior Analysis, 29*(4), 519– 533.
Dinsmoor, J. A. (1954). Punishment: I. The avoidance hypothesis. *Psychological Review, 61*(1), 34– 46.
Dinsmoor, J. A. (1977). Escape, avoidance, punishment: Where do we stand? *Journal of the Experimental Analysis of Behavior, 28*(1), 83– 95.
Dinsmoor, J. A. (1998). Punishment. In W. T. O'Donohue (Ed.), *Learning and behavior therapy* (pp. 188– 204). Needham Heights, MA: Allyn and Bacon
Dishion, T. J., McCord, J., & Poulin, F. (1999). When interventions harm: Peer groups and problem behavior. *American Psychologist, 54*(9), 755– 764.
Domjan, M. (2013). Pavlovian conditioning. In A. L. C. Runehov & L. Oviedo (Eds.), *Encyclopedia of sciences and religions* (pp. 1608– 1608). Netherlands: Springer.
Dougher, M. J., Hamilton, D. A., Fink, B. C., & Harrington, J. (2007). Transformation of the discriminative and eliciting functions of generalized relational stimuli. *Journal of the Experimental Analysis of Behavior, 88*(2), 179– 197.
Dube, W. V., Dickson, C. A., Balsamo, L. M., O'Donnell, K. L., Tomanari, G. Y., Farren, K. M., et al. (2010). Observing behavior and atypically restricted stimulus control. *Journal of the Experimental Analysis of Behavior, 94*(3), 297– 313.
Dymond, S., Dunsmoor, J. E., Vervliet, B., Roche, B., & Hermans, D. (2015). Fear generalization in humans: Systematic review and implications for anxiety disorder research. *Behavior Therapy, 46*(5), 561– 582.
Embry, D. D. (2002). The good behavior game: A best practice candidate as a universal

behavioral vaccine. *Clinical Child and Family Psychology Review, 5*(4), 273– 297.
Faloon, B. J., & Rehfeldt, R. A. (2008). The role of overt and covert self- rules in establishing a daily living skill in adults with mild developmental disabilities. *Journal of Applied Behavior Analysis, 41*(3), 393– 404.
Fiorito, G., & Scotto, P. (1992). Observational learning in Octopus vulgaris. *Science, 256*(5056), 545– 547.
Fisher, W. W., Greer, B. D., Fuhrman, A. M., & Querim, A. C. (2015). Using multiple schedules during functional communication training to promote rapid transfer of treatment effects. *Journal of Applied Behavior Analysis, 48*(4), 713– 733.
Ginsburg, S., & Jablonka, E. (2010). The evolution of associative learning: A factor in the Cambrian explosion. *Journal of Theoretical Biology, 266*(1), 11– 20.
Grosch, J., & Neuringer, A. (1981). Self- control in pigeons under the Mischel paradigm. *Journal of the Experimental Analysis of Behavior, 35*(1), 3– 21.
Hayes, S. C., Barnes- Holmes, D., & Roche, B. (Eds.). (2001). *Relational frame theory: A post- Skinnerian account of human language and cognition*. New York: Kluwer Academic/Plenum Publishers.
Hayes, S. C., Brownstein, A. J., Haas, J. R., & Greenway, D. E. (1986). Instructions, multiple schedules, and extinction: Distinguishing rule- governed from schedule- controlled behavior. *Journal of the Experimental Analysis of Behavior, 46*(2), 137– 147.
Heyman, G. M., & Monaghan, M. M. (1987). Effects of changes in response requirement and deprivation on the parameters of the matching law equation: New data and review. *Journal of Experimental Psychology: Animal Behavior Processes, 13*(4), 384– 394.
Lalli, J. S., Casey, S. D., & Kates, K. (1997). Noncontingent reinforcement as treatment for severe problem behavior: Some procedural variations. *Journal of Applied Behavior Analysis, 30*(1), 127– 137.
Lerman, D. C., & Iwata, B. A. (1995). Prevalence of the extinction burst and its attenuation during treatment. *Journal of Applied Behavior Analysis, 28*(1), 93– 94.
Lerman, D. C., Iwata, B. A., & Wallace, M. D. (1999). Side effects of extinction: Prevalence of bursting and aggression during the treatment of self- injurious behavior. *Journal of Applied Behavior Analysis, 32*(1), 1– 8.
Logue, A. W., & Peña-Correal, T. E. (1984). Responding during reinforcement delay in a self- control paradigm. *Journal of the Experimental Analysis of Behavior, 41*(3), 267– 277.
Lowe, C. F., & Horne, P. J. (1985). On the generality of behavioural principles: Human choice and the matching law. In C. F. Lowe (Ed.), *Behaviour analysis and contemporary psychology* (pp. 97– 115). London: Lawrence Erlbaum.
Madden, G. J., Begotka, A. M., Raiff, B. R., & Kastern, L. L. (2003). Delay discounting of real and hypothetical rewards. *Experimental and Clinical Psychopharmacology, 11*(2), 139– 145.
Mazur, J. E. (2000). Tradeoffs among delay, rate, and amount of reinforcement. *Behavioural*

Processes, 49(1), 1– 10.
McKinley, S., & Young, R. J. (2003). The efficacy of the model- rival method when compared with operant conditioning for training domestic dogs to perform a retrieval-selection task. *Applied Animal Behaviour Science, 81*(4), 357– 365.
Meltzoff, A. N., & Moore, M. K. (1977). Imitation of facial and manual gestures by human neonates. *Science, 198*(4312), 75– 78.
Nagy, E., & Molnar, P. (2004). Homo imitans or homo provocans? Human imprinting model of neonatal imitation. *Infant Behavior and Development, 27*(1), 54– 63.
Öhman, A., & Mineka, S. (2001). Fears, phobias, and preparedness: Toward an evolved module of fear and fear learning. *Psychological Review, 108*(3), 483– 522.
Osborne, K., Rudrud, E., & Zezoney, F. (1990). Improved curveball hitting through the enhancement of visual cues. *Journal of Applied Behavior Analysis, 23*(3), 371– 377.
Penders, C. A., & Delwaide, P. J. (1971). Blink reflex studies in patients with Parkinsonism before and during therapy. *Journal of Neurology, Neurosurgery and Psychiatry, 34*(6), 674– 678.
Petscher, E. S., Rey, C., & Bailey, J. S. (2009). A review of empirical support for differential reinforcement of alternative behavior. *Research in Developmental Disabilities, 30*(3), 409– 425.
Pierce, W. D., & Cheney, C. D. (2013). *Behavior analysis and learning* (5th ed.). Oxon, UK: Psychology Press.
Ploog, B. O. (2010). Stimulus overselectivity four decades later: A review of the literature and its implications for current research in autism spectrum disorder. *Journal of Autism and Developmental Disorders, 40*(11), 1332– 1349.
Podlesnik, C. A., & Shahan, T. A. (2009). Behavioral momentum and relapse of extinguished operant responding. *Learning and Behavior, 37*(4), 357– 364.
Poulson, C. L., Kymissis, E., Reeve, K. F., Andreatos, M., & Reeve, L. (1991). Generalized vocal imitation in infants. *Journal of Experimental Child Psychology, 51*(2), 267– 279.
Rehfeldt, R. A., & Barnes- Holmes, Y. (2009). *Derived relational responding: Applications for learners with autism and other developmental disabilities: A progressive guide to change.* Oakland, CA: New Harbinger Publications.
Rehfeldt, R. A., & Root, S. L. (2005). Establishing derived requesting skills in adults with severe developmental disabilities. *Journal of Applied Behavior Analysis, 38*(1), 101– 105.
Rescorla, R. A., & Solomon, R. L. (1967). Two- process learning theory: Relationships between Pavlovian conditioning and instrumental learning. *Psychological Review, 74*(3), 151– 182.
Rosales, R. R., & Rehfeldt, R. A. (2007). Contriving transitive conditioned establishing operations to establish derived manding skills in adults with severe developmental disabilities. *Journal of Applied Behavior Analysis, 40*(1), 105– 121.
Schlinger, H., & Blakely, E. (1987). Function- altering effects of contingency- specifying

stimuli. *Behavior Analyst, 10*(1), 41– 45.
Shahan, T. A., & Sweeney, M. M. (2011). A model of resurgence based on behavioral momentum theory. *Journal of the Experimental Analysis of Behavior, 95*(1), 91– 108.
Sidman, M. (2009). The measurement of behavioral development. In N. A. Krasnegor, D. B. Gray, & T. Thompson (Eds.), *Advances in behavioral pharmacology* (vol. 5, pp. 43– 52). Abingdon, UK: Routledge.
Skinner, B. F. (1953). *Science and human behavior*. New York: Free Press.
Skinner, B. F. (1969). *Contingencies of reinforcement: A theoretical analysis*. Englewood Cliffs, NJ: Prentice Hall.
Spetch, M. L., Wilkie, D. M., & Pinel, J. P. J. (1981). Backward conditioning: A reevaluation of the empirical evidence. *Psychological Bulletin, 89*(1), 163– 175.
Stokes, T. F., & Baer, D. M. (1977). An implicit technology of generalization. *Journal of Applied Behavior Analysis, 10*(2), 349– 367.
Taylor, I., & O'Reilly, M. F. (1997). Toward a functional analysis of private verbal self-regulation. *Journal of Applied Behavior Analysis, 30*(1), 43– 58.
Touchette, P. E., MacDonald, R. F., & Langer, S. N. (1985). A scatter plot for identifying stimulus control of problem behavior. *Journal of Applied Behavior Analysis, 18*(4), 343–351.
Wolpe, J., & Rowan, V. C. (1988). Panic disorder: A product of classical conditioning. *Behaviour Research and Therapy, 26*(6), 441– 450.
Zentall, T. R. (1996). An analysis of imitative learning in animals. In C. M. Heyes & B. G. Galef Jr. (Eds.), *Social learning in animals: The roots of culture* (pp. 221– 243). San Diego: Academic Press.
Zuriff, G. E. (1970). A comparison of variable- ratio and variable- interval schedules of reinforcement. *Journal of the Experimental Analysis of Behavior, 13*(3), 369– 374.

인지란 무엇인가? 기능적 인지적 관점[1)]

What Is Cognition? A Functional-Cognitive Perspective

장 드 호우어 Jan De Houwer, PhD
더멋 반즈 홈즈 Dermot Barnes- Holmes, DPhil
이본 반즈 홈즈 Yvonne Barnes- Holmes, PhD
겐트대학 실험 임상 및 건강 심리학

1) 장 드 호우어가 받은 겐트대학 BOF16/MET_V/002 지원금으로 이 장을 준비할 수 있었다. 더멋 반즈 홈즈는 플랑드르 과학 연구 재단의 오디세우스 그룹 1 지원금(2015~2020)을 받았다. Jan De Houwer, Ghent University, Henri Dunantlaan 2, B- 9000 Ghent, Belgium나 Jan.DeHouwer@UGent.be로 연락할 수 있다.

"인지"나 "인지적"이라는 개념이 현대 심리학의 중심이라는 것은 맞는 말이다. 이는 실험 임상 심리학에서도 그러하다. 2016년 10월 19일 날짜로 "인지 또는 "인지적"을 검색어로 넣었을 때 468,850개의 문헌이 검색될 정도이다. (완벽한 비교는 아니지만) 비교를 위해 "감정 또는 감정적"을 검색어로 넣으니 검색 문헌이 절반인 209,087개였다. 임상 심리학 또는 정신치료를 다루는 논문으로 검색 범위를 한정했을 때에도 비율은 비슷하다.

역할이 중추적인데도 종종 "인지"(인지에 관한 것이라는 의미의 "인지적")가 정확히 무엇을 뜻하는지는 분명하지 않다. 이 장의 첫 두 절에서 우리는 인지의 속성에 관한 두 가지 다른 관점을 살펴볼 것이다. 첫째, 인지 심리학에서는 인지를 전형적으로 정보 처리 관점에서 정의한다. 둘째, 기능 심리학에서는 인지를 행동 측면에서 개념화한다. 우리는 나중에 이 두 관점이 배타적이지 않다는 점을 지적할 것이다. 자세히 말하면 심리학에서 이 둘은 상호 의존적인 두 가지 수준의 설명을 인식하려는 기능적-인지적 틀 안에서 조화를 이룰 수 있다. 즉, 기능적 수준은 환경 안에 있는 요소라는 입장에서 행동을 설명하려는 목적이 있고, 인지적 수준은 환경 안에서 정신 기제의 어느 요소가 행동에 영향을 미치는지 이해하려고 한다. 이 장에서 우리는 근거기반 정신치료를 위한 인지에 관해 이러한 기능적-인지적 관점이 무엇을 말해 줄 수 있는지 밝히겠다.

정보 처리로서 인지 Cognition as Information Processing

*인지*라는 단어의 역사는 고대 그리스까지 올라갈 수 있지만(자세히 알려면 Chaney, 2013을 보라), 나이서Neisser가 약 50년 전에 인지 심리학에 관한 문헌에 쓴 것은 가장 영향력 있는 정의 가운데 하나이다.

> 여기서 사용한 대로 "인지"라는 말은 감각 입력이 변형되고, 축소되고, 정교화되고, 저장되고, 복구되고, 사용되는 모든 과정을 뜻한다. 심지어 이미지와 환각 같이 관련 자극이 없을 때에도 이러한 조작 과정이 관여한다… 이러한 폭넓은 정의를 내리면 인지는 인간이 하는 모든 것과 관련이 있다. 따라서 모든 심리적 현상은 인지적 현상이다. (1967, p. 4)

나이서는 이어서 인지를 컴퓨터가 하는 정보 처리와 비교했다.

> 인간의 인지를 이해하려는 심리학자의 과업은 컴퓨터가 어떻게 프로그램되었는지 알아내려는 사람이 하는 것과 비슷하다. 특히 프로그램이 정보를 저장하고 재사용하는 것이라면, 그는 어떤 "통상적인 관례routines"나 "절차procedures"에 따라 이런 일이 이루어지는지 알고 싶을 것이다. (1967, p. 6)

물론 마음 모델이 컴퓨터와 같다는 생각을 아직도 하는 현대 인지 심리학자는 거의 없다. 하지만 나이서의 정의 가운데 세 가지 측면은 여전히 영향력이 있다. 첫 번째는 가장 중요한 것으로 나이서는 인지를 정보 처리로 본다. 마음을 속성상 정보에 관한 것이라 여긴다면 이렇게 볼 수밖에 없다. 가드너Gardner(1987)가 말한 대로 인지와 마음을 정보로 연결했다는 것은 인지 심리학자가 조작할 수 있는 새로운 수준의 설명을 개척한 것이다. 이러한 아이디어의 중요성을 충분히 음미하려면 정보가 비물리적인 속성으로 여겨질 수 있다는 점을 깨달아야 한다. 정보 이론 주창자 가운데 하나인 위너Wiener는 이것을 다음과 같이 말했다, "정보는 정보이지, 물질이나 에너지가 아니다.(1961, p. 132)." 정보가 비물질적이라는 가정은 원리적으로 같은 조각의 정보(예, 같은 내용)가 전혀 다른 물리적 재질substrate에서도(예를 들면 데스크탑 컴퓨터, 자기 테이프, 뇌 등. 내용과 정보의 운반체 구분에 관한 통찰을 보려면 Bechtel, 2008을 보라) 만들어질 수 있다는 생각과 연결된다.

나무의 나이테를 생각해 보자. 나이테는 나무가 자라는 동안의 날씨 정보를 말한다. 하지만 같은 정보를 빙하기 단층이나 기상 기록에서도 볼 수 있다. 더구나 물리적인 나무는 이러한 내용을 전달하는 운반체이지 내용 자체가 아니다. 나이테가 날씨에 관한 정보를 읽을 수 있는 존재에게만 이를 드러내는 것을 보면, 이런 사실이 분명해진다(예를 들어 기상 과학자는 날씨가 나무의 성장에 미치는 영향에 관한 자신의 지식을 나이테와 결합하여 나이테의 크기에서 기후에 관한 정보를 뽑아낸다). 중요한 것은 정보에 있는 비물리적 속성 때문에 정보 내용에 관한 연구가 단순히 물리적 정보를 담은 운반체에 관한 연구로 환원될 수 없다는 것이다. 따라서 인간이 지닌 정보의 내용을 연구하는 인지 심리학이 결코 물리적인 뇌 연구나 전체 생명체 연구로 환원될 수는 없다(하지만 내용과 운반체 사이에는 독특한 중첩이 있을 수 있다. 따라서 운반체를 이해하면 내용을 이해할 수도 있다. 이것을 구체적인 수준에서 살펴보려면 Bechtel, 2008을 보라). 인지를 정보 처리로 정의하는 것은 인지 심리학을 정신세계에 관한 하나의 독립적인 과학으로 삼는 것에 정당성을 부여한다(이것을 높은 수준에서 살펴보려면 Brysbaert & Rastle, 2013을 보라).

나이서의 정의에서 두 번째로 재미있는 것은 인지가 하나의 동적 과정이라는 것을 강조한다는 점이다. 동적 과정을 하나의 정신 기제로 묘사하면 일련의 정보 처리 단계라고 할 수 있다(Bechtel, 2008). 따라서 인지는 한 부분이 다른 부분을 작동하는 부분이거나 작동으로 이루어진 물리적 기제에 가깝다(예를 들어 한 톱니바퀴가 다른 톱니바퀴를 움직이게 한다). 주요한 차이는 정신 기제를 이루는 부분이나 작동이 물리적이라기보다는 정보의 속성을 지녔다는 것이다. 이러한 정신 기제의 정보적 속성 탓에 유기체가 물리적 세계에 의미를 추가할 수 있다. 물리적 기제와 마찬가지로 인지도 근접 원인contiguous cause과 관련이 있다. 즉, 서로가 서로를 작동하게 하는 정신 상태이다. 간단히 말하면 기제에서 한 단계(예, 하나의 정신 상태)가 다음 단계(예, 또 다른 정신 상태)를 움직이게 한다.[2)]

근접 원인에 관한 근본적인 가정은 인지 심리학자가 잠재 학습latent learning 현상을 어떻게 다루는지를 보면 알 수 있다. 잠재 학습이란 시점1에서 경험한 것이(예, 음식이 없는 미로를 도는 쥐 / 외상 사건을 경험하는 사람) 나중에 시점2의 행동(예, 같은 미로에 음식이 있을 때 음식을 찾는 속도 / 외상 사건이 있고 수일, 수주, 수년이 지나고 나타난 공황 발작)에 영향을 미친다는 것이다(Tolman & Honzik, 1930, 잠재 학습과 관련한 것을 살펴보려면 Chiesa, 1992, and De Houwer, Barnes- Holmes, & Moors, 2013을 보라). 각각의 생각과 행동에는 근접 원인이 있다는 가정, 즉 지금 여기에 있는 어떤 것이 그 순간 생각과 행동을 일으킨다고 가정하고 작업하는 인지 심리학자는 시점2에서의 행동 변화는 반드시 시점2에 존재하는 정보에 의한 것이라고 추론한다. 시점1에서의 미로 경험은 이러한 근접 원인이 될 수 없다. 시점2의 행동이 관찰될 때 시점1의 경험은 이미 지나간 사건이기 때문이다. 그런데도 정신 기제가 반드시 행동을 이끈다는 가정을 받아들이려면, 잠재 학습에 관해서는 오직 다음처럼 설명할 수밖에 없다. (a) 시점1에서의 원래 경험은 시점1에서 일종의 정신 표상mental representation을 만들었다 (b) 이 표상이 시점2까지 기억으로 유지되었다 (C) 이것이 시점2에서의 생각과 행동에 관한 근접 원인으로 작용했다. 따라서 정신 기제가 모든 행동을 이끈다는 가정에 기초한 인지적 관점에서 보면, 잠재 학습은 기억 안에 정신 표상이 있다는 것을 증

---

2) 저자 주. 쉽게 설명하려고 정신 기제에 대한 묘사를 단순화한 것이다. 첫째, 톱니바퀴 은유는 엄격하게 선형적인 기제를 제안한 것이지만, 정신 기제는 병행적이거나 반복적으로 작동할 수 있다. 둘째, 원리적으로는 정신 상태가 자발적으로 일어날 수 있다. 즉, 근접 방식으로 인과관계가 없을 수 있다(물론 정신 상태가 환경 입력이나 다른 정신 상태에서 유발되지 않았다는 것을 입증하기가 어렵기도 하다). 하지만 정신 기제가 병행적이거나 반복적으로 작동한다거나 일부 정신 상태는 자발적으로 바뀐다 하더라도 모든 기제가 서로 작동하는 부분으로 이루어졌다는 점에서는 공통이다.

명한다.

나이서 정의의 세 번째 측면은 인지는 의식을 말하는 게 아니라는 것이다. 따라서 이 정의는 정신 기제가 의식적으로 또는 무의식적으로 작동할 수 있다는 생각과 맞는다. 어떤 의미에서는 인지 심리학자가 "인지는 인간이 하는 모든 것에 관여한다(Neisser, 1967, p. 4)."는 가정을 유지하려면 무의식적 인지의 역할을 받아들여야 한다. 가끔은 사람들이 자신의 행동을 이끄는 것이 무엇인지 모르는 것 같을 때가 있다. 인지 심리학자는 무의식적 인지가 작동하여 이렇게 행동한다고 할 것이다. 즉, 의식적 자기 성찰로는 접근할 수 없는 정보 처리라고 할 것이다. 실제로 일부 학자는 빙산 대부분이 수면 아래에 있는 그림을 보여주며 대부분 일상 상황에서 의식보다 무의식적 인지가 인간의 행동을 이끈다고 주장했다(Bargh, 2014).

물론 나이서의 정의가 인지 심리학자의 문헌 가운데 인지에 관한 유일한 정의도 아니고, 반론이 없었던 것도 아니다(문헌에 나온 다양한 정의를 살펴보려면 Moors, 2007을 보라). 일부 연구자는 기준을 정해 일부 정보 처리 사례만을 "진정한true" 인지 사례로 꼽았다(예를 들면 정보 처리가 작동하는 본보기 유형이나 과정의 산출물에 관한 기준을 정했다. Moors, 2007을 보라). 다른 인지 심리학자는 "인지"를 정신 상태의 부분집합을 뜻하는 용어로 사용한다. 예를 들어 인지와 감정을 비교할 때 인지 연구자는 때때로 인지적 상태를 "뜨거운hot" 감정 경험이라기보다는 "차가운cold" 신념에 가까운 비감정적 상태라고 암시한다. 여전히 일부 학자는 인지적 상태를 말할 때 모든 현상학적이고 의식적인 경험을 배재한다(Moors, 2007을 보라).

마지막으로 나이서가 인지를 컴퓨터 프로그램의 작동이라고 말한 것은 몸에서 떠난disembodied 순차 정보 처리serial information processing를 뜻한다. 하지만 어떤 사람은 인간이 정보를 처리할 때 상징 이하의 subsymbolic 표상을 이용한다거나(예, McClelland & Rumelhart, 1985), 인체의 생물학적 속성과 밀접하게 연관된 방식(즉, 체화embodied)으로 처리한다고 주장한다(예, Barsalou, 2008). 이러한 중요한 의견 차이에도 (전부는 아니겠지만) 대부분의 인지 심리학자는 인간(또는 인간이 아닌 동물)이 정보를 처리한다는 *전제*와, 그 정보를 어떻게 처리하는지를 밝혀내는 것이 *목표*라는 입장을 견지한다. 따라서 인지 심리학 관점에서 보면 인지의 핵심에 정보 처리가 있다고 안전하게 결론을 내릴 수 있다. 정신치료에서 인지 작업은 종종 특정 인지 과학 이론에 공식적으로 기초하지는 않는다. 하지만 특정 유형의 도식이나 핵심신념, 비합리적 인지 등을 고찰할 때는 대부분 관점이 정보 처리에 초점을 둔다.

인간 언어와 인지에 관한 기능 분석 접근
A Functional- Analytic Approach to Human Language and Cognition

지난 50년 동안 인지 심리학은 심리학 분야에서 엄청나게 우월한 지위에 있었다. 따라서 인지를 정보 처리와 관련이 없는 방식으로 생각할 수도 있다는 걸 알면 많은 심리학자가 놀랄 것이다. 이것은 이 책에서 특히 중요한데, 수용과 마음챙김으로 작업하는 일부 정신치료는 언어와 생각이 정보가 아니라는 관점을 취하는 기능 분석 접근에 기초하기 때문이다. 이 접근은 행동의 예측과 영향에 이바지하는 방식으로 환경과 행동의 관계를 기술한다(Chiesa 1994; Hayes & Brownstein, 1986를 보라). 우리는 기능적 접근이 전통적이거나 "주류mainstream"적인 접근보다 본질적으로 우월하다고 주장하는 것이 아니라, 심리학자 특히 임상 심리학자에게 자신들이 취할 접근과 관련하여 양자택일로 몰면 안 된다고 말하는 것이다.

기능 분석 접근 A Functional- Analytic Approach

인지에 관한 기능적 접근은 행동에 관한 기능적 맥락주의 지향에서 시작한다(2장의 "맥락주의"를 보거나, 최근에 나온 단행본 분량의 책을 보려면 Zettle, Hayes, Barnes-Holmes, & Biglan, 2016을 보라). 기능적 맥락주의 접근에서 기능적 관계란 시공간을 가로지른 사건들 사이에서 "펼쳐진spread out" 것으로 본다. 잠재 학습의 예로 돌아가 보자. 기능주의 심리학자에게는 시점2에서의 행동 변화는 시점1에서 경험한 것의 기능이라고 말할 수 있다. 스키너는 자신이 "미래의 생리학자"라고 부르는 어떤 사람이 언젠가 이들의 차이에 관하여 추가적인 정보를 제공할 것이라고 했다. 하지만 기능적 관계라는 개념은 시공간을 가로질러 펼쳐지는 것이므로 (추가적인 정보가 없다고 해도) 자체로는 전혀 불완전하지 않다. 기능적 맥락주의자는 기초 및 응용 연구자나 임상가가 개인이나 집단의 행동을 예측하고 영향을 주도록 과학적 언어 분석을 하는 것이 목적이다. 따라서 이들은 이런 종류의 기술로도 충분하다고 생각한다.

기능적 접근은 과학적 목표로서 분석의 정확성precision과 범위scope, 깊이depth를 고수한다. 그 결과 행동 변화를 위해 단순히 기법을 모아 놓은 수준으로 주저앉지 않으면서도, 무지막지한 경험론의 한 가지 형태를 취하지 않게 이를 잘 뛰어넘는다(Hayes, Barnes- Holmes, & Roche, 2001. 2장과 6장을 보라). *정확성*이란 행동 분석이 행동 변화에 관한 제한적이고 간결한 조합의 원리와 이론을 찾아내라고 요구하는 것이다. *범위*란 이러한 원리와 이론이 넓은 범위의 행동과 심리적 사건에 두루 적용할 수 있어야 한다는 것이다. *깊이*란 이러한 과학적 분석이 다른 과학적 영역에서 잘 확립된 증거나 분석과 상반되거나 충돌하면 안 된다는 것이다(예를 들어 행동적 "사실facts"은 신경 과학이나 인류학에서 확립된 사실과 넓은 의미에서 맞아야 한다).

기능 분석 개념의 대표적 사례는 앞 장에서 말한 조작적 행동을 정의하는 3항 수반성이다(동기적 요인을 추가할 때는 4항 수반성). 조작자의 정의 어디에도 즉각적인 근접성을 요구하지 않는다. 사건 군 사이의 기능적 관계에 초점을 둔다.

자극 동등성과 관계구성이론, 인간의 언어와 인지에 관한 기능 분석 접근
Stimulus Equivalence and Relational Frame Theory: A Functional- Analytic Approach to Human Language and Cognition

조작자operant 개념은 (인간의 언어와 인지에 관한 설명인) 관계구성이론의 발달에 핵심적인 과학 분석 단위를 제공했다(RFT; Hayes et al., 2001, 최근 내용을 살펴보려면 Hughes & Barnes- Holmes, 2016a, 2016b을 보라). 처음에는 이 이론이 자극 동등성stimulus equivalence이라는 현상을 연구한 프로그램에서 나왔다(이 내용을 책 한 권에 담은 것으로 Sidman, 1994를 보라). 이 현상의 기본적 효과는 작은 세트에서 훈련한 반응에 기초하여 강화받지도 않고 훈련하지도 않은 대응 반응matching response이 나타나는 것이다. 예를 들어 두 개의 추상적인 자극을 각각 제3의 자극과 연결했을 때(예를 들어 Zid가 있을 때 Paf를 선택하고, Zid가 있을 때 Vek를 선택한다), 추가 학습이 없어도 훈련하지 않았던 대응 반응을 자주 보인다(예를 들어 Paf가 있을 때 Vek를 선택하고, Vek가 있을 때 Paf를 선택). 이렇게 강화받지 않은 반응 패턴이 나타났을 때, 그 자극이 동등군이나 동등 관계를 만들었다고 한다. 시드맨Sidman이 말한 이러한 행동 효과는 기능 분석 접근이 상징적 의미나 상징과 관련성을 가지도록 하는 것 같다(역주, 언어란 하나의 상징체계인데, 자극 동등성이란 개념이 직접적인 수반성이 아닌 상징 사이의 관계만으로도 행동에 지배력이 있는 현상을 과학적으로 재현하는 실마리가 된다).

처음 자극 동등성 효과는 조작적 수반성에 기반한 기능적 설명에 도전하는 것으로 보였다. 온전히 프로그램된 강화물 없이 대응 반응이 나타났기 때문이다(예, Vek가 있을 때 강화받은 적이 없는 Paf를 선택하는 행동이 나타났다). 사실 이렇게 훈련 하지 않은 반응이 나타나는 것은 자극 동등성 효과 자체의 중요하고도 결정적인 특징이다. 하지만 관계구성이론에서는 자극 동등성을 단지 일반화된 조작자generalized operant(역주, overarching이나 high-order operant라고도 한다) 군 가운데 하나인 임의 적용적 관계 반응(arbitrary applicable relational responding, AARR)으로 본다. 이 관점에서는 관련한 강화 표본에 충분히 노출된 이력이 있으면 관계 구성으로 정의되는 일반화한 관계 반응 군의 특정 패턴이 확립된다(D. Barnes- Holmes & Barnes- Holmes, 2000).

예를 들어 어린 아이가 "개" 또는 특정 개 이름(예, 로버)을 듣고 개를 손으로 가리키거나 애완견을 볼 때 "로버" 또는 "개"라고 말하거나 "개 이름이 뭐지?"라고 물었을 때 "로버"라고 대답한다면, 이 아이는 언어 공동체에서 강화의 직접 수반성에 노출된 것이다. 여러 자극과 맥락에 따라 많은 표본을 거치면 결국 이런 식으로 자극끼리 등치하는 조작자 군operant class이 추출될 수 있다. 이제 아이는 새로운 자극을 만났을 때 이름을 붙이는 행위에 대해 더는 직접적인 강화를 요구하지 않는다. 예를 들어 아이에게 어떤 그림을 보여주고, aardvark라고 적힌 글씨, 이것이 동물 이름이라고 알려주었다고 하자. 이후에 아이는 어떤 힌트를 주거나 직접적인 강화를 하지 않았어도 관련 그림을 보여주면 "이것은 aardvark야"라고 말한다. 이런 식으로 그림과 소리 자극과 문자 사이를 등치하는 일반화한 관계 반응이 확립되고, 관계 짓는 행동의 일부만 직접 강화받은 것으로도 완전한 조합이 "자발적으로" 일어난다. 더 일상적으로 보면 아이가 어떤 식으로든 자극들의 조합이 등가인 것으로 반응했을 때 강화받은 경험이 많으면, 다른 자극에 반응해서 강화받은 적이 없어도 등가인 것으로 반응하는 능력을 얻는다. 따라서 일반화한 관계 반응이란 새로운 조합의 자극에 적용되는 반응 군을 말한다.

이러한 관계 반응 패턴이 한 번 확립되면, 이는 특정 맥락 단서에 민감한 방식으로 일어난다. 이제 그 맥락 단서는 특정 관계 반응 패턴을 위한 변별 자극의 한 유형으로 볼 수 있다. 단서는 앞에서 말한 형태의 개인력을 통해 기능을 얻는다. 예를 들어 "저것은 개야"에서 "저것은…"이라는 구절이 "개"라는 말과 실제 개를 등치하는 관계 반응 패턴을 완성하는 하나의 맥락 자극이 되고, 이것이 표본들을 거치며 확립되게 된다. 이러한 맥락 단서의 관계적 기능이 아이의 행동 레퍼토리에 한 번 확립되면, 무한정에 가까운 자극이 관계 반응 군에 들어온다(Hayes & Hayes, 1989; Hayes et al., 2001).

관계구성이론relational frame theory, RFT이 제안한 관계 구성이라는 핵심적인 분석 개념은 임의 적용적 관계 반응에 비교적 정확한 전문적 정의를 제공한다. 구체적으로 *관계 구성relational frame*은 세 가지 속성이 있는데, 상호 함의mutual entailment(A가 B와 관련이 있으면, B는 A와 관련이 있다)와 조합적 상호 함의combinatorial mutual entailment(A가 B와 관련이 있고 B는 C와 관련이 있으면, A는 C와 관련이 있고 C는 A와 관련이 있다), 기능의 변형transformation of functions(관련 자극이 어떤 관계로 들어갈 때의 관계 유형에 기초하여 그 기능이 바뀌거나 변형한다)이다. 예를 들어 당신은 "거프"가 새로 나온 아주 맛있는 맥주 브랜드라는 말을 들었다. 그러면 당신은 그것을 좋아할 것이다. 그런데

"기디"라는 다른 새로운 맥주 브랜드가 있는데, 맛이 정반대라고 들었다. 이후 맥주를 선택할 일이 있다면 당신은 "거프"를 고를 것이다(역주, 당신 입에는 "기디"가 더 맞을 가능성도 있다. 먹기 전에는 모른다). 이는 (어느 정도는) 두 가지 자극 즉, 거프와 기디가 반대의 관계 구성으로 들어왔기 때문인데, 거프와의 관계에 기초하여 기디의 기능에 변형이 일어난 것이다(쉽게 말하면 당신이 기디가 불쾌한 맛을 가진 것처럼 반응한다는 뜻이다).

관계구성이론의 초기 연구 가운데 상당 부분은 그것의 기본 가정과 중요 발상core ideas을 검증하려는 목적에서 디자인되었다. 이러한 작업을 하면서 연구자들은 하나의 과정으로서 관계 구성에는 몇 가지 분명한 패턴이 있다는 것을 알게 되었다. 많은 실험실 연구를 거쳐(최근 내용을 살펴보려면 Hughes & Barnes-Holmes, 2016a를 보라) 관계 구성하기relational framing라고 부를 수 있는 패턴에는 대등, 반대, 구분, 비교, 공간적 구성, 시간적 구성, 지시적 관계, 위계 관계 등이 있음이 드러났다. 일부 연구는 기능의 변형도 믿을만하게 시연된다는 것을 보고했다(예, Dymond & Barnes, 1995). 또 핵심 기능 요소만 있다면, 다양한 절차를 이용한 사례에서 모두 관계 구성이 일어나는 것을 관찰할 수 있었다. 즉, 이 현상은 특정한 실험 절차나 양식의 지침에 얽매이지 않는다는 뜻이다. 다만 특정한 관계 구성을 확립하려면 어린 시절 말을 배우는 시기에 다중의 표본에 노출되어야 했다(예, Y. Barnes- Holmes, Barnes- Holmes, Smeets, Strand, & Friman, 2004; Lipkens, Hayes, & Hayes, 1993; Luciano, G mez-Becerra, & Rodr guez- Valverde, 2007). 이는 관계 구성하기가 하나의 일반화한 조작자generalized operant라는 생각을 뒷받침한다(예, D. Barnes- Holmes & Barnes-Holmes, 2000; Healy, Barnes- Holmes, & Smeets, 2000).

관계 구성하기를 사용하면 인간의 언어와 인지의 특정 영역 가운데 상당 부분을 기능 분석으로 설명할 수 있다(예, Hayes et al., 2001, 최근 내용을 살펴보려면 Hughes & Barnes- Holmes, 2016b를 보라). 이제 다음 세 가지 사항을 살펴보며 정보 처리라는 정신세계를 참조하지 않고, 순전히 기능 분석 용어만으로 인간의 인지 현상을 어떻게 다룰 수 있을지 보여주겠다.

관계망으로서의 규칙 Rules as relational networks

관계구성이론에서는 언어 규칙과 지침을 이해하고 따른다는 것을 맥락 단서를 포함하면서 특정 행동의 기능을 변형시키는 것들이 대등과 시간적 관계로 구성된 결과로 본다. 간단한 지침을 생각해 보자. "파란색 불빛이면 가." 여기서는 "파란색", "불빛", "가다"라는 단어와 이것이 가리키는 실제 사건 사이에 대등 구성이 이루어진다. 또 "~이면"과 "~하라"라는 단어는 실제 불빛과 실제로 걸어가는 행위 사이의 시간적 또는 수반적 관계를 확립하는 맥락 단서로 기능한다(즉, "불빛"이 먼저이고 "가다"는 나중이다). 또한 전체적으로 관계망은 불빛 자체의 기능을 변형하는 데 관여한다. 즉, 규칙을 받은 사람이 불빛이 켜지는 것을 볼 때마다, 불빛은 이제 "가는" 행위를 조절하게 된다. 방금 든 예는 비교적 간단한 것이다. 복잡한 규칙과 지침에 관한 기능 분석을 하려면 기본 개념이 더 정교해야 한다(예, O' Hora, Barnes- Holmes, Roche, & Smeets, 2004; O' Hora, Barnes- Holmes, & Stewart, 2014).

관계 구성과 관계하는 것으로서의 비유적 추론Analogical reasoning as relating relational frames

또 다른 예는 *비유적 추론*인데 이는 관계 자체와 관계하는 행위이다(예, Stewart, Barnes- Holmes, Hayes, & Lipkens, 2001). 실험 참여자에게 4개의 독립적인 대등 구성을 만들도록 훈련(즉, A1-B1-C1, A2-B2-C2, A3-B3-C3, A4-B4-C4 같은 것을 짝지어준다. 실제 자극은 그래픽으로 치면 구불구불한 선 같은 것이지만, 알파벳과 숫자로 이름을 붙여 사례를 분명히 했다)한 후 다음을 시험한다. 검사의 핵심은 참여자에게 한 쌍의 자극을 다른 쌍과 연결하라고 했을 때, 자극들의 관계에 따라 일관된 방식으로 짝을 짓는지 보는 것이다. 예를 들어 참여자에게 B1-C1로 짝지어진 자극을 보여주고, B3-C3와 B3-C4 가운데 하나를 선택하라고 한다. 이러면 두 개의 자극 쌍, 즉 B1-C1과 B3-C3는 대등 구성이지만 B3-C4 쌍은 그렇지 않기에, B3-C3를 선택한다(Barnes, Hegarty, & Smeets, 1997). (역주, B1-C1, B3-C3 각각은 그 자체로도 관계 구성이지만 B1-C1관계가 다시 B3-C3와 관계 구성을 한 것이다. 심리치료에서 은유가 작동하는 기전을 설명해 준다) 비유적 추론에 관한 이러한 기본 관계구성이론 모델을 가지고 아이와 성인 전체를 대상으로 연구 프로그램이 만들어졌고, 이를 통해 비유와 은유의 발달과 사용에 관여하는 많은 중요한 사실이 밝혀졌다.

암묵적 인지와 간단 및 즉각적 관계 반응

Implicit cognition and brief and immediate relational responding

관계구성이론 연구자는 간단 및 즉각적 관계 반응brief and immediate relational responses, BIRRs 즉, 관련한 자극 일부가 생기고 짧은 윈도우 시간 안에 비교적 빨리 반응이 도출emit되는 것과 연장 및 정교화한 관계 반응extended and elaborated relational response, EERFs 즉, 긴 시간에 걸쳐 일어나는 것을 구분하는 방법을 개발했다(D. Barnes- Holmes,

Barnes- Holmes, Stewart, & Boles, 2010; Hughes, Barnes- Holmes, & Vahey, 2012). 관계 정교화 및 정합성relational elaboration and coherence, REC 모델은 초기 관계구성 이론으로 암묵적 인지에 접근할 수 있게 한 것인데(D. Barnes- Holmes et al., 2010; Hughes et al., 2012), 간단 및 즉각적 관계 반응과 연장 및 정교화한 관계 반응의 구분을 공식화하게 했다. 또 이 영역을 평가하려고 암묵적 관계 평가 절차Implicit Relational Assessment Procedure, IRAP를 개발했다(D. Barnes- Holmes et al., 2010). 암묵적 관계 평가 절차는 코카인 치료 프로그램에서 개인적 실패를 예측하는 등 유용한 임상 도구라는 것이 증명되었다(Carpenter, Martinez, Vadhan, Barnes- Holmes, & Nunes, 2012).

결론 Conclusion

이 지점에서 인간의 언어와 인지라는 넓은 영역에서의 연구는 실제로 기계론적 정신 모델과 기능적 모델 가운데 어느 쪽을 사용해도 된다는 것을 분명히 해야 한다. 정신주의적mentalistic 모델과 이론에 관심이 있는 연구자는 기능 분석적 설명에 만족하지 않을 수 있다. 또 반대 상황도 있을 수 있다. 심리 과학에 접근할 때 이 둘의 철학적 가정과 과학적 목표가 다르기 때문이다(2장을 보라). 하지만 우리는 다음 절에서 이 두 가지 폭넓은 접근을 적대적이거나 상호 배타적으로 생각하지 않아도 된다는 것을 짧게라도 주장하려 한다.

기능적-인지적 틀 The Functional- Cognitive Framework

드 호우워De Houwer는 심리학에서 기능적 접근과 인지적 접근은 두 개의 독립적인 수준의 설명으로 양립할 수 있다고 주장했다(2011, 최신 정보를 보려면 Hughes, De Houwer, & Perugini, 2016을 보라). 기능 심리학은 행동을 환경과의 동적 상호 작용으로 설명하는 데 초점을 둘 것이고, 인지 심리학은 환경과 행동의 관계를 정신 기제로 설명할 것이다. 엘리베이터를 무서워하는 내담자를 생각해 보자(De Houwer, Barnes-Holmes, & Barnes-Holmes, 2016도 보라). 기능 수준에서 이 두려움은 엘리베이터 또는 이와 비슷한 맥락에서 일어난 공황 발작의 임의 적용적 관계 반응을 통해 시작되었다고 주장할 수 있다. 따라서 엘리베이터를 두려워하는 반응을 특정한 환경 사건의 결과로 설명한다. 반면에 인지 심리학자는 어떻게 이 환경 사건이 엘리베이터 공포를 초래하는지 알려 한다. 그들은 사건을 경험한 개인 안에서 기억 표상끼리 서로(예, "엘리베이터"와 "공황" 표상 사이에) 연합하거나 엘리베이터에 관한 명제적 신념(예, "엘리베이터 안에 있을 때 난 질식할 거야.")이 만들어지고, 결국 이러한 연합이나 신념이 어떤 조건에서 엘리베이터 공포를 초래할 것이라고 주장한다.

기능 심리학과 인지 심리학이 말하는 설명은 근본적으로 다르다. 따라서 둘 사이에는 태생적인 갈등이 없다(이 점이 중요하다). 기능 심리학자와 인지 심리학자가 제안하는 설명은 서로 다른 질문을 다룬다. 두 접근이 각자의 설명 수준에서 튼튼하게 자리잡으면, 이 둘은 협력할 수 있다.

인지 심리학은 그동안 기능 심리학자가 사건을 관계적으로 구성하는 행동을 포함하여 환경이 행동에 영향을 주는 방법을 연구하여 얻은 개념적, 이론적, 경험적 지식에서 혜택을 얻을 수 있다. 즉, 환경과 행동의 관계를 더 많이 알수록, 인지 이론을 환경이 행동에 영향을 주는 정신 기제로 한정하여 이야기할 수 있게 된다. 마찬가지로 인지 연구에서 나온 지식은 기능 연구자가 환경과 행동의 관계를 밝혀내도록 도울 수 있다.

한 가지 접근이 다른 것보다 반드시 나은 것은 아니다. 결국 어느 것을 선택할 것이냐는 어떤 유형의 설명을 좋아하느냐이다. 기능 심리학자는 (환경과 행동을 보는) 기능적 설명에 초점을 맞출 것이다. 이것이 행동을 예측하고 영향을 주게 하기 때문이다. 하지만 인지 연구자는 행동을 이끄는 정신 기제를 알려 하기에 단지 환경과 행동의 관계를 특정하는 "설명"에는 만족하지 못할 것이다. 어느 설명이 우수한지를 두고 다툴 여지가 거의 없는데, 답이 근본적인 철학적 가정과 목적에 달렸기 때문이다. 풀리지 않는 논쟁에 에너지를 쏟기보다는 서로에게 배우며, 연구마다 다른 유형의 설명을 추구한다는 사실을 받아들이는 게 나을 것이다(심리학 연구에서의 기능적-인지적 틀의 장점과 도전을 살펴보려면 Hughes et al., 2016을 보라).

기능적-인지적 틀은 하나가 다른 하나를 무너뜨리는 것이 아니라 서로 다른 주제를 다룬다는 것을 알게 하여 인지에 대한 인지적 관점과 기능적 관점을 화해시키려 한다. 기능 분석 관점에서 인지는 행동이다(Overskeid, 2008도 보라). 전형적으로 인지라고 여겨지는 현상(예, 추론, 암묵적 인지)은 역사적이고 상황적인 사건의 결과, 즉 반응 패턴이다. 인지 심리학 관점에서 인지는 이러한 현상을 매개하는 정보 처리의 한 형태이다. 예를 들어 인지적 관점에서는 사람이 많은 학습 사건을 겪으면 일정한 방식으로 자극 조합을 동등하게 취급할 수 있는 정신 표상 및 정보 처리 기술을 얻는다. 여기서 추론 능력이 생긴다. 마찬가지로 환경도 관계와 관계하거나(비유적 추론), 간단 및 즉각적 관계 반응(암묵적 인지)이 나타나도록 정신 표상 및 정보 처리 기술을 추가적으로 조형하는 것으로 볼 수 있다.

인지 심리학자가 인지 현상을 환경에서부터 행동 사이를 매개하는 (복잡한) 정보 처리로 여길 수 있을 때에만 기능적 관점과 인지적 관점이 동반 상승효과synergy를 낳는다(인지 조절 현상의 맥락에 관한 사례는 Liefooghe & De Houwer, 2016을 보라). 일단 인지 현상을 기능 분석 수준의 설명에서 접근하면서 이를 매개하는 정신 기제와 확실히 구분할 수만 있으면, 인지에 관한 기능적 접근과 인지적 접근의 협력이 시작될 수 있다. 이렇게 되면 인지 심리학에서 계속하던 인지에 관한 끝없이 많은 실험적 발견과 이론적 아이디어의 혜택을 기능 연구자가 얻을 수 있다. 반면에 인지 심리학자는 기능 심리학이 쌓은 인지 현상에 관한 개념과 이론, 발견을 이용할 수 있다. 이 장의 마지막 절에서 우리는 기능적 인지적 틀이 임상 심리학에서 가지는 의미를 설명하겠다.

임상 심리학에서의 함의 Implications for Clinical Psychology

순수 학문이든, 응용한 것이든 임상 심리학은 그 핵심을 정신적 사건에 둔다. 하지만 인지의 개념은 여전히 논란거리이다. 이것은 앞에서 말한 대로 인지라는 넓은 우산 같은 용어를 조작적으로 어떻게 정의할지에 관한 분명한 규정이나 의견 일치가 없기 때문이다. 이러한 분명한 규정과 의견 일치의 부족은 때때로 행동치료나 인지치료, 인지행동치료를 하는 개인이나 집단 사이의 반감으로 드러난다. 수십 년 동안 임상 심리학은 이러한 양극단 상황에 아주 익숙했다. 또 이를 스스로 다른 방식으로 조직화할 수 없는 것처럼 보였다(De Houwer et al., 2016).

기능적 인지적 틀이 심리학자에게 제안하는 것은 자신의 분석 수준이 어떠한지, 어떤 수단을 통해 작업하는 것인지에 대한 명확성이다. 이 틀은 하나가 다른 하나보다 우수하다거나 둘을 통합하자고 제안하는 것이 아니다. 단지 임상가에게 자신의 분석과 치료 목적에 가장 잘 부합하는 개념과 치료 수단이 어떤 것인지 밝히고, 과거보다 이러한 노력의 명확성을 높이려는 것이다. 다음은 우리가 제안하는 접근을 독자가 잘 이해하도록 돕는 몇 가지 확장된 사례이다.

웰스Wells와 매튜스Matthews는 특정 자극, 예를 들어 다른 사람의 표정 같은 사회적 단서에 지나치게 주의를 기울이는 전형적인 불안 장애 환자에 대해 다음과 같은 이론적 설명을 제안했다(1994). 비판적으로 보면 그들이 말하는 "주의attention"(이 맥락에서 더 정확하게 표현하면 주의 편향attentional bias)는 전통적 인지 심리학에서 정보 처리를 뜻하는 용어이다. 이때 치료는 내담자가 자신의 정신 자원이 현재의 주의에 쏠리고 있음을 보고 이를 좀 더 적절한 자극으로 주의를 돌려 자신이 지나쳤다는 것을 알도록 가르치고 격려하는 것이 된다.

같은 내담자와 좀 더 기능을 지향하는 치료를 한다면, 치료자는 좀 더 넓고 유연한 행동 레퍼토리를 확립한다는 취지에서 특정 사회적 단서에 주의를 기울이는 것이 어떤 이익과 손해를 가져올지 물어볼 것이다. 이런 개념화에서는 정보 처리에 관여하는 정신적 사건으로서 주의에 호소하지 않는다. 단지 언어적 규칙이나 평가가 어떻게 자극 조절을 넓히거나 좁히는 패턴을 만드는지 내담자에게 그 방향을 알리려는 목적으로 "주의하기attending"라는 말을 사용한다. 즉, 다른 사람의 표정이 내담자의 행동을 조절하는 자극일 때, 그 자극 속성을 변형시킬 수 있는 관계 행위를 하도록 권할 것이다(예, "다른 사람이 나를 볼 때, 나는 다른 사람이 나를 판단한다고 생각하는 경향이 있어. 이것이 나를 불편하게 하고, 나는 움츠리게 되지, 이것은 나를 고립 시켜, 또 내가 가치를 두는 것과 맞지 않아").

기능적 인지적 틀의 맥락으로 보았을 때, 웰스가 한 메타 인지치료metacognition therapy 접근(2000)과 기능 분석 접근은 중요한 방식에서 공통점이 있다(예, 특정 사회적 단서에 주의를 기울이는 것에 초점을 맞추는 것). 하지만 동시에 앞에 나온 사례의 이론적 분석은 주로 주의에 관한 정보 처리 관점과 관련이 있고, 나중에 나온 사례는 유도된 관계 반응의 특정 기능 분석과 관련이 있다. 우리가 보았을 때 내담자의 행동을 이해하고 바꾸려는 이 두 가지 접근이 반드시 반대 위치에 있어야 하는 것은 아니다. 넓게 보면 비슷한 심리적 사건을 다른 철학적 방식으로 말할 뿐이다.

이제 벡의 우울증 인지 이론과 관련하여 페데스키Padesky가 예로 든 고전적 사례를 생각해 보자. 인지 치료자는 심리적 고통에 중요한 역할을 하는 것으로 핵심신념core belief만큼이나 도식schema에도 관심을 기울인다. 특히 그것이 정동 상태나 행동 패턴과 관련이 있을 때 그렇다. 정보 처리 접근과 맥을 같이 하여 벡은 "도식은 자극을 선별, 부호화, 평가하는 하나의 구조이다."라고 말했다(Harvey, Hunt, & Schroder, 1961, p. 283을 보라). 인지 치료는 동시에 비적응적인 핵심 도식을 찾아 바꾸며, 대안적인 적응적 도식을 구축하는 데 초점을 둔다(Beck et al., 1990). "세상은 위험하고 폭력적이야."라는 도식이 있다는 것을 알게 된 여자 내담자를 생각해 보자. 두려움과 우울함이 동반했기에 치료자는 이것을 비적응적이라고 여겼다. 이러한 도식을 활성화하는 사건을 관찰했을 때, 치료자와 내담자는 "고통과 폭력 앞에 친절을 보이는 것은 의미가 없어."라는 도식에서 더 큰 정서가 동반한다는 것을 분명히 알았다. 이때 치료자는 "친절은 폭력과 고통만큼 강한 것이다."라는 대안적 도식으로 함께 작업하여 내담자가 마주하는 폭력적이고 고통스러운 현실에 대처하고, 희망과 노력을 유지하도록 도울 수 있었다.

이제 같은 내담자가 기능 지향 정신치료를 받는다고 생각해 보자. 치료자와 내담자는 세상이 폭력적인 곳이라는 것과 관련한 생각과 규칙, 기능적으로 관련한 반응 군으로서 친절함이 회피를 조절하는 데 효과가 없고, 결국 고통만 더 초래한다는 것을 탐구하려 할 것이다. 치료자는 이러한 패턴이 일어난 맥락을 내담자의 이력에서 찾으려 할 것이다(예, 그녀는 부모를 즐겁게 하려고 끊임없이 노력했다. 하지만 부모는 그녀가 노력한 만큼 감동하지 않았다). 이것은 내담자가 가치가 이끄는 행동을 하기보다는, 왜 이러한 심리적 사건이 현재의 행동에 강력한 조절력을 가지는지를 내담자의 과거력이 설명하는 것을 보여준다. 예컨대 어릴 적 자신에게 말할 수 있으면 어떤 말을 할지 상상해 보라는 등의 지시적 관계(관점 취하기)에 관한 작업을 함으로써 치료자는 내담자의 과거력과 그 과거력이 만든 정신적 사건의 소유자로서의 내담자를 지지해 주는 역할을 한다. 그렇게 되었을 때 내담자는 어떤 맥락에서 이러한 사건이 나타났을 때 그녀 자신의 행동(역주, 드는 생각도 행동이다)과 함께 무엇을 할지 선택할 수 있다. 내담자의 행동을 이해하고 바꾸려는 이 두 가지 접근은 반대 방향에 있지 않다. 넓게 보면 비슷한 심리적 사건을 철학적으로 다르게 말할 뿐이다. 이 점을 충분히 인식하면 두 전통에 있는 임상가(또 연구자)가 인간의 인지와 그것을 어떻게 바꿀지에 관해 의미 있고 도움이 되는 대화를 시작할 수 있을 것이다. 이 책은 부분적으로 이러한 대화의 예이다.

맺음말 Concluding Remarks

이 장에서 우리는 인지를 복잡한 환경과 행동의 관계로 규정하는 기능 분석 관점과 환경과 행동의 관계를 매개하는 정보 처리적 입장으로 이해할 수 있다고 주장했다. 우리는 이 두 관점이 서로 배타적이지 않다고 생각한다. 반대로 기능적 인지적 틀 안에서 기능적 연구와 인지적 연구가 밀접하게 상호 작용하면, 임상 심리학 안에서 기능 분석 용어를 쓰든, 정보 처리 용어를 쓰든 원칙적으로 인지를 더 이해할 수 있다. 따라서 기능적-인지적 틀은 임상 심리학, 더 일반적으로는 심리학에서 오랫동안 계속된 기능적 접근과 인지적 접근 사이의 분열에 새로운 관점을 제공한다. 또 앞으로 분열의 양쪽에 있는 연구자와 임상가가 상호 작용할 길을 열 것이다.

참고문헌

Bargh, J. A. (2014). Our unconscious mind. Scientific American, 30, 30– 37.

Barnes, D., Hegarty, N., & Smeets, P. (1997). Relating equivalence relations to equivalence relations: A relational framing model of complex human functioning. *Analysis of Verbal Behavior, 14*, 57– 83.

Barnes- Holmes, D., & Barnes- Holmes, Y. (2000). Explaining complex behavior: Two perspectives on the concept of generalized operant classes. *Psychological Record, 50*(2), 251– 265.

Barnes- Holmes, D., Barnes- Holmes, Y., Stewart, I., & Boles, S. (2010). A sketch of the implicit relational assessment procedure (IRAP) and the relational elaboration and coherence (REC) model. *Psychological Record, 60*(3), 527– 542.

Barnes- Holmes, Y., Barnes- Holmes, D., Smeets, P. M., Strand, P., & Friman, P. (2004). Establishing relational responding in accordance with more- than and less- than as generalized operant behavior in young children. *International Journal of Psychology and Psychological Therapy, 4*(3), 531– 558.

Barsalou, L. W. (2008). Grounded cognition. Annual Review of Psychology, 59, 617– 645.

Bechtel, W. (2008). *Mental mechanisms: Philosophical perspectives on cognitive neuroscience.* New York: Routledge.

Beck, A.T., Freeman, A., Pretzer J., Davis, D. D., Fleming, B., Ottavani, R., et al. (1990). *Cognitive therapy of personality disorders.* New York: Guilford Press.

Brysbaert, M., & Rastle, K. (2013). *Historical and conceptual issues in psychology* (2nd ed.). Harlow, UK: Pearson Education.

Carpenter, K. M., Martinez, D., Vadhan, N. P., Barnes- Holmes, D., & Nunes, E. V. (2012). Measures of attentional bias and relational responding are associated with behavioral treatment outcome for cocaine dependence. *American Journal of Drug and Alcohol Abuse, 38*(2), 146– 154.

Chaney, D. W. (2013). An overview of the first use of the terms cognition and behavior. *Behavioral Sciences (Basel), 3*(1), 143– 153.

Chiesa, M. (1992). Radical behaviorism and scientific frameworks: From mechanistic to relational accounts. *American Psychologist, 47*(11), 1287– 1299.

Chiesa, M. (1994). *Radical behaviorism: The philosophy and the science.* Boston: Authors Cooperative.

De Houwer, J. (2011). Why the cognitive approach in psychology would profit from a functional approach and vice versa. *Perspectives on Psychological Science, 6*(2), 202– 209.

De Houwer, J., Barnes- Holmes, Y., & Barnes- Holmes, D. (2016). Riding the waves: A functional- cognitive perspective on the relations among behaviour therapy, cognitive behaviour therapy, and acceptance and commitment therapy. *International Journal of*

Psychology, 51(1), 40– 44.

De Houwer, J., Barnes- Holmes, D., & Moors, A. (2013). What is learning? On the nature and merits of a functional definition of learning. *Psychonomic Bulletin and Review, 20*(4), 631– 642.

Dymond, S., & Barnes, D. (1995). A transformation of self- discrimination response functions in accordance with the arbitrarily applicable relations of sameness, more than, and less than. *Journal of the Experimental Analysis of Behavior, 64*(2), 163– 184.

Gardner, H. (1987). *The mind's new science: A history of the cognitive revolution*. New York: Basic Books.

Harvey, O. J., Hunt, D. E., & Schroeder, H. M. (1961). *Conceptual systems and personality organization*. New York: Wiley.

Hayes, S. C., Barnes- Holmes, D., & Roche, B. (Eds.). (2001). *Relational frame theory: A post- Skinnerian account of human language and cognition*. New York: Kluwer Academic/ Plenum Publishers.

Hayes, S. C., & Brownstein, A. J. (1986). Mentalism, behavior- behavior relations, and a behavior- analytic view of the purposes of science. *Behavior Analyst, 9*(2), 175– 190.

Hayes, S. C., & Hayes, L. J. (1989). The verbal action of the listener as a basis for rule-governance. In S. C. Hayes (Ed.), *Rule- governed behavior: Cognition, contingencies, and instructional control* (pp. 153– 190). New York: Plenum Press.

Healy, O., Barnes- Holmes, D., & Smeets, P. M. (2000). Derived relational responding as generalized operant behavior. *Journal of the Experimental Analysis of Behavior, 74*(2), 207– 227.

Hughes, S., & Barnes- Holmes, D. (2016a). Relational frame theory: The basic account. In R. D. Zettle, S. C. Hayes, D. Barnes- Holmes, & A. Biglan (Eds.), *The Wiley handbook of contextual behavioral science* (pp. 129– 178). West Sussex, UK: Wiley- Blackwell.

Hughes, S., & Barnes- Holmes, D. (2016b). Relational frame theory: Implications for the study of human language and cognition. In R. D. Zettle, S. C. Hayes, D. Barnes-Holmes, & A. Biglan (Eds.), *The Wiley handbook of contextual behavioral science* (pp. 179– 226). West Sussex, UK: Wiley- Blackwell.

Hughes, S., Barnes- Holmes, D., & Vahey, N. (2012). Holding on to our functional roots when exploring new intellectual islands: A voyage through implicit cognition research. *Journal of Contextual Behavioral Science, 1*(1– 2), 17– 38.

Hughes, S., De Houwer, J., & Perugini, M. (2016). The functional- cognitive framework for psychological research: Controversies and resolutions. *International Journal of Psychology, 51*(1), 4– 14.

Leader, G., Barnes, D., & Smeets, P. M. (1996). Establishing equivalence relations using a respondent- type training procedure. *Psychological Record, 46*(4), 685– 706.

Liefooghe, B., & De Houwer, J. (2016). A functional approach for research on cognitive control: Analyzing cognitive control tasks and their effects in terms of operant conditioning. *International Journal of Psychology, 51*(1), 28– 32.

Lipkens, R., Hayes, S. C., & Hayes, L. J. (1993). Longitudinal study of the development of derived relations in an infant. *Journal of Experimental Child Psychology, 56*(2), 201–239.

Luciano, C., Gómez- Becerra, I., & Rodríguez- Valverde, M. (2007). The role of multiple-exemplar training and naming in establishing derived equivalence in an infant. *Journal of Experimental Analysis of Behavior, 87*(3), 349– 365.

McClelland, J. L., & Rumelhart, D. E. (1985). Distributed memory and the representation of general and specific information. *Journal of Experimental Psychology: General, 114*(2), 159– 197.

Moors, A. (2007). Can cognitive methods be used to study the unique aspect of emotion: An appraisal theorist's answer. *Cognition and Emotion, 21*(6), 1238– 1269.

Neisser, U. (1967). *Cognitive psychology*. New York: Appleton- Century- Crofts.

O'Hora, D., Barnes- Holmes, D., Roche, B., & Smeets, P. (2004). Derived relational networks and control by novel instructions: A possible model of generative verbal responding. *Psychological Record, 54*(3), 437– 460.

O'Hora, D., Barnes- Holmes, D., & Stewart, I. (2014). Antecedent and consequential control of derived instruction- following. *Journal of the Experimental Analysis of Behavior, 102*(1), 66– 85.

Overskeid, G. (2008). They should have thought about the consequences: The crisis of cognitivism and a second chance for behavior analysis. *Psychological Record, 58*(1), 131– 151.

Padesky, C. A. (1994). Schema change processes in cognitive therapy. *Clinical Psychology and Psychotherapy, 1*(5), 267– 278.

Sidman M. (1994). *Equivalence relations and behavior: A research story*. Boston: Authors Cooperative.

Skinner, B. F. (1974). *About behaviorism*. New York: Vintage Books.

Stewart, I., & Barnes- Holmes, D. (2004). Relational frame theory and analogical reasoning: Empirical investigations. *International Journal of Psychology and Psychological Therapy, 4*(2), 241– 262.

Stewart, I., Barnes- Holmes, D., Hayes, S. C., & Lipkens, R. (2001). Relations among relations: Analogies, metaphors, and stories. In S. C. Hayes, D., Barnes- Holmes, & B. Roche (Eds.), *Relational frame theory: A post- Skinnerian account of human language and cognition* (pp. 73– 86). New York: Kluwer Academic/Plenum Publishers.

Tolman, E. C., & Honzik, C. H. (1930). "Insight" in rats. *University of California Publications in Psychology, 4*, 215– 232.

Wells, A. (2000). *Emotional disorders and metacognition: Innovative cognitive therapy*. London: Wiley.

Wells, A., & Matthews G. (1994). *Attention and emotion: A clinical perspective*. Hove, UK: Lawrence Erlbaum.

Wiener, N. (1961). *Cybernetics, or control and communication in animal and the machine* (2nd

ed.). Cambridge, MA: MIT Press
Zettle, R. D., Hayes, S. C., Barnes- Holmes, D., & Biglan, A. (2016). *The Wiley handbook of contextual behavioral science.* West Sussex, UK: Wiley- Blackwell.

8장

감정과 감정 조절
Emotions and Emotion Regulation

안쏘니 파파 Anthony Papa, PhD
에머슨 엡스타인 Emerson M. Epstein, MA
네바다대학 르노 심리학부

감정 대응Emotional responding과 감정조절부전은 임상 개입이 이루어지는 대부분 문제의 바탕을 이루거나 이를 악화시키는 요인이다. 이 장에서 우리는 감정이 무엇이고, 어떻게 일어나고, 어떻게 조절부전이 생기는지와 이러한 이해가 임상 실제에서 무엇을 뜻하는지를 정의한다.

*감정*의 정의는 다양하다. 어떤 사람들은 감정은 구성물이며 문화적으로 정의된 의미라고 생각한다. 즉, 신경 생리학에 기초한 정동 반응을 선행 자극 탓으로 돌릴 때 부과하는 의미일 뿐이라는 것이다. 이 관점에서는 단순 유인가valence와 각성도arousal의 차원이 이러한 정동 반응을 특징짓고, 이것이 사회적으로 이끌린 귀인 과정과 결합하며 뚜렷한 감정 인식을 일으킨다(Barrett, 2012). 한편 다른 사람들은 감정을 포유류의 자연 선택적 적응을 나타내는 분명히 구분되는 행동 경향성이라고 생각한다. 이들은 감정을 종 특이적으로 역사적으로 반복되는 선행 사건에 빠르게 대응하고, 개인의 진화적 성공을 꾀하려는 기본 틀이라고 생각한다(Keltner & Haidt, 1999; Tooby & Cosmides, 1990). 한편 일부 사람들은 이러한 관점 사이에서 균형을 유지하려고 한다. 이들은 감정이 기본 진화적 시각으로 보았을 때 확실히 구분되는 상태이기도 하지만, 특정한 종마다 전형적인 상황에서 유발된 평가 과정이 감정의 출현을 매개하는 것으로 본다(Hofmann, 2016; Scherer, 2009)(역주, 기존에 나온 감정 이론을 크게 대별해 보면 진화적으로 물려받은 기본 감정에서 일생을 살면서 크게 바뀌는 일이 없다고 보는 입장과 감정은 문화적 맥락을 만나면서 구성된다고 보는 입장이 크게 대비를 이루고 있고 그 사이 이 둘을 절충한 입장이 있다).

감정의 속성 The Nature of Emotions

어떤 관점이든 선행 조건에 자기 관련 자극self-relevant stimuli으로 반응한 것이 감정이라는 것에는 의견이 일치한다((Frijda, 1986; Hofmann, 2016; Scherer, 1984). 어떤 주어진 맥락에서 자극이 어떻게 자기와 관련한 것으로 인식될 것인지에는 두 가지 확실한 구분 즉, 상향식 과정과 하향식 과정이 있다. 이 둘은 양립할 수 있다(예, Mohanty & Sussman, 2013; Pessoa, Oliveira, & Pereira, 2013). 두 과정 모두 감정 대응의 한 부분이라는 것은 받아들여진다. 하지만 감정 경험과 감정 조절 가운데 어느 과정이 우위에 있는지는 이론적 관점에 따라 생각이 다르다.

상향식 과정은 고위 인지 과정이나 귀인이 필요 없다. 순수 진화 상향식 관점bottom-up view에서는 감정을 인류 진화 역사에서 공통인 적합성 관련 자극fitness-related stimuli에 대한 내장된 반응이라고 주장한다(Tooby & Cosmides, 1990). 이러한 관점을 지지하는 사람들은 생물학 기반의 핵심 감정 시스템과 핵심 감정 반응을 조율하는 시스템(즉, 반응의 적응도를 최대화하려고 특정 맥락과 관련 수반성을 연결하는 시스템)의 상호 작용으로 "감정"이라는 산물이 생겨났다고 생각한다(Campos, Frankel, & Camras, 2004; Cole, Martin, & Dennis, 2004; Levenson, 1999). 이런 관점에서 감정은 폭넓게 배치된 자원을 동원하기 위해 반복적으로 동기화synchronized하는 반응이다. 감정 반응을 만들려고 동원하는 요소로는 인식과 주의 시스템perceptual and attentional system의 참여, 연합 기억associational memory과 귀인 조합attributional sets의 활성, 생리/호르몬/신경세포의 활성, (외현적 표현과 목표에 적합한 대응goal-relevant responding을 포함한) 외현 및 내현 행동 반응 등이 있다. 주어진 감정 반응에서 이들 구성 요소 가운데 어느 것이 어느 정도로 동원되는지는 선행 자극의 속성과 관련한 여러 요인에 달렸다. 예를 들면 (주어진 상황에서 접근과 회피 목표를 촉진하는지, 방해하는지 측면에서) 자신과 관련한 정도나 대응에 관한 사회적 표출의 규칙 등과 같은 요인이다(Izard, 2010).

감정에 관한 진화적 시각에서는 선행 조건이 거의 정형화되었고, 진화적으로 반복적인 상황/자극을 반영한다고 생각한다. 예를 들면 신체적 온전함을 위협하거나 자원이 풍부한 대상이나 지위를 잃어 개인적으로 (생존) 적합성이 줄어드는 상황/자극이다(Ekman & Friesen, 1982; Tooby & Cosmides, 1990). 이 시각에서 (일반화한 선행 사건에 대한 적응으로 진화했던) 특정 감정은 특정 분포 패턴의 신경 세포 활성, 생리적 각성, 행동적 표출로 정의된다(Panksepp & Biven, 2012). 이러한 반응 경향의 활성화는 주로 생물학적으로 정해진다고 하지만 학습과 조건화를 통해 의미 있을 정도로 바뀔 수 있다(예, Levenson, 1999). 생물학적으로 이끌린 것이든, 조건화로 조형된 것이든 자극을 인식하면 관련한 신경 세포 활성이 특정 자극 군에 관한 패턴화한 반응으로 감정 반응과 연합하여 일어난다. 따라서 진화 기반 이론은 감정 유발 과정에는 (내장된 것이든, 조건화로 변경된 것이든) 어떤 군의 자극과 반응 사이에 일대일 대응성one-to-one correspondence이 있다고 제안한다.

진화 이론에서 묘사한 대로 선행 자극과 감정 반응에는 일반적인 유사성이 있을 수 있다. 하지만 문화에 따른 변이가 있다는 것을 명심해야 한다(예, Elfenbein & Ambady, 2002; Mesquita & Frijda, 1992). 미국만 보아도 감정 상황과 반응에 문화적 변이가 있다는 실험적 증거가 분명하다. 연속 연구에서 미국 남부의 명예를 중시하는 문화권에 있는 사람은 다른 지역 사람보다 모욕을 받았을 때 화난 표정을 짓고, 테스토스테론 수치가 높아질 확률이 높았다(Cohen, Nisbett, Bowdle, & Schwarz, 1996). "문화"를 주어진 맥락에서 어떻게 생각하고, 느끼고, 행동할지에 관한 일련의 기대라고 정의하면 이러한 변이를 이해할 수 있다. 즉, 일련의 기대란 문화적으로 정의한 규칙의 조합이다. 이 규칙은 해당 문화 안에서 개인이 어떤 역할을 해야 하는 사회적 환경이 주어졌을 때, 많은 상황과 자극이 자신과 어떤 관련성을 가질지를 정한다. 이러한 기대는 서로 다른 집단이 그들의 역사에서 마주한 서로 다른 사회경제적 요구와 그것의 의미에 반응하며 생겨난다. 이는 어느 정도는 정형화한 감정 반응의 유발과 전개에 고차 과정(역주, 예컨대 대뇌 피질)의 역할이 있다는 뜻이다.

감정 생성의 하향식 과정top-down process은 도식이 주도한다. 즉, 도식 안에서 과거에 학습한 평가와 연합이 현재의 조건을 인식하고 이에 반응하는 방식에 색깔을 입힌다. 도식은 부분적으로 문화에 적응하는 동안 익힌 것이고, 부분적으로는 개인의 독특한 학습 이력의 산물이다. 셔러(Scherer)의 감정에 관한 성분 과정 모델component process model에서는 사람이 자극을 평가할 때 일련의 의식적, 무의식적 단계를 거친다고 한다(2009). 그 단계는 (1) 관련성relevance(사건의 새로움, 목표와의 관련성, 내적 유쾌함 등) (2) 함의implications(결과 확률outcome probability, 기대치와 불일치 정도, 목표에 기여한 정도, 반응의 시급성 등) (3) 대처 잠재력coping potential (4) 규범적 의의normative significance(내적 및 외적 기준의 일치 여부)이다. 다른 평가 이론도 생각이 비슷하다(예, Ortony & Turner, 1990; Smith & Lazarus, 1993).

일부 감정, 특히 자부심이나 수치, 죄책감처럼 "자의식" 또는 "도덕적"이라고 불리는 감정을 일으키려면 사회적 평가 과정이 어느 정도 필요하다(Haidt, 2001; Tracy & Robins, 2004). 여러 과정 가운데 사회적 평가 과정은 사회적 지위와 위계에 대한 고려, 행동에 대한 도덕적 흠결, 다른 사람의 정신 상태에 대한 귀인 등과 관련이 있다. 예를 들어 자부심은 누군가 사회적 지위가 올라가는 일을 했기에 사회적 가치가 있다는 귀인과 관련이 있고, 다른 사람의 부러움을 산다. 수치심은 누군가 사회적 지위가 떨어지는 일을 했기에 사회적으로 바람직하지 않다는 귀인과 관련이 있고, 다른 사람의 역겨움을 산다.

진화 관점을 지닌 사람들은 이렇게 고도로 *인지화한 감정hypercognitized* emotion은 진화에서 유래한 일부 기본 감정의 부속물이거나 변형이라고 말할 것이다(Levy, 1982). 하지만 대안적 입장을 지닌 사람들은 모든 감정이 어떠한 특정 귀인 조합과도 얼마든지 연결될 수 있다고 생각한다. 따라서 유인가(정적/부적 또는 접근/회피)와 각성도의 강도와 수준에 반응하는 기본 핵심 정동 시스템이 있고, 이것에 고도로 인지화한 구성물hypercognitized constructions이 감정이라고 말한다. 이러한 구성주의 시각constructivist view에서는 서로 다른 귀인 조합, 표현 행동, 준비 태세action readiness와 연합한 정도 등을 경험한 것에 따라 감정을 구분한다. 감정 반응에 어떤 요소가 동원될지에는 선행 조건과 관련한 문화적 대본이 작용하는데, 이것은 개인의 학습 이력에 따라 바뀔 수 있다(Mesquita & Boiger, 2014).

이러한 시각에 힘을 보태는 두 가지 주요 원천이 있다. 즉, 감정 입자도 연구와 감정 반응의 생물학적 토대를 찾으려는 연구이다. 감정 입자도 연구에서 감정 범주는 감정이 어떻게 존재하는지에 관한 공통의 개념화일 뿐이다. 많은 사람이 그들의 일상적인 감정 경험에 대해 감정을 일일이 구분해서 보고하지 않았다. 오히려 핵심 정동 기저의 구성물(유인가와 각성도, Barrett, 2012)과 관련한 "비입자" 용어를 사용했다. 전반적으로 생리적 각성 척도에서 개별 감정 상태에만 독특한 패턴이 나타나는 일관된 소견이 부족한 점, 개별 감정 상태에만 나타나는 신경생리 활성에 관한 일관된 소견이 부족한 점 등이 이러한 관찰을 지지한다(Cameron, Lindquist, & Gray, 2015를 보라, 반대는 Panksepp & Biven, 2012를 보라).

감정 대응의 요소 ***Elements of Emotional Responding***

선행 사건과 결과로 감정을 설명하는 한 가지 방법은 감정을 이어질 행위의 확률을 높이는 맥락을 만드는 유기체 상태라고 생각하는 것이다. 대부분 감정 이론가는 (이론적 정향이 어떠하든) 감정이 생리적, 표현적, 인지적, 동기적 변화와 한쪽씩 연결된semicoupled 다면적 반응 채널이 있을 것이란 점에는 동의할 것이다(Levenson, 2014). 하지만 이러한 반응 채널에 어느 정도까지 일관성과 특이도가 있어야 할지에는 논란이 많다(예, Gross & Barrett, 2011; Lench, Flores, & Bench, 2011).

생리적 변화 Physiological changes

감정 연구자들은 감정 특이도의 지표로 자율 신경계와 중추 신경계의 활성이나 비활성을 연구했다. 신경 회로가 서로 다른 적응 문제를 풀려고 자연 선택으로 적응해 온 것이라면, 이런 식의 생각이 맞을 것이다(Tooby & Cosmides, 1990). 카시오포Cacioppo와 베른트슨Berentson, 라르센Larsen, 포엘만Poehlmann, 이토Ito 등이 한 메타 분석에서 감정을 자율신경계로 변별할 수 있다는 여러 주장이 있었다(2000). 예를 들어 분노와 공포, 슬픔에서는 역겨움에서보다 심박 수가 높았고, 분노는 공포보다 높은 이완기 혈압과 관련이 있었고, 역겨움은 행복감보다 높은 피부 전도도와 관련이 있었다. 감정 처리에 관한 신경 상관물을 보는 최근의 메타 분석에서 생리적 변화로 감정을 어느 정도 구분할 수 있음을 지지했다(Vytal & Hamann, 2010). 하지만 이 메타 분석 또한 각각의 감정에 많은 신경 구조물이 중복되었다.

신경 구조와 함께 신경 경로를 들여다 본 연구에서 특정 유형의 감정 정보를 처리하는 고유한 시스템이 여럿이라는 사실이 밝혀졌다. 예를 들어 행동 활성화 시스템은 보상 탐지와 관련이 있다는 연구가 있었고(Coan & Allen, 2003), 판크세프Pankesepp의 공황(PANIC) 시스템은 상실 탐지와 관련이 있었다. 이것은 유희(PLAY)와 관련한 기질substrate과는 신경 해부학적으로 분명히 다르다는 주장이다(Panksepp & Biven, 2012). 연구자들은 (일반적 스트레스 반응과 관련한) 신경 내분비 시스템(Buijs & van Eden, 2000) 같은 부수적 시스템과 함께 다른 감정 시스템도 살펴보았다(예, Panksepp, 2007, 신경 특이도에 대한 비판을 보려면 Barrett, 2012를 보라). 하지만 여기서 주의할 점은 감정은 시간이 지나며 서서히 드러나므로 자율신경계 활성 요소가 시간이 지나며 바뀔 수 있다는 것이다(Lang & Bradley, 2010). 즉, 서로 다른 감정의 자율신경계 패턴을 실제로 구분하려면 시간 흐름에 따른 복합 요소를 보아야 한다는 뜻이다.

표정 변화 Expressive changes

1872년에 다윈은 *인간과 동물의 감정 표현The Expression of the Emotions in Man and Animals* 책에서 포유류의 표정에 공통점이 있다고 밝혔다. 오늘날 감정 기능주의 이론가들은 감정 표현을 사회 환경에 대한 적응이라고 가정한다. 처음에는 표정이 개인의 생존을 꾀하려고 진화했지만(예, 역겨움과 공포는 공기 흡입량과 시야 크기에 영향을 미친다. Susskind 등, 2008), 다른 집단 구성원의 생존도 꾀할 수 있었다. 다른 사람의 표정을 인식하면 의사소통이 원활해져 집단의 전반적 적합도overall fitness가 높아지기 때문이다. 기능적 관점에서 표정은 비교행동학적으로 사회적 신호로 정의된다. 이는 선택압으로 생겨난 행동이 다른 사람의 행동이나 상태에 효과가 있다는 뜻이다. 동시에 이는 다시 선택압의 대상이 된다(Mehu & Scherer, 2012). 즉, 표정을 인식하는 것은 집단의 적합도를 높이는 진화적 적응이었고, 이렇게 되면서 표정과 인식 능력, 반응이 자연 선택이 일어나는 분야가 되었다. 표정은 종 안이나 종 사이에서 개인의 의사소통과 조정을 촉진했기에 선택된 것이다. 감정 표정은 (이에 걸맞은 감정 반응을 유발하여 다른 사람의 행동 표현을 강화하거나 단념시키며) 타인의 반응을 조형했다(Keltner & Haidt, 1999).

하지만 어떤 사회적 조건에서는 표정이 느껴진 감정과 반드시 일치하지는 않는다는 증거도 많다(예, 권력/지위 격차, Hall, Coats, & LeBeau, 2005). 한편 다른 사람이 있을 때 일치하는 비율이 높아지는데, 이는 표정이 사회적 의도를 소통하려는 목적에서 얻어지고 문화적으로 정의된 행동이라는 이론으로 이어진다(예, Barrett, 2012). 표정이 문화를 가로질러 보편적인 것인지에 관한 연구 결과는 뒤섞여 있다. 이를 모두 고려했을 때 전 세계의 서로 다른 문화권의 사람들은 비슷한 표정을 짓고, 이것을 인식한다(Ekman et al., 1987, 비판하려면 Russell, 1995를 보라). 하지만 연구 결과는 원형적 표정에서도 문화적 변이와 미묘한 차이가 있다는 것을 함께 보여준다(Marsh, Elfenbein, & Ambady, 2003). 즉, 서로 다른 감정 표정은 진화적으로 적응한 신호인 동시에 문화적으로 습득한 것의 조합이라는 뜻이다(Barrett, 2012; Mehu & Scherer, 2012; Scherer, Mortillaro, & Mehu, 2013).

흥미롭게도 표정 되먹임facial feedback 연구를 보면 아무런 의도 없이 특정 표정과 관련한 근육을 우연히 수축했을 때도(Soussignan, 2002), 표정만으로 어떠한 감정과 자율신경계 각성을 시작하고 조절할 수 있었다(자세히 살펴보려면 McIntosh, 1996을 보라). 체화embodiment에 관한 연구도 비슷한 되먹임 과정을 제시한다. *체화*에서는 감정에 대한 정보와 지식을 나타내는 감각 운동이나 내수용 감각 활동에 근거할 때만 감정 개념에 의미가 있다고 생각한다(Niedenthal, 2007). 예를 들어 스트랙Strack과 마틴Martin, 스테퍼Stepper는 만화를 볼 때 웃음을 짓게 한 참여자에서 만화가 재미있었다고 말할 확률이 높은 것을 발견했다. 또 그들은 다른 연구에서 표정을 억제하거나 증진하면 감정 정보의 처리가 방해받거나 촉진된다는 것을 보여줬다(Neal & Chartrand, 2011).

주의, 기억, 평가의 변화 Changes in attention, memory, and appraisals

감정은 자극을 향해 다가가기, 개입하기, 물러나기, 거리 두기 등 주의의 모든 단계에 영향을 미친다(Vuilleumier & Huang, 2009). 사람들은 감정적 상황, 즉 자기 관련성self relevance이 있는 상황에서의 감정에 따라 상황의 중심 측면으로만 초점을 좁힐 수도 있고, 전반적인 상황으로 초점을 넓힐 수도 있다. 부정성 편향negativity bias이 있으면 다른 정보보다 위협과 관련한 정보에 주의를 쉽게 기울인다는 연구 결과가 있다(Koster, Crombez, Verschuere, & De Houwer, 2004). 긍정 감정을 경험할 때도 주의에 변화가 일어난다. 프레드릭슨Fredrickson과 브래니간Branigan이 전반적-국부적 시각 처리 패러다임을 이용한 연구에서 긍정 감정을 느끼게 한 참여자는 전반적 양상에 초점을 두는 경향이 있었고, 부정 감정을 느끼게 한 참여자는 국부적 양상에 초점을 두는 경향이 있었다.

감정은 주의를 안내하고 기억에 영향을 주며 인지의 내용에도 영향을 미친다. 정동에 관한 바우어Bower의 네트워크 이론network theory of affect은 지각 정보 처리에서 시작한 정보가 분산적이고 연합적으로 처리될 때 정서적으로 비슷한 정보가 더 잘 회상된다고 주장한다. 이런 시각으로 볼 때 감정 상태 의존 회상mood-state-dependent recall(예, 당신이 슬플 때, 슬펐던 일을 기억해 낸다)과 감정 일치 학습mood-congruent learning(감정 상태와 제시된 물체 유형이 정서적으로 일치할 때 학습자의 회상이 최고가 된다) 현상을 잘 설명할 수 있다. 감정적 각성의 강도가 세질 때 이러한 요인들이 작용하여 사고 일치도thought congruity(감정 상태와 일치하는 생각이나 연합)가 높아지고, 연합 네트워크의 활성화를 초래하여 정보가 처리되는 방법에 영향을 준다. 예를 들어 포가스Forgas와 조지George의 정동 주입 모델affect infusion model, AIM은 정서 상태가 판단, 의사 결정과 같은 인지에 어떻게 영향을 주는지를 설명하려고 고안한 이중 처리 모델이다. 이 모델에서는 노력이 필요한 상황적 요구도와 정보 검색 과정의 개방도라는 입장에서 네 가지의 정보 처리 접근이 있다. 하향식 심사숙고 처리top-down, reflective processing로 (1) 직접 접근 처리direct access processing(낮은 노력, 낮은 개방성)와 (2) 동기 처리motivated processing(높은 노력, 낮은 개방성)가 있고, 상향식 연합 처리bottom-up, associated processing로서 (3) 휴리스틱 처리heuristic processing(낮은 노력, 높은 개방성)와 (4) 실질적 처리substantive processing(높은 노력, 높은 개방성)가 있다. 이들 가운데 개방적이면서 건설적인 정보 검색 과정을 거쳤을 때 감정이 인지 처리에 영향을 줄 확률이 높았다. 한편 정보 원천에 개방적이고 건설적이지만 노력이 낮으면, 정보로서의 정동을 휴리스틱하게 사용한다(상황이 감정을 일으키는 것에 개의치 않고, 자신의 감정 상태를 상황에 대한 정보의 원천으로 삼는다. Clore & Storbeck, 2006). 감정과 관련한 연합이 한번 활성화하면, 사람들은 그 평가가 어떤 기능을 하는지와는 상관없이 이후에 나타나는 시간적/정서적으로 관련한 사건을 비슷하게 평가하는 경향이 있다(예, Lerner & Keltner, 2001; Small, Lerner, & Fischhoff, 2006). 이는 특정 상황에 한정한 위험을 고려하지 않고, 하나의 원천에서 시작된 불안이 어떤 상황에서도 위험하고 조절하지 못할 것이라는 귀인을 초래하게 한다. 따라서 문제가 될 수 있다. 복잡하고 노력과 건설적인 사고가 필요한(실질적 처리) 상황에서는 인지에 대한 정동 점화 효과affect-priming effects를 보였다. 즉, 연합 기억 회상으로 점화된 정보가 건설적 과정으로 통합할 확률이 높았다.

감정에 기능이 있는가? **Do Emotions Have Functions?**

진화적 기본 감정 관점의 핵심 가설은 감정은 오랜 시간에 거쳐 진화적으로나 문화적으로 의미가 있던 조건에서 유래한 상태이기에 중요한 기능이 있다는 것이다. 잠재적으로 감정에 있는 개인의 내적 기능과 대인관계적 기능은 서로 다른 분석 수준, 즉 양자dyadic, 집단, 문화, 개인에 걸쳐 있다(Hofmann, 2014; Keltner & Haidt, 1999). 양자 수준에서 감정은 다른 사람에게 자신의 내적 상태와 동기 경향, 의도를 알리고, 다른 사람의 감정을 유도하고, 다른 사람의 행동을 유발하거나 늦추어 사회적 조화를 높인다. 집단 수준에서 감정은 내집단 구성원, 역할, 지위를 정의한다. 또 이렇게 하여 집단 갈등의 해소를 촉진하는 기능이 있다. 문화적 수준에서 감정은 문화 적응과 도덕 지침, 사회적 정체성 확립에 기여한다. 개인 수준에서 감정은 상황에 맞는 정보 처리와 동기 변화를 촉진한다(Scherer, 2005). 이것은 생리적 수준에서 신경내분비와 중추신경계 활성의 변화가 일부 외현 반응을 돕는 생물학적 맥락을 만든다. 예를 들어 레벤슨Levenson과 에크만Ekman, 프리센Friesen의 초기 작업은 화났을 때 혈류가 부속기관 쪽으로 이동하는 것을 보여주었다(1990). 개인에서 감정과 관련된 인지의 변화가 오고, 그 변화가 그를 상황의 어떤 두드러진 양상에 주목하게 하면 정보 처리와 동기 변화도 같이 따라온다. 이러한 행동 경향성은 종의 전형적인 행동 반응 패턴을 늘려준다. 예를 들어 사람이 공포를 경험하면 투쟁 도피나 결빙 반응이 일어날 확률이 높아진다. 이 개념은 행동학적 용어로 확립 조작에 가깝다. 하지만 감정을 개인의 강화 이력으로 조형이 가능한 진화 유래 반응이라고 해 버리면, 이는 감정을 특정한 생물학적 행동 유도성biological affordance이 없는 단순한 확립 조작으로 오해할 수 있다(역주, 상향식 과정을 강조하는 사람들은 개별 감정에 대한 분명한 생물학적 표식이 있다고 할 것이고, 하향식 과정을 강조하는 사람들은 생물학적 표식은 특정할 수 없거나 중첩되어 있고 그보단 자극을 어떻게 인식하느냐가 중요하다고 할 것이다).

하지만 감정에는 자극에 대한 행동 반응으로 활성화되는 모든 요소의 합을 뛰어넘는 새로운 속성이 있는지 충분히 물을 수 있다(Gross & Barrett, 2011). 감정 경험이 핵심 정동에 따른 생리적 반응에 어떤 의미를 부여하는 개념적 행위로서의 부수 현상이라면, 감정의 기능에 관한 질문은 주로 이런 식일 것이다. 사회 집단이 감정으로 인식하는 행동은 해당 집단에서 어떤 상징적 기능이 있는가(Barrett, 2012)? 따라서 감정에 관한 "기능주의자"의 설명은 자연 선택된 적응을 좀 더 우선시하는 것에서 상징적 기능을 우선시하는 것까지 강조하는 것에 따라 폭넓은 범위의 관점을 아우른다. 모든 경우에서 감정에 관한 기능주의적 설명은 앞에서 말한 존재론적 관점의 반대편이 될 것이다.

감정 조절을 정의하기 Defining Emotion Regulation

적응적 대응에 현재의 환경적 조건이 과거 조상이 경험한 조건보다 중요하다는 것은 모든 이론가가 동의할 것이다. 레벤슨Levenson의 감정 조절 이론control theory of emotion도 이 점을 고려했다(1999). 레벤슨은 두 가지 감정 시스템이 있다고 가정했다. 하나는 (1) 핵심 시스템core system, 즉 정형화한 감정 반응의 원형적 입출력을 처리하는 내장된 감정 반응 시스템이고, 다른 하나는 (2) 조절 시스템control system, 즉 감정 대응의 적응도를 최대화하려고 학습이나 즉각적인 사회적 맥락에 영향을 받는 되먹임 회로를 이용하여 이러한 정형화한 반응을 변경하고 조절하는 시스템이다. 레벤슨의 정의는 감정 생성과 감정 조절의 구분이 분명하지 않다. 조절 시스템의 되먹임 과정이 감정 생성에서도 중요한 요소이면서 환경 맥락에 대한 감정 반응과 그 반응의 기능적 적응도를 최대화하는 것과 맞물려 있다. 더구나 (개인이 환경과 관계를 맺으면서 그 행동 양상을 조율하는) 핵심 과정과 조절 과정이 계속 상호 작용한다. 이러한 상호 작용이 감정의 경험과 표현 모두에 계속 영향을 줄 수 있고 상황 자체의 속성이 그러하다고 본다.

인지 재평가는 (상황을 구성하고, 그렇게 해서 경험을 구성하는) 인지를 변경하여 반응의 강도와 기간에 영향을 미친다. 셰러Scherer의 요소 과정 모델Component Process Model(2009, 앞부분을 보라)과 다른 감정의 인지 이론은 변경할 수 있는 귀인의 상태를 설명했다. 비슷하게 반응 조정response modulation은 감정 반응의 각 요소(예, 지각 및 주의 과정, 귀인, 기억, 생리, 호르몬, 신경 활성 및 행동 반응)가 활성화하는 정도에 영향을 미쳐 감정의 강도와 기간에 영향을 준다. 그로스Gross는 이러한 반응 조정에는 감정과 관련한 생각이나 표현을 억제하려 하는 것, 이완, 운동, 물질 사용이 포함된다고 했다(1998). 나중에 다른 사람들이 수용이나 마음챙김 훈련(Hayes et al., 2004)에 참여, 사려 깊은 주의 이동/재배치deliberate attentional shift/redeployment(예, Huffziger & Kuehner, 2009), 긍정적 회상positive reminiscence(예, Quoidbach, Berry, Hansenne, & Mikolajczak, 2010) 등도 다른 형태의 반응 조정에 넣으라고 제안했다. 감정 조절을 평가나 인지 과정의 형태로 보는 것은 감정은 개인적인 것이고 감정 경험의 속성을 정하는 사회적 의미가 있다는 구성주의 시각과 들어맞는다(Gross & Barrett, 2011).

모든 관점에서 감정 자극의 인지 처리는 의식적일 수 있지만 무의식적일 수도 있다. 무의식적인 반응 조정에 관여하는 자동적 연합적 처리는 (1) 무의식적 정동 모방nonconscious affect mimicry이나 체화를 일으켜 감정 상태에 영향을 주거나 (2) 자동적인 안면 지각과 사회적 판단에서 영향을 받고 (3) (반응 초점 전략일 수도 있고, 선행 사건 초점 전략일 수도 있는) 다양한 감정 조절 전략을 펼칠 수 있도록 조절 목표를 점화하거나 (4) 환경 자극에 대한 유인가와 강화 속성에 영향을 줄 암묵적 태도나 기호, 목표를 활성화할 수 있다(역주, 이 모든 것이 무의식적 과정이라는 뜻이다. 그로스 등은 감정 조절emotion regulation이라는 핵심 단어로 그동안의 모든 감정 관련 이론을 통합하려 했다. 이 단락의 설명은 그 가운데 감정 생성emotion generation에 해당하는 부분이다. 여기에는 의식적 부분만 있지 않고 무의식적인 부분도 상당히 많을 텐데, 이 전체 과정을 모두 포괄하는 이론을 제시하려 했다). 이러한 모든 결과는 주어진 맥락에서 감정 자극을 변별해 나갈 때 주의/지각/작업 기억의 자원 할당이 어떻게 작용하는지에 관한 함의를 가진다(Bargh, Schwader, Hailey, Dyer, & Boothby, 2012). 심한 경우에는 자동 처리를 통해 (편향된 귀인/일치하는 기억을 향한 과잉 접근/정신 병리의 발생과 유지에 이바지하는 감정 조절 불능 등의) 강력한 우울 및 불안 유발성 도식과 관련한 자극에 선택적으로 주의를 기울이는 결과로 이어진다(Hofmann, Sawyer, Fang, & Asnaani, 2012; Teachman, Joormann, Steinman, & Gotlib, 2012).

감정 조절을 통해 조절 시스템 과정을 넘어설 수 있다. 개인은 선행 자극과 관계를 맺을지, 맺는다면 어떻게 상호 작용할지를 선제적으로 조정할 수 있다. 그로스Gross가 말한 선행 자극에 초점을 둔 감정 조절 전략은 다음과 같다(1998, 16장을 보라). (1) 상황 선택situation selection(감정 유도 자극에 대한 접근 또는 회피), (2) 상황 변경situation modification(환경을 바꾸려는 선제적 단계), (3) 주의 배치attentional deployment(상황의 다른 측면에 대한 신중한 주의), (4) 인지 변화cognitive change(자극/상황에 부여된 새로운 의미를 예방적으로 탐색). 하지만 감정을 일으키는 선행 자극이 밝혀진다면, 감정 반응이란 대부분 선행 사건에 단단히 연결되었고, 미리 프로그램되어, 문화적으로 각본이 짜인 채로 자연스럽게 따라오는 반응이란 걸 알게 될 것이다. 이때 선행 자극이 일어나는 맥락에서 조절 되먹임이 반응의 강도에 충분하지 못하게 "조율"되거나 맥락과 관계없는 선행 자극에 반응하며 미리 적응한 빠른 길fast-track 대응을 우회할 잠재력이 없어지면, 감정은 기능적으로 비적응적이게 된다. 이런 경우에 대응의 기능적 적응을 높이려면 치료자가 (1) 함께 일어나는 선행 자극을 변별하고, (2) 사용하는 조절 과정의 범위와 효율성을 향상하고 (3) 반응과 상황에 맞는 조절 과정을 짝지을 수 있도록 격려해야 한다(Bonanno and Burton, 2013을 보라). 실제로 연구를 거듭할수록 개인이 유연하고, 맥락에 민감한 감정 대응과 조절을 하는 것이 심리적 안정에 커다란 영향을 미친다는 것을 알게 되었다(Kashdan & Rottenberg, 2010).

임상 과학에서 적용 및 결론
Application for Clinical Science and Conclusions

선행 사건을 변별하는 데 실패하거나 조절 과정이 효과를 보지 못했을 때, 정신 건강 장애라 할 수 있는 대부분 문제가 일어나거나 나빠진다. 대부분의 심리치료도 이 부분을 주요한 개입의 표적으로 삼는다. 이는 부분적으로 감정적 각성이 자극에 대한 선택적 주의 / 전주의 과정 / 부족한 주의 조절 / 애매한 자극에 대한 해석 편향 등에 영향을 미쳐 감정 대응이 탈맥락화할 수 있다.

하지만 탈맥락화한 감정 각성이나 감정 조절은 그 순간 선행 사건의 변별이나 자동 조절 과정에서의 되먹임 실패뿐 아니라 (이를 넘어서는) 여러 가지 문제를 일으킬 수 있다. 우울증을 예로 들면 어린 시절에 부정적 사건을 겪어서 생긴 인지 취약성과 잠재적인 우울 유발 도식latent depressogenic schemas은 정보 획득과 기억 인출, 정보 처리에 영향을 주고, 부정적 자극을 향한 편향이 부정적 감정 경향을 따르게 하고 이는 다시 부정적 도식을 재확인하는 상호 관계를 만들어 낸다(Disner, Beevers, Haigh, & Beck, 2011). 이러한 (이분법적 사고, 부정적 여과, 무희망감 같은 귀인 패턴을 일으키는) 도식 편향은 (꼭 위협은 아닐지라도) 부정적 자기 참조 정보self-referential information를 향하고, 환경에 있는 긍정적 정보로부터 멀어지는 주의 편향과 관련이 있다(Peckham, McHugh, & Otto, 2010). 부정적 정보를 멀리하기 어려운 것과 감정적으로 부정적인 정보에 신속한 신경 처리가 이루어지는 것은 모두 주의 편향에 영향을 미친다. 즉, 부정적 유인가가 있는 기억에 대한 부호화와 인출, 우울한 감정의 추가적인 부각, 우울 유발 도식의 상향식 활성화에 영향을 미친다(Beevers, 2005; Disner et al., 2011; Joormann & Gotlib, 2010). 앞에서 포가스Forgas와 조지George의 정동 주입 모델(AIM)에서 말한 개방 원천과 연합적 휴리스틱, 반사적 처리는 이러한 상향식 처리를 반영한다. 이때 사람들이 (우울한 기대를 깨뜨리고, 반성적/동기적 처리를 자극하여 편향을 바로잡을 수 있는) 정보나 자극의 원천과 접촉하지 못해 문제가 된다. 이렇게 하여 우울한 증상의 정적 되먹임 회로가 유지된다(Beevers, 2005를 보라). 이러한 과정의 닫힌 속성은 감정 맥락에 대한 전반적인 무감각으로 나타난다. 시간이 지나며 긍정적이든, 부정적이든 자극에 대한 감정 반응도가 줄어드는 것을 볼 수 있다(Bylsma, Morris, & Rottenberg, 2008; see also Van de Leemput et al., 2014). 결국 비맥락적이고 경직된 감정 처리와 조절로서의 회피, 억제, 반추 등을 초래한다(Aldao, Nolen- Hoeksema, & Schweizer, 2010).

정신 질환을 탈맥락화한 감정 대응으로 보고 역기능적 감정과 조절 과정의 요소에 초점을 두어 이를 개념화하면, 정신 병리에 관한 우리의 이해나 치료 방법을 개선할 기회가 생긴다. 하지만 현재 정신 질환의 개념을 주도하는 범주적 접근은 분류할 수 있는 특이 지표에만 관심을 두고, 감정적 붕괴를 가져오는 공통 과정에는 관심을 덜 기울인다. 따라서 앞에 나온 아이디어를 임상적 실제로 번역하는 데 방해가 된다. 현재는 (정신 조절부전psychic dysregulation이라고 할 수 있는) "정신 질환"에 이바지하는 감정과 감정 조절의 요소를 감정 시스템에서의 공통 과정의 산물로 보려는 움직임이 있다(예, Barlow, Allen, & Choate, 2004; Hayes et al., 2004; Kring & Sloan, 2010; Watkins, 2008). 이 장에서는 감정에 관한 방대한 기초 연구 문헌과 빠르게 늘어나는 번역 문헌translational literature을 간단히 소개했다.

참고문헌

Aldao, A., Nolen- Hoeksema, S., & Schweizer, S. (2010). Emotion- regulation strategies across psychopathology: A meta- analytic review. *Clinical Psychology Review, 30*(2), 217– 237.

Bargh, J. A., Schwader, K. L., Hailey, S. E., Dyer, R. L., & Boothby, E. J. (2012). Automaticity in social- cognitive processes. *Trends in Cognitive Sciences, 16*(12), 593– 605.

Barlow, D. H., Allen, L. B., & Choate, M. L. (2004). Toward a unified treatment for emotional disorders. *Behavior Therapy, 35*(2), 205– 230.

Barrett, L. F. (2011). Was Darwin wrong about emotional expressions? *Current Directions in Psychological Science, 20*(6), 400– 406.

Barrett, L. F. (2012). *Emotions are real. Emotion, 12*(3), 413– 429.

Beevers, C. G. (2005). Cognitive vulnerability to depression: A dual process model. *Clinical Psychology Review, 25*(7), 975– 1002.

Bonanno, G. A., & Burton, C. L. (2013). Regulatory flexibility: An individual differences perspective on coping and emotion regulation. *Perspectives on Psychological Science, 8*(6), 591– 612.

Bower, G. H. (1981). Mood and memory. *American Psychologist, 36*(2), 129– 148.

Buijs, R. M., & van Eden, C. G. (2000). The integration of stress by the hypothalamus, amygdala and prefrontal cortex: Balance between the autonomic nervous system and the neuroendocrine system. *Progress in Brain Research, 126*, 117– 132.

Bylsma, L. M., Morris, B. H., & Rottenberg, J. (2008). A meta- analysis of emotional reactivity in major depressive disorder. *Clinical Psychology Review, 28*(4), 676– 691.

Cacioppo, J. T., Berntson, G. G., Larsen, J. T., Poehlmann, K. M., & Ito, T. A. (2000). The psychophysiology of emotion. In M. Lewis & J. M. Haviland- Jones (Eds.), *Handbook of emotions* (2nd ed., pp. 173– 191). New York: Guilford Press.

Cameron, C. D., Lindquist, K. A., & Gray, K. (2015). A constructionist review of morality and emotions: No evidence for specific links between moral content and discrete emotions. *Personality and Social Psychology Review, 19*(4), 371– 394.

Campos, J. J., Frankel, C. B., & Camras, L. (2004). On the nature of emotion regulation. *Child Development, 75*(2), 377– 394.

Clore, G. L., & Storbeck, J. (2006). Affect as information about liking, efficacy, and importance. In J. P. Forgas (Ed.), *Affect in social thinking and behavior* (pp. 123– 142). New York: Psychology Press.

Coan, J. A., & Allen, J. J. (2003). Frontal EEG asymmetry and the behavioral activation and inhibition systems. *Psychophysiology, 40*(1), 106– 114.

Cohen, D., Nisbett, R. E., Bowdle, B. F., & Schwarz, N. (1996). Insult, aggression, and the Southern culture of honor: An "experimental ethnography." *Journal of Personality and Social Psychology, 70*(5), 945– 959.

Cole, P. M., Martin, S. E., & Dennis, T. A. (2004). Emotion regulation as a scientific construct: Methodological challenges and directions for child development research. *Child Development, 75*(2), 317– 333.

Darwin, C. (1872). *The expression of the emotions in man and animals.* London: John Murray.

Disner, S. G., Beevers, C. G., Haigh, E. A., & Beck, A. T. (2011). Neural mechanisms of the cognitive model of depression. *Nature Reviews Neuroscience, 12*(8), 467– 477.

Ekman, P., & Friesen, W. V. (1982). Felt, false, and miserable smiles. *Journal of Nonverbal Behavior, 6*(4), 238– 252.

Ekman, P., Friesen, W. V., O'Sullivan, M., Chan, A., Diacoyanni- Tarlatzis, I., Heider, K., et al. (1987). Universals and cultural differences in the judgments of facial expressions of emotion. *Journal of Personality and Social Psychology, 53*(4), 712– 717.

Elfenbein, H. A., & Ambady, N. (2002). On the universality and cultural specificity of emotion recognition: A meta- analysis. *Psychological Bulletin, 128*(2), 203– 235.

Forgas, J. P., & George, J. M. (2001). Affective influences on judgments and behavior in organizations: An information processing perspective. *Organizational Behavior and Human Decision Processes, 86*(1), 3– 34.

Fredrickson, B. L., & Branigan, C. (2005). Positive emotions broaden the scope of attention and thought- action repertoires. *Cognition and Emotion, 19*(3), 313– 332.

Frijda, N. H. (1986). *The emotions.* Cambridge, UK: Cambridge University Press.

Gross, J. J. (1998). Antecedent- and response- focused emotion regulation: Divergent consequences for experience, expression, and physiology. *Journal of Personality and Social Psychology, 74*(1), 224– 237.

Gross, J. J., & Barrett, L. F. (2011). Emotion generation and emotion regulation: One or two depends on your point of view. *Emotion Review, 3*(1), 8– 16.

Haidt, J. (2001). The emotional dog and its rational tail: A social intuitionist approach to moral judgment. *Psychological Review, 108*(4), 814– 834.

Hall, J. A., Coats, E. J., & LeBeau, L. S. (2005). Nonverbal behavior and the vertical dimension of social relations: A meta- analysis. *Psychological Bulletin, 131*(6), 898– 924.

Hayes, S. C., Strosahl, K. D., Wilson, K. G., Bissett, R. T., Pistorello, J., Toarmino, D., et al. (2004). Measuring experiential avoidance: A preliminary test of a working model. *Psychological Record, 54*(4), 553– 578.

Hofmann, S. G. (2014). Interpersonal emotion regulation model of mood and anxiety disorders. *Cognitive Therapy and Research, 38*(5), 483– 492.

Hofmann, S. G. (2016). *Emotion in therapy: From science to practice.* New York: Guilford Press.

Hofmann, S. G., Sawyer, A. T., Fang, A., & Asnaani, A. (2012). Emotion dysregulation model of mood and anxiety disorders. *Depression and Anxiety, 29*(5), 409– 416.

Huffziger, S., & Kuehner, C. (2009). Rumination, distraction, and mindful self- focus in depressed patients. *Behaviour Research and Therapy, 47*(3), 224– 230.

Izard, C. E. (2010). More meanings and more questions for the term "emotion." *Emotion Review, 2*(4), 383– 385.

Joormann, J., & Gotlib, I. H. (2010). Emotion regulation in depression: Relation to cognitive inhibition. *Cognition and Emotion, 24*(2), 281– 298.

Kashdan, T. B., & Rottenberg, J. (2010). Psychological flexibility as a fundamental aspect of health. *Clinical Psychology Review, 30*(7), 865– 878.

Keltner, D., & Haidt, J. (1999). Social functions of emotions at four levels of analysis. *Cognition and Emotion, 13*(5), 505– 521.

Koster, E. H., Crombez, G., Verschuere, B., & De Houwer, J. (2004). Selective attention to threat in the dot probe paradigm: Differentiating vigilance and difficulty to disengage. *Behaviour Research and Therapy, 42*(10), 1183– 1192.

Kring, A. M., & Sloan, D. M. (2010). *Emotion regulation and psychopathology: A transdiagnostic approach to etiology and treatment.* New York: Guilford Press.

Lang, P. J., & Bradley, M. M. (2010). Emotion and the motivational brain. *Biological Psychology, 84*(3), 437– 450.

Lench, H. C., Flores, S. A., & Bench, S. W. (2011). Discrete emotions predict changes in cognition, judgment, experience, behavior, and physiology: A meta- analysis of experimental emotion elicitations. *Psychological Bulletin, 137*(5), 834– 855.

Lerner, J. S., & Keltner, D. (2001). Fear, anger, and risk. Journal of Personality and Social Psychology, 81(1), 146– 159. Levenson, R. W. (1999). The intrapersonal functions of emotion. *Cognition and Emotion, 13*(5), 481– 504.

Levenson, R. W. (2014). The autonomic nervous system and emotion. *Emotion Review, 6*(2), 100– 112.

Levenson, R. W., Ekman, P., & Friesen, W. V. (1990). Voluntary facial action generates emotion- specific autonomic nervous system activity. *Psychophysiology, 27*(4), 363– 384.

Levy, R. I. (1982). On the nature and functions of the emotions: An anthropological

perspective. *Social Science Information, 21*(4- 5), 511- 528.
Marsh, A. A., Elfenbein, H. A., & Ambady, N. (2003). Nonverbal "accents": Cultural differences in facial expressions of emotion. *Psychological Science, 14*(4), 373- 376.
McIntosh, D. N. (1996). Facial feedback hypotheses: Evidence, implications, and directions. *Motivation and Emotion, 20*(2), 121- 147.
Mehu, M., & Scherer, K. R. (2012). A psycho- ethological approach to social signal processing. *Cognitive Processing, 13*(2), 397- 414.
Mesquita, B., & Boiger, M. (2014). Emotions in context: A sociodynamic model of emotions. *Emotion Review, 6*(4), 298- 302.
Mesquita, B., & Frijda, N. H. (1992). Cultural variations in emotions: A review. *Psychological Bulletin, 112*(2), 179- 204.
Mohanty, A., & Sussman, T. J. (2013). Top- down modulation of attention by emotion. *Frontiers in Human Neuroscience, 7*, 102.
Neal, D. T., & Chartrand, T. L. (2011). Embodied emotion perception amplifying and dampening facial feedback modulates emotion perception accuracy. *Social Psychological and Personality Science, 2*(6), 673- 678.
Niedenthal, P. M. (2007). Embodying emotion. *Science, 316*(5827), 1002- 1005.
Ortony, A., & Turner, T. J. (1990). What's basic about basic emotions? *Psychological Review, 97*(3), 315- 331.
Panksepp, J. (2007). Criteria for basic emotions: Is DISGUST a primary "emotion"? *Cognition and Emotion, 21*(8), 1819- 1828.
Panksepp, J., & Biven, L. (2012). *The archaeology of mind: Neuroevolutionary origins of human emotions*. New York: W. W. Norton.
Peckham, A. D., McHugh, R. K., & Otto, M. W. (2010). A meta- analysis of the magnitude of biased attention in depression. *Depression and Anxiety, 27*(12), 1135- 1142.
Pessoa, L., Oliveira, L., & Pereira, M. (2013). Top- down attention and the processing of emotional stimuli. In J. Armony & P. Vuilleumier (Eds.), *The Cambridge Handbook of Human Affective Neuroscience* (pp. 357- 374). Cambridge, UK: Cambridge University Press.
Quoidbach, J., Berry, E. V., Hansenne, M., & Mikolajczak, M. (2010). Positive emotion regulation and well- being: Comparing the impact of eight savoring and dampening strategies. *Personality and Individual Differences, 49*(5), 368- 373.
Russell, J. A. (1995). Facial expressions of emotion: What lies beyond minimal universality? *Psychological Bulletin, 118*(3), 379- 391.
Scherer, K. R. (1984). Emotion as a multicomponent process: A model and some cross-cultural data. *Review of Personality and Social Psychology, 5*, 37- 63.
Scherer, K. R. (2005). What are emotions? And how can they be measured? *Social Science Information, 44*(4), 695- 729.
Scherer, K. R. (2009). The dynamic architecture of emotion: Evidence for the component process model. *Cognition and Emotion, 23*(7), 1307- 1351.

Scherer, K. R., Mortillaro, M., & Mehu, M. (2013). Understanding the mechanisms underlying the production of facial expression of emotion: A componential perspective. *Emotion Review, 5*(1), 47– 53.

Small, D. A., Lerner, J. S., & Fischhoff, B. (2006). Emotion priming and attributions for terrorism: Americans' reactions in a national field experiment. *Political Psychology, 27*(2), 289– 298.

Smith, C. A., & Lazarus, R. S. (1993). Appraisal components, core relational themes, and the emotions. *Cognition and Emotion, 7*(3– 4), 233– 269.

Soussignan, R. (2002). Duchenne smile, emotional experience, and autonomic reactivity: A test of the facial feedback hypothesis. *Emotion, 2*(1), 52– 74.

Strack, F., Martin, L. L., & Stepper, S. (1988). Inhibiting and facilitating conditions of the human smile: A nonobtrusive test of the facial feedback hypothesis. *Journal of Personality and Social Psychology, 54*(5), 768– 777.

Susskind, J. M., Lee, D. H., Cusi, A., Feiman, R., Grabski, W., & Anderson, A. K. (2008). Expressing fear enhances sensory acquisition. *Nature Neuroscience, 11*(7), 843– 850.

Teachman, B. A., Joormann, J., Steinman, S. A., & Gotlib, I. H. (2012). Automaticity in anxiety disorders and major depressive disorder. *Clinical Psychology Review, 32*(6), 575– 603.

Tooby, J., & Cosmides, L. (1990). The past explains the present: Emotional adaptations and the structure of ancestral environments. *Ethology and Sociobiology, 11*(4– 5), 375– 424.

Tracy, J. L., & Robins, R. W. (2004). Putting the self into self- conscious emotions: A theoretical model. *Psychological Inquiry, 15*(2), 103– 125.

Van de Leemput, I. A., Wichers, M., Cramer, A. O., Borsboom, D., Tuerlinckx, F., Kuppens, P., et al. (2014). Critical slowing down as early warning for the onset and termination of depression. *Proceedings of the National Academy of Sciences, 111*(1), 87– 92.

Vuilleumier, P., & Huang, Y.- M. (2009). Emotional attention: Uncovering the mechanisms of affective biases in perception. *Current Directions in Psychological Science, 18*(3), 148– 152.

Vytal, K., & Hamann, S. (2010). Neuroimaging support for discrete neural correlates of basic emotions: A voxel- based meta- analysis. *Journal of Cognitive Neuroscience, 22*(12), 2864– 2885.

Watkins, E. R. (2008). Constructive and unconstructive repetitive thought. *Psychological Bulletin, 134*(2), 163–206.

9장 정신치료 핵심 과정 관련 신경과학

Neuroscience Relevant to Core Processes in Psychotherapy

그레그 시글 Greg J. Siegle, PhD[1)] • 피츠버그대학 서양 정신의학 연구소 및 클리닉
제임스 코안 James Coan, PhD • 버지니아대학

1) Greg Siegle은 Netherlands Institute for Advanced Study에서 지원을 받아 이 장을 작업했다.

이 장의 목적은 이 책 전체에 기술한 정신치료 핵심 과정의 공통 용어와 신경 기전 사이에 다리translational bridge를 놓는 것이다. 신경 기전은 점차 다른 의과학 분야에서 국제 공용어가 되고 있다. 이런 노력이 성공한다면 이상적으로는 심리 과학 분야의 임상의가 나머지 의학 분야에서 나온 통찰력을 더 효과적으로 사용할 수 있게 해줄 것이다. 또 단기적으로는 임상의가 신경과학으로 내담자의 변화 기전을 설명하는 데 도움을 줄 것이다. 장기적으로는 심리학적 치료의 반응을 예측하고, 치료를 설계할 때 신경과학적 방법을 채택할 수 있게 한다.

이 장은 특정적으로 뇌 네트워크와 핵심 개념의 질적 관련성에 중점을 둔다. 변화 과정을 이해할 때 뇌 네트워크가 주목받는 최근 상황을 생각하면 임상에 직접 적용될 수도 있기에 이렇게 내용을 세분화하는 쪽을 선택했다(Chein & Schneider, 2005; Lane, Ryan, Nadel, & Greenberg, 2014; Tryon, 2014). 정량적 관련성, 예를 들어 어떤 신경 반응성이 어떤 치료법의 반응을 가장 잘 예측하는지 알려면(e.g., Hofmann, 2013; Siegle et al., 2012), 일반화라는 기술적 장애물과 지금은 보험 회사가 대가를 지급하지 않는 사회적 이슈와 관련한 문제에 답이 있어야 한다. 임상의가 신경 변화의 기본 단위와 원리, 그 단위와 임상 개념의 경험적 관련성을 이해하면, 이러한 지식은 내담자에게 개입법을 설명하는 방법에 변화를 가져오고, 기존 개입법에 활용할 수 있는 기술을 추가하게 된다. 궁극적으로는 사용할 수 있는 정도에 따라 신경학적으로 더 많은 정보가 담긴 방법(예측 알고리즘과 치료)을 채택하도록 이끌 것이다. 임상 관련 네트워크를 찾아내려는 우리의 방법론은 전체 뇌의 메타 분석 (따라서 정량적) 절차를 사용한다. 그렇게 하면 직관적으로 기술해도 최소한의 방어를 할 수 있고 외부에서 추론해 볼 수도 있다.

뇌 네트워크 Brain Networks

인지 신경과학 분야의 관심은 특정한 개별 기능과 관련이 있을 것으로 추정되는 특정 뇌 영역에서부터 점차 이들 영역의 상호 작용으로 다양한 행동이나 심리 기능을 달성하는 뇌 영역 간 *네트워크*로 옮겨가고 있다(Sporns, 2010). 예를 들어 주의 관련 신경 회로는 감정 관련 회로의 활동을 조절하는데, 주의를 기울인 감정 자극에 대한 반응은 주의를 기울이지 않은 감정 자극에 대한 반응과 다르다. 이런 방식으로 임상의와 치료자는 장애를 신경 영역이나 신경 회로 각각의 활성이나 비활성 관점뿐 아니라 뇌 신경 영역이나 회로 간 소통 이상의 관점에서 생각할 수 있다(Cai, Chen, Szegletes,

Supekar, & Menon, 2015).

뇌 네트워크 변화 Change in Brain Networks

이 장에서는 정신치료에서 나타나는 변화 과정이 신경과학 문헌에서 일반적으로 기술하는 "가소성plasticity"이나 "학습learning"의 신경 변화와 관련이 있다는 견해를 채택한다. 신경 변화 과정은 몇 가지 원칙을 따른다. *헵의 학습Hebbian learning*(Choe, 2014)은 복수의 두뇌 기전이 동시에 활성화할 때 그들의 연결이 더 강력해진다는 개념이다. 예를 들어 어떤 사건 기억에 대한 신경 표상neural representation이 어떤 감정에 대한 신경 표상과 동시에 활성화할 때, 그 사건과 특정 감정 사이에 연합이 생길 수 있다. 따라서 기억과 함께 현저성salience 및 감정과 관련한 두뇌 시스템의 활동이 감정 연합 학습emotional associative learning의 촉매제로 작용한다고 생각할 수 있다. 이론적으로 이러한 연합 가운데 하나를 약화시키면 감정 톤 없이 체계적으로 기억을 활성화하여(소거) 정신치료에서 변화가 생기게 할 수 있다. *가소성*이 곧 *학습*일 것 같지만 이 두 가지 용어가 개념적으로 같지는 않다. 예를 들어 전통적으로 기억은 변하지 않는다고 생각했다. 하지만 이제 기억은 접근할 때마다 기억 자체의 신경 표상이 변형 가능한plastic 상태가 되고 재공고화reconsolidation을 거쳐 변화할 수 있는 것으로 이해하게 되었다(Axmacher & Rasch, 2017). 새로운 지식이 만들어지는 것을 강조하며 학습을 지나치게 쉽게 말하면, 기억 재공고화를 정확하지 않게 기술할 수 있다. 이러한 새로운 이해의 실질적인 결과는 이제 신경 정보 기반의 치료가 기억 재공고화 과정을 의도적으로 최적화시켜 정신치료의 잠재적 혜택을 극대화해 나가는 것이다(Treanor, Brown, Rissman, & Craske, 2017). 즉, 약물 기전과 정신치료 기전을 통합할 수도 있을 것이다(Lonergan, Brunet, Olivera-Figueroa, & Pitman, 2013). 이 장의 나머지 부분에서는 정신치료 기술이 특정한 관심 뇌 네트워크에 미치는 잠재적 효과, 특히 네트워크 사이의 상호 작용이 어떻게 일어나는지에 집중할 것이다.

특정 관심 뇌 네트워크 Brain Networks of Particular Interest

이 장에서는 여러 연구에서 확인한 몇 가지 고전적canonical 뇌 네트워크에 집중한다(예, Bressler & Menon, 2010; K. L. Ray et al., 2013; Smith et al., 2009). 많은 네트워크 가운데 특히 이 책 3부에 나오는 치료 변화와 관련한 과정 분석에 주목할 것이다. 그림 1에 있는 세 가지 네트워크는 이 절에서 말한 방법으로 유도한 것으로 더 전통적인 분석(Bressler & Menon, 2010와 같은)에서 발견된 네트워크와 일관성이 있고, 특히 여러 영상 기법을 통해 특징이 잘 밝혀졌다.

*현저성 네트워크salience network*는 외부 및 내부 자극의 현저성 모니터링과 관련이 있다. 그것은 특히 내적 감각 처리와 관련한 섬엽insula(Craig, 2009), 감정과 인지 정보 처리의 접점interface과 관련한 등쪽 전대상회 피질dorsal anterior cingulate cortex(Bush, Luu, & Posner, 2000), 편도amygdala와 같이 전통적으로 감정 정보를 처리한다고 알려진 영역(Armony, 2013)으로 구성된다. *중앙 실행 네트워크central executive network*는 실행 및 실행 조절, 과제 계획 등과 관련이 있다. 이것은 등외측 전전두엽dorsolateral prefrontal cortex과 후방 두정엽 피질posterior parietal cortices에 고정되어 있다. *디폴트*(또는 *디폴트 모드default mode*) 네트워크는 뇌의 휴지기와 관련이 있다(Raichle et al., 2001). 기능적 뇌영상 연구는 이 네트워크가 명시적 자극이 없을 때 활성화하거나 더 잘 동조화하고, 명시적 자극이 있으면 비활성화하는 것을 보여준다. 또 구성 요소가 자기참조 처리self-referential processing뿐 아니라(Davey, Pujol, & Harrison, 2016; Kim, 2012) 사회정보 처리와 관련이 있을 때 종종 발견되는데(Amodio & Frith, 2006), 후대상 피질posterior cingulate cortex과 입쪽 전대상회rostral anterior cingulate, 안와전두 피질orbitofrontal cortex의 앞쪽 중간 구조물 등이 이에 해당한다. 특별히 학습과 기억을 돕는 하부 네트워크에 관여하는 것으로 보이는 해마를 포함할 수 있다(Kim, 2012; Van Strien, Cappaert, & Witter, 2009).

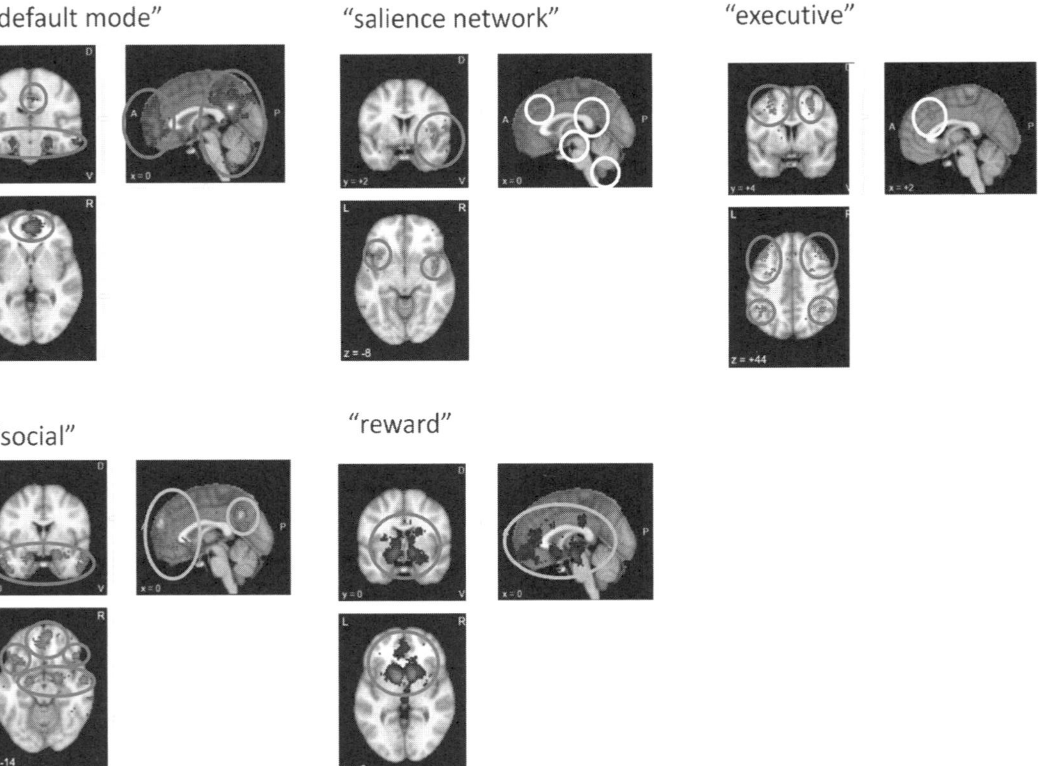

그림 1 뉴로신쓰 메타 분석이 "사회"(사회정보 처리 네트워크, 1000개 연구), "보상"(보상 네트워크 671개 연구)과 함께 "디폴트 모드"(디폴트 네트워크, 516개 연구), "현저성 네트워크"(60개 연구), "실행"(실행 네트워크, 588개 연구)을 검색 단어로 했을 때 관련한 네트워크를 표시한다.

심리 개입에 따른 변화에는 두 개의 서로 다른 네트워크가 핵심으로 보인다. 연구자들은 디폴트 네트워크 구조를 기반으로 확장된 *사회정보 처리 네트워크*(Burnett, Sebastian, Cohen Kadosh, & Blakemore, 2011)가 입쪽대상회뿐 아니라 측두두정 접합부temporoparietal junction나 상측두고랑superior temporal sulcus 등의 구조를 포함하는 것을 관찰했다. 이것은 이 네트워크가 다른 사람의 감정과 마음 이론theory of mind을 지각하는 데 관여한다는 뜻이다. 문헌에 자주 나오는 *보상 네트워크reward network*는 보상이나 긍정 자극에 대한 뇌의 반응을 전반적으로 반영하는 일련의 네트워크이다. 이것은 도파민을 생산하는 복측 피개 영역ventral tegmental area과 보상 모니터링을 하는 복측 선조체ventral striatum, 중격의지핵nucleus accumbens에 집중되어 있다(Camara, Rodriguez-Fornells, Ye, & M nte, 2009). 이런 네트워크의 추정 기능에 호소하면 뇌 기능이 어떤 식으로 특정 치료 개입과 연결될 수 있는지를 쉽게 짐작할 수 있다. 보상 반응을 늘리려고 애쓰는 개입은 보상 네트워크를 활성화할 것이다. 자기 초점 과정을 줄이려고 애쓰는 개입은 디폴트 모드 활성도를 줄일 수 있다. 또 사회적 소통을 늘리려고 애쓰는 개입은 사회정보 처리 네트워크를 활성화할 수 있다. 그렇지만 이러한 관련성이 엄격하게 검증된 것은 아니다. 뇌 반응은 종종 직관적이지 않다. 따라서 앞으로 나올 절은 이 책에서 다루는 개입 유형에 따라 뇌 네트워크가 어떤 식으로 반응하는지에 관한 경험적 조사로 이루어진다.

뇌 네트워크가 정신치료적 변화 과정에 관여하는 방식

How Brain Networks Are Involved in Psychotherapeutic Change Processes

방법 Methods

이 책에서 다룬 개념과 관련한 뇌 네트워크를 설명하려고 관련 개념의 메타 분석 영상을 만드는 뉴로신쓰[2] 엔진(http://neurosynth.org; Yarkoni, Poldrack, Nichols, van Essen, & Wager, 2011)을 사용했다. 여기서는 앞에서 말한 뇌 네트워크와 관련하여 유도된 영상에 관한 기초적 해석을 제공한다. 개념이 비슷한 다른 기능적 자기공명영상(fMRI) 메타 분석이 있을 때는 그것도 인용하고 비슷한 점을 논한다. 검색에는 이 책 각 장에서 사용한 용어를 사용했다. 특정 치료 기술이나 개입 기술을 위해 해석할 수 있

2) 정식 이름은Neurosynth이다. 기존의 기능적 자기공명영상 데이터를 심리 용어에 따라 처리하여 기능적 뇌영상을 자동으로 만드는 플랫폼이다. 2019년 5월 현재 14,371개 연구를 바탕으로 1,335개 심리 용어로 메타 분석이 이루어졌고, 150,000개 이상의 뇌 영역에서 기능적 연결성functional connectivity과 활성화 맵을 제공한다.

는 맵map을 만들 만큼 연구 숫자가 충분하면 그 맵을 포함했다. 그렇더라도 보통은 치료 기술과 관련한 뇌영상학적 연구는 수가 적고, 아직은 초기 단계이다. 따라서 관련(역주, 치료 자체보다 치료와 관련한) 현상에 관한 연구 결과를 주로 보고한다. 예를 들어 각성도 감소 연구보다는 "각성"에 대한 메타 분석적 뇌영상 맵을 연구 결과에 포함하여 관련 네트워크가 각성을 줄인다고 추정하는 식으로 연구한다. 관심이 있는 방법론자를 위해 모든 경우에서 역추론reverse inference(활성화한 영역에 해당 용어가 사용될 확률. 역주, 활성화한 뇌 영역이 주어지면 그것과 관련된 심리 용어가 무엇인지 추론하는 방법)을 할 수 있도록 맵을 제시했다. 이것은 전향적 추론forward inference(용어에 대해 해당 영역이 관찰될 확률. 역주, 심리 이론에 따라 용어가 주어지면 그것과 관련이 있는 뇌 영역이 어떤 패턴인지 추론하는 방법)의 전형적인 fMRI 전략보다 보수적인 방법이다. 많은 심리 용어가 비슷하게 넓은 범위의 활성화 패턴을 보이는 경향이 있기에 이 전략을 선택했다. 역추론은 심리 구성물과 관련하여 네트워크 활성도의 더 높은 특이성을 가능하게 한다. 여기서는 영상의 통계적 유의성에 대한 역치로 위발견율false discovery rate[3] 기준을 0.01로 정했다. 궁금한 것이 있으면 이 장에 나오는 뇌 영상 메타 분석에 온라인으로 직접 접속하면 된다. 뉴로신쓰의 주요 용어를 사용할 수 있으면 이들을 활용했고, 그렇지 않으면 뉴로신쓰 "연구" 분석에 기반한 "맞춤custom" 분석을 시도했다. 접속할 수 있는 웹사이트 목록을 부록에 제시했으니 우리가 말하는 모든 맵을 독자가 직접 재생할 수 있다. 보통은 각 분석에 대해 축상면, 관상면, 시상면의 단일 대표 영상을 보여준다. 독자가 분석을 직접 재현하며 전체 뇌 맵과 상호 작용할 수 있고, 모든 단면 맵을 하나씩 관찰할 수 있다. 또 각각의 관련성 연구와 그것이 메타 분석에 어떻게 기여했는지를 조사할 수 있다. 보고된 메타 분석에서 개별 연구에 대한 참고 문헌은 관련 검색 재생을 통해 접근할 수 있다.

수반성 관리와 평가 Contingency management and estimation

신경영상학 문헌에서 *수반성*은 주로 행위 수반성, 즉 어떤 행위나 행동의 결과가 어떠할지 이해하려는 목적으로 사용했다. 뉴로신쓰에서 "수반성"(그림 2, 맞춤 검색 URL은 부록을 보라)은 보상 네트워크(선조체 포함)와 디폴트 네트워크의 활성도 증가와 관련이 있었고, 두 네트워크 모두 복내측 대상회ventromedial cingulate와 후방 대상회posterior cingulate를 포함한다. 실제로 정신 병리가 있는 사람은 건강한 사람과 다른 방식으로 보

3) 다중비교로 1종 오류가 생기는 것을 막으려는 방법으로 의미가 있다고 판단한 것 가운데 실제로 의미가 없는 것의 비율이다.

상 수반성을 추정한다는 사실이 점차 밝혀지고 있다(예, 시간상으로 멀리 떨어진 보상에 대한 보상 지각과 관련한 뇌 네트워크의 활성도가 낮고(Vanyukov et al., 2016), 보상 확률이 낮을 것이라고 체계적으로 추정(Olino et al., 2014)한다). 심리 변화를 얻기 위해 이러한 관련성을 활용할 수 있다. 즉, 다른 반복 훈련이 없는 상태에서 높은 보상 확률을 추정하는 능력은 부정적 정보에 대한 신경 반응성과 우울 증상을 줄인다는 초기 단계의 증거들이 밝혀졌다(Collier & Siegle, 2015). 아래의 맵은 명시적으로 보상 수반성을 관리하는 데에도 유용하고, 디폴트 네트워크와 관련이 있다고 여겨지는 계산 유형과 보상 수반성을 연결시키기 위해 내담자와 함께 작업하는 데에도 유용할 것이다. 다시 말하면 이 네트워크는 자기 관련 정보 처리와 다른 사람에게 보이는 자신의 인상과 관련되어 있다(Olino, McMakin, & Forbes, 2016). 예를 들어 칭찬은 긍정적인 결과일 뿐 아니라 더 깊이 지속하는 개인적인 (또 대인관계) 관련성에 관한 진술이란 걸 이해하도록 도울 것이다.

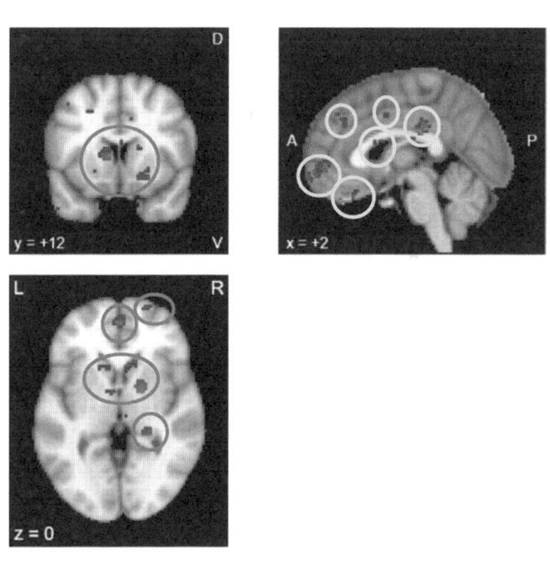

그림 2 뉴로신쓰 "수반성" 메타 분석(8개 연구)

자극 조절과 조형 Stimulus control and shaping

보통 심리치료 과정 중 자극 조절과 조형 기술은 특정 연합 학습을 촉진하거나 기존에 학습된 연합을 소거시키는 맥락에서 일어난다. 따라서 우리는 "연합associative"이라는 용어에 의해 밝혀지는 연합 학습의 신경 특징을 조사했다. "연합"과 "학습"이라는 두 뉴로신쓰 메타 분석(그림 3)에서는 주로 양측성 해마와 해마곁이랑의 활성화가 나타났는데, 이는 종종 연합 기억을 색인화하는 것으로 알려진 해마의 역할과 일맥상통한다. 해마 기능의 조작과 관련하여 우리는 자극 조절을 임상적으로 의미 있는 재공고화를 촉진하는 과정임과 동시에 역기능적 연합을 대체하여 새로운 연합 기억을 쓰도록 돕는 것이라는 시각으로 볼 수 있다(Da Silva et al., 2007; Inaba, Kai, & Kida, 2016; Schmidt et al., 2017).

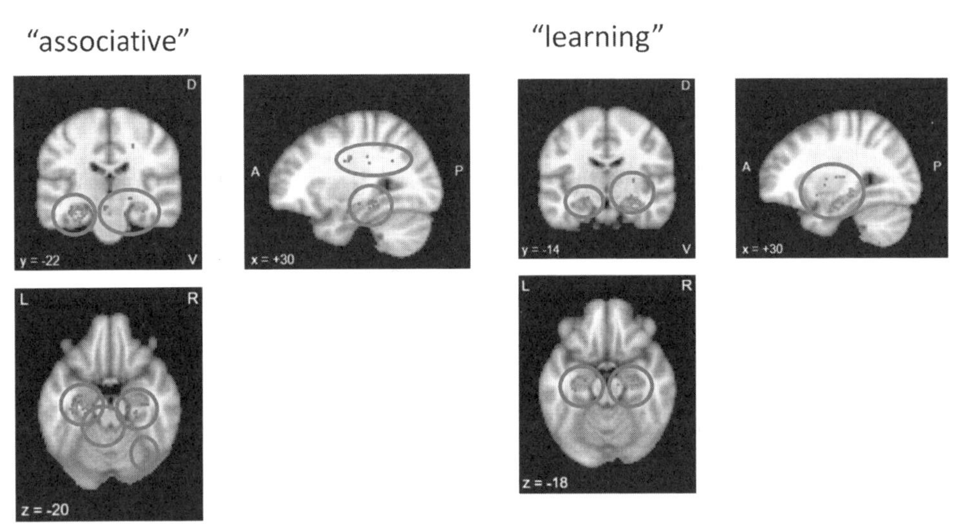

그림 3 뉴로신쓰 "연합"(220개 연구)과 "학습"(876개 연구) 메타 분석

자기 관리 Self-management

자기 관리는 자신의 행동과 웰빙을 자신이 책임진다는 생각에 입각하여 개인이 취할 수 있는 다양한 기법의 모음으로 볼 수 있다(예, 목표 설정과 우선순위 관리). 이러한 의미에서 자기 관리는 수반성 관리, 문제 해결, 감정 조절 등 이 장의 다른 절에서 설명하는 자기 관리를 지향하는 기술의 조합이다. 따라서 자기 처리self-processing로 특정할 수 있는 뇌 기능과 관련된 것으로 여겨진다. 뉴로신쓰 "자기" 메타 분석에서 디폴트 네트워크 활동을 보였는데, 이는 사회정보 처리 네트워크인 상부측두고랑superior temporal sulcus에서의 활성과 함께, 자신 및 타인과 관련된 조절 받지 않는 주의가 기울여지는 것을 의미한다. "조절 받지 않는"이라는 것은 대체로 디폴트 네트워크 처리 과정이 실행 네트워크 활성도로 측정되는 실행 조절executive control에서 자유롭다는 뜻이다. 사실 디

폴트 네트워크 처리 과정은 외부로 향하는 주의나 실행 조절과 신뢰 수준에서 정반대의 관련성을 보인다(Uddin, Kelly, Biswal, Castellanos, & Milham, 2009). 이런 점을 종합하면 자기(디폴트 네트워크)와 조절(주로 실행 네트워크) 활동 사이에는 근본적인 긴장이 있다. 따라서 사람들이 왜 디폴트 네트워크를 매개로 한 자기에 관한 생각, 특히 괴로운 주제에 "끈끈해sticky"지는지를 직관적으로 알 수 있다. 즉, 이로부터 벗어나거나 관리하기가 어렵다(역주, 실행 능력으로 조절이 가능하지 않기 때문이다). 정신 병리에서 디폴트 네트워크 처리 과정이 특히 실행 네트워크와 경쟁적이라는 증거가 점차 늘고 있다(Delaveau et al., 2017; Di & Biswal, 2014; Hamilton et al., 2011; Maresh, Allen, & Coan, 2014).

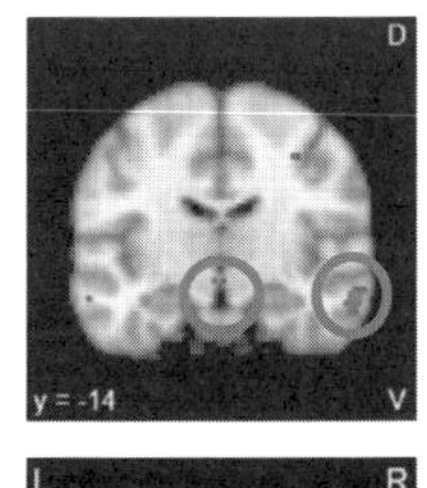

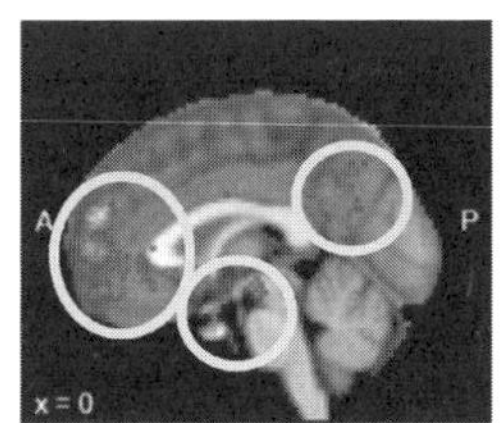

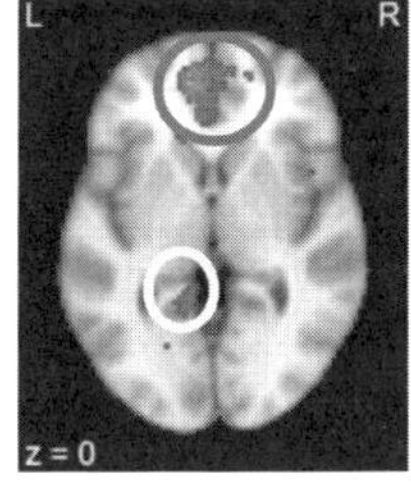

그림 4 뉴로신쓰 "자기" 메타 분석(903개 연구)

각성도 감소 Arousal reduction

뉴로신쓰 "각성도" 메타 분석(그림 5)에서는 현저성 네트워크(편도, 섬엽, 슬하 대사회subgenual cingulate) 전반에 걸쳐 활성도가 증가했다. 정신장애의 경우 특히 이러한 영역에서 종종 부정적 정보에 대한 신경 반응성이 증가하고 오래 지속되는 특징이 있다(Siegle et al., 2015). 문헌에는 각성도 감소와 감정 자극의 현저성이 줄어드는 것과 관련이 있다고 나오는데, 이 효과는 현저성 네트워크 처리의 감소나 억제의 반영일 것이다. 실행 네트워크와 현저성 네트워크 간의 상호 억제 관계를 보여주는 수많은 문헌이 있다. 이는 각성 감소 전략을 실행 조절이 주도적으로 관여하도록 하는 용도로 사용할 수 있다는 것을 말한다(예, 재구성reframing에서처럼 목적을 가지고 주의를 재조정하는 것, 다음에 나오는 "가치 선택과 명료화"를 보라).

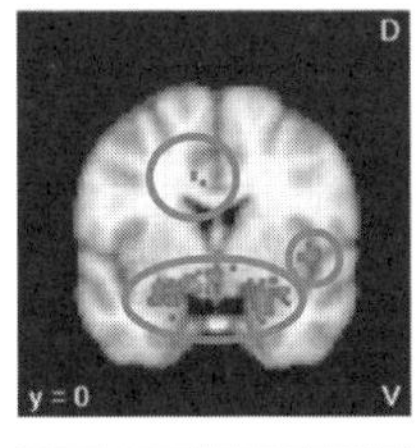

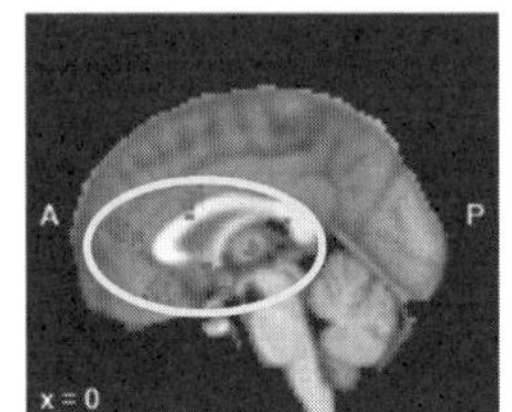

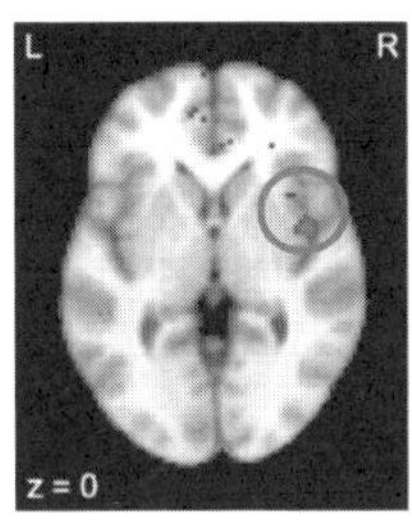

그림 5 뉴로신쓰 "각성도" 메타 분석(227개 연구)

대처하기와 감정 조절 Coping and emotion regulation

뉴로신쓰 "감정 조절" 메타 분석(그림 6)에서는 내측 전전두medial prefrontal 영역을 뺀, 양측성 등외측 전전두엽과 두정엽 영역을 포함하는 실행 네트워크와 현저성 네트워크(특히 편도에서, 후방 섬엽도 포함)에서 활성도가 증가했다. 사실 이 두 네트워크의 활동은 감정 조절 치료에 대한 반응과 특히 관련이 있다고 알려졌다(Fresco et al., 2017). 이들 네트워크와 관련이 있다는 것은 감정 조절이 의도적 조절effortful control과 능동적 감정 처리 모두를 포함한다는 뜻이다. 이와 같은 공식화는(Gross & Thompson, 2007) 내측 전전두엽의 활성을 통한(예를 들어 노출 치료 같은 개입의 결과로 나타나는) 더 "자동적"인 발현과는 달리 "자발적" 이고 의도적인 인지적 감정 조절과 더 관련이 있을 것이다. 실행 조절로 현저성이나 위협 신호를 와해시키는 것은 그렇지 않았다면 조절할 수 없는 감정으로 치달았을 우세한 반응을 뛰어넘게 해 준다.

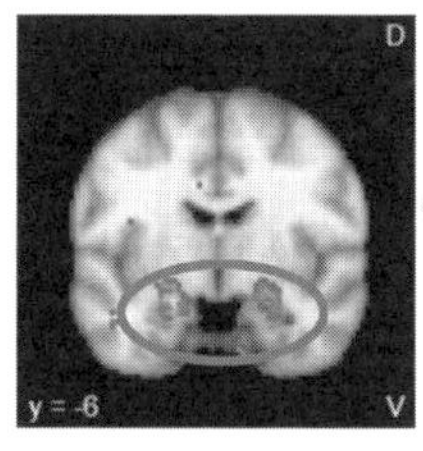

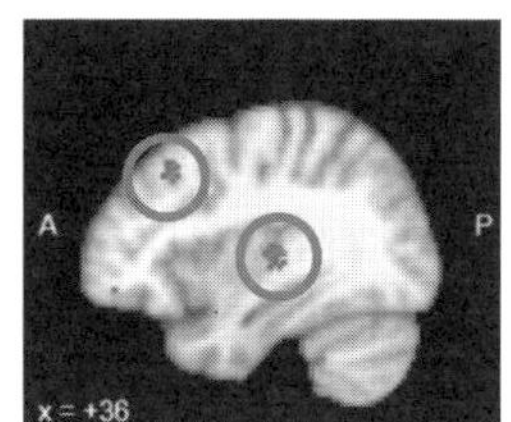

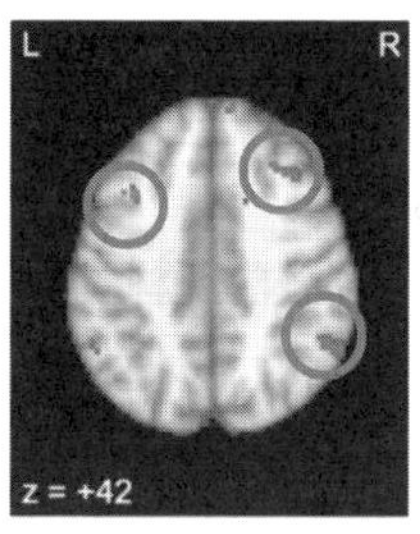

그림 6 뉴로신쓰 "감정 조절" 메타 분석(161개 연구)

뉴로신쓰에서 한 4개의 "대처하기" 연구가 있었지만, 치료 과정과의 관련성이 크지 않아 이곳에는 적지 않았다(예, 2개는 억압하는 대처 유형이었다).

문제 해결 Problem solving

뉴로신쓰 "문제 해결" 메타 분석(그림 7, 부록의 맞춤 검색 URL 참조)에서는 디폴트 네트워크(후방 대상회)와 관계 통합, 추론과 크게 관련된 것으로 보이는 부리외측 전전두 피질rostrolateral prefrontal cortex(상부 전두 이랑superior frontal gyrus)을 포함하는 부위에서 활성도가 증가했다(Christoff et al., 2001; Davis, Goldwater, & Giron, 2017; Wendelken, Nakhabenko, Donohue, Carter, & Bunge, 2008). 이것과 함께 미상핵caudate(현저성 네트워크의 일부)을 포함한 다른 부위 역시 관계 추론과 관련이 있는 것으로 알려졌다(Melrose, Poulin, & Stern, 2007). 이런 사실을 종합하면, 이 맵은 문제 해결이 여러 뇌 네트워크에 걸친 통합을 요구하는 폭넓게 분산된 활동이라는 걸 보여준다. 이는 문제 해결이 개념 부호화encoding에서 수반성과 행위의 계획까지 다양한 인지 조작을 수반한다는 생각과 일맥상통한다(Anderson & Fincham, 2014). 우울증에서 관찰되는 반추처럼 문제 해결 실패는 폭넓은 네트워크의 여러 측면과 연관이 있다(Jones, Fournier, & Stone, 2017). 따라서 문제 해결을 강조하는 치료 개입을 위해서는 이런 유형의 행동을 돕는 동기 부여를 유지하면서도 한 영역과 다른 영역을 관련짓는 시스템을 소집recruitment하는 것이 필요하다.

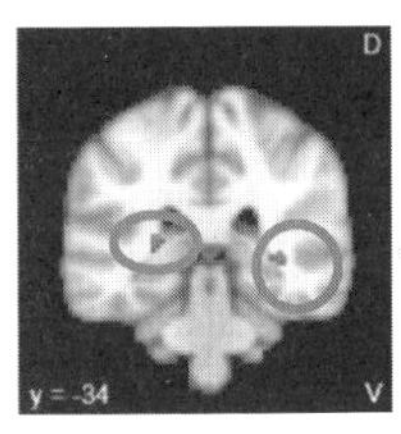

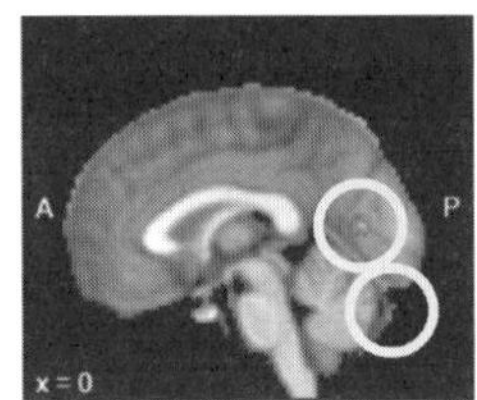

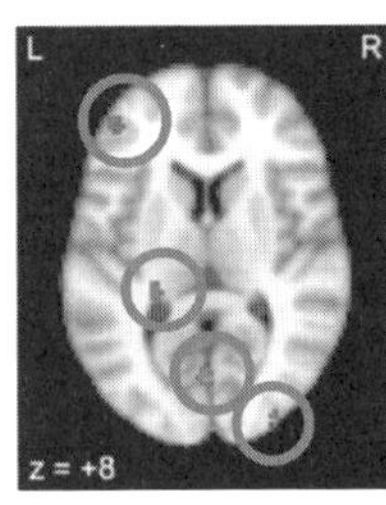

그림 7 뉴로신쓰 "문제 해결" 메타 분석(15개 연구)

노출 전략 Exposure strategies

노출 치료는 보통 자신이 두려워하는 상황이나 자극을 직면하는 것에 달렸다. 노출 자체를 다룬 신경영상학적 연구는 거의 없다("노출"에 관한 뉴로신쓰 엔진은 약물 단서 노출과 같은 여기서 쓰기에는 적절치 않은 참고 자료가 많았다). 그런데도 뉴로신쓰 "공포" 메타 분석(그림 8)에서는 편도와 등쪽 전방 대상회를 포함한 현저성 네트워크에서 활성이 나타난다. 현저성 네트워크는 뇌가 잠재적 위협에 대응하는 행위를 준비하도록 발달되었다는 가설(Seeley et al., 2007)이 있다. 위협에 반응하는 행위가 덜 필요하다는 신호를 보내는 노출 요법이 이 네트워크의 활동을 줄인다. 디-사이클로세린처럼 노출 치료 효과를 높이려고 사용하는 약물(Hofmann, Mundy, & Curtiss, 2015)에 관한 최신 연구에서 이러한 약물이 특히 소거 기간에 현저성 네트워크(Wu et al., 2008)의 활동에 영향을 주는 것으로 알려졌다(Portero-Tresserra, Martí-Nicolovius, Guillazo-Blanch, Boadas-Vaello, & Vale-Martínez, 2013; Wisłowska-Stanek, Lehner, Turzyńska, Sobolewska, & Płaźnik, 2010). 뉴로신쓰 "소거" 메타 분석(그림 8)에서는 복내측 전전두 피질(vmPFC)의 활성도가 증가했다. 이 결과는 현저성 네트워크 활동을 억제하는 복내측 전전두 피질 회로가 노출 치료 효과를 매개할 것이라는 연구 결과와 일맥상통한다(소거 학습을 통해, Phelps, Delgado, Nearing, & LeDoux, 2004).

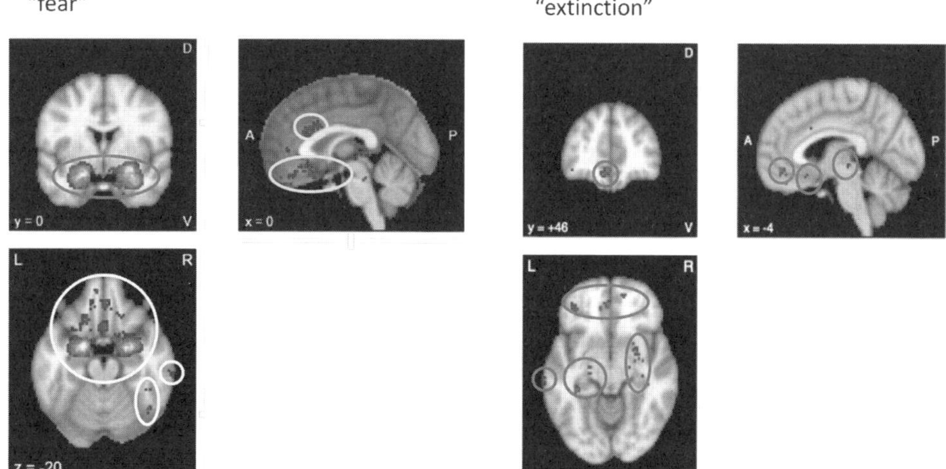

그림 8 뉴로신쓰 "공포"(298개 연구)와 "소거" 메타 분석(59개 연구)

행동 활성화 Behavioral activation

행동 활성화는 목표 지향적 활동과 보상을 사용하여 유인 행동과 쾌락 반응을 늘리는 것을 뜻한다. 이러한 개입이 성공하려면 보상 기대reward anticipation를 높이는 것이 핵심이다. 뉴로신쓰 "보상 기대" 메타 분석(그림 9)에서는 보상 네트워크 전반에 걸쳐 특히 해마의 활동과 함께 선조체 안에서 활성도가 증가하는데, 이것은 잠재적으로 보상과 기억의 관련성을 반영한다. 실제로 우울증 같은 정신 병리에서는 보상 네트워크(Smoski, Rittenberg, & Dichter, 2011)나 이 네트워크와 다른 네트워크의 연결성(Sharma et al., 2017)이 무너진 것이 특징이다. 보상 네트워크는 오랫동안 행동 활성화와 관련이 있는 것으로 알려졌다(Kalivas & Nakamura, 1999). 따라서 행동 활성화 치료는 의도적 행위와 강한 관련이 있는 네트워크와 보상 네드워크 사이의 연결성을 회복하는 작업이라고 볼 수 있다.

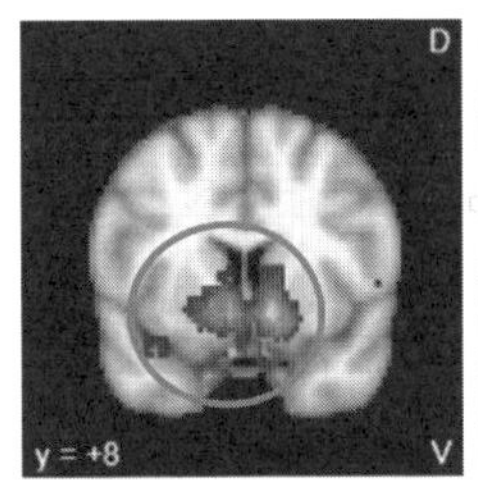

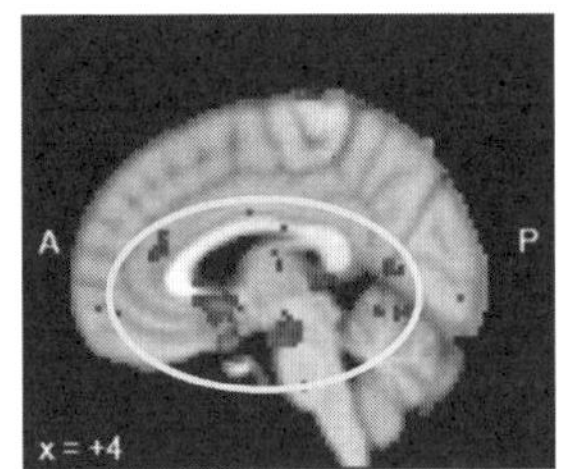

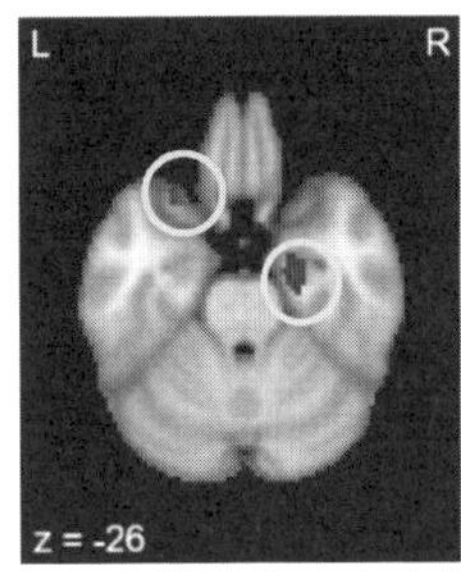

그림 9 뉴로신쓰 "보상 기대" 메타 분석(64개 연구)

대인관계 기술 Interpersonal skills

좋은 사회적 관계에 대한 접근성은 많은 심리 장애에서 주요 도전 과제이다. 실제로 사회적 단서를 읽고 해석하지 못하고, 그 단서에 적절하게 반응하지 못하는 것은 많은 인격 장애의 특성이다. 사회적 인지란 다른 사람과 자기를 구별하는 것에서 행동의 의도를 확인하는 것, 행위자agency를 탐색하고 할당하는 것, 공감하는 것까지 모든 것을 포함하는 폭넓은 용어이다. 뉴로신쓰 "사회적 인지" 메타 분석(그림 10)에서는 중앙 실행 네트워크(등외측과 전방 전전두엽)와 디폴트 네트워크(등쪽 후방 대상회)뿐 아니라 사회정보 처리 네트워크(방추형 이랑fusiform gyrus과 측두두정 접합부)에서 활성화가 나타났다. 이는 가만히 두면 자동적으로 흘러가 버릴 사회 지각 및 사회적 상호 작용을 조정하기 위해 실행 처리를 사용할 수 있는 가능성을 시사한다.

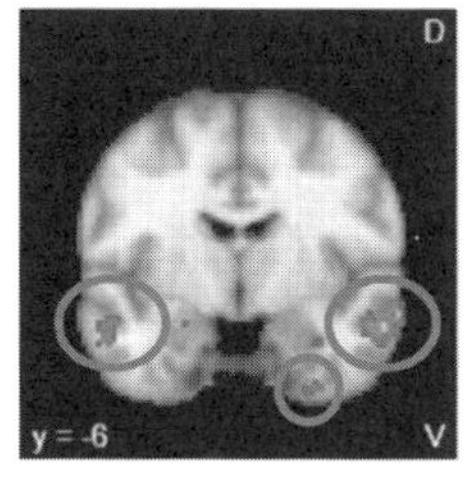

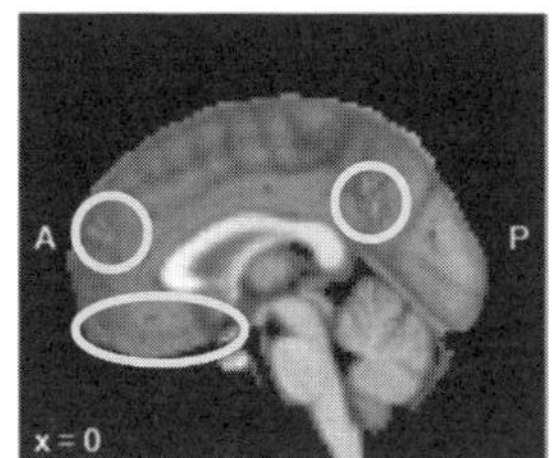

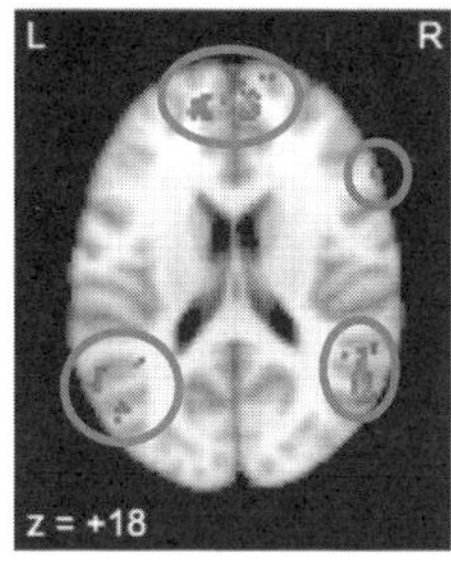

그림 10 뉴로신쓰 "사회적 인지" 메타 분석(166개 연구)

인지 재구조화, 도전, 재구성 Cognitive restructuring, challenging, or reframing

신경영상 연구는 참가자에게 부정적인 신념, 이미지 또는 다른 자극을 달리 생각하도록 지시하는 재평가 디자인을 사용하여 주로 인지 재구조화를 연구했다. 뉴로신쓰 "재평가" 메타 분석(그림 11)에서는 실행 네트워크(예, 등외측 전전두엽)와 현저성 네트워크(예, 편도, 선조체)의 일부에서 활성도가 증가했다. 이러한 결과는 현저성 네트워크(섬엽, 등쪽 대상회)에서 비활성화가 일어난다고 밝혀진 최근 메타 분석 발표와 대체로 일치한다(Buhle et al., 2014; 뉴로신쓰를 사용하여 좌푯값을 다시 생성). 따라서 이러한 분석은 인지 재구성/재평가가 노력이 필요한 과정일 뿐 아니라 감정 처리 과정이라는 뜻이다. 이 과정은 신체 기반이나 자동적 감정 조절 능력보다는 자발적 인지적 감정 조절 능력에 호소한다.

“reappraisal”　　　　　　　　meta-analysis by Buhle et al. (2014)

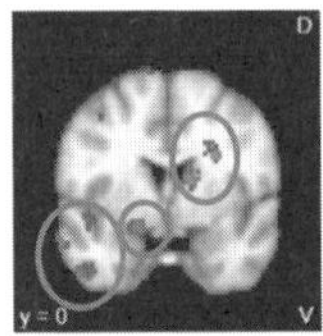

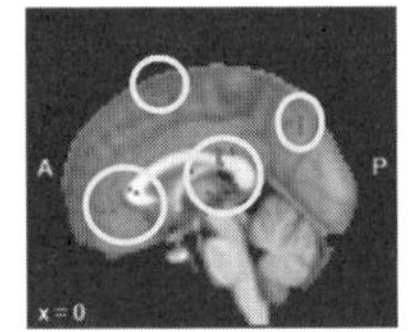

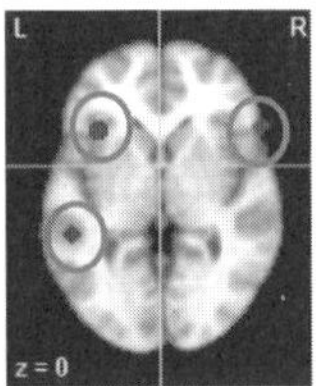

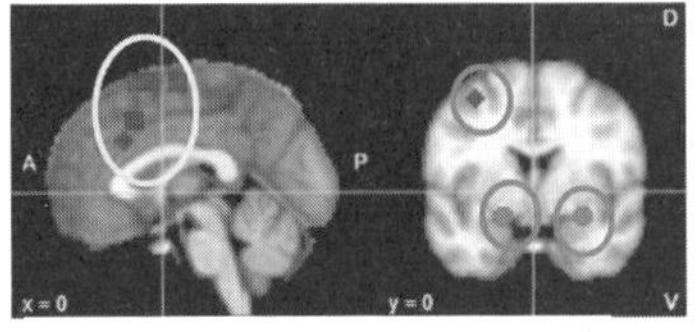

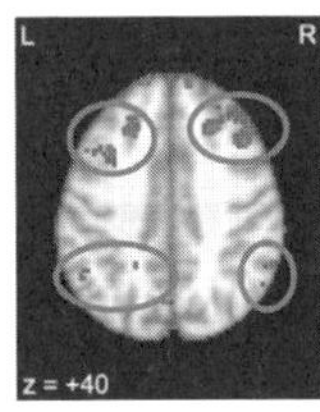

그림 11 뉴로신쓰 “재평가”(64개 연구) 메타 분석과 Buhle와 동료들에 의한 메타 분석(2014)

핵심신념 수정 Modifying core beliefs

앞의 재평가 논의를 보면 핵심신념을 변경하는 것에는 자발적 생각 변경의 요소가 있다고 추측할 수 있다. 핵심신념을 변경하는 추가 요소가 다른 뇌 기전을 포함할 수 있다. 뉴로신쓰 “신념belief” 메타 분석 (그림 12)에서는 자기 참조 처리와 관련한 디폴트 네트워크의 일부(BA10, 후방 대상회)와 실행 네트워크의 두정엽 부분이 활성화했다. 따라서 신념의 변화가 자기 표상 신경 기전의 활성과 변경을 포함하므로 더 일반적인 생각 도전하기thought challenging와는 다르다고 할 수 있다.

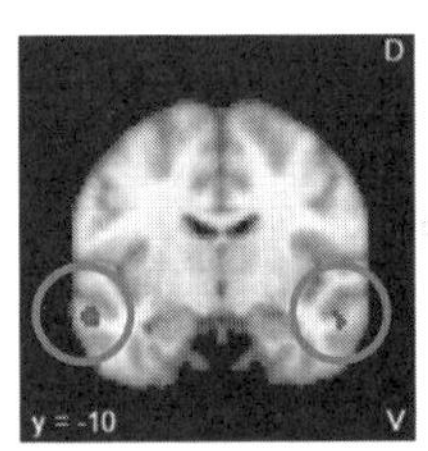

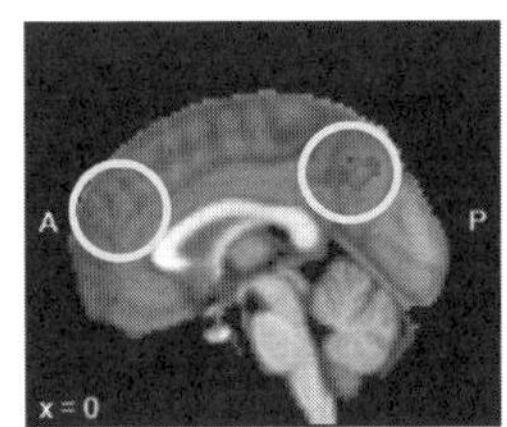

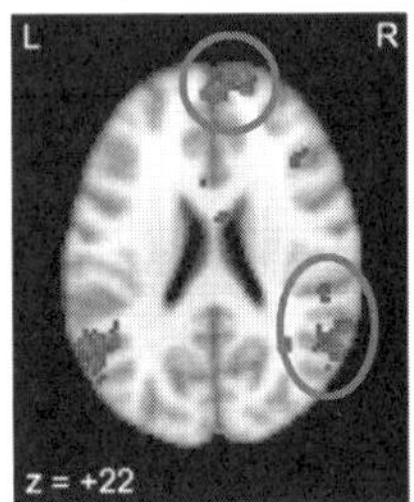

그림 12 뉴로신쓰 “신념” 메타 분석(66개 연구)

탈융합/거리 두기 **Defusion/distancing**

지금까지 감정 조절 전략으로 거리 두기를 조사한 연구는 하나만 알려졌다(Koenigsberg et al., 2009, 2010; 그림 13의 뉴로신쓰 재구성을 보라). 탈융합으로 이름 붙인 참고 자료는 없는 것 같다. 이 연구는 거리 두기를 재평가의 특수한 경우로 여기는데, 실제로 거리 두기와 재평가 연구에서 같은 뇌 네트워크가 활성화했다.

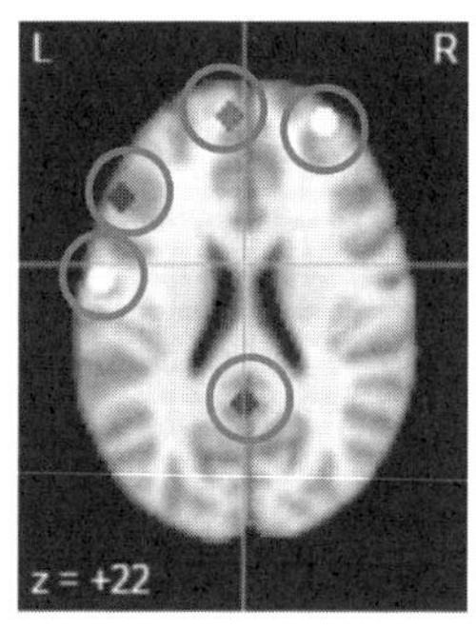

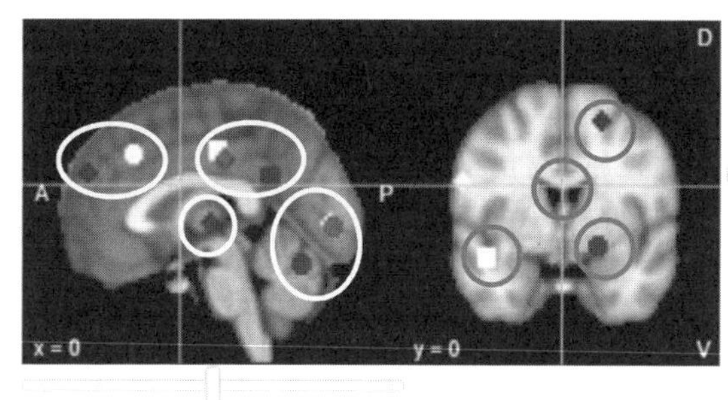

그림 13 뉴로신쓰 "거리 두기"와 관련한 맵의 재구성(Koenigsberg et al., 2010)

심리적 수용 **Psychological acceptance**

심리적 수용에 관한 신경영상학 문헌은 드물다. 2015년까지 뉴로신쓰 데이터베이스에는 단 두 건의 연구가 있다(Servaas et al., 2015; Smoski et al., 2015). 이들을 합친 결과(그림 14)에서는 실행 네트워크와 현저성 네트워크를 포함하는 다양한 활성화가 나타났다. 뉴로신쓰 데이터베이스가 완성된 다음에 출간한 추가 연구(Ellard, Barlow, Whitfield-Gabrieli, Gabrieli, & Deckersbach, 2017)에서 실행 네트워크의 내측 및 복외측 전두 영역의 활성화를 재확인했다. 이러한 결과가 재현되는 범위에서 보면 수용은 실행 전략이다. 이 전략은 다른 실행 조절 전략(예, 재구성)과 아주 비슷하게 피질 및 피질하 기능에 폭넓게 영향을 미친다.

앨라드Ellard와 동료들의 연구(2017)에서 억압과 걱정과 같은 다른 조절 전략과 수용을 비교하였을 때 다른 전략의 경우 더 많은 전전두엽 기능의 소집을 필요로 하므로, 아마 수용의 경우 실행 노력을 덜 기울이고도 다른 전략이 이루려는 목표를 달성할 수 있으리라 추측할 수 있다.

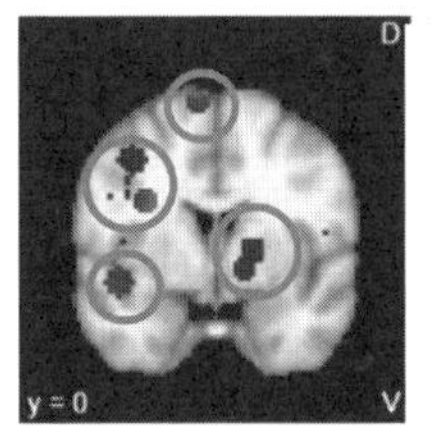

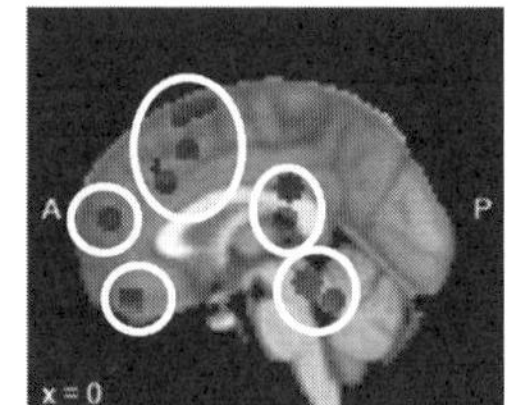

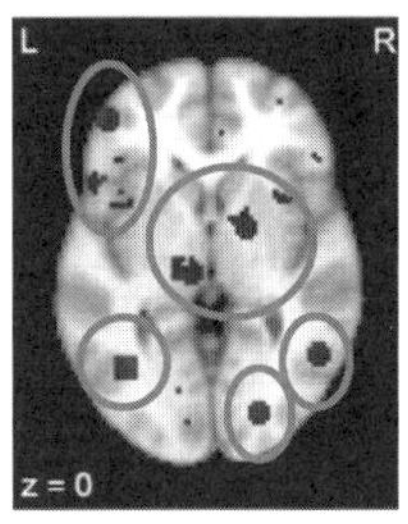

그림 14 뉴로신쓰 "수용" 메타 분석(2개 연구)

가치 선택 및 명료화 Values choice and clarification

우리는 가치 선택과 명료화가 자신의 가치를 특정한 다음 그 특정한 내용을 재평가하는 되먹임 과정이라고 생각한다. 뉴로신쓰는 284개의 "가치" 연구를 수행했는데 이곳과 관련 없는 개념(예, "활성화 가치")이나 보상 가치화가 주로 관찰되었다. 이들은 가치 선택과 명료화에 포함될 수도 있고, 그렇지 않을 수도 있다. 이들 가운데 저자인 그래그 시겔Greg Siegel이 보기에 "주관적 가치"와 관련이 있는 것으로 보였던 17개 연구의 뉴로신쓰 메타 분석(그림 15, 부록의 맞춤 검색 URL 참조)에서는 주로 자기 참조 처리와 관련이 있는 안와전두 피질orbitofrontal cortex, 입쪽 전방 대상회, 해마 등의 디폴트 네트워크 영역이 활성화했다. 따라서 자신의 가치에 개입하는 것은 개인이 자기 관련 정보(추상적이라면)를 평가하도록 돕는다고 결론을 내렸다. 가치 명료화는 반복적인 신념의 정제refinement 과정을 포함한다. 이는 신념이 예측 오류에 반응하여 적응(당신이 생각하던 것이 틀렸다는 것을 깨닫고 생각을 바꾸는 것)한다는 많은 신경과학 문헌 내용을 반영하는 것으로 생각할 수 있다. 뉴로신쓰 "예측 오류" 메타 분석(그림 15)에서는 보상 네트워크의 핵심 요소인 기저핵에 한정된 반응성만 보였다. 따라서 가치 명료화는 무엇이 자신을 보상하거나 처벌하는지 또는 그것이 자신에게 얼마나 보상적이거나 처벌적인지에 관해 생각을 반복해서 정제하는 과정을 포함한다.

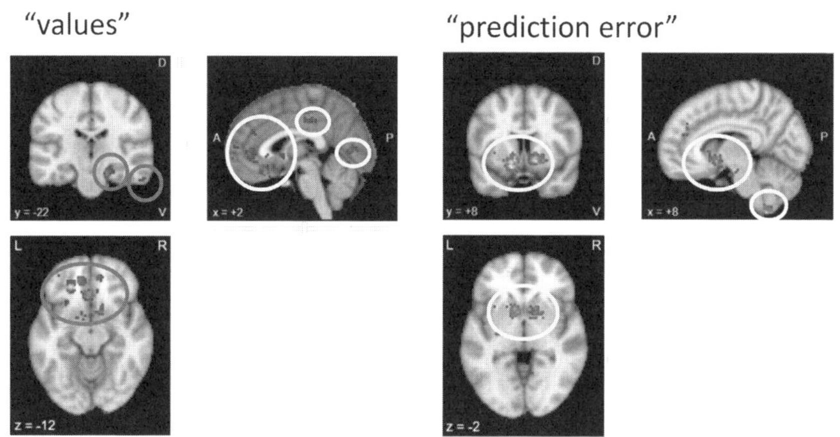

그림 15 뉴로신쓰 (주관적) "가치"(17개 연구)와 "예측 오류"(66개 연구) 메타 분석

마음챙김 Mindfulness

뉴로신쓰 "마음챙김" 메타 분석(그림 16, 부록의 맞춤 검색 URL 참조)에서는 현저성 네트워크(전방 섬엽)와 종종 주의력과 관련이 있는 것으로 알려진 전두엽 구조물(입쪽 대상회rostral cingulate)이 활성화했다. 이러한 결과는 대체로 최근의 메타 분석 결과(Tomasino, Chiesa, & Fabbro, 2014)와 일치하는데, 여기서도 주의력에 관여하는 전두엽 구조물 네트워크와 관련이 있었다. 따라서 마음챙김 개입은 종종 주의력 조절을 키우고 내적 신체 감각에 초점을 두는 것과 일관성을 나타내는 뇌 네트워크를 소집하는 것으로 보인다.

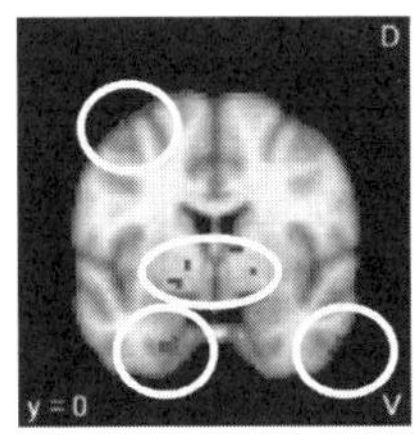

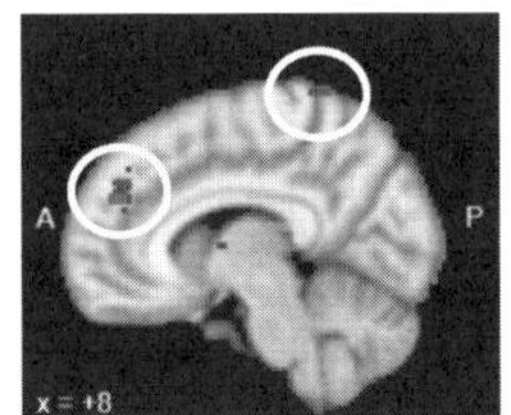

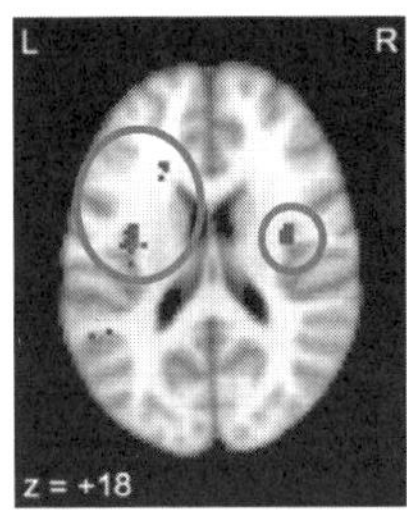

그림 16 뉴로신쓰 "마음챙김" 메타 분석(15개 연구)

동기 전략 Motivational strategies

뉴로신쓰 "동기motivation"와 "동기적motivational" 메타 분석(그림 17)에서는 거의 똑같은 맵이 나타났다. 이러한 자료는 앞에서 설명한 행동 활성화 전략과 아주 비슷하게 동기적 특징이 보상 네트워크, 특히 기저핵(특히 선조체)과 슬하 전방 대상회subgenual anterior cingulate, 렌즈핵밑부분sublenticular 쪽으로 확장한 편도의 활성화와 관련 있다는 것을 뜻한다. 이 모든 영역은 나타날 결과가 보상적일 것이라고 추정하는 정도를 평가하는 것과 함께 감정/보상에 기반한 행위를 준비하는 것과 관련 있다. 따라서 신경 자료는 동기적 전략이 다른 것으로는 보상이 되기 어려운 행위를 생각해 내도록 뇌의 능력을 활용하는 것이라 제안한다.

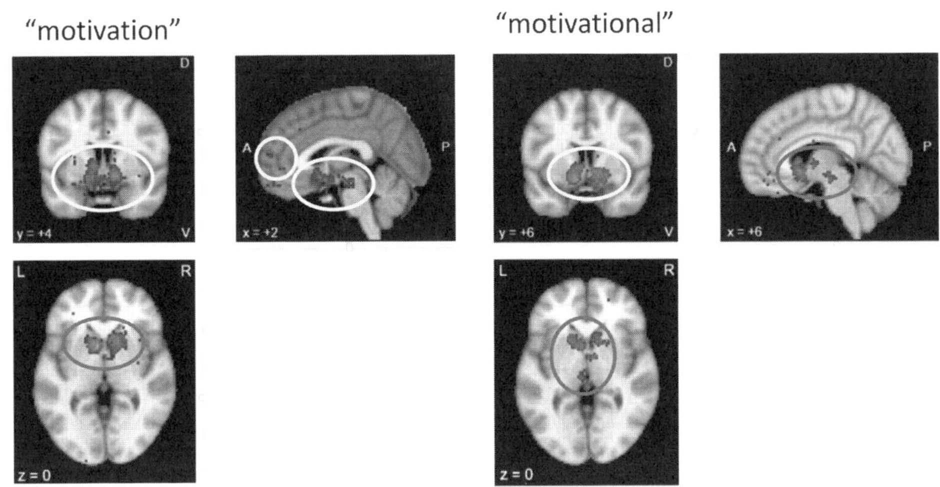

그림 17 뉴로신쓰 "동기motivation"(135개 연구)와 "동기적"(149개 연구) 메타 분석

결론 Conclusion

이 장에서는 치료 변화에서 일반적으로 접근하는 개념과 함께 특별히 이 책의 내용과 관련한 두뇌 네트워크를 강조했다. 이 장 전체에 있는 맵과 확인된 네트워크의 유사성은 서로 다른 치료 기술이 주요 요소를 공유하고, 이름이 다르더라도 결정적인 유사성이 있을 수 있다는 뜻이다. 특히 실행 조절 증가와 보상 증가, 감정 변화의 가능한 경로로 신체화 과정을 사용하는 것에는 근거가 있다. 현저성 정보의 자동적 처리와 실행 조절 사이에 있는 긴장을 이용하는 것은 보상 가치화reward valuation를 높이려고 실행 조절을 잠재적으로 사용하는 것과 함께 개입 기술 전반에 걸친 공통 기전이다. 이러한 공통 원칙을 염두에 두면 임상의가 치료실에서 행하고 있는 것을 신경 과학에 접목시키는 것에 도움이 될 것이다.

부록, 맞춤 뉴로신쓰 메타 분석
Appendix: Custom Neurosynth Meta-Analyses

이러한 맞춤 뉴로신쓰 메타 분석은 뉴로신쓰의 고전적 메타 분석canonical meta-analyses 자료에는 없다. 이들은 논문 텍스트에서 탐색한 용어를 나타낸다.

수용: http://neurosynth.org/analyses/custom/69f0107f-ea71 – 437c

감정표현상실증: http://neurosynth.org/analyses/custom/d6d48d7d-00ac-43a6

수반성: http://neurosynth.org/analyses/custom/e7a9cb5c-e0f3 – 4fae

해리: http://neurosynth.org/analyses/custom/ffaa34e4-d75e-4355

마음챙김: http://neurosynth.org/analyses/custom/62bf31de-285b-4239

문제 해결: http://neurosynth.org/analyses/custom/9fbbed1a-9078 – 45e3

주관적 가치: http://neurosynth.org/analyses/custom/ab283af2 – 32f0 – 49b6

참고문헌

Amodio, D. M., & Frith, C. D. (2006). Meeting of minds: The medial frontal cortex and social cognition. *Nature Reviews Neuroscience, 7*(4), 268–277.

Anderson, J. R., & Fincham, J. M. (2014). Extending problem-solving procedures through reflection. *Cognitive Psychology, 74,* 1–34.

Armony, J. L. (2013). Current emotion research in behavioral neuroscience: The role(s) of the amygdala. *Emotion Review: Journal of the International Society for Research on Emotion, 5*(1), 104–115.

Axmacher, N., & Rasch, B. (2017). *Cognitive neuroscience of memory consolidation*. Charm, Switzerland: Springer.

Bressler, S. L., & Menon, V. (2010). Large-scale brain networks in cognition: Emerging methods and principles. *Trends in Cognitive Sciences, 14*(6), 277–290.

Buhle, J. T., Silvers, J. A., Wager, T. D., Lopez, R., Onyemekwu, C., Kober, H., et al. (2014). Cognitive reappraisal of emotion: A meta-analysis of human neuroimaging studies. *Cerebral Cortex, 24*(11), 2981–2990.

Burnett, S., Sebastian, C., Cohen Kadosh, K., & Blakemore, S.-J. (2011). The social brain in adolescence: Evidence from functional magnetic resonance imaging and behavioural studies. *Neuroscience and Biobehavioral Reviews, 35*(8), 1654–1664.

Bush, G., Luu, P., & Posner, M. I. (2000). Cognitive and emotional influences in anterior cingulate cortex. *Trends in Cognitive Sciences, 4*(6), 215–222.

Cai, W., Chen, T., Szegletes, L., Supekar, K., & Menon, V. (2015). Aberrant cross-brain network interaction in children with attention-deficit/hyperactivity disorder and its relation to attention deficits: A multisite and cross-site replication study. *Biological Psychiatry*. Retrieved from http://dx.doi.org/10.1016/j.biopsych.2015.10.017.

Camara, E., Rodriguez-Fornells, A., Ye, Z., & Münte, T. F. (2009). Reward networks in the brain as captured by connectivity measures. *Frontiers in Neuroscience, 3*(3), 350–362.

Chein, J. M., & Schneider, W. (2005). Neuroimaging studies of practice-related change: fMRI and meta-analytic evidence of a domain-general control network for learning. *Cognitive Brain Research, 25*(3), 607–623.

Choe, Y. (2014). Hebbian learning. In D. Jaeger & R. Jung (Eds.), *Encyclopedia of computational neuroscience* (pp. 1–5). New York: Springer Verlag.

Christoff, K., Prabhakaran, V., Dorfman, J., Zhao, Z., Kroger, J. K., Holyoak, K. J., et al. (2001). Rostrolateral prefrontal cortex involvement in relational integration during reasoning. *NeuroImage, 14*(5), 1136–1149.

Collier, A., & Siegle, G. J. (2015). Individual differences in response to prediction bias training. *Clinical Psychological Science, 3*(1), 79–90.

Craig, A. D. (2009). How do you feel—now? The anterior insula and human awareness. *Nature Reviews Neuroscience, 10*(1): 59–70.

Da Silva, W. C., Bonini, J. S., Bevilaqua, L. R. M., Medina, J. H., Izquierdo, I., & Cammarota, M. (2007). Inhibition of mRNA synthesis in the hippocampus impairs consolidation and reconsolidation of spatial memory. *Hippocampus, 18*(1), 29–39.

Davey, C. G., Pujol, J., & Harrison, B. J. (2016). Mapping the self in the brain's default mode network. *NeuroImage, 132*, 390–397.

Davis, T., Goldwater, M., & Giron, J. (2017). From concrete examples to abstract relations: The rostrolateral prefrontal cortex integrates novel examples into relational categories. *Cerebral Cortex, 27*(4), 2652–2670.

Delaveau, P., Arruda Sanchez, T., Steffen, R., Deschet, K., Jabourian, M., Perlbarg, V., et al. (2017). Default mode and task-positive networks connectivity during the N-Back task in remitted depressed patients with or without emotional residual symptoms. *Human Brain Mapping, 38*(7), 3491–3501. Retrieved from http://dx.doi.org/10.1002/hbm.23603.

Di, X., & Biswal, B. B. (2014). Modulatory interactions between the default mode network and task positive networks in resting-state. *PeerJ, 2*, e367.

Ellard, K. K., Barlow, D. H., Whitfield-Gabrieli, S., Gabrieli, J. D. E., & Deckersbach, T. (2017). Neural correlates of emotion acceptance versus worry or suppression in generalized anxiety disorder. *Social Cognitive and Affective Neuroscience, 12*(6), 1009–1021. Retrieved from http:// dx.doi.org/10.1093/scan/nsx025.

Fresco, D. M., Roy, A. K., Adelsberg, S., Seeley, S., García-Lesy, E., Liston, C., et al. (2017). Distinct functional connectivities predict clinical response with emotion regulation therapy. *Frontiers in Human Neuroscience, 11*, 86.

Gross, J. J., & Thompson, R. A. (2007). Emotion regulation: Conceptual foundations. In J. J. Gross (Ed.), *Handbook of emotion regulation* (pp. 3–24). New York: Guilford Press.

Hamilton, J. P., Furman, D. J., Chang, C., Thomason, M. E., Dennis, E., & Gotlib, I. H. (2011). Default-mode and task-positive network activity in major depressive disorder: Implications for adaptive and maladaptive rumination. *Biological Psychiatry, 70*(4), 327–333.

Hofmann, S. G. (2013). Can fMRI be used to predict the course of treatment for social anxiety disorder? *Expert Review of Neurotherapeutics, 13*(2), 123–125.

Hofmann, S. G., Mundy, E. A., & Curtiss, J. (2015). Neuroenhancement of exposure therapy in anxiety disorders. *AIMS Neuroscience, 2*(3), 123–138.

Inaba, H., Kai, D., & Kida, S. (2016). N-glycosylation in the hippocampus is required for the consolidation and reconsolidation of contextual fear memory. *Neurobiology of Learning and Memory, 135*, 57–65.

Jones, N. P., Fournier, J. C., & Stone, L. B. (2017). Neural correlates of autobiographical problemsolving deficits associated with rumination in depression. *Journal of Affective Disorders, 218*, 210–216.

Kalivas, P. W., & Nakamura, M. (1999). Neural systems for behavioral activation and reward. *Current Opinion in Neurobiology, 9*(2), 223–227.

Kim, H. (2012). A dual-subsystem model of the brain's default network: Self-referential processing, memory retrieval processes, and autobiographical memory retrieval. *NeuroImage, 61*(4), 966– 977.

Koenigsberg, H. W., Fan, J., Ochsner, K. N., Liu, X., Guise, K. G., Pizzarello, S., et al. (2009). Neural correlates of the use of psychological distancing to regulate responses to negative social cues: A study of patients with borderline personality disorder. *Biological Psychiatry, 66*(9), 854–863.

Koenigsberg, H. W., Fan, J., Ochsner, K. N., Liu, X., Guise, K., Pizzarello, S., et al. (2010). Neural correlates of using distancing to regulate emotional responses to social situations. *Neuropsychologia, 48*(6), 1813–1822.

Lane, R. D., Ryan, L., Nadel, L., & Greenberg, L. (2014). Memory reconsolidation, emotional arousal, and the process of change in psychotherapy: New insights from brain science. *Behavioral and Brain Sciences, 38*, e1. Retrieved from http://dx.doi.org/10.1017/s0140525x14000041.

Lonergan, M. H., Brunet, A., Olivera-Figueroa, L. A., & Pitman, R. K. (2013). Disrupting consolidation and reconsolidation of human emotional memory with propranolol: A meta-analysis11. In C. M. Alberni (Ed.), *Memory Reconsolidation* (pp. 249–272). Amsterdam: Elsevier.

Maresh, E. L., Allen, J. P., & Coan, J. A. (2014). Increased default mode network activity in socially anxious individuals during reward processing. *Biology of Mood and Anxiety Disorders, 4*, 7.

Melrose, R. J., Poulin, R. M., & Stern, C. E. (2007). An fMRI investigation of the role of the basal ganglia in reasoning. *Brain Research, 1142*, 146–158.

Olino, T. M., McMakin, D. L., & Forbes, E. E. (2016). Toward an empirical multidimensional structure of anhedonia, reward sensitivity, and positive emotionality: An exploratory factor analytic study. Assessment. Retrieved from http://dx.doi.org/10.1177/1073191116680291.

Olino, T. M., McMakin, D. L., Morgan, J. K., Silk, J. S., Birmaher, B., Axelson, D. A., et al.

(2014). Reduced reward anticipation in youth at high-risk for unipolar depression: A preliminary study. *Developmental Cognitive Neuroscience, 8*, 55–64.

Phelps, E. A., Delgado, M. R., Nearing, K. I., & LeDoux, J. E. (2004). Extinction learning in humans: Role of the amygdala and vmPFC. *Neuron, 43*(6), 897–905.

Portero-Tresserra, M., Martí-Nicolovius, M., Guillazo-Blanch, G., Boadas-Vaello, P., & Vale-Martínez, A. (2013). D-cycloserine in the basolateral amygdala prevents extinction and enhances reconsolidation of odor-reward associative learning in rats. *Neurobiology of Learning and Memory, 100*, 1–11.

Raichle, M. E., MacLeod, A. M., Snyder, A. Z., Powers, W. J., Gusnard, D. A., & Shulman, G. L. (2001). *A default mode of brain function. Proceedings of the National Academy of Sciences of the United States of America, 98*(2), 676–682.

Ray, K. L., McKay, D. R., Fox, P. M., Riedel, M. C., Uecker, A. M., Beckmann, C. F., et al. (2013). ICA model order selection of task co-activation networks. *Frontiers in Neuroscience, 7*, 237.

Ray, R. D., & Zald, D. H. (2012). Anatomical insights into the interaction of emotion and cognition in the prefrontal cortex. *Neuroscience and Biobehavioral Reviews, 36*(1), 479–501.

Schmidt, S. D., Furini, C. R. G., Zinn, C. G., Cavalcante, L. E., Ferreira, F. F., Behling, J. A. K., et al. (2017). Modulation of the consolidation and reconsolidation of fear memory by three different serotonin receptors in hippocampus. *Neurobiology of Learning and Memory, 142*(Part A), 48–54.

Seeley, W. W., Menon, V., Schatzberg, A. F., Keller, J., Glover, G. H., Kenna, H., et al. (2007). Dissociable intrinsic connectivity networks for salience processing and executive control. *Journal of Neuroscience, 27*(9), 2349–2356.

Servaas, M. N., Aleman, A., Marsman, J.-B. C., Renken, R. J., Riese, H., & Ormel, J. (2015). Lower dorsal striatum activation in association with neuroticism during the acceptance of unfair offers. *Cognitive, Affective and Behavioral Neuroscience, 15*(3), 537–552.

Sharma, A., Wolf, D. H., Ciric, R., Kable, J. W., Moore, T. M., Vandekar, S. N., et al. (2017). Common dimensional reward deficits across mood and psychotic disorders: A connectomewide association study. *American Journal of Psychiatry, 174*(7), 657–666.

Siegle, G. J., D'Andrea, W., Jones, N., Hallquist, M. N., Stepp, S. D., Fortunato, A., et al. (2015). Prolonged physiological reactivity and loss: Association of pupillary reactivity with negative thinking and feelings. *International Journal of Psychophysiology, 98*(2, Part 2), 310–320.

Siegle, G. J., Thompson, W. K., Collier, A., Berman, S. R., Feldmiller, J., Thase, M. E., et al. (2012). Toward clinically useful neuroimaging in depression treatment: Prognostic utility of subgenual cingulate activity for determining depression outcome in cognitive therapy across studies, scanners, and patient characteristics. *Archives of General Psychiatry, 69*(9), 913–924.

Smith, S. M., Laird, A. R., Glahn, D., Fox, P. M., Mackay, C. E., Filippini, N., et al. (2009).

FMRI resting state networks match BrainMap activation networks. *NeuroImage, 47,* S147.

Smoski, M. J., Keng, S.-L., Ji, J. L., Moore, T., Minkel, J., & Dichter, G. S. (2015). Neural indicators of emotion regulation via acceptance vs. reappraisal in remitted major depressive disorder. Social Cognitive and Affective Neuroscience, 10(9), 1187–1194.

Smoski, M. J., Rittenberg, A., & Dichter, G. S. (2011). Major depressive disorder is characterized by greater reward network activation to monetary than pleasant image rewards. *Psychiatry Research: Neuroimaging, 194*(3), 263–270.

Sporns, O. (2010). *Networks of the brain*. Cambridge, MA: MIT Press.

Tomasino, B., Chiesa, A., & Fabbro, F. (2014). Disentangling the neural mechanisms involved in Hinduism- and Buddhism-related meditations. *Brain and Cognition, 90,* 32–40.

Treanor, M., Brown, L. A., Rissman, J., & Craske, M. G. (2017). Can memories of traumatic experiences or addiction be erased or modified? A critical review of research on the disruption of memory reconsolidation and its applications. *Perspectives on Psychological Science, 12*(2), 290–305.

Tryon, W. (2014). *Cognitive neuroscience and psychotherapy: Network principles for a unified theory*. Amsterdam: Elsevier.

Uddin, L. Q., Kelly, A. M., Biswal, B. B., Castellanos, F. X., & Milham, M. P. (2009). Functional connectivity of default mode network components: Correlation, anticorrelation, and causality. *Human Brain Mapping, 30*(2), 625–637.

Van Strien, N. M., Cappaert, N. L. M., & Witter, M. P. (2009). The anatomy of memory: An interactive overview of the parahippocampal–hippocampal network. *Nature Reviews Neuroscience, 10*(4), 272–282.

Vanyukov, P. M., Szanto, K., Hallquist, M. N., Siegle, G. J., Reynolds, C. F., III, Forman, S. D., et al. (2016). Paralimbic and lateral prefrontal encoding of reward value during intertemporal choice in attempted suicide. *Psychological Medicine, 46*(2), 381–391.

Wendelken, C., Nakhabenko, D., Donohue, S. E., Carter, C. S., & Bunge, S. A. (2008). "Brain is to thought as stomach is to ??": Investigating the role of rostrolateral prefrontal cortex in relational reasoning. *Journal of Cognitive Neuroscience, 20*(4), 682–693.

Wisłowska-Stanek, A., Lehner, M., Turzynska, D., Sobolewska, A., & Płaznik, A. (2010). The influence of D-cycloserine and midazolam on the release of glutamate and GABA in the basolateral amygdala of low and high anxiety rats during extinction of a conditioned fear. *Pharmacological Reports, 62,* 68–69.

Wu, S. L., Hsu, L. S., Tu, W. T., Wang, W. F., Huang, Y. T., Pawlak, C. R., et al. (2008). Effects of d-cycloserine on the behavior and ERK activity in the amygdala: Role of individual anxiety levels. *Behavioural Brain Research, 187*(2), 246–253.

Yarkoni, T., Poldrack, R. A., Nichols, T. E., van Essen, D. C., & Wager, T. D. (2011). Large-scale automated synthesis of human functional neuroimaging data. *Nature Methods, 8*(8), 665- 670.

응용심리학을 위한 진화적 원리
Evolutionary Principles for Applied Psychology

스티븐 헤이즈 Steven C. Hayes, PhD
네바다대학 리노 심리학부

장 루이 모네스테 Jean-Louis Monestès, PhD
그러노블 알프스대학 심리학부, LIP/PC2S 연구소

데이비드 슬론 윌슨 David Sloan Wilson, PhD
빙엄턴대학 생물학부 및 인류학부

근거 기반 치료가 근거에 기반하는 방식은 크게 네 가지이다. 첫째 치료가 행동 변화의 기본 원리에서 나오고 다시 그 원리에 기여할 것, 둘째 치료가 이러한 원리를 응용 모델 및 이론과 연결할 것, 셋째 기술적 확장과 방법을 주의 깊게 통제한 연구로 평가할 것, 넷째 개입 패턴의 결과가 기본 원리 또는 응용 모델이나 이론의 입장에서 이해할 수 있는지 검토할 것이다.

인지행동치료는 그동안 이러한 실증적 요구에 대한 입장이 (일정 부분이라도) 아주 분명했다. 40년 전까지는 앞에 있는 1~3단계를 따르는 것을 초기 행동치료를 특징짓는 현상으로 정의했다. 즉, "조작적으로 정의한 학습이론과 잘 확립된 실험적 패러다임을 따르는 것(Franks & Wilson, 1974, p.7)"이었다. 하지만 지금은 (하나를 추가하여) 앞에 있는 네 단계를 모두 포함한다. 예를 들어 이 책 6~9장에서는 행동과 인지, 감정, 감정 조절, 신경과학 등의 각 분야에서 응용할 수 있는 기본적 원리에 초점을 맞추었다. 이러한 주제는 모두 이런 종류의 책에서는 당연히 다루어질 내용이다. 하지만 진화과학과 같은 아주 기본적인 주제를 다루는 책은 우리가 잘 모른다.

어떤 의미에서는 이것이 이상한 일이다(역주, 진화를 모르며 다른 것을 열심히 이야기하는 것은 이상하다). 만약 신경과학자가 "뇌는 왜 이런 식으로 만들어졌을까요?"라는 질문을 받으면, 진화적 설명을 동원하지 않고는 과학적으로 말할 것이 별로 없을 것이다. 행동과 인지, 감정 분야의 과학도 마찬가지이다. "생물학의 어떤 것도 진화의 빛을 비추지 않으면 앞뒤가 맞지 않는다."라는 도브잔스키(Dobzhansky, 1973)의 유명한 말은 모든 행동과학으로 확장되어야 한다. 인지행동치료나 근거 기반 치료에서도 그렇다.

이 장에서는 진화과학이 근거 기반 심리 개입 분야의 연구와 실제에 유용한 지침을 제공한다는 것을 말할 것이다. 현대 진화과학을 간단한 형태로 요약하고, 몇 개 조합 과정에 집중하여, 근거 기반 치료를 배우는 학생이 (특정 치료 모델이 어떠하든) 정신 병리를 더 잘 이해하고 효율적이고 효과적인 치료 방법을 개발하고 도입하게 하려 한다.

진화과학은 이제 많이 바뀌었고, 계속 바뀌고 있다. 따라서 진화과학은 이러한 역할을 더 잘 수행할 수 있다. 진화과학은 행동과학과 이어지지 않았던 시기를 벗어나 새롭게 부상하고 있다. 최근까지도 현대 진화과학은 유전체 중심gene-centric이었다. 리처드 도킨스(1976) 같은 대중적 진화론자는 물리적인 생활 형태는 하나의 복제 단위로 단순히 유전자 생활 주기 가운데 한 부분이라는 생각을 발전시켰다. 직설적으로 말하면 진화를 흔히 "선택적 생존을 통한 한 종 안에서의 유전자 빈도의 변화"로 정의했었다(Bridgeman, 2003, p. 325). 이러한 견해를 응용심리학에 적용하자면 주로 유전자가 행동의 원인이 된다는 생각이었다. 정신 병리와 인간 기능은 유전적으로 결정된 것이므로 인간 게놈 지도가 완전히 밝혀지면 유전적 원인을 바꾸지는 못해도 고위험군에는 어떤 개입을 할 수 있겠다는 희망을 품은 적이 있었다.

행동에 관한 유전학의 이러한 생각은 (특히 2003년에 완성한 인간 게놈 서열의 결과로) 빠르게 바뀌었다. 과학적 성취로 얻은 자세한 지식은 유전자가 정신 병리를 비롯한 어떤 것에서도 특정 표현형 속성을 부호화하지 않는다는 것을 분명히 보여줬다(Jablonka & Lamb, 2014). 예를 들어 정신 건강 문제가 있거나 없는 수만 명을 대상으로 한 많은 연구를 보면, 유전적 위험요인과 정신 병리는 아주 폭넓고, 시스템적이며, 복잡한 방식으로 관련이 있었다(예, Cross-Disorder Group of the Psychiatric Genomics Consortium, 2013). 이런 패턴은 다른 곳에서도 나타났다. 최근에 25만 명의 참여자를 분석한 결과(Wood et al., 2014), 유전은 인간 키의 5분의 1 정도만 설명할 수 있었는데, 이를 위해서도 500개가 넘는 위치에서 700개가 넘는 유전적 변이가 필요했다. 저자들은 키가 수천 개의 유전자 위치 및 변이와 관련이 있을 것이라고 결론을 내렸다.

후성유전학epigenetics에 관한 지식도 비슷하게 심대한 효과가 있다. 즉, DNA 염기 서열이 아니면서 유전자의 활동과 발현, 전사, 기능을 조절하는 생물학적 과정이 있다는 것이다. 가장 큰 관심거리는 유전이 되는 후성유전적 과정이다. 예를 들어 메틸기가 시토신 염기에 화학적으로 결합하면, 그 부위의 DNA는 전사되기 어렵고 결국 단백질 생산을 덜 하게 된다. 이러한 메틸화는 어느 정도 유전하는데(Jablonka & Lamb, 2014), 다른 후성유전적 과정과 함께 환경과 행동에 의해 스스로 조절된다. 예를 들어 후각 자극으로 혐오적인 고전적 조건화에 노출된 쥐의 새끼는 특정한 후각 유전자의 메틸화 때문에 과거에 경험한 적이 없는 냄새에도 놀람 반응을 나타냈다(Dias & Ressler, 2014).

이러한 효과는 심리적 개입과도 관련이 있다고 알려졌다. 예를 들어 8주 동안의 마음챙김 명상은 인간 신체에 있는 유전자의 6%를 켜거나 끌 수 있다(Dusek et al., 2008). 또한 후성유전적 과정이 뇌의 조직화에 영향을 미치고(Mitchell, Jiang, Peter, Goosens, & Akbarian, 2013), 정신 건강을 지켜 주는 경험은 후성유전적 효과가 있다고 한다(예, Uddin & Sipahi, 2013).

이러한 자료는 진화적 입장에서 환경과 행동을 보는 방식을 근본적으로 바꾸고 있다. 진화는 단순히 유전자(또는 유전자와 문화적 밈meme)가 행동에 영향을 주는 것만을 뜻하지 않는다. 반대 방향도 참이다. 이제는 물리적 유기체를 자신의 환경과 행동을 생물학으로 변환하는 하나의 체계로 보는 것이 더 그럴듯하다(Slavich & Cole, 2013). 앞으로 다루겠지만 학습은 점점 진화의 중요한 계단 가운데 하나로 받아들여지고 있다. 진화적 사고를 더 체계적이고 다면적으로 개발하면, 적합도fitness를 더 포괄적으로 보게 되고 유전적, 비유전적 요인을 함께 고려할 수 있다. 이러면 이것을 행동 개입 자체를 조직화하는 데 사용할 수도 있다(D.S. Wilson, Hayes, Biglan, & Embry, 2014).

진화 원리, 여섯 가지 핵심 개념
Evolutionary Principles: Six Key Concepts

진화과학은 수많은 문헌으로 이루어진 폭넓은 연구 분야이지만, 적용에서는 여섯 가지 핵심 개념으로 압축할 수 있다. 우리는 이것을 설명하고, 이것이 정신 병리와 심리적 개입과 어떻게 관련이 있는지 예를 들겠다.

변이 Variation

"당신이 언제나 하던 것만 하면, 언제나 얻었던 것만 얻을 것이다."라는 코미디언 맘스 마블리의 말은 옳았다. 변이는 진화에 필요한 것이다.

행동과학에서 진화적 관점을 지닌 사람들도 이러한 생각을 줄곧 강조했다(예, Campbell, 1960). 진화는 눈먼 변이에서 시작한다고 한다. 하지만 이를 그대로 인정하더라도 진화는 환경 조건에 대한 반응으로 곧이어 표적 변이를 일으키기에 이 말에는 오해할 소지가 있다. 예를 들어 박테리아에서 인간에 이르기까지 유기체에는 환경적 스트레스에 직면하면 돌연변이가 일어날 비율은 높이고, DNA를 보수하는 정확도는 줄이는 진화된 능력이 있다고 알려졌다(Galhardo, Hastings, & Rosenberg, 2007). 이러한 관찰로 일부 진화론자는 "오늘날 우리와 함께 있는 종의 집합을 적자생존의 산물이며 동시에 가장 진화를 잘한 것이 살아남은 것이라고 볼 수 있는지"를 묻기 시작했다(Wagner & Draghi, 2010, p. 381). 진화성의 진화evolution of evolvability는 확장된 진화 종합론evolutionary synthesis이 선호하는 주요한 주장인데(Pigliucci, 2007; Laland et al., 2015), 여기서는 유전자 중심의 접근에서 유기체와 생태 중심의 접근을 모색한다. 이 장에서도 이런 생각을 다수준 선택이나 발달, 후성유전학 등으로 말할 것이다.

진화성의 진화는 행동적 수준에서도 관찰할 수 있는데, 예를 들면 소거 기간에 반응의 변이가 늘어난다. 인간에게는 언어와 고위 인지를 통해 기능을 변형할 수 있고 비목적론적 과정에서 목적성 있는 행동을 산출할 수 있는 능력이 있다. 따라서 변이는 극에 달할 수 있다(Monestes, 2016; D.S. Wilson, 2016).

정신 병리와 심리적 개입에서 진화적 변이가 요청될 때, 한편으로는 건강하지 않은 인지적, 감정적, 행동적 경직성을 검토하고, 다른 한편으로는 이들 영역에서 건강한 변이를 모색해야 한다. 진단을 초월하여 반추와 걱정, 감정 표현 불능증, 경험 회피, 자기 조절 부족, 사회적 무감동, 헌신적 관계의 부족 등과 같은 중요한 과정은 모두 인지적, 감정적, 행동적, 사회적 영역에서 편협하고 경직된 레퍼토리라고 정의할 수 있다. 또 특정 형태의 정신 병리는 맥락 변화에 대한 건강한 변이나 민감도를 떨어뜨리는 증상이나 현상으로 볼 수 있다. 예를 들어 우울증에서 나타나는 사회적 철수는 새로운 사회적 행동을 배울 기회를 줄인다. 약물이나 술을 남용하는 것은 변화의 동기를 낮춘다. 이러한 과정에 얽매인 내담자가 자신을 "갇힌stuck"이나 "판에 박힌in a rut", "변할 수 없는unable to change"으로 묘사하는 것은 눈여겨볼 가치가 있다.

시간에 따라 정신 병리가 발달하는 것은 부분적으로 편협하고 경직된 적응 형태를 만든 경험에 뿌리를 두는 것으로 이해할 수 있다. 예를 들어 내담자의 과거 병력을 보면 종종 외상, 학대, 방임, 양육과 사회적 지지의 부족, 가난과 인종차별 같은 만연한 환경적 스트레스와 (무엇이었든) 피할 수 없는 혐오적 조절이 높은 수준으로 오랜 기간 있었던 것을 알 수 있다. 이러한 혐오적 조절은 건강한 행동 변이를 제한하는 회피 패턴을 일으킨다(Biglan, 2015).

행동 변이를 병적으로 제한하는 또 다른 원천은 자극에 "단순히" 있는 그대로 반응하지 않고 자신이 표상하는 대로 반응하는 인간의 능력이다. 즉, 자극의 물리적 특성과 관계없이 직접적인 훈련이 없는데도 어떤 기능을 유도해 내는 능력을 말한다(7장에서 다루었다). 이러한 능력에 기초하여 행동 변이를 극적으로 개선했던 언어 규칙(예를 들어 사람은 꽃을 집을 꾸미는 용도로 사용할 수도 있고, 사랑을 표현하거나 죽은 자를 기리는 용도로 사용할 수도 있다)의 관계 구성 능력으로 (고깃덩어리가 죽은 동물의 연상을 불러일으키고 최근에 사망한 아버지를 떠올리게 해서 바비큐를 피하는 식으로) 행동 변이가 심각하게 제한될 수 있다.

하지만 행동 변이를 단순히 지형학적 입장에서 생각하면 안 된다. 무너지고 충동적이며 혼란스러운 행동을 부추기는 것이 정신치료의 목표일 수 없듯이 행동 변이가 표면적인 수준에서만 일어나면 기존의 비적응적 기능을 유지할 뿐이다. 이는 물질 남용으로 괴로워하는 사람이 남용하던 물질을 사용할 수 없게 되었을 때 한 약물에서 다른 약물로 옮겨 가는 것과 같다. 기존 형태가 건강한 생활습관을 얻는 데 실패했을 때 심리적 개입에서 할 일은 기능적으로 더 적응적인 형태를 표적으로 삼는 것이다. 즉, 심리적 주제일 경우에 행동 변이를 적응적으로 가져간다는 것은 기능적으로 다른 것이어야 한다. 새로운 행동은 다른 분류 결과나 다른 조직의 강화를 가져와야 한다. 예를 들어 물질 사용을 그만둘 때의 감정과 감각을 개방하게 하여 아버지로서의 일을 잘하도록 배운다고 할 때, 중요한 것은 단순한 약물 사용의 변화가 아니다. 또 다른 긍정적 적응은 부적 강화에서 정적 강화로 변화하는 것일 수 있다. 충동에 이끌리는 것에서 상징적 강화인 "가치 기반" 형태와 접촉하는 것으로 바뀌고, 단기 강화보다는 장기 강화에 이끌리는 것이다. 진정으로 "새로운" 것은 기능적으로 "새로운" 것이다.

새롭고 건강한 형태의 생각과 느낌, 행동은 보통 새롭고 더 지지적인 환경이 필요하다. 이것은 레퍼토리를 좁히는 심리적 과정을 줄이고, (신뢰, 수용, 존중, 탐색, 호기심 등의) 성공적 변이를 끌어낼 심리적 과정을 부추기는 정신치료가 만들어 내려는 환경이다. 임상적으로 정신치료라는 것은 심리적으로 막다른 길을 만났을 때, 부분적으로 성장을 북돋아 줄 건강하고 기능적인 감정적, 인지적, 행동적 유연성을 일으키려는 시도이다(Hayes & Sanford, 2015). 정신치료는 안전한 장소를 구성하여 내담자가 기능적으로 다른 행동을 전개하는 실험을 하게 하고, 치료자는 내담자의 행동이 선택을 받아 행동 변이가 유도되도록 한다.

선택 Selection

두 번째 주요한 진화 과정은 선택이다. 유전적 진화에서 *선택*이란 생존, 이성에게 접근, 경쟁적 능력 같은 평생 생산적 성공에 차이를 만들어 낼 어떤 것이다. 행동 영역에서의 선택은 개인이 평생 겪는 조작적 학습이라 할 수 있다. 즉, 산출되는 결과에 따라 선택되는 행위를 말한다. 스키너는 특별히 이 둘이 비슷하다고 말했다(1981).

조작적 학습은 환경적 적소environmental niches와 접촉을 유지하고, 행동과 그것에 따르는 효과를 통해 이를 구성하여 선택압selection pressures을 극적으로 바꾼다. 예를 들어 갯벌에서 땅을 파는 새의 행동은 먹이인 갑각류를 얻음으로써 강화를 받는다. 그렇게 세대가 지나면 유전자 수준에서 새의 부리 구조가 먹이 환경에 적응하게 된다. 그 결과 새로운 표현형은 꽤 빠른 속도로 진화할 수 있다. 홍학의 부리가 이러한 과정의 구체적 예이다. 갯벌에서 발견한 갑각류를 먹는 것은 굉장히 강화적이라 홍학은 갯벌을 파는 행동으로 오랜 시간을 보냈다. 이는 머리를 아래로 향하게 해서 물을 내뱉기 전에 음식물을 걸러낼 수 있는 이상하게 생긴 부리로 진화하게 했다. 하지만 이러한 신체적 진화 과정은 부리의 변이와 관련한 선택압을 바꾸는 수반 학습에서 시작한 것이다(Schneider, 2012). 학습에 기반하여 생태적으로 알맞은 장소를 선택하고 구성한 것에 반응하여 표현형이 빠르게 진화하는 이러한 효과는 일부 진화론자가 캠브리아기 폭발 시기에 학습의 진화 자체가 생물 형태의 폭발을 가져왔다고 믿는 까닭 가운데 하나이다(Ginsburg & Jablonka, 2010). 비슷한 상황으로 양육이 긍정적인 사회적 연결과 타인과 함께 있는 것의 즐거움을 가져오고(Biglan, 2015), 이는 다시 더 큰 공감과 사회적 기술이 자가 증폭적인 발달 회로를 통해 발전해 나갈 조건을 확립한다.

응용 분야에서 선택은 정신 병리와 이것의 치료를 이해하도록 돕는다. 많은 정신 병리 형태는 진화적 "적응의 정점adaptive peaks"이라고 생각할 수 있다. 적응의 정점이라는 은유는 표현형 적응이 "꼭짓점"까지 진행한 것인데, "꼭지"란 더는 진행할 수 없다는 뜻이다. 예를 들어 포식자는 진화한 신체적(예, 파는 발톱), 행동적(예, 단체로 사냥) 특성으로 어떤 먹이를 표적으로 삼는 데 더 능숙해질 수 있다. 이러한 성공은 포식자의 수를 늘리지만, 동시에 특정 먹이에 대한 의존도를 높이고, 결국 다른 먹이에는 이 특성을 사용할 수 없게 하는 적응을 초래한다. 만약 포식자가 크게 성공한다면 먹이의 개체수는 급속히 줄어들고, 심지어 포식자가 멸종할 수도 있다.

아주 비슷하게 정신 병리에서 보이는 어떤 과정은 처음에는 진화적 의미에서 "적응적"인 행동 패턴으로 구성된다. 문제는 그 적응이란 것이 아주 제한된 환경적 특징에서 일어나고(예, 단기 수반성, 혐오적 조절), 이후에 덜 제한된 환경에서는 긍정적 발달을 해칠 수 있다는 것이다. "즉, 정신 병리는 특정한 방식으로 진화적 과정이 길을 잘못 든 것으로, 정상적인 진화적 과정을 통한 추가적인 긍정적 발달이 막힌 것이다(Hayes et al., 2015, p. 224)." 예를 들어 혼란스럽고 비양육적인 환경에서 자란 아이는 단기 결과에 의해 조절 받는 행동을 더 보일 것이다(Biglan, 2015). 이 행동이 적응적이기 때문이다. 혼란스럽고 비양육적인 환경은 긴 시간 틀에서는 예측이 어렵고, 즉각적 이득을 모색하는 것만이 사리에 맞다. 어른이 되면 긴 시간 틀에서 환경을 조절하는 능력이 훨씬 향상한다. 하지만 "충동적인" 행동은 남는다. 또 이런 행동이 아이 때의 환경과 비교했을 때 더 건강한 방식으로 혼란을 피하고 양육을 찾는 행동을 할 수 있는 어른 환경에서 일어나는 변화와 접촉하는 것을 어렵게 한다.

행동을 선택할 때는 변별적 선택을 사용한다. 따라서 평생의 행동적 진화에는 특별한 논점이 있다. 시간과 유발될 수 있는 행동의 수가 제한적이기 때문에 다른 행동의 결과와 비교하여 각각의 행동은 그 자신의 결과에 따라 선택된다(Herrnstein, 1961). 더욱이 탈학습unlearning이 불가능하기에 행동의 죽음 같은 것은 없다. *소거*란 "탈학습" 자체가 아니라 강화의 감소로 행동의 빈도가 줄어드는 억제이다. 과거에 강화되었던 행동이 다른 반응 형태와 경쟁하여 수면 아래로 가라앉을 수는 있지만 완전히 사라지지는 않는다. 따라서 행동 선택에서 선택 기준을 살펴보려면 경쟁하는 다른 행동적 대안을 염두에 두고 분석해야 한다. 이 말은 치료자가 과거 형태와 경합할 수 있는 건강한 행동의 새롭고 강력한 강화 원천을 조직해 주어야 한다는 뜻이다. 레퍼토리 안에 우월한 대안이 있어야 이것이 주어진 문제 행동에 대항하여 선택될 수 있다. 정신치료는 항상 쌓아가는 것이지, 제거하는 것이 아니다. 은유적으로 말하면 수프 안에 소금이 많다고 해서 이것을 없앨 수는 없다. 수프를 더 넣은 것만이 해결책이다. 원치 않는 행동이나 행동 과다를 다룰 때, 오염을 해결하는 방법은 희석이다.

치료에서 가치를 검토하고 선택함으로써 결과의 효과가 상징적 과정을 통해 바뀔 수 있다. 즉, 기존의 행동 결과에 있는 강화적 효과가 증진되거나, 소거되었던 행동의 새로운 결과가 만들어질 수 있다. 종교적 헌신이나 일반적인 문화적 관행은 종종 이러한 방식으로 작동한다. 즉, 행위에 대해 새롭고 증진된 선택 기준이 생기는 셈이다. 우리 모두에게 유전형genotypes이 있는 것처럼, 인간의 언어가 진화하면 우리는 모두 *상징형symbotypes*을 지니게 된다. 이는 인지적 관계의 네트워크로 스스로 진화하고, 다른 행동 과정에 영향을 미친다(D.S. Wilson et al., 2014).

보유 Retention

선택된 변이가 유기체나 종에게 유용하려면, 변이가 한 가지 이상의 방법으로 유지되어야 한다. 종 수준에서 부모에서 자손으로 전달된 유전자 또는 DNA의 재조직이나 약간의 후성유전 과정을 통한 변이의 표현 등이 선택된 기질의 보유를 보증한다. 이는 재생산에 성공하는 것이 진화 연구에서 주요한 주제가 되는 까닭이다. 즉, 자손이 많을수록 다음 세대에 더 많은 유전자를 전달하고, 세대를 가로질러 유리한 형질을 더 잘 보유할 수 있다. 많은 종에서 자식의 몸집과 개체 수 사이의 맞교환을 관찰할 수 있다는 것 역시 세대를 가로질러 형질 전달의 성공이 중요하다는 것을 증명한다(Rollinson & Hutchings, 2013). 부모 세대의 적합도만 생각하면 우수한 형질의 복사가 가장 많이 일어나려면 되도록 자식을 많이 낳은 것이 좋은 전략이다. 하지만 세대를 거쳐 선택된 기질을 보유하는 것이 중요하다면, 자손의 생존도 중요하다. 따라서 많은 종이 할 수 있는 것보다 자손을 적게 낳고, 그들의 생존에 노력을 기울인다.

행동 수준에서 보유란 (반복과 수반적 결과로 유기체의 레퍼토리에 변화를 주는) 개체 내 요소와, (사회적 학습과 문화적 전파에 해당하는) 개체 간 요소를 포함한다. 보유가 없으면 행동 과정으로서 학습은 의미가 없고, 사회적 과정으로서 모방과 문화는 의미를 잃는다. 예를 들어 강화로 다음에 오는 행동의 기능을 바꾸는 것도 일종의 보유이다. 하지만 보유나 유전성이 반드시 "저장storage"을 뜻하지는 않는다는 것을 분명히 해야 한다. 유전자는 유형의 물질로 이루어지고, 생식 세포의 염색체에 저장되었다가 다음 세대로 전달된다. 하지만 행동의 보유는 오히려 종이를 한 장 접을 때 일어나는 일과 같다. 종이 한 장을 돌돌 말았다가 핀 다음에 놓으면 종이는 처음 상태로 돌아가려 할 것이다. 종이를 몇 번이나 같은 자리에서 접으면 구겨진 상태로 있으려 할 것이다. 종이를 말고 접는 행위는 문자적 의미에서 "저장"된 것이 아니다. 단지 종이에 변화가 온 것이다. 평생 하는 행동의 경우에 보유는 결과적으로 전달이라기보다는 실행의 문제이다.

정신치료자로서 내담자와 짧은 시간 만난 다음에 내담자의 행동 레퍼토리의 변화를 오랫동안 유지하게 하는 것은 매력적인 도전이다. 이 책의 3부에 있는 많은 장은 이러한 노력을 보여준다. 예를 들면 치료실 밖에서 어떤 행위가 일어날 기회를 얻도록 단서나 개시prompt를 제공하여 행동의 보유를 돕거나(12장 자극 조절을 보라), 행동 패턴을 지지하거나 강화하는 환경을 개발하거나(14장 자기 관리를 보라), 내담자가 기존 결과를 획득하도록 동기를 증진하는 것(27장 동기 면담이나 25장 가치 선택을 보라) 등이다. 조금 다른 이야기인데 진화는 감정이 관련한 외현적 행동을 더 잘 보유하는 것이다. 이는 치료 시간에 감정을 더 개방할수록 임상적 내용을 보유하는 데 도움이 된다는 뜻이다(24장을 보라).

변이와 선택적 보유는 진화 과정의 핵심이다. 하지만 진화 원리를 의도적으로 사용하려면 세 가지 개념이 더 필요하다. 그것은 맥락과 다수준 및 다차원 접근이다.

맥락 Context

진화는 본질적으로 맥락에 민감하다. 모든 유기체는 자신의 삶이 이어지는 동안에 여러 다른 맥락을 경험하고, 그 맥락은 잠재적으로 적응적 반응을 요구한다. 맥락은 어떤 변이를 선택할지를 결정한다. 수반성 학습을 할 수 있는 모든 종은 자신의 행동으로 환경을 선택할 수 있다(홍학의 부리는 이러한 적소 선택의 사례이다). 많은 종은 생산과 재생산 주제와 관련한 선택압을 바꾸는 행위를 해서 특정한 물리적, 사회적 맥락을 창조할 수 있다. 이를 적소 구성niche construction이라 한다. 학습은 유기체가 이러한 커다란 기능적 패턴을 형성하도록 돕는다. 이것은 문화적, 유전적 적응으로 더 효율적이게 된다. 이것이 부분적으로 학습을 일종의 진화 계단으로 생각하게 하는 까닭이다(Bateson, 2013).

응용 심리학자는 본질적으로 응용 진화 과정에 참여하는 것이라면, 심리학자가 행동이 일어나는 맥락으로부터 지지받지 못하는 변화를 조성하는 것은 얻을 이익이 없다. 목적 있는 진화를 하려면 바람직한 행동적 형식을 담을 수 있는 맥락이 선택되거나, 이를 위해 현재 맥락을 수정해야 한다. 행동 혁신이 놓일 자연스러운 장소를 이해하려면 현재 환경 안팎에 대한 마음챙김과 개방된 주의가 필요하다. 이런 시각에서 마음챙김(26장)과 수용(24장)에 관한 장을 볼 수 있다.

심리적 행위가 일어나는 맥락을 이해하면 일정 부분은 그것만으로도 행위가 선택되는 조건을 바꿀 수 있다. 예를 들어 가치 작업(25장)은 겉으로 보기에는 중요하지 않은 일상적 행동을 더 큰 존재나 행위의 속성과 연결할 수 있다. 아침에 면도하는 것이 지루하고 사소한 일 같겠지만, 이것을 다른 사람을 존중하는 의미로 보면 중요한 행위와 연결할 수 있다.

다수준 선택 Multilevel Selection

선택은 조직화의 다양한 수준에서 동시다발로 작동한다. 유전자뿐 아니라 유전 체계까지, 행동뿐 아니라 행동의 군class이나 레퍼토리까지, 생각뿐 아니라 인지적 주제나 도식까지 다양하다. 서로 다른 수준에서 선택은 같은 방향일 수도 있고, 다른 방향으로 전개될 수도 있다. 수준 사이에 협동이 일어날 수도 있고, 갈등도 일어날 수 있다(Okasha, 2006).

신체를 하나의 다세포 체계로 생각해 보자. 정상 성인의 몸은 30~35조의 세포로 이루어진다(Bianconi et al., 2013). 매 순간 수백만 개의 세포가 죽어 나가는데, 개별 세포 수준에서는 어마어마한 대학살로 보이지만 "당신"이라는 집단 세포 차원에서는 건강한 삶을 지탱하게 하는 것이다. 하나의 주어진 수준에서 일어나는 협동의 방식대로 집단 세포 생명체 수준에서의 주요한 진화적 진보가 일어난다. 집단 간 경쟁에 기초하여 선택이 일어날 때, 낮은 수준의 조직화에서 나타나는 이기적 행태를 제한하는 쪽으로 적응이 이루어진다. 따라서 집단의 평균치에서 보면 더 큰 성공이 증진된다. 예를 들어 평균적인 세포는 (매 순간 수백만 개의 세포가 죽지만) 혼자 있을 때보다 "당신"으로 함께 협동할 때 더 잘 지내고 더 오래 살 수 있다. 다세포 신체 간의 경쟁이 그들의 존재 방식이다. 만약 일부 세포가 당신에게 유용한지, 아닌지와 관계없이 증식하기 시작하면, 이것을 악성 종양이라 한다. 이것이 통제되지 않으면 당신은 죽고, 그 개별 세포도 죽는다. 이런 일이 일어나는 것을 막으려고 당신 신체에는 DNA를 복구하고, 비정상적이고 악성 직전인 세포를 탐지하고, 반역 세포가 나타나면 죽이는 진화 시스템이 존재한다.

이런 예에는 다수준 선택 이론의 핵심적인 생각이 들어 있는데(D.S. Wilson, 2015), 최근 몇 년 동안에 그 중요성이 빠르게 부각되었다(예, Nowak, Tarnita, & Wilson, 2010). 선택의 수준 사이에는 끊임없이 균형 작용이 일어난다. 작은 집단의 경쟁으로 높은 수준의 조직화에서 선택을 부추기는 압력이 들어오고, 낮은 수준에서 이기심을 억제하다 보면 때로는 협동 쪽으로 균형이 쏠리고 이것이 주요한 진화적 실행의 동력이 되기도 한다. 예를 들어 다세포 유기체의 경우에 진핵세포는 고대의 다른 생물 형태인 미토콘드리아와 협동적 동반자 관계를 맺었고, 흰개미나 꿀벌, 인간과 같은 진사회성 종은 진화적 용어로 아주 성공적인 사회적 협동의 형태를 진화시켰다.

다수준 선택 이론에서 다른 영장류와 비교했을 때 인간은 아주 협동적이다. 인간이 작은 집단이나 부족 사이에서 경쟁하며 진화했고, (예를 들면 도둑질을 반대하는 도덕적 명령 같은) 이기심을 제한하는 (상당 부분 문화적이며 상징적인) 다양한 적응을 진화시켰기 때문이다. 하지만 악성 종양의 사례가 나타내듯 다 세포 유기체의 훨씬 오래된 시스템에서는 각자의 이기적 관심이 완전히 사라지지는 않았다.

다수준 선택이라는 개념이 있으면 응용 심리학자는 집단 수준에서 도움이 되는 협동과 더 낮은 수준에서의 이기심 제한 사이에서 균형을 염두에 둘 수 있게 된다. 예를 들어 개인의 심리적 주제로 작업하는 치료자라도 여전히 사회적 연결과 애착, 친밀감을 촉진하는 것이 중요하다. 따라서 이러한 인간의 필요가 심리적 이기심으로 약해지지 않도록 신경 써야 한다. 사회적 지지와 양육이 심리적 건강에 가장 크게 기여하고, 사회적 고립과 단절이 정신 병리에 가장 크게 작용하는 것은 우연이 아니다(Biglan, 2015). 인간은 사회적 동물이다. 집단 간 경쟁은 우리가 작은 집단 안에서 갈등하는 것보다는 협동하는 집단이 훨씬 잘 기능한다는 단순한 사실에 따라 행동하게 한다.

집단과 개인 사이의 균형은 응용 심리학의 모든 주제에 적용될 수밖에 없다. 초점을 아무리 잘게 나누어도 그 안에는 선택의 수준이라는 게 있기 때문이다. 그런 까닭에서 이 단락 처음에 우리는 인간의 신체를 예로 들었다. 신체라는 것은 “개인”을 뜻하는(역주, 영어로 개인individual의 어원은 “더는 쪼갤 수 없다”이다) 정의에 해당하지만, 사실은 수십 조의 세포가 협동하는 집단이다. 같은 식으로 심리적 “개인”은 다수의 자기와 행동, 감정, 생각 등을 포함한다. 응용에서의 핵심 주제는 어떻게 하면 이들이 협동적일 수 있는가이다.

이 책에 등장하는 정신 병리 가운데 흔한 주제를 몇 가지 생각해 보자. 이야기와 반추, 걱정, 도움이 되지 않는 핵심신념(22장을 보라)의 문제, 회피적 감정 조절 과정(16장을 보라) 같은 문제는 이러한 특정 심리적 주제가 우리 내담자에게 정당한 몫보다 많은 시간과 자원을 요구하게 한다. 건강한 삶이라도 불안과 걱정의 역할이 없는 것이 아니다. 그보다는 "당신의 내담자"라고 불리는 심리적 집단(또는 단순히 세포 집단)의 이익과 비교하여 불안과 걱정의 역할이 균형을 잃을 수 있다. 정신치료는 바로 이 균형을 바로잡으려 하고, 인격의 통합을 모색한다. 예를 들어 치료에서 마음챙김과 수용을 강조하는 것은 전체 심리적 수준에서(예, 가치 작업을 통해) 성공을 북돋고 (필요 이상으로 시간과 관심을 요하는) 특정한 생각과 느낌, 행위 수준에서의 이기적 관심을 직면하게 하여 평화를 확립하려는 시도로 생각할 수 있다.

다차원 선택 Multidimensional Selection

어떤 분석 수준에서든 연구자와 임상가는 보통 연구와 관련한 몇 가지 영역을 뽑아낸다. 예를 들어 근거 기반 치료의 경우에 심리적 수준에서 강조하는 영역은 행동과 감정, 인지 같은 것이다. 어떤 사람은 근거 기반 치료자에게 사회적 수준이나 그와 관련한 다양한 영역(가족, 관계, 애착, 사회 학습, 문화 등)의 중요성을 일깨울 것이고, 다른 사람은 생물학적 수준이나 그와 관련한 영역(뇌, 신경계, 유전자, 변연계 등)을 강조할 것이다.

진화적 관점은 한 개인이나 종의 생애에 일어나는 유전 흐름inheritance stream이라는 생각으로 이 많은 영역을 연결하여, 이들 사이의 진정한 통섭real consilience 기회를 제공한다(E.O. Wilson, 1998). 이러한 진화의 차원은 제한된 설정을 뛰어넘는다. 유전자 수준은 분명 하나의 차원이긴 하지만, 후성유전학, 행동, 상징적 의사소통 같은 차원도 있다(Jablonka & Lamb, 2014).

예를 들어 우리는 이 장에서 이미 (상징적 과정이 들어 있는) 건강하거나 건강하지 않은 행동 변이라는 입장에서 기회와 대가를 말했다. 상징적 과정은 분명한 유전 흐름이다. 예를 들어 지금 당신이 읽는 문장은 저자가 죽고 한참 지난 다음에도 독자의 행동에 영향을 줄 것이다.

상징적 과정이 정신 병리의 유전학에서 사라진 지 오래인 것 같지만, 사실 경험적으로는 그렇지 않다. 세로토닌 수송 단백질(SERT 또는 5HTT)을 조절하는 유전자를 생각해 보자. 초창기의 영향력 있는 연구에서는 SERT의 두 대립 형질이 모두 짧은 사람에게 생활 스트레스가 겹쳐지면 우울증 빈도가 높아진다고 했다(Caspi et al., 2003). 이후에 다양한 문화 집단과 개인을 대상으로 시행한 연구에서는 그러한 효과는 미미하거나 없었다(메타 연구를 원하면 Risch et al., 2009을 보라). 하지만 최근의 증거는 효과가 일치하지 않은 것이 부분적으로는 유전적 양상이 경험적 회피와 기능적으로 관계를 맺은 결과일 수 있다는 것을 시사한다(Gloster et al., 2015). 다시 말하지만 경험적 회피는 주로 상징적 사고에 이끌리는 과정이고(Hayes, Wilson, Gifford, Follette, & Strosahl, 1996), 집단과 개인에 따라 다양하게 나타난다. 즉, 특정 체계에서 유전적 다형성genetic polymorphism의 영향을 이해하려면 심리적 수준에서의 지식이 필요하다. 다차원에 걸쳐 공통의 문제 기능이 지속되고 있는 체계는 종종 하나의 단일한 진화적 차원의 문제보다 변화에 저항한다.

그것의 반대도 참이다. 따라서 (경직성을 낮추고, 맥락에 민감한 선택적 보유를 북돋는 것 같은) 진화적 차원을 넘나들며 작동하는 핵심 기능을 표적으로 다루는 것이 임상적으로 도움이 된다. 마음챙김 수련이 단순히 심리적 유연성을 높일 뿐 아니라 스트레스 유발 유전자의 후성유전적 하향 조절down-regulation을 이끄는 것은 좋은 예이다(Dusek et al., 2008). 건강 증진의 긍정적 실천으로서 정신치료는 사람들이 맥락적 조건에 적응적으로 반응하는 것을 익히도록 돕고, 차원과 수준 모두에서 정해진 선택 기준에 맞는 행동을 하도록 북돋는 과정이다.

정신치료에 진화 원리 사용하기
Using Evolutionary Principles in Psychotherapy

우리는 메타 수준에서 근거 기반 개입을 위한 처방전을 내렸던 여섯 가지 차원으로 돌아올 수 있다. 치료자는 건강한 기능적 변이를 권장하고, 불필요한 경직성을 줄이고, 바람직한 선택 기준(가치, 목표, 필요 등)에 맞는 변이는 보유하게 한다, 또 변이가 현재 맥락에서 (적절한 수준과 차원에 맞게) 계속될 수 있어야 한다. 이러한 진화적 아이디어를 폭넓은 관점에서 적용하면, 근거 기반 치료 체계가 명시적으로는 진화적 개념과 관련되지 않았더라도, 건강하지 않은 경직성을 알아내어 바꾸고, 맥락에 더 민감해지도록 격려하는 데 초점을 두는 개념을 포함할 확률이 높다. 이를 통해 사려 깊은 변이가 정해진 선택 기준에 부합하게 한다. 또 이러한 체계는 모두 실천을 통한 보유나 계속적인 맥락적 양상의 창조를 북돋는 경향이 있다.

어떠한 치료 전통을 깎아내리려고 우리가 이렇게 핵심 현상을 말하는 것은 아니다. 오히려 알고 했든, 모르고 했든 경험적으로 성공적이었던 방법이라면 크게 보면 행동 변화의 기본 원리에 부합하여 작동한다는 것을 지적하려 한다. 이러한 통찰은 행동 원리 영역에서는 익숙한 것이다. 하지만 (감정 과학, 인지 과학, 신경 과학 또는 진화과학을 포함한 모든 것) 다른 원리의 조합에서도 이것을 충분히 적용할 수 있다. 진화과학의 중요한 의미 가운데 하나는 서로 다른 일관성 없는 이론과 모델에서 나온 원리라도 진화적 원리에 맞으면 허용한다는 것이다.

과정 기반 치료란 보통 인지행동치료와 근거 기반 치료에서 오래된 생각이다. 이 책 2장에 있듯이 임상 실제를 인도할 다양한 원리가 있다. 이들 원리는 궁극적으로 함께 뭉칠 수 있는데, 진화과학의 우산이 가장 넓다. 행동 원리는 진화해 왔다. 또 진화적 사고의 사례로 던져졌을 때 가장 강력하다. 이는 기능적 인지 원리, 상징형symbotypes, 감정과 신경생물학적 발전에서도 마찬가지로 진실이다. 근거 기반 정신 병리학자와 정신치료자가 현대적 다차원, 다수준 진화과학으로 점점 자신을 응용 진화과학자로 여기게 할 확장된 진화이론이 제공된 것이다.

참고문헌

Bateson, P. (2013). Evolution, epigenetics and cooperation. *Journal of Biosciences, 38*, 1– 10.

Bianconi, E., Piovesan, A., Facchin, F., Beraudi, A., Casadei, R., Frabetti, F., et al. (2013). An estimation of the number of cells in the human body. *Annals of Human Biology, 40*(6), 463– 471.

Biglan, A. (2015). *The nurture effect: How the science of human behavior can improve our lives and our world*. Oakland, CA: New Harbinger Publications.

Bridgeman, B. (2003). *Psychology and evolution: The origins of mind. Thousand* Oaks, CA: Sage Publications.

Campbell, D. T. (1960) Blind variation and selective retention in creative thought as in other knowledge processes. *Psychological Review, 67*, 380– 400.

Caspi, A., Sugden, K., Moffitt, T. E., Taylor, A., Craig, I. W., Harrington, H., et al. (2003). Influence of life stress on depression: Moderation by a polymorphism in the 5- HTT gene. *Science, 301*(5631), 386– 389.

Cross- Disorder Group of the Psychiatric Genomics Consortium. (2013). Identification of risk loci with shared effects on five major psychiatric disorders: A genome- wide analysis. *Lancet, 381*(9875), 1371– 1379.

Danchin, E., Charmantier, A., Champagne, F. A., Mesoudi, F., Pujol, B., & Blanchet, S. (2011). Beyond DNA: Integrating inclusive inheritance into an extended theory of evolution. *Nature Reviews: Genetics, 12*(7), 475– 486.

Dawkins, R. (1976). *The selfish gene*. Oxford: Oxford University Press.

Dias, B. G., & Ressler, K. J. (2014). Parental olfactory experience influences behavior and neural structure in subsequent generations. *Nature Neuroscience, 17*(1), 89– 96.

Dobzhansky, T. (1973). Nothing in biology makes sense except in the light of evolution. *American Biology Teacher, 35*(3), 125– 129.

Dusek, J. A., Otu, H. H., Wohlhueter, A. L., Bhasin M., Zerbini L. F., Joseph, M. G., et al. (2008). Genomic counter- stress changes induced by the relaxation response. *PLoS One, 3*(7), e2576.

Franks, C. M., & Wilson, G. T. (1974). *Annual review of behavior therapy: Theory and practice.* New York: Brunner/Mazel.

Galhardo, R. S., Hastings, P. J., & Rosenberg, S. M. (2007). Mutation as a stress response and the regulation of evolvability. *Critical Reviews in Biochemistry and Molecular Biology, 42*(5), 399– 435.

Ginsburg, S., and Jablonka, E. (2010). The evolution of associative learning: A factor in the Cambrian explosion. *Journal of Theoretical Biology, 266*(1), 11– 20.

Gloster, A. T., Gerlach, A. L., Hamm, A., Höfler, M., Alpers, G. W., Kircher, T., et al. (2015). 5HTT is associated with the phenotype psychological flexibility: Results from a randomized clinical trial. *European Archives of Psychiatry and Clinical Neuroscience, 265*(5), 399– 406.

Hayes, S. C., & Sanford, B. T. (2015). Modern psychotherapy as a multidimensional multilevel evolutionary process. *Current Opinion in Psychology, 2,* 16– 20.

Hayes, S. C., Sanford, B. T., & Feeney, T. K. (2015). Using the functional and contextual approach of modern evolution science to direct thinking about psychopathology. *Behavior Therapist, 38*(7), 222– 227.

Hayes, S. C., Wilson, K. G., Gifford, E. V., Follette, V. M., & Strosahl, K. (1996). Experiential avoidance and behavioral disorders: A functional dimensional approach to diagnosis and treatment. *Journal of Consulting and Clinical Psychology, 64*(6), 1152– 1168.

Herrnstein, R. J. (1961). Relative and absolute strength of response as a function of frequency of reinforcement. *Journal of the Experimental Analysis of Behavior, 4*(3), 267– 272.

Jablonka, E., & Lamb, M. J. (2014). *Evolution in four dimensions* (2nd rev. ed.). Cambridge, MA: MIT Press.

Laland, K. N., Uller, T., Feldman, M. W., Sterelny, K., Müller G. B., Moczek, A., et al. (2015). The extended evolutionary synthesis: Its structure, assumptions and predictions. *Proceedings of the Royal Society B: Biological Sciences, 282*(1813), 1– 14.

Mitchell, A. C., Jiang, Y., Peter, C. J., Goosens, K., & Akbarian, S. (2013). The brain and its epigenome. In D. S. Charney, P. Sklar, J. D. Buxbaum, & E. J. Nestler (Eds.), *Neurobiology of mental illness* (4th ed., pp. 172– 182). Oxford: Oxford University Press.

Monestès, J. L. (2016). A functional place for language in evolution: Contextual behavior science contribution to the study of human evolution. In R. D. Zettle, S. C. Hayes, D. Barnes- Holmes, & A. Biglan (Eds.), *The Wiley handbook of contextual behavior science* (pp. 100– 114). West Sussex, UK: Wiley- Blackwell.

Nowak, M. A., Tarnita, C. E., & Wilson, E. O. (2010). The evolution of eusociality. *Nature,*

466, 1057– 1062
Okasha, S. (2006). The levels of selection debate: Philosophical issues. *Philosophy Compass, 1*(1), 74– 85.
Pigliucci, M. (2007). *Do we need an extended evolutionary synthesis? Evolution, 61*(12), 2743–2749.
Risch, N., Herrell, R., Lehner, T., Liang, K. Y., Eaves, L., Hoh, J., et al. (2009). Interaction between the serotonin transporter gene (5- HTTLPR), stressful life events, and risk of depression: A meta- analysis. *JAMA, 301*(23), 2462– 2471.
Rollinson, N., & Hutchings, J. A. (2013). The relationship between offspring size and fitness: Integrating theory and empiricism. *Ecology, 94*(2), 315– 324.
Schneider, S. M. (2012). *The science of consequences: How they affect genes, change the brain, and impact our world.* Amherst, NY: Prometheus Books.
Skinner, B. F. (1981). Selection by consequences. *Science, 213*(4507), 501– 504.
Slavich, G. M., & Cole, S. W. (2013). The emerging field of human social genomics. *Clinical Psychological Science, 1*(3), 331– 348.
Uddin, M., & Sipahi, L. (2013). Epigenetic influence on mental illnesses over the life course. In K. C. Koenen, S. Rudenstine, E. S. Susser, & S. Galea (Eds.), *A life course approach to mental disorders* (pp. 240– 248). Oxford: Oxford University Press.
Wagner, G. P., & Draghi, J. (2010). Evolution of evolvability. In M. Pigliucci & G. B. Müller (Eds.), *Evolution: The extended synthesis* (pp. 379– 399). Cambridge, MA: MIT Press.
Wilson, D. S. (2015). *Does altruism exist? Culture, genes, and the welfare of others.* New Haven, CT: Yale University Press.
Wilson, D. S. (2016). Intentional cultural change. *Current Opinion in Psychology, 8,* 190–193. Wilson, D. S., Hayes, S. C., Biglan, A., & Embry, D. D. (2014). Evolving the future: Toward a science of intentional change. *Behavioral and Brain Sciences, 34*(4), 395– 416.
Wilson, E. O. (1998). *Consilience: The unity of knowledge.* New York: Vintage Books.
Wood, A. R., Esko, T., Yang, J., Vedantam, S., Pers, T. H., Gustafsson, S., et al. (2014). Defining the role of common variation in the genomic and biological architecture of adult human height. *Nature Genetics, 46*(11), 1173– 1186.

3부

수반성 관리[1)]

Contingency Management

스테펜 히긴스 Stephen T. Higgins, PhD
앨리슨 커티 Allison N. Kurti, PhD
다이아나 키이쓰 Diana R. Keith, PhD
버몬트대학 정신건강의학과 및 심리과학부, 버몬트행동건강센터

1) 이 연구는 National Institute of Child Health and Human Development의 R01HD075669와 R01HD078332 연구비와 National Institute of General Medical Sciences, Centers of Biomedical Research Excellence의 P20GM103644 연구비의 지원을 받음. 재정 지원 말고 다른 연구비 지원은 없음.

정의와 배경 Definitions and Background

*수반성 관리*contingency management, CM란 미리 정한 임상 표적이나 목표(예, 약물 사용 중단)가 달성되었을 때 체계적으로 강화를 제공하고, 목표가 달성되지 않았을 때 강화를 제공하는 것을 보류하거나 처벌 결과를 제공하는 것이다. 이 접근법은 미래에 행동이 일어날 확률에 영향을 미치는 환경 결과의 효과에 초점을 두는 심리학 분야인 조작적 조건화 원리에 기초한다. *강화*란 환경 결과로 미래의 반응 확률이 증가하는 행동 과정이고, *처벌*은 결과가 미래의 반응 확률을 낮추는 과정이다(6장을 보라). 수반성 관리의 역사는 1960년대로 거슬러 올라가고, 이후 응용 행동 분석, 행동 수정, 행동치료의 출현으로 이어진다. 최근에는 이러한 접근법이 종종 수반성 관리라는 말보다 "재정적 유인financial incentive"이라는 제목을 사용하고, 행동 경제학behavioral economics과 맥을 같이 한다(S. T. Higgins, Silverman, Sigmon, & Naito, 2012). 보통 수반성 관리는 독립된 개입법으로 사용하기보다는 다른 심리사회적 또는 약물학적 개입과 조합하여 사용한다.

1960년대 초반에 시작된 증례 연구는 수반성 관리가 응용 개입으로 사용될 수 있다는 것을 시사했다. 이후 얼마 되지 않아 물질 남용(예, Stitzer, Bigelow, & Liebson, 1980), 체중 감소(Jeffery, hompson, & Wing, 1978) 및 기타 응용 영역에서의 연구 결과는 수반성 관리가 강력한 치료적 과정일 수 있음을 증명했다. 그런데도 수반성 관리는 폭넓은 응용 심리사회적 접근법과 비교하면 관심을 많이 받지 못했다.

코카인 사용 증가는 두 가지 까닭으로 수반성 관리에 대한 관심과 연구를 폭발시켰다(S. T. Higgins, Heil, & Lussier, 2004). 첫째, 코카인 의존 외래 환자에서 거의 모든 약물학 및 심리사회적 개입이 비참하게 실패했다. 하지만 수반성 관리는 임상 대조군 시험에서 코카인 의존 외래 환자가 치료를 유지하게 했고, 코카인 중단 수준을 뚜렷이 높였다(ST Higgins et al., 1994). 둘째, 연구자들은 코카인 의존 외래 환자가 사용하도록 화폐 기반monetary-based의 유인 프로그램(즉, 소매 품목으로 교환할 수 있는 바우처를 제공)을 개발했다. 초기에 개발한 프로그램은 특정 집단에만 적용할 수 있었지만(예, 메타돈 유지치료를 하는 아편 의존 외래 환자가 약물을 집으로 가져가는 특권), 유인 프로그램은 폭넓은 임상 문제에 쉽게 적용할 수 있었다.

선물을 이용한 코카인 의존 치료에 관한 중요 논문에서 바우처 및 관련한 재정적 유인을 이용한 물질사용장애 치료까지 일련의 문헌을 검토했을 때 효과가 있다는 보고가 계속 나왔다(Lussier, Heil, Mongeon, Badger, & Higgins, 2006; S. T. Higgins, Sigmon, & Heil, 2011; Davis, Kurti, Redner, White, & Higgins, 2015). 1991년에

서 2015년까지 동료 심사를 거쳐 학술지에 보고된 177건의 대조군 연구에서, 체계적으로 제공한 재정적 유인이 클리닉 출석이나 약물 순응 같은 다른 치료법의 순응도를 높였는지와 (대부분 연구에서) 약물 사용을 줄였는지 효능을 조사했다. 연구의 88%(156/177)에서 수반성 관리 개입의 효능이 있다고 나타났다.

연구자들은 이제 기존 영역에서 벗어나 이를 일상 관리routine care 영역에 보급하는 쪽으로 관심을 기울인다. 예를 들면 멀리 있는 사람들의 접근성을 높이려고 다양한 기술을 통합하는 개입법이나 치료적 접근을 일상 관리에 통합하는 개입법을 연구한다(Kurti et al., 2016). 치료적 접근을 일상 관리에 통합한 예로 미국 보훈병원 건강관리 시스템의 물질남용 치료센터에서 일상 관리의 일부로 수반성 관리를 채택한 것(Petry, DePhilippis, Rash, Drapkin, & McKay, 2014)과 영국에서 경제적으로 어려운 지역에 사는 임산부의 금연을 촉진하려고 수반성 관리를 사용한 것(Ballard & Radley, 2009)이 있다.

수반성 관리의 활용 범위는 점점 넓어졌다. 약물사용장애를 넘어 운동(예, Finkelstein, Brown, Brown, & Buchner, 2008), 복약 이행(예, Henderson et al., 2015), 심혈관질환의 생물학적 지표를 개선하려고 의사와 환자가 공유하는 재정적 유인의 사용(Asch et al., 2015) 등으로 확대되었다. 유인은 초기 행동 변화를 북돋는 데 효과적이었다. 이제 연구자들은 유인 프로그램이 끝난 다음에도 치료 효과가 유지되는 전략에 관심을 기울인다(John, Loewenstein, & Volpp, 2012; Leahey et al., 2015).

수반성 관리에 관한 규모가 가장 큰 개입이 이루어지는 곳은 세계 보건 영역이다(Ranganathan & Legarde, 2012). 조건부 현금 송금 프로그램은 라틴 아메리카와 아프리카, 아시아 전역에 걸쳐 수백만 명의 가족이 참여한다. 라틴 아메리카에서는 어린 자녀가 있는 빈민층 어머니는 자녀가 예방 접종, 일상적 예방 진료, 학교 등록을 하는 조건으로 추가 공적 보조를 받는다. 아프리카에서는 비슷한 대규모 수반성 관리 개입이 성병을 줄이고 HIV 검사율을 높이고 성인 남성의 포경수술을 촉진하여 에이즈 발생을 줄였다. 아직은 이러한 복합적인 노력에 철저하고 완전한 평가가 이루어지지 않았지만, 최근에 나온 문헌은 건강과 관련한 행동 변화를 촉진하려는 대규모 유인 프로그램의 효과에 많은 낙관적 근거를 제공한다(Ranganathan & Legarde, 2012).

수반성 관리에 대한 기관의 지원이나 문화적 지원이 늘어나는 것으로 보인다. 미국에서는 재정적 유인이 역사적인 2009년 환자보호 및 부담적정 보험법Patient Protection and Affordable Care Act, 이하 ACA,(역주, 오바마 케어)으로 완벽하게 통합되었다. ACA는 미국 고용주가 재정적 유인을 직원 복지 프로그램 방법으로 사용할 기초를 마련했다. 지금은 미국의 주요 고용주 대부분이 그렇게 한다(Mattke et al., 2013). 또 ACA는 경제 취약층의 만성질환 예방을 위해 금연이나 체중 감량, 복약 이행, 건강관련 행동 등의 변화를 북돋는 데 재정적 유인을 사용하도록 미국의 메디케어 및 메디케이드 서비스에게 기금(매년 약 8500만 달러) 제공을 요청한다(Centers for Medicare and Medicaid Services, 2017).

기본 성분 Basic Components

행동 변화를 가져오려고 단순히 재정적 유인을 제공하는 것은 수반성 관리가 아니다. 수반성 관리는 관련 연구에서 개발한 기본 설계의 특징과 이 치료 접근법의 핵심 과정인 강화 원리에 의존한다(S. T. Higgins, Silverman, & Washio, 2011). 다음은 수반성 관리 개입의 10가지 중요한 특징이다.

1. 치료 전에 개입의 세부 사항을 자세히 설명하고 되도록, 서면 설명서를 제공하라.
2. 수반성 관리 개입(예, 약물 사용 중단)이 표적으로 삼는 반응(예, 약물음성 소변독성시험 결과)을 객관적으로 정의하라.
3. 표적 반응이 일어났는지 확인하는 데 사용할 방법을 미리 확인하라(예, 소변독성시험).
4. 경과 모니터링 일정을 분명하게 요약하라.
5. 경과를 자주 모니터링하여 환자가 미리 프로그램된 결과를 경험할 기회를 제공하라.
6. 미리 개입 기간을 분명히 밝혀라.
7. 되도록 여러 행동 표적이 아닌 단일 표적을 정밀하게 조준하라.
8. 목표 달성에서 성공과 실패의 결과를 분명히 하라.
9. 치료 효과는 시간 지연에 반비례한다. 유인을 제공할 때는 되도록 시간 지연을 짧게 하라.
10. 치료 효과는 제공한 유인의 화폐 가치와 비례한다는 점에 유의하라.

증례 연구 Case Study

임산부 금연 사례를 이용하여 수반성 관리 치료 접근법을 자세히 설명하겠다. 임신 중 흡연은 치명적인 임신 합병증을 가져오고, 태아 발달에 나쁜 영향을 미치며, 아이의 평생에 걸쳐 질병 위험이 높아지는 등 심각한 공중 보건 문제를 일으킨다. 시간이 지나며 임신 중 흡연이 줄었지만, 경제적으로 어려운 임산부는 그렇지 않은 여성보다 훨씬 높은 비율로 흡연을 계속한다. 77개 이상의 대조군 임상 시험과 여성 29,000명에 대한 메타 분석 결과 약물학적 또는 다른 심리사회적 개입과 비교하여 수반성 관리가 몇 배 이상의 효과를 나타냈다(Lumley et al., 2009; Chamberlain et al., 2013). 8개 대조군 시험을 종합하면(그림 1을 보라) 임신 후기 금연의 대응비odds ratio가 대조군 개입에 비해 3.79(95% 신뢰 구간 2.74-5.25)였다(Cahill, Hartmann-Boyce, & Perera, 2015).

버몬트대학 모델 University of Vermont model

임신 중 흡연 집단을 대상으로 버몬트대학에서 개발한 수반성 관리 모델은 가장 철저히 연구되었다(S. T. Higgins, Washio et al., 2012). 이 연구에서는 산전 진료에 등록하고 계속 흡연한다고 보고한 여성이 지역 산부인과에서 모집되었다. 연구에 등록하면 이후 두 번의 월요일 가운데 하루에 금연을 시작하라고 권유받는다. 금연을 시작하면 첫 5일(월요일에서 금요일까지) 동안 날마다 진료소를 방문하여 흡연 상태를 측정한다. 이러한 초기 방문 기간에는 호흡 일산화탄소(CO) 농도 6ppm 이하를 "금연"으로 정의한다. 코티닌(니코틴 주요 대사산물)은 반감기가 상대적으로 길어 금연 시도 초기에는 금연 확인에 사용할 수 없다. 금연을 시도하고 두 번째 주 월요일부터는 호흡 이산화탄소 농도에서 소변 코티닌 검사(≤ 80ng/ml)로 생화학 검사 방법을 바꾼다. 이때부터는 흡연 상태를 모니터링하려고 클리닉을 방문하는 횟수를 주 2회로 줄여 7주 동안 유지한다. 그런 다음에는 4주 동안 주 1회, 그다음에는 출산까지 격주로 모니터링한다. 산후 기간에는 금연 모니터링을 4주 동안 주 1회로 다시 늘리고, 이후에는 산후 12주까지 격주 1회로 줄인다. 추적 관찰은 산후 24주에 실시한다. 최근에는 산후 50주에도 한다.

바우처 기반 유인 프로그램은 금연 시작부터 산후 12주까지 이루어진다. 바우처 금액은 6.25달러에서 시작하여 연속해서 음성이 나타나면 1.25달러씩 단계적으로 올라 최고 45.00달러에 도달하고, 남은 개입 기간 동안 유지된다. 하지만 모니터링 결과가 양성이거나 표본을 제공하지 않았거나 클리닉을 방문하지 않은 경우에는 바우처 액수를 초깃값으로 다시 설정한다. 이후에 2회 검사에서 결과가 연속으로 음성이면 바우처 액수를 재설정 이전 수준으로 복원한다. 치료를 시작할 때 임신 몇 주였는지에 따라 달라지겠지만, 치료 기간 내내 금연한 여성은 대략 1,180달러를 벌 수 있었다. 현재 진행하는 임상 시험에서는 치료 반응을 높이려고 등록할 때 하루에 10개피 이상 피우는 여성에게는 유인 가치를 두 배로 한다. 바우처를 받는 절차는 같다.

연구 또는 하위집단	유인 n/N	비유인 n/N	대응비 M-H, Fixed, 95% CI	체중	대응비 M-H, Fixed, 95% CI
Donatelle 2000a	34/105	9/102		14.9 %	4.95 [2.23, 10.98]
Donatelle 2000b(1)	13/67	7/60		14.3 %	1.82 [0.67, 4.92]
Heil 2008	15/37	4/40		5.5 %	6.14 [1.80, 20.86]
Higgins 2004	11/30	2/23		3.5 %	6.08 [1.19, 31.01]
Higgins 2014	18/40	7/39		9.4 %	3.74 [1.34, 10.46]
Ondersma 2012(2)	7/48	1/23		2.8 %	3.76 [0.43, 32.52]
Tappin 2015	69/306	26/303		48.7 %	3.10 [1.91, 5.03]
Tuten 2012(3)	13/42	0/32		0.9 %	29.75 [1.69, 522.71]
Total (95% CI)	**675**	**622**		**100.0 %**	**3.79 [2.74, 5.25]**

전체 사건 : 180(유인), 56(비유인)
이질성 : $Chi^2 = 6.08$, df = 7 (P = 0.53): $I^2 = 0.0\%$
전반적 효과 검증 : Z = 8.03 (P 〈 0.0001)
하위집단 검증 : 적용불가

0.01 0.01 10 100
비유인 선호 유인 선호

(1) 백분율에서 추정
(2) 10주 프로그램으로 끝난 경우의 결과(임신 종결)
(3) 12주 프로그램으로 끝난 경우의 결과(임신 종결)

그림 1 대조군 치료와 비교하여 재정적 유인 치료를 받은 여성 집단의 임신 후기 시점 금연율 대응비 및 95% 신뢰 구간. 결과는 개별 무작위 대조군 연구와 개별 연구를 모두 합친 결과를 구분하여 표시했다. 카힐(Cahill) 등의 승인 후 재인쇄(2015).

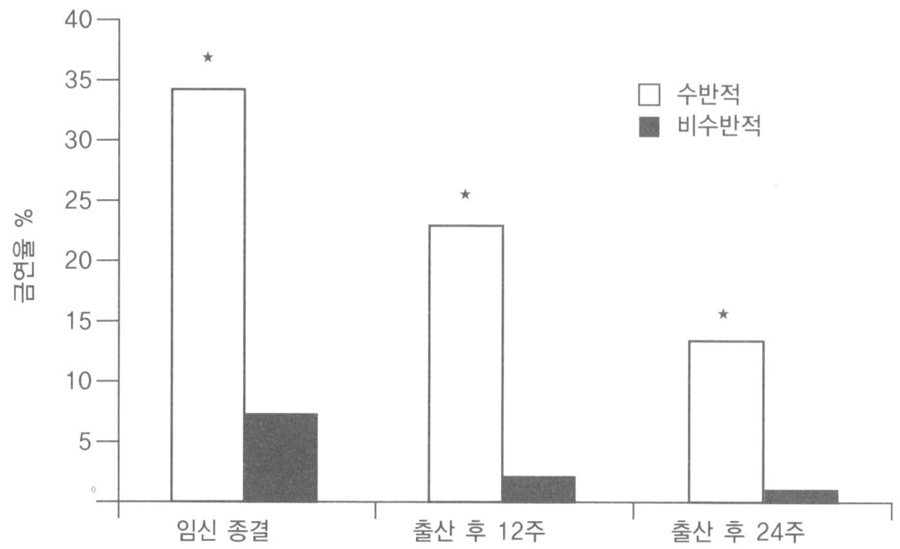

그림 2 바우처 치료 조건이 있는 군(n=85)과 없는 군(n=81)의 임신 종료 및 산후 12주, 산후 24주 시점의 7일 금연율 비교. 별표(*)는 집단 사이의 의미 있는 통계적 차이를 나타낸다(세 평가 사이의 비교 p ≤.003).

그림 2는 초기 3회를 1,180달러라는 최대 수익 모델을 사용하여 개입한 군과 흡연 상태와 관계없이 같은 액수의 바우처를 제공한 대조군 사이의 결과를 비교한 것이다. 금연 수반성에 따라 바우처를 제공한 여성의 임신 후기 금연 수준이 5배가량 높았다(34% 대 7%). 두 치료 조건 모두에서 산후 기간이 지나며 금연율이 떨어졌다. 하지만 금연 수반성에 따라 유인을 제공했던 경우에는 유인 중단 12주 후까지도 대조군보다 금연율이 높았다.

표 1은 시험에 참여한 여성들의 출산 결과이다. 금연 수반성에 따라 바우처를 받은 어머니에게 태어난 아기는 수반성 없이 바우처를 받은 어머니에게 태어난 아이보다 평균 출생 체중이 의미 있게 높았다. 특히 저체중(2,500g 미만) 신생아 비율이 의미 있게 낮았다.

표 1 출산한 영아 결과

측정치	수반적 (n = 85)	비수반적 (n = 81)	p values
출생 시 체중(그램)	3,295.6 ± 63.8	3,093.6 ± 67.0	.03
저출산율 %	5.9	18.5	.02
제태 연령(주)	39.1 ± 0.2	38.5 ± 0.3	.06
조산율 %	5.9	13.6	.09
신생아집중치료실 입원율 %	4.7	13.8	.06

수치는 평균 ± 표준 오차를 나타냄

이러한 유인 프로그램은 비용이 많이 들 것 같지만, 지금까지 임신한 흡연자를 대상으로 이러한 치료적 접근을 가장 대규모로 시행했던 실험에서 보고한 공식 분석 결과(Tappin et al., 2015)는 이 방법이 굉장히 비용 효율적이란 것을 증명한다(Boyd, Briggs, Bauld, Sinclair, & Tappin, 2016). 더욱이 연구 결과는 효능 손실 없이 수반성 관리를 지역 사회 환경으로 옮길 수 있다고 말한다. 도시 지역 대형병원에서 산과 정규 직원과 지역사회 금연 관련 인력을 활용하여 수반성 관리를 적용한 최근 연구(Ierfino et al., 2015)에서는 금연율이 20%였다. 이에 비해 과거 대조군의 금연율은 0%였다.

실직 상태로 저소득층 거주지에 살았던 21세 제이미가 두 번째 임신을 알았을 때의 경험으로 이러한 유인 개입이 참가자 개인 수준에서는 어떠한 의미인지 살펴보자. 첫 임신 기간에 그녀는 계속 담배를 피웠다. 첫 딸은 정상 체중 범위로 태어났지만, 제이미는 두 번째 임신에서는 흡연의 위험을 감수하고 싶지 않았다.

흡연 시작 나이와 과거에 금연을 시도한 횟수가 금연 성공을 예측하는 중요한 인자이다. 두 가지 모두 제이미에게는 금연이 어렵겠다는 것을 나타냈다. 14세에 담배를 피우기 시작했고, 지난 7년 동안 금연 시도는 두 번뿐이었다. 담배를 가장 오래 피우지 않은 기간은 고작 이틀이었다. 심지어 두 번째 임신을 알고 산전 관리를 등록할 때도 제이미는 여전히 하루에 10개피 정도를 피웠다. 제이미는 아침에 일어나서 30분 안에 첫 담배를 피웠다(이는 경험에 근거한 니코틴 의존 지표이다). 하루 10개피 흡연은 임산부에서 비교적 심각한 상태로 여겨지는데, 대부분 여성이 산전 관리 등록을 하기 전에 하루 평균 흡연 수를 과거에 비해 절반 수준으로 줄이기 때문이다(Heil et al., 2014). 금연 성공에 예후가 나쁠 많은 특성이 있었는데도 제이미는 금연 결심을 강력하게 표현했다.

제이미가 수반성 관리 개입에 등록했을 때는 임신 7주 무렵이었다. 등록하는 날에 코티닌 수치가 729ng/ml였는데, 이는 개입 기간에 바우처를 얻는 기준점인 80ng/ml보다 상당히 높은 수준이었다. 하지만 그녀가 금연하겠다는 열정을 강하게 표현했기에 금연 시작일을 6일 후인 가장 빠른 월요일로 정했다.

제이미는 치료 첫날 두 모금을 흡입한 것 말고는 첫 주 내내 완전히 금연했다고 보고했고, 모두 87.50달러를 받았다. 그녀는 바우처를 인근 식료품 가게에서 상품권 형태로 사용하기로 했다. 첫 주를 성공적으로 보낸 다음에 제이미는 왜 주말 내내 금연 상태로 지내야 하는지를 깨달았다. 다음 주 월요일은 금연을 생물학적으로 검증하는 방법이 호흡 이산화탄소에서 소변 코티닌으로 바뀌는 "전환일"이었다. 호흡 이산화탄소는 코티닌보다 반감기가 훨씬 짧아 가볍거나 간헐적인 흡연에는 덜 민감하다(S. T. Higgins et al., 2006). 소변 코티닌 검사에서는 흡연을 한 모금만 해도 양성으로 나올 수 있다. 이러면 그녀의 바우처 액수가 초깃값 12.50달러로 돌아간다.

흡연자와 함께 생활했고 담배 피우는 친구가 많았지만, 제이미는 주말에 담배를 피지 않았고 소변 코티닌 수치는 금연 기준치보다 훨씬 낮았다. 이 전환일은 임신 후기 금연을 예측하는 강력한 인자이다(S. T. Higgins et al., 2007). 제이미는 나머지 임신 기간과 유인 프로그램 중단 9개월 이후, 즉 산후 1년 동안 금연을 유지했다. 제이미는 바우처 수익을 실질적인 경제적 필요(예, 식료품, 가스, 전화 요금)를 해결하고 태어날 둘째 딸이 필요한 것을 사는 데 사용했다.

중요한 것은 제이미가 합병증 없이 정상 질식분만 하여 건강한 딸을 낳았다는 사실이다. 제이미 딸인 에밀리는 재태 연령 39.1주에 태어났고, 출생 시 체중은 3,221g이었다. 이것은 이 개입법을 받은 여성들의 출산이 평균 재태 연령 39.1주, 평균 출생 체중 3,295g였던 과거 연구 결과와 일치한다(표 1을 보라, 또 S. T. Higgins et al., 2010을 보라). 과거 연구의 대조군에서 평균 재태 연령과 평균 출생 체중은 각각 38.5주와 3,093g이었다. 제이미가 금연에 실패했으면 그녀의 딸은 대조군 가운데 14%에서 일어나는 조산아(37주 미만)로 출생했든지, 저체중의 의학적 기준치(2,500g 이하)에 해당하는 18.5%에 속했든지, 신생아 중환자실에 입원하는 14%에 속했을 수 있다. 하지만 에밀리는 12월 23일에 신생아실로 갔고 다음날 퇴원했다. 산후 1년 동안의 추적 관찰 기간에 계속되었던 금연은 제이미가 비흡연자로서의 삶을 잘 산다는 강력한 증거였다. 에밀리도 엄마의 흡연에 간접적으로 노출되어 건강에 나쁜 영향을 받을 기회를 피할 수 있었다. 제이미는 약 1개월 동안 모유 수유를 했고, 이후에는 10.75개월 동안 모유 수유와 유동식 수유를 병행했다. 이는 흡연하는 엄마들이 일찍 모유 수유를 중단하는 전형적인 패턴을 크게 뛰어넘는 기간이다. 이러한 패턴은 단기적, 장기적으로 산모나 아이의 건강 혜택과 관련이 있다(T. M. Higgins et al., 2010).

미래 방향 Future Directions

지금은 임상가들이 약물 남용과 기타 문제 영역을 치료하는 데 수반성 관리 치료를 사용한다. 하지만 수반성 관리는 잠재적으로 훨씬 폭넓은 임상 문제를 해결할 수 있다. 한 가지 예로 심장 재활은 건강 결과를 개선하고 심혈관 질환자의 재입원율을 줄이는 효과적이고 비용 효율적인 프로그램이다. 불행하게도 경제적으로 취약한 환자는 경제 사정이 넉넉한 환자보다 이런 서비스를 훨씬 적게 이용한다, 의료 보험이 비용을 부담하고 의학적 치료의 필요성이 더 큰데도 그렇다(Ades & Gaalema, 2012). 초기 연구는 경제적으로 취약한 환자에서 수반성 관리가 심장 재활치료 참여 확대와 건강 증진에 효과적이라는 것을 보여준다(Gaalema et al., 2016).

수반성 관리 개입이 모든 것에 특효약은 아니다. 예를 들어 수반성 관리가 효과적이었던 연구에서도 치료받은 사람 가운데 절반 이상에서는 도움이 되지 않았다. 보통 반응하지 않은 사람들은 문제가 더 심각하고, 더 집중적인 개입이 필요할 수 있다. 유인을 큰 폭으로 높이면 반응하지 않던 사람도 반응하게 할 수 있고(Silverman, Chutuape, Bigelow, & Stitzer, 1999), 다른 치료법과 조합할 수도 있다. 예를 들어 한 연구에서 코카인 사용자 가운데 수반성 관리에 반응이 없는 것이 코카인 관련 생각이 들 때 회피 또는 행동의 경직성을 보이는 것과 관련이 있었다(Stotts et al., 2015). 이럴 때는 그러한 영역에서 효과가 있는 치료법이나 (더 일반적으로는) 감정 조절 기술을 수반성 관리와 결합하는 것이 도움이 될 수 있다(Bickel, Moody & Higgins, 2016; Hayes, Luoma, Bond, Masuda, & Lillis, 2006).

또 수반성 관리 개발자는 유인이 중단된 다음에 어떻게 행동 변화가 지속될지에 관심을 기울여야 한다. 예를 들어 공식 치료가 중단되면 개발자는 신체적 공동체와 전자매체 공동체에서 이용할 수 있는 자연적인 유인으로 치료 효과를 지원할 방법에 더 주의를 기울여야 한다(신체 활동이나 체중 감소를 위한 유인으로 치료받던 사람들은 치료 후에 지역 사회의 걷기나 달리기 집단에 가입할 수 있고, 유인 기간을 넘어 수반성 관리가 계속되는 온라인 지원 집단과 통합할 수 있다).

장기적인 수반성 관리 개입의 비용 효과를 조사하는 것은 중요하다. 수반성 관리는 만성 질환 관리에 도움이 된다. 이러한 만성 질환을 효과적으로 관리하려면 약물치료를 계속하는 것처럼 지속적인 행동 변화 개입이 필요할 것이다. 근로자 복지 프로그램으로 건강 행동에 변화를 일으키려면 장기적인 유인을 제공하는 물류 시스템을 마련하는 편이 간단할 것이다. 공공 부문에서는 물류 시스템이 단순하지 않을 수 있다. 하지만 장기적인 수반성 관리 개입의 효능과 비용 효과를 면밀히 검토해야 한다. 이러한 모든 노력에서 비용 효과가 중요한 지침이 될 것이다.

우리는 이러한 치료적 접근의 잠재적 힘을 증명하려고 오랫동안 해결하지 못한 임산부의 흡연 문제를 활용했다. 수반성 관리의 효능을 증명하는 근거가 늘어났고, 그것은 행동과학의 근본 원리와 같은 선상에 있다. 따라서 심리학 및 심리치료 임상가는 이 접근에 행동과 건강 문제에서 개인적으로나 사회적으로 불리한 결과를 실질적으로 줄이는 잠재력이 있다고 확신하기 시작했다. 지난 20년 동안 공공과 민간 부문에서 수반성 관리 사용이 큰 폭으로 성장했다는 사실은 수반성 관리가 정신 및 행동의 건강관리 분야 전반에서 제자리를 찾았다는 뜻이다.

참고문헌

Ades, P. A., & Gaalema, D. E. (2012). Coronary heart disease as a case study in prevention: Potential role of incentives. *Preventive Medicine, 55*(Supplement 1), S75– S79.

Asch, D. A., Troxel, A. B., Stewart, W. F., Sequist, T. D., Jones, J. B., Hirsch, A. G., et al. (2015). Effect of financial incentives to physicians, patients, or both on lipid levels: A randomized clinical trial. *JAMA, 314*(18), 1926– 1935.

Ballard, P., & Radley, A. (2009). Give it up for baby: A smoking cessation intervention for pregnant women in Scotland. *Cases in Public Health Communication and Marketing, 3,* 147– 160.

Bickel, W. K., Moody, L., & Higgins, S. T. (2016). Some current dimensions of the behavioral economics of health- related behavior change. *Preventive Medicine, 92,* 16– 23.

Boyd, K. A., Briggs, A. H., Bauld, L., Sinclair, L., & Tappin, D. (2016). Are financial incentives cost- effective to support smoking cessation during pregnancy? *Addiction, 111*(2), 360– 370.

Cahill, K., Hartmann- Boyce, J., & Perera, R. (2015). Incentives for smoking cessation. *Cochrane Database of Systematic Reviews, 5*(CD004307).

Centers for Medicare and Medicaid Services. (Updated Feb. 13, 2017). Medicaid incentives for the prevention of chronic diseases model. https://innovation.cms.gov/initiatives/MIPCD /index.html.

Chamberlain, C., O'Mara- Eves, A., Oliver S., Caird, J. R., Perlen, S. M., Eades, S. J., et al. (2013). Psychosocial interventions for supporting women to stop smoking in pregnancy. *Cochrane Database of Systematic Reviews, 10*(CD001055).

Davis, D. R., Kurti, A. N., Redner, R., White, T. J., & Higgins, S. T. (2015, June). *Contingency management in the treatment of substances use disorders: Trends in the literature*. Poster presented at the meeting of the College on Problems of Drug Dependence, Phoenix, AZ.

Finkelstein, E. A., Brown, D. S., Brown, D. R., & Buchner, D. M. (2008). A randomized study of financial incentives to increase physical activity among sedentary older adults. *Preventive Medicine, 47*(2), 182– 187.

Gaalema, D. E., Savage, P. D., Rengo, J. L., Cutler, A. Y., Higgins, S. T., & Ades, P. A., (2016). Financial incentives to promote cardiac rehabilitation participation and adherence among Medicaid patients. *Preventive Medicine, 92*, 47– 50.

Hayes, S. C., Luoma, J. B., Bond, F. W., Masuda, A., & Lillis, J. (2006). Acceptance and commitment therapy: Model, processes, and outcomes. *Behaviour Research and Therapy, 44*(1), 1– 25.

Heil, S. H., Herrmann, E. S., Badger, G. J., Solomon, L. J., Bernstein, I. M., & Higgins, S. T. (2014). Examining the timing of changes in cigarette smoking upon learning of pregnancy. *Preventive Medicine, 68*, 58– 61.

Henderson, C., Knapp, M., Yeeles, K., Bremner, S., Eldridge, S., David, A. S., et al. (2015). Cost- effectiveness of financial incentives to promote adherence to depot antipsychotic medication: Economic evaluation of a cluster- randomised controlled trial. *PLoS One, 10*(10), e0138816.

Higgins, S. T., Bernstein, I. M., Washio, Y., Heil, S. H., Badger, G. J., Skelly, J. M., et al. (2010). Effects of smoking cessation with voucher- based contingency management on birth outcomes. *Addiction, 105*(11), 2023– 2030.

Higgins, S. T., Budney, A. J., Bickel, W. K., Foerg, F. E., Donham, R., & Badger, G. J. (1994). Incentives improve outcome in outpatient behavioral treatment of cocaine dependence. *Archives of General Psychiatry, 51*(7), 568– 576.

Higgins, S. T., Heil, S. H., Badger, G. J., Mongeon, J. A., Solomon, L. J., McHale, L., et al. (2007). Biochemical verification of smoking status in pregnant and recently postpartum women. *Experimental and Clinical Psychopharmacology, 15*(1), 58– 66.

Higgins, S. T., Heil, S. H., Dumeer, A. M., Thomas, C. S., Solomon, L. J., & Bernstein, I. M. (2006). Smoking status in the initial weeks of quitting as a predictor of smoking-cessation outcomes in pregnant women. *Drug and Alcohol Dependence, 85*(2), 138–141.

Higgins, S. T., Heil, S. H., & Lussier, J. P. (2004). Clinical implications of reinforcement as a determinant of substance use disorders. *Annual Review of Psychology, 55*, 431– 461.

Higgins, S. T., Sigmon, S. C., & Heil, S. H. (2011). Contingency management in the treatment of substance use disorders: Trends in the literature. In P. Ruiz & E. C. Strain (Eds.), *Lowinson and Ruiz's substance abuse: A comprehensive textbook* (5th ed., 603–621). Philadelphia: Lippincott, Williams & Wilkins.

Higgins, S. T., Silverman, K., Sigmon, S. C., Naito, N. A. (2012). Incentives and health: An introduction. *Preventive Medicine, 55*, S2– S6.

Higgins, S. T., Silverman, K., & Washio, Y. (2011). Contingency management. In M. Galanter & H. D. Kleber (Eds.), *Psychotherapy for the treatment of substance abuse* (pp. 193– 218). Washington, DC: American Psychiatric Publishing.

Higgins, S. T., Washio, Y., Heil, S. H., Solomon, L. J., Gaalema, D. E., Higgins, T. M., et al. (2012). Financial incentives for smoking cessation among pregnant and newly postpartum women. *Preventive Medicine, 55*(Supplement 1), S33– S40.

Higgins, T. M., Higgins, S. T., Heil, S. H., Badger, G. J., Skelly, J. M., Bernstein, I. M., et al. (2010). Effects of cigarette smoking cessation on breastfeeding duration. *Nicotine and Tobacco Research, 12*(5), 483– 488.

Ierfino, D., Mantzari, E., Hirst, J., Jones, T., Aveyard, P., & Marteau, T. M. (2015). Financial incentives for smoking cessation in pregnancy: A single- arm intervention study assessing cessation and gaming. *Addiction, 110*(4), 680– 688.

Jeffery, R. W., Thompson, P. D., & Wing, R. R. (1978). Effects on weight reduction of strong monetary contracts for calorie restriction or weight loss. *Behaviour Research and Therapy, 16*(5), 363– 369.

John, L. K., Loewenstein, G., & Volpp, K. G. (2012). Empirical observations on longer-term use of incentives for weight loss. *Preventive Medicine, 55*(Supplement 1), S68–S74.

Kurti, A. N., Davis, D. R., Redner, R., Jarvis, B. P., Zvorsky, I., Keith, D. R., et al. (2016). A review of the literature on remote monitoring technology in incentive- based interventions for health- related behavior change. *Translational Issues in Psychological Science, 2*(2), 128– 152.

Leahey, T. M., Subak, L. L., Fava, J., Schembri, M., Thomas, G., Xu, X., et al. (2015). Benefits of adding small financial incentives or optional group meetings to a web-based statewide obesity initiative. *Obesity (Silver Spring), 23*(1), 70– 76.

Lumley, J., Chamberlain, C., Dowswell, T., Oliver, S., Oakley, L., & Watson, L. (2009). Interventions for promoting smoking cessation during pregnancy. *Cochrane Database of Systematic Reviews, 3*(CD001055).

Lussier, J. P., Heil, S. H., Mongeon, J. A., Badger, G. J., & Higgins, S. T. (2006). A meta-analysis of voucher- based reinforcement therapy for substance use disorders. *Addiction, 101*(2), 192– 203.

Mattke, S., Hangsheng, L., Caloyeras, J. P., Huang, C. Y., van Busum, K. R., Khodyakov, D., et al. (2013). *Workplace wellness programs study*. Santa Monica, CA: RAND

Corporation. Retrieved from http://aspe.hhs.gov/hsp/13/WorkplaceWellness/rpt_wellness.pdf.

Patient Protection and Affordable Care Act of 2009, H.R. 3590, 111th Cong. (2009– 2010). Retrieved from https://www.congress.gov/bill/111th- congress/house- bill/3590/.

Petry, N. M., DePhilippis, D., Rash, C. J., Drapkin, M., & McKay, J. R. (2014). Nationwide dissemination of contingency management: The Veterans Administration initiative. *American Journal of Addictions, 23*(3), 205– 210.

Ranganathan, M., & Lagarde, M. (2012). Promoting healthy behaviours and improving health outcomes in low and middle income countries: A review of the impact of conditional cash transfer programmes. *Preventive Medicine, 55*(Supplement 1), S95–S105.

Silverman, K., Chutuape, M. A., Bigelow, G. E., & Stitzer, M. L. (1999). Voucher- based reinforcement of cocaine abstinence in treatment- resistant methadone patients: Effects of reinforcement magnitude. *Psychopharmacology, 146*(2), 128– 138.

Stitzer, M. L., Bigelow, G. E., & Liebson, I. (1980). Reducing drug use among methadone maintenance clients: Contingent reinforcement of morphine- free urines. *Addictive Behaviors, 5*(4), 333– 340.

Stotts, A. L., Vujanovic, A., Heads, A., Suchting, R., Green, C. E., & Schmitz, J. M. (2015). The role of avoidance and inflexibility in characterizing response to contingency management for cocaine use disorders: A secondary profile analysis. *Psychology of Addictive Behaviors, 29*(2), 408– 413.

Tappin, D., Bauld, L., Purves, D., Boyd, K., Sinclair, L., MacAskill, S., et al. (2015). Financial incentives for smoking cessation in pregnancy: Randomised controlled trial. *BMJ*. Jan 27; 350: h134.

자극 조절[1)]

Stimulus Control

윌리엄 맥일반 William J. McIlvane, PhD
매사추세츠대학 의학부

1) 매사추세츠대학 의학부 아동 건강 및 인간 발달 연구소와 의학부 코먼웰스의 장기적인 지원에 감사한다. 또 이 장의 구성에 도움이 되는 의견을 준 찰스 하마드, 데이비드 스멜슨, 베스 엡스타인에게 감사한다.

정의와 배경 Definitions and Background

임상과학과 행동과학에서 사용하는 용어들과 마찬가지로 *자극 조절*이라는 용어도 사람들의 관심과 활동, 필요성, 언어 관습과 관련하여 다양한 목적으로 사용한다. 예를 들어 일부 임상의는 자극 조절을 특정한 유형의 행동 치료나 치료 절차를 뜻하는 것으로 인식할 수 있다(예, 강박적 도박, Hodgins, 2001). 반면에 행동과학자는 행동에 영향을 미치는 환경의 조절을 분석할 때 사용하는 3항 수반성의 구성 요소를 설명하면서 이 용어를 사용한다(자극, 반응, 결과, Skinner, 1935를 보라). 또 다른 사람은 주의력, 기억, 실행 기능, 개념 형성, 기호 분류 등 행동분석 연구를 포괄하는 과학적 탐구(자극 조절 연구)에서 하위 필드 전체를 가리키는 용어로 사용한다(예, Sidman, 2008). 이러한 용도는 모두 이 장의 목적과 맞는다.

*자극*이란 행동에 측정할 수 있는 영향을 미치는 측정할 수 있는 환경 사건이다. 숲에서 나무가 쓰러지는 것은 측정할 수 있는 사건일 것이다. 하지만 누군가 쓰러지는 나무를 관찰하고, 그 관찰이 없었으면 일어나지 않았을 반응을 결과(예, "조심해")로 보여주지 않으면 자극이 아니다. 심지어 누군가 나무가 쓰러지는 것을 관찰하려고 현장에 있었더라도, 그것과 관련하여 행동이 일어나지 않으면 자극이 아니다. 예를 들어 조류 관찰자가 희귀 새에 시각적 주의를 완전히 빼앗겼다면, 다른 사람은 그 조류 관찰자가 나무가 쓰러지는 것을 알아차리지 못한다고 판단할 것이다(즉, 다른 사람 관점에서 보면 조류 관찰자에게 나무는 자극이 아닐 것이다). 하지만 나무가 쓰러지는 소리는 조류 관찰자의 혈압에 변화를 가져올 수 있고, 그것은 잠재적으로 측정할 수 있는 사건이 되어 조류 관찰자에게 잠재적으로 측정할 수 있는 영향을 준다. 그 효과가 소리와 혈압의 변화를 감지하는 원격 센서로 측정되었으면, 당시 현장에 있던 사람이 행동 변화를 알아채지 못했더라도 나무가 쓰러지는 것은 (저자의 정의에서는) 자극으로 분류할 수 있다.

더 기능적인 관점에서 보면 자극은 행동과 독립적으로 정의될 수 없고, 행동도 자극과 독립적으로 정의될 수 없다. 자극은 행동에 주는 영향과 관련하여 정의된다. 직접 측정할 수 있든, 강력한 추론 과정으로 드러나든 행동에 영향을 주어야 한다. 자극과 행동은 기능적 분석 단위를 구성하는데, 강화 수반성을 정의할 때에는 세 번째 항, 즉 결과(정적 또는 부적)가 포함된다(Sidman, 2008을 보라).

자극군 Stimulus Classes

일찍이 스키너(1935)가 자극(그리고 반응)을 기능의 측면에서 정의했는데, 이는 이 장에서 저자가 말하는 것과 아주 비슷하다. 또 기능을 강조하는 것은 자극을 기능군functional class에 따라 정의할 수 있다는 생각을 가져왔다. 자극 사건 X와 Y, Z의 기능이 행동과 그 행동의 결과와 비슷한 방식으로 관련된다는 것을 보여줄 수 있으면, 사건 X, Y, Z는 기능적 자극군을 구성한다. *기능적 자극군*에는 두 가지 기본 유형이 있는데, 물리적 특성을 공유하는 유형과 기능적 용어로 정의하는 유형이다.

특징/지각 자극군 ***Feature/Perceptual Stimulus Classes***

공유하는 물리적 특징으로 정의된 기능군은 "특징군feature classes"(McIlvane, Dube, Green, Serna, 1993)이나 "지각군perceptual classes"(Fields et al., 2002)이라 한다. 자폐스펙트럼장애 아동의 행동치료에서 자주 사용하는 단순 분류 작업을 예로 들어 이런 군을 생각해 보자. 동전과 플라스틱 와셔, 비원형 함정물distractors을 섞어 놓고 아이에게 동전과 와셔를 골라내라고 가르쳐 원형circularity이라는 특징이 행동을 조절하도록 시도할 수 있다. 분류를 정확히 했다고 *원형*으로 정의한 특징/지각군이 확립되었다고 말할 수는 없다. 아이가 단지 분류한 각 품목의 구체적 특징에 주의를 기울였을 수도 있기 때문이다(즉, 단순한 암기일 수 있다). 하지만 아이가 원형이라는 추상적 속성에 근거하여 반응했는지를 평가하려고 새로운 원형 항목(예, 단추)과 새로운 비원형 함정물을 추가할 수 있다. 동전과 와셔와 함께 단추 또한 곧바로 분류했으면, 기능적 특징이나 지각군(이 경우에는 원형으로 정의)이 확립되었다는 증거가 된다.

원형 자극이 환경 조작environmental operations에 비슷한 방식으로 관계를 맺는지 평가할 때는 동전이나 와셔 없이 단추만 있는 상태에서 비원형 품목(예, 도미노)을 골랐을 때 올바른 선택으로 정의하는 조작을 가해 본다. 아이가 이러한 새로운 작업에 익숙해져 단추 대신 도미노를 선택할 수 있으면, 이번에는 동전과 와셔를 다시 추가한다. 이때 아이가 이전에 옳았던 품목 즉 동전이나 와셔를 선택하지 않으면 한 군에 속하는 구성물(단추)의 기능 변화가 자동으로 동전과 와셔의 기능을 바꿨다는 것을 나타낸다(역주, 원형은 틀린 것이니까 단추만이 아니라 동전이나 와셔도 틀린 것으로 분류를 했다). 이는 기능군이 확립되었다는 강력한 증거이다.

인간과 동물은 이러한 기능군 개발 능력을 공유한다. 예를 들어 헤른스타인Herrnstein(1979)은 비둘기도 (1) 나무와 나무가 아닌 것이나 물과 물이 아닌 것 같은 일반화 개념을 배울 수 있고, (2) 방금 설명한 것과 시험한 것을 통과할 수 있다는 것을 보여주었다. *다중 표본 훈련multiple exemplar training*, MET이 가장 일반적인 교수법인데, 여러 가지 (때로는 많은) 사례를 들면서 정의된 물리적 속성을 공유하는 사례와 그러한 속성이 없는 사례를 비교한다. 예를 들어 헤른스타인의 다중 표본 훈련은 표적 개념을 확립하려고 비둘기에게 나무가 없는 40개 장면과 나무가 들어 있는 40개 장면을 구분하라고 요구한다. 정상 능력의 인간은 이런 작업을 능숙히 할 수 있다. 단지 몇 가지 예만 있어도 이런 식의 개념을 추상화할 수 있다.

특징/지각군은 *일차 자극 일반화primary stimulus generalization*를 보인다. 이는 통제가 이루어졌던 원래 상황을 분명히 뛰어 넘어 자극군의 행동 효과가 확장되는 것을 말한다. 이것은 앞 예에서도 일어났다. 아이가 동전과 와셔로 훈련한 다음에 단추로 행동을 조절할 수 있는 능력이 생긴 것은 원형에 의한 조절을 보여 준 일차 자극 일반화의 사례이다. 특징/지각군을 특정한다는 것은 개인이 특정 자극의 특징에 확실히 주의를 기울이고, 그러한 특징이 있는 다른 자극이 제시되었을 때 비슷하게 반응한다는 것을 의미한다.

이러한 특징/지각군 분석을 실제로 적용한 공포증 사례를 생각해 보자. 내담자는 침실에 갑자기 큰 쥐가 나타나 심하게 놀랐다고 보고했다. 이런 경험을 하고 나서 그는 쥐와 생쥐에 공포 반응을 나타낼 뿐 아니라 비슷한 동물(예, 다람쥐, 얼룩다람쥐, 토끼)에게도 심한 불편감을 느꼈다. 치료자는 특징/지각군이 있다고 가정하고, 처음에는 쥐가 아닌 동물이 있을 때 내담자가 이완하고 유연하게 행동하도록 교육할 수 있다. 또 치료자는 이러한 다중 표본 훈련 절차가 원래 내담자를 놀라게 했던 동물, 즉 쥐가 있을 때도 이완하고 유연하게 행동하는 것을 쉽게 배우도록 할 것이라고 가정한다(18장을 보라). 이 절차가 성공으로 밝혀지면 치료자의 특징/지각군 분석이 옳았다는 증거가 된다. 그렇지 않으면 자극군이 틀리게 또는 불충분하게 특정되었다는(예, 다른 동물에는 없는 쥐의 털 없는 꼬리가 내담자를 놀라게 하는 요소였다) 뜻이다.

수반성/임의 자극군 **Contingency/Arbitrary Stimulus Classes**

기능적 자극군은 물리적으로 *비슷하지* 않은 자극을 포함할 수 있다. 이러한 군은 *수반성(단독)군*이나 *임의 자극군*이라고 하는데, 자극군 구성원이 물리적 유사성보다 기능적 유사성으로 정의된다는 점을 강조하려는 뜻이다(Goldiamond, 1966을 보라). 빨강 신호등과 정지 표지판, 경찰관이 올리는 손을 사용하는 예로 임의 자극군을 이해해 보자. 이들은 모두 차의 브레이크를 밟게 하는 단계를 설정한다. 스키너(1935)는 암시적으로, 골디아몬드Goldiamond(1966)는 명시적으로 기능적 자극군에는 두 가지 속성이 있다고 정의했다. (1) 자극은 행동 조절에서 똑같은 기능을 나타내야 하고, (2) 자극군의 한 구성원의 기능에 영향을 주는 조작은 다른 구성원의 기능에도 영향을 주어야 한다. 교통을 예로 들면 오토바이 운전자가 누군가 경찰관 지시를 무시하고서도 뚜렷한 부정적 결과를 받지 않는 것을 목격하면, 그도 긴급한 상황에서 도망칠 때 교통 통제 조치를 무시할 확률이 높다. 이것을 기술적 용어로 표현하면 다음과 같다. 기능을 바꾸는 절차가 구성원 일부에만 적용되어도 기능 전달transfer이나 변형transformation이 같은 군의 모든 구성물에서 일어난다(6장과 7장을 보라).

행동이론에서 일반적인 자극 조절 유형에 관한 설명이 인간의 언어와 인지 영역인 임의 자극군까지 확장될 수 있을지가 활발한 논점이다(Hayes, Barnes-Holmes, & Roche, 2001; Sidman, 2000). 하지만 인지신경과학 방법(예, 기능성 자기공명영상, 유발 피질 전위)을 사용했을 때 기본적인 자극 조절 연구 절차를 모델링한 언어 및 인지 자극사건에서도 동일하거나 유사한 신경활동을 보여준다는 증거가 증가하고 있다(예, Bortoloti, Pimentel, & de Rose, 2014).

자극 조절의 정의 ***Stimulus Control Defined***

요약하면 다음과 같다. 자극(또는 자극군)이 없을 때보다 자극(또는 자극군)이 있을 때 측정한 행동(또는 행동군)이 일어날 확률이 높으면, 주어진 자극(또는 자극군)이 조절하는 것이다. 연구든, 임상 적용이든 관계를 조절하는 특정한 요소나 속성을 가정하지 않는 것이 좋다. 강력한 경험적 증거에 기반한 직접 측정이나 추론을 사용하여 이들이 무엇인지 특정하는 것이 가장 좋다. "자극/자극군이 없을 때보다 자극/자극군이 있을 때 행동이 일어날 확률이 높다."는 개념이 자극 조절을 이해하는 핵심이다. 예를 들어 자극 X가 있으면 10% 빈도로, 자극 X가 없으면 5% 빈도로 행동 X가 일어난다고 가정하자. 정량 분석 기술(McIlvane, Hunt, Kledaras, & Deutsch, 2016을 보라)을 사용하여 빈도 차이를 신뢰성 있게 증명할 수 있으면, 전반적으로 발생 빈도가 낮은데도 자극 조절이 있다고 말할 수 있다. 이후에 언급하겠지만 주어진 자극 조절 관계의 발생 빈도만 가지고 그것이 꼭 자극 조절이 유지되고 있다거나, 임상의가 가질 수 있는 이와 유사한 관심을 나타내는 것으로 볼 필요가 없다.

특징/지각군과 임의군은 인간과 동물의 복잡 행동complex behavior을 과학적으로 분석하는 데 핵심적인 것이다. 이것이 다음 절에서 예로 드는 절차와 결합하면 강력한 근거 기반의 개념적, 분석적, 방법론적 틀을 갖추게 된다. 우리는 이 틀 안에서 치료적이고 교육적인 절차의 핵심 성분을 폭넓게 이해할 수 있다.

임상 수준에서 임상의나 교육자는 자극 조절/자극군 분석으로 혜택을 얻는다. 내담자의 성공을 북돋는 데 이용할 수 있고, 잘 설계된 것 같았던 응용 절차가 실패했을 때 수수께끼 같은 치료 실패를 이해하고 이것을 개선할 수 있다. 저자의 연구 프로그램에 있는 것을 예로 들겠다. 우리는 자폐 스펙트럼 및 기타 신경 발달 장애가 있는 사람에게서 (이른바) 충동 반응(즉, 자극을 분별하려고 주의 깊게 점검해야 하는 과제에 참가자가 지나치게 빨리 반응함)을 줄이는 방법을 개발하려고 장기 프로그램을 시행했다. 컴퓨터 화면에서 정사각형 테두리로 정의된 위치에 자극을 표시하며 과거의 많은 자극 조절 연구와 응용 프로그램에서 확립되었던 절차를 따랐다. 우리의 절차는 대부분 사람에게서 충동 반응을 없앴다. 하지만 최선의 노력을 기울였어도 일부 사람은 충동 반응을 계속했다. 이때 한 팀원이 자극 위치를 정의하는 경계선을 없애 화면을 더 단순화할 것을 제안했는데, 이것이 돌파구였다. 우리는 이 경계선을 실험과 관계없는 화면 상수constant features로 생각했었다. 하지만 그것을 없애자 바로 충동 반응이 사라졌다.

이 예는 자극 조절 분석에서의 일반적인 고려 사항을 보여준다. 연구자나 교사, 치료자가 관련이 있다고 여기는 자극의 조절 속성은 그러한 자극이 제시되는 넓은 맥락에 커다란 영향을 받을 수 있다. 우리는 치료 일반화, 특히 그것의 실패와 관련한 맥락 자극/자극군에 관해 생각할 때 자극군 분석이 아주 유용하다는 것을 발견했다(McIlvane & Dube, 2003을 보라). 행동 치료자가 문제 행동이 일어나는 일상 환경에서 치료하는 걸 선호하는 것은 행동의 자극 조절에 핵심적인 맥락 결정 요인을 놓칠 확률을 최소화하려는 뜻이다. 하지만 때로는 치료가 그러한 맥락 밖에서 수행되어야 할 때가 있다(예, 문제 행동이 위험하거나 사회적으로 불쾌한 경우). 이런 경우에는 치료자가 치료 효과를 일반화할 수 있는 잠재력을 최대로 하기 위해 자연적 대응물natural counterparts을 시뮬레이션하는 특징/지각이나 임의 자극군의 자극을 포함하도록 치료 맥락을 설계할 수 있다.

단순 차별 강화 Simple differential reinforcement

두 개의 중립 자극(A 대 B)을 사용하여 조절을 확립하려면 자극 A가 존재할 때 표적 행동이 일어나면 정적 강화 결과를 제공하고 자극 B가 존재할 때 같은 행동이 일어나도 강화를 주지 않으면 된다. 그러면 B보다 A가 있을 때 표적 행동이 자주 일어나는 것을 알게 될 것이다. 앞에서 말했듯이 차별 반응에 작은 차이만 있어도 자극 조절을 측정할 수 있다. 하지만 이러한 수반성을 계속해서 적용하면 실질적으로 그 개인은 A에는 항상 반응하고 B에는 절대로 반응하지 않게 된다.

임상 및 교육 환경에서 차별 강화 절차를 적용하려는 노력은 60년 전에 시작되었다. 예를 들어 스키너의 *교육의 기술The Technology of Teaching*(1968)은 정규 교육과 특수 교육 모두에 폭넓게 적용할 수 있도록 고안되었다. 그의 목표는 동물을 상대로 한 기초 연구 절차와 결과를 응용 프로그램으로 옮기는 것이었다. 이러한 전통에서의 작업은 유아에서 고급 전문 훈련생까지 정상 능력인 사람에게 적용할 폭넓은 교육 기술을 개발하는 것이었다. 또 다른 노력으로는 이런 기술을 개발하여 특수 집단(예, 신경발달 및 정신건강의학과적 문제가 있는 사람, Ferster & DeMyer, 1961)에 효과가 있는 치료 절차를 찾고자 했다. *교육의 기술* 책이 나온 다음 수십 년 동안 엄청나게 많은 문헌이 나왔다. 임상 및 교육적 적용에 폭넓은 도움을 주는 강화 절차에 관해 수천 개의 연구 결과가 보고되었다. 이들 연구는 정상 아동과 성인뿐 아니라 신경발달이나 정신건강의학과적 및 기타 신경행동학적 결손이나 장애가 있는 개인 등 다양하고 폭넓은 인구 집단을 대상으로 이루어졌다.

자극 조절 확립을 위한 차별 강화 기반의 방법에서 새롭게 대두되는 주제가 있다. 응용 행동 연구는 임상 집단의 강화 절차에 대한 반응에 개인차가 있다고 강조한다. 예를 들어 자폐 스펙트럼 및 이와 관련한 신경발달장애가 있는 아동에서는 강화제의 효능을 확인하거나 유지하는 것이 어려울 수 있다(Higbee, 2009를 보라). 연구 결과는 겉보기에 효과적인 강화제가 확인되었어도 효과적인 치료법을 설계하려면 고려할 사항이 더 있다고 말한다. 이는 강화 스케줄reinforcement schedules 사이의 불균등한 차이disparity에 대한 내담자 행동의 민감도이다.

앞에서 말했듯이 한 군의 자극에서는 행동을 강화하고 다른 군의 자극에서는 행동을 소거하면, 앞에 있는 것이 우세하게 될 것이다. 하지만 일상 경험에서는 바라는 행동이 계속해서 강화될 수 있는 상황이 드물다. 또 바람직하지 않은 행동이 한결같이 소거

될 수 있는 상황도 만나기 어렵다. 단지 (1) 바람직한 행동은 종종 강화를 받을 것이고 (풍부한 강화 스케줄), 바람직하지 않은 행동은 드물게 강화되며(희박한 스케줄), (2) 내담자 행동이 이러한 불균등한 스케줄에 민감하게 반응할 것이라고 기대할 뿐이다. 저자의 자극 조절 연구 집단은 오랫동안 신경발달 장애가 있는 일부 사람은 풍부하거나 부족한 스케줄 불균형에는 민감도가 높은데, 다른 일부 사람은 전통적인 강화물 기능 실험(예, 지속적 강화 대 지속적 소거 스케줄을 대조하는 실험, 강화물 선호도 실험)에서 강화 능력이 있다는 강력한 증거가 있는데도 왜 이러한 스케줄 차이에 관심이 없는지 흥미를 느꼈다. 우리는 스케줄 불균형을 쉽게 발견하도록 프로그램된 교육을 받았는데도 풍부하거나 부족한 스케줄 차이에 계속 관심을 보이지 않는 사례에 특히 관심이 있었다(McIlvane & Kledaras, 2012).

자폐 스펙트럼 장애 아동이 응용 행동 분석 치료에 잘 반응하지 않을 때, 스케줄 둔감/무관심이 숨은 변수일 수 있다(Sallows & Graupner, 2005를 보라). 강화 절차에서 벗어난 반응을 나타내는 다른 신경발달 장애나 정신질환이 있는 사람을 대상으로 한 연구가 늘어나고 있다. 예를 들어 임상 신경과학 연구에서 주의력 결핍 과잉행동 장애 환자는 변화된 강화 민감도(예, Luman, Tripp, & Scheres, 2010)를 보인다는 것을 알게 되었다.

조형 Shaping

많은 연구에서 자극 조절을 확립할 목적으로 차별 강화를 주었을 때 잘 반응하지 않는 결과가 일부 나타났다(강화 스케줄에 대한 둔감성을 제대로 인식하지 못한 탓일 것이다). 더욱이 그 결과 강화되지 않은 행동이 학습을 방해하는 것으로 보인다. 즉, 이런 사람은 자신의 실수에서 배우지 못하는 것이다. 이러한 상황을 개선하려는 노력으로 연구자들은 강화되지 않는 반응을 최소화하여 잠재적으로 자극 조절을 확립할 절차를 연구했다(이른바 비오류 학습 절차errorless learning procedures, 예, Terrace, 1963). 이러한 절차는 전형적으로 주의를 쉽게 끌고 (사실상 즉각적인) 빠른 학습을 촉진하려고 두드러지고 분별하기 쉬운 자극을 사용한다. 예를 들면 단지 다른 색깔을 변별하라고 요구한다. 그 후 잠재적 조절 자극 사이의 미묘한 차이에 주의를 기울이도록 색깔 차이를 추가적인 개시 유도물로 사용할 수 있다. 많은 연구가 특정 대상에서 자극 조절을 북돋는 이러한 비오류 방법의 우수성을 보고한다(Snell, 2009). 또 이것은 개시 절차를 사용하지 않고도 강화가 일어나지 않는 행동을 최소화할 수 있다. 즉, 프로그램된 지시 절차를 새롭게 학습된 개별 행동의 전제조건으로 확립하여, 강화가 일어나지 않는 행동이 최소화한 상태에서 후속 학습이 이루어지게 한다(McIlvane, Gerard, Kledaras, Mackay, & Lionello-DeNolf, 2016).

언어적 지시 Verbal instructions

언어 기술이 적절하게 발달한 사람에서는 환경 수반성을 설명하는 언어 지침만으로도 충분히 자극 조절을 확립할 수 있다. 하지만 이러한 일이 일어나는 정확한 과정은 여전히 논의 대상이다(7장을 보라). 예를 들어 불면증의 자극 조절 치료에서는 언어적 인지행동치료가 커다란 도움이 되는 것으로 증명되었다(Jacob, 1998). 이 접근법에서는 부분적으로는 불면증이 전형적인 방식으로 수면이 이루어지지 않을 때 일어나는 부적응적인 습관 때문에 생긴다고 본다. 그런데 이 습관(예, 시계를 본다, 다음날까지 얼마나 남았는지 걱정한다)을 바로잡으려는 것이 오히려 잠들지 못하게 한다. 이럴 때 불면증을 치료하려는 인지행동치료(CBT-I)는 침실에서 시계를 치우게 하고, 자지 않을 때 침대에 있는 시간을 제한하고, 잠자는 시간과 깨어있는 시간을 정하는 등을 지시하여 이러한 행동에 있는 자극 조절 기능을 무너뜨리는 것을 목표로 한다. 하지만 다른 모든 규칙 지배 행동rule-governed behavior과 마찬가지로 불면증을 치료하려는 인지행동치료나 다른 언어적 자극 조절 치료법의 효과는 이러한 방식으로 확립된 조절이 원하는 결과를 가져오는지에 달렸다.

지속성 Persistence

보통 행동치료자는 긍정적 행동은 계속되게 하고, 부정적 행동을 줄어들게 하려 한다. 네빈(Nevin, 1992)의 행동 운동량 분석behavioral momentum analysis은 환경적 결정 요인이 행동 지속성에 미치는 영향이 운동 물리학에서 묘사한 관계와 같다고 했다. 그는 자극 조절과 관련한 강화 변수가 자극 조절의 지속 여부를 결정한다고 말했다. 즉, 주어진 자극으로 강화가 많아지면 행동이 계속될 것이고, 강화가 줄어들면 행동이 줄어든다고 주장한다. 이는 표면적으로는 운동량 분석이 (널리 알려진) 부분 강화 소거partial reinforcement extinction, PRE 효과, 즉 행동은 지속적 강화보다 간헐적 강화에서 천천히 소거하는 경향이 있다는 설명과 반대되는 것으로 보일 수 있다. 하지만 네빈(1992)이 지적했던 것처럼 소거 저항resistance-to-extinction 실험을 해 보면 분석의 오류를 말해 주는 다른 변수가 나온다.

네빈의 연구와 이후에 다른 사람이 한 직접적이거나 체계적인 재현을 살펴보면, 운동량 분석이 상당한 경험적 지지를 받는다는 걸 알 수 있다. 예를 들어 두브Dube와 맥일밴McIlvane(2002)은 운동량 분석이 자폐 스펙트럼 장애 아동의 행동 유연성을 높이는 절차를 알려준다고 말했다. 표적 과제는 과거에 확립된 변별(샘플 짝짓기match-to-sample와 같은 교육과 관련한 과업을 학습하기 위한 기본 요구 사항)을 되돌리는 것이었다. 아이들이 훈련에서 A+와 B- 변별을 학습하며 상대적으로 적은 강화 스케줄을 경험한 경우 상대적으로 많은 강화 스케줄을 경험한 경우보다 B+와 A- 변별을 빨리 배웠다. 문헌을 전체적으로 살펴보면 자극 조절에 대한 행동 운동량 분석은 행동치료에 이로운 영향을 줄 수 있는 유망한 발전이다.

개조하기 Altering

임상 실제에서 이미 확립된 부적응적 자극 조절을 내담자에게 유익한 방식으로 개조하려 할 때 임상의와 행동치료자에는 많은 어려움이 있다. 겉으로만 보면 자극과 조절된 행동(들) 사이의 수반성을 깨뜨리려고 소거(무엇이든 행동을 유지하는 결과를 제거함)를 사용하는 것이 좋은 방법 같다. 하지만 실험실 밖 세상에서는 종종 소거 조건을 부여하기에 적절한 수준으로 결과를 조절할 수 없다. 실험실 조건에서도 소거는 원치 않는 자극 조절이 일어날 확률을 줄일 뿐이지 실제로 자극과 관심 행동의 "결합bond"을 파괴하지는 않는다. 이러한 결과는 동물 행동 모델(예, Podlesnik & Kelley, 2014)에서 뚜렷이 관찰할 수 있다. 이 결과는 물질남용, 강박장애, 비만 등과 같은 보상시스템 관련 임상 질환reward system-related clinical disorders, RSRCDs 환자에서 성공적으로 행동치료를 마친 다음 재발한 경우를 분석할 때 참조할 수 있다.

이러한 맥락에서 자극 조절 치료에 관해 앞에서 말했던 잠재적으로 유익한 관계에는 분명한 단점이 있다. RSRCD와 관련한 자극 조절을 억제하면 일시적으로 빈도가 줄어들 뿐이다. RSRCD군 중에 어느 한 구성원에 의해서라도 자극 조절이 부활하거나 강력해지는 도전이 일어나면, 그러한 도전이 없는 상황에서도 여러 다른 군의 구성원이 자극 조절에 가담할 확률이 높아질 수 있다.

중독 행동 치료에서 단서노출치료cue exposure therapy, CET의 결과가 별로 인상적이지 않은 것은 중독 행동이 부활할 확률이 있기 때문이다(Martin, LaRowe, & Malcolm, 2010을 보라). 단서노출치료에서 중독자는 갈망이 생겨도 약물 사용으로 이어질 수 없는 환경에서 일련의 약물 관련 자극(예, 다양한 약 봉투 표본과 함께 다중 표본 훈련을 시행)에 노출된다. 이론적 바탕은 이러한 갈망을 소거하면 처음에는 금단 증상이 일어나더라도 궁극적으로는 약물추구/약물복용 행동의 소거로 이어진다는 것이다. 하지만 단서노출치료 접근법에는 두 가지 문제가 있다. 첫째, 재발로 이어졌던 중독 행동 관련 자극의 작은 하위 집합(예, 과거의 약물 복용에 관여했던 옛 친구를 만남) 가운데 어떤 것에라도 연이어 노출이 일어나면, 그것이 자극군의 다른 구성원에 대한 조절을 재확립할 확률이 높아질 수 있다. 즉, 치료 목적을 무너뜨린다. 둘째, 맥락 자극(약물을 사용하는 익숙한 조건에 있던 자극)이 중독 행동의 자극 조절 가운데 인식되지 않은 성분일 수 있다. 이 경우 치료에서 이러한 자극 조절 변수가 다루어지지 않으면 단서노출치료가 실패한다.

결론 Conclusions

요즘은 근거 기반의 임상 실무에 대한 인용과 토론이 없으면 이 책과 같은 개요서를 세상에 내 놓을 수 없다. 실제적이고 윤리적인 이유에서 임상의와 교육자는 근거가 과학적으로 뒷받침되는 치료와 교육 절차를 적용하기를 원한다. 저자의 경험으로 볼 때, 임상의와 교육자 대부분은 넓은 범위의 절차군 관점에서 생각하는 경향이 있다(예, 자폐증을 위한 응용 행동 분석 대 감각통합/직업 치료). 이 장에서는 근거 기반의 임상 실무를 정의하는 데 잘 다루지 않은 접근법을 예로 설명했다. 즉, 치료/교육 절차를 과학 원칙과 관련지어야 하고, 어떤 접근 방식을 선택하든 원칙이 뒷받침해야 한다. 그렇게 하면 일시적인 유행이나 공상에 사로잡히지 않고, 행동 발달과 건강, 웰니스wellness를 북돋을 수 있다. 또 임상 실무의 기초가 되며 잠재적으로 효과를 높일 분명한 근거를 가질 수 있다.

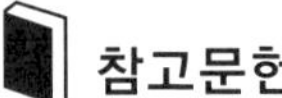

참고문헌

Bortoloti, R., Pimentel, N. S., & de Rose, J. C. (2014). Electrophysiological investigation of the functional overlap between semantic and equivalence relations. *Psychology and Neuroscience, 7*(2), 183– 191.

Dube, W. V., & McIlvane, W. J. (2002). Reinforcer rate and stimulus control in discrimination reversal learning. *Psychological Record, 52*(4), 405– 416.

Ferster, C. B., & DeMyer, M. K. (1961). The development of performances in autistic children in an automatically controlled environment. *Journal of Chronic Diseases, 13*(4), 312– 345.

Fields, L., Matneja, P., Varelas, A., Belanich, J., Fitzer, A., Shamoun, K. (2002). The formation of linked perceptual classes. *Journal of the Experimental Analysis of Behavior, 78*(3), 271– 290.

Goldiamond, I. (1966). Perception, language and conceptualization rules. In B. Kleinmuntz (Ed.), *Problem solving: Research, method and theory* (pp. 183– 224). New York: Wiley.

Hayes, S. C., Barnes- Holmes, D., & Roche, B. (Eds.). (2001). *Relational frame theory: A post- Skinnerian account of human language and cognition*. New York: Kluwer Academic/ Plenum Publishers.

Herrnstein, R. J. (1979). Acquisition, generalization, and discrimination reversal of a natural concept. *Journal of Experimental Psychology: Animal Behavior Processes, 5*(2), 116– 129.

Higbee, T. S. (2009). Reinforcer identification strategies and teaching learner readiness skills. In R. A. Rehfeldt & Y. Barnes- Holmes (Eds.), *Derived relational responding: Applications for learners with autism and other developmental disabilities*. Oakland, CA: New Harbinger Publications.

Hodgins, D. C. (2001). Processes of changing gambling behavior. *Addictive Behaviors, 26*(1), 121– 128.

Jacob, G. D. (1998). Say good night to insomnia. New York: Henry Holt.

Luman, M., Tripp, G., & Scheres, A. (2010). Identifying the neurobiology of altered reinforcement sensitivity in ADHD: A review and research agenda. *Neuroscience and Biobehavioral Reviews, 34*(5), 744– 754.

Martin, T., LaRowe, S. D., & Malcolm R. (2010). Progress in cue extinction therapy for the treatment of addictive disorders: A review update. *Open Addiction Journal, 3*, 92– 101.

McIlvane, W. J., & Dube, W. V. (2003). Stimulus control topography coherence theory: Foundations and extensions. *Behavior Analyst, 26*(2), 195– 213. McIlvane, W. J., Dube, W. V., Green, G., & Serna, R. W. (1993). Programming conceptual and communication skill development: A methodological stimulus class analysis. In A. P. Kaiser & D. B. Gray (Eds.), *Enhancing children's language: Research foundations for intervention* (pp. 242– 285). Baltimore, MD: Paul H. Brookes Publishing.

McIlvane, W. J., Gerard, C. J., Kledaras, J. B., Mackay, H. A., & Lionello- DeNolf, K. M. (2016). Teaching stimulus- stimulus relations to nonverbal individuals: Reflections on technology and future directions. *European Journal of Behavior Analysis, 17*(1), 49– 68.

McIlvane, W. J., Hunt, A., Kledaras, J. K., & Deutsch, C. K. (2016). Behavioral heterogeneity among people with severe intellectual disabilities: Integrating single-case and group designs to develop effective interventions. In R. Sevcik & M. A. Romski (Eds.), *Communication interventions for individuals with severe disabilities: Exploring research challenges and opportunities* (pp. 189– 207). Baltimore, MD: Paul H. Brookes Publishing.

McIlvane, W. J., & Kledaras, J. B. (2012). Some things we learned from Sidman and some things we did not (we think). *European Journal of Behavior Analysis, 13*(1), 97– 109.

Nevin, J. A. (1992). An integrative model for the study of behavioral momentum. *Journal of the Experimental Analysis of Behavior, 57*(3), 301– 316.

Podlesnik, C. A., & Kelley, M. E. (2014). Resurgence: Response competition, stimulus control, and reinforcer control. *Journal of the Experimental Analysis of Behavior, 102*(2), 231– 240.

Sallows, G. O., & Graupner, T. D. (2005). Intensive behavioral treatment for children with autism: Four- year outcome and predictors. *American Journal on Mental Retardation, 110*(6), 417– 438.

Sidman, M. (2000). Equivalence relations and the reinforcement contingency. *Journal of the Experimental Analysis of Behavior, 74*(1), 127– 146.

Sidman, M. (2008). *Reflections on stimulus control. Behavior Analysis, 31*(2), 127– 135.

Skinner, B. F. (1935). The generic nature of the concepts of stimulus and response. *Journal of General Psychology, 12*(1), 40– 65.

Skinner, B. F. (1968). The technology of teaching. New York: Appleton- Century- Crofts.

Snell, M. E. (2009). Advances in instruction. In S. L. Odom, R. H. Horner, M. E. Snell, & J. Blacher (Eds.), *Handbook of developmental disabilities* (pp. 249– 268). New York: Guilford Press.

Terrace, H. S. (1963). Discrimination learning with and without "errors." *Journal of the Experimental Analysis of Behavior, 6*(1), 1– 27.

13장

조형

Shaping

레이몬드 밀텐버거 Raymond G. Miltenberger, PhD
브라이언 밀러 Bryon G. Miller, MS
히써 저거 Heather H. Zerger, MS
마리싸 노보트니 Marissa A. Novotny, MS
사우스 플로리다대학 아동 및 가족 연구학부

정의와 배경 Definitions and Background

*조형shaping*이란 표적 행동의 연속 근사치를 차별적으로 강화하는 것이다. 이러한 정의는 몇 가지 기본적인 행동 원리에 근거한다. 강화reinforcement는 상대적으로 즉각적인 결과가 일어나기에 비슷한 조건이라면 미래에 주어진 행동군이 일어날 확률이 높아지는 것을 뜻한다. 강화는 대부분의 응용 행동 분석 절차 구성 성분 가운데 하나로 행동의 획득과 유지에 이용된다. *소거extinction*의 행동 원리는 행동이 줄어들고, 궁극적으로는 행동이 거의 없어지는 것이다. 소거는 행동이 더는 강화 결과를 만들지 못할 때 일어난다. 강화와 소거의 조합을 *차별 강화differential reinforcement*라 하는데, 특정 반응은 강화되고 다른 반응 형태는 소거되는 것(즉, 강화가 철회됨)이다. 차별 강화의 결과는 강화된 반응은 나타날 확률이 높아지고, 강화 받지 못한 다른 모든 반응은 줄어드는 것이다. 연속 *근사법successive approximation*은 점진적으로 표적 행동으로 이끄는 단계적 반응 형태이다. 연속 근사치가 차별적으로 강화되면, 반응 형태는 확률적으로 표적 방향으로 변한다. 조형은 새로운 행동을 만들거나 과거 행동을 복원하거나 기존 행동 차원을 바꾸는데 사용할 수 있는 훈련 절차이다. 다음은 이러한 적용에 관한 설명이다.

예시 Examples

조형은 명시적인 훈련 절차이기도 하고, 자연적으로 또는 의도치 않게 일어날 수 있는 행동 현상으로 개념화할 수 있다. 비둘기가 완전히 시계 방향으로 회전하도록 가르치는 것은 간단하면서도 실증할 수 있는 조형의 예이다(Chance, 2014). 처음에는 어떤 방향이든 임의의 회전(즉, 시작 행동)을 하면, 강화(즉, 전형적으로는 청각 자극과 같은 조건 강화물이 곡식과 같은 무조건 강화물과 주기적으로 짝을 이루게 한다)가 주어진다. 이런 반응이 안정적으로 일어나면, 시계 방향으로 회전했을 때만 강화하고 반시계 방향으로 회전하면 소거한다. 예를 들어 다음 몇 단계는 완전한 시계 방향 회전에 조금씩 더 가까워지는 근사치(1/4, 1/2 및 3/4 시계 방향 회전)에는 강화를 제공하고, 이전의 모든 근사치는 소거한다. 이 예에서 비둘기는 특정 표적 행동에 참여하도록 특정한 방식으로 훈련된다. 하지만 조형은 종종 당시에 우세했던 강화(사회적 및 비사회적)와 소거의 수반성 결과로 자연적으로 또는 의도치 않게 일어나기도 한다.

이전에 없었던 파괴적이거나 종종 위험한 행동 양상이 출현할 때 의도치 않게 분노 발작이나 자해와 같은 강력한 문제 행동이 조형될 수 있다(예, Rasey & Iversen, 1993;

Schaefer, 1970). 예를 들어 부모가 자녀에 대한 요구를 거두어들이는 것이 자녀의 분노발작을 강화할 수 있는데, 아이의 분노발작 행동이 전형적으로 부모의 지시에 따르지 않아도 되는 결과를 낳기 때문이다. 처음의 문제 행동은 부모가 숙제를 끝내라고 지시했을 때 아이가 단호하게 "싫어요!"라고 말하는 것으로 시작했다. 이것은 부모가 요구를 거두어들이는(굴복하는) 결과를 낳는다. 이후 부모는 순응도를 높이려는 시도로 아이가 저항할 때 요구를 거두어들이지 않고 지시한 것을 이루려 한다(즉, 소거). 이러한 맥락에서 소거는 종종 소거 폭발과 연결된다. 이것은 일시적으로 문제 행동이나 새로운 행동, 감정 반응의 강도가 증가하는 것이다. 더 심각한 문제 행동(예, 부모에게 말로 저항하거나 고함을 지름)으로 구성된 소거 폭발에 직면하면, 부모가 다시 굴복할 수 있다. 그 결과 궁극적으로 분노발작에 이르게 되는 연속 근사치가 강화된다. 부모가 자녀의 더 심한 분노발작 양상을 무심코 강화하기 시작하면서 이 과정이 반복된다. 그 결과 말로 하는 심각도가 낮은 저항에서 시작한 것이 고함을 지르거나, 울거나, 물건을 던지거나, 공격적인 행동을 하는 심각한 분노발작으로까지 문제 행동이 조형되는 결과로 이어진다.

치료자는 의도치 않게 조형이 일어날 수 있다는 점을 이해하여 양육자가 이러한 훈육에서 굴복하지 않게 해야 한다. 이 장의 나머지 부분에서는 조형을 하나의 훈련 절차로 보고, 이를 일관성 있고 올바르게 활용하는 데 관여하는 단계들을 검토하고, 문헌을 통해 조형의 사례를 제시하며 자세히 살펴볼 것이다.

실행 Implementation

조형을 실행하려면 개인이 반응에 일관성 있게 참여할 때까지 시작 행동을 계속 강화해야 한다. 일단 이런 일이 일어나면, 이번에는 다음 근사치를 강화아고 이전 근사치는 강화하지 않아야 한다(소거). 개인이 두 번째 근사치를 한결같이 보여주면, 이제는 세 번째 근사치가 강화되고 두 번째 근사치는 소거 과정에 놓인다. 후속 근사치에만 강화가 제공되므로 첫 번째와 두 번째 근사치에는 강화가 일어나지 않아야 한다. 이러한 차별 강화의 사용은 연속 근사치마다 개인이 표적 행동에 한결같이 참여할 때까지 실행된다. 특정한 조형을 목표로 하는 응용 프로그램에서는 개인 능력이나 복잡한 표적 반응으로 근사치의 수는 달라질 수 있다. 하지만 보통은 다음과 같은 단계로 조형이 이루어져야 한다(Miltenberger, 2016).

1. 표적 행동을 확인하라 Identify the target behavior

조형 절차가 표적 행동을 만드는 데 성공했는지를 알 수 있도록 표적 행동을 찾아 분명하게 정의해야 한다.

2. 조형이 표적 행동을 일어나게 하는 최선의 절차인지 판단하라

Determine whether shaping is the best procedure for getting the target behavior to occur

조형의 목적은 아직 일어나지 않은 행동이나 행동 차원[1]을 일어나게 하는 것이다. 조형이 일어나면 표적 행동(또는 표적 행동의 바람직한 수준)이 차례차례 얻어진다. 개인이 이미 표적 행동에 가끔이라도 참여하고 있으면, 조형이 필요하지 않다. 이때는 차별강화가 행동을 증강strengthening하는 데 사용될 수 있다. 또 개시유도법prompting, 용암법fading, 행동 기술 훈련, 행동 사슬법behavioral chaining 같은 효율적인 치료 전략을 사용할 수 있으면 조형이 필요하지 않다.

3. 강화할 첫 번째 근사치를 확인하라 Identify the first approximation to be reinforced

조형 과정을 시작하기 전에 첫 번째 근사치나 시작 행동을 찾아야 한다. 시작 행동은 개인이 이미 하는 반응으로 표적 행동과 관련이 있어야 한다.

4. 표적 행동의 나머지 근사치를 결정하라

Determine the remaining approximations of the target behavior

조형 과정을 시작하기 전에 나머지 근사치도 정해져야 한다. 또 다음으로 진행하기 전에 개인이 각 단계에 익숙해져야 한다. 일단 시작 행동(또 다음 단계들의 근사치)에 강화가 이루어지고 이후에 소거 과정에 놓이면, 소거 폭발이 새로운 행동들을 만들 것이다. 그 가운데 표적에 가까운 행동 하나가 가까운 근사치로 강화를 받을 것이다. 개인이 한 단계에서 다음 단계로 쉽게 넘어가지 못할 정도로 조형 단계가 크면 안 된다. 또 단계들이 지나치게 작아 조형 과정이 느려져도 안 된다. 각 단계는 학습자가 한 단계에서 다음 단계로 나아가는 데 합리적인 기대를 할 수 있도록 정해져야 한다. 미리 조형 단계가 정해져야 하지만, 훈련 도중에 단계가 합쳐지거나 추가되는 경우도 드물지 않다(7단계를 보라).

---

1) 보통 행동에는 최소한 빈도frequency, 지속 시간duration, 잠복기latency, 양상topography, 장소locus, 강도forces 등 6개 차원이 있다고 알려졌다.

5. 각 근사치마다 제공할 강화물을 찾아라

Identify the reinforcer that will be delivered for each approximation

조형 과정에서 사용하는 강화물은 적절한 반응이 일어났을 때 즉시 제공할 수 있는 것이어야 한다. 또 반드시 학습자를 위해 확립된 강화물이어야 하고, 반복적으로 제시되어도 포만satiation을 일으키지 않아야 한다. 예를 들어 음식은 대부분 학습자에게 강화물이지만, 학습자가 음식을 계속해서 받으면 강화 가치를 잃기 쉽다. 포만을 피하려고 종종 조건화된 강화물(예, 토큰, 칭찬)을 사용한다.

6. 각각의 연속 근사치에 차별 강화를 제공하라

Provide differential reinforcement for each successive approximation

조형 과정을 시작하려면 시작 행동이 일어난 것에 강화물을 제공하라. 이 단계가 한결같이 일어나면, 그것은 소거 과정에 놓이고 다음 근사치가 강화된다. 두 번째 근사치가 한결같이 일어나면, 그것은 소거 과정에 놓이고 다음 과정이 강화된다. 표적 행동에 이를 때까지 이런 과정이 계속된다.

7. 조형 과정이 진행되는 속도를 정하라

Determine the pace at which you will move through the shaping process

각 근사치는 다음 근사치를 위한 디딤돌이다. 따라서 학습자가 한결같은 시작 행동을 나타내면 트레이너는 그 반응을 소거 과정에 놓고, 다음 근사치를 강화하려고 옮겨간다. 조형 단계를 거칠 때는 적절한 속도로 진행하는 것이 중요하다. 한 근사치가 지나칠 정도로 여러 번 강화를 받으면 다음 단계로 가기가 어렵다. 진행이 성공적이지 않으면 트레이너는 개인이 다음 근사치에 참여하도록 단서cue를 주거나 개시를 유도할prompt 수 있다. 트레이너가 보기에 학습자가 달성하기에 어려울 정도로 조형 단계가 크게 정해졌으면 연속 근사치를 작은 단계로 쪼갤 수 있다.

응용 Applications

조형은 아직 나타나지 않은 개인이 표적 행동을 얻으려는 목적에서 한다. 우리는 다음 절에서 조형의 세 가지 적용을 말한다. (1) 새로운 행동 만들기(즉, 학습자의 목록에 없는 행동), (2) 과거 행동을 복원시키기, (3) 기존 행동의 차원을 변화시키기화.

새로운 행동 만들기 Generating Novel Behavior

개인이 지금까지 하지 않았던 행동을 하도록 북돋으려고 조형을 사용한다(Miltenberger, 2016). 예를 들어 퍼거슨Ferguson과 로세일즈-루이즈Rosales-Ruiz(2001)는 말 다섯 마리가 이동 트레일러 안으로 걸어가게 하는 강화물로 8단계 조형 단계와 클리커[2](또 때때로 음식)를 사용했다. 과거에는 말이 트레일러 안으로 들어가도록 혐오 절차(채찍과 밧줄)를 사용했다.

인간에서 새로운 행동을 개발한 사례에서 시미주Shimizu, 윤Yoon, 맥도너McDonough(2010)는 조형을 사용하여 지적 장애로 진단된 미취학 아동에게 컴퓨터 마우스로 위치를 가리키고 클릭하도록 가르쳤다. 첫 번째 조형 단계는 컴퓨터 화면 근처에서 마우스를 움직이는 것이었다. 시각과 청각 자극(화면에서 직사각형이 사라지거나 색깔이 바뀌고 비눗방울 소리가 들림)으로 강화를 구성했다. 두 번째 조형 단계는 강화물을 생성하려고 커서로 직사각형 하나를 가리키는 것이었다. 최종 조형 단계에서 강화물을 받으려면 대상자가 마우스를 움직여 직사각형 하나를 가리키고 마우스를 눌렀다 놓아야 했다.

매튜Mathews와 호드슨Hodson, 크리스트Crist, 라로체LaRouche는 아이가 콘택트렌즈 사용에 잘 순응하도록 조형을 사용했다(1992). 과거 정기 시력 검사에서 의사 지시를 따르지 않았던 5세 미만 아동 4명이 연구에 참여했다. 콘택트렌즈 착용 교육에 8단계 조형 단계나 이것을 변형한 단계를 사용했다. 조형 단계는 아이 얼굴에 접촉하기, 눈썹 들어 올리기, 아이가 눈썹을 들어 올리게 하기, 안약 방울을 눈에 떨어뜨리기, 아이 눈에 손가락을 가져가기, 손가락으로 아이 눈을 접촉하기, 눈 가장자리에 소프트 렌즈를 접촉하기, 가장자리에 하드 렌즈를 접촉하기로 이루어졌다. 아이가 각 조형 단계에 순응하면, 칭찬과 별 스티커, 비눗방울, 음식, 장난감 등으로 강화했다. 조형을 활용한 결과 네 아이 가운데 세 명에서 콘택트렌즈 사용이 늘어났다. 이 사례는 조형의 변형이다. 즉, 표적 행동의 연속 근사치와 관련한 것이 아니라, 참여자가 눈꺼풀이 잡혀 눈을 뜬 채로 가만히 순응하고 자극이 연속으로 바뀌는 것에 노출되었다(역주, 전형적인 조형은 참여자가 주도적인 행동을 하고, 이것에 차별 강화를 주는 것이다. 이 경우에는 시범자의 행동에 가만히 있기만 하면 강화가 주어졌다).

과거에 보였던 행동을 복원하기 Reinstating a Previously Exhibited Behavior

개인에게 과거에 있었지만 더는 일어나지 않는 행동에 참여하도록 가르치는 데 조

2) 동물 훈련에서 원하는 행동을 할 때 딸깍 소리를 내어 그 행동을 표시해 주고, 이후에 강화를 제공한다.

형을 사용할 수 있다. 그렇게 하는 능력을 잃었기에(예를 들어 외상성 뇌손상 후 말하기를 가르치는 일) 행동을 하지 않을 수도 있고, 행동하기를 거부해서 행동하지 않을 수도 있다.

메이어Meyer와 해고피안Hagopian, 패클래스키Paclawskyj는 지적 장애 학생에게 숫자 단계를 이용하여 날마다 할 일을 하게 하려고 조형을 사용했다(1999). 과거에 학생은 학교에 갈 준비를 하라는 말을 들으면 심한 공격 행동을 했다. 조형 절차는 양치질에서 매일 학교에 머무르는 것까지 10단계로 구성되었다. 전달되는 강화물은 매일 완성하는 특정 단계의 숫자와 수반성이 있었고, 요구하는 단계의 숫자는 체계적으로 늘어났다. 연구에서는 아침 시간 자기 위생 기술 순응도 향상에서 학교 출석률 증가에 이르기까지 조형을 성공적으로 사용할 수 있었다.

타웁Taub(1994) 등은 사지 가운데 한쪽의 운동 기능을 잃은 뇌졸중 환자에서 운동 활동을 늘리려고 조형과 강화물로 언어 피드백/칭찬을 사용했다. 저자들은 손상되지 않은 사지는 움직임을 제한하고 손상된 사지를 사용하도록 북돋우려고 롤로덱스 파일 돌리기, 셔플보드 게임에서 디스크 밀기, 공굴리기 같은 여러 작업에서 조형을 사용했다. 연구자들은 조형으로 롤로덱스 파일의 회전수가 늘어나고 셔플 보드 디스크를 민 거리가 늘어나는 것을 보여주었다. 더욱이 공을 좌우로 움직이는 데 걸리는 시간이 줄어들었다. 이 연구는 조형이 뇌졸중으로 생긴 신경학적 손상으로 고통받는 환자에서 행동 재활을 촉진한다는 것을 보여주었다. 이후에 조형이 대뇌 피질의 커다란 복원으로 이어진다는 것도 밝혀졌다(Liepert, Bauder, Miltner, Taub, & Weiller, 2000).

오나일O'Neill과 가드너Gardner는 고관절 치환술 후 물리 치료(PT)에 순응하지 않는 노인에서 보행 보조기를 사용하여 독립적인 보행을 재개하려고 조형 절차를 사용했다(1983). 조형 절차를 시작하려고 치료자는 물리치료실로 가는 것(즉, 시작 행동)을 강화했다. 일단 대상자가 물리치료실에 계속 가면, 치료자는 점점 시간을 늘리며 두 개의 평행 막대 사이에 수 초 동안 서 있게 했고, 물리치료실에 가는 것은 소거했다. 이러한 과정은 전체 연속 근사치 목록에 따라 계속되었는데, 점점 걸음 수를 늘려가며 평행 막대 사이를 걷기, 막대 전체 길이만큼 걷기, 보행 보조기와 함께 독립적으로 걷기 등을 포함했다.

과거에 나타난 행동을 복원하려고 조형을 사용할 때는 먼저 개인이 그 행동에 참여하지 않는 까닭을 밝혀야 한다. 예를 들어 행동과 관련한 혐오 조건이 있으면 행동에 참여하려는 개인의 동기가 줄어들 수 있다. 이런 경우에 조형을 사용하지 않고 혐오 상태를 제거하는 환경 조작만으로도 반응을 충분히 북돋울 수 있다. 조형을 시작하기 전에는 조형 과정에서 각각의 근사치를 증강하는 강력한 강화물을 반드시 확인해야 한다. 강화물의 영향력을 높이려는 동기 부여 전략을 사용하는(27장을 보라) 것도 조형 효과를 높일 수 있다.

기존 행동의 일부 차원을 변화시키기 **Changing Some Dimension of an Existing Behavior**

지금은 만족스러운 수준이 아닌 행동의 몇 가지 차원(표적 반응의 빈도나 강도, 지속 시간, 잠복기)을 늘리거나 줄이는 데도 조형을 사용할 수 있다. 조형을 이런 식으로 응용할 때는 말소리 크기 증가나 하루에 피우는 담배 수 감소 등과 같은 행동 차원의 변화가 표적이 된다.

해고피안Hagopian과 톰슨Thompson은 낭성 섬유증과 지적 장애가 있는 8세 소년에게서 호흡 치료의 순응도를 높이려고 조형을 사용했다(1999). 표적 행동은 소년이 약물 에어로졸을 방출하는 마스크를 그의 얼굴에 계속 대고 있는 것이었다. 처음에는 소년에게 5초 동안 마스크를 얼굴에 붙이고 있으라고 요구했다. 소년이 이렇게 하면 칭찬과 함께 좋아하는 물건을 받을 수 있었다. 마스크를 얼굴에 대야 하는 시간은 5초 간격으로 40초까지 체계적으로 올렸다. 연구에서 순응도 지속 기간은 평균 13초에서 37초로 올랐고, 이런 결과가 14주 추적 관찰 동안 유지되었다.

또 다른 예에서 잭슨Jackson과 왈라스Wallace는 경도 지적 장애로 진단받은 어린 소녀에게 계속 더 큰 목소리로 말하는 것을 강화하여 강도 차원에서 행동을 조형했다(1974). 이 연구에서는 데시벨 측정기를 사용하여 계속 더 큰 소리 수준으로 이야기할 때 강화물을 제공했다.

할Hall과 매이너스Maynes, 라이스Reiss는 취약 X 증후군 환자 3명 가운데 2명에서 시선 접촉을 유지하는 시간을 늘리려고 조형을 사용했다(2009). 참여자는 특정 시간 동안 시선 접촉에 참여하면 칭찬과 먹는 강화물을 받았다. 그들이 시선을 접촉해야 하는 시간은 백분위별 강화 스케줄을 사용한 시도를 할 때마다 늘어났다.

댈러리Dallery와 메레디쓰Meredith, 글렌Glenn은 흡연자 8명에게서 흡연량을 줄이려고 조형을 사용했다(2008). 연구자들은 기준치에 이어 참여자가 피울 수 있는 특정 담배 개피 수 기준을 일산화탄소(CO)치 측정으로 계산했다. 참여자는 일산화탄소 수치가 기준 수치 아래이면 금전적 바우처를 받았다. 연구가 끝날 때까지 참여자 5명에서 일산화탄소 수치가 금단 수준으로 낮아졌다.

스코트Scott와 골드워터Goldwater는 조형의 새로운 사례로 트랙과 필드 종목 육상 선수의 성적을 올렸다(1997). 표적 행동은 장대높이뛰기 선수가 바 너머로 자신을 도약하려고 장대를 박스에 꽂기 전에 가능한 높이로 자신의 머리 위로 장대를 들어 올리는 것이었다. 스코트 등은 장대가 일정 높이에 도달하면 소리로 피드백하는 것을 강화물로 사용했다. 강화를 받는 데 요구되는 높이는 선수가 팔을 최대한 폈을 때 얻을 높이까지 5cm씩 7단계로 올렸다.

오나일O'Neill과 가드너Gardner는 다발성 경화증 진단을 받은 여성이 화장실에 가려고 한 시간에 한 번 넘게 치료 프로그램을 중단한 상황을 설명한다(1983). 치료자는 궁극적으로 2시간에 한 번 화장실에 가도록 대상자가 참을 수 있게 하고 싶었다. 화장실 방문 간격을 1시간으로 하는 것이 시작 행동이었고, 환자가 일관성 있게 이 시간을 참을 수 있을 때까지 강화했다. 다음 근사치는 70분을 참는 것이었다. 이 지점에서 1시간을 참는 것은 소거되었고, 반면에 70분을 참으면 치료자가 칭찬하고 인정해 주었다. 화장실 방문 간격 시간 증가를 강화하는 과정은 대상자의 화장실 방문 간격이 2시간이 될 때까지 일관성 있게 계속되었다.

심리치료에서 조형 활용의 기회 Opportunities for Using Shaping in Psychotherapy

행동분석가가 조형을 가장 널리 사용했지만 응용 심리학자에게도 조형을 사용할 기회가 곳곳에 있다. 예를 들어 자기 공개, 정서적 개방 또는 현재 순간에 주의를 기울이는 데 관심을 쏟으며 심리치료를 하는 임상의가 회기 도중에 이런 행동을 표적으로 삼고 바꿀 수 있다. 주의 기울이기나 앞으로 몸을 숙이기, 환자 자세 따라 하기, 임상적 의견 제시하기, 임상의 자기 공개, 칭찬 등 잠재적 강화물을 회기 도중에 탐색할 수 있다. 이런 것들이 강화물로 작동하면 임상의는 그것을 체계적으로 사용하여 내담자를 끌어들이거나 그들이 다른 사람과의 관계에서 새로운 영역에 도전하도록 도울 수 있다. 실제로 이 개념은 임상 행동분석과 기능분석정신치료 등 맥락적 형태의 인지행동치료에서 흔히 사용되었는데, 심리치료 회기 자체가 부분적으로 조형에 의해 작동한다는 걸 경험적으로 보여주는 것이다(Busch 등, 2009).

요약 Summary

조형은 사람들이 지금은 하지 않은 행동을 개발하려고 할 때 사용하는 훈련 절차이다. 구체적으로 말하면 새로운 행동을 만들고, 과거에 하던 행동을 복원하고, 기존 행동의 차원을 바꾸는 데 사용한다. 대부분 경우에 적용하는 행동분석 절차의 목적은 행동에 참여하는 사람에게서 삶의 질을 높이는 바람직한 행동이 일어나도록 북돋는 것이다. 하지만 행동이 가끔이라도 일어나지 않으면 바람직한 행동을 증강하는 데 강화를 사용할 수 없다. 조형은 사람들이 바람직한 행동을 단계적으로 습득할 방법을 제공하고 행동의 몇 가지 기본 원칙을 적용하여 이것을 증강할 수 있다. 조형이 훈련 절차로 사용되기도 하지만, 우연히 일어나기도 한다(예, 문제 행동이 우연히 조형될 수 있다). 다양한 표적 행동이 얻어지고 우연히 조형되는 방식에 의해 지배적인 강화의 수반성이 일어날 수 있다.

조형이 소중한 훈련 도구이지만, 그것이 항상 최선의 맞춤형 교육 방법이나 가장 효율적인 교육 방법일 수는 없다. 즉, 전형적으로 조형은 지금은 강력하게 확립되지 않았거나 과거에 확립되지 않았던 행동이 개인의 행동 목록 일부가 되도록 도우려고 사용된다. 트레이너는 가끔 일어나는 행동 빈도를 높이려고 차별 강화를 사용할 수 있다. 더욱이 트레이너는 동기를 높이려고 개시유도를 하거나 선행 사건을 조작하여 행동이 더 일어나기 쉽고 강화와 접촉하게 할 수 있다. 한편 조형은 계속 행해져야 하는 행동에서 복합적 상태를 포함하는 복잡한 행동 사슬을 훈련하는 데는 알맞지 않다. 이러한 행동을 훈련하려면 과제 분석을 만드는 것이 더 좋다. 이렇게 하여 행동 사슬을 개별적인 자극 반응 요소로 쪼갤 수 있다. 그다음에 트레이너가 행동 사슬의 각 자극 반응 요소를 가르치려고 개시유도법과 용암법을 사용하는 행동 사슬법behavioral chaining 전략을 사용할 수 있다.

참고문헌

Busch, A. M., Kanter, J. W., Callaghan, G. M., Baruch, D. E., Weeks, C. E., & Berlin, K. S. (2009). A micro- process analysis of functional analytic psychotherapy's mechanism of change. *Behavior Therapy, 40*(3), 280– 290.

Chance, P. (2014). Learning and behavior. Belmont, CA: Wadsworth Publishing.

Dallery, J., Meredith, S., & Glenn, I. M. (2008). A deposit contract method to deliver abstinence reinforcement for cigarette smoking. *Journal of Applied Behavior Analysis, 41*(4), 609– 615.

Ferguson, D. L., & Rosales- Ruiz, J. (2001). Loading the problem loader: The effects of target training and shaping on trailer- loading behavior of horses. *Journal of Applied Behavior Analysis, 34*(4), 409– 424.

Hagopian, L. P., & Thompson, R. H. (1999). Reinforcement of compliance with respiratory treatment in a child with cystic fibrosis. *Journal of Applied Behavior Analysis, 32*(2),

233– 236.

Hall, S. S., Maynes, N. P., & Reiss, A. L. (2009). Using percentile schedules to increase eye contact in children with fragile X syndrome. *Journal of Applied Behavior Analysis, 42*(1), 171– 176.

Jackson, D. A., & Wallace, R. F. (1974). The modification and generalization of voice loudness in a fifteen- year- old retarded girl. *Journal of Applied Behavior Analysis, 7*(3), 461– 471.

Liepert, J., Bauder, H., Miltner, W. H. R., Taub, E., & Weiller, C. (2000). Treatment-induced cortical reorganization after stroke in humans. *Stroke, 31*(6), 1210– 1216.

Matthews, J. R., Hodson, G. D., Crist, W. B., & LaRouche, G. R. (1992). Teaching young children to use contact lenses. *Journal of Applied Behavior Analysis, 25*(1), 229– 235.

Meyer, E. A., Hagopian, L. P., & Paclawskyj, T. R. (1999). A function- based treatment for school refusal behavior using shaping and fading. *Research in Developmental Disabilities, 20*(6), 401– 410.

Miltenberger, R. G. (2016). *Behavior modification: Principles and procedures* (6th ed.). Boston: Cengage Learning.

O'Neill, G. W., & Gardner, R. (1983). *Behavioral principles in medical rehabilitation: A practical guide*. Springfield, IL: Charles C. Thomas.

Rasey, H. W., & Iversen, I. H. (1993). An experimental acquisition of maladaptive behavior by shaping. *Journal of Behavior Therapy and Experimental Psychiatry, 24*(1), 37– 43.

Schaefer, H. H. (1970). Self- injurious behavior: Shaping "head banging" in monkeys. *Journal of Applied Behavior Analysis, 3*(2), 111– 116.

Scott, D., Scott, L. M., & Goldwater, B. (1997). A performance improvement program for an international- level track and field athlete. *Journal of Applied Behavior Analysis, 30*(3), 573– 575.

Shimizu, H., Yoon, S., & McDonough, C. S. (2010). Teaching skills to use a computer mouse in preschoolers with developmental disabilities: Shaping moving a mouse and eye- hand coordination. *Research in Developmental Disabilities, 31*(6), 1448– 1461.

Taub, E., Crago, J. E., Burgio, L. D., Groomes, T. E., Cook, E. W., DeLuca, S. C., et al. (1994). An operant approach to rehabilitation medicine: Overcoming learned nonuse by shaping. *Journal of the Experimental Analysis of Behavior, 61*(2), 281– 293.

자기 관리
Self-Management

에드워드 사라피노 Edward P. Sarafino, PhD
뉴저지 단과대 심리학부

정의 Definitions

*자기 관리*란 원치 않은 행동을 조장하거나 원하는 행동을 좌절하게 하는 조건에 통제력을 얻어, 자신의 행동이 바뀌도록 행동 및 인지 원리를 적용하는 것이다. 이처럼 자기 관리는 이 책에서 다루는 많은 과정을 한곳에 모아 구체적 표적을 갖는 행동 변화 프로그램으로 만드는 것일 수 있다. 이 장에서는 이러한 원리와 과정에 대한 간략한 설명과 함께 자기 주도적 변화를 만들어나가는 데 이들을 사용할 방법을 제공할 것이다. 자기 관리에 관한 구체적이고 폭넓은 설명은 사라피노Sarafino(2011)나 왓슨Watson, 싸르프Tharp(2014)의 책에 있다.

자기 관리 프로그램은 *표적 행동*(사람들이 바꾸려는 행동)의 변화와 *행동 목표*(그 사람이 도달하려는 표적 행동의 수준)의 성취에 중점을 둔다. 예를 들면 한 학생이 공부라는 표적 행동에 대해 매주 정해진 시간마다 2시간 동안 중점 학습을 하겠다는 주간 행동 목표를 정할 수 있다. 행동 목표에 도달하면 학생은 학점 향상과 같은 의도했던 추상적이거나 일반적인 결과로서의 중요한 *성과 목표*outcome goal를 얻을 것이다. 종종 사람들은 성취할 성과 목표를 생각하고, 이를 완수하려고 무엇을 표적 행동과 행동 목표로 할지 정하게 된다.

어떤 경우에는 *행동 결핍*behavioral deficit이 표적 행동이 될 수 있다. 예를 들어 어떤 활동을 충분히 자주, 충분히 긴 시간, 충분한 양만큼, 충분히 강력하게 수행하지 못하는 것을 표적으로 한다. 다른 경우에는 *행동 과잉*behavioral excess이 표적 행동이 된다. 이때는 활동을 지나치게 자주, 지나치게 강하게, 지나치게 오래 수행하는 것이 문제가 된다. 많은 사람에게서 신체적 운동은 행동 결핍이고, 흡연은 행동 과잉이다. 어떤 사람이 높은 *자기 효능감*self-efficacy, 즉 자기 관리 프로그램에서 행동을 바꿀 때처럼 자신이 원하는 특정 활동에 성공할 것이라는 믿음이 있으면 행동 목표를 얻기가 쉬울 것이다.

학습과 행동 Learning and Behavior

경험은 학습으로 연결되고, 대부분의 성향traits과 행동 발달에 핵심적인 역할을 한다. *학습*이란 경험에서 행동의 경향성이 만들어지고, 그것에 상대적으로 영구적인 변화가 온 것이다. 학습에는 두 가지 주요 유형이 있다(6장을 보라).

- *반응적(고전적) 조건화*에서는 이미 반응을 일으킬 수 있는 자극(무조건 자극)과 연합하여 자극(조건 자극)이 반응(조건 반응)을 일으킬 능력을 얻는다. 반응적 조

건화에서 *소거*는 조건 자극이 무조건 자극 없이 계속 제시되는 절차나 조건이다. 이 과정은 조건 반응의 강도나 그것이 일어날 확률을 줄인다.

- *조작적 조건화*에서는 결과가 행동을 바꾼다. 정적 강화나 부적 강화(강화를 보상이라 부르기도 함)는 미래에 행동이 일어날 확률을 높이고, 처벌은 이 확률을 줄인다. 조작적 조건화에서 소거는 과거에 강화되었던 행동에 대한 강화가 사라지게 하고, 행동의 빈도와 활력vigor을 줄이는 절차나 조건이다. *조형*은 연속 표적 행동successive target behavior에 대한 차별 강화의 한 방법이다(13장에서 자세히 논의했다).

이러한 학습은 직접 경험이나 다른 사람이 했던 학습 경험을 관찰하는 것(*모델링*이라고 부르는 과정) 같은 대리 경험으로 일어날 수 있다. 공포 영화에서 뱀을 겁내는 배우의 연기를 보거나 집에서 배관공이 수도꼭지를 해체하는 장면을 볼 때, 우리는 모델링으로 이러한 행동을 배운다. 또 학습 과정은 행동의 *선행 사건*, 즉 과거에 나타나 행동의 발생을 설정하는 단서를 확립한다. 예를 들어 우리가 배고프다는 것을 알아차리고 먹음직한 음식을 보면(선행 사건), 우리는 음식에 다가가 그것을 먹는다. 이것은 조작적 행동이다. 반응적 행동에서 선행 사건은 조건 자극이다. 다음에 자세히 설명하겠지만 조건 반응은 종종 일상생활에서 어떤 결과를 만들어 내는 기능을 한다.

단단하게 확립된 행동은 *습관*이 되는 경향이 있다. 즉, 건성으로 사탕에 손을 뻗어 입안에 넣을 때처럼 이런 행동은 자각 없이 자동으로 수행된다. 습관성 행동은 그들이 받게 되는 강화, 즉 결과에 덜 의존하고, 곁눈질로 사탕이 있다는 걸 알아차리는 것 같은 선행 사건 단서에 더 의존한다. 지금까지 행동이 이러한 단서와 연결되었던 것이다. 선행 사건은 *외현적*overt이라 겉으로 드러나거나 우리의 감각으로 직접 관찰할 수도 있고, *내현적*covert이라 관찰하지 못할 수도 있다. 분노나 우울처럼 부정적 정서가 내현적 선행 사건으로 작용하여 일부 사람으로 하여금 강박적으로 물건을 사게 할 수 있다(Miltenberger et al., 2003). 사람들은 종종 비습관성 행동보다 과식이나 흡연 같은 습관성 행동을 바꾸기가 어렵다.

행동 관리 기술 Techniques for Managing Behavior

표적 행동을 효과적으로 고치려면 행동에 대한 분명한 정의가 있어 정확한 측정을 할 수 있어야 한다. 측정을 통해서만 표적 행동의 변화 여부를 결정할 수 있다. 건성으로 행동을 관찰하는 것으로는 행동이 일어나는 정확한 현상을 알 수 없다.

행동 변화의 평가 Assessing Behavior Change

자기 관리 프로그램을 평가하려면 프로그램 전후로 행동이 일어난 자료를 수집해야 한다. 표적 행동을 수정하려는 노력 이전에 수집한 자료를 *기저선*baseline 자료라고 한다. "기저선"은 자료가 수집되는 기간을 뜻하기도 한다. 행동을 수정하려고 노력하면서 수집된 자료를 *개입*intervention 자료라고 한다. "개입"은 또한 자료를 수집하는 기간을 뜻하기도 한다. 자기 관리 프로그램은 보통 기저선 시기phase와 개입 시기를 포함하며 시기별로 표적 행동에 관한 자료를 수집한다.

행동은 다양한 방식으로 변할 수 있기에 행동을 바꾸려는 방식과 행동 목표를 향한 진전이라는 두 사항을 가장 잘 반영하는 자료를 선택해야 한다. 행동의 빈도(얼마나 자주) / 기간(얼마나 길게) / 규모(얼마나 강하게)를 바꾸는 것이 목표인가? 이러한 사항에 관한 측정은 다음과 같은 자료를 형성한다.

- *빈도*—행동이 관찰되는 횟수. 이러한 자료는 개별 표적 행동의 발생에 분명한 시작 시점과 종료 시점이 있다. 또 수행할 때 걸리는 시간이 똑같을 때가 가장 좋다.
- *기간*—개별 표적 행동이 시작하여 끝날 때까지의 시간. 예를 들면 회기 별 신체 운동, TV 시청, 공부 등을 하는 시간을 측정한다.
- *규모*—행위 또는 그 결과의 강도, 정도, 크기. 예를 들면 발화speech의 크기, 느끼는 감정의 강도, 들어 올리는 아령의 무게이다.

자주 쓰이지는 않지만 자기 관리에서 사용하는 자료로 *질*quality이나 표적 행동이 얼마나 잘 수행되느냐를 보기도 한다. 예를 들면 악기 연주나 운동 기술의 수행 같은 경우이다. 때때로 특정 표적 행동에 관해 하나 이상의 자료 형태를 수집하는 것이 유용하고 중요할 수 있다. 예를 들어 내담자가 하는 신체 운동의 빈도와 기간, 규모를 늘리려는 자기 관리 프로그램을 설계할 수 있다.

표적 행동의 변화를 평가할 때는 한 변수가 다른 변수와 함께 어떻게 변하는지를 보여주는 *그래프*(자료 변화를 나타내는 그림)가 도움이 된다. *변수*는 변화할 수 있는 사람이나 대상, 사건의 특징이다. 행동의 빈도와 기간, 규모는 변수이고, 시점도 변수이다. 자기 관리 프로그램에서 치료자는 두 축의 그래프를 그린다. 수평선(가로좌표)은 날짜와 같은 시간 눈금자이고, 수직선(세로좌표)은 표적 행동의 발생 눈금자이다. 기저선 자료는 시간 축에서 왼쪽에 표시하고, 개입 자료는 시간 축에서 오른쪽에 표시한다. 개입 자료가 표적 행동에서 기저선 수준을 능가하는 상당한 향상을 나타내는 것은 자기 관리 프로그램이 성공적이었다는 분명한 신호가 된다. 예를 들어 흡연량을 줄이려는 자기 관리 프로그램에서는 그래프의 흡연 빈도 기저선 수준이 개입 수준보다 훨씬 높을 것이다.

행동의 기능 평가 Assessing the Functions of Behavior

*기능 평가*는 표적 행동을 정확하게 정의하고 행동과 선행 사건, 결과의 연결성을 확인하도록 돕는 절차이다. 표적 행동은 조작적 행동이나 반응적 행동일 수 있다. 보통은 행동의 기능 분석을 하려면 내담자 자신이 확인한 각각의 행동과 선행 사건, 결과를 관찰하고 기록해야 한다. 기저선 기간 이전이나 그 기간과 겹쳐서 며칠 동안 관찰하고 기록한 것을 보관해야 한다. 치료자는 수집한 정보를 이용하여 과거 행동을 만들고 유지하게 했던 선행 사건과 결과를 어떻게 바꿀지 결정해야 한다. 이러한 계획이 자기 관리 프로그램의 바탕을 이룰 것이다.

조작적 행동을 바꾸기 Changing Operant Behavior

조작적 조건화로 학습한 행동은 표준적인 단계를 거친다. 하나나 그 이상의 선행 사건이 하나나 그 이상의 결과를 초래하는 행동을 이끌어 낸다. 조작적 행동을 바꾸려면 치료자가 그 행동의 선행 사건과 결과를 관리할 수 있어야 한다.

조작적 선행 사건 관리하기 Managing Operant Antecedents

조작적 선행 사건을 관리하는 한 가지 전략은 새로운 선행 사건을 개발하거나 적용하는 것이다. 새로운 선행 사건을 적용할 때 적절한 행동이 나타나면 강화를 받아야 한다. 새로운 선행 사건을 개발하는 세 가지 방법은 개시유도법prompting, 용암법fading, 모델링이다. 개시유도법은 개시유도 자극을 추가하는 절차인데, *개시유도 자극prompt*은 적절한 행동이 일어나는 데 바람직하거나 정상적인 선행 사건을 추가하는 자극이다. 개시유도법은 내담자가 어떻게 하는지 이미 아는 행동을 상기하게 하거나 자주 하지 않거나 제대로 하지 않는 행동을 수행하도록 돕는 것이다. 개시유도 자극으로는 내담자가 케이크에 멋진 장식을 하도록 손을 잡아 끄는 것처럼 신체적 행동 유도guiding가 있다.

다른 것으로는 부엌에 "간식 금지" 팻말을 붙이는 것처럼 어떤 행동을 하거나 하지 말라고 내담자에게 언어적으로 말하는 것이 있다. 또 다른 자극으로는 내담자가 날씬했을 때의 사진이나 내담자가 전화로 대화하는 것을 그만두라고 상기하는 경고음처럼 시각적인 것이나 청각적인 것이 있다. 정상적인 선행 사건이 원하는 행동을 신뢰할 정도의 수준으로 이끌면, 치료자는 개시유도 자극을 서서히 제거하는 절차인 *용암법*을 사용할 수 있다. *모델링*에서는 행동을 수행하는 다른 사람을 지켜보며 그 행동을 배운다.

새로운 선행 사건을 개발하거나 적용하는 다른 방법으로 환경을 바꾸거나 인지 전략을 사용할 수 있다. 보통 선행 사건이 환경에서 일어나므로 환경 변화로 원하는 행동을 권장하는 세 가지 방식이 있다. 첫째, 오래된 환경을 새로운 것으로 교체한다(예, 공부하려고 더 조용한 장소로 이동함). 둘째, 원하지 않은 행동을 권장하거나 원하는 행동을 위축하는 품목의 가용성availability을 바꾼다(예, 금연하려는 사람에게서 담배를 없앰). 셋째, 행동이 허용되는 장소나 시간을 축소하여 원치 않는 행동이 일어나는 상황의 범위를 제한한다(예, TV를 특정 장소와 시간에만 보도록 제한하여 TV 시청 시간을 줄임).

새로운 선행 사건으로 적용할 인지 전략은 *자기 지시*self-instruction로 내담자가 실행하게 돕거나 그것을 어떻게 실행하는지 말해 주는 것이다. 자기 지시가 대부분 내현적으로만 적용된다면 언어적 개시유도자극과 비슷하다. 이 지시는 합리적이어야 한다. 불가능한 솜씨를 발휘할 수 있다거나 행동 변화가 인생에 지대한 영향을 가져올 것이라고 자신에게 말하는 것은 내담자가 믿을 수 없을 것이고, 실패로 이어질 것이다.

조작적 행동의 결과 관리하기 **Managing the Consequences of Operant Behavior**

자기 관리 프로그램에서 조작적 행동을 바꾸려면 두 가지 유형의 결과, 즉 강화와 처벌을 고려해야 한다. 강화는 행동이 이루어진 다음에 자극을 새롭게 도입하거나 추가하는 *정적*인 것과, 적절한 행동이 이루어지면 기존의 불쾌한 환경을 줄이거나 제거하는 *부적*인 것으로 나뉜다. 강화는 행동 이후에 지연되어 주어지는 것보다 행동 직후 주어지는 것이 효과적이다. 행동 과다를 줄이려면 가능한 경우에 표적 행동의 발생 확률과 활력을 줄이려고 소거를 사용할 수 있다. 행동 과다를 줄이려고 처벌 기술을 사용할 수도 있다. 하지만 이러면 문제가 되는 후유증이 있을 수 있다. 보통은 정적 강화가 자기 관리 프로그램에서 가장 많이 사용되고 효과적인 결과를 가져온다. 저자도 이런 형태에 중점을 둔다.

조작적 행동 변화에 적용하려고 정적 강화를 선택할 때는 바람직한 보상의 정도인

*보상 가치reward value*를 높은 수준으로 사용해야 한다. 보상 가치가 클수록 행동을 강화할 확률이 높다(Trosclair-Lasserre, Lerman, Call, Addison, & Kodak, 2008). 보상 가치에 영향을 주는 강화물에는 양적인 것과 질적인 것이라는 두 가지 차원이 있다. 예를 들어 사탕을 강화물로 사용할 때는 좋아하는 맛으로 많이 주는 것이 겨우 먹을 만한 맛으로 적게 주는 것보다 효과적일 것이다. 치료자가 자기 관리 프로그램에서 흔히 사용하는 정적 강화물로는 다음과 같은 형태가 있다.

돈, 의류, 음반 등 실제로 만질 수 있는tangible 품목이나 물질

스낵, 과일, 음료 등 내담자가 먹거나 마실 수 있는 소모성 품목

TV 시청, 이메일 체크 등 내담자가 좋아하는 활동이나 사물

토큰, 실제로 만질 수 있거나 소비할 수 있는 것으로 교환할 수 있는 상징적인 보상 품목(예, 티켓, 칩, 차트의 체크 표시), 활동 보상

토큰은 자체로는 보상 가치가 없지만, 그것으로 살 수 있는 지원 강화물backup reinforcer과 연합하면 강화물이 된다. 토큰은 적절한 행동과 지원 강화물 획득 사이에서 가교 역할을 하며 즉각 강화를 제공하기에 유용하다. 자기 관리 프로그램에서 사용하는 강화물을 선택하는 한 가지 방식은 내담자에게 "좋아하는 품목과 경험 설문"(Sarafino & Graham, 2006)이라는 조사지를 작성하게 하는 것이다. 칼로리 소비를 줄이려는 프로그램에서 보상으로 사탕을 사용하는 것처럼 행동 목표에 반하는 강화물을 사용하는 것은 권유하기 어렵다.

일단 강화물을 선택하면 치료자는 그것을 언제, 어떻게 적용할 것인지 계획을 세워야 한다. 자기 관리 프로그램에서 강화물은 보통 스스로 관리하게 된다. 이것이 편리한 방식이지만, 지나치게 쉽게 강화물을 얻게 되면 안 된다. 행동이 보상을 받을 만한 일인지 스스로 객관적인 평가를 내리기 어려우면, 다른 사람이 판단해 줄 필요가 있다. 되도록 강화물은 원하는 행동이 일어난 다음에 바로 제공되어야 하고, 오래 지연될수록 효과가 떨어진다.

감정 행동 바꾸기 Changing Emotional Behaviors

사람들은 직접 및 간접 반응적 조건화를 통해 공포에 대한 회피 행동 같은 감정 행동을 학습한다. 조건 자극(개)이 무조건 자극(개가 으르렁대거나 공격함)과 짝을 지을 때 직접적인 조건화가 일어난다. 반면에 모델링이나 상상하기, 다른 사람에게 배우기를 통해 학습이 일어나는 것은 간접적 조건화이다.

자기 관리 프로그램을 시작하려면 치료자가 감정 반응의 강도를 평가하는 척도를 구성해야 한다. 덧붙여 선행 사건과 행동, 결과를 확인하고 기술할 기능 평가가 필요하다(Emmelkamp, Bouman, & Scholing, 1992). 감정 행동의 결과를 파악하는 것은 보통 현실의 삶에서는 반응적 조건화와 조작적 조건화가 함께 일어나기 때문이다. 예를 들어 겁에 질려 하는 행동을 보이는 것은 집안일에서 벗어나는 강화로 이어진다. 행동 / 정동 / 인지적 방법을 적용하여 반응적 행동을 관리할 수 있다.

반응적 행동 관리를 위한 행동 방법

Behavioral Methods for Managing Respondent Behaviors

감정 행동을 줄이려는 행동 방법이 자기 관리 프로그램에 유용할 수 있다. 한 가지 방법은 소거이다. 무조건 자극(침을 쏘기)과 연합한 반응(통증) 없이 조건 자극(예, 나는 벌레)을 제시하여 감정(공포)을 약하게 하는 것이다. 공포에 질린 사람은 침을 쏠 수 있는 벌레와 같은 조건 자극의 가능성을 예측하고, 이러한 벌레가 있을 수 있는 상황을 회피한다. 그 결과 소거가 일어나지 않고 공포가 계속된다(Lovibond, Mitchell, Minard, Brady, & Menzies, 2009). 공포를 줄이려는 자기 관리 프로그램은 회피를 좌절시켜 행동 소거를 조장한다.

감정 행동을 줄일 수 있는 다른 행동적 방법으로 *체계적 탈감작systematic desensitization*이 있다. 여기서는 대상자가 이완하도록 격려하면서 치료자가 조건 자극을 제시한다(Wolpe, 1973). 이 절차를 수행하려면 치료자가 다양한 수준의 공포(예, 침을 쏘는 벌레)를 일으키는 조건 자극 목록을 만들어야 한다. 그런 다음에 그것들을 *자극 위계hierarchy* 목록에 배열한다. 즉, 조건 자극이 일으키는 공포의 강도에 따라 약한 것에서부터 강한 정도의 순위를 매긴다. 닫힌 창문 바깥쪽으로 5피트 떨어진 울타리 위에 앉아 있는 벌을 보는 것은 약한 자극의 예이다. 벌이 날아다니는 작은 방에 서 있는 것은 강한 자극의 예이다(이 경우 내담자가 벌을 피할 충분한 공간이 있어야 한다). 체계적 탈감작에서는 이러한 노출과 이완 연습을 함께 적용할 수 있다. 예를 들어 치료자가 처음에는 내담자에게 위계 목록에서 가장 약한 자극을 제시하고 평가 척도에 공포 강도를 표시하라고 요청한다. 이러한 일련의 단계를 절차 속의 "시도trial"로 구성한다. 평가 점수가 두 번 연속으로 0이 나올 때까지 반복해서 시도한다. 그런 다음에 위계에서 다음으로 강한 자극에 평가 점수가 두 번 연속 0이 나올 때까지 반복해서 시도한다. 이러한 절차는 위계의 모든 자극을 다룰 때까지 이어진다. 중간 정도 공포를 줄이는 데는 적어도 각각 15분에서 30분 정도의 회기를 여러 차례 해야 할 것이다.

반응적 행동 관리를 위한 정동 및 인지적 방법

Affective and Cognitive Methods for Managing Respondent Behaviors

점진적 근육 이완과 명상을 포함한 이완 기술이 정서적 스트레스를 줄이는 데 사용될 수 있다. 점진적 근육 이완에서 내담자는 특정 근육군에 교대로 힘을 주었다 풀었다를 반복하며 신체 감각에 주의를 둔다. 예를 들어 팔 근육의 긴장과 이완을 반복하고 이어서 얼굴, 어깨, 위(복부), 다리로 옮겨갈 수 있다. 숨을 들이쉬고 참았다가 내쉬는 것을 반복할 수도 있다. 명상 회기(26장을 보라)에서 내담자는 깊은 명상에 잠기거나 사물, 사건, 생각 등에 주의를 집중할 수 있다. 예를 들어 정지해 있는 시각 객체나 발성 소리(만트라), 자신의 호흡 등의 명상 자극에 주의를 집중할 수 있다. 내담자가 많은 회기에 걸쳐 연습한 다음에 이완 기술을 숙달하면 회기 시간을 줄일 수 있을 것이다. 단순히 명상을 일찍 끝낼 수도 있고, 점진적 근육 이완에서 특정 근육군을 생략하거나 조합할 수 있다.

자기 관리 프로그램에서 감정과 신념을 줄이는 데 감정 행동의 선행 사건으로 작용하는 생각을 수정하는 인지적 방법(21장을 보라)을 사용할 수도 있다. 예를 들어 내담자가 "*나는 벌과 싸워 나를 지킬 수 없어.*"라고 생각할 수 있는데, 이것은 공포를 더 크게 만들고 더 쉽게 일어나게 한다. 이러한 생각과 싸우려고 치료자는 내담자에게 두 가지 형태의 자기 진술self-statement을 만들라고 지시한다. 첫째, *대처진술coping statements*은 내담자가 자신의 불쾌한 상황을 견디는 능력이 있다는 것을 스스로 강조하고 선언하는 것이다. 예를 들면 "침착해, 나는 벌에서 멀어질 수 있으니 내가 조절할 수 있어."라고 말하는 것이다. 둘째, *재해석 진술reinterpretative statements*은 상황을 다르게 보는 적당한 까닭을 대는 식으로 스스로 상황을 재정의하는 것이다. 예를 들어 "벌은 나에게 관심이 없어. 내가 벌을 가만히 두면, 벌도 나에게 관심이 없을 거야."라고 말할 수 있다. 공포를 줄이는 다른 인지적 방법으로는 감정 행동을 일으키는 조건 자극에서 다른 외현적이나 내현적 자극으로 주의를 돌리는 것 같은 주의 분산distraction이 있다. 예를 들어 내담자가 야외에서 벌을 보게 되면 아름다운 꽃이나 나무로 자신의 주의를 돌릴 수 있다.

실행 Implementation

자기 관리 프로그램의 효과를 최고로 만들려면 표적 행동은 물론이고 그것의 선행 사건과 결과를 다루는 방법을 포함해야 한다. 계획에 어떤 방법을 선택할지는 두 가지 질문으로 정해질 것이다.

표적 행동이 조작적 행동이나 반응적 행동, 또는 둘 다를 포함하는가?
프로그램이 행동 과다나 행동 결핍 가운데 어느 쪽을 수정하려 하는가?

예를 들어 정적 강화는 조작적 행동 결핍을 교정하려는 필수적인 방법이고, 소거와 처벌은 행동 과다를 줄이는 데 유용할 것이다. 기능 평가의 결과는 최종 계획을 잡을 때 필요한 정보를 준다.

계획을 완결하기 **Finalizing the Plan**

적용할 기법을 선택했으면 효과적이 되도록 설계해야 한다. 예를 들어 보상 가치가 높은 강화물을 선택하고 획득하지 않으면 내담자가 강화물을 받을 수 없다는 것을 확실히 해야 한다. 강화 기준이 지나치게 엄격해서 내담자가 충분히 도달할 수 없거나 기준이 지나치게 쉬워 내담자의 행동이 행동 목표에 도달할 만큼 충분히 향상하지 못하는 일이 없어야 한다. 내담자가 도움을 원하면 친구와 가족을 프로그램에 포함시킬 것을 제안하라.

자기 관리 프로그램을 수행하는 데 필요한 물품을 준비하라. 내담자가 과정을 실행하는 도중에 물품이 떨어지면 안 된다. 물품이 강화물일 때는 특히 그렇다. 행동 계약서 behavioral contract에 계획을 공식화하는 것도 좋은 생각이다. 계약서에는 표적 행동과 그 행동이 수행되거나 수행되지 않아야 하는 조건, 행동 수행의 결과 등을 분명히 활자화해야 한다(Philips, 2005). 내담자에게 계약서를 작성하고 서명하도록 하라. 내담자가 계획을 수행하며 다른 사람의 힘을 빌리기로 했으면 계약서에 그들의 역할을 적게 하고 그 사람들도 서명하게 하라.

계획 실행하기 **Implementing the Plan**

자료 수집은 자기 관리 프로그램 수행의 핵심 요소이다. 표적 행동을 바꾸려 하기 전에 반드시 기저선 자료를 수집하여 내담자가 행동의 시작 수준을 보게 하고, 이를 개입이 시작된 다음의 수준과 비교하게 해야 한다. 각각의 행동이 일어나자마자 내담자가 그것들을 기록하게 하라. 시간이 지나면 기억이 부정확하게 된다는 것을 강조하라. 이는 행동이 일어날 때마다 적을 것을 내담자가 지녀야 한다는 뜻이다. 내담자가 저주하기나 손톱 깨물기 등 무심코 일어난 표적 행동을 바꾸려 한다면, 행동을 관찰하고 자료를 기록해야 함을 기억해 내는 데 도움이 되는 절차를 내담자가 고안하게 하라. 내담자는 기저선 시기에 그래프 위에 자료 그리기를 해야 하고, 이것은 개입이 이루어지는 전체 기간에 계속되어야 한다. 내담자 행동이 기저선에서 향상하였고, 계속 향상하는지 몇 주에 걸친 개입 기간 동안 그래프를 점검하라. 당신이나 내담자가 원하는 만큼 개선이 강하게 일어나지 않았으면 사용했던 방법을 점검하여 이것이 되게끔 노력하라.

행동 변화를 유지하기 **Maintaining Behavior Changes**

행동을 바꿨던 사람들도 때때로 시간이 지나며 예전 방식으로 되돌아간다. 이 과정은 규칙적으로 운동하기에 성공했던 내담자가 하루를 건너뛰는 것처럼 깜박하고 원래의 악습으로 되돌아가는 *실수lapsse*에서 시작한다. 내담자가 그런 일이 흔하고 예측할 수 있다는 것을 알았으면 실수에서 회복할 수 있을 것이다. 내담자가 회복하지 못하면 *재발relapse*될 수 있다. 그러면 운동을 전혀 안 하는 것처럼 원치 않은 행동이 과거 수준으로 돌아간다. 행동 변화를 유지하는 데는 많은 방법이 있다. 예를 들어 치료자가 개시유도나 강화물 같은 개입 방법 일부를 재도입할 수 있고, 내담자와 비슷한 행동을 바꿨던 친구나 친척 등과 계속 연락하며 서로 격려하고 (어떻게 그 행동을 지속할지) 아이디어를 주고받는 친구 시스템buddy system을 개발할 수 있다.

요약 Summary

자기 관리는 개인이 스스로 원하는 행동을 늘리고 원치 않는 행동을 줄일 수 있는 방법을 설명한다. 이러한 방법은 행동 및 인지적 원리에 뿌리를 둔다. 가장 흔한 행동 원리는 고전적 조건화, 조작적 조건화, 조형, 모델링이다. 가장 흔한 인지적 원리에는 자기 진술(대처하기 또는 재해석 진술)과 주의 분산 등이 있다. 자기 관리 계획을 수행하려면 표적 행동의 정확하고 빈번한 평가, 분명한 행동 목표, 표적 행동의 선행 사건과 결과에 대한 기능 평가 등이 필요하다. 자기 관리 프로그램은 (모두는 아니겠지만) 심리 문제에 관한 많은 치료법의 한 부분으로 통합되어야 한다.

참고문헌

Emmelkamp, P. M. G., Bouman, T. K., & Scholing, A. (1992). *Anxiety disorders: A practitioner's guide*. Chichester, UK: Wiley.

Lovibond, P. F., Mitchell, C. J., Minard, E., Brady, A., & Menzies, R. G. (2009). Safety behaviors preserve threat beliefs: Protection from extinction of human fear conditioning by an avoidance response. *Behaviour Research and Therapy, 47*(8), 716–720.

Miltenberger, R. G., Redlin, J., Crosby, R., Stickney, M., Mitchell, J., Wonderlich, S., et al. (2003). Direct and retrospective assessment of factors contributing to compulsive buying. *Journal of Behavior Therapy and Experimental Psychiatry, 34*(1), 1– 9.

Philips, A. F. (2005). Behavioral contracting. In M. Hersen & J. Rosqvist (Eds.), *Encyclopedia of behavior modification and cognitive behavior therapy: Adult clinical applications* (vol. 1, pp. 106– 110). Thousand Oaks, CA: Sage Publications.

Sarafino, E. P. (2011). *Self- management: Using behavioral and cognitive principles to manage your life*. New York: Wiley.

Sarafino, E. P., & Graham, J. A. (2006). Development and psychometric evaluation of an instrument to assess reinforcer preferences: The preferred items and experiences questionnaire. *Behavior Modification, 30*(6), 835– 847.

Trosclair- Lasserre, N. M., Lerman, D. C., Call, N. A., Addison, L. R., & Kodak, T. (2008). Reinforcement magnitude: An evaluation of preference and reinforcer efficacy. *Journal of Applied Behavior Analysis, 41*(2), 203– 220.

Watson, D. L., & Tharp, R. G. (2014) *Self- directed behavior: Self- modification for personal adjustment* (10th ed.). Belmont, CA: Wadsworth.

Wolpe, J. (1973). *The practice of behavior therapy* (2nd ed.). New York: Pergamon Press.

각성도 감소
Arousal Reduction

매튜 맥케이 Matthew McKay, PhD
캘리포니아 버클리 라이트 연구소

배경 Background

이 장에서 다루는 각성도 감소 과정은 교감신경계 각성(Selye, 1955)을 표적으로 하며, 이 책의 다른 부분에서 다루는 인지 과정(Beck, 1976), 주의력 조절(Wells, 2011), 탈중심화decentering / 거리 두기distancing / 탈융합defusion(Hayes, Strosahl, & Wilson, 2012)을 표적으로 하는 각성도 감소와는 구별된다. 현대의 각성도 감소 전략의 역사는 제이콥슨Jacobson(1929)이 점진적 근육 이완(PMR)을 도입한 1920년대부터 시작한다. 이후에 보통 이완 훈련이라고 하는 다양한 호흡법과 근해리술muscle release, 시각화 훈련visualization exercise 등이 새롭게 복합 치료 도구가 되었다.

1930년대는 아우토겐autogenics(Schultz & Luthe, 1959)이 *자기암시*에 의존하는 새로운 형태의 각성도 감소 기법을 제공했다. 아우토겐으로 스트레스를 줄이려고 시도하는 사람은 따뜻함, 무거움이나 그 밖의 다른 암시를 사용하는 어구phrase를 반복한다. 아우토겐은 독일에서 수년 동안 실행되었고, 미국에서는 케네스 펠레티어Kenneth Pelletier(1977)가 유행시켰다.

스트레스를 줄이는 기법의 하나로 마음챙김은 1960년대 마하리쉬 마헤시 요기Maharishi Mahesh Yogi(2001)에 의해 초월 명상transcendental meditation으로 소개되었는데, 이후에 벤슨Benson(1997)이 세속적 형태로 대중화했고 이완 반응이라고 불리게 되었다. 최근에는 마음챙김 기반 스트레스 감소 프로그램(Kabat-Zinn, 1990)이 도입되었는데, 명상과 요가를 스트레스 감소 기법에 접목했고 전 세계에서 6주에서 12주 프로그램으로 교육된다.

응용 Applications

각성도 감소 과정의 표적은 건강 문제와 만성 통증, 분노 장애, 감정조절부전emotional dysregulation, 범불안장애, 특정 공포증, 사회불안장애, 외상 후 스트레스장애 같은 대부분의 불안장애를 포함한다.

건강 Health

고혈압, 위장장애, 심혈관 문제, 긴장성 두통, 일부 면역장애, 감염 취약성 등 높은 수준의 스트레스와 관련한 수많은 건강 문제가 마음챙김이나 이완 훈련으로 좋아지는 것 같다(예, Huguet, McGrath, Stinson, Tougas, & Doucette, 2014; Krantz &

McGeney, 2002). 아우토겐은 천식과 위장장애, 부정맥, 고혈압, 긴장성 두통을 줄이는 것으로 알려졌다(예, Linden, 1990). 더욱이 허리 손상, 섬유근통, 암, 과민성대장증후군, 신경 손상 및 기타 질환과 관련한 만성 통증은 마음챙김(Kabat-Zinn, 1990, 2006), 이완 훈련(Kwekkeboom & Gretarsdottir, 2006), 아우토겐(Sadigh, 2001)을 이용해 치료해 왔다.

감정 장애 **Emotion Disorders**

이완 전략은 감정조절부전을 표적으로 한 변증법 행동치료(Linehan, 1993)에서 대처효능coping efficacy을 키우려고 사용한다. 이완은 분노 조절 프로토콜(예, Deffenbacher & McKay, 2000)의 핵심 요소이기도 하다.

이완과 각성도 감소가 가장 폭넓게 적용된 분야는 불안장애일 것이다. 크라스케Craske와 이후 발로우Barlow는 범불안장애를 위한 프로토콜에 이완 훈련을 넣었지만(2006), 발로우(Allen, McHugh, & Barlow, 2008)는 건강하지 않은 정동affect 회피를 북돋는다는 이유로 정서 장애를 위한 단일화한 치료 프로토콜unified protocol에서 이완을 뺐다. 비슷하게 이완은 공포증의 노출 프로토콜에서 흔히 사용되지만(예, Bourne, 1998), 이후에 노출 치료의 소거 효과를 줄인다고 알려졌다(Craske et al., 2008).

외상 후 스트레스장애에서 이완 훈련은 상반된 결과를 나타낸다. 이완이 단기 노출치료와 지속 노출치료 모두에서 치료 효과를 줄이는 것으로 보이지만, 감정 변덕emotional volatility과 플래쉬백과 같은 외상 후 스트레스장애 증상을 조절하는 데는 여전히 유용하다(Smyth, 1999).

대체로 분노 노출을 제외하고는 노출 치료에서 각성도 감소를 더는 권하지 않는다(Deffenbacher & McKay, 2000). 하지만 정서 조절(Linehan, 1993)과 스트레스 관련 건강 문제에서는 여전히 유용하다.

기법 Techniques

보통 다음과 같은 여섯 개의 각성도 감소 과정을 권장하는데, 이들은 연구 결과로 유용성을 인정받았을 뿐 아니라 가르치거나 배우기도 쉽다(Davis, Eshelman, & McKay, 2008). 단계별 교육 방법은 다음과 같다.

- 호흡 기법

- 점진적 근육 이완과 수동 이완
- 응용 이완 훈련
- 마음챙김 기법
- 시각화
- 아우토겐

호흡 기법 Breathing Techniques

복식 호흡 Diaphragmatic breathing

스트레스 기간 동안 몸은 투쟁 도피 반응을 위해 횡경막을 수축하여 두뇌에 "위험" 신호를 보낸다(Cannon, 1915). 복식 호흡의 목적은 횡경막을 팽창하고 이완하여 두뇌에 모든 것이 안전하다는 신호를 보내는 것이다. 복식 호흡은 호흡수를 느리게 하여 미주신경 활성vagal tone을 높이기도 한다(Hirsch & Bishop, 1981).

내담자가 다음 단계로 이 기법을 연습하게 하자.

1. 한 손을 벨트 바로 위 복부에 얹고, 다른 손은 가슴에 가져다 댄다. 복부 위를 손으로 누른다.

2. (1) 복부 위 손이 밀려 나오고, (2) 반면에 가슴 위 손은 그대로 있도록 숨을 천천히 들이쉰다(당신은 내담자가 횡경막을 팽창시킬 수 있는지 모니터링하며 복식 호흡 시범을 보여야 한다).

내담자가 어려워하면(예, 양손을 모두 움직이거나 가슴 위의 손을 움찔움찔 움직이면) 다음 사항을 제안한다.

- 손으로 복부 위를 좀 더 세게 눌러라.
- 배가 공기로 가득 찬 풍선이라고 상상하라.
- 드러누워 (1) 고개를 숙이고 호흡을 하며 배를 바닥 쪽으로 누르거나, 드러누워 (2) 얼굴을 위로 향한 채 전화번호부 책이나 비슷한 물건을 복부 위에 올려놓고 배가 오르락내리락 하는 것을 보게 하라.

복식 호흡을 익숙해지려면 하루에 적어도 3번 이상, 한 번에 5~10분 동안 연습해야 한다. 또 날마다 하는 연습에 추가해서 불안이나 신체적 긴장감을 느낄 때마다 복식 호흡을 사용하라고 권하라.

주의 사항. 복식 호흡은 저탄산혈증을 일으켜 역설적으로 불안장애, 특히 공황장애가 있는 사람에서 불안을 키울 수 있다고 알려졌다. 이런 일이 일어나면 이산화탄소 분압 측정기를 보조적으로 사용하여(이산화탄소 수치를 측정하며 호흡 속도를 느리게 하도록 돕는다) 호흡을 재훈련하는 것이 실행할 수 있는 대안이 될 수 있다(Meuret, Rosenfield, Seidel, Bhaskara, & Hofmann, 2010).

호흡 조절 훈련 Breath control training

이 기법(Masi, 1993)은 이완 목적으로 호흡을 느리게 하는 것뿐 아니라 공황장애의 과호흡을 다루려고 사용되었다. 내담자가 다음 단계로 이 기법에 익숙해지게 하라.

1. 숨을 깊이 내쉬어라.
2. 코를 통해 3박자로 숨을 들이쉬어라.
3. 코를 통해 4박자로 숨을 내쉬어라.
4. 호흡 속도가 편안하게 확립되면 들이쉴 때는 4박자, 내쉴 때는 5박자로 호흡을 더 천천히 할 수 있다.
5. 하루에 3번, 5분 동안 연습하라. 익숙해지면 스트레스 상황에서 사용하라.

점진적 근육 이완과 수동 이완 Progressive Muscle Relaxation and Passive Relaxation

점진적 근육 이완 Progressive muscle relaxation

에드몬드 제이콥슨Edmond Jacobson이 1920년대에 점진적 근육 이완을 개발한 다음에 조셉 볼페Joseph Wolpe는 체계적 탈감작의 한 요소로 이 기법을 도입했고(1958), 다른 행동치료자도 이것을 효과적인 각성도 감소 전략으로 사용했다. 이 과정은 전형적으로 투쟁도피 스트레스 반응에서 활성화하는 운동 근육의 긴장을 줄여서 교감신경계 각성을 표적으로 한다. 다음은 데이비스Davis와 에셀만Eshelman, 맥케이McKay가 각색한 기본적인 점진적 근육 이완을 돕는 지시 단계이다(2008).

각 근육군을 5~7초 동안 긴장하는 것입니다.
여러 차례 천천히 깊게 숨을 쉬며 긴장을 풀기 시작하세요. 이제 다른 신체 부위는 이완된 상태로 두며 주먹을 꽉 쥐고 손목을 뒤로 젖히세요… 주먹과 팔뚝에

서 긴장을 느껴 보세요. 이제 이완하세요… 손과 팔뚝의 긴장이 풀린 것을 느껴 보세요. 긴장 상태와 비교하여 알아차려 보세요… 이 과정과 이어지는 모든 절차를 적어도 한 번 이상 반복하세요. 이제 팔꿈치를 구부리고 이두박근을 긴장하세요… 팽팽한 긴장의 느낌을 관찰하세요… 손을 떨구고 이완하세요… 차이를 느껴 보세요… 주의를 머리로 가져가 되도록 세게 이마에 주름을 만드세요… 이마와 두피의 긴장을 느껴 보세요. 이제 긴장을 풀고 부드럽게 만드세요. 이제 얼굴을 찌푸리고 이마 전체에 퍼진 압박을 알아차려 보세요. 긴장을 푸세요. 이마를 다시 푸세요… 눈을 꼭 감으세요… 더 세게 감으세요… 눈의 긴장을 푸세요. 이제 입을 크게 벌리고 턱의 긴장을 느끼세요… 턱의 긴장을 푸세요. 긴장과 이완의 차이를 알아차려 보세요… 이제 혀로 입천장 위를 누르세요. 입의 뒤쪽에 느껴지는 압박을 경험하세요… 이완하세요… 이제 양쪽 입술을 누르고 동그랗게 오무리세요… 입술을 이완하세요… 이마, 두피, 눈, 턱, 혀, 입술에서 이완을 느껴 보세요… 점점 더 긴장을 푸세요…

이제 머리를 목 주위로 천천히 돌리며 긴장하는 부위가 머리 움직임에 따라 옮겨지는 것을 느껴 보세요… 그리고 머리를 천천히 다른 쪽으로 돌리세요. 머리를 이완하여 똑바로 서 있는 위치로 편안하게 돌아오게 하세요. 이제 어깨를 으쓱하세요. 양쪽 어깨를 귀까지 올리세요… 그대로 멈추고 있으세요… 어깨를 다시 아래로 내리고 목, 목구멍, 어깨로 이완이 퍼져 나가는 것을 느껴 보세요.

이제 복부에 힘을 주고 멈추세요. 긴장을 느껴 보세요… 이완하세요… 이제 손을 복부 위에 얹으세요. 복부로 깊이 숨을 쉬며 손을 위로 미세요. 멈추세요… 그리고 이완하세요… 공기가 빠져나가며 이완되는 감각을 느껴 보세요… 이제 힘을 주지 말고 등을 뒤로 젖히세요. 신체의 다른 부위는 되도록 이완 상태를 유지하세요. 등 아래 부분의 긴장에 초점을 맞추세요… 이제 이완하세요… 긴장이 풀어져 사라지도록 내버려 두세요.

엉덩이와 허벅지에 힘을 주세요… 긴장을 풀고 차이를 느껴 보세요… 이제 다리를 쭉 펴고 힘을 주세요. 발가락을 아래쪽으로 구부리세요. 긴장을 느껴 보세요… 이완하세요… 다리를 쭉 펴고 힘을 주고 발가락을 얼굴 쪽으로 구부리세요. 이완하세요.

천천히 숨을 깊이 쉬는 것을 계속하며 몸 전체로 느껴지는 깊은 이완의 따뜻함과 무거움을 느껴 보세요.

점진적 근이완 훈련을 하는 동안 내담자에게 각 근육군의 이완이 어떻게 느껴지는지 물어보아야 한다. 근육이 무겁게 느껴지는가? 얼얼하게 또는 따뜻하게 느껴지는가? 내담자에게 이완 경험을 관찰하게 하는 것은 긴장과 이완 상태를 분별하는 데 도움이 된다. 그것은 이 절에서 설명할 수동 이완 절차를 촉진하기도 한다.

앞에 나온 지시 단계에 저항하는 사람이 있을 수 있는데, 지나치게 길고 부담스럽다고 생각하기 때문이다. 그렇다면 5분 안에 끝나는 약식 버전을 소개하라.

- 천하장사 포즈Strongman pose. 주먹을 쥐어라. 이두박근과 팔뚝을 긴장하고, 몇 초 동안 유지하라. 그런 다음에 이완하라. 반복하라. 이완의 느낌을 알아차려라.
- 호두 얼굴 만들기Face like a walnut. 찌푸려라. 눈, 뺨, 턱, 목, 어깨를 긴장하고, 7초 동안 유지하라. 그런 다음에 이완하라. 반복하라. 이완의 느낌을 알아차려라.
- 머리 돌리기Head roll. 시계 방향으로 머리를 완전히 한 바퀴 돌려라. 그런 다음에 반대 방향으로 돌려라.
- 활처럼 뒤로 젖히기Back like a bow. 어깨를 뒤로 젖히고 등을 활처럼 부드럽게 휘게 하고, 7초 동안 유지하라. 그런 다음에 이완하라. 반복하라. 이완의 느낌을 알아차려라.
- 동시에 둘을 하라Take two. 복식 호흡
- 머리에서 발가락까지Head to toe. 종아리와 허벅지, 엉덩이에 힘을 주며 발가락을 머리 쪽으로 당겨라. 7초 동안 유지한 다음에 이완하라.
- 발레리나 포즈Ballerina pose. 종아리와 허벅지, 엉덩이에 힘을 주며 발가락을 쭉 펴라. 7초 동안 유지한 다음에 이완하라. 이완의 느낌을 알아차려라.

수동 이완Passive relaxation

이 절차는 힘을 주지 않는 수동 긴장이나 이완으로 알려졌는데, 약식의 점진적 근육 이완에서의 순서로 같은 근육군을 이완한다. 내담자에게 긴장된 부위를 알아차리며 표적 근육군 각각을 관찰하라고 지시한다. 다음에는 복식 호흡을 깊게 하게 한다. 숨을 내쉬기 시작하며 자신에게 "이완"이라고 말하게 하고, 표적 부위의 긴장이 완전히 풀리도록 진행한다. 각 단계를 한 번씩 반복하며 점진적 근육 이완에서 얻게 되는 이완감을 찾도록 격려한다.

대부분 사람이 공개된 장소에서 정식 버전 점진적 근육 이완하기를 꺼리는 것은 이해할 만한 일이다. 하지만 수동 이완은 다른 사람이 눈치채지 못하게 할 수 있어 어디에서도 할 수 있다는 장점이 있다. 더욱이 내담자가 습관적으로 긴장하는 단일 근육에 초점을 두는 식으로 절차를 간소화할 수도 있다.

응용 이완 훈련 **Applied Relaxation Training**

외스트(Öst, 1987)는 극심한 공포증 환자뿐 아니라 비특이적 스트레스 장애나 입면기 불면증으로 고통받는 사람들을 순식간에 진정시키려고 응용 이완 훈련법을 개발했다. 외스트 방법의 가장 큰 장점은 스트레스를 빠르게 해소한다는 점이다. 응용 이완 학습을 하려면 몇 주의 시간이 걸리지만, 기법 자체는 1-2분 안에 각성도를 의미 있는 수준으로 줄일 수 있다.

1단계, 점진적 근육 이완. 훈련 과정은 점진적 근육 이완으로 시작하는데, 짧은 버전을 추천한다. 적어도 1주일 동안 날마다 3회 이상 연습해야 한다.

2단계, 수동 이완. 이 기법은 별도로 1주일 동안 연습해야 한다. 다음 표적 근육군으로 넘어가기 전에 각각의 근육군이 충분히 이완되었다고 느꼈는지를 분명히 하도록 격려한다. 또 과거에 이완되었던 근육이 다시 긴장되기 시작하는지 알아차리라고 지시하라. 그렇다면 이 근육을 다시 이완해야 한다.

3단계, 단서 조절 이완. 이 절차는 수동 이완을 숙련한 다음에 시작되어야 한다. 실제로 각각의 단서 조절 훈련 회기를 수동 이완으로 시작한다. 그런 다음에 심부 근육이 풀어진 상태에서 초점을 호흡으로 옮긴다. 이제 깊고 규칙적으로 호흡하며 들이쉴 때는 자신에게 "들이쉼"이라고 말하고, 내쉴 때는 자신에게 "이완"이라고 말한다(역주, 역자의 경우 '편안하다' 라는 단서를 쓴다). 호흡이 점점 고요함과 평화로운 느낌으로 깊어지며 "이완"이란 단어가 마음에서 일어나는 다른 모든 생각을 가득 메우도록 격려한다. 하루 두 번의 연습 회기에서 적어도 5분 동안 단서 조절 호흡을 해야 한다.

4단계 급속 이완. 이 기법에서는 사람마다 특별한 이완 단서를 선택한다. 이상적으로는 하루 종일 자주 마주치는 것이 좋다. 예를 들면 손목시계나 화장실로 가는 복도, 특정 거울, 예술 작품 등이다. 단서 대상을 알아차릴 때마다 다음 단계를 따르도록 지시하라.

- "들이쉼/이완" 만트라를 사용하여 심호흡하라.
- 이완해야 하는 근육에 초점을 두고 긴장한 신체 부위를 스캔하라.
- 내쉬는 호흡에 따라 표적 근육의 긴장을 비우도록 하라. 어디든 긴장이 느껴지는 신체 부위를 점진적으로 이완하라.

목표는 하루에 15번 급속 이완을 사용하여 자연적이고 스트레스가 없는 상황에서 스스로 이완하는 훈련을 할 수 있게 하는 것이다. 이완 단서를 충분히 자주 찾지 못하면 하루에 15번 정도 연습할 때까지 단서를 하나 이상 추가해야 한다.

5단계 응용 이완. 훈련의 마지막 단계는 위협 상황에서 급속 이완 사용을 도입하는 것인데, 앞에 설명한 것과 같은 기법을 사용한다. 빠른 심장 박동, 목의 긴장, 뜨거운 느낌, 위에 뭉친 느낌 등 자신에게 일어나는 스트레스의 생리적 징후를 관찰하고, 이런 것을 응용 이완을 시작하는 단서로 사용한다. 단서를 알아차린 후 다음과 같이 한다.

- 자신에게 "들이쉼"과 (다음에는) "이완"이라고 말하며 심호흡한다.
- 신체의 긴장을 스캔한다.
- 지금 쓰지 않은 근육을 이완하는 데 집중한다.

섰든지, 앉았든지, 걸었든지 언제라도 스트레스 단서가 일어날 수 있다. 따라서 지금 쓰지 않는 근육의 긴장을 푸는 데 초점을 맞춰야 한다. 선 상태이면 가슴, 팔, 어깨, 얼굴의 긴장을 풀어야 하고, 앉은 상태이면 다리, 배, 팔, 얼굴에서 긴장을 이완해야 한다.

외스트의 이완 절차는 임상가에게 여러 용도의 개입법을 제공한다. 그것은 지금 어떤 활동을 하는지와 관계없이 언제 어디서나 사용할 수 있다.

마음챙김 기법 **Mindfulness Techniques**

마음챙김은 많은 새로운 행동치료(마음챙김 기반 스트레스 감소 프로그램, 수용전념치료, 변증법 행동치료, 마음챙김 기반 인지치료 등)의 한 요소이다. 반추와 걱정의 근원인 과거와 미래로 향하는 초점을 현재의 알아차림에 닻을 내리도록 하여 사람이 점차 자유롭게 되도록 하는 것이 공통 목표이다(Kabat-Zinn, 1990, 2006). 본질적으로 마음챙김 과정은 미래의 위협이나 과거의 상실과 실패에서 현재 순간의 감각 체험으로, 인지 과정에서 특정 감각으로 주의를 재할당하는 과정을 시작하게 한다.

바디스캔 명상 Body scan meditation

이 간단한 현재 순간 훈련은 발가락에서 머리까지 신체의 내적 감각을 비판단적으로 관찰하도록 격려한다. 데이비스Davis와 에셸만Eshelman, 맥케이McKay가 각색한 다음 대본은 전형적인 바디스캔 과정을 보여준다(2008).

1. 가슴과 배에서 호흡이 일어나고 가라앉는 걸 자각하는 것으로 시작하라. 당신은 자신의 호흡 흐름을 타게 되고, 그것은 당신이 현재 순간에 닻을 내리게 한다.

2. 당신의 주의를 발바닥으로 가져간다. 어떤 감각이든 그곳에 있는 것을 알아차려라. 판단하거나 다르게 느끼려고 하지 말고 단순히 감각을 관찰하라. 시간이 조금 지난 다음에 당신의 호흡이 발바닥으로 흐르는 것을 상상하라. 숨을 들이쉬고 내쉬며 당신은 개방되거나 부드러워지고 긴장이 풀리는 것을 경험할 수 있다. 그저 단순히 관찰하라.

3. 이제 다리의 나머지 부분으로 당신의 주의를 가져가고, 발목까지 올라오게 하라. 어떤 감각이든 신체의 이 부분에서 느껴지는 것을 알아차려라. 시간이 조금 지난 다음에 발에 당신의 호흡이 온전히 흐르는 것을 상상하라. 단순히 그 감각을 알아차리며 당신의 발로 숨을 들이쉬고 내쉬어라.

4. 이런 식으로 종아리, 무릎, 허벅지, 골반, 고관절, 엉덩이, 등 하부, 등 상부, 가슴과 배, 어깨 위쪽, 목, 머리, 얼굴 등 당신 몸 전체로 진행하라. 억지로 느끼거나 다르게 느끼려고 하지 말고, 실제로 각 신체 부분을 느낄 수 있도록 충분한 시간을 보내라. 각 신체 부위로 호흡하도록 하고, 다음 부분으로 옮겨가며 이전 감각은 흘러가도록 내버려두라.

5. 어디든 통증과 긴장, 불쾌감이 있는 신체 부위가 있는지 알아차려라. 단순히 비판단적으로 그 감각에 머물러라. 숨을 쉬며 당신의 호흡이 긴장한 근육이나

통증 부위를 개방하고 더 넓은 공간을 만드는 것을 상상하라. 호흡하면서 긴장이나 통증이 신체 부분에서 흘러나가는 것을 상상하라.

6. 머리 꼭대기에 이르면 어디든 긴장이나 불쾌감을 느끼는 신체 부위를 스캔하라. 그런 다음에 고래나 돌고래가 숨쉴 때 사용하는 숨구멍처럼 머리 꼭대기에 호흡 구멍이 있다고 상상하라. 머리 꼭대기에서 숨을 들이마시고 모든 신체 부위를 통해 발바닥 끝까지 숨을 전달하고, 다시 당신의 온몸을 통해 올라오게 하라. 당신의 호흡이 어떤 긴장이나 불편한 감각이라도 씻어내도록 하라.

호흡수 세기 명상 Breath counting meditation

다음의 고전적인 위빠사나 명상은 세 가지 요소가 있다.

1. 호흡을 관찰하라. 이것은 호흡 과정을 감각으로 느끼거나 관찰하는 것(목뒤로 넘어가는 차가운 공기, 갈비뼈나 횡경막의 팽창 등) 또는 횡경막 움직임 자체에 주의를 두는 것으로 이루어진다.
2. 호흡 횟수를 세라. 내뱉는 호흡 횟수가 4번이나 10번이 될 때까지 세고, 한 세트 동안 이 과정을 반복한다. 틱낫한(1989)은 더 간단한 방식을 제시했는데, 들이쉴 때는 "들어옴" 내쉴 때는 "나감"을 단순히 알아차리라고 했다.
3. 생각이 떠오르면 단순히 그 생각을 알아차리고, 자신에게 "생각"이라고 말하며 다시 호흡으로 돌아온다.

이 과정을 가르칠 때 필연적으로 생각이 일어나게 된다. 이런 현상은 실패나 실수가 아니며 단지 마음이 공허함을 좋아하지 않아서 그런다는 것을 강조하라. 이 명상의 목적은 되도록 빨리 생각을 알아차리고 호흡으로 주의를 되돌리는 것이다.

일상생활에서 마음챙김 Mindfulness in daily life

현재 순간에 주의를 기울이는 것은 특정한 일상 경험과 관련한 감각에 주의를 기울여 개발할 수 있는 훈련이다.

- *걷기 마음챙김*은 자신의 걸음을 관찰하거나 세는 것, 다리와 내젓는 팔의 감각이나 얼굴에 다가오는 공기의 느낌, 지면에 닿는 발의 압력 등을 알아차리는 것을 포

함한다. 생각이 일어나면 주의를 다시 이러한 신체 감각으로 부드럽게 되돌린다.

- *마시기 마음챙김*은 손에 닿는 열기, 얼굴에 닿는 수증기, 입술과 혀에 접촉하고 목 뒤로 넘어가는 뜨거운 액체 등의 느낌을 알아차리는 것을 포함한다. 다시 생각이 일어나면 주의를 다시 마시는 경험으로 되돌린다.

- 추가적인 마음챙김 훈련으로 칫솔질, 시리얼 먹기, 과일 먹기, 설거지, 샤워, 운전, 운동 등 많은 것이 있다. 새로운 마음챙김 활동은 그러한 경험이 내담자 일상 목록에 상당 수준으로 개발될 때까지 매주 한 가지씩 추가한다.

시각화 **Visualization**

시각화 과정이란 투쟁이나 도피 감각 및 이와 관련한 인지 과정을 위협적이지 않은 이미지로 주의 재할당attention reallocation을 유도하는 것이다. 이는 긴장을 완화하는 부교감 신경계로 신호를 보낸다. 가장 흔한 이미지 기반의 이완 훈련은 특정(또는 안전한) 장소를 시각화하는 것이다(Achterberg, Dossey, & Kolkmeier, 1994; Siegel, 1990). 이것은 각성도를 줄이려고 폭넓게 사용되었던 것으로 외상 후 스트레스장애 노출 시도 후에 극심한 스트레스 반응을 조절하는 데에도 사용할 수 있다.

내담자에게 자신이 안전하고 평화롭다고 느끼는 장소를 선택하도록 격려한다. 아름다운 해변, 산속의 목초지, 행복했던 어린 시절 침대 등이 될 수 있다. 실제로 그런 장소가 없으면 안전하고 이완할 수 있는 가상 환경을 상상하게 한다. 학대 과거력이 있는 사람 가운데 일부는 놀라울 정도의 잠금 장치를 갖춘 이미지 장소를 만들기도 한다. 예를 들어 성적 학대를 받았던 한 여성은 해변에 안전한 장소를 만들었는데, 벽 두께가 9미터이고 유리 조각으로 덮인 지붕이 바다 쪽으로 길게 이어졌다.

시각화 장소가 선택되면 그곳을 구체적인 내용물로 채우게 하는데, 시각적(모양, 색깔, 물건), 청각적(목소리, 잔잔한 소리), 운동감각적(기온, 감촉, 무게, 압력) 이미지 등을 포함한다. 앞에서 말한 세 가지 감각 양식을 사용하여 각성 수준에 영향을 줄 만큼 풍부한 이미지를 만들어야 한다. 내담자가 특정 장소 시각화를 여러 차례 연습하도록 이끌고, 시각화 전후의 스트레스 정도를 측정하여(0에서 10까지) 효과가 있는지를 확인한다. 내담자가 시각화를 숙달하도록 다음 주에도 날마다 2번씩 연습하도록 권한다.

추가 효과를 얻으려고 특정 장소 시각화를 다른 이완 훈련과 조합해서 사용할 수 있다. 증진 기법으로 복식 호흡, 수동 이완(특정 긴장 근육군에 초점을 맞춘), 단서 조절

이완cue controlled relaxation 등이 있다. 예를 들어 평화로운 목초지를 상상하며 심호흡하거나 어깨 부위의 긴장을 이완할 수 있다.

아우토겐 Autogenics

아우토겐 기법은 교감신경계 부신 체계와 미주신경 긴장도를 표적으로 하며 자기암시를 사용하여 깊은 이완을 얻는다. 아우토겐을 돕는 다음과 같은 언어 공식이 개발되었는데, 스트레스를 줄이고 핵심 신체 기능을 정상화하려는 다섯 세트로 구성된다.

1세트

내 오른쪽 팔이 무겁다.
내 왼쪽 팔이 무겁다.
내 양쪽 팔이 무겁다.
내 오른쪽 다리가 무겁다.
내 왼쪽 다리가 무겁다.
내 양쪽 다리가 무겁다.
내 팔과 다리가 무겁다.

2세트

내 오른쪽 팔이 따뜻하다.
내 왼쪽 팔이 따뜻하다.
내 양쪽 팔이 따뜻하다.
내 오른쪽 다리가 따뜻하다.
내 팔과 다리가 따뜻하다.

3세트

내 오른쪽 팔이 무겁고 따뜻하다.
내 양쪽 팔이 무겁고 따뜻하다.
내 양쪽 다리가 무겁고 따뜻하다.
내 팔과 다리가 무겁고 따뜻하다.
이것이 나를 감싼다.
내 심장 박동이 고요하고 규칙적이다.

4세트

내 오른쪽 팔이 무겁고 따뜻하다.
내 팔과 다리가 무겁고 따뜻하다.
이것이 나를 감싼다.
내 심장 박동이 고요하고 규칙적이다.
내 명치 끝이 따뜻하다.

5세트

내 오른쪽 팔이 무겁고 따뜻하다.
내 팔과 다리가 무겁고 따뜻하다.
이것이 나를 감싼다.
내 심장 박동은 고요하고 규칙적이다.
내 명치 끝이 따뜻하다.
내 팔과 다리가 따뜻하다.
내 이마가 시원하다.

한 번에 한 세트씩 배워야 한다. 세트들은 녹음할 수도 있고 외울 수도 있다. 보통은 하루에 두 번씩 하는 것을 권하고, 익숙해지려면 1주일 동안 매 세트를 한다. 세트마다 이전 세트의 주제를 포함하므로 이전 세트를 반복할 필요는 없다. 지금 작업하는 세트에 모든 초점을 맞추도록 한다(마음과 특정 신체 상태를 안정화하는 다른 아우토겐 공식을 얻고 싶으면 Davis et al., 2008을 보라).

아우토겐을 훈련하는 지침은 다음과 같다.

- 눈을 감는다.
- 각 공식(암시)을 4번씩 반복한다. 속으로 천천히 말하고 각 공식 중간에 몇 초씩 정지 시간을 둔다.
- 공식을 반복하는 동안 표적으로 하는 신체 부위를 "수동적으로 집중"한다. 이것은 분석하지 않고 체험하는 것에 지속적으로 깨어 있어야 한다는 뜻이다.
- 마음이 방황하는 것은 자연적인 일이지만, 되도록 빨리 주의를 공식으로 되돌려야 한다.
- "아우토겐 방출" 증상(찌릿찌릿함, 전기가 흐르는 느낌, 불수의적 움직임, 느껴지는 체중이나 체온의 변화 등)은 정상적인 것이며 일시적이다. 그것을 알아차리고 다시 공식으로 돌아오도록 격려한다.

이완 프로토콜 선택 Choosing a Relaxation Protocol

사람들은 필연적으로 일부 각성도 감소 기법을 다른 기법보다 선호하게 된다. 따라서 가장 잘 작동하는 기법을 선택하도록 네다섯 가지 방법을 교육하는 것이 좋다. 비특이적 스트레스에는 호흡 횟수 세기 명상을 포함한 호흡 기법으로 시작하여 근이완과 (선택의 폭을 넓히려고) 시각화로 진행한다.

스트레스의 영향으로 건강에 심각한 문제가 있는 사람이면 점진적 근육 이완, 아우토겐 또는 바디스캔 등 근긴장을 직접적인 표적으로 하는 이완 과정으로 시작한다. 만성 통증과 특이적 근육군 문제에 대해서는 점진적 근육 이완(견딜 수 있으면), (궁극적으로는) 수동 이완과 함께 바디스캔 명상을 시도한다. 반추와 걱정이 임상 양상의 일부이면 정신 활동을 고요히 하려고 마음챙김 훈련을 포함할 수 있다.

직장이나 다른 공공장소에서 스트레스에 시달리는 사람에게는 응용 이완 훈련이 적격인데, 실제로 이 기법은 어떤 상황에서도 사용할 수 있고 각성도 수준을 빠르게 낮춘다. 범불안장애를 포함하여 감정 부전 문제가 있을 때는 호흡 기법으로 치료할 수 있다(복식 호흡, 응용 이완, 호흡 횟수 세기 명상). 내담자로 하여금 하루 종일 일정 간격으로 호흡 횟수 세기 명상을 하게 하여 기저선 각성도를 떨어뜨린다. 그런 다음에는 복식 호흡이나 응용 이완을 도입하여 감정 흥분의 급성 쇄도 기간에 사용한다. 특정 장소 시각화는 실제로 모든 표적 문제에 보조적으로 사용할 수 있다. 그렇지만 불안을 바탕으로 하는 스트레스에 특히 도움이 된다.

용량에서 고려할 점 Dose Considerations

대부분의 이완 기법은 적어도 1주일 동안 매일 2~3번의 훈련 회기를 보내며 익숙해지는 방식이다. 전반적인 각성도를 줄이려고 고안한 기법들(점진적 근육 이완, 마음챙김, 아우토겐, 특정 장소 시각화)은 하루에서 일정한 시간 간격을 두고 이루어져야 한다(화장실 사용이나 스마트폰 알람 신호 등으로 특정 사건과 연결한다). 이러한 기법에 익숙해진 다음에는 스트레스 증상이 일어날 때마다 예기치 않은 스트레스 쇄도를 다루려고 고안한 기법들(복식 호흡, 응용 이완, 수동 이완)을 사용할 수 있다.

역설적 반응 Paradoxical Reactions

일부 사람(특히 외상 과거력이 있는 사람들)에서는 이완 훈련 도중에 역설적으로 불안과 과각성 반응이 나타날 수 있다. 이는 점진적 근육 이완과 몇몇 호흡 훈련에서 더 그렇다. 이런 일이 있을 때 가장 좋은 접근법은 다른 각성도 감소 전략으로 전환하거나(때로는 아우토겐과 마음챙김을 더 잘 견딘다) 이완 용량을 적정titrate하는 것이다. 이때는 10~20초 사이에서 시작하여 작은 단위로 조금씩 늘려간다.

참고문헌

Achterberg, J., Dossey, B. M., & Kolkmeier, L. (1994). *Rituals of healing: Using imagery for health and wellness*. New York: Bantam Books.

Allen, L. B., McHugh, R. K., & Barlow, D. (2008). Emotional disorders: A unified protocol. In D. Barlow (Ed.), *Clinical handbook of psychological disorders: A step- by- step treatment manual* (4th ed., pp. 216– 249). New York: Guilford Press.

Beck, A. T. (1976). Cognitive therapy and the emotional disorders. New York: International Universities Press. Benson, H. (1997). *Timeless healing: The power and biology of belief.* New York: Scribner.

Bourne, E. (1998). *Overcoming specific phobia: A hierarchy and exposure- based protocol for the treatment of all specific phobias.* Oakland, CA: New Harbinger Publications.

Cannon, W. (1915). *Bodily changes in pain, hunger, fear and rage: An account of recent researches into the function of emotional excitement.* New York: D. Appleton.

Craske, M. G., & Barlow, D. H. (2006). *Mastery of your anxiety and worry* (2nd ed.). New York: Oxford University Press.

Craske, M. G., Kircanski, K., Zelikowsky, M., Mystkowski, J., Chowdhury, N., & Baker, A. (2008). Optimizing inhibitory learning during exposure therapy. *Behaviour Research and Therapy, 46*(1), 5– 27.

Davis, M., Eshelman, E. R., & McKay, M. (2008). *The relaxation and stress reduction workbook.* Oakland, CA: New Harbinger Publications.

Deffenbacher, J. L., & McKay, M. (2000). *Overcoming situational and general anger: A protocol for the treatment of anger based on relaxation, cognitive restructuring, and coping skills training.* Oakland, CA: New Harbinger Publications.

Hayes, S. C., Strosahl, K. D., & Wilson, K. G. (2012). *Acceptance and commitment therapy: The process and practice of mindful change* (2nd ed.). New York: Guilford Press.

Hirsch, J. A., & Bishop, B. (1981). Respiratory sinus arrhythmia in humans: How breathing pattern modulates heart rate. *American Journal of Physiology, 241*(4), H620– H629.

Huguet, A., McGrath, P. J., Stinson, J., Tougas, M. E., & Doucette, S. (2014). Efficacy of psychological treatment for headaches: An overview of systematic reviews and analysis of potential modifiers of treatment efficacy. *Clinical Journal of Pain, 30*(4), 353– 369.

Jacobson, E. (1929). Progressive relaxation. Chicago: University of Chicago Press.

Kabat- Zinn, J. (1990). *Full catastrophe living: Using the wisdom of your body and mind to face stress, pain, and illness.* New York: Delacorte Press.

Kabat- Zinn, J. (2006). *Coming to our senses: Healing ourselves and the world through mindfulness.* New York: Hyperion.

Krantz, D. S., & McGeney, M. K. (2002). Effects of psychological and social factors on organic disease: A critical assessment of research on coronary heart disease. *Annual Review of Psychology, 53*(1), 341– 369.

Kwekkeboom, K. O., & Gretarsdottir, E. (2006). Systematic review of relaxation interventions for pain. *Journal of Nursing Scholarship, 38*(3), 269– 277.

Linden, W. (1990). Autogenics training: A clinical guide. New York: Guilford Press.

Linehan, M. M. (1993). *Cognitive behavioral treatment of borderline personality disorder.* New York: Guilford Press.

Mahesh Yogi, M. (2001). *Science of being and art of living: Transcendental meditation.* New York: Plume.

Masi, N. (1993). Breath of life. Plantation, FL: Resource Warehouse. Audio recording.

Meuret, A. E., Rosenfield, D., Seidel, A., Bhaskara, L., & Hofmann, S. G. (2010). Respiratory and cognitive mediators of treatment change in panic disorder: Evidence for intervention specificity. *Journal of Consulting and Clinical Psychology, 78*(5), 691–704.

Nhat Hahn, T. (1989). *The miracle of mindfulness: A manual on meditation*. Boston: Beacon Press.

Öst, L.- G. (1987). Applied relaxation: Description of a coping technique and review of controlled studies. *Behaviour Research and Therapy, 25*(5), 397– 409.

Pelletier, K. R. (1977). *Mind as healer, mind as slayer: A holistic approach to preventing stress disorders*. New York: Delta.

Sadigh, M. R. (2001). *Autogenic training: A mind- body approach to the treatment of fibromyalgia and chronic pain syndrome*. Binghamton, NY: Haworth Medical Press.

Schultz, J. H., & Luthe, W. (1959). Autogenic training. New York: Grune and Stratton.

Selye, H. (1955). *Stress and disease. Science, 122*(3171), 625– 631.

Siegel, B. S. (1990). *Love, medicine, and miracles: Lessons learned about self- healing from a surgeon's experience with exceptional patients*. New York: Harper and Row.

Smyth, L. D. (1999). *Overcoming post- traumatic stress disorder: a cognitive- behavioral exposure- based protocol for the treatment of PTSD and other anxiety disorders*. Oakland, CA: New Harbinger Publications.

Wells, A. (2011). *Metacognitive therapy for anxiety and depression*. New York: Guilford Press.

Wolpe, J. (1958). *Psychotherapy by reciprocal inhibition*. Stanford, CA: Stanford University Press.

대처하기와 감정 조절

Coping and Emotion Regulation

아멜리아 알다오 Amelia Aldao, PhD
안드레 플레이트 Andre J. Plate, BS
오하이오 주립대학 심리학부

정의와 배경 Definitions and Background

*감정 조절*emotion regulation이란 환경이 부과한 여러 도전에 대응하기 위해 감정의 강도와 기간을 변경하는 과정이다(예, Gross, 1998). 이러한 구성은 대처하기, 특히 감정에 초점을 둔 대처하기 문헌에서 유래한다(Lazarus & Folkman, 1984). 1998년에 감정 조절에 관한 그로스Gross의 과정 모델이 발표된 다음에 기초(Webb, Miles, & Sheeran, 2012)와 임상(Aldao, Nolen-Hoeksema, & Schweizer, 2010) 분야 모두에서 감정 조절 전략에 관한 연구가 급격히 늘었다. 가장 자주 다루어지는 두 가지 조절 전략은 *인지 재평가*(감정 경험의 강도와 기간을 바꾸려고 사고나 상황을 재해석하는 것. 21장을 보라)와 *수용*(지금 이 순간의 생각과 감정, 생리적 감각을 경험하고 그것들을 비판단적으로 관찰하는 것. 24장을 보라)이다. 하지만 내담자는 일상에서 이러한 감정 조절 전략을 실행할 때 어려움에 부딪힐 수 있는데, 부분적으로 그 전략의 효과가 맥락의 기능에 따라 변하기 때문이다(예, Aldao, 2013).

재평가와 수용 Reappraisal and Acceptance

1960년대 초 인지치료를 공식화한 아론 벡Aron Beck은 우리가 생각하는 방식을 특정 방식으로 바꾸면 우리의 감정 경험이 달라질 수 있다는 생각을 개념화했다. 그는 우울증 치료에 커다란 영향을 주었다(A. T. Beck, 1964). 내담자는 인지 재구조화와 재평가로 자동 사고나 핵심신념에 일치하거나 반하는 근거를 비판적으로 평가하고 인지적 대안을 만들어 부적응적 사고를 고치라는 권유를 받는다. 관련 연구를 살펴보면 치료 전보다 후에 재평가가 늘었고(Mennin, Fresco, Ritter, & Heimberg, 2015), 이러한 변화가 치료 후 호전을 가져왔다(Goldin et al., 2012).

괴로운 감정, 신체 감각 또는 기타 경험을 바꾸려는 것보다 *수용*하는 것이 중요하다는 점에 초점을 맞추는 임상가나 연구자들이 점점 늘고 있다. 예를 들어 수용전념치료는 감정 경험의 회피가 오히려 독이 되기 쉬운데, 특히 맥락 전반에 달라붙는 경우(즉, 장기적 가치와 연결이 끊겼을 때) 심리적으로 경직되는 패턴이 만들어지고 이것이 정신 병리의 시작, 유지, 악화로 이어진다는 생각에 바탕을 둔다. 예를 들어 날마다 일과 후에 술을 마시는 사람은 긴장을 풀거나 즐거운 느낌을 늘리려고 또는 두 가지 모두를 위해 그럴 수 있다. 이 사람은 맥락과 상관없이 그의 개인적 가치(예를 들어 배우자나 자녀와의 정서적 교류)와 상반되는 행동 패턴(즉, 음주)에 쉽게 빠져들 수 있다. 이럴 때 수용전념치료나 변증법 행동치료(Linehan, 1993)와 같은 치료법에서는 술에 대한 갈망에 따라 행동하기보다 개방성과 호기심을 가지고 갈망을 경험하도록 돕는 수용 기술을 가르친다. 치료 전후에 수용 기술이 쉽게 길러질 수 있고, 이러한 변화는 흔히 임상적으로 장기적인 호전을 가져온다(예, Gifford et al., 2011).

임상의는 범불안장애와 우울증을 앓는 여성에게 재평가와 수용을 가르쳐 그녀가 자신에게 괴로운 감정과 걱정이 있으며 그것들이 어떻게 기능하는지를 자각하게 도울 수 있다. 이렇게 하는 것은 그녀로 하여금 자신의 불안 경험에 특정한 형태의 생각(예, 걱정하기)과 생리적 감각(예, 근 긴장), 부적응적 행동(예, 이자극성, 불안 유발 상황을 고집스럽게 회피)의 특징이 있다는 것을 알아차리게 하려는 뜻이다. 그녀는 감정 경험의 자각과 수용을 개발하여 앞으로의 치료 과정에서 유연한 사고방식을 선택할 준비를 더 잘할 것이다. 예를 들면 그녀는 자신의 걱정을 단지 분리된 생각이나 일시적이며 시간이 지나면 사라질 느낌으로 여길 수 있다. 또 그녀는 자신의 근 긴장을 불쾌하지만 해롭지 않은 한 가지 신체 감각으로 비판단적으로 받아들일 수 있다. 이것은 다시 그녀의 회피를 줄이고, 부적응적 인지를 재평가하는 능력을 키워, 장기적으로 적응적인 행동에 더 많이 참여하게 할 것이다.

하지만 내담자에게 이러한 감정 조절 전략을 교육하는 것이 어려운 일이라는 것을 말해야 한다. 내담자가 치료 회기에서는 재평가와 수용을 쉽게 배웠더라도 실제로 삶의 스트레스를 만나 이를 활용하려 할 때 허우적거리는 것은 흔한 일이다. 일상생활에서 감정 조절 전략을 유연하게 사용하도록 내담자를 효과적으로 가르치려면, 즉 결과적으로 인지행동적 접근의 효과성을 향상하려면 치료에서 학습한 것을 바깥 세계에 일반화할 수 있도록 도와야 한다. 이런 목적을 달성하려고 우리는 정동 과학affective science 분야의 최신 작업으로 초점을 돌릴 것이다. 지금 이 분야는 감정 조절 전략의 사용과 효과를 조절하는 맥락적 요인에 점점 더 초점을 맞춘다(예, Aldao, 2013; Aldao, Sheppes, & Gross, 2015; Kashdan & Rottenberg, 2010).

맥락의 역할 The Role of Context

일반적인 조절 전략의 사용에서 길잡이가 되는 맥락 변동성contextual variability에는 두 가지 주요 원천source이 있다. 첫째, 재평가와 수용이라는 두 가지 전략은 다양한 조절 전술을 적용하며 서로 다른 방식으로 이루어질 수 있다. 조절 전술에는 상황의 긍정적인 측면에 초점을 두거나 / 미래 결과를 재개념화하거나 / 상황에서 거리를 두거나 / 심지어 경험한 것을 수용하는 것 등이 있다(McRae, Ciesielski, & Gross, 2012). 우리는 이것을 조절 흐름regulatory drift이라고 한다. 둘째, 주어진 전략은 각 맥락마다 다른 기능을 가질 수 있다. 이를 다중결말multifinality이라고 한다.

조절 흐름 **Regulatory Drift**

메타 분석 결과는 전략이 실행되는 방식에 작은 변화만 있어도 정동에 미치는 결과가 달라질 수 있다는 뜻이다(Webb et al., 2012). 이러한 측면에서 웹Webb과 동료들은 실험실 연구에서 흔히 지시instruction로 주어지는 세 가지 재평가를 확인했다. (1) 감정 자극 재평가(예, 부정적 상황을 긍정적으로 보려는 재해석), (2) 감정 반응 재평가(예, 감정 반응의 부정적 결과를 최소화하려고 반응을 재구성reframing), (3) 다른 관점의 채택(예, 감정과 사건을 제삼자 관점에서 관찰하거나 인지적 탈융합으로 자기 생각과 분리)이다. 이러한 재평가들은 감정 각성도에 서로 다른 영향을 미친다. 예를 들어 감정 자극의 재평가가 감정 반응의 재평가보다 감정적 결과를 줄이는 데 효과가 있었다.

정신 병리가 있는 사람들은 다른 종류의 상황에는 다른 종류의 조절 목표가 필요하다는 것을 알아차리는 데 어려움을 겪는 경향이 있다(예, Ehring & Quack, 2010). 내담자는 자기 감정을 확인하고 그것에 이름을 붙이는 것을 어려워하고(예, Vine & Aldao, 2014), 이렇게 되면 우선적으로 조절해야 하는 감정이 무엇인지 잘 알아차리지 못한다. 이것은 감정 확인emotional identification이 안 되는 문제가 어떻게 폭음, 공격, 자해와 같은 다양한 부적응적 행동과 관련되는지를 설명하는 데 도움이 된다(Kashdan, Barrett, & McKnight, 2015). 끝으로 내담자가 상황과 거기서 경험하는 감정을 알더라도 장기적 결과를 희생하면서도 쉽고 빠른 단기적 구제를 제공하는 조절 전략을 쓰는 쪽으로 흐름을 잡을 수 있다(예, Aldao et al., 2015; Barlow, 2002; Hayes, Luoma, Bond, Masuda, & Lillis, 2006). 예를 들어 강박장애 내담자가 지하철 난간을 만지는 것에 관하여 "나는 더러운 것을 만졌어. 나는 병에 걸릴 거야."에서 "나는 뭔가 더러운 것을 만졌지만 실제로 병에 걸릴 확률은 굉장히 낮아."처럼 자신의 오염 걱정을 재평가하는 법을 배울 수 있다. 그렇게 하면 그녀가 불확실한 것을 받아들일 수 있게 된다. 하지만 곧 지하철이 속도를 내며 그녀가 중심을 잃고 넘어지지 않으려고 난간을 잡아야 할 때, 그녀는 더 부적응적 형태의 재평가를 사용하는 쪽으로 흐름을 잡을 수 있다. 예를 들어 자신의 강박사고에 "나는 무언가 더러운 것을 만졌고 오염되었어, 하지만 친구가 여기에 있고, 내가 그에게 병에 걸리지 않는다는 위안을 요청한다면 안심할 수 있을 거야."라고 말하며 반응할 수 있다. 이러한 재평가는 처음과 비슷하게 단기적으로는 불안을 줄일 수 있다. 하지만 시간이 지나며 내담자는 친구에 의지해야 하고 위안 찾기(예, 부적응적 안전 행동)를 하는 잘못된 신념을 갖게 된다. 이것이 교정적 학습(난간을 만졌다고 병에 걸리지 않음)의 기회를 막을 수 있다. 하지만 안전 행동이 항상 해롭지는 않다는 걸 주목해야 한다(예, Rachman, Radomsky, & Shafran, 2008). 즉, 장기적 결과와 가치를 방해할 잠재적 위험이 있는지 신중하게 따져보는 기능 분석이 필요하다.

다중 결말 **Multifinality**

주어진 한 가지 전략이라도 서로 다른 맥락에서 감정적, 인지적, 행동적 결과치가 달라지는 기능적 관계가 있다. 이를 *다중결말*이라 한다(Nolen-Hoeksema & Watkins, 2011). 예를 들어 사회적 스트레스 인자는 스트레스와 적응적 감정 조절 사이의 관계를 바꿀 수 있다. 감정 조절의 상당 부분이 다른 사람과의 관계에서 일어나는 점을 생각하면, 이것은 놀라운 일이 아니다(예, Hofmann, 2014; Zaki & Williams, 2013). 예를 들어 우리가 최근 연구로 청소년에서 재평가 작업이 스트레스에 대한 대응으로 유연한 생리적 반응성 즉, 미주신경 철회vagal withdrawal와 관련이 있다는 것을 밝혔는데, 또래 괴롭힘 피해와 같이 대인관계 스트레스가 높은 수준일 때만 그랬다. 대인관계 스트레스가 낮을 때는 재평가가 부적응적 생리적 대응과 관련이 있었다(Christensen, Aldao, Sheridan, & McLaughlin, 2015). 또 다른 연구에서는 참가자가 조절할 수 없는 스트레스를 경험할 때만 재평가가 우울 증상의 감소와 관련이 있었다. 스트레스가 조절할 수 있는 정도일 때는 재평가 사용이 오히려 높은 수준의 우울로 이어졌다(Troy, Shallcross, & Mauss, 2013).

또 수용과 정신 건강의 관련성이 맥락에 따른 함수라는 것을 말하는 증거들이 있다. 샬크로스Shallcross와 트로이Troy, 볼랜드Boland, 모스Mauss는 지역사회 연구 참가자가 높은 수준의 스트레스 경험을 보고할 때마다 수용을 습관적으로 사용하는 것이 4개월이 지난 다음에 우울 증상이 경미한 수준에 이르는 것과 관련이 있다는 것을 발견했다(2010). 낮은 수준의 스트레스를 보고한 참가자에서는 수용과 우울 증상의 관련성이 관찰되지 않았다.

해당 전략의 유용성이 그것이 실행되는 특정 맥락에 전적으로 의존한다면(예, Aldao, 2013), 주어진 상황의 유형에 전략을 맞추는 것이 중요할 수 있다(예, Cheng, Lau, & Chan, 2014). 내담자는 여러 가지 까닭으로 이러한 대응에서 어려움을 경험한다. 앞에서 말했듯이 그들은 경험하는 상황과 감정의 목표가 무엇인지, 결과적으로 어떤 조절 전략을 사용할지를 찾느라고 어려운 시간을 보내고 있을 것이다. 게다가 그들은 완전히 다른 맥락에서도 같은 전략 사용을 집요하게 반복할 수 있다. 내담자는 언제 어떤 전략을 사용할지 *선택*할 때에도 한 가지를 계속 붙잡고 있을 수 있다. 이 점에 관해 소방관을 대상으로 한 최근 연구에서 다양한 감정 강도(낮은, 높은)의 기능에 따라 전략들(재평가, 분산) 사이의 전환이 잘 이루어지지 않는 것이 외상 노출과 외상 후 스트레스장애 증상의 정적 관련성과 관련이 있었다. 즉, 조절 유연성이 낮은 참가자에서 외상과 증상의 연계성이 강했다. 반대로 조절 유연성이 높은 참가자에서는 그러한 연계성이 없었다(Levy-Gigi et al., 2016). 따라서 이러한 결과는 조절 유연성이 외상 노출과 심리 증상 경험의 관계 뒷면에 있는 결정적인 요인이라는 것을 시사한다.

아마 재평가와 관련한 조절 유연성 수준이 낮은 것은, 감정을 효과적으로 수정하는 능력에 대한 자신감이 낮기 때문일 수 있다. 이 점에 관한 최근 연구는 사회적 스트레스 맥락에 처했을 때 감정이 바뀔 수 있다고 들었던 건강한 참여자가 감정이 바뀌기 어렵다고 들었던 사람보다 재평가 사용을 쉽고 자발적으로 한다는 것을 발견했다(Kneeland, Nolen-Hoeksema, Dovidio, & Gruber, 2016).

심지어는 명시적으로 서로 다른 조절 전략을 사용하라고 지시받은 경우에서도 내담자가 심리적 경직성을 갖게 될 확률이 높다. 이 점에 관해서 보나노Bonanno와 동료들은 심리적 장애(예, 외상, 복합성 애도)가 있는 사람은 감정을 일으키는 사진을 보여주며 표정을 풍부하게 하거나 억제하라고 지시했을 때, 이를 수행하는 데 어려움을 겪는다는 것을 보여주었다(예, Bonanno, 2004; Gupta & Bonanno, 2010).

또 내담자는 조절 전략의 사용에 관한 피드백을 통합하는 데에도 추가적으로 어려움을 겪을 수 있다. 최근 한 연구는 감정을 일으키는 사진에 대한 반응이 재평가에서 주의 분산distraction으로 바뀌는 것을 관찰했다. 이는 사진을 보여주고 최종적으로 전략을 바꾸려는 시도가 있었는지를 보는 연구로, 참가자가 내적 피드백에 커다란 반응을 보이는 경우(높은 주름 활동 즉, 찌푸림의 정도로 정의) 전략의 전환이 많을수록 삶의 만족도가 높았다. 반대로 참가자가 내적 피드백에 덜 반응적이었을 때는 전환을 많이 할수록 낮은 삶의 만족도와 관련이 있었다(Birk & Bonanno, 2016). 즉, 내적 피드백에 바탕을 둔 전환은 높은 삶의 만족도와 관련이 있었고, 피드백과 느슨하게 연결된 아무렇게나 시도한 전환은 낮은 삶의 만족도와 관련이 있었다. 이러한 발견은 조절 선택을 하기 전 환경과 이에 대한 우리의 반응reactions에 관해 의미 있는 정보를 통합하는 것의 중요성을 강조한다. 따라서 정신 병리는 감정 반응(예, Vine & Aldao, 2014)과 신체 감각(예, Olatunji & Wolitzky-Taylor, 2009)을 파악하고, 여기에 이름을 붙이는 데 겪는 어려움과 관련이 있다.

감정 조절 유연성 교육하기 Teaching Emotion Regulation Flexibility

이 절에서는 앞에서 설명한 정동 과학 연구를 바탕으로 하여 내담자가 조절 유연성을 강화하고 정신치료에서 배운 것을 진료실 밖에 있는 자신의 삶에 일반화하는 데 도움을 줄 일련의 권고 사항을 제공한다.

첫 단계는 다양한 감정과 사고, 목표, 정동, 행동 성과가 어떻게 서로 다른 상황의 특징을 나타내는지 추적하는 것이다. 내담자가 감정 조절의 단기 성과와 장기 성과 사이에서 균형을 잡도록 도와야 한다. 그렇지 않으면 장기 기능을 방해하더라도 당장 그들을 편하게 하는 전략을 활용하는 쪽으로 흘러갈 것이다. 그러려면 "일일 역기능적 사고 기록"(A. T. Beck, 1979; J. S. Beck, 2011)을 수정하여 "감정 조절 맵"으로 변환하는 것이 도움이 될 것이다. 워크시트(이 장 끝부분에 제시함)는 내담자가 자신의 감정 반응과 그에 따른 결과를 더 잘 인식하는데 돕는다. 우리는 다음 요소로 이 맵을 시작하라고 권한다. (1) 상황 기술, (2) 경험한 감정(도움이 된 것과 도움이 되지 않은 것 모두)과 그 강도, (3) 사용한 조절 전략, (4) 조절의 단기 성과, (5) 조절의 장기 성과이다. 이 감정 조절 맵을 사용하여 내담자가 자기 감정을 유연하게 조절하는 연습을 설정하도록 도울 수 있다(Aldao et al., 2015를 보라). 다음은 이 맵을 발전시키는 몇 가지 유연성 기술이다.

다양한 종류의 재평가를 연습하라 Practice different types of reappraisals

고전적인 일일 역기능적 사고 기록지(A. T. Beck, 1979)는 내담자가 스스로 자문하는 일련의 질문을 포함하는데, 이를 통해 왜곡된 사고를 재평가할 수 있다(예, "이 생각이 사실이라는 증거가 무엇인가?", "더 도움이 되거나 현실에 더 가까운 생각을 할 수 있다는 대안 설명이 있는가?"). 이러한 질문은 각각의 부적응적 사고에 대응하여 내담자가 자신의 개인화된 감정 조절 맵을 새롭게 만들도록 도울 수 있다.

다양한 종류의 수용을 연습하라 Practice different types of acceptance

내담자가 신체 감각, 행동 촉박감urge, 기억, 감정과 같은 어려운 상황의 다양한 경험적 측면을 수용하고 학습하도록 격려한다. 예를 들어 내담자가 불쾌한 생리적 감각을 느끼지만 이를 바꾸거나 조작하려고 않은 채, 치우치지 않은 호기심을 가지고 계속 앉았을 수 있다. 그리고는 그러한 감각이 마음에 떠오르게 하는 기억으로 옮겨갈 수 있다(24장을 보라).

폭넓은 감정을 조절하라 Regulate a wide range of emotions

내담자에게 크게 문제가 되지 않는 감정 상황에 대해 이전 단계를 반복한다. 예를 들어 불안이 일차적 감정이고 동시에 낮은 수준의 분노를 경험하는 내담자에게 분노 유발 상황을 재평가하고 수용하라고 요청할 수 있다. 이 또한 삶에서 감정 반응을 일으키는 수없이 다양한 영역에서 전략 목록의 확장을 촉진할 것이다.

반대로 조절하라 Counterregulate

보통 내담자는 부정 감정을 하향 조절하고, 긍정 감정을 상향 조절하기를 원한다. 하지만 이렇게 하면 감정 조절 접근법이 제한된다. 때때로 부정 감정을 늘리거나(예, 대화 도중에 자기주장을 하려고 분노를 키움), 긍정 감정을 줄이는 것(예, 심각한 업무 회의에서 웃으려는 유혹에 저항함)이 도움이 될 수 있다(Tamir, Mitchell, & Gross, 2008). 따라서 모든 종류의 감정에 상향 조절이나 하향 조절을 연습해야 한다.

사회적 맥락에 따라 조절하라 Regulate across social contexts

사회적 스트레스 인자가 감정 조절과 적응 기능에서 특별히 중요한 중재자이고(예, Christensen et al., 2015; Troy et al., 2013), 대인관계에서의 경직된 감정 조절과 정신병리가 관련이 있다는 최근 연구 결과(예, Hofmann, 2014; Hofmann, Carpenter, & Curtiss, 2016)를 고려할 때, 내담자에게 다양한 정도의 사회적 스트레스 맥락에 서로 다른 감정 조절 전략을 훈련하라고 요청해야 한다. 또 특정 맥락에서 특정 형태의 전략 실행을 도울 친구나 가족을 구하라고 요청할 수도 있다. 결국 내담자가 자기 힘으로 조절해야 하지만, 치료 초기 단계에서는 특별히 이러한 사회적 발판social scaffolding이 도움이 될 수 있다. 또 어떤 사람이나 어떤 관계가 어떤 형태의 조절을 실행하게 하는지를 내담자가 찾아보도록 하는 것도 도움이 된다. 더욱이 어떤 개인이나 어떤 상호 작용에 지나치게 의존하는지 살펴보는 것도 도움이 될 것이다. 이는 경직된 안전 행동을 뜻한다.

전략들 사이에서 전환하기 Switching among strategies

내담자의 조절 맵을 바탕으로 하여 하나의 감정 조절 전략을 시도하되, 이것이 주어진 상황에서 잘 작동하지 않을 수도 있는 실험을 설정하도록 내담자에게 권하는 것도 좋다. 이때는 자신의 목록에서 다른 전략을 선택하고, 이 새로운 전략으로 실험을 반복하라고 요청하라. 이 새 전략이 비슷한 효과를 나타내는가, 아니면 다른 효과를 만들어 내는가? 이런 연습을 할 때는 감정 유발 정도가 덜 심한 상황에서 좀 더 많은 자기 효능감을 느낄 수 있는 전략부터 시작하는 것이 좋다. 이런 식으로 내담자는 조금씩 더 도전적인 환경으로 확장하여 적용할 수 있는 세련된 조절 기술을 개발할 때까지 안전한 맥락에서 다양한 조절 선택권을 탐색할 수 있다. 어느 정도 진행하다 보면 각 전략의 장기 효과와 적응 가능성까지 확장해서 모니터링할 수 있게 된다.

결론 Conclusions

인지 행동적 접근은 내담자에게 재평가와 수용 전략을 사용하여 자기 감정 경험을 더 적응적이고 기능적으로 다루라고 교육한다. 하지만 실제 세계에서 이러한 전략을 유연하게 사용하는 것이 굉장히 어려울 수 있는데, 이러한 어려움이 인지행동치료가 모든 사람에게 효과적이지 않다는 사실을 설명하는 데 도움이 될 것이다(Vittengl, Clark, Dunn, & Jarrett, 2007). 이 장에서 우리는 해답을 찾으려고 정동 과학의 최근 연구로 눈길을 돌렸다. 점점 늘어나는 연구 결과는 내담자가 진료실에서 얻은 지식을 일상생활에 일반화하며 겪는 어려움이 감정 조절의 맥락 의존적 속성에서 비롯한다는 것을 나타낸다. 내담자가 자신의 감정을 더 유연하게 다루도록 치료자가 도우는 것이, 근거 기반의 치료적 접근이 더 성공적이고 효능이 향상하도록 하는 과정을 표적으로 삼는 것이다.

감정 조절 맵

다음 워크시트를 당신이 감정을 다룰 때 사용했던 전략뿐 아니라 스트레스 상황에서 당신의 감정을 추적하는 데 사용하라. 감정 조절 전략을 사용할 때의 장단기 결과를 평가할 때도 이 시트로 돌아와라. 각 전략이 얼마나 효과적인지 평가하고, 그에 따라 미래에 사용할 전략을 조정하라. 다양한 감정을 경험할 때 서로 다른 전략을 시도하고 연습하는 것이 중요하다는 걸 기억하라. 그렇게 하면 많은 상황에서 다양한 감정을 다루는 당신의 능력이 커질 것이다.

1. 상황 기술	2. 경험 감정 및 강도	3. 사용한 조절 전략	4. 조절의 단기 성과	5. 조절의 장기 성과
되도록 구체적이어야 한다. 무엇을 했는가? 무엇이 감정 반응을 일으켰는가? 언제였는가? 누구와 함께 있었는가? 어디에 있었는가?	경험한 감정을 적으시오. 각 감정의 강도를 평가하시오. (0-100)	사용했던 감정 조절 전략을 나열하시오. 각각의 특정 전략을 어떻게 사용했는지 구체적으로 적으시오.	이러한 전략을 사용한 다음에 즉각적으로 어떤 일이 일어났는가? 감정이 어떻게 변했는가? 감정의 강도가 커졌는가? 아니면 줄어들었는가? 생각이나 신체 감각, 행동은 어떻게 변화했는가?	이러한 전략 사용이 당신이 장기 목표를 달성하는 데 도움이 되었는가? 왜 그런가? 미래에는 지금과 달리 어떤 식으로 당신 감정을 다룰 수 있는가?

참고문헌

Aldao, A. (2013). The future of emotion regulation research: Capturing context. *Perspectives on Psychological Science, 8*(2), 155–172.

Aldao, A., Nolen-Hoeksema,S., & Schweizer, S. (2010). Emotion-regulation strategies across psychopathology: A meta-analytic review. *Clinical Psychology Review, 30*(2), 217–237.

Aldao, A., Sheppes, G., & Gross, J. J. (2015). Emotion regulation flexibility. *Cognitive Therapy and Research, 39*(3), 263–278.

Barlow, D. H. (2002). *Anxiety and its disorders: The nature and treatment of anxiety and panic* (2nd ed.). New York: Guilford Press.

Beck, A. T. (1964). Thinking and depression: II. Theory and therapy. *Archives of General Psychiatry,10*(6), 561–571.

Beck, A. T. (1979). *Cognitive therapy of depression*. New York: Guilford Press.

Beck, J. S. (2011). *Cognitive behavior therapy: Basics and beyond* (2nd ed.). New York: Guilford Press.

Birk, J. L., & Bonanno, G. A. (2016). When to throw the switch: The adaptiveness of modifying emotion regulation strategies based on affective and physiological feedback. *Emotion, 16*(6), 657–670.

Bonanno, G. A. (2004). Loss, trauma, and human resilience: Have we underestimated the human capacity to thrive after extremely aversive events? *American Psychologist, 59*(1), 20–28.

Cheng, C., Lau, B. H.-P., & Chan, M.-P. S. (2014). Coping flexibility and psychological adjustment to stressful life changes: A meta-analytic review. *Psychological Bulletin, 140*(6), 1582–1607.

Christensen, K. A., Aldao, A., Sheridan, M. A., & McLaughlin, K. A. (2015). Habitual reappraisal in context: Peer victimization moderates its association with physiological reactivity to social stress. *Cognition and Emotion, 31*(2), 384–394.

Ehring, T., & Quack, D. (2010). Emotion regulation difficulties in trauma survivors: The role of trauma type and PTSD symptom severity. *Behavior Therapy, 41*(4), 587–598.

Gifford, E. V., Kohlenberg, B. S., Hayes, S. C., Pierson, H. M., Piasecki, M. P., Antonuccio, D. O., et al. (2011). Does acceptance and relationship focused behavior therapy contribute to bupropion outcomes? A randomized controlled trial of functional analytic psychotherapy and acceptance and commitment therapy for smoking cessation. *Behavior Therapy, 42*(4), 700–715.

Goldin, P. R., Ziv, M., Jazaieri, H., Werner, K., Kraemer, H., Heimberg, R. G., et al. (2012). Cognitive reappraisal self-efficacy mediates the effects of individual cognitive-behavioral therapy for social anxiety disorder. *Journal of Consulting and Clinical Psychology, 80*(6), 1034–1040.

Gross, J. J. (1998). The emerging field of emotion regulation: An integrative review. *Review of General Psychology, 2*(3), 271–299.

Gupta, S., & Bonanno, G. A. (2010). Trait self-enhancement as a buffer against potentially traumatic events: A prospective study. *Psychological Trauma: Theory, Research, Practice, and Policy, 2*(2), 83–92.

Hayes, S. C., Luoma, J. B., Bond, F. W., Masuda, A., & Lillis, J. (2006). Acceptance and commitment therapy: Model, processes, and outcomes. *Behaviour Research and Therapy, 44*(1), 1–25.

Hayes, S. C., Strosahl, K. D., & Wilson, K. G. (1999). *Acceptance and commitment therapy: An experiential approach to behavior change*. New York: Guilford Press.

Hofmann, S. G. (2014). Interpersonal emotion regulation model of mood and anxiety disorders. *Cognitive Therapy and Research, 38*(5), 483–492.

Hofmann, S. G., Carpenter, J. K., & Curtiss, J. (2016). Interpersonal Emotion Regulation Questionnaire (IERQ): Scale development and psychometric characteristics. *Cognitive Therapy and Research, 40*(3), 341–356.

Kashdan, T. B., Barrett, L. F., & McKnight, P. E. (2015). Unpacking emotion differentiation: Transforming unpleasant experience by perceiving distinctions in negativity. *Current Directions in Psychological Science, 24*(1), 10–16.

Kashdan, T. B., & Rottenberg, J. (2010). Psychological flexibility as a fundamental aspect of health. *Clinical Psychology Review, 30*(7), 865–878.

Kneeland, E. T., Nolen-Hoeksema, S., Dovidio, J. F., & Gruber, J. (2016). Emotion malleability beliefs influence the spontaneous regulation of social anxiety. *Cognitive Therapy and Research,40*(4), 496–509.

Lazarus, R. S., & Folkman, S. (1984). *Stress, appraisal, and coping*. New York: Springer.

Levy-Gigi, E., Bonanno, G. A., Shapiro, A. R., Richter-Levin,G., Kéri, S., & Sheppes, G. (2016). Emotion regulatory flexibility sheds light on the elusive relationship between repeated traumatic exposure and posttraumatic stress disorder symptoms. *Clinical Psychological Science, 4*(1), 28–39.

Linehan, M. M. (1993). *Cognitive behavioral treatment of borderline personality disorder*. New York: Guilford Press.

McRae, K., Ciesielski, B., & Gross, J. J. (2012). Unpacking cognitive reappraisal: Goals, tactics, and outcomes. *Emotion, 12*(2), 250–255.

Mennin, D. S., Fresco, D. M., Ritter, M., & Heimberg, R. G. (2015). An open trial of emotion regulation therapy for generalized anxiety disorder and co-occurring depression. *Depression and Anxiety, 32*(8), 614–623.

Nolen-Hoeksema, S., & Watkins, E. R. (2011). A heuristic for developing transdiagnostic models of psychopathology: Explaining multifinality and divergent trajectories. *Perspectives on Psychological Science, 6*(6), 589–609.

Olatunji, B. O., & Wolitzky-Taylor, K. B. (2009). Anxiety sensitivity and the anxiety disorders: A meta-analytic review and synthesis. *Psychological Bulletin, 135*(6), 974–

999.
Rachman, S., Radomsky, A. S., & Shafran, R. (2008). Safety behaviour: A reconsideration. *Behaviour Research and Therapy, 46*(2), 163–173.
Shallcross, A. J., Troy, A. S., Boland, M., & Mauss, I. B. (2010). Let it be: Accepting negative emotional experiences predicts decreased negative affect and depressive symptoms. *Behaviour Research and Therapy, 48*(9), 921–929.
Tamir, M., Mitchell, C., & Gross, J. J. (2008). Hedonic and instrumental motives in anger regulation. *Psychological Science, 19*(4), 324–328.
Troy, A. S., Shallcross, A. J., & Mauss, I. B. (2013). A person-by-situation approach to emotion regulation: Cognitive reappraisal can either help or hurt, depending on the context. *Psychological Science, 24*(12), 2505–2514.
Vine, V., & Aldao, A. (2014). Impaired emotional clarity and psychopathology: A transdiagnostic deficit with symptom-specific pathways through emotion regulation. *Journal of Social and Clinical Psychology, 33*(4), 319–342.
Vittengl, J. R., Clark, L. A., Dunn, T. W., & Jarrett, R. B. (2007). Reducing relapse and recurrence in unipolar depression: A comparative meta-analysis of cognitive-behavioral therapy's effects. *Journal of Consulting and Clinical Psychology, 75*(3), 475–488.
Webb, T. L., Miles, E., & Sheeran, P. (2012). Dealing with feeling: A meta-analysis of the effectiveness of strategies derived from the process model of emotion regulation. *Psychological Bulletin, 138*(4), 775–808.
Zaki, J., & Williams, W. C. (2013). Interpersonal emotion regulation. *Emotion, 13*(5), 803–810.

문제 해결
Problem Solving

아써 네주 Arthur M. Nezu, PhD
크리스틴 마구쓰 네주 Christine Maguth Nezu, PhD
알렉산드리아 그린필드 Alexandra P. Greenfield, MS
드렉셀대학 심리학부

정의와 배경 Definitions and Background

*문제 해결 치료*Problem-solving therapy, PST는 긴급한 스트레스 사건을 만났을 때 효과적으로 대처하는 것을 도우려고 적응적인 문제 해결 태도(예, 강화한 자기 효능감)와 행동(예, 계획한 문제 해결)을 도입하고, 이를 효과적으로 적용하도록 훈련하는 정신사회 개입이다(Nezu, 2004). 이는 정신 병리를 줄이는 것뿐 아니라 재발이나 고통스러운 새로운 문제가 일어나지 않도록 긍정적인 방향의 심리적 기능을 향상하는 것이 목표이다. 드쥴리아D'Zurilla와 골드프레드Goldfried(1971)가 처음으로 개괄한 문제 해결 치료의 이론과 실제는 정신 병리학과 인지 과학, 정서 신경과학의 최근 연구를 받아들이며 계속 다듬어졌고 상당한 개정을 거쳤다. 치료 프로토콜이 초기와 근본을 달리하기에 우리는 이러한 변화를 강조하려고 *최신*contemporary 문제 해결 치료라는 용어를 사용한다(Nezu, Greenfield, & Nezu, 2016).

문제 해결 치료는 정신 병리에 관한 생물 심리 사회적 체질 스트레스 모델에 기초하는데, 여기서는 부정적인 신체적, 정신적 문제를 일으키는 것으로 여겨지는 생활 스트레스에 효과적으로 대처하는 훈련을 한다(Nezu et al., 2016). 생활 스트레스는 주요한 부정적 생활 사건(예, 사랑하는 사람의 사망, 만성 질환, 실직)과 날마다 계속되는 문제(예, 계속되는 동료와의 긴장, 재정 부족, 결혼 생활의 어려움)를 포함한다. 문제 해결 치료 이론은 정신 병리로 개념화한 것의 상당 부분이 이러한 스트레스 요인에 비효율적으로 대처하는 것과 함수 관계에 있다고 말한다. 따라서 내담자가 나은 문제 해결사가 되도록 가르치는 것은 지금의 신체와 정신 건강 문제를 줄일 뿐 아니라 미래의 스트레스 요인에 대한 탄력성을 개선한다고 가정한다. 무작위 대조 연구와 메타 분석은 문제 해결 치료가 폭넓은 심리와 행동 건강의 장애를 겪는 다양한 사람을 효과적으로 치료하는 방법이란 걸 보여준다(예, Barth et al., 2013; Bell & D'Zurilla, 2009; Cape, Whittington, Buszewicz, Wallace, & Underwood, 2010; Kirkham, Seitz, & Choi, 2015; Malouff, Thorsteinsson, & Schutte, 2007).

도구상자 Tool Kits

문제 해결 치료 접근에서는 (a) 인지 과부하 (b) 감정조절부전 (c) 감정 관련 정보의 편향된 인지 처리 (d) 낮은 동기 (e) 비효율적인 문제 해결 전략과 같은 주요 장애물이 효과적인 문제 해결을 방해한다고 생각한다. 또 이러한 장벽을 극복하려고 다음과 같은 네 가지 문제 해결 "도구상자" 교육을 제공한다. (a) 문제 해결 멀티태스킹 (b) 문제에 접근하는 멈추기/늦추기/생각/행동(stop, slow down, think, act, S.S.T.A.) 방법 (c) 건강한 사고와 긍정적 이미지 (d) 계획된 문제 해결이다(자세한 문제 해결 치료 매뉴얼은 Nezu, Nezu, & D'Zurilla, 2013을 보라).

문제 해결에서 도구상자의 각 전략을 모두 가르치고 강조할지는 내담자의 특정한 강점이나 약점을 개별화한 사례 공식화에 따른다. 즉, 치료 과정에서 네 가지 도구상자의 모든 재료를 반드시 사용해야 하는 것은 아니다. 오히려 치료자로서는 어떤 도구를 포함하고 강조하는 것이 좋을지 알려주는 평가 도구나 결과 자료를 이용하는 것이 좋다.

이러한 전반적인 접근법을 설명하려고 문제 해결 치료가 적절하고 잠재적으로 도움이 될 것으로 보이는 제시카Jessica의 사례를 소개한다. 이 장의 나머지 부분은 문제 해결 치료 도구를 간단히 설명하며 그녀에게 이것을 적용하는 방식을 보여줄 것이다.

사례 연구 Case Study

제시카는 불안과 우울의 가족력이 있는 30세 의대생이다. 그녀는 자신이 인생 목표를 이룰 수 없을 것 같다며 치료를 찾았다. 그녀는 다른 사람들은 항상 자신보다 성취와 관계, 가치에서 더 행복하고 걱정을 덜 한다고 믿었다. 학업 목표에 초점을 둘 때마다 강박적으로 변하며 자신은 결코 이를 성취할 수 없을 거라고 확신했다. 나아가 설령 자신의 경력이 다소 성공적이라도 개인적 삶은 분명히 고통스러울 것이며 좋은 관계나 즐거운 여가를 동시에 경험하지 못할 것으로 생각했다. 보통 제시카의 사적이고 낭만적인 관계는 성적 흥분이나 남을 보살피는 것에 국한되었다. 이는 종종 자신에게 중요한 삶의 목표를 추구하는 데 장애물로 작용했다. 앞서 있는 남들과 비교하며 동반하는 실패감이 스트레스를 가져오는 악순환 고리를 만들었다.

공식적인 평가를 거쳐 치료자는 제시카에게 강한 목적의식과 창의적이고 숙련된 마음 다른 사람과 사랑스럽게 연결되겠다는 열망이 있다고 보았다. 하지만 부정적 문제 인식(수치심, 걱정, 비관주의)과 의미 있는 연결을 회피한 것으로 문제를 해결하거나 목표를 달성할 수단이 계속 좌절되었다. 예를 들어 그녀 혼자 일방적으로 선택하고 만든 관계에서 응답이 없을 때, 그녀는 결핍감과 분노, 실패, 공포감을 경험했다. 치료자는 그녀의 스트레스에 대한 강렬한 반응(즉, 압도되는 느낌, 우울감, 불안감)과 가치와 꿈을 향한 성공적이지 않은 시도를 고려했을 때, 문제 해결 치료가 적절한 치료적 접근이 될 것으로 생각했다.

이제 제시카의 치료 회기를 예로 들며 문제 해결 치료 도구를 설명할 것이다.

도구상자 1. 인지 과부하 극복하기 **Overcoming Cognitive Overload**

효과적인 문제 해결을 방해하는 장벽 가운데 하나는 특히 스트레스 상황에서 뇌가 여러 작업을 동시에 성공적으로 수행하는 능력에 제한이 있다는 것이다. 이러한 장벽을 극복하려는 첫 번째 문제 해결 치료 도구상자에는 외현화externalization, 단순화simplification, 시각화visualization라는 세 가지 멀티태스킹 증강 기술을 사용하는 훈련이 있다.

*외현화*란 외부적으로 정보를 표시하는 것이다. 이러한 절차는 마음에 기억해야 할 정보를 적극적으로 보유해야 한다는 부담을 줄인다. 이것에는 아이디어 적기, 표 그리기, 목록 작성하기, 오디오 녹음하기, 소리 내어 말하기가 있다.

*단순화*란 하나의 문제를 더 관리하기 쉬운 부분으로 나누는 것이다. 이 전략을 사용하려고 내담자는 가장 관련이 있는 정보에만 집중하는 것을 배운다. 목표에 도달하도록 더 작고 구체적 단계를 파악하고, 복잡하고 모호하며 추상적인 개념을 단순하고 특정적이고 구체적인 언어로 바꾼다. 개인이 이러한 기술을 연습하는 한 가지 방법은 문제에 대한 간단한 묘사를 적고(즉, 외현화 전략 적용), 친구에게 이 묘사를 읽고 명확성과 관련하여 피드백을 달라고 요청하거나 이를 상상하는 것이다.

*시각화*는 문제 해결 과정을 돕기 위해 다양한 목적으로 사용될 수 있다. 시각적 이미지를 사용할 때 내담자는 자신이 마음에서 만드는 경험을 보고, 냄새 맡고, 맛보고, 만지고, 듣는 것을 상상할 수 있도록 관련한 모든 감각을 사용하는 것을 배운다. 시각화의 한 가지 형태는 내담자가 마주하는 문제나 달성하려는 목표가 분명해지도록 이를 시각적 표상으로 만드는 *문제 명료화problem clarification*이다. 시각화의 두 번째 형태는 계획한 해결책을 마음속에서 연습하는 *상상 리허설imaginal rehearsal*이다. 이런 형태의 시각화는 사람들이 나중에 자신의 해결책이나 행동 계획을 어떻게 수행할지 고민하며 압도당할 때 특별히 도움이 된다. 시각화의 세 번째 형태는 일종의 스트레스 관리로 부정적 각성을 줄이는 *유도 상상guided imagery*이다. 이 활동에서 치료자는 가장 좋아하는 휴양지처럼 자신을 이완할 '안전지대safe place'로 정신적 여행을 가도록 자세한 지침을 제공한다.

관련한 회기 인용 Related session excerpt

다음 인용문은 제시카가 불안을 다루려고 멀티태스킹 도구의 일부를 어떻게 적용하는지 보여준다.

제시카 저는 압도당할 것 같았어요. 술 마시러 가기 전에 최근에 사귄 이 남자를 만날 것을 생각하니 가슴이 조여 왔어요.

치료자 압도당하는 느낌을 관리하려고 우리가 말했던 멀티태스킹 도구 가운데 어떤 것을 사용할 수 있었나요?

제시카 예, 시각화와 외현화를 사용하기로 했어요. 저는 특히 그와 시간을 오래 보낼 때 걱정되는 몇 가지를 목록화했고, 그런 다음에 제가 남자들과 관계를 맺었던 방식을 바꾸려는 목표를 적었어요. 진심으로 제게 중요한 것을 드러내는 것에 더 정직하기로 했어요. 그와 더 오래 시간을 보내고 싶다는 바람을 그에게 표현하는 것을 시각화했어요. 그가 바쁘다는 것과 저도 일정에 책임을 져야 한다는 것이 장애물이란 것을 이해했지만, 함께 시간을 더 보내자고 했고 예전처럼 보채지 않고 정직하며 공평하고 공감적일 수 있도록 연습하는 것을 시각화했어요. 언젠가 그렇게 되면 좋겠다고요. 그는 우리 일정이 번번이 일치하지 않아 어려운 부분이 있다고 말했고, 올해는 돈을 더 모으려고 노력하고 있고 그러려면 일을 더 해야 한다고 했어요. 나를 만날 때 그가 먼저 중간쯤에서 만나자고 말하지는 않았어요. 하지만 저는 그에게 이것을 표현하는 것이 중요하다고 생각해요. 제가 정직하려고 노력하기 때문이에요. 실제 만남은 대체로 상당히 좋았어요. 저는 부담을 덜 느끼게 되었고, 더 편안해졌어요.

문제 해결 치료 도구상자 2. 스트레스 상태에서 감정조절부전과 부적응적 문제 해결 극복하기

Overcoming Emotional Dysregulation and Maladaptive Problem Solving Under Stress

스트레스 자극은 즉각적으로 부정적 감정 반응을 초래하는 중요한 신경생물학적 각성을 일으킬 수 있다. 부정적 각성이 감정 반응에 미치는 영향은 계획적이거나 합리적이라기보다는 회피적이고 충동적이다. 따라서 반응이 일어나는 속도를 생각하면 이것이 문제 해결 시도에 해로운 방식으로 영향을 준다는 걸 알 수 있다. 이때 두 번째 문제 해결 치료 도구상자인 S.S.T.A(멈추기/늦추기/생각/행동)를 적용하면 이러한 부정적 감정 반응을 관리하는 것의 어려움을 이겨내도록 도울 수 있다.

관련한 회기 인용 Related session excerpt

다음 인용문은 S.S.T.A. 도구상자를 설명하는 방법과 그 중요성을 보여준다.

제시카 왜 전 어떤 상황에 자기 의심 없이 들어간 적이 없을까요? 다른 사람은 혼자 방에 틀어박히거나, 자신이 얼마나 부적절한지 다른 사람이 알까 계속 걱정하지 않으면서도 시험을 치르고 발표하는데 말이죠. 저는 의사 면허 시험을 치기가 무서워요. 내가 실패하거나 얼어붙으면 어떡하죠?

치료자 먼저 단순화 도구를 사용하여 이러한 상황을 잘게 나눌 수 있는지 살펴봅시다. 그다음 걱정보다 문제 해결에 집중할 수 있도록 당신의 "두뇌를 재훈련하는" 법을 고려해 보죠. 당신의 첫 번째 질문에 관한 답은 당신은 그저 인간이라는 것입니다. 누구나 자기 의심이 있습니다. 당신과 다른 사람의 차이는 당신의 자기 의심은 더 많은 걱정을 가져오고, 이는 다시 더 많은 의심을 만든다는 것입니다. 각성이 시작되고 불과 몇 초 만에 0에서 60 또는 30에서 100까지 커집니다. 당신의 뇌가 문제 해결을 시작하도록 이 각성의 볼륨을 충분한 시간 동안 낮추는 것이 중요합니다. 이 새로운 도구상자의 목표는 시간을 벌고, 자신의 느낌을 더 잘 인식하고, 문제 해결에 대한 부정적인 영향을 최소화하는 것입니다. 더 많이 인식하고 부정적인 감정을 더 잘 관리하고 조절하며 당신의 감정이 당신에게 주는 교훈을 포용하는 것을 배워 감정이 작동하게 해야 합니다. 이 도구상자는 멈추기, 늦추기, 생각, 행동을 나타내는 머리글자 S.S.T.A로 표시됩니다. 꾸준히 연습하면 잘 익힐 수 있습니다.

제시카 이것이 어떻게 의사 면허 시험을 통과하게 도울까요?

치료자 먼저 시각화를 사용하여 지금 당장 이 상황을 떠올려 보세요. 골방에서 의사 시험 공부를 한다고 상상하세요. 당신은 자기 의심을 경험하기 시작합니다. 다음에 무엇이 떠오르나요?

제시카 저는 이 시험을 통과할 수 없다고 생각해요. 속이 쓰린 것 같고 반복적으로 "왜 나는 다른 사람과 달라야 하나? 난 왜 그렇게 많이 걱정해야 하나? 난 왜 이렇게 엉망이야?"라는 말을 하고 있어요.

치료자 이제 멈추세요! 그리고 천천히 숨을 쉬세요. 이것은 제가 가르쳐 줄 수 있는 여러 가지 늦추기 기술 가운데 하나입니다. 이 늦추기 전략을 사용하여 지금 일어나는 일과 당신이 느끼는 것을 알아차리세요.

제시카 전 무섭고 다른 사람보다 열등하다고 느껴요.

치료자 당신 내면의 경험을 관찰하며 발견한 것을 볼 수 있나요? 당신은 실패할 수 있다는 정상적인 두려움이라는 불편함을 느낍니다. 하지만 당신은 자신의 과거를 바탕으로 이것이 자신이 잘못되었다는 걸 뜻한다고 자동적으로 배운 것입니다. 이것은 사실이 아니며 도움이 되지 않기에 우리는 당신의 뇌를 훈련하여 각성의 볼륨을 낮추고 당신 뇌가 걱정으로 인한 간섭 없이 공부에 집중하도록 할 것입니다. 이것은 역을 떠난 다음에 열차를 세우려는 것이 아니라 처음부터 열차에 브레이크를 적용해 두는 것과 같습니다.

(참고, 제시카는 S.S.T.A.의 늦추기 기술을 배우고 느리게 호흡하는 것이 도움이 되는 것을 깨달았고, 실제로 의사 면허 시험 동안에 10번 가량 이를 사용했다고 보고했다. 여담이지만 제시카는 이 시험을 성공적으로 통과했다.)

S.S.T.A. 절차를 연습할 때 치료자는 내담자가 현재 문제를 선택하고 문제가 일어나는 상황을 재경험하게 하려고 시각화를 사용한 다음에 다음 단계를 따르라고 지시한다.

1단계, 멈추고 알아차려라 Stop and be aware

내담자가 주요한 감정 변화를 알았을 때 먼저 멈추는 법을 배웠기에 경험에 대해 마음챙김을 더 할 수 있다. 다양한 행동(예, 큰소리로 외치기, STOP 표시나 깜박이는 빨간 신호등 시각화하기, 손들기)은 감정을 식별하고 해석하도록 "제동을 거는 데" 도움을 준다.

첫 단계는 스트레스 자극에 대한 자신의 반응을 더 잘 인식하고, 감정 경험의 의미나 특성과 조율이 일어나도록 돕는 것이다. 치료자는 하루 동안의 자기 느낌을 알아차리는 멈춤으로 내담자만의 독특한 촉발 인자trigger를 식별하고 감정을 잘 인식하도록 가르친다, 또 감정과 신체적 감각, 행동에 어떤 변화를 일으키는 사건과 그때의 느낌 강도를 알아차리게 한다. 이러한 관찰을 기록하기 위해 외현화를 사용하도록 가르치는데, 이는 내담자의 느낌을 명료화하고 내담자가 이것을 기억해 내는 데 도움이 된다.

2단계, 늦추기 Slow down

부정적 감정을 조절하는 것은 아주 어려울 수 있다. 따라서 이 도구상자는 내담자가 제동을 계속하도록 다양한 늦추기 방법을 제공한다. 또 각성을 더 잘 받아들이거나 견디게 하고, 기본적으로 감정이란 것이 어떤 문제가 일어났고 해결이 필요하다는 것을 나타낸다는 걸 이해하도록 돕는다. 이 전략에는 10에서 1까지 세기, 횡격막 호흡, 유도 상상 또는 시각화, 미소 짓기, 하품하기, 명상, 깊은 근육 이완, 운동, 다른 사람과 이야기하기, 기도하기 등이 있다. 내담자에게 과거에 도움을 받았던 접근법이 있으면 이것도 사용하라고 격려한다.

3단계와 4단계, 생각과 행동 Think and act

각성이 줄고 감정적으로 간섭이 덜하면 문제에 더 잘 접근할 수 있다. 따라서 이제는 일련의 비판적 생각하기 단계를 적용한 다음에 문제 상황을 더 체계적이고 합리적으로 처리하는 법을 배운다. 처리법 단계는 도구상자 4에 포함된다. 하지만 관련 정도가 크고 필요한 경우에 일부 내담자는 부정적 사고와 낮은 동기를 다루는 세 번째 도구상자에서 이를 같이 제공할 수 있다.

도구상자 3, 부정적 사고와 낮은 동기 극복하기

Overcoming Negative Thinking and Low Motivation

세 번째 문제 해결 도구상자인 '건강한 사고와 긍정적 이미지'는 효과적인 문제 해결을 방해하는 부정적 사고와 절망감을 다루려는 사람을 대상으로 한다. 건강한 사고의 ABC 모델은 비이성적인 신념을 찾아내고 부정적 인지의 타당성을 행동적으로 시험하여 부적응 및 역기능적인 신념을 수정하며 인지 재구성을 돕는 그 밖의 인지 행동 전략에서 가져온 접근법이다. 이 접근법에서는 내담자에게 (A) 활성화된 사건 또는 스트레스 문제 (B) 문제에 대한 신념 또는 사고 (C) (결과로서의 정서 반응을 식별하도록 요청한 다음에) 사고의 정확성 또는 부정확성을 살펴보도록 한다(역주, 이때 ABC에서 A는 선행 사건antecedents, B는 신념Belief, C는 결과Consequences이다). 사고는 더 긍정적인 자기주장self-statements으로 대체할 수 있다. 또 이 지점에서 탈융합, 수용 및 마음챙김 방법(23, 24, 26장을 보라)이 효율적으로 사용할 수 있다.

옹호 역할 반전 연기reverse advocacy role-play라고 하는 회기 내 활동은 부정적 사고를 극복하도록 돕는 또 하나의 도구이다. 이 활동은 치료자가 스트레스 문제에 일시적으로 부정적 태도를 나타내고, 내담자에게 치료자 역할을 하도록 요청한다. 내담자에게 치료자 역할을 하게 하는 목적은 부정적 진술이 왜 부정확하고 비합리적이며 비적응적인지 그 까닭을 제시하려는 뜻이다. 더 적절한 일련의 신념을 언어화하는 과정을 통해 내담자는 긍정적인 문제 지향을 채택하고, 익숙한 부정적 사고 패턴 동안에도 인지 유연성의 가능성이 있다는 것을 알게 된다. 집단에 이러한 활동을 사용하여 참가자가 주어진 문제에 부적응과 적응의 두 반응을 차례로 대표하게 할 수도 있다.

시각화의 네 번째 형태는 희망을 키우고 긍정적인 문제 지향을 도입하는 효과적인 도구가 될 수 있다. 이는 어떻게 문제를 해결할지에 초점을 맞추는 것보다 과거에 문제를 해결했을 때의 경험을 시각화해 보도록 요청하는 것이다. 내담자의 동기를 높이려고 이 이미지를 내담자 가치(25장을 보라)와 연결할 수도 있다. 또 큰 목표를 작고 관리하기 쉬운 목표로 단순화하는 것을 시각화하여 계획한 문제 해결에 더 많이 참여할 수 있게 한다.

도구상자 4. 효과적인 문제 해결 조성하기 **Fostering Effective Problem Solving**

마지막 도구상자는 네 가지 계획한 문제 해결 기술을 가르치는 데 초점을 둔다. 첫 번째는 *문제 정의problem definition*로 내담자가 문제를 해결하기 전에 문제의 성격을 완전히 이해할 기회를 가지게 한다. 이 과정을 설명할 때는 여행 경로를 계획하는 것과 비슷하다는 비유를 사용하는 것이 도움이 될 수 있다. 또 문제 정의가 성공적이려면 문제에 관한 이용할 수 있는 정보를 모두 찾고, 사실과 가정을 변별하는 것이 좋다. 후자의 원칙을 보여주는 유용한 연습은 내담자에게 잡지나 신문의 모호한 상황 그림을 보여주는 것이다. 내담자에게 잠시 사진을 보게 한 다음에 사진을 다른 곳에 두고 그들이 사진에서 보고 생각한 일을 모두 한 줄씩 적으라고 지시한다. 그런 다음에 목록을 보며 치료자의 피드백을 통해 가정에 대한 진술과 사실에 대한 진술을 구분하게 한다.

문제 정의는 문제에 관해 사실을 명확하고 모호하지 않은 언어로 묘사하는 것과도 관련이 있다. 내담자는 이를 멀티태스킹 도구상자의 외현화 및 단순화 전략을 사용하여 수행할 수 있다. 내담자가 현실적이고 달성할 수 있는 목표를 확인하는 것이 중요하다. 처음에 목표가 달성하기에 지나치게 큰 것 같으면, 최종 목적지를 염두에 두며 단순화를 사용하여 문제를 더 작은 단위로 나눌 수 있다. 내담자가 한 가지 또는 일련의 목표를 분명하게 밝히면 이러한 목표 도달을 막는 장벽을 파악하는 법을 배울 수 있다. 대부분 경우에 이러한 장벽을 극복하지 못하면 주어진 문제를 성공적으로 해결하지 못한다. 따라서 이 마지막 활동이 특별히 중요하다.

관련한 회기 인용 Related session excerpt

다음 인용은 내담자가 문제를 잘 정의하는 방법을 보여준다.

제시카 의과대학 당직 일정 때문에 저를 위한 시간을 내기가 어려워요. 전 병원에서 밤을 보내는 것을 잘 못해요. 그러고 나면 너무 피곤해서 그냥 잠자고 싶어요. 좋은 관계나 개인적인 삶을 갖지 못할 것이라는 생각이 들어요.

그녀와 치료자는 그녀의 압도당하는 느낌과 자신에게 장애물이 있다는 것이 그녀가 개인적 삶을 살지 못한다는 증거가 되는지 그 가정을 검토하는 시간을 가졌다. 그런 다음에 그들은 만족스러운 개인 시간을 늘리려는 목표를 파악하려고 공동 작업을 시작했다.

제시카 일주일에 한 번씩 저 자신을 위해 뭔가를 하고, 균형감을 느낄 수 있으면 희망을 더 가질 수 있겠어요.

치료자 멋집니다. 그러면 "균형"이라는 것이 당신에게 무엇을 뜻하는지 함께 구체적으로 이야기해 보죠.

제시카 학교나 의학과는 관계가 없지만 나를 더 강하고 건강하게 하고 사람들과 연결하게 하는 것을 말해요!

치료자 좋습니다… 목표는 일주일에 한 번 자신을 위해 무언가를 하고 균형이라고 한 것, 즉 '강하고 건강해지고 사람들과 연결되는 것을' 느끼는 것이죠.

제시카 맞아요, 하지만 내 일정으로는 그럴 수 없을 것 같아요….

치료자 잠깐만요, 지금 당신이 하는 것을 보셨나요? 저보다 앞서 가고 있어요. 당신이 부정적 생각으로 넘어갔는데, 우리는 아직 이 문제를 정의도 하지 않았어요. 장애물을 극복하는 해결책을 찾으려면 먼저 장애물을 파악해야 해요. 저는 어떤 장벽이 당신에게 스트레스로 작용하고 그것이 실재한다고 생각해요… 그런 것이 없으면 당신은 앞을 향해 나아가고 목표를 쉽게 성취할 수 있었겠죠. 당신이 뛰어넘어야 할 가장 큰 고비는 때로는 이러한 장애물이 상당하다는 것을 존중하고 인정하는 것이라고 생각합니다. 어떤 장벽이 있는지 열거해 보죠.

제시카 좋아요. 그런데 전 시간이 없어요. 기껏해야 일주일에 두세 번 병원에서 벗어나 몇 시간을 낼 수 있을 거예요.

치료자 좋습니다. 아주 적은 시간이군요. 확실히 하나의 도전이네요.

제시카 또 몇몇 친구는 종종 다른 일정이 있어요.

치료자 그것도 중요한 장애물이겠네요. 특히 경력을 쌓고 있는 당신 또래의 사람에게는 그렇죠.

제시카 저는 제 인생에 남자가 없어 데이트할 기회가 별로 없어요.

치료자 좋아요. 지금 당신이 뭔가를 시작할 때 의지할 사람 말고 다른 중요한 것은 없나요?

제시카 돈이요.

치료자 한정된 재정도 또 다른 장애물이네요. 다른 것은요?

제시카 당직을 마치면 피곤해요. 계획을 세울 동기조차 없는 그런 진절머리 나는 분위기에 놓이죠.

치료자 이렇게 목록을 작성하니 포괄적으로 문제를 정의할 수 있네요. 이런 문제들이 당신이 일을 계속하는 데 얼마나 스트레스를 주는지 장애물을 되짚어 볼게요. 당신의 노력은 존경스러울 정도예요. 한정된 시간, 다른 일정의 친구, 의존할 다른 중요한 사람, 한정 된 재정, 당직을 마칠 때의 부정적 기분이 장애물이겠네요.

제시카 이제 제가 왜 힘들어하는지 아시는 것 같아요(한숨).

문제 정의 단계의 마지막 무렵에 제시카는 누군가 자신의 목표를 듣고 지지하는 느낌과 장애물을 확인하고 수인 받는 기분을 느꼈다. 문제 해결 도구상자의 다음 부분으로 나아갈 때 그녀와 치료자 모두가 제시카가 목표에 접근하고 장애물을 해결할 수 있는 창의적인 방법을 개발하게 될 것을 인식하는 게 중요했다. 예를 들어 당직에 따른 저하된 기분이라는 장애물을 다루는 한 가지 방법은 당직 후 몇 시간 동안 잠자기를 계획하는 것이었는데, 저하된 기분은 최선의 의도를 방해하고 압도당하는 느낌을 줄 수 있으므로 그 시간 동안 다른 활동은 하지 않기로 했다.

두 번째 문제 해결 기술은 *대안 생성generating alternatives*이다. 이는 목표에 더 가까이 가고 파악된 장애물을 극복할 다양한 해결책을 브레인스토밍하여 인지 유연성을 높이는 것이다(21장을 보라). 해결 방안을 고안하는 것은 내담자가 가장 좋은 해결책에 이르는 기회를 높이고, 희망을 더 느끼게 하고, 흑백 사고를 최소화하며 충동적인 행동이 줄도록 돕는다. 창조성을 조성할 때 사용하는 세 가지 주요 브레인스토밍 원칙이 있다. 양이 질을 이끈다(예, 많을수록 나아진다), 판단은 미룬다(즉, 일련의 아이디어가 떠오를 때까지 판단을 미룬다). 다양성은 창의성을 높인다(즉, 다양한 아이디어를 생각하라). 내담자가 갇혔다고 느낄 때 치료자는 두 가지 이상의 아이디어를 결합하여 새로운 아이디어를 만들거나, 하나의 아이디어를 조금 수정하여 새로운 접근법을 만들거나, 다른 사람이 어떻게 문제를 해결하는지 생각하거나, 자신이나 다른 사람이 목표에 다가갈 때 다양한 장애물을 극복하는 모습을 시각화하도록 제안한다. 하나의 벽돌로 여러 모양의 아이디어를 생각할 수 있는 것처럼 다양한 가상 문제에 기본 창의력 기술을 적용할 수 있다. 특정한 장벽이 보다 현실적인 문제일 때에도 이를 적용할 수 있다. 예를 들어 수줍음이나 재정 문제기 있으면서 새로운 지역으로 이사해 어떻게 새로운 사람을 만날지에 대해 창조적으로 기술을 적용할 수 있다. 치료를 받으러 올 정도로 감정이 실린 현실 세계의 문제에 바로 적용하기 전에 감정 부하가 없는 시나리오에 브레인스토밍 원칙을 통한 대안 생성하기 기술을 연습할 수 있다.

*의사 결정Decision making*은 세 번째 문제 해결 기술이다. 먼저 명백하게 비효율적 해결책을 골라낸 다음에 남은 해결책에서 가능한 결과 범위를 예측하고 예측된 결과에 대한 비용 이익 분석cost-benefit analysis을 하며, 고안한 문제 해결 목표를 달성할 해결 계획을 수립하는 것이다. 다양한 해결책 아이디어에 장단점을 살필 때는 다음과 같은 기준을 사용하도록 교육한다. 해결책이 주요 장애물을 극복할 가능성, 해결책을 수행할 가능성, 다양한 개인적 결과(예, 시간, 노력, 신체 건강), 다양한 사회적 결과(예, 가족과 친구에게 미치는 영향)와 그것의 장단기 결과를 고려하게 한다. 여기서 높은 평점을 받은 대안이 해결 계획이 된다.

마지막 문제 해결 기술은 *해결책 실행과 확인solution implementation and verification*이다. 이는 내담자가 선택한 해결책의 효과를 관찰하고 조사하여 문제가 성공적으로 해결되었는지 판단하고, 문제 해결 노력이 성공적이지 않으면 어려운 부분을 바로잡는 것이다. 특히 내담자가 스스로 빈약한 문제 해결사라고 생각하여 스트레스 문제를 성공적으로 해결할 자기 능력을 의심하는 경우에는 계획한 문제 해결 과정에 참여하여 자신을 강화하는 것이 중요하다. 여기에는 좋아하는 식당에 가거나 새 드레스를 사거나 자신을 가볍게 격려하는 것 등이 있다.

도구상자 실행하기 Implementing the Tool Kits

각 도구상자는 선형적으로 소개되고 학습되지만 문제 해결 치료 회기 대부분은 이러한 전략을 통합하려는 것이다. 따라서 내담자는 이를 현재 생활에서 스트레스가 되는 어려움에 적용할 수 있다. 문제 해결 치료 실제에서는 표준 프로토콜 그대로 이루어지지는 않는다. 개별 내담자가 마주하는 개선이 필요한 영역을 표적으로 하여 건전한 임상 판단에 기초하여 더 유연한 전략을 실행한다. 예를 들어 제시카의 경우에는 문제에 부딪쳤을 때 부정적인 각성을 더 조절하고 인지 과부하를 관리하여 절망감을 줄이는 데 많은 시간을 쏟았다.

참고문헌

Barth, J., Munder, T., Gerger, H., Nüesch, E., Trelle, S., Znoj, H., et al. (2013). Comparative efficacy of seven psychotherapeutic interventions for patients with depression: A network meta-analysis. *PLoS Medicine, 10*(5), e1001454.

Bell, A. C., & D'Zurilla, T. J. (2009). Problem-solving therapy for depression: A meta-analysis. *Clinical Psychology Review, 29*(4), 348–353.

Cape, J., Whittington, C., Buszewicz, M., Wallace, P., & Underwood, L. (2010). Brief psychological therapies for anxiety and depression in primary care: Meta-analysis and meta-regression. *BMC Medicine, 8*(Article 38).

D'Zurilla, T. J., & Goldfried, M. R. (1971). Problem solving and behavior modification. *Journal of Abnormal Psychology, 78*(1), 107–126.

Kirkham, J., Seitz, D. P., & Choi, N. G. (2015). Meta-analysis of problem solving therapy for the treatment of depression in older adults. *American Journal of Geriatric Psychiatry, 23*(3), S129–S130.

Malouff, J. M., Thorsteinsson, E. B., & Schutte, N. S. (2007). The efficacy of problem solving therapy in reducing mental and physical health problems: A meta-analysis. *Clinical Psychology Review, 27*(1), 46–57.

Nezu, A. M. (2004). Problem solving and behavior therapy revisited. *Behavior Therapy, 35*(1), 1–33.

Nezu, A. M., Greenfield, A. P., & Nezu, C. M. (2016). Contemporary problem-solving therapy: A transdiagnostic approach. In C. M. Nezu & A. M. Nezu (Eds.), *The Oxford handbook of cognitive and behavioral therapies* (pp. 160–171). New York: Oxford University Press.

Nezu, A. M., Nezu, C. M., & D'Zurilla, T. J. (2013). *Problem-solving therapy: A treatment manual* New York: Springer.

노출 전략
Exposure Strategies

캐롤린 데이비스 Carolyn D. Davies, MA
미셸 크라스크 Michelle G. Craske, PhD
캘리포니아대학 로스앤젤레스 심리학부

정의와 배경 Definitions and Background

*노출*exposure이란 내담자가 반복적으로 공포 자극에 직면하여 새롭고 더 적응적인 반응 방식을 배우고 자극과 관련한 불안과 공포를 줄이는 데 도움을 주는 과정을 말한다. 노출의 표적이 되는 자극에는 생물이나 무생물(예, 거미, 엘리베이터), 상황이나 활동(예, 대중 연설), 인지(예, 오염에 대한 침해 사고), 신체 감각(예, 심장 박동), 기억(예, 고통스러운 폭력 기억) 등이 있다.

노출은 공황 장애, 광장 공포증, 사회 불안증, 외상 후 스트레스 장애(PTSD) 및 강박 장애(OCD, Stewart & Chambless, 2009) 등 불안과 공포와 관련한 문제를 치료하는 효과적인 행동 전략으로 인정받고 있다. 초기부터 공포증과 불안 장애를 치료하려고 체계적 탈감작systematic desensitization을 사용한 것처럼 노출은 행동 및 인지 치료에서 핵심적인 역할을 한다(Wolpe, 1958).

이론적 근거 Theoretical Basis

인간은 어떤 대상이나 상황에서 직접적인 부정적 경험을 하거나(*고전적 조건화*라고 불리는 과정으로), 다른 사람의 혐오적 경험 또는 두려운 행동을 관찰하거나(*대리적 조건화*vicarious conditioning라고 불림), 다른 사람에게 위협적인 정보를 받은 다음에 *공포*(즉각적인 위협에 대한 감정적인 반응)와 *불안*(예상되거나 잠재적인 위협에 대한 감정적인 반응)을 겪을 수 있다. 이러한 경험을 한 다음에는 과거에는 중립적이던 대상이나 상황이 위험과 관련될 수 있는데, 이는 공포 반응과 불안, 공포 자극에 관한 부정적 기대, 후속적인 자극과 만났을 때 이와 관련한 행동(예, 회피)을 일으킬 수 있다. 더욱이 공포는 관련한 다른 대상이나 상황이 포함되면서 일반화할 수 있다. 예를 들어 어릴 때 엘리베이터에서 몇 시간 동안 갇혔던 여성은 자신이 갇혔다고 느끼는 다른 상황에서 공황 발작을 경험할 정도로 밀폐된 장소를 극도로 두려워할 수 있다. 그녀는 모든 대가를 치르더라도 엘리베이터를 피하려 하고 이러한 공포와 회피는 비슷한 다른 상황, 즉 좁은 방에 앉거나 강당 한가운데에 있거나 심지어 교통 체증에 처했을 때와 같은 상황으로 일반화된다.

회피 행동은 공포와 불안이 유지되는 데 핵심적 역할을 한다. 회피나 도피 행동은 일시적으로 고통을 줄일 수 있다. 하지만 새로운 학습이 일어나지 않게 하여 장기적으로 불안과 공포가 계속된다. 실제로 노출은 회피 행동을 없애 부적응 신념이 강화되지 않고 새로운 학습이 이루어지도록 고안된다.

노출은 어떻게 작동하는가? How Does Exposure Work?

노출은 새로운 학습을 촉진하는 과정에 의존한다. 이러한 과정 가운데 하나가 억제 학습inhibitory learning인데, 이는 소거extinction를 사용한 연구로 폭넓게 검토되었다. 노출과 비슷하게 *소거*는 관련한 혐오스러운 결과 없이 반복적으로 공포 자극을 제시하는 것이다. 소거로 개인은 자극과 새로운 연합을 형성한다. 그 결과 위험을 암시하는 *흥분성 연합*excitatory association과 안전을 암시하는 *억제성 연합*inhibitory association이라는 두 가지 경쟁하는 연합이 생긴다. 따라서 소거 절차 이후에 개인은 위험 및 안전과 관련한 자극 모두에 대한 기억을 가진다(Bouton, 2004). 엘리베이터 예를 살펴보면 여러 번 갇히지 않고 엘리베이터를 타는 노출을 하고 나면, 이제 내담자는 엘리베이터와 연결된 두 가지 다른 연합을 지니게 된다. 한 연합은 위험하거나 갇혔다는 신호를 보내고(흥분성 연합), 다른 연합은 안전하다는 신호를 보낸다(억제성 연합). 노출 효과를 높이려는 대부분 연구는 억제성 연합의 인출retrieval을 강화하거나 일으키려고 억제 학습을 증강하는 방법에 초점을 맞춘다(Craske, Treanor, Conway, Zbozinek, & Vervliet, 2014). 억제 학습을 증강하려고 여러 전략이 시도되었는데, "증강 전략enhancement strategies" 절에 설명했다.

하지만 노출 회기 동안 공포 반응이 줄어드는 것이 증상 개선에 꼭 필요한 것으로 보이지는 않는다(Craske et al., 2008). 따라서 이것이 변화를 이끄는 주요한 동인이 아니다. 심리적 수용(24장을 보라)과 인지적 탈융합(23장을 보라)은 특히 복합적인 문제가 있거나(Wolitzky-Taylor, Arch, Rosenfield, & Craske, 2012), 높은 수준의 회피 행동을 보이는 사람에서(Davies, Niles, Pittig, Arch, & Craske, 2015) 노출치료의 효과를 촉진할 수 있다(Arch et al., 2012). 마지막으로 노출 치료에 참여를 높이고 치료 효과를 개선하는 데 자기 효능감self-efficacy이 중요한 역할을 한다(Jones & Menzies, 2000).

노출 유형 Types of Exposure

노출은 전체 치료 계획 가운데 하나의 구성 요소로 하거나, 자체를 하나의 치료로 할 수 있다. 외상 후 스트레스 장애 치료에서의 지속 노출 치료prolonged exposure therapy(Foa, Hembree, & Rothbaum, 2007), 강박 장애 치료에서의 노출 및 반응 방지exposure and response prevention(예, Foa, Yadin, & Lichner, 2012) 등 노출을 포함하는 여러 치료 프로토콜과 매뉴얼화한 치료법이 있지만, 진단이나 치료 매뉴얼과 상관없이 기본 노출 원칙은 같다.

노출은 내담자의 공포와 회피 행동에 굉장히 개별화한 것이라 반드시 치료자와 내담자가 함께 설계해야 한다. 보통 치료자와 내담자는 공포 상황의 위계에 동의하고, 이 노출 목록을 약 12~15회기 동안 회기 내 노출과 함께 회기 간 노출을 과제로 할당한다. 회기 중 노출은 치료자가 노출의 설계 및 모델링, 행동의 유도 및 강화, 진척을 가늠하게 돕는다. 회기 간 노출은 학습을 증진하고 임상 결과를 개선하는 데 결정적인 역할을 한다. 이는 치료자 없이 많은 횟수의 다양한 노출을 할 수 있게 한다. 세 가지 주요 노출 유형이 있다.

*실제 노출in vivo exposure*은 실제 상황이나 대상에 직접 노출하는 것이다. 예를 들어 대중 연설을 두려워하는 내담자와 작업하는 치료자는 그에게 청중 앞에서 연설하라고 요구할 수 있다. 혈액 및 주사 공포증이 있는 내담자에서 치료자는 혈액 채취 그림이나 비디오를 보여주며 내담자가 병원에서 혈액 샘플을 채취하라고 요청할 수 있다. 가상현실 노출치료는 접근하기 어려운 상황에 사용할 수 있다.

*내적 감각 노출Interoceptive exposure*은 높아진 심박수나 가벼운 현기증, 호흡 곤란 같은 신체 감각을 의도적으로 만드는 것이다. 내적 감각 노출은 특정 유형의 공황 감각이나 신체 감각에 대한 걱정이 큰 내담자에게 적합하다. 일반적인 내적 감각 노출로 한 장소에서 뛰기, 과호흡, 거울을 응시하기, 빨대로 호흡하기, 원을 그리며 회전하기 등이 있다.

*상상 노출Imaginal exposure*은 실제로 두려워하는 상황에 접근하기가 쉽지 않거나 강박장애 또는 외상 후 스트레스 장애 같이 이미지 자체가 공포를 일으키는 자극일 때 가장 유용하다. 상상 노출 동안 내담자는 일인칭, 현재 시제 언어를 사용하여 공포 시나리오를 자세하게 묘사하고 상상한다. 그런 다음에 시나리오를 적고 반복적으로 듣는다. 상상 노출의 한 가지 변형은 *쓰기 노출written exposure*이다. 이것은 두려운 시나리오를 자세히 작성하고 반복해서 읽는 것이다. 상상 노출의 예로 직장에서 해고당하는 것을 상상하는 것(직장에서 실수하거나 해고당하는 것을 지나치게 걱정하는 내담자의 경우)이나 전투에서 일어난 외상 사건을 상상하는 것(외상 후 스트레스 장애가 있는 군인의 경우) 등이 있다.

실행 Implementation

노출치료를 시작하기 전에 치료자는 노출이 내담자에게 어떻게 도움이 되는지 확실히 이해해야 한다. 치료자와 내담자가 노출치료 계획을 개발하고 유지할 때는 내담자의 어려움에 회피 행동이 어떤 역할을 하는지를 포함하여 공포와 불안을 철저히 평가하는 것이 도움이 된다. 나아가 노출은 본질적으로 불안감을 일으키기에 노출치료의 강력한 근거를 제시하고, 치료 계획에 내담자의 동의를 얻어야 한다.

노출의 근거를 제시할 때 전달해야 하는 일차적인 요점은 회피 행동이 일시적으로는 불안을 줄이지만 장기적으로는 고통을 키우고 두려움과 불안이 계속된다는 것이다. 다음 예시 대화에서 치료자는 공황 발작을 경험한 내담자와 함께 회피 행동을 먼저 평가한다.

치료자 우리가 불안하거나 무서울 때, 우리의 자연스러운 반응은 우리를 그렇게 느끼게 하는 것을 피하거나 멀어지려는 시도입니다. 당신은 어떤 상황을 피하려 하나요?

내담자 저는 주로 운전과 관련이 있는 것 같습니다. 과거에는 고속도로의 오른쪽 차선까지 운전할 수 있었지만, 지금은 국도에서만 운전할 수 있어요. 다리도 안 되고요.

치료자 좋습니다. 그래서 고속도로와 다리에서 운전하지 않는군요. 다른 상황도 있나요? 당신이 피하는 장소나 활동이 있습니까?

내담자 음, 전 사람이 많은 곳도 싫어요. 지난주에 아들이 개봉한 영화를 보자고 했지만, 줄 서고 붐비는 극장에 앉았을 생각을 하니… 그럴 수 없었어요. 제 동생이 대신 갔죠.

치료자 인파를 피하고 특정 지역에서만 운전하는 그런 행동은 불안과 공황을 느낄 때 사람들이 하는 일반적인 반응입니다. 회피는 우리가 위협적이거나 무섭다고 생각하는 상황에 대한 자연스러운 반응입니다. 하지만 불행하게도 지나치게 많은 회피는 우리의 삶을 방해하고 우리가 하고 싶은 일을 못 하게 합니다. 회피 행동이 당신의 어떤 면에 영향을 미쳤다고 생각합니까?

내담자 많은 영향을 미쳤습니다. 가장 어려운 부분은 아들에 관한 것입니다. 아들이 가고 싶어 하거나 함께 즐길 수 있는 곳을 데려갈 수 없는 것이 끔찍합니다. 모든 것 가운데 이것이 최악입니다.

이 대화에서 몇 가지 주목할 부분이 있다. 첫째, 치료자는 회피 행동에 대한 약간의 심리교육을 제공했다. 둘째, 치료자가 회피 행동을 노출의 표적으로 삼으며 불안이나 공포 자체보다 이 행동이 문제로 식별되기 시작했다. 셋째, 치료자는 회피 행동이 내담자의 삶을 어떻게 방해하는지에 대한 예시를 들었다. 적절한 수인화로 반응한 다음에 치료자는 노출을 소개한다.

치료자 회피를 하면 그것이 우리의 삶을 방해하기도 하지만, 그것 말고도 나쁜 결과는 항상 일어나는 것이 아니고 우리가 처음 생각한 만큼 나쁘지도 않다는 것을 배우지 못하게 막습니다. 따라서 회피가 때때로 불안에서 일시적인 안정을 제공할 수 있지만, 장기적으로는 실제로 불안을 악화할 수 있고 그 결과 더 많은 회피가 이어질 수 있습니다. 이런 까닭으로 이 치료의 초점은 회피하는 상황과 감각에 접근하고 직면하여 회피를 줄이는 것입니다. 우리는 이것이 어려울 수 있다는 것을 압니다. 따라서 차츰차츰 시작하여 조금씩 어려운 상황으로 나아갈 것입니다. 제 설명이 어떻습니까?

내담자가 노출에 대한 이론적 근거를 이해했는지 확인한 다음에 치료자와 내담자는 다음 단계를 이용하여 계획을 세운다.

1. 위계를 정하라 Create a hierarchy

노출을 설계하는 첫 번째 단계는 공포 상황(공포 위계라고 함) 목록과 관련한 공포 평점(0~10점 척도, 극단적으로 심한 경우가 10점)을 작성하는 것이다. 이 목록에는 경미한(3~4점), 보통(5~7점), 높은(8~10점) 수준의 공포나 불안을 일으키는 다양한 상황이 포함되어야 한다. 또 실제 / 내적 감각 / 상상 노출을 표적으로 하는 상황이 포함되어야 한다. 치료자와 내담자는 함께 이 목록을 작성하고, 필요하면 계속 추가할 수 있다.

목록 생성 단계의 일부로 치료자는 표적이 되어야 하는 신체 감각을 확인하려고 내적 감각 노출 평가를 할 수 있다. 치료자가 각각의 내적 감각 연습(장소에서 뛰기, 원 안에 회전하기 등)을 모델링한 다음에, 내담자는 약 1분 동안 연습을 계속하는 것을 목표로 이를 수행한다. 연습을 마칠 때마다 치료자는 내담자에게 두 가지 등급, 즉 공포나 불안의 수준과, 불안할 때 경험했던 감각과 비슷한 정도를 수집한다. 노출 위계에는 반드시 높은 수준의 유사성과 높은 수준의 공포나 불안을 일으키는 내적 감각이 포함되어야 한다.

2. 첫 노출을 선택하라 Choose a first exposure

반드시 위계 순서를 지켜야 하는 것은 아니지만, 초기 노출은 3~4 정도의 공포 수준에서 시작하는 것이 좋다. 이러면 내담자가 노출 절차를 이해하고 어느 정도의 자기 효능감을 구축하게 되어 이후에 더 어려운 노출에 참여할 수 있게 된다.

3. 예상하는 부정적 결과를 확인하라 Identify the anticipated negative outcomes

노출을 시작하기 전에 치료자는 내담자가 예측했거나 예상하는 결과를 유발한다. 이를 통해 치료자와 내담자가 노출 결과에 관한 가설을 "시험test out"하게 되고, 내담자는 자신의 예측을 시험하고 증거를 수집하는 "과학자"가 되도록 격려받는다. 이때 예상되는 결과가 시험할 수 있고, 관찰할 수 있어야 한다는 점이 중요하다. 예를 들어 앞에서 말한 공황 발작이 있는 내담자의 경우 내적 감각 노출 동안 시험할 수 있는 가설은 "30초 넘게 원을 그리며 회전하면 나는 기절할 것이다."이다. 시험 결과를 얻으면 다음에 치료자는 "0에서 100까지 척도에서 이것이 일어날 확률이 얼마나 될까요?"라고 물을 수 있다.

노출 이전에 수집해야 할 도움이 되는 두 번째 정보는 예상되는 부정적인 결과가 나타나면 얼마나 나쁜지에 관한 점수이다. 예를 들어 치료자가 "노출의 결과로 당신에게 그것이 나타나면 나쁜 정도가 0에서 100까지 척도에서 얼마나 되나요?"라고 묻는다. 이 질문은 예상하는 결과가 실제로 나타날 수 있는 상황에서 특히 도움이 된다(예, 사회불안증 환자가 실제 노출에서 거절 당했을 때). 이후에 내담자는 결과가 처음 예상했던 것만큼 나쁘지 않다는 것을 배우게 된다.

4. 예상하는 부정적인 결과를 시험하라 Test out the anticipated negative outcome

이런 다음에 치료자와 내담자는 예상하는 부정적인 결과를 시험하려고 최선의 노출을 결정한다. 이때 내담자가 노출에 참여할 시간의 양이 미리 결정되어야 한다. 이것은 노출 중 공포 감소의 수준이 아니라 내담자가 배워야 할 것에 바탕을 두어야 한다. 예를 들어 공황 발작을 경험한 내담자에서 1분 동안 원을 그리며 회전하는 것으로 노출을 구성할 수 있다(표 1을 보라). 이 접근법은 기대 위반[1]expectancy violation을 극대화(다음 절의 노출을 증강하는 전략 "시험하기"를 보라)하는 데 도움이 될 뿐 아니라, 내담자가

---

1) 기대위반 이론은 1970년 의사소통 연구에서 나온 이론이며, 우리나라 일부 학계에서도 '기대위반'이라고 번역되어 사용되고 있는 것으로 보인다. 노출치료시 환자가 가지는 예상이 대부분 부정적 내용이라는 점에서 긍정적인 것을 예상한다는 의미를 지닌'기대'라는 단어는 다소 부적절해 보이나 expectancy violation이라는 단어가 가지는 역사성과 통용성을 고려해 '기대 위반'이라고 번역하였다.

노출의 목표를 공포의 감소보다는 행동의 결과에 초점을 둘 수 있게 한다. 따라서 이를 권장한다.

5. 노출 후 후속 질문을 하라 Ask follow- up questions following exposure

각각의 노출 후에 치료자는 내담자에게 무슨 일이 일어났는지 표적 질문을 한다. 예를 들어 "가장 걱정했던 일이 실제로 일어났습니까?" 또는 "예상했던 것과 실제로 일어났던 것이 어떤 차이가 있었나요?" 또는 "고통이나 불편함을 다룰 수 있었습니까?"라고 물을 수 있다. 노출 작업 동안 치료자는 불안한 느낌에도 내담자가 행동에 참여하도록 도우려는 목표에서 접근행동approach behaviors(과거에 회피했던 상황에 다가가는 행동)을 파악하고 강화한다.

표 1 공황 장애가 있는 내담자를 대상으로 한 첫 번째 노출 훈련

다음은 공황 장애가 있는 내담자를 대상으로 한 첫 번째 노출 훈련의 예이다. 추가 노출도 같은 방식으로 이루어지는데, 대개 회기가 진행되며 난이도가 증가한다.

노출 전	
목표:	1분 동안 원을 그리며 회전하기.
어떤 일이 일어날 것을 가장 걱정합니까?	나는 기절 할 것이다.
0에서 100까지 범위에서 이것이 일어날 확률이 얼마나 됩니까?	85
0에서 100의 범위에서 이것이 일어난다면 얼마나 끔직할까요?	95
노출 후	
가장 걱정했던 일이 일어났는지 예/아니오로 답하세요.	아니오.
어떻게 알았습니까?	나는 의식을 잃지 않았어요.
무엇을 배웠습니까?	어지러움을 느끼는 것이 반드시 쓰러지는 것을 뜻하지는 않네요.

증강 전략 Enhancement Strategies

노출 중 억제 학습에 관한 연구는 치료자가 노출을 개선하고 증강하는 데 사용할 전략을 파악하게 한다. 이 전략은 이론적 근거와 함께 우리 연구실의 과거 논문(Craske et al., 2014)에 자세히 설명했는데, 다음은 이를 요약한 것이다.

기대 위반 – "시험하라." Expectancy violation— "Test it out."

이 전략의 기본 아이디어는 노출 중 예상하는 부정적 결과와 실제 결과의 차이를 최대화하는 것이다. 이는 기대와 결과의 불일치가 새로운 학습에 결정적이라는 전제에 바탕을 둔다(Hofmann, 2008). 치료자는 (1) 노출하기 전에 내담자가 지닌 혐오스러운 결과라는 구체적인 기대를 파악하고 (2) 이 기대를 시험하려고 노출을 설계하고 (3) 공포 수준의 감소에 바탕을 두지 않고 기대를 위반하는 데 필요한 것을 바탕으로 노출 시간을 미리 결정하고 (4) 각각의 노출 시도 후에 내담자에게 그들이 배운 것을 판단하도록 요청하여(예, "노출하면서 놀라웠던 것이 무엇입니까? 이 노출로 무엇을 배웠습니까?") 되도록 이러한 불일치가 커지도록 시도해야 한다. 또 치료자는 노출 전에 인지재구조화 전략을 사용하는 것을 피해야 한다. 이러한 개입은 부정적인 결과의 기대치를 줄이려고 고안된 것이므로 내담자의 초기 기대치와 실제 결과 사이의 불일치를 줄일 가능성이 있다.

소거 심화 – "결합하라." Deepened extinction— "Combine it."

이 전략은 한 번의 노출에 다중 공포 자극이나 단서를 결합하는 것이다. 단서마다 노출을 개별적으로 시행한 다음에 양쪽의 단서를 결합하여 학습 과정을 심화한다. 예를 들어 사랑하는 사람을 찌르는 강박관념에 대한 상상 노출과, 강박관념을 일으키는 신호에 대한 실제 노출(예, 칼을 들고 있는 것)을 시행한 다음에 칼을 들고 사랑하는 사람을 찌를 것 같은 강박관념에 대한 노출로 이어질 수 있다. 내적 감각 노출 또한 실제 노출과 상상 노출을 병합할 수 있다. 예를 들어 사회 불안이 있는 내담자가 연설하기 전에 심장 박동 수를 높이려고 달릴 수 있다.

소거 강화 – "두려움을 마주하라." Reinforced extinction— "Face your fear."

이 전략은 노출하는 동안 때때로 혐오스럽거나 의도한 부정적 결과를 만나게 하는 것이다. 예를 들어 사회적 상황에 대한 노출에 사회적 거절을 추가하거나 일부러 공황 발작을 유도한다. 이런 식의 노출은 노출의 현저성salience을 높여 학습을 증강할 뿐 아니라 내담자에게 부정적 결과에 대한 새로운 대처 전략을 학습할 기회를 준다. 하지만 이 전략은 부정적 결과가 위험할 수 있는 상황에서는 사용하면 안 된다(예, 교통사고를 노출로 시도하지는 않는다).

변동성 – "변동을 높여라." Variability— "Vary it up."

노출에서 변동성을 말하는 것은 이것이 노출 도중에 억제 학습을 증강하고 내담자가 마주할 치료 바깥의 상황을 더 잘 대표하기 때문이다. 치료자는 다양한 자극에 대한 폭넓은 노출을 포함하고, 노출의 시간과 강도를 바꾸고, 익숙하거나 익숙하지 않은 장소와 다양한 시간대에 노출하게 한다. 또 쉬운 노출에서 어려운 노출로 꾸준하게 진행하는 것보다는 내담자 위계의 다양한 수준에서 노출을 완수하는 것처럼 다양한 방법으로 노출에 변화를 준다.

안전 행동의 제거 – "던져 버려라." Remove safety behaviors— "Throw it out."

이 전략은 공포나 불안을 줄이거나 최소화하는 대상이나 행동인 *안전 신호*safety signals 또는 *안전 행동*safety behaviors을 제거하거나 그만두는 것이다. 일반적인 안전 신호는 다른 사람(치료자 포함)의 존재, 약물, 휴대전화, 음식 또는 음료 같은 것이다. 일반적인 안전 행동으로는 다른 사람에게 안심을 요청하고, 눈 맞춤을 피하고, 지나치게 준비하거나 도피하고, 강박 행동(예, 손 씻기 또는 확인하기)에 참여하는 것 등이 있다. 안전 신호나 안전 행동은 노출 요법에 해로울 수 있는데, 신호나 행동 자체가 방해나 괴로움을 일으킬 수 있다(예, 지나치게 친구에게 안심하기를 요청하여 우정을 방해할 수 있음). 따라서 치료자는 내담자가 안전 신호와 안전 행동을 없애거나 차츰차츰 줄이도록 격려해야 한다.

주의 집중 – "함께 머물러라." Attentional focus— "Stay with it."

이 전략은 내담자가 노출 도중에 주의 집중을 유지하도록 돕는다. 노출 자극에 집중하는 것은 내담자의 주의가 분산되거나 안전 행동에 참여하는 것을 막고 스스로 노출의 결과를 관찰하도록 돕는다. 치료자는 실제 노출 도중에 시선을 지시하거나, 상상 노출 동안에 내담자가 했던 말에 재집중하도록 하여 내담자의 "함께 머물기"를 격려할 수 있다.

정동 명명 – "끄집어내라." Affect labeling— "Talk it out."

*정동 명명*Affect labeling이란 단어를 사용하여 노출의 내용(예, "흉칙한 거미")이나 노출 도중의 감정 반응(예, "불안"이나 "두려움")을 묘사하는 것이다. 이 전략은 언어 처리가 정동 반응을 줄여주는 것을 보여준 사회신경과학 연구에 바탕을 둔다(Lieberman et al., 2007). 이 전략을 사용하려면 치료자는 내담자가 자신의 인지를 변경하거나 변화하려는 어떠한 전략도 쓰지 않고 그냥 그 순간 자신의 감정에 이름을 붙이거나 현재의 대상이나 상황을 묘사하도록 격려해야 한다.

정신적 복원/인출 단서 – "다시 가져와라." Mental reinstatement/retrieval cues— "Bring it back." 마지막 전략은 내담자가 과거의 노출에서 배운 것을 기억할 회상 신호reminders(인출 단서라고도 한다)를 사용하는 것이다. 이 전략은 인출 단서가 안전 신호가 될 수 있으므로 치료의 시작보다는 재발 방지 기술로 자주 사용한다. 재발 방지 방법으로 치료자는 내담자가 과거의 공포 자극을 마주할 때마다 노출 치료에서 배운 것을 회상하도록 격려하거나 촉각 회상 신호로 사용하는 물품(예, 손목밴드)을 가지고 다니게 한다.

적용 및 금기 사항 Applications and Contraindications

노출은 불안 및 공포와 관련한 대부분 문제를 치료하는 데 효과적이다. 치료자는 내담자가 특정 문제 행동에 참여하는 까닭을 확인하려고 진단적 평가나 기능 분석을 수행하여 노출이 필요한지를 평가한다. 예를 들어 치료자는 "어떤 유형의 상황이 공포나 불안을 일으킵니까?", "불안이나 공포를 경험할 때 당신은 무엇을 합니까?", "이 행동에 참여하지 않으면 일어날 것으로 가장 걱정하는 건 무엇인가요?"를 묻는다. 위협에 대한 과잉 추정과 안전 행동이나 회피 행동에 참여한다는 것은 노출이 필요할 수 있다는 뜻이다. 보통 노출은 공포나 불안 및 이와 관련한 부적응적 회피를 해결하는 아주 안전하고 효과적인 방법이다. 하지만 노출을 하면 안 되거나 주의해서 사용해야 하는 경우가 있다.

- *최근의 자살 또는 비자살성 자해.* 자살을 시도할 확률이 높거나 자해하는 내담자에게 노출을 사용하는 것에 관한 자료는 거의 없다. 하지만 자살경향성이나 자해 시도가 누그러들 때까지 노출을 연기하는 것을 권한다.
- *환경적 위험.* 실제 위험이 있는 상황에서는 노출을 시도하지 말아야 한다. 예를 들어 학대하는 배우자와 함께 실제 노출을 하면 안 된다.

- *특정 의학적 상태에서의 내적자극 노출*. 일부 내적자극 노출은 특정 의학적 상태(예, 간질 장애)를 악화할 수도 있다. 이럴 때 치료자가 내적자극 노출을 적용하려면 반드시 내과 주치의와 상의해야 한다.

성공을 위한 조언 Tips for Success

노출 전략도 다른 치료 전략처럼 문제가 생길 수 있다. 다음은 가장 흔한 주제에 대한 조언이다.

감정 반응에 관한 예측에 재집중하라 Redirect predictions about emotional responses

보통 내담자는 "나는 공황을 겪을 거야."나 "나는 불안해질 거야."처럼 노출 도중에 일어날 감정 반응을 예측할 것이다. 이럴 때는 관찰할 수 있게 하거나 행동에 관한 예측을 일으키려고 추가 탐문이 필요할 수 있다. 예를 들어 "공황이 생겼을 때 당신이 가장 염려하는 어떤 일이 일어날까요?"라고 물을 수 있다. 내담자의 가장 큰 염려가 불안에 압도되는 것이면, 예를 들어 "나는 너무 불안해서 어떤 것도 할 수 없을 것입니다."라고 예측할 수 있다. 이러한 예측을 시험하려고 내담자가 노출을 시작하자마자 어떤 활동을 하도록 고안할 수 있다.

독심술 예측을 피하라 Avoid mind- reading predictions

*독심술*mind-reading 예측은 다른 사람이 생각하는 것에 관한 예측이다. 예를 들어 대중 연설 노출을 하는 내담자는 "청중이 내가 예민하다는 것을 알게 될 것이다." 또는 "그들은 내가 바보같고 무능하다고 생각할 것이다."라고 예측할 수 있다. 이럴 때는 다음과 같은 것을 시도하여 행동 결과를 유발하라.

- *다른 사람에게서 관찰할 수 있는 행동을 탐색하라*. 앞의 예에서는 치료자가 "청중이 당신이 바보같고 무능하다고 생각하면, 그들이 구체적으로 무엇을 할까요?"라고 물을 수 있다.
- *노출에 관련된 다른 사람에게 피드백을 요청하라*. 예를 들어 대중 연설 노출 후에 내담자가 청중에게 "제 인상이 어땠나요? 제가 예민해 보였나요?"라고 물을 수 있다. 적당하고 적절하면 이 접근이 도움이 된다. 하지만 피드백을 구하는 것이 안전 행동이 될 수 있으므로 남용하면 안 된다.

- *비디오 피드백을 사용하라*. 비디오 피드백은 노출 도중에 내담자의 외양(예, '내 얼굴은 분홍빛일 거야')이나 행위(예, '나는 단어를 더듬거릴 거야')에 대한 특정 예측을 시험하는 데 사용할 수 있다. 이 접근법은 대중 연설 노출에 가장 유용하지만, 피드백을 요청할 때처럼 남용하면 안 된다.

치료자와 내담자의 불안이 노출 작업을 방해하도록 놔두지 말라

Do not let anxiety— yours or your client's— interfere with exposure work

노출에 익숙치 않은 치료자는 치료 동안에 고의로 두려움과 불안을 일으킨다는 개념이 불편할 수 있다. 어쩌면 내담자의 증상이 악화하거나 치료가 중단될 것이라는 믿음 때문일 수도 있다. 자신의 감정을 피하는 치료자는 내담자의 개선을 희생하면서까지 노출을 하지 않으려는 경향이 있다(Scherr, Herbert, & Forman, 2015). 노출은 어려울 수 있지만 수십 년에 걸친 연구 결과를 보면 일시적 불안이나 공포를 만드는 효과가 있어도, 불안과 공포에 기반한 문제에서 장기적인 완화를 제공하는 데 효과적이라는 걸 알 수 있다. 다음 사항은 내담자나 치료자 자신의 불안감이 효과적인 노출 치료를 방해하지 않도록 돕는 방법이다.

- *연습하고, 연습하고, 연습하라*. 노출을 하려면 다른 새로운 행동처럼 연습이 필요하다. 내담자에게 요청할 노출을 한 회기 전에 연습하는 것은 새로운 노출에 관한 편안함과 기술을 향상하는 방법이다.
- *치료자를 모델링으로 사용하라*. 내담자에게 노출을 모델링하는 것은 특히 초기 회기에 유용할 수 있다.
- *노출의 근거를 되풀이하라*. 당신이 갇히게 되면 노출을 하는 까닭을 내담자와 이야기하며 다시 궤도로 오르도록 노력하라.
- *당신을 격려하라*. 내담자에게서 노출이 어렵더라도 포기하지 마라. 좀 더 쉬운 노출로 시작하여 내담자가 자기 효능감을 쌓게 한 다음에 도전적인 노출로 나아가라.
- *안전 신호와 안전 행동에 주의하라*. 때로는 이러한 신호와 행동이 발견하기 어려울 수 있다. 내담자가 어려운 노출 도중에 낮은 공포 수준을 보고하는 것은 내담자가 안전 신호나 안전 행동을 사용한다는 단서가 될 수 있다.
- *불안은 노출이 작동한다는 것을 뜻한다는 걸 명심하라*.

공포 감소를 지나치게 강조하지 마라 Do not overemphasize fear reduction

공포 감소가 노출 치료 과정에서 일어날 수 있지만, 이것은 일차적인 목표가 아니다. 그보다는 다음을 하도록 하라.

- *접근 행동을 강화하라*. 공포나 불안 수준에 변화가 있었는지와 관계없이 접근 행동과 노출 완수를 강화하려고 격려와 칭찬을 사용하라.
- *실제 결과에 초점을 두라*. 노출을 완수한 다음에 공포 수준 대신 실제 노출 결과를 강조하려고 내담자에게 구체적인 후속 질문을 요청하라.
- *노출 중 공포 감소가 내담자의 개선에 필수불가결하지 않다는 것을 명심하라*. 실제로 공포를 참고 어려운 감정이 있어도 행동하는 걸 배우는 것은 공포 감소보다 더 중요한 노출의 구성 요소이다.

노출의 문화적 적응을 고려하라 Consider cultural adaptations of exposure

다양한 집단에 노출을 적용하려고 문화적 정보를 고려한 접근법을 사용하면 결과를 개선할 수 있다(예, Pan, Huey, & Hernandez, 2011을 보라).

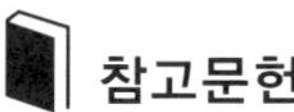

참고문헌

Arch, J. J., Eifert, G. H., Davies, C., Plumb Vilardaga, J. C., Rose, R. D., & Craske, M. G. (2012). Randomized clinical trial of cognitive behavioral therapy (CBT) versus acceptance and commitment therapy (ACT) for mixed anxiety disorders. *Journal of Consulting and Clinical Psychology, 80*(5), 750–765.

Bouton, M. E. (2004). Context and behavioral processes in extinction. *Learning and Memory, 11*(5), 485–494.

Craske, M. G., Kircanski, K., Zelikowsky, M., Mystkowski, J., Chowdhury, N., & Baker, A. (2008). Optimizing inhibitory learning during exposure therapy. *Behaviour Research and Therapy, 46*(1), 5–27.

Craske, M. G., Treanor, M., Conway, C. C., Zbozinek, T., & Vervliet, B. (2014). Maximizing exposure therapy: An inhibitory learning approach. *Behaviour Research and Therapy, 58*(1), 10–23.

Davies, C. D., Niles, A. N., Pittig, A., Arch, J. J., & Craske, M. G. (2015). Physiological and behavioral indices of emotion dysregulation as predictors of outcome from cognitive behavioral therapy and acceptance and commitment therapy for anxiety. *Journal of Behavior Therapy and Experimental Psychiatry, 46,* 35–43.

Foa, E. B., Hembree, E. A., & Rothbaum, B. O. (2007). *Prolonged exposure therapy for PTSD: Emotional processing of traumatic experiences therapist guide.* Oxford: Oxford University Press.

Foa, E. B., Yadin, E., & Lichner, T. K. (2012). *Exposure and response (ritual) prevention for obsessive compulsive disorder: Therapist guide* (2nd ed.). Oxford: Oxford University Press.

Hofmann, S. G. (2008). Cognitive processes during fear acquisition and extinction in animals and humans: Implications for exposure therapy of anxiety disorders. *Clinical Psychology Review, 28*(2), 199–210.

Jones, M. K., & Menzies, R. G. (2000). Danger expectancies, self-efficacy and insight in spider phobia. *Behaviour Research and Therapy, 38*(6), 585–600.

Lieberman, M. D., Eisenberger, N. I., Crockett, M. J., Tom, S. M., Pfeifer, J. H., & Way, B. M. (2007). Putting feelings into words: Affect labeling disrupts amygdala activity in response to affective stimuli. *Psychological Science, 18*(5), 421–428.

Pan, D., Huey Jr., S. J., & Hernandez, D. (2011). Culturally-adapted versus standard exposure treatment for phobic Asian Americans: Treatment efficacy, moderators, and predictors. *Cultural Diversity and Ethnic Minority Psychology, 17*(1), 11–22.

Scherr, S. R., Herbert, J. D., & Forman, E. M. (2015). The role of therapist experiential avoidance in predicting therapist preference for exposure treatment for OCD. *Journal of Contextual Behavioral Science, 4*(1), 21–29.

Stewart, R. E., & Chambless, D. L. (2009). Cognitive-behavioral therapy for adult anxiety disorders in clinical practice: A meta-analysis of effectiveness studies. *Journal of Consulting and Clinical Psychology, 77*(4), 595–606.

Wolitzky-Taylor, K. B., Arch, J. J., Rosenfield, D., & Craske, M. G. (2012). Moderators and non-specific predictors of treatment outcome for anxiety disorders: A comparison of cognitive behavioral therapy to acceptance and commitment therapy. *Journal of Consulting and Clinical Psychology, 80*(5), 786–799.

Wolpe, J. (1958). *Psychotherapy by reciprocal inhibition. Stanford,* CA: Stanford University Press.

행동 활성화
Behavioral Activation

크리스토퍼 마텔 Christopher R. Martell, PhD, ABPP
매사추세츠대학 앰허스트 심리학 및 뇌 과학부

배경 Background

행동 활성화Behavioral activation, BA 는 우울증에 관한 광범위한 인지행동치료의 일부로 사용되는 단일한 행동 전략이기도 하며, 자체로 완전한 치료법이기도 하다. 보다 광범위한 인지행동치료의 일부로 사용할 경우 활동 계획activity scheduling 이나 즐거운 사건 계획pleasant events scheduling 이라 하는 것이 제일 적절하다(MacPhillamy & Lewinsohn, 1982). 독립적 치료법으로는 널리 알려진 두 가지 프로토콜이 있다. 하나는 워싱턴대학(Dimidjian et al., 2006)의 대규모 연구를 기반으로 시작되었다가(Martell, Addis, & Jacobson, 2001) 이후 임상의 가이드(Martell, Dimidjian,& Herman-Dunn, 2010)로 갱신된 것이다. 이 프로토콜은 평균 24회의 행동 활성화 회기를 허용하며 각 내담자의 특정 요구 사항을 기반으로 전략적 우선순위와 목표를 가지는 유연한 치료법으로 제공된다. 동시에 간단한 행동 활성화 접근법인 단축형 행동 활성화(BATD[1]), Lejuez, Hopko, Acierno, Daughters, & Pagoto, 2011)도 독립적으로 개발되었다. 이 장은 치료 수행을 위한 포괄적인 방법론을 제공하는 것이기에 저자의 주요 초점은 넓은 기반의 행동 활성화(Martell 외, 2001, 2010)이지만, 두 표준 독립버전 사이에는 많은 공유 요소가 있기에 단축형 행동 활성화의 일부 특징에 대해서도 언급할 것이다.

기본 임상 기술 Basic Clinical Skills

"행동 활성화"라는 이름에서 사람을 활성화시키는 것이 쉽게 성취될 수 있는 것처럼 보인다. 그러나 행동 활성화를 수행하는 것에는 아이러니 한 특성이 있다. 종종 우울한 개인이 극도로 힘들어하는 바로 그것을 내담자에게 하라고 요청하는 것이기 때문이다. 즉 '활동에 참여하라' 는 것이다. 따라서 활성화를 격려하기 위해서는 치료자가 적절한 임상 기술을 보여주고 내담자와 이러한 자세를 계속 유지하는 것이 중요하다.

공감과 따뜻함 Empathy and warmth

치료자가 내담자에게 공감을 가져야한다는 것은 말할 필요도 없지만 행동 활성화 작업은 종종 반복적으로 치료자를 소진시킨다. 우리는 내담자가 힘들어하는 그 일을 하도록 요청하는 것이기 때문에 그들이 과업을 다룰 수 있는 단계로 나누기 위해서는 치료자

---

1) BATD는 A Brief Behavioral Activation Treatment for Depression의 약자로서 Lejuez 등이 개발한 행동 활성화의 단축형 매뉴얼이다.

가 그들의 상황에 있다고 상상할 수 있어야 한다. 나아가 내담자를 공감하는 치료자는 그들이 과제를 완수하는 데 어려움이 있을 때 좌절하지 않도록 할 수 있다. 행동 활성화는 치료자가 내담자와 협력하면서도 내담자에게 시도 가능한 활동을 제안하는 지시적 치료이며, 치료자가 진실한 따뜻함과 관심을 표현할 때 항상 훌륭한 작업 관계를 유지할 수 있다.

지금 이 순간에 집중하기 Attending to the present moment

우울한 내담자와 함께 작업하는 치료자는 치료 회기를 포함하여 내담자의 기분이 어떻게 삶의 모든 측면에 퍼져 있는지를 인식한다. 따라서 행동 활성화 치료자는 회기 도중 내담자를 활성화하고 참여시킬 수 있는 기회에 깨어 있을 필요가 있다. 치료자가 회기의 현재 순간에 집중하면서 내담자의 개선된 행동 예시를 볼 때 전략적으로 반응할 수 있다. 이 때 치료자의 공식적 마음챙김 훈련을 필요로 하지는 않지만(Kabat-Zinn, 1994), 내담자가 도움 되지 않는 반추를 할 때 현재 순간에 집중함으로써 관리하도록 도와준다는 점에서 마음챙김에 기반한 치료 접근법과 확실한 공통점이 있다(Segal, Williams, & Teasdale, 2001). 예를 들어 내담자가 희망적인 이야기를 하면 치료자는 열정적이지만 자연스러운 반응으로 맞춰줄 수 있다. 마찬가지로 치료자는 보다 나은 시선 접촉을 하고 있는 내담자에게 신체 자세를 바꾸어 참여를 위한 자연스러운 사회적 강화를 제공할 수 있다.

행동 활성화에서는 내담자를 현재 순간에 집중하도록 가르친다. 과거의 실패나 미래의 걱정에 초점을 맞추기보다는 그들이 현재 하고 있는 어떤 것에든 참여할 것을 요구한다. 우울하지 않은 사람들조차도 때로 활동을 할 때 많은 주의를 기울이지 않고 이리저리 배회한다. 우리 자신을 보자. 설거지와 세탁과 같은 평범한 작업을 수행하면서 기본적으로 우리의 마음이 그 과정 밖의 다른 곳에 있다 보면 우리가 무엇을 하고 있는지 얼마나 자주 잊어버리는가? 우울한 사람은 부정적인 사고의 패턴에 갇힐 때가 많다. 이 때 활동의 세부 사항과 활동이 일어나는 환경적 맥락에 집중하는 연습을 하게 하면, 활동적인 행동이 내담자의 기분을 향상시키고 우울증의 늪에서 벗어나게 만들 가능성을 높여준다.

수인하기 Validating

우울한 사람은 단지 징징거리거나 아무것도 아닌 것으로 불평하는 것이 아니다. 그들은 즐거움의 부재를 느끼며 기본적인 활동을 하는 것조차 어려운 삶을 경험하고 있다. 따라서 치료자는 내담자 경험을 수인해야하며 내담자가 다른 방식으로 활동에 참여함으로써 우울로부터 탈출할 수 있도록 격려해야한다. 마텔Martell과 그의 동료는 행동 활성화의 "수인하기"를 "내담자의 경험에 대한 이해를 드러내는 것으로서…… 과거력 또는 현재 맥락에 기초하여 내담자의 경험을 이해하는 의사소통이다"라고 정의한다(2010, 51-52 페이지).

암묵적 수용 Implicit acceptance

행동 활성화는 맥락에 기반한 현대 행동치료로 간주되며(Martell et al., 2001), 다른 맥락적 행동 방법(Hayes, Strosahl, Wilson, 2012)과 마찬가지로 행동 활성화의 현대적 형식은 감정과 삶의 어려움에 대한 수용을 강조한다(이 책의 24 장을 보라). 행동 활성화에서 수용은 명시적이기보다는 암묵적이다. 그것은 직접적인 목표가 아니다. 그러나 내담자의 느낌을 바꾸려 하지 않고 그저 활동에 참여하도록 할 때 그 안에 숨어 있는 생각은 그들이 나쁘게 느낄 때조차 부정적 느낌을 받아들이고 건설적인 방식으로 행동할 수 있음을 암시한다. 행동 활성화는 기분보다는 목표에 일치하는 행동에 매우 초점을 둔다.

기법 및 과정 Techniques and Processes

행동 활성화는 의도적으로 많은 기법을 포함하지 않는다. 사람들이 활동에 다시 참여함으로써 일상 환경에서 자신의 행동에 대한 정적강화를 받을 수 있도록 하는 것을 유일한 목적으로 하는 간결한 치료법이다. 내담자가 더 적극적일수록 자신의 행동이 정적으로 강화될 가능성이 높아지며 이는 유사한 조건에서 계속 활동에 참여할 가능성이 높아진다고 본다. 따라서 행동 활성화의 전체 프로그램은 레류Lejuez와 동료(2011)가 사용하는 고도로 구조화 된 프로토콜이든 또는 마텔과 동료(2001, 2010)가 주장하는 좀 더 개별기술적 접근법이든 관계없이 치료 전반에 걸쳐 내담자의 참여 활동을 구조화structuring 하고 계획scheduling 하는 것을 위주로 한다.

가치, 강화 및 활동 모니터링 Values, reinforcement, and activity monitoring

내담자가 자신의 인생에서 높은 가치를 가진 활동(예, 좋은 부모 되기, 강한 우정을 유지하기, 성공적인 경력 가지기 등)에 참여하거나 이전에 기분 개선과 관련된 활동에 참여하는 경우 자연적 강화제와 접촉할 가능성이 제일 높다. 따라서 활동과 참여를 증가시키기 위해 치료자와 내담자의 공동 작업으로 찾아야 할 것은 자연 환경에서 정적으로 강화될 가능성이 높은 활동이다. 이를 최적화하기 위해 내담자의 현재 우울 상태에서 이를 달성할 수 있는 과제를 구조화해 주고 이러한 활동에 참여하고 성취하는 것을 막고 있는 장벽을 해결해 주는 것이 치료자의 일이다. 레류Lejuez와 동료들은 내담자의 가치와 일치하는 활동은 환경에서 자연적으로 강화를 받을 것이라는 현실을 제대로 강조했다. 개정판 단축형 행동 활성화 매뉴얼 (Lejuez et al., 2011)에서 그들은 다음과 같이 말했다.

> 활동을 파악하기 전에 가치부터 확립했을 때 선택된 활동(건강한 행동)이 임의로 정한 것이 아닌 가치와 연결될 수 있으므로 시간이 지남에 따라 정적으로 강화 받을 것을 보장해 준다. 가치와 활동을 찾을 때에는 여러 가지 삶의 영역을 고려하도록 하는데, 이는 한두 가지 영역보다 여러 가지 삶의 영역이 정적 강화에 대한 접근을 확실히 높여주기 때문이다. 한두 가지 영역만으로는 성공 기회가 좁아질 수 있다(114 쪽).

따라서 내담자에게 항우울제가 될 가능성이 있는 활동(Martell 외, 2010)을 찾기 시작할 때, 내담자 삶에서 가치 있고 중요하다고 생각하는 것에 대해 대화를 나누는 것이 중요한 첫 단계이다(이 책 25장 가치 작업, Hayes et al., 2012을 보라). 활동의 구조화 및 계획을 위한 초기 과제 할당은 회기 사이 최소 일주일간 내담자의 활동을 모니터링activity monitoring 해 오도록 하는 것이다.

활동 모니터링은 내담자가 수행한 것, 특정 활동과 관련된 감정 및 그 감정을 얼마나 강렬하게 경험했는지를 기록한다. 내담자가 활동과 감정을 기록함으로써 치료자와 내담자는 활동과 기분 사이의 연결성을 논의할 수 있으며 보다 자세한 모니터링은 다양한 활동과 맥락이 (몇 시간 만에 발생하는 맥락조차도) 기분 전환을 초래할 수 있음을 강조한다. 이 정보는 활동의 기능을 평가하는 데 유용할 수 있다. 내담자가 매일 매시간을 기록할 수 있지만 그리 실용적이지는 않다. 그래서 저자는 내담자에게 이전 몇 시간 동안 그들이 한 것과 그들이 느낀 것을 기록하게 하면서 점심시간, 저녁시간 및 취침시간과 같이 대략 하루 3회 정도를 기록하도록 요청하거나 일주일 중 특정 시간대를 기록하게 하기도 한다.

회기 중 치료자와 함께 검토할 때 기억해 낼 수 있을 정도로만, 단지 한 두 단어만 기록해 두어도 된다고 하면 내담자가 훨씬 쉽게 활동 모니터링을 해 온다. 이 때 기분 악화와 관련된 활동 및 상황은 처음에는 피하는 것이 좋고, 기분 개선과 관련된 활동은 증가시켜 줄 좋은 후보가 될 수 있다. 이런 검토는 개선을 가져온 구성 요소를 평가하는데도 유용하다. 하지만 하나의 활동이 누군가를 더 나쁘게도 더 좋게도 느끼게 할 수 있으므로 이 정보만으로는 활동을 피하거나 증가시켜야하는지 결정하기에 충분하지 않다는 것을 명심하는 것이 중요하다. 예를 들어 일부 내담자는 슬픔이나 애도의 느낌을 피해야 할 활동으로 볼 수도 있지만 이것이 결국 길게 보면 치료에 도움이 되는 것이므로 마주하는 것이 중요할 수도 있다.

활동 구조화 및 계획 Activity structuring and scheduling

활동 계획하기의 일부 형태는 수십 년 동안 우울증에 대한 행동치료 또는 인지행동치료로 사용되어왔다. 즐거운 사건 계획하기(MacPhillamy & Lewinsohn, 1982)와 유능감/즐거움 평점 및 계획하기(Beck, Rush, Shaw, & Emery, 1979)는 활동 계획하기의 표준 유형이다. 앞서 언급했듯이 내담자의 가치와 일치하거나 내담자의 기분이 개선된 활동을 파악하는 것이 활동 계획하기를 시작하기 좋은 지점이다. 또한 레류와 동료(2011)는 내담자에게 예상된 난이도에 따라 활동 위계를 개발하고 주간 목표를 설정하도록 하였다. 마텔과 동료(2010)는 변화는 증분적으로incrementally 이루어질 때 더 쉬워진다는 가정을 가지고 있다(역주, 증분적이라는 말은 어떤 일이건 처음은 어렵지만 한 번 해 본 활동에 조금씩 추가하는 것은 쉽다는 뜻이다. 따라서 가치 영역의 어떤 활동이 되었건 미세한 변화라도 줄 수 있으면 이를 찾도록 노력해야 한다). 따라서 이 모델을 사용하는 행동 활성화 치료자는 일어날 법한 활동을 구조화하는 데 많은 관심을 기울인다. 그들은 또한 무엇이, 언제, 어디서, 누구와 함께 활동하여야 내담자가 실제로 그 일을 할 수 있는 가능성을 높일 수 있는지에 대한 충분한 세부 사항이 있는지 확인한다. 활동 계획하기는 단순히 우울한 내담자가 친구나 가족으로부터 자주 들어왔지만 하지는 않았던 일을 내담자가 하도록 지시하는 것이 아니다(역주, 가족이나 친구들이 하는 뻔한 말을 치료자가 똑같이 해서는 안 된다).

초보 행동 활성화 치료자는 내담자에게 즐거운 활동인 것처럼 보이지만 그들의 가치와 일치하지 않는 활동이나 초반 표적으로는 적당하지 않는 활동을 할당하는 실수를 한다. 종종 내담자에게 산책을 하라거나 친구들과 커피를 마시라고 제안하는 기회에 섣불리 뛰어든다. 다양한 활동이 내담자에게 어떤 역할을 하는지를 이해하기 위한 기능분석이나 평가 없이 내담자에게 도움이 될 수 있는 활동을 제안하는 것은 위험하다. 그것은 그녀가 환경에서 자연적으로 강화되고 우울한 기분을 향상시키고 궁극적으로 개선할 가능성이 높은 행동에 참여하는 것이 아니라 그저 하나의 규칙에 순응하는 결과를 가져올 수 있다.

다음 예는 치료자와 내담자가 활동 모니터링 차트를 검토하고 함께 초기 활성화 연습을 구성하는 방법을 보여준다. 이 치료 회기 다음 주 동안 수행할 활동을 정하는 장면이다.

다프네Daphne는 삼 일 동안 가치 있는 활동을 완수했으며 치료에 오기 전 모니터링 차트에 각 활동 중에 느낀 감정을 기록했다. 치료자는 다프네와 기록을 통해 이야기했다. 치료자가 다프네에게 강조한 두 가지 패턴이 나타났다. 첫째, 다프네가 혼자 시간을 보낼 때 그녀는 대개 맥주 한두 잔을 마시며 자신의 손실과 실패를 곱씹는다는 것이다. 우울증 평점은 최고였다. 곱씹는 행위가 주의를 두어야 할 하나의 초점이었지만 초기 과제 할당 동안 치료자는 다른 패턴을 언급했다. 다프네가 그녀의 친구 안나Anna에게 전화했을 때, 그녀의 기분은 좋았다. 그녀는 자신의 우울증을 훨씬 낮게 평가할 때마다 그 주 동안 여러 번 안나에게 전화를 했었다. 다프네는 안나와 이야기 할 때 자신의 감정을 "행복한"으로 표시하였다. 이전에 치료자와 다프네는 사회적 관계에서 무엇이 가장 가치 있는지를 논의 하고 있었다. 다프네는 "상호 도움과 친구들과의 이해를 나누는 것"에 가치가 있다고 보고하였다. 치료자가 다프네와 안나의 지난주 전화 대화 내용을 물었을 때 다프네는 지난 주 안나가 자신이 사는 곳 가까이에 있는 새로운 아파트로 이사할 계획이었으며 그래서 가까운 친구가 근처에 살게 되어 기뻤다고 보고하였다. 안나는 현재 도시 외곽에 살고 있다. 그 다음 다프네와 치료자는 다음 주 동안 참여할 수 있는 활동에 대해 논의했다. 다프네는 안나가 이사하는 데 도움을 주면 스스로에게 더 기분이 좋을 것이라 생각했지만 최근 계획했던 여러 활동이 실패한 것처럼 그녀가 이 과업에서 실패할까봐 두려워했다.

치료자가 다프네에게 다음 주 동안 관리할 수 있다고 생각되는 일부 활동을 설명해 보라고 했다. 그녀는 이사박스를 팔고 있는 대여 상점 근처에 자신이 살고 있다고 말하면서 상자를 사서 안나에게 주는 것이 좋은 제스처일 거라 생각한다고 했다. 다프네가 최근 집을 벗어나는 많은 과업을 성취하지 못했다는 사실을 감안할 때 치료자는 그녀가 좀 더 성공할 수 있도록 어떻게 그 일을 쪼갤 수 있는지 질문했다. 다프네가 상자를 사서 안나에게 배달하는 것은 어마어마한 일일 수

있다고 언급했다. 그녀는 안나가 필요한 상자의 종류를 알아내야 한다고 말했다. 다프네와 치료자는 이 활동을 세 개의 작은 과업으로 나누었다. 첫째, 화요일 일을 마친 뒤에 안나에게 어떤 종류의 상자를 사용할 것인지 물어보는 것이다. 둘째, 목요일 아침 대여가게로 차를 타고 가서 자신의 작은 차에 맞춰 가능한 많은 상자를 구입하는 것이다. 셋째, 금요일 밤에 안나에게 다시 전화하여 그녀가 사온 것을 말하고 다음 주에 커피를 마시러 안나를 만날 때 상자를 가져다 줄 약속을 하는 것이다.

치료자와 내담자는 치료 전반에 걸쳐 활동일지나 차트를 사용할 수도 있고, 초기 회기 동안에만 사용한 다음 내담자 활동을 추적하는 다른 방법을 합의할 수도 있다. 일부 내담자는 단순히 활동을 목록화해 두고 완수 후 활동을 점검하는 것을 선호한다. 나는 내담자가 특정 시간에 활동하기로 약속할 수 있다면 성공 가능성을 높일 수 있다 생각하지만, 내담자가 미리 시간을 지정하지 않고 주간 목표로 활동하는 것을 더 선호한다면 굳이 내담자에게 치료자의 생각을 강요하는 것은 도움이 되지는 않은 것 같다. 행동 활성화는 실용적인 치료법이며 임상가는 기본 행동 원리와 행동 활성화 공식화를 따르되 작동하는 것을 사용하면 된다. 치료자는 또한 내담자의 활동과 참여를 증가시킬 수 있는 상황과 결과를 이해함으로써 치료를 개별화한다.

기능 분석 Functional analysis

행동 활성화 치료자는 행동의 양태topography 보다는 기능에 더 관심을 둔다. 바꿔 말하면 행동 활성화는 외부 관찰자의 관점에서 또는 심지어 내담자의 관점에서조차 단순히 긍정적이거나 즐거운 것으로 보이는 활동을 증가시키는 것이 아니다. 오히려 행동 활성화는 행동의 기능적 결과와 그 결과에 의해 행동이 강화되면서 시간이 지남에 따라 빈도가 증가할 가능성이 더 높은 조건에 관심을 둔다. 따라서 행동 활성화 치료자는 내담자의 행동을 이해하기 위해 임상 기능 분석 또는 보다 기술적인 기능 평가(A-B-C, 선행사건, 행동, 결과)를 사용하고 내담자가 이러한 방식으로 행동을 이해하도록 가르친다. 다음은 행동 활성화에서 기능 분석의 여러 용도를 설명한다.

- *내담자의 행동 목록을 이해하기 위하여*. 행동 활성화에서 기능분석은 내담자에게 잠재적으로 강화적인 활동 또는 항우울 효과가 있으면서(Martell et al., 2010) 결국에는 강화를 받게 될 행동을 활성화하고 참여시키고자 내담자에 대한 더 나은

이해를 얻으려는 목적으로 사용한다. 치료자는 내담자의 행동을 조절할 수반성에 관한 일반적 이해를 얻을 수 있다. 대체로 회기 중 표적 행동이 혐오적 조절 하에 있는지, 정적 강화를 받는 행동인지 이해하는 것이 유용하다. 예컨대 내담자의 활동 대부분이 불쾌하게 경험되는 느낌과 상황을 피하는 것이면 혐오적 조절 하에 있는 것이고, 내담자가 집으로 돌아가서 바로 누웠을 때 가족들이 그 전에는 주지 않았던 관심을 준다면 이는 정적 강화로 우울을 유지시키는 행동이다(Lejuez et al., 2011).

- *활성화에 대한 장벽을 찾아내기 위하여.* 기능 평가는 또한 활성화 과제 할당을 위해서도 사용한다. 내담자가 활동에 참여하는데 어려움을 겪는 것은 일반적이다. 그렇지 않은 경우 치료 상황에 놓이지 않을 것이다. 간단한 3항 수반성인 A-B-C를 이해하도록 내담자를 교육하면 치료자와 내담자 모두가 활성화의 어려움을 보다 잘 이해할 수 있다. 대개 치료자는 "선행사건, 행동, 결과"라는 특수 용어를 좀 더 접근하기 쉬운 것으로 변경해야만 한다. 동일 과정을 "상황과 행위, 그리고 하나의 결과"나 더 쉽게 "무슨 일이 있었나요?", "무엇을 하였나요?"와 "그리고 그 다음에는 무슨 일이 일어났나요?"로 설명할 수 있다.

장벽 Barriers

활성화는 어렵다. 이는 모두에게 진실이다. 어느 날 아침 우리는 피곤하고 정말로 침대에서 나오고 싶지 않다. 알람 버튼을 누를 때마다 활성화의 장벽이 있다. 장벽은 외부적이고 공적일수 있다. 예를 들어 행사에 참석하려는데 하필 자동차가 고장이 난다. 또한 장벽은 내부적이고 사적일 수도 있다. 예를 들면 피곤한 느낌 때문에 침대에서 빠져 나오고 싶지 않은 경우이다.

활성화 장벽은 개별적인 것이므로 개인에게 특히 문제가 되는 것이 무엇인지를 찾는 것이 중요하다. 하지만 행동 활성화에서 비교적 흔하게 찾을 수 있고 표적으로 삼는 두 가지 장벽이 있다. 회피 행동과 반추이다. 볼페(Wolpe, 1982)는 현재 우울증이나 불안장애로 진단내릴 수 있는 사람들의 많은 행동은 회피 기능을 가질 것이라고 했다. 우울한 내담자의 많은 행동은 부적으로 강화되고 그들이 두려워하는 혐오스러운 감정이나 상황을 회피하거나 도피하게 해 준다. 약어 TRAP는 내담자의 회피를 찾도록 돕는다. 내담자는 "촉발 인자triggers, T", "반응response, R"(종종 내담자에게 단순히 그들의 감정 반응을 알아차려 보라고 제안하면 된다) 및 "회피 패턴avoidance pattern, AP"을 파악하도록 요청한다. "패턴pattern"이라는 단어는 회피가 흔하다는 말인데 매 상황마다 특정한 행동 패턴을 찾아낼 필요는 없다. 일단 내담자의 회피를 확인하면 치료자는 그들에게 "TRAP에서 벗어나 TRAC으로 돌아오라"고 요청한다. 즉 TRAC은 동일한 촉발 상황(T)과 동일한 감정(R)에서 대안적 대처alternative coping, AC 행동을 발견하는 것이다(Martell, et al, 2001).

인지치료에서 생각은 당연히 그 내용에 주의를 기울이는 것이 맞지만 행동 활성화에서는 생각을 하나의 사적 행동으로 접근한다. 행동 활성화 치료자는 생각의 반추 과정을 그 기능으로 고려한다. 내담자가 어떤 것에 대해 반복적으로 생각하고 있다고 말하거나 또는 치료자가 이를 알아차렸을 때 내담자에게 다음의 두 가지 대안 행동 중 하나를 시도해 보도록 한다. 우선 내담자에게 문제를 기술하고 해결책을 브레인스토밍하고 시도할 행동을 결정한 다음 결과를 평가하는 간단한 문제 해결 기술을 사용하라고 한다. 만약 내담자가 문제에 대한 해결책을 찾지 못하거나 과거에 일어난 일들을 되새기기에 열중한다면 그 다음으로 활동 경험에 집중해 보도록 한다. 이것은 되새기기로부터 색깔, 소리, 냄새 및 기타 감각이나 과업 요소로 주의를 재조정해 보기를 제안하는 것이다. 또한 이는 주의를 끄는 것에 얽매인 채 마지 못해 뭔가를 하는 것이 아니라 내담자 본인이 시도하고 있는 행동에 실제로 참여하도록 돕는 방법이다.

요약 Summary

행동 활성화는 주로 우울한 내담자나 우울증을 앓으면서 내과적 문제를 동반한 내담자들을 대상으로 사용되어 온 간단한 절차이다(Hopko, Bell, Armento, Hunt, & Lejuez, 2005). 초점이 되는 핵심 과정은 강화이지만 현재 순간에 대한 주의 과정과 관련이 있고 감정 수용 및 가치 명료화 또한 포함된다. 행동 활성화의 목표는 내담자가 가치 있고 자신들에게 의미를 가지며 환경에서 자연스럽게 강화받을 수 있는 행동에 적극 참여하게 하는 것이다.

연구에 따르면 행동 활성화는 분명한 행동 공식화(Dimidjian et al., 2006)를 따르되 덜 공식적 방식으로 수행될 수도 있으며 매우 구조화된 간략한 형식(Lejuez et al., 2011)으로도 가능하다. 행동 활성화는 보다 넓은 인지 행동적 개입(Beck et al., 1979)에서 하나의 전략으로도 사용될 수 있다. 이 경우에는 대개 내담자에게 즐거움이나 성취감을 주는 활동을 단순히 찾아주는 것으로 구성되며 도움 되지 않는 신념과 행동을 변화시키려는 사례 개념화를 따른다.

행동 활성화는 처음에 우울증의 치료를 위해 연구되었지만 몇 가지 연구 결과에 따르면 다른 문제에 대해서도 좋은 전망을 보이고 있으며 연구를 통해 그 이용이 확장되고 있다. 향후 연구를 통해 다양한 인구 집단에 필요한 문화적 적용과 행동 활성화의 영향을 받은 생리적 과정 및 다른 연령대에서의 행동 활성화 사용 등이 보다 분명해질 것으로 기대한다.

참고문헌

Beck, A. T., Rush, A. J., Shaw, B. F., & Emery, G. (1979). *Cognitive therapy of depression*. New York: Guilford Press.

Dimidjian, S., Hollon, S. D., Dobson, K. S., Schmaling, K. B., Kohlenberg, R. J., Addis, M. E., et al. (2006). Randomized trial of behavioral activation, cognitive therapy, and antidepressant medication in the acute treatment of adults with major depression. *Journal of Consulting and Clinical Psychology, 74*(4), 658–670.

Hayes, S. C., Strosahl, K. D., & Wilson, K. G. (2012). *Acceptance and commitment therapy: The process and practice of mindful change* (2nd ed.). New York: Guilford Press.

Hopko, D. R., Bell, J. L., Armento, M. E. A., Hunt, M. K., & Lejuez, C. W. (2005). Behavior therapy for depressed cancer patients in primary care. *Psychotherapy: Theory, Research, Practice, Training, 42*(2), 236–243.

Kabat-Zinn,J. (1994). *Wherever you go, there you are: Mindfulness meditation in Everyday life*. New York: Hyperion.

Lejuez, C. W., Hopko, D. R., Acierno, R., Daughters, S. B., & Pagoto, S. L. (2011). Ten year revision of the brief behavioral activation treatment for depression: Revised treatment manual. *Behavior Modification, 35*(2), 111–161.

MacPhillamy, D. J., & Lewinsohn, P. M. (1982). The pleasant events schedule: Studies in reliability, validity, and scale intercorrelation. *Journal of Consulting and Clinical Psychology, 50*(3), 363–380.

Martell, C. R., Addis, M. E., & Jacobson, N. S. (2001). *Depression in context: Strategies for guided action*. New York: W. W. Norton.

Martell, C. R., Dimidjian, S., & Herman-Dunn, R. (2010). *Behavioral activation for depression: A clinician"s guide*. New York: Guilford Press.

Segal, Z. V., Williams, J. M. G., & Teasdale, J. D. (2001). *Mindfulness-based cognitive therapy for depression: A new approach to preventing relapse*. New York: Guilford Press.

Wolpe, J. (1982). *The practice of behavior therapy* (3rd ed.). New York: Pergamon Press.

대인관계기술
Interpersonal Skills

킴 뮤저 Kim T. Mueser, PhD
보스턴대학 정신재활센터와 작업요법, 심리학, 정신건강의학 학부

배경 Background

인간은 태생적으로 사교적 생명체이다. 대부분의 개인은 집안일을 공유하는 다른 사람들과 같이 생활하고 일하며 여가와 레크리에이션 활동에 함께 참여한다. 그 중 선택된 소수의 사람들과는 인간적/신체적으로 가깝고 친밀한 관계를 공유하거나 이를 얻고자 노력한다. 인간은 그 특이한 의사소통과 협동 행동의 능력으로 복잡한 사회 시스템을 개발하고 환경을 장악하고 삶을 연장하고 질을 개선시켜왔다.

협동 행동에 있어서 의사소통의 중요성을 감안할 때 자신의 사고, 느낌, 욕구, 선호 및 욕망을 표현하고 다른 사람들에게 반응하는 대인관계기술이 사회와 다른 삶의 영역 전반에 상당히 중요한 역할을 한다는 것은 놀라운 일이 아니다. 이 기능에 문제가 생기면 자연스럽게 불행, 좌절, 불만족을 야기한다. 내담자의 문제에 기여하거나 개인의 성장 잠재력을 제한하는 특정 영역의 열악한 사회기술이 무엇인지 인식하고, 보다 효과적인 기술을 가르치는 능력은 어떤 임상군을 치료하든 간에 인지행동치료자로서는 결정적인 역량이다.

대인관계기술 문제 이해하기
Understanding Problems with Interpersonal Skills

다른 사람들과 보다 효과적인 상호 작용을 하고 싶은 욕망은 변화의 동기를 부여하고 대인관계의 기술을 향상시키는 동력으로 사용된다. 사람들은 종종 관계에서 행복하지 못해 치료를 찾는다. 어떤 사람은 친구가 없거나 사회적 상황을 불안해하고, 어떤 사람은 로맨틱한 동반자와의 가까움이나 친밀감을 갈망하기도 한다. 가까운 관계 안에서도 돈이나 자녀 양육과 같은 다양한 갈등과 문제로 불행을 느낄 수 있다. 이러한 문제에는 참여나 애정의 부족, 느낌이나 욕구를 표현하거나 반응하는데 있어서의 어려움, 언어 또는 신체적 학대와 같은 파괴적 대인관계 행동 등이 포함될 수 있다.

치료자 또한 치료 작업에 있어 내담자와의 상호 작용이나 지도감독자와의 피드백에서 대인관계기술의 문제가 발생할 수 있다. 쇼핑, 집수리 요청, 이웃 또는 룸메이트와의 의견 불일치 같은 상황에서 대인관계기술이 제한될 때 일상생활과 독립에 지장이 생긴다. 신체적 정신적 건강 상태를 관리 받아야 할 사람들이 적절한 기술을 가지지 못하면 건강관리 제공자를 회피하거나 상호작용의 효율성이 제한받고 사회적 지지를 얻지 못하면서 건강이 위태로워질 수 있다.

지역과 사회적 기능 개선을 위한 대인관계기술 훈련의 효과성은 강력한 근거를 가지고 있다(Kurtz & Mueser, 2008; Lyman et al., 2014). 이러한 방법을 통한 대인관계기술의 향상은 조현병 스펙트럼 장애가 있는 사람이나 자폐 스펙트럼 장애 또는 지적 장애 등 정신 사회 기능이 빈약한 임상 인구 집단에게 특히 중요하다.

정의 Definitions

*대인관계 숙련도Interpersonal skillfulness*는 효과적인 의사소통과 사회적이고 도구적인 목표의 획득에 필요한 중요한 특정 행동들이 매끄럽고 원활하게 통합된 것이라고 정의할 수 있다(Liberman, DeRisi, & Mueser, 1989). 이를 네 가지 유형으로 나눌 수 있다. 비언어적 기술nonverbal skills, 준언어적 특징paralinguistic feature, 언어 내용verbal content, 상호 균형interactive balance이다. 치료자는 대개 특정 요소에 초점을 맞추다가 이후 점점 광범위한 연습과 피드백을 통해 복잡한 대인관계기술을 가르친다.

*비언어적 기술*은 눈 맞춤, 얼굴 표정, 제스처 사용, 대인 근접성, 신체 방향 등과 같은 사회적 상호 작용 동안의 흥미, 느낌 및 의미를 전달하는 말 이외의 행동이다. *준언어적 특징*은 소리의 크기, 유창성과 같은 언어 특성 및 음색 및 음조(운율)를 통해 표현되는 정동을 말한다. *언어적 내용*은 말하는 방식과는 무관하게 단어나 문장의 선택을 포함하여 말한 내용의 적합성이다. *상호적 균형*은 상대의 발화에 반응하는 잠복기, 말하기에 소비되는 시간의 비율, 상대가 말한 내용과의 관련성 또는 반응성 등 두 사람 간의 상호 의사소통 작용과 관련 있다.

비언어적이고 준언어적 행동은 때로 의사소통에서의 언어 내용과 일치하지 않는다. 이는 말하는 사람의 의도를 약화시킬 수 있다. 예를 들어 화가 난 사람이 낮은 목소리로 더듬거리며 부정적 느낌을 표현하고는 있지만 사과하는 얼굴표정이면, 다른 사람에게는 화가 나지 않은 것으로 읽히고 말하는 사람의 관심사는 무시된다. 조현병에서 감소된 정보처리 능력으로 인해 반응 잠복기가 길어지는 등의 상호적 균형 문제(Mueser, Bellack, Douglas, & Morrison, 1991)가 생기면 주고받는 대화가 어색해지고 상대로서는 대화를 통해 강화를 받을 수 없다. 반대로 남의 말을 자꾸 방해하거나 너무 빨리 반응하는 경우 대화를 서두르거나 급하게 만들며 말하는 사람이 다른 사람의 말에 정말로 관심이 없다는 의미로 읽힌다.

효과적인 사회적 상호 작용을 위해서는 다양한 사회적 상황에서 관련 정보를 정확하게 감지하고 반응할 수 있는 능력과 개별 문화와 조건에서 통용되는 "불문율

unwritten rules"을 이해하는 사회 인지 기술이 요구된다(Augoustinos, Walker, & Donaghue, 2006). 중요한 사회적 정보는 상호 작용이 이루어지는 상황적 맥락(예, 공공장소, 사적인 공간, 직장, 집 등과 같은 상황이나, 낯선 사람, 동료, 상사, 친구, 가족 구성원 등과 같은 개인과의 관계)과 다른 사람이 하는 행동에서 수집된다. 비언어적이며 준언어적 단서에서 대화 상대의 감정을 정확하게 인식하고 (마음 이론이라고 불리는) 관점을 이해하는 것은 심각한 정신 질환을 가진 사람들에서 자주 훼손되는 핵심 사회 인지 기술이다(Penn, Corrigan, Bentall, Racenstein, & Newman, 1997).

사회적 기능에 영향을 줄 수 있는 비기술적 요인
Nonskill Factors That Can Affect Social Functioning

대인관계기술 이외에도 여러 요인들이 사회적 기능에 영향을 미칠 수 있다. 우울증과 이와 관련된 절망감, 무력감, 무가치함 등은 종종 사회적 욕동drive을 저해하고 다른 사람들과의 연결에 노력을 들이지 않게 만든다. 슬프게 보이는 것만으로 매력과 호소력이 떨어질 수 있으며(Mueser, Grau, Sussman, & Rosen, 1984), 우울증 환자와 함께 생활하면 우울증이 유발될 수 있다(Coyne et al., 1987). 불안은 사회적 회피를 가져오고 자신이 적절한 기술을 사용하지 못할 것이라는 걱정에 사로잡히게 만든다. 분노나 좌절은 다른 사람들의 관점을 경청하는 능력을 떨어뜨려 부정적 느낌을 그대로 표현하게 해서 대인관계상 갈등을 증가시킨다.

다른 정신 증상도 문제가 될 수 있다. 무감동apathy과 무쾌감anhedonia같은 조현병의 음성 증상은 사람들과의 상호 작용에 너무 많은 노력이 들고 보상은 없을 거라는 예상을 만들면서 사회적 욕동을 감소시킬 수 있다(Gard, Kring, Gard, Horan, & Green, 2007). *둔마된 정동Blunted affect*(표정 및 준언어적 표현의 감소)와 *무언어증alogia* (언어 빈곤)으로 인해 환자들이 실제로 느끼는 것보다 사회적 상호 작용에 덜 참여하는 것으로 보일 수 있다. 환각 및 망상과 같은 정신병적 증상은 환자들을 산만하거나 몰두하게 하여 사회적 상호작용에서 부주의하고 반응이 없고 부적절하게 만든다. 경조증과 조증은 증가된 언어, 성마름, 과대성, 잠재적으로 해로운 결과를 초래하는 활동(예, 간통, 과도한 지출)을 증가시켜 개인의 사회적 관계에 타격을 줄 수 있다. 약물 남용 및 의존은 알코올의 탈억제 효과로 인한 공격성에서부터 약물을 얻으려고 가까운 관계를 조작하는 일에 이르기까지 사회 기능에 중대한 영향을 끼친다.

환경 또한 대인관계기술을 사용하고 기술 훈련의 혜택을 누려야 할 사람들의 능력에 영향을 미친다. 오랜 기간 동안 시설에서 생활하는 사람들의 경우 의미 있는 사회 활동의 기회가 제한적일 때(Wing & Brown, 1970) 그 사람이 가진 대인관계기술과 관계없이 필연적으로 지속적인 사회적 기능의 손상이 따라온다. 유사하게 우울한 사람이 군림하려드는 파트너를 만나면 자신의 느낌이나 선호를 표현하는 등의 적절한 대인관계기술의 사용을 줄이고 노력조차 하지 않으면서 결과적으로 불만족스럽고 불행한 관계를 남긴다.

대인관계기술 훈련의 역사와 이론적 토대
History and Theoretical Foundations of Interpersonal Skills Training

대인관계기술 훈련법은 1950년대와 1960년대로 거슬러 올라가며 임상적 기초는 살터Salter(1949), 볼페Wolpe(1958), 라자루스Lazarus(1966)의 초기 작업에서 발견할 수 있다. 이들의 작업은 가까운 관계에서 수줍음과 불안을 느끼는 사람들을 돕는 데 초점을 두었다. 이 작업의 일부 이론적 기원은 조작적 조건화, 조형 및 사회학습 모델링에 관한 이전 연구에서 유래했다. 정적 강화와 조형(11장과 13장을 보라)의 사용에 대한 스키너Skinner(1953)의 작업은 복잡한 행동을 작은 단위로 쪼개어 더 단순한 행동으로 가르치는 것이 가능하다는 것을 보여 주었다. 반두라Bandura(Ross, & Ross, 1961)는 사회적 모델링 작업을 통해 새로운 사회 행동을 배우는 데 있어 다른 사람들을 관찰하는 것의 힘을 증명해 보였다. 초기 기술 연습 및 정교함을 촉진하기 위한 기법으로 역할 연기에서의 행동 리허설 개발은 사회적 모델링과 조형을 결합하여 대인관계기술을 가르치는 것의 장점을 더욱 부각시켰다. 처음에 기술을 따라해 보고 그 기술의 행동 리허설을 하고 이어서 피드백을 받아 조형해 나가는 식으로 역할 연기를 체계적으로 사용하면 상대적으로 통제된 조건에서 대인관계기술을 효과적으로 배우고 가르칠 수 있다. 그러면 내담자는 자연스럽게 발생하는 상황에서도 이 기술을 연습해 나갈 수 있다.

요컨대 임상의는 먼저 기술을 구성요소로 분해하고 내담자와 함께 검토한 다음 역할 연기를 통해 이 기술을 모델링 해 주면서 대인관계기술 훈련을 제공한다. 시연에 대해 토론한 후 기술을 연습하기 위해 내담자를 역할 연기에 참여시킨 다음 내담자의 행위에 대한 긍정적이며 교정적인 피드백을 제공한다. 그런 다음 임상의는 내담자의 행위를 개선시키기 위해 내담자를 다른 역할 연기에 참여시킨다. 이후 추가적 피드백으로 기술을 조형한다. 내담자와 함께 여러 가지 역할 연기를 진행하고, 기술을 보다 연마하기 위해 각각에 대한 피드백을 준다. 마지막으로 임상가는 내담자의 동의를 얻어 내담자가 실제 상황에서 시도할 기술에 관한 과제를 할당한다.

대인관계기술 훈련의 형식과 전달법
Format and Logistics of Interpersonal Skills Training

기술 훈련을 개인, 집단, 가족 또는 커플 형식으로 제공할 수 있다. 집단 형식의 경우 참가자 수는 모든 사람이 기술을 연습할 수 있는 충분한 시간을 허용하기 위해 대개 6~8명으로 제한한다. 집단 형식의 기술훈련이 일반적으로 보다 효율적이며 여러 역할 모델을 접할 수 있고 다른 집단 구성원의 지지와 격려로 새로운 기술을 시험해 볼 수 있다.

대인관계기술 훈련은 때로는 개입의 주요 초점이 되기도 하며 특정 주제 영역을 다루는 기술의 사전 계획된 커리큘럼이기도 하다. 이러한 프로그램은 전형적으로 심각한 정신 질환을 앓고 있는 사람들을 위한 대화 기술(Bellack, Mueser, Gingerich, & Agresta, 2004), 중독이 있는 사람들을 위한 약물 사용 거부 기술(Monti, Kadden, Rohsenow, Cooney, & Abrams, 2002), 분노 또는 공격성 문제가 있는 사람들을 위한 갈등관리기술(Taylor & Novaco, 2005)과 같이 집단 형식으로 제공된다. 회기는 일반적으로 1 시간에서 1.5 시간 정도 지속되며 1 주일에 1~3 회 실시되며 2~3 개월에서 1년 이상 지속된다.

대인관계기술 훈련은 경계성 인격 장애(Linehan, 1993)를 가진 사람들을 위한 변증법 행동치료 또는 자기 관리 기술을 가르치는 프로그램(14 장을 보라)과 같은 다중 구성요소 프로그램의 일부일 수 있다. 질병 관리 및 회복 프로그램 (Mueser & Gingerich, 2011)은 심각한 정신 질환을 가진 사람들이 치료 제공자와 보다 효과적으로 상호 작용하고 질병 관리에 대한 사회적 지지를 높이도록 돕는 기술 훈련이다. 조현병이나 양극성 장애와 같은 정신 질환자 가족을 위한 프로그램에서는 가족 스트레스를 줄이기 위해 정신질환의 특성에 관한 심리교육과 더불어 의사소통과 문제해결을 병합하여 가르친다(Miklowitz, 2010; Mueser & Glynn, 1999).

개인 심리치료 동안 필요에 따라 대인관계기술을 가르칠 수 있다. 이런 경우 기술훈련은 여러 회기를 통해 회기 당 10 분에서 15 분 정도에서부터 좀 더 긴 시간 동안의 보다 연장된 범위까지 다양하다.

훈련 방법 Training Methods

사용된 치료 양식이나 치료에서의 중요성에 관계없이 대인관계기술 훈련은 표 1에 요약된 체계적인 방법을 사용한다. 대인관계기술 훈련은 기본적으로 아래에 설명된 네 가지 기법을 통합해서 사용한다.

표 1 일반적인 대인관계기술 단계

적극적 경청

- 상대를 보라.
- 머리를 끄덕이거나 미소를 짓거나 "어 - 허" 또는 "좋아요"라고 말하면서 경청하고 있음을 보여주라.
- 더 많은 정보를 얻거나 이해했다고 확신하도록 질문하라.
- 그 사람의 요점을 다시 반복하거나 그가 말한 것에 대해 의견을 말하라.

긍정적 느낌 표현하기

- 긍정적인 얼굴 표정으로 상대를 쳐다보라.
- 당신이 기뻐하는 것에 대해 설명하라.
- 당신이 어떻게 느끼는지 말하라.

요청하기

- 상대를 보라.
- 그가 무엇을 하길 원하는지 설명하라.
- 그렇게 되면 당신의 기분이 어떨지 말하라.

부정적인 느낌을 표현하기

- 심각한 얼굴 표정으로 쳐다보라.
- 당신이 화가 난 것에 대해 설명하라.
- 당신이 어떤 느낌을 받았는지 말하라.
- 앞으로 예방할 수 있는 방법을 제안하라.

타협과 협상하기

- 당신의 견해를 설명하라.
- 다른 사람의 견해를 들어라.
- 다른 사람의 견해를 다시 반복하거나 바꾸어 말하라.
- 타협을 제안하라.
- 둘 다 동의하는 타협안에 도달할 때까지 이야기를 나누라.

칭찬 제공하기

- 상대를 보라.
- 긍정적이고 진실된 음성을 사용하라.
- 좋았던 점을 구체적으로 밝혀라.

특정 대인관계기술의 핵심 구성요소에 초점을 두라

Focus on core components of specific interpersonal skills

조형적 접근을 사용하여 기술을 가르치기 위해 임상의는 먼저 표적 기술의 특정 구성요소에 초점을 두어야 한다. 비언어적이며 준언어적 기술이 의사소통의 언어적 내용과 일치해야 한다. 종종 특정 상황에서 무엇을 말할지 갇혀 있는 사람들을 위해서는 특정 기술의 언어적 내용을 여러 단계로 나누는 것이 도움이 된다. 이러한 단계는 비언어적 또는 준언어적 요소와 결합될 수 있고, 기술을 모델링할 때와 역할 연기 후 피드백을 제공할 때 다시 강조된다. 표 2는 일반적인 대인관계기술을 훈련하는 단계의 예시이다. 임상의가 아니어도 쉽게 접근할 수 있는 광범위한 기술에 대한 광범위한 커리큘럼이다(예, Bellack et al., 2004; Monti et al., 2002).

표 2 대인관계기술 훈련에 대한 일반적인 접근

1. 기술에 대한 근거를 확립하기
• 기술을 간략하게 소개하라. • 질문을 함으로써 기술을 학습하는 이유를 유발하라. • 주어진 모든 이유를 인정하라. • 필요에 따라 추가적인 근거를 제공하라.
2. 기술 단계를 토론하라
• 기술을 3~5가지 구성 단계로 나누라. • 가능한 경우 유인물, 포스터 등을 사용하라. • 각 단계의 이유를 간단히 토론하라.
3. 역할 연기에서 기술을 모델링하라
• 당신이 기술을 시연할 것이라고 설명하라. • 역할 연기 상황의 맥락을 설정하거나 설명하라. • 역할 연기 상황에서 기술을 모델링하라. • 간단하면서도 요점을 유지하라.
4. 내담자와 역할 연기를 검토하라
• 역할 연기에서 어떤 특정 기술 단계가 사용되었는지 토론하라. • 내담자에게 역할 연기의 효과성을 평가하도록 요청하라.
5. 내담자를 동일하거나 유사한 상황의 역할 연기에 참여하게 하라
• 역할 연기에서 그 기술을 사용하도록 내담자에게 요청하라. • 그 사람에게 적절해 보이도록 필요에 따라 상황을 수정하라. • 집단일 경우 피드백을 제공하기 위해 다른 구성원에게 내담자를 관찰하도록 요청하라.

6. 긍정적인 피드백을 제공하라

- 역할 연기에서 무엇을 잘했는지에 대해 구체적이고 긍정적인 피드백을 제공하라.
- 모든 노력을 칭찬하라.
- 잘 수행된 기술 단계 및 행위의 또 다른 측면에 대한 피드백을 주라.
- 집단 형식인 경우, 추가적인 긍정적인 피드백을 제공하기 전에 먼저 집단 구성원으로부터 긍정적인 피드백을 유발하라. 그리고 부정적인 피드백이나 비판을 차단하라.

7. 교정적 피드백을 제공하라

- 내담자가 기술을 더 잘 수행할 수 있는 제안을 하라(처음에는 집단 구성원이 하도록 할 수 있다).
- 하나 또는 두 개의 제안으로 피드백을 제한하라.
- 낙관적이고 긍정적인 방식으로 제안을 전달하라.

8. 내담자를 동일한 상황에 관한 역할 연기에 1 번에서 3 번 이상 참여하게 하라

- 매 역할 연기에서 하나 또는 두 가지의 행동에 변화를 주도록 요청하라.
- 가장 두드러지고 변화가 가능한 행동에 집중하라.
- 변화하려는 특정 행동을 부각시키기 위해 필요할 경우 추가적인 모델링을 사용하라.

9. 각 역할 연기 후 개선된 행위에 대한 추가적인 피드백과 제안을 하라

- 먼저 변화하기로 한 행동에 집중하라.
- 행동 변화를 촉진하기 위해 필요에 따라 추가 교육 전략을 사용하라(예, 코칭, 개시유도법, 모델링).
- 피드백을 제공할 때 관대하지만 구체적으로 하라.
- 내담자가 수행한 마지막 역할 연기에 대한 교정적 피드백은 생략하라.
- 마지막 역할 연기 후 내담자의 행위에 관한 자기 평가를 유발하라.
- 기술 훈련이 집단 또는 가족 형식으로 수행되는 경우 각 구성원에 대해 5~8 단계를 수행하라.

10. 내담자(또는 집단 구성원)에게 스스로 기술을 연습할 과제를 할당하라

- 내담자와 협력하여 과제 할당을 개발하라.
- 다음 회기 전까지 내담자가 적어도 두 번 기술을 연습하도록 목표를 정하라.
- 내담자와의 관련성과 완수 가능성을 극대화하기 위해 과제를 조정하라.
- 내담자가 과제 할당을 완수하는데 일어날 수 있는 장애물을 해결하라.
- 다음 회기 시작 시 할당된 과제를 검토하라.

대인관계기술을 보여주기 위해 역할 연기에서 모델링을 사용하라

Use modeling in role- plays to demonstrate interpersonal skills

통상적인 임상에서는 제대로 활용하지 않지만 대인관계기술에서 모델링은 강력한 기술 훈련 기법이다. 기술 실습을 위해 내담자가 역할 연기에 참여하기 전 임상의가 모델링을 제공하면 내담자는 이를 심리 치료 과정의 일반적인 부분으로 받아들이면서 불안이 감소하고 편안하게 참여한다.

일부 내담자에게서 지시와 언어 피드백만으로는 연속적인 역할 연기에서 기술의 향상이 잘 일어나지 않는다. 이러한 경우 임상의에 의한 추가 모델링이 유용하다. 기술을 다시 시연하기 전 임상의는 행동의 특정 요소(예, 음성 세기, 느낌 진술)에 대해 내담자의 주의를 환기시키고 이어서 내담자가 역할 연기로 그 기술을 다시 시도해 보게 한다. 어떤 경우 두 번의 연속 역할 연기에서 한 번은 빈약한 행위를 보여주고 다른 한 번은 잘 시행한 것을 모델링해 줌으로써 특정 구성 요소의 중요성을 강조하는 것이 도움이 된다. 이후 이를 토론한 다음 내담자가 그 기술을 다시 사용하는 역할 연기를 시도한다.

다중 역할 연기로 사회기술을 조형하기 위해 긍정적이고 교정적 피드백을 사용하라

Use positive and corrective feedback to shape social skills over multiple role- plays

기술훈련 접근법의 기본 가정은 시뮬레이션 된 상황에서 기술을 수행하여 개인의 능력을 향상시키면 자연스럽게 발생하는 상호 작용을 통해 기술의 이전이 촉진된다는 것이다. 역할 연기에서 한 번 기술을 시도하려 "노력한 것"과 반복적으로 연습하고 연마한 것에는 차이가 있다. 일부 학습은 내담자가 처음 한 번의 역할 연기에서 기술을 연습하는 것으로도 발생할 수 있다. 그러나 최고의 학습은 동일한 상황을 연속적으로 역할 연기 해 봄으로써 일어난다. 이것은 임상의로서는 기술의 특정한 뉘앙스까지 표적으로 삼을 수 있고, 내담자로서는 안전한 회기 내에서 이런 변화를 만들어 편안함과 익숙함을 발전시키는 기회가 된다. 따라서 처음 대인관계기술을 훈련할 때 임상의는 내담자를 최소한 두 번의 역할 연기에 참여시켜야 하며, 세 번이 더 좋고, 종종 네 번 이상의 역할 연기에서 최고의 이익을 얻는다.

기술 훈련의 필수조건은 임상의의 모델링, 피드백, 내담자가 수행할 기술을 조형해 주는 지침에 더하여 내담자가 같은 상황에서 같은 기술을 가지고 한 회기 내에서 여러 번의 역할 연기를 해 보는 것이다. 역할 연기마다 피드백을 제공하는 것이 내담자의 학습 경험을 긍정적인 경험으로 만들고 기술 훈련을 가능한 효과적이게 하는 데 있어 결정적이다. 새로운 기술을 배우려는 노력을 강화하고 다시금 시도하는 자발성을 최대화하기 위해 내담자의 역할 연기 후 즉시 부정적 피드백이 주어지기 전에 항상 진지하고 긍정적인 피드백이 먼저 제공되어야 한다. 피드백은 반드시 행동적이며 구체적이어야 하고 잘 수행된 기술의 특정 측면에 주목해야하며 이전 역할 연기보다 다음 역할 연기에서 나아진 구성요소에 대한 언급으로 시작해야 한다.

교정적 피드백의 주요 목적은 내담자의 수행 중 개선될 수 있는 특정 영역을 찾고, 그 영역의 성분 기술 변화에 유념하면서 또 다른 역할 연기에 참여시키는 것이다. 어떤 부분에 초점을 두고 변화시킬 것인지는 결핍의 현저성과 변화할 수 있는 용이성에 달려있다. 예를 들어 내담자의 음성이 매우 낮거나 음색이 약하거나 밋밋한 경우 큰 소리, 강함 또는 표현력이 첫 우선순위가 될 수 있다. 느낌을 묘사하거나 무언가를 특정하지 않는 등 단순히 언어 내용 단계가 생략되었다면 다음 번 역할 연기를 할 때 이 기술을 쉽게 추가시킬 수 있다.

임상의는 긍정적 피드백에 의해 생성된 따뜻한 느낌을 무효화하지 않으면서 교정적 피드백을 제공하는 것으로 전환할 수 있어야한다. 피드백을 간단히 함으로써 이를 달성할 수 있다. 여기서 간단히 한다는 것은 구체적이고 실질적인 교정 피드백을 제공하는 것이며 긍정적이고 낙관적인 태도로 다음 역할 연기에서 내담자의 행위를 향상시킬 수 있는 방법을 신속히 제시하는 것이다. 긍정적 피드백을 준 후에 '그러나' 진술을 사용하는 것을 피하는 것이 좋다(예, "잘 했어요!, 얼굴 표정이 좋았고, 그 역할 연기에서 당신이 무엇을 부탁하는지에 대해 명확했어요. 그러나 그것에 대해 당신이 어떻게 느끼는지를 빼 먹고 말았습니다.").

자가 실습 할당을 개발하라 **Develop home- practice assignments**

인위적인 역할 연기의 특성은 사람들이 자신의 행동이 가져올 좋지 못한 사회적 영향을 걱정하지 않으면서 대인관계기술을 배우고 연습하고 개선할 수 있는 독특한 기회를 제공하는 것이다. 이것은 숙련된 정도가 그대로 결과로 경험되는 실제 사회 상황에서의 실습과 차이가 있다. 하지만 내담자가 개선된 대인관계기술의 이점을 실감할 수 있으려면 이러한 기술을 혼자서 사용해 보는 정기적인 노력을 기울여야한다.

자가 실습을 통해 이어가도록 하라. 첫째, 회기 밖에서 기술을 연습해야 하는 이론적 근거를 확립한 후 임상의와 내담자는 공동으로 이해, 승인 및 실행 가능성을 보증하는 자가 실습을 개발하여야 한다. 둘째, 과제 할당은 구체적이어야 하며 내담자가 기술을 사용할 횟수, 어떤 상황이나 누구와 있을 때 기술을 사용할지, 과제를 어떻게 기억해낼지 등의 계획을 포함한다. 셋째, 임상의와 내담자는 자가 실습 할당을 따를 때 발생하는 가능한 장애물을 예상하고 그러한 장애물에 대한 해결책을 미리 찾아 두어야 한다.

과제 할당은 기술의 일반화를 촉진하기 위한 표준 방법이지만 주요한 인지적 도전이나 증상이 심한 내담자에게는 추가적인 전략이 필요하다. 한 가지 전략은 자연적 환경에서 새로 학습된 기술을 시도할 때 내담자에게 지지적 경험을 제공하기 위해 고안된 실전 연습 여행in vivo practice trips을 이용하는 것이다(Glynn et al., 2002). 임상의들은 일반적으로 집단으로 기술 훈련을 시행할 때 이런 여행을 제공한다. 여기서 내담자는 지역 사회에 있는 정기 단체 여행에 참여하여 자신들이 배운 기술을 시도해 본다.

일반화를 촉진하기 위한 또 다른 전략은 토착 지지자indigenous supporters들을 참여시키는 것이다(Wallace & Tauber, 2004). 준전문직 직원이 주거 또는 장기 입원 환경에 거주하는 사람들을 위해 토착 지지자 역할을 할 수 있지만, 일반적으로 *토착 지지자*는 내담자와 비전문적인 관계에 있는 지인들이다(예, 가족, 친한 친구). 회기 밖의 내담자와 관련되어 있으므로 이들 지지자는 내담자의 기술사용을 개시유도하고 강화하는 이상적인 위치에 있다. 이들을 참여시키기 위해 임상의는 토착 지지자가 기술훈련 프로그램의 성격을 이해하고 그 목표를 지지할 수 있도록 (내담자의 동의하에) 그들을 참여시킬 필요가 있다. 그런 다음 정기 회의에서 임상의는 지지자와 최근 표적기술에 관한 정보를 공유하고 기술을 사용하기에 적합한 상황을 찾고, 내담자가 시도했던 기술이나 지지자가 개시유도했던 노력이 있었으면 이에 대한 피드백을 받는다.

변화의 과정 Processes of Change

대인관계기술 훈련이 어떻게 사회적 기능을 향상시키는지에 대해서는 아마도 여러 변화의 과정이 관여할 것이다. 기술훈련 모델을 이끌어낸 주도적인 개념화를 따르자면 효과적 사회관계는 사회 기술 요소들이 통합되어야 하는데, 그 요소들을 배우지 못했거나 사용하지 않음으로 해서 소실된 것이 있다면 사회적 기능을 저해한다는 것이다. 기술훈련 접근법은 이러한 개념화를 기반으로 조형 및 광범위한 연습을 통해 개인의 대인관계기술 레퍼토리를 증가시키고 내담자가 원할 때 자동으로 기술을 수행할 수 있는 수준에 이르도록 도우려는 목적으로 개발되었다. 빈약한 사회기술은 심리 사회적 기능의 악화와 관련이 있었다. 개입이 없다면 시간이 지나도 대인관계기술은 그대로였지만, 기술훈련을 했을 때 사회기술과 사회적 기능 두 가지 모두를 향상시켰다(Bellack, Morrison, Wixted, & Mueser, 1990, Kurtz & Mueser, 2008). 개선된 사회 기술이 사회적 기능의 증진을 매개하는지 여부는 여전히 향후의 연구과제로 남아 있다.

대인관계기술을 수행할 능력은 있지만 기회가 생겼을 때 이를 사용하지 못하는 사람들도 대인관계기술 훈련으로 혜택을 받는 것으로 보인다. 예를 들어 일부 내담자는 우울증이 있거나 사회적 패배를 예측하기 때문에(Granholm, Holden, Link, McQuaid, & Jeste, 2013) 성공적인 사회적 상호작용에 대한 자기 효능감이 낮다(Pratt, Mueser, Smith, & Lu, 2005). 이 때 기술 훈련 그 자체가 긍정적이고 수인적인 속성이 있고, 추가적으로 치료자가 협력적으로 각기 다른 상황에서 기술을 사용해 보자고 동의를 구할 때 내담자는 자신의 기술을 사용하도록 격려 받는다. 이로써 내담자는 자신의 부정확한 신념이 도전 받는 긍정적 사회 경험을 한다. 인지행동 사회기술 훈련 프로그램은 사회기술 훈련과 인지행동치료를 결합하여 두 가지 과정 모두를 활용하려는 프로그램이다. 이를 통해 사회적 목표 추구를 방해하는 자신과 타인의 부정확한 인식에 도전하고자 한다(Granholm, McQuaid, & Holden, 2016).

대인관계기술 훈련의 효과에 기여할 수 있는 이 외의 변화 과정은 노출과 한층 높은 감정적 수용이다(18 장과 24 장을 보라). 역할 연기는 안전한 환경에서 다소 불편을 유발한다. 하지만 내담자가 사회적 목표를 추구하면서 이런 상황에 계속 반복적으로 노출한다면 역할 연기 때와 비슷한 불편함을 유발하는 사회적 상황에서 회피를 줄일 수 있다.

사례 연구 Case Study

주안Juan은 분열형 인격 장애를 가진 32세의 라틴계 남성이었다. 그가 말한 걱정은 직장 문제였다. 주안은 대기업에서 근무하는 컴퓨터 기술 컨설턴트였으며 직원의 노트북 및 개인용 컴퓨터에 대한 수리 및 소프트웨어 업데이트를 제공했다. 그는 종종 직장에서 불편함을 느끼고 직장을 잃을까봐 두려워한다는 염려를 표했다. 임상의는 주안과 함께 두 회기를 통해 그의 배경 정보를 얻고 보다 철저한 직업 경력을 작성하여 주안이 관리하기 어려워하는 특정 상황을 파악했다.

주안은 자신이 수리해 주는 컴퓨터 사용자인 다른 직원들과의 소통, 상사의 피드백에 응답하기, 다른 컨설턴트 동료와 어울리는 것에 어려움을 겪는다는 것을 알게 되었다. 임상의는 이러한 상황에서 주안의 대인관계기술을 평가하기 위해 일련의 역할 연기를 설정하여 그를 참여시켰다. 이 평가에 따르면 주안은 비공식적인 상호 작용이나 휴식 시간에 동료들과 있거나 그들의 컴퓨터를 수리할 때 직원들과의 가벼운 대화에 참여하는 데 어려움을 겪었다. 또한 자신들의 컴퓨터를 수리하는 것에 불안해하는 직원들에게 대응하기 어렵다는 것도 발견했다. 주안은 왜 그가 직원이나 동료들과 그렇게 많이 상호작용을 해야 하는지 이해하지 못했고, 자신이 일을 할 수 있도록 그냥 혼자 내버려 두면 좋겠다고 생각했다. 마지막으로 주안은 상사의 부정적 피드백을 듣고 힘들어했고 상사로부터 직무 수행을 개선시키기 위한 제안을 들어야 했다.

이러한 문제를 해결하기 위해 임상의는 주안을 교육하기 위한 몇 가지 기술을 확인했으며 평가를 위해 처음 개발한 것과 동일한 역할 연기 상황을 이용하여 기술을 가르친 다음 더 나은 회기 실습을 촉진하기 위해 추가적인 역할 연기 상황을 개발하였다.

임상의는 또한 주안과의 대화에서 직장에서의 비공식적인(또는 "사소한") 사회적 상호작용의 중요성에 대해 이야기하고 자신의 기술적 전문성과 유사한 것, 즉 이런 상황의 대인관계기술은 그의 직업의 또 다른 부분이 될 수 있다는 것으로 개념화하여 도움을 주었다. 임상의는 대화기술 향상을 표적으로 동료 및 직원과 상호작용하는 주안의 불편함을 줄여주었다. 이러한 기술에는 비공식적 친교를 위한 주제(예, 스포츠, 날씨, 지역뉴스) 파악하기, 다른 사람들의 말 적극적으로 경청하기, 자신의 관점을 제시하면서 다른 사람들의 의견에 반응하기, 간단한 대화를 우아하게 끝내기 등이 있었다.

컴퓨터를 수리해야 하는 상황을 불안해하는 직원들에게 대처하기 위해 임상의는 주안이 그들의 우려 사항을 다시 말하면서 그들의 염려를 인정한 다음, 자신의 적절한 수리로 그 염려를 덜어 주는 안심 제공하기를 교육하였다. 상사의 피드백에 대한 주안의 반응 능력을 향상시키기 위해 임상의는 주안이 제대로 이해했다는 것을 보여주기 위해 상사가 말한 것을 재반영하고, 자신의 행위를 향상시킬 수 있는 방법에 관한 명료화를 구하고 원하는 변화를 시도했을 때 피드백을 달라고 요청하는 것을 교육하였다.

기술훈련은 6 개월 동안 24 회기로 제공되었다. 그들은 각 회기의 대부분을 매 2~3 회 회기마다 새롭게 배울 기술을 도입하여 이를 역할 연기 하는 것으로 보냈다. 주안은 직장에서 이 기술을 연습할 계획을 세웠으며 할당된 실습과제를 검토하고 필요에 따라 추가적인 훈련을 실시하기 위해 역할 연기를 사용하였다. 그리고 이전에 배운 기술을 검토하였다. 주안은 기술훈련에 쉽게 참여했으며 치료 과정동안 대인관계기술이 여러 표적 상황에서 개선되었으며 직장에서의 불편함이 현저히 줄어들었다. 치료가 끝날 무렵 주안은 자신의 일에 상당한 개선이 있었고 상사가 승진을 권고했다고 보고하였다.

결론 Conclusions

효과적인 대인관계기술은 가까운 관계의 질에 중요한 역할을 하며 직장, 학교 또는 육아 뿐 아니라 자기 돌봄 및 독립생활과 같은 다른 삶의 영역에 많은 영향을 미친다. 특정 분야의 빈약한 대인관계기술은 어려움과 부적응에 기여하는 공통된 요소이며 사람들이 심리치료를 찾는 많은 문제의 근간을 이루고 있다. 대인관계기술을 교육하는 것은 모든 인지 및 행동 임상의에게 필요한 핵심 역량이다. 임상의는 복잡한 기술을 보다 단순한 구성요소 또는 단계로 분류하고 역할 연기에서 기술을 모델링하고 기술 실습을 위해 내담자를 역할 연기에 참여시키고 역할 연기 이후 긍정적이며 교정적인 피드백을 제공하고 내담자가 회기 밖에서 기술을 실습하기 위해 과제 할당을 개발하는 체계적인 교육 방법을 사용하여 대인관계기술을 가르칠 수 있다. 대인관계기술 훈련은 사회적 기능 및 지역사회 적응을 향상시키고 직업 기능, 약물 남용, 가족 및 부부 갈등 그리고 치료 제공자와의 협력 문제 등을 도와줄 수 있다.

참고문헌

Augoustinos, M., Walker, I., & Donaghue, N. (2006). *Social cognition: An integrated introduction*. London: Sage Publications.

Bandura, A., Ross, D., & Ross, S. A. (1961). Transmission of aggression through the imitation of aggressive models. *Journal of Abnormal and Social Psychology, 63*(3), 575–582.

Bellack, A. S., Morrison, R. L., Wixted, J. T., & Mueser, K. T. (1990). An analysis of social competence in schizophrenia. *British Journal of Psychiatry, 156*(6), 809–818.

Bellack, A. S., Mueser, K. T., Gingerich, S., & Agresta, J. (2004). *Social skills training for schizophrenia:A step-by-step guide* (2nd ed.). New York: Guilford Press.

Coyne, J. C., Kessler, R. C., Tal, M., Turnbull, J., Wortman, C. B., & Greden, J. F. (1987). Living with a depressed person. *Journal of Consulting and Clinical Psychology, 55*(3), 347–352.

Gard, D. E., Kring, A. M., Gard, M. G., Horan, W. P., & Green, M. F. (2007). Anhedonia in schizophrenia: Distinctions between anticipatory and consummatory pleasure. *Schizophrenia Research, 93*(1–3),253–260.

Glynn, S. M., Marder, S. R., Liberman, R. P., Blair, K., Wirshing, W. C., Wirshing, D. A., et al. (2002). Supplementing clinic-based skills training with manual-based community support sessions: Effects on social adjustment of patients with schizophrenia. *American Journal of Psychiatry, 159*(5), 829–837.

Granholm, E., Holden, J., Link, P. C., McQuaid, J. R., & Jeste, D. V. (2013). Randomized controlled trial of cognitive behavioral social skills training for older consumers with schizophrenia: Defeatist performance attitudes and functional outcome. *American Journal of Geriatric Psychiatry, 21*(3), 251–262.

Granholm, E. L., McQuaid, J. R., & Holden, J. L. (2016). *Cognitive-behavioral social skills training for schizophrenia: A practical treatment guide*. New York: Guilford Press.

Kurtz, M. M., & Mueser, K. T. (2008). A meta-analysis of controlled research on social skills training for schizophrenia. *Journal of Consulting and Clinical Psychology, 76*(3), 491–504.

Lazarus, A. A. (1966). Behaviour rehearsal vs. non-directive therapy vs. advice in effecting behaviour change. *Behaviour Research and Therapy, 4*(3), 209–212.

Liberman, R. P., DeRisi, W. J., & Mueser, K. T. (1989). *Social skills training for psychiatric patients*. Needham Heights, MA: Allyn and Bacon.

Linehan, M. M. (1993). *Cognitive behavioral treatment of borderline personality disorder*. New York: Guilford Press.

Lyman, D. R., Kurtz, M. M., Farkas, M., George, P., Dougherty, R. H., Daniels, A. S., et al. (2014). Skill building: Assessing the evidence. *Psychiatric Services, 65*(6), 727–738.

Miklowitz, D. J. (2010). *Bipolar disorder: A family-focused treatment approach* (2nd ed.). New York: Guilford Press.

Monti, P. M., Kadden, R. M., Rohsenow, D. J., Cooney, N. L., & Abrams, D. B. (2002). *Treating Alcohol dependence: A coping skills training guide* (2nd ed.). New York: Guilford Press.

Mueser, K. T., Bellack, A. S., Douglas, M. S., & Morrison, R. L. (1991). Prevalence and stability of social skill deficits in schizophrenia. *Schizophrenia Research, 5*(2), 167–176.

Mueser, K. T., & Gingerich, S. (2011). *Illness management and recovery: Personalized skills and strategies for those with mental illness* (3rd ed.). Center City, MN: Hazelden Publishing.

Mueser, K. T., & Glynn, S. M. (1999). *Behavioral family therapy for psychiatric disorders* (2nd ed.). Oakland, CA: New Harbinger Publications.

Mueser, K. T., Grau, B. W., Sussman, S., & Rosen, A. J. (1984). You're only as pretty as you feel: Facial expression as a determinant of physical attractiveness. *Journal of Personality and Social Psychology, 46*(2), 469–478.

Penn, D. L., Corrigan, P. W., Bentall, R. P., Racenstein, J. M., & Newman, L. (1997). Social cognition in schizophrenia. *Psychological Bulletin, 121*(1), 114–132.

Pratt, S. I., Mueser, K. T., Smith, T. E., & Lu, W. (2005). Self-efficacy and psychosocial functioning in schizophrenia: A mediational analysis. *Schizophrenia Research, 78*(2–3), 187–197.

Salter, A. (1949). *Conditioned reflex therapy*. New York: Creative Age Press.

Skinner, B. F. (1953). *Science and human behavior*. New York: Simon and Schuster.

Taylor, J. L., & Novaco, R. W. (2005). *Anger treatment for people with developmental disabilities: A theory, evidence and manual based approach*. Chichester, UK: John Wiley and Sons.

Wallace, C. J., & Tauber, R. (2004). Supplementing supported employment with workplace skills training. *Psychiatric Services, 55*(5), 513–515.

Wing, J. K., & Brown, G. W. (1970). *Institutionalism and schizophrenia: A comparative study of three mental hospitals 1960–1968*. Cambridge, UK: Cambridge University Press.

Wolpe, J. (1958). *Psychotherapy by reciprocal inhibition*. Stanford, CA: Stanford University Press.

인지 재평가
Cognitive Reappraisal

에이미 웬즐 Amy Wenzel, PhD • 미국 전문심리학 이사회 펜실베니아대학 의학부

정의와 배경 Definitions and Background

2000여 년 전 그리스 철학자 아리스토텔레스Aristotle는 "사고를 받아들이지 않고 이를 즐길 수 있는 것이 교양 있는 마음의 표식이다."라고 했다. 오늘날 모든 이론적 지향의 정신건강 전문가들은 자신이 절대적인 진리로 여기는 부정적이며 판단적인 사고와 신념으로 인해 삶이 방해 받고 있는 내담자들과 함께 작업하고 있다. 이러한 내담자의 요구를 해결하기 위해 인지행동치료 계열의 치료 패키지에는 부정적 사고와 신념을 인식하고 이를 다루는 전략이 포함되어 있다.

*인지 재평가*Cognitive reappraisal는 사람들이 자신의 감정반응을 바꾸기 위해 자극의 의미를 재해석하는 전략이다(Gross, 1998). 많은 인지행동치료 패키지에서 인지 재평가로 사용되었던 전통적인 접근법은 *인지 재구조화*cognitive restructuring이다. 이는 임상의가 내담자의 감정적 고통과 관련된 도움 되지 않는 사고를 인식하고 필요한 경우 이를 수정하도록 돕는 체계적인 유도 과정이다. 이것은 아론 백Aaron T. Beck의 인지치료 접근법에서 핵심이 되는 전략적 개입이다(A. T. Beck, Rush, Shaw, & Emery, 1979). 재해석과 생각 바꾸기와 달리 *인지적 탈융합*cognitive defusion은 자신의 사고로부터 거리를 두는 능력으로 그 사고가 존재할 때조차도 계속 거리를 둘 수 있다(Hayes, Strosahl, & Wilson, 2012). 이를 통해 사람들은 자신의 생각에 부착된 중요성을 내려놓을 수 있다(더 많은 논의는 이 책의 23장을 보라). 규칙적으로 인지 재평가 및 탈융합을 사용하면 경험하는 사고가 무엇이든 관계없이 *심리적 유연성*psychological flexibility 또는 현재 순간에 완전히 머물면서 가치 있는 활동에 참여할 수 있는 능력이 증진된다. 이 장에서는 인지 재구조화를 제공하는 기술에 관한 설명을 통해 인지 재평가를 보여줄 것이다. 그러나 이 장은 또한 심리적 유연성을 획득하기 위해 함께 사용할 수 있는 탈융합과 현재 순간 인식에 초점을 맞추는 방법도 설명하고 있다.

점점 더 많은 연구에서 인지 재평가가 치료에서 원하는 결과를 가져다주는 기제에 관심을 갖고 있다. 벡 인지행동치료Beckian CBT의 가장 중심적인 교리는 아마도 인지가 삶의 경험과 인간의 감정 및 행동 반응 사이를 매개한다는 것이다(Dobson & Dozois, 2010을 보라). 이 개념을 뒷받침할 자료가 일부 분명히 존재한다(Hofmann, 2004; Hofmann et al., 2007). 동시에 이 전제를 뒷받침하지 않는 연구도 존재한다. 뒷받침하지 않는다는 연구의 근거는 다음과 같은 것들이 있다. (a) 뒷받침한다는 연구가 매개를 명확하게 증명하기 위해 필요한 변수와 통계적 시험을 포함하지 않았고(Smits, Julian, Rosenfield, & Powers, 2012), (b) 매개인자의 변화 이전에 감정적 고통의 증상에 변화가 발생하거나(예, Stice, Rohde, Seeley, & Gau, 2010), (c) 문제 있는 인지의 변화가 결과를 단순히 예측하지 못했거나(Burns & Spangler, 2001), (d) 인지행동치료가 아닌 비인지행동치료(예, 약물 요법)에서도 인지행동치료에서만큼 문제가 되는 인지의 변화를 보였다는 것이다(DeRubeis et al., 1990). 보다 최근의 연구는 인지 재평가가 *탈중심화*decentering 과정, 즉 사고가 특정한 행동 과정을 반드시 요구하는 진실이라기보다는 단순한 정신적 사건일 뿐임을 인식하는 능력을 통해 그 효과를 발휘할 가능성을 제시한다(Hayes-Skelton & Graham, 2013).

인지행동치료자가 내담자에게 인지 재평가를 사용할 때 다음 세 가지 수준의 인지를 표적으로 한다. (a) 특정 상황에서 떠오르는 사고(즉, 자동사고), (b) 사람들이 사건을 해석하고 행동적으로 반응하는 특징적인 방법을 유도하는 조건적 규칙 및 가정(즉, 중간 신념), (c) 사람들이 자신, 타인, 세상 또는 미래에 관해 붙들고 있는 근본적인 신념(즉, 핵심신념)이다(J. S. Beck, 2011을 보라). 내담자인 리사Lisa가 친구의 베이비 샤워에 초대받지 못한 혼란스러운 상황을 설명하고 있다고 생각해보자. 그녀의 자동사고는 "내 친구가 나를 좋아하지 않는다."와 같은 것일 수 있다. 이 자동사고는 "누군가 진정한 친구라면 중요한 사회적 행사에 그 사람을 초대 할 것이다."와 같은 조건적 가정과 관련될 수 있다. 핵심신념은 "나는 사람들에게 반갑지 않은 사람이다." 같은 것이다. 시간이 지남에 따라 인지 재평가를 통해 내담자는 특정 상황에서 그들이 경험하는 자동사고가 자신이 가지고 있는 기저의 신념을 반영한다는 것을 알 수 있다. 인지 재평가는 내담자가 부적응 사고maladaptive thinking(즉, 부정확하거나, 과장되거나, 정확할 지라도 단순히 도움이 되지 않는 사고)를 인식하도록 생각을 늦추고 (a) 자신의 생각이 가능한 정확하고 도움이 될 수 있도록 전략적 행위를 취하거나, (b) 자신의 생각이 현실과 관련이 없는 단순한 정신 활동임을 알고 원하는 방식으로 삶을 영위할 수 있는 자신의 능력을 인식하는 것이다. 다음 절에서는 인지행동치료자가 자주 사용하는 인지 재평가 접근법인 인지재구조화를 전달하는 기술을 설명한다.

실행 Implementation

인지 재구조화는 일반적으로 자동사고 또는 기저 신념의 확인 / 평가 / 수정이라는 세 단계로 이루어진다. 다음 절에서는 이러한 각 단계를 실행하기 위한 지침을 제공한다.

부적응적 사고 찾기 **Identifying Maladaptive Thinking**

임상의가 내담자의 정동에 있어 어떤 분명한 부정적 변화를 알아차릴 때 "방금 당신의 마음에 무엇이 지나갔습니까?"라고 묻는다. 내담자가 사고를 찾아내면 임상의는 그들이 경험하고 있는 감정이 무엇인지를 묻는다. 이 단계는 인지와 감정 사이의 연관성을 더욱 강화시키는 역할을 하며 내담자가 감정적 고통과 관련된 핵심 사고를 인식하고 자신의 사고 속도를 충분히 늦추는 연습을 할 수 한다. 일단 내담자가 하나 이상의 감정을 확인해 주면 임상의는 0 ~ 10 리커트 유형 척도(예, 0 = 매우 낮은 강도, 10 = 상상할 수 있는 가장 심한 감정적 고통)나 백분율(예, 30 %, 95 %)을 사용해서 감정의 강도를 평점하도록 요청한다. 어떤 경우에는 임상의가 내담자에게 자동사고를 믿는 정도를(유사한 유형의 척도를 사용하여) 평점하도록 요청한다. 인지 재구조화 과정에서 초기 감정의 강도를 평점한 것에 대해 함께 기준을 잡아두는 것이 중요하다. 왜냐하면 인지 재구조화가 효과적이었던 정도를 나중에 이 점수를 사용해서 비교할 것이기 때문이다.

이런 연습은 간단해 보이지만 실제로는 많은 내담자에게 어려울 수 있다. 사람들 대부분은 자신의 감정 고통과 관련된 핵심 사고를 찾기 위해 생각의 속도를 늦추는 연습을 해 보지 않았다. 따라서 다음 세 가지 이유로 인지를 사려 깊게 찾아보는 단순한 행위 그 자체만으로도 치료적 가능성을 가진다. (a) 인지 모델을 강화하면서 그 모델이 내담자의 삶과 관계해 온 방식을 설명하고, (b) 정신 건강 문제를 악화시키는 심리적 과정에 대한 알아차림을 일으키고, (c) 일부 내담자에게 발생할 수 있는 부정적 사고의 "폭주 열차runaway train"를 막는다. 내담자가 사고를 찾는 것을 어려워할 때 인지행동치료자는 내담자에게 자신의 감정적 반응에 비추어 무슨 생각을 하게 될 지 "추측"해 보라고 하거나 내담자가 택할 수 있는 선택지를 제공할 수 있다. 또한 일부 내담자는 끔찍한 미래 결과에 대한 이미지를 가지고 있거나 과거 당황스러웠던 기억을 보고할 수 있으므로 구두 언어 형태의 사고보다는 이미지의 존재 여부를 평가할 수도 있다.

시간이 지남에 따라 내담자는 자동사고를 찾고 이를 가지고 작업하는 기술을 익힌다. 이 시점에서 많은 인지행동치료자는 기저의 신념(즉, 중간 수준의 조건적 규칙과 가정, 핵심신념) 수준에서 작업하는 것으로 초점을 이동하려 할 것이다. 기저의 신념을 확인하는 데는 여러 가지 방법이 있다. 내담자는 그간 치료를 하면서 이런 저런 모습을 지녔던 자동사고 안에 어떤 공통된 주제를 파악할 수 있다. 치료자로서는 *하향식 화살 기법downward arrow technique*을 사용할 수도 있는데 이 기법에서는 치료자가 반복적으로 내담자의 자동사고와 관련한 의미를 탐색해 들어가게 되고 내담자의 자동사고 아래에 더 이상의 추가적인 의미가 없는 근본적인 의미를 찾게 된다(Burns, 1980). 리사의 초기 사례를 떠올려 보자. 리사는 친구의 베이비 샤워에 초대받지 못했다는 것을 깨달았을 때 "내 친구는 나를 좋아하지 않는다."라는 자동사고를 찾아냈다. 그녀의 치료자는 하향식 화살 기법을 이용하여 "당신이 초대받지 않았다는 것은 무엇을 의미합니까?"라고 물었다. 리사는 "우리가 애초부터 친구가 될 수 없었다는 것을 의미해요."라고 대답했다. 치료자가 계속해서 "당신이 애초부터 친구가 될 수 없었다는 것은 당신에게 무엇을 의미합니까?"라고 묻자 리사는 "내 친구들보다 내가 그들에게 더 많이 투자했다는 것을 의미합니다."라고 답했다. 치료자는 "만약 그들이 당신에게 투자하는 것보다 당신이 그들에게 더 많은 투자를 했다면 그것은 당신에게 무엇을 말하나요?"라고 대화를 이어갔다. 리사가 눈물을 흘리고 몸을 흔들면서 핵심신념으로 반응했다. "그건 내가 사람들에게 전혀 반갑지 않은 존재라는 거죠." 내담자가 눈물을 흘리거나 몸을 떨거나 눈 마주침을 회피하는 등의 행동과 함께 회기 중에 유의미한 정서반응을 보일 때 이는 그들의 자동사고의 기초가 되는 강력한 신념이 확인되었다는 또 다른 단서가 될 수 있다.

부적응적 사고 평가하기 ***Evaluating Maladaptive Thinking***

내담자가 자신의 감정적 고통을 악화시킬 수 있는 사고와 신념을 인식하게 되었다면 이제 그 사고의 정확성과 유용성 및 내담자가 거기에 과도한 의미를 두고 있는 정도에 대해 재고해 볼 수 있다. 많은 임상의들은 이를 두고 부적응 사고에 "도전하기 challenging"라 말하지만 이보다는 임상의와 내담자가 탐정처럼 공동으로 증거를 조사하거나 또는 과학자가 자료를 평가한 다음 결론을 도출하는 것(가설-검증 접근)처럼 보다 중립적 입장으로 접근하는 것이 낫다. 대부분의 임상의들은 그들과 함께 하는 거의 모든 내담자의 생각 속에 (그리 많은 진실은 아니더라도) 일말의 진실이 있다는 것을 발견한다. 따라서 그들의 사고가 완전히 이상하다는 것을 전제로 하지 않는 것이 중요하다. 많은 임상의는 내담자의 생각이 정확하다는 것을 인정하고 감내하면서도 부정확한 부분을 수정하는 것 사이에 균형을 맞추어 주는 "균형balanced"사고를 목적으로 한다(반면 다른 임상의들 특히 수용 기반 접근법을 취하는 사람들은 사고의 내용을 변화하려는 대신 부적응 사고로부터 거리를 두는 방식의 인지적 탈융합을 사용한다는 것을 언급해야 할 것이다).

부적응적 사고를 평가하는 데 임상의가 사용할 수 있는 단 하나의 공식은 없다. 오히려 임상의는 스스로 *협력적 경험주의collaborative empiricism* 입장에서 하고 있는지 또는 내담자의 사고나 행동에 관한 결론을 검토하고 도출하는 데 있어 내담자와 공동의 작업으로 과학적 접근을 취하고 있는지를 염두에 두어야 한다. 임상의는 내담자에게 어떻게 생각하라고 말하기보다 *유도 발견법*guided discovery을 이용한다. 이는 임상의가 유도를 하긴 하지만 개방적인 질문(즉, 소크라테스식 질문)을 던지는 것이고, 내담자가 자신의 생각을 평가하고 삶의 조건을 바라보는 대안적 접근을 개발할 수 있도록 개시유도를 통해 새로운 경험을 설정해 주는 것이기도 하다. 다음 단락에서 전형적인 소크라테스식 질문들을 보여줄 것이다.

아마 부적응적 사고를 평가하는 가장 쓸모 있는 방법은 "이 사고나 신념을 지지하는 증거는 무엇인가?", "이 사고나 신념에 일치하지 않는 증거는 무엇인가?"라고 묻는 것이다. 소크라테스식 질문의 이 대목을 맞닥뜨린 내담자는 종종 사고나 신념과 일치하지 않는 그 많은 증거들을 무시하고 부적응적 사고를 지지하는 증거에만 전적으로 초점을 맞추고 있는 자신을 발견한다. 이제 그들의 사고와 관련 있는 모든 종류의 증거를 고려해 보게 되면 종종 원래의 사고나 신념이 지나치게 비관적이거나 자기 비하 또는 비판적이었다는 것을 보게 된다. 많은 임상의들이 이 도구로 큰 성공을 거두겠지만 두 가지 주의할 점이 있다. 첫째, 내담자는 때때로 자신의 생각을 지지하는 증거를 찾아내지만 진정한 사실은 아니기도 하고 거기에 너무 많은 의미를 부여하기도 한다. 예를 들어 리사에게 그녀의 친구가 자신을 좋아하지 않는다는 증거를 대 보라고 했을 때 그녀는 베이비 샤워에 초대되지 않았다는 사실을 들었다. 비록 이 진술이 사실일 수 있지만 리사는 베이비 샤워에 초대 받는 것과 친구가 좋아하는 것을 동격으로 보고 친구가 자신을 좋아하지 않는다고 결론을 내림으로써 부정적 해석을 가하고 있다. 따라서 때로는 내담자가 찾아낸 증거가 인지 재구조화의 대상이 될 수 있다. 둘째, 강박 장애를 가진 내담자와 함께 작업하는 임상의는 증거의 검토를 신중하게 사용할 필요가 있다(Abramowitz & Arch, 2013). 왜냐하면 이 도구 자체가 강박적 자동 사고와 관련된 불안을 최소화하는데 이용되는 강박행동이 될 수 있기 때문이다.

내담자가 삶에서 역경을 경험할 때 이를 종종 개인적 단점으로 귀인하여 감정적 고통을 악화시킬 수 있다. *재귀인*Reattribution은 인지 재구조화 기법으로서 내담자가 오로지 자신이 한 것이나 자신에게 잘못되어 있는 어떤 것에 (그리고 부정확하게) 집중하는 것이 아니라 사건이 발생한 이유에 대해 가능한 많은 설명을 해 보는 방법을 배우는 것이다. 이 기법을 사용하는 임상의는 소크라테스식 질문을 던진다. "이 불행한 상황에 대한 또 다른 설명이 있습니까?" 리사의 치료자가 재귀인을 사용하여 베이비 샤워에 초대받지 못했다는 사실에 대한 또 다른 가능한 설명을 생각해 보자고 했을 때 그녀는 친구에게는 큰 가족이 있으며 종종 가족만이 이러한 행사에 초대되었다는 것, 또 베이비 샤워를 조직하고 손님을 초대한 사람은 친구 자신이 아닌 다른 사람일 수 있다는 것, 그녀와 그녀 친구는 최근 따뜻하고 좋은 대화가 가득한 점심 식사 만남을 가졌다는 것을 인정했다. 재귀인을 사용하는 임상의는 때로는 내담자와 함께 파이 도표pie chart를 그려서 어려움에 대한 다양한 설명을 그래픽 형식으로 할당해 볼 수 있다.

모든 임상의는 *재앙화catastrophize* 또는 미래에 끔찍한 일이 자신이나 가족에게 일어날 것이라고 걱정하는 내담자를 만나게 된다. 이 때 임상의들은 내담자들에게 일어날 수 있는 최악의 결과 / 최상의 결과 / 그리고 가장 현실적인 결과를 확인하도록 요청하는 일련의 소크라테스식 질문으로 시작하는 것이 인지행동치료 전통이었다. 대부분의 내담자는 가장 현실적인 결과가 최악의 결과보다는 최상의 결과와 훨씬 더 가깝게 있다는 것을 확인한다. 그러나 일부 내담자 특히 불안 장애를 가진 내담자는 이 도구를 사용할 때 이에 상응하여 감정적 고통이 감소하는 것을 경험하지 않고 오히려 그들이 최악의 결과가 일어나면 그것을 감당하기 너무 어렵다고 주장한다. 하지만 이러한 내담자 중 상당수는 최악의 결과가 생기면 어떻게 대처할지 평가해 보라 할 때 이에 잘 반응하고, 심지어 이를 어떻게 진행할 것인지 개요를 개발하는 *탈재앙화 계획decatastrophizing plan*까지 잘 해 낸다. 비록 이 도구가 불안을 관리하고 문제 해결 지향을 고취하는 데 도움이 될 수 있긴 하지만, 오히려 위험과 불확실성을 감내하는 것이 내담자를 돕는 최선의 기술이 될 때조차도 불확실성을 감소시키는 역할로 작용 할 수 있음을 주의하여야만 한다(역주, 불확실성 자체를 받아들이면 좋을 상황에서도 불확실성을 줄이려는 세부사항에 집착하게 만들 수 있다).

때로 내담자가 자신의 내부 경험에 둘러싸여 감정적 고통으로부터 논리를 분리하는 데 어려움을 겪는다. 문제 상황으로부터 어느 정도 거리를 두기 위해 임상의는 소크라테스식 질문을 제기할 수 있다. "당신 친구가 이 상황에 놓여 있다면 그에게 무엇을 말해줄 수 있겠습니까?" 내담자는 종종 자신에게보다 친구에게 말할 때 뭔가 다른 점을 말할 수 있고 훨씬 더 균형을 잡을 수 있음을 알게 된다. 이를 통해 그들이 왜 다른 사람보다 자신을 다르게 대하는지 평가하도록 개시유도할 수 있다.

임상의는 모든 자동 사고가 부정적이거나 부정확한 것이 아님을 인식하는 것이 중요하다. 경우에 따라 자동 사고는 매우 실제적이면서 어려운 현실을 나타낸다. 이 때 이러한 사고의 정확성을 평가하기 위한 질문을 유도되는 것은 금기가 된다. 그럼에도 불구하고 내담자의 사고가 자신의 기분, 타인, 문제 해결 및 수용을 위해 얼마나 도움이 되는지 평가해 볼 것을 권장할 수 있다. 따라서 임상의는 다음과 같은 소크라테스식 질문을 사용한다. "이 자동사고에 빠져 있는 것의 효과는 무엇입니까?" 또는 "생각을 바꾸면 어떤 효과가 있을까요?" 또는 "이 생각에 빠지는 것의 장점과 단점은 무엇입니까?"와 같은 질문이다. 내담자는 이런 질문에 답을 생각해 보면서 자신들의 반추 행위가 스트레스와 좌절이 있는 삶의 상황을 수용하기보다 종종 상황에 맞서 투쟁하는 데 갇히게 하고 오히려 감정적 스트레스는 악화된다는 것을 깨닫는다. 이 때 임상의는 내담자가 현재 순간에 집중하고 심리적 유연성을 성취하기 위해 그들의 사고로부터 거리를 두어(즉, 인지적 탈융합) 거기에 의미를 덜 부여함으로써 혼란스러운 사고가 존재함에도 자신의 가치에 따른 삶을 살아가도록 도울 수 있다.

소크라테스식 질문은 부적응적 사고의 평가를 촉진하는 단지 하나의 방법일 뿐이다. 아마도 가장 강력한 도구는 *행동 실험*behavioral experiment인데 이는 내담자의 부적응적 사고에 대해 그 정확성과 의미를 통상 자신의 환경에서 전향적이며 비판단적으로 시험해 보는 것이다. 다시 리사를 보자. 만약 그녀에게 친구에 대한 생각을 한 단계 더 진행해 보라 한다면 리사는 자신이 친구에게 다른 날 점심을 먹자고 하면 친구가 거절할 것 같다고 하면서 예측을 사실로 받아들일 수 있다. 그렇게 되면 친구에게 더 이상 손을 뻗지 않고 물러나기 시작할 확률이 높다. 이 때 행동 실험은 다음 회기까지 친구에게 다른 점심 약속을 잡자고 요청하고 그 경험을 그녀 생각이 정확한지 결론을 도출하는 것에 사용하는 것이다. 다른 사람이 내담자에게 어떻게 반응할지 통제할 수는 없으므로 실제 예측대로 일어날 가능성도 항상 있다. 따라서 인지행동치료자는 행동 실험의 결과가 내담자의 생각이 부정확하다는 증거를 제공해 주는 것이 되거나 부정적 결과와 관련된 고통을 감내할 수 있음을 보여주는 것이 되는 "둘 다 승산이 있는" 상황을 고안하여야 한다.

지금까지 기술되어 왔던 기법들을 상황 특정적 자동사고에 더하여 기저 신념을 수정하는 데에도 사용할 수 있다. 하지만 일부 재귀인 전략은 신념의 수정을 위해 특별하게 고안된 것이 있다(J. S. Beck, 2011; Persons, Davidson, & Tompkins, 2001). 예를 들어 내담자가 일상생활에서 적응적 신념을 지지하는 증거가 일어날 때 마다 이를 쌓아나갈 수 있게 긍정 자료 일지positive data log를 쓸 수 있다. 예를 들어 리사는 친구가 먼저 자신에게 연락한 사례를 죽 이어서 일지를 쓸 수 있을 것이다. 신념에 대한 과거력 검증historical tests은 내담자 삶의 특정 기간 동안 부적응적 신념과 적응적 신념을 뒷받침하는 증거를 평가하는 토론회를 제공한다. 과거력 검증에 들어가면 많은 내담자는 현재 많은 문제를 겪고 있음에도 불구하고 그간 활성화되었던 부적응적 신념과 일치하지 않은 중요한 삶의 경험을 기각해 왔다는 것을 깨닫는다. 또한 부적응적 신념의 발달에 기여한 것으로 보이는 핵심적인 초기 기억을 재구성하기 위한 체험적 역할 연기를 사용할 수도 있다. 예를 들어 내담자는 두 가지 역할 즉 주요 부정적인 삶의 사건이 발생했을 때의 자신과 현재의 자신으로 연기할 수 있으며 어린 자신이 그 인생 사건을 보다 가벼운 방식으로 해석하도록 현재의 자기 자신이 인지 재귀인 도구를 적용하여 도와줄 수 있다(추가적인 신념 수정 기법에 대한 토의는 22 장을 보라).

부적응적 생각 수정하기 **Modifying Maladaptive Thinking**

생각의 정확성과 유용성을 평가했을 때 내담자의 생각이 문제라는 것을 깨닫게 되면 그 다음 하나의 선택지는 생각을 수정하는 방향으로 나아가는 것이다. 수정된 자동사고는 종종 대안 반응, 합리 반응, 적응 반응 또는 균형 반응으로 불린다. 내담자가 마주하는 삶의 환경에는 보통 부정적이고 긍정적인 측면이 둘 다 있기 때문에 나는 "균형 반응balanced response"이라는 용어를 선호한다. 자동사고를 한결같이 긍정적인 생각으로 재구조화하면 원래의 자동사고만큼이나 부정확한 것이 된다. 따라서 균형 반응은 상황의 긍정적 측면과 부정적 측면 모두를 고려하여 믿을만하고 설득력이 있어야 한다. 이것은 인지 재평가의 목적이 긍정적 사고 그 자체보다는 균형적이고 현실적이며 수용적인 사고를 얻는 것이기 때문에 인지 재구조화를 긍정적 사고와 동일시하는 것은 잘못이다.

유도된 평가를 통해 도출된 결론에 기초하여 내담자에게 균형 반응을 공들여 만들어 보라고 격려한다. 이러한 균형 반응은 원래의 자동사고보다 길어지는 경향이 있다. 그 이유는 리사의 "내 친구는 나를 좋아하지 않아요."같은 자동사고는 빠르고 평가적이고 판단적인 경향이 있기 때문이다. 사람들이 삶에서 직면하는 상황 대부분은 다면적이므로 균형 반응은 미세한 차이를 고려하는 것이다. 따라서 균형 반응은 자동사고에 대한 (지지 또는 반대) 증거 찾기, 재귀인 연습, 탈재앙화 계획 또는 장점 단점 분석으로부터 나온 강조점을 통합한 것일 수 있다. 리사는 치료자의 소크라테스식 질문에 반응하며 아래와 같은 균형 반응에 도달했다.

> 이 특별한 순간을 내 친구와 나누고 싶었기에 베이비 샤워에 초대받지 못했다는 점에 실망하는 것은 어쩌면 당연하다. 그러나 나는 그녀의 가족이 대가족이라 이런 일이 있으면 보통 가족들로 한정한다는 것을 알고 있다. 친구와는 최근에 점심을 함께 먹었고 우리는 서로 회사 이야기로 아주 즐거웠다. 심지어 우리는 또 다른 점심 약속을 잡았다. 이 때 내가 사람들에게 반가운 존재가 아니라는 신념이 활성화되었고 가장 적응적 행동 과정은 이 신념으로부터 거리를 두어 그녀에

게 좋은 친구로 계속 행동하는 것이다. 이것이 나에게 중요한 것이며 우리 두 사람의 친밀한 우정을 키워나갈 가능성을 높여준다.

균형 반응이 종종 상대적으로 길기는 하지만 반복적인 공황 발작이나 자살 위기와 같은 특정 임상 상황을 가진 내담자에게는 상대적으로 직접적이고 기억하기 쉬운 반응이 필요하다.

균형 반응을 구축한 후 내담자는 감정 고통의 강도를 재평가한다. 인지 재구조화 훈련이 그들의 기분을 나아지게 하는 데 도움이 되었는지 여부를 결정하기 위해 원래의 자동사고와 관련된 감정 고통의 평점과 균형 반응과 관련된 평점을 비교한다. 내담자 대부분은 보통 불쾌하거나 어려운 삶의 환경에 직면하고 있기 때문에 그들의 감정 고통 평점이 0 또는 0 %로 떨어지는 것을 기대해서는 안 된다. 연습의 목적은 내담자가 관리할 수 있고 숙련된 행위를 취할 수 있는 수준으로 평점을 낮추도록 하는 것이다. 균형 반응을 구축한 후에도 내담자가 원래의 자동사고를 믿었던 정도로 평점을 했다면 내담자가 인지 재구조화 훈련을 마친 후 바로 원래의 자동사고를 지금은 어느 정도 믿는지 표시해 달라고 한다. 심리적 유연성 감각을 키우는 관점에서는 이 과정을 진행하면서 내담자가 현재 순간에 초점을 맞추고 부적응적 사고를 알아차리고 자신의 사고에서 거리 두는 것을 연습할 수 있다. 그들은 부적응적 사고가 있다 할지라도 그것이 항상 바뀔 필요가 없고 양질의 삶을 누릴 수 있음을 인식하기 시작한다.

비슷하게 이전 절에서 묘사한 개입들을 사용하여 부적응적 신념을 좀 더 균형 잡힌 적응적인 신념으로 바꿀 수 있다. 균형 잡히고 설득력 있고 믿을 수 있는 적응적 신념을 내담자가 공들여 만들어 보도록 권한다(Wenzel, 2012). 리사의 핵심신념은 "나는 사람들에게 반가운 존재가 아니다."였다. 그녀가 다른 사람들로부터 부정적인 피드백을 받은 과거력이 있는데 "나는 반가운 존재이다."와 같은 적응적 신념은 사실처럼 느껴지지 않을 수 있다. 차라리 "나는 다른 사람들처럼 강점과 약점을 가지고 있다. 가끔 실수하더라도 도와줄 친구가 많다."가 그녀가 작업해 나가도록 할 수 있는 균형 신념의 예이다.

도구 Tools

인지 재평가는 종종 회기 중 내담자와 임상의 간의 구두 대화의 맥락에서 이루어진다. 이에 더하여 종종 내담자가 회기 밖에서 그들의 작업을 정리하고 작업의 성과를 기억할 수 있도록 돕는 하나 이상의 보조 도구를 사용한다. 아래에 이러한 도구를 설명한다.

사고 기록지 Thought Record

*사고 기록지*는 내담자가 인지 재구조화 절차를 수행하는 용지이다. 일반적으로 내담자의 감정 고통을 증가시키는 상황에 대한 몇 가지 언급, 동반된 인지, 감정 경험 이렇게 3열로 시작한다. 이후 내담자가 자신의 사고를 찾는 기술을 습득하면서 처음 3열에 2열을 추가해 5열의 사고 기록지로 전환한다. 한 열은 균형 반응을 기록하기 위한 것이고 다른 한 열은 감정 경험의 강도를 재평점하기 위한 것이다. 내담자의 일상생활에서 발생하는 자동 사고와 작업하기 위해 회기 사이 사고 기록지를 계속 써 나간다. 사고 기록지 안에 숨어 있는 아이디어는 내담자가 "실시간"으로 인지 재구조화를 적용하도록 계속 실습하다 보면 최종적으로는 굳이 쓰지 않고도 도움 되지 않는 인지를 포착하고 재구성 할 수 있게 하려는 것이다.

대처 카드 Coping Card

*대처 카드*는 회기 안에서 했던 작업을 회기 밖에서 참조할 수 있게 이를 상기시켜주는 신호이다. 일반적으로 이러한 상기 신호는 용지, 색인 카드 또는 명함에 기록할 수 있다. 대처 카드는 다용도로 각 내담자의 요구에 맞추면 된다. 예를 들어 반복적인 자동 사고를 경험하는 내담자는 회기 중 치료자와 협력하여 설득력 있는 균형 반응을 고안할 수 있다. 그런 다음 대처 카드 한쪽에는 원래의 자동 사고를 쓰고 다른 쪽에는 균형 반응을 쓴다. 어떤 내담자는 자동 사고를 평가할 수 있는 방법을 상기시켜주는 신호를 선호해서 대처 카드에 "이 상황에 관한 나의 사고를 뒷받침하는 증거는 무엇인가?" 또는 "이 상황에 대한 나의 사고를 지지하지 않는 증거는 무엇인가?"와 같은 질문을 나열해 둔다. 또 다른 내담자는 반복적인 자동 사고에 반박할 수 있는 확실한 증거를 목록화해 두는 것을 선호한다.

과학 기술 Technology

21 세기의 인지행동치료자는 많은 내담자가 종이로 글을 쓰기보다 과학기술을 사용하여 과제를 기록하는 것을 선호한다는 사실을 알아가고 있다. 워드 및 엑셀 파일은 내담자가 자신의 사고를 찾고 평가하기 위해 사용자 지정 개시어를 쓸 수 있어 많은 유연성을 허용한다. 또 다른 내담자들은 모바일 장치에 생각을 기록하여 이동 중에도 자동 사고를 포착하고 이를 재구조화한다. 또한 스마트폰 또는 태블릿으로 내담자 스스로 인

지 재구조화 작업을 기록하도록 템플릿을 제공하는 많은 애플리케이션(즉, 앱)이 존재한다. 이러한 앱은 앱 스토어에서 '인지행동치료'를 검색하면 찾을 수 있다.

요약 Summary

인지 재평가는 우울증, 불안 장애, 강박 관련 장애, 외상 및 스트레스 관련 장애, 섭식 장애, 중독과 같은 다수의 정신 건강 상태 및 만성 통증, 암, 당뇨병과 같은 의학적 문제에 적응증이 있다. 이는 심지어 정신병적 장애를 가진 내담자에게도 사용할 수 있는데 망상적 사고에 직접적으로 대항하는 것이 아니라 그들이 가진 패배주의적 태도와 양질의 삶을 누릴 가능성에 대해 보다 부드러운 관점을 얻도록 돕는다(AT Beck, Grant, Huh , Perivoliotis, & Chang, 2013). 또한 인지 재평가는 인지 능력이 아직 발달중인 정신 건강 장애 아동(Kendall & Hedtke, 2006)과 인지 능력이 제대로 발휘되지 못하는 외상성 뇌 손상을 가진 성인을 위한 많은 인지행동치료 프로토콜과도 통합되어 있다(Hsieh 등, 2012). 그러나 이 인구 집단은 대개 이 장에 설명된 보다 정교한 방식보다는 소화가 가능한 형식(예, 단일 대처 진술의 개발, 생각의 오류 찾기 및 이름 붙이기)으로 실행된다.

많은 내담자에게 인지 재평가는 인지행동치료자를 찾아 나설 필요가 생기기 전에 보다 젊었을 때 배웠으면 좋았을 삶의 기술임이 드러난다. 효과성의 판단은 내담자가 감정 반응성을 관리하고, 효과적인 문제 해결에 참여하고, 적응적으로 기능하며, 보다 균형 잡힌 방식의 생각을 통해 삶의 질을 달성할 수 있는 정도에 달려있다. 그러나 인지 재평가가 모든 경우에 적용되지는 않으며 적응이 아닌데도 밀어붙이면 다른 효과적인 인지행동치료 과정을 방해할 가능성이 있음을 인식하는 것이 중요하다. 예를 들어 이미 상황을 정확하고 현실적인 방식으로 보고 있는 내담자는 흔히 문제 해결, 고통 감내 또는 수용을 촉진하는 개입을 통해 보다 도움을 받는다. 이러한 경우 인지 재평가를 강요하는 것은 혼란이나 비수인화를 유발할 수 있다. 게다가 앞서 언급했듯이 일부 내담자는 인지 재평가를 강박적인 방식으로 사용하여 부정적 정서를 회피하거나 감내할 수 없게 강화하기도 한다. 인지 재평가로 이러한 문제가 악화된다는 것을 인식하지 못하면 재현recurrence이나 재발relapse의 가능성을 높일 수 있다.

인지 재평가가 부적응적 인지를 믿는 빈도나 정도를 감소시키는 과정을 통해 특정하게 효과에 영향을 주는지 보는 연구에서 근거는 기껏해야 혼재되어 있다. 헤이즈-스켈톤Hayes-Skelton, 그레이엄Graham의 최근 연구 결과는 탈중심화decentering 가 긍정적 효과를 설명할 가능성을 제기한다(2013). 흥미롭게도 헤이즈-스켈톤과 동료들이 보고한 바로는 탈중심화가 인지 재평가뿐만 아니라 마음챙김 수용 기반 접근과 심지어 응용 이완 같은 수많은 치료적 접근에 있어 중요한 변화 기제일 가능성을 제시한다(Hayes-Skelton, Calloway, Roemer, & Orsillo, 2015). 향후 연구에서 인지 재평가가 탈중심화를 촉진하는 능력을 증강시킬 수 있는 방법을 파악하는 것이 중요할 것이다. 최근의 연구 결과에서 자기 자비가 선행된 인지 재평가가 단독으로 시행된 인지 재평가보다 우울증의 호전과 더 크게 연관되어 있음을 보여주므로, 내담자에게 수용 기반 기법을 인지 재평가보다 선행하도록 격려하는 것이 가능할 것이다(Diedrich, Hofmann, Cuijpers, Berking, 2016). 인지행동치료자가 내담자와 인지 재평가를 계속 사용할 때 부적응적 사고와 신념을 단순히 변화시키는 것에 초점을 맞추기보다는 탈중심화를 촉진하고 심리적 유연성을 높이는 방향으로 시야를 가지게 하는 것이 중요하다.

결론적으로 임상의들은 인지 재평가가 내담자에게 미치는 기능에 대해 비판적으로 사고함으로써 이것이 치료에 도움을 주는 정도를 개별 내담자마다 평가해 주는 과학자이자 임상가로서의 접근법을 채택하는 것이 좋겠다. 이는 임상의가 부정적인 정서를 감소시키고 기능을 향상시키는 인지 재평가의 긍정적 효과 정도뿐만 아니라 이로 인한 예상치 않은 부정적 효과를 가늠하기 위해 개별 내담자로부터 양적 자료를 관찰, 수집한다는 것을 의미한다. 인지 재평가의 부정적 효과란 내담자가 확실성을 얻으려는 필요, 어떠한 대가를 치르고도 불편한 정서를 피하려는 필요에 반응하여 도움 되지 않는 신념을 강화하는 것이다. 인지 재평가가 삶의 문제, 불확실성과 고통의 감내, (회피가 아닌) 수용을 향한 접근을 촉진할 수 있다면 이것은 삶의 질을 향상시키고 임상의로서는 내담자에게 제공할 수 있는 인지행동 전략 전체를 포괄할 수 있는 강력한 도구가 될 수 있을 것이다.

참고문헌

Abramowitz, J. S., & Arch, J. J. (2013). Strategies for improving long-term outcomes in cognitive behavioral therapy for obsessive-compulsive disorder: Insights from learning theory. *Cognitive and Behavioral Practice, 21*(1), 20–31.

Beck, A. T., Grant, P. M., Huh, G. A., Perivoliotis, D., & Chang, N. A. (2013). Dysfunctional attitudes and expectancies in deficit syndrome schizophrenia. *Schizophrenia Bulletin,*

39(1), 43–51.

Beck, A. T., Rush, A. J., Shaw, B. F., & Emery, G. (1979). *Cognitive therapy of depression*. New York: Guilford Press.

Beck, J. S. (2011). *Cognitive behavior therapy: Basics and beyond* (2nd ed.). New York: Guilford Press.

Burns, D. D. (1980). *Feeling good: The new mood therapy*. New York: Signet.

Burns, D. D., & Spangler, D. L. (2001). Do changes in dysfunctional attitudes mediate changes in depression and anxiety in cognitive behavioral therapy? *Behavior Therapy, 32*(2), 337–369.

DeRubeis, R. J., Evans, M. D., Hollon, S. D., Garvey, M. J., Grove, W. M., & Tuason, V. B. (1990). How does cognitive therapy work? Cognitive change and symptom change in cognitive therapy and pharmacotherapy for depression. *Journal of Consulting and Clinical Psychology, 58*(6), 862–869.

Diedrich, A., Hofmann, S. G., Cuijpers, P., & Berking, M. (2016). Self-compassion enhances the efficacy of explicit cognitive reappraisal as an emotion regulation strategy in individuals with major depressive disorder. *Behaviour Research and Therapy, 82*, 1–10.

Dobson, K. S., & Dozois, D. J. A. (2010). Historical and philosophical bases of the cognitive-behavioral therapies. In K. S. Dobson (Ed.), *Handbook of cognitive-behavioral therapies* (3rded.,pp.3–38).NewYork:GuilfordPress.

Gross, J. J. (1998). The emerging field of emotion regulation: An integrative review. *Review of General Psychology, 2*(3), 271–299.

Hayes, S. C., Strosahl, K. D., & Wilson, K. G. (2012). *Acceptance and commitment therapy: The process and practice of mindful change* (2nd ed.). New York: Guilford Press.

Hayes-Skelton, S. A., Calloway, A., Roemer, L., & Orsillo, S. M. (2015). Decentering as a potential common mechanism across two therapies for generalized anxiety disorder. *Journal of Consulting and Clinical Psychology, 83*(2), 395–404.

Hayes-Skelton, S., & Graham, J. (2013). Decentering as a common link among mindfulness, cognitive reappraisal, and social anxiety. *Behavioural and Cognitive Psychotherapy, 41*(3), 317–328.

Hofmann, S. G. (2004). Cognitive mediation of treatment change in social phobia. *Journal of Consulting and Clinical Psychology, 72*(3), 393–399.

Hofmann, S. G., Meuret, A. E., Rosenfield, D., Suvak, M. K., Barlow, D. H., Gorman, J. M., et al. (2007). Preliminary evidence for cognitive mediation during cognitive-behavioral therapy of panic disorder. *Journal of Consulting and Clinical Psychology, 75*(3), 374–379.

Hsieh, M. Y., Ponsford, J., Wong, D., Schönberger, M., McKay, A., & Haines, K. (2012). A cognitive behaviour therapy (CBT) programme for anxiety following moderate-severe traumatic brain injury (TBI): Two case studies. *Brain Injury, 26*(2), 126–138.

Kendall, P. C., & Hedtke, K. A. (2006). *Cognitive-behavioral therapy for anxious children: Therapist manual* (3rd ed.). Ardmore, PA: Workbook Publishing.

Persons, J. B., Davidson, J., & Tompkins, M. A. (2001). *Essential components of cognitive-*

behavior therapy for depression. Washington, DC: American Psychological Association.

Smits, J. A. J., Julian, K., Rosenfield, D., & Powers, M. B. (2012). Threat reappraisal as a mediator of symptom change in cognitive-behavioral treatment of anxiety disorders: A systematic review. *Journal of Consulting and Clinical Psychology, 80*(4), 624–635.

Stice, E., Rohde, P., Seeley, J. R., & Gau, J. M. (2010). Testing mediators of intervention effects in randomized controlled trials: An evaluation of three depression prevention programs. *Journal of Consulting and Clinical Psychology, 78*(2), 273–280.

Wenzel, A. (2012). Modification of core beliefs in cognitive therapy. In I. R. de Oliveira (Ed.), *Standard and innovative strategies in cognitive behavior therapy* (pp. 17–34). Rijeka, Croatia: Intech. Available online at http://www.intechopen.com/books/standard-and-innovative-strategies-in-cognitive-behavior-therapy/modification-of-core-beliefs-in-cognitive-therapy.

핵심신념 수정
Modifying Core Beliefs

아노우드 안츠 Arnoud Arntz, PhD
암스테르담대학 임상심리학부, 마스트리히트대학 임상심리 과학부

정의와 배경 Definitions and Background

정신병리의 인지이론에 의해 개념화된 가장 중요한 인지구조 중 하나는 *도식schema*이다. 벡Beck(1967)은 인지치료의 맥락에서 도식 개념을 소개하면서 "도식은 유기체에 가해진 자극을 걸러내고 부호화와 평가를 위한 하나의 구조"(p.283)라고 말했다. 정보처리 관점에서 볼 때 도식은 기억 안에 세계 / 미래 / 자기를 표상하는 하나의 일반화된 지식 구조라고 생각할 수 있다. 주의(초점의 대상), 해석(자극에 주어지는 의미), 기억(특정 단서에 의해 유발되는 암묵적 또는 명시적 기억)과 같은 정보처리 요소를 관리하고 언어 또는 비언어적 지식으로 구성된다.

*핵심신념core beliefs*은 도식의 핵심 요소에 대한 언어적 표상으로서 중심 가정central assumptions이라고도 한다. 도식이 활성화되면 선택적 주의 과정selective attentional processes을 통해 이용 가능한 많은 정보를 처리되지 않은 상태로 두는 한편 원 자료에 많은 의미를 부여한다(역주, 도식에 부합되는 정보만 집중적으로 처리한다).

도식이 정보 처리를 좌우하면 도식과 양립되지 않는 정보는 간과 또는 왜곡되거나 관련 없는 것이 되므로 도식은 일단 한 번 형성되면 변화에 아주 저항한다. 인지이론에서는 도식이 기저의 정보 처리를 편향 시킨다.

피아제Piaget(1923)는 처음으로 도식 개념을 심리학에 도입했다. 그는 기존 도식과 양립되지 않는 정보를 다루는 주요한 두 가지 방법인 조절accommodation과 동화assimilation를 구별했다. 초기 설정은 *동화*이다. 새로운 경험은 기존 도식과 일치하도록 변형된다. 그러나 불일치가 너무 크면 *조절*이 생길 수 있다. 현실을 보다 잘 표상하기 위해 기존 도식이 변화되거나 새로운 도식이 형성된다. 정신병리에 관한 인지이론의 기본적 가정은 정신병리를 유지시키는 기저에 이와 같은 현상이 존재한다고 보는 것이다. 정신병리 문제로 고통 받는 사람들은 적응으로 도식을 바꾸지 않고 동화에 의존하여 도식을 유지한다. 이 때 내담자의 역기능적 도식의 변화를 도와주는 것이 심리치료의 과업이다.

정신병리의 인지모델과 인지치료에 대한 많은 연구와 치료 기법은 편향된 정보 처리와 그것의 수정에 중점을 둔다. 그런데 그 인지모델이 인지편향cognitive biases보다 도식에 집중하는 것이 더 낫다고 제안한다는 점에서 이는 다소 놀라운 것이다. 결국 인지편향은 틀림없이 도식에 기반하고 있다는 주장이다. 만약 인지편향을 변화시키는 것이 도식의 변경을 가져오지 못한다면 변화는 취약하고 재발의 위험이 커질 수 있다. 물론 인지편향을 교정하면서 기존의 정보가 틀렸다는 정보를 더 이상 무시할 수 없게 되었을 때 도식이 변화(즉 적응)하는 것도 사실이지만 도식의 변화나 새로운 도식의 형성은 어려운 것이어서 유도 작업으로 촉진시켜 줄 필요가 있다.

도식의 변화를 다루기 전에 세 가지 층위의 신념을 구분하는 것이 도움이 된다. 핵심에는 자기 / 타인 / 세계에 대한 기본 가정을 표상하는 *무조건적 신념*unconditional beliefs이 있다. 예를 들어 "나는 나쁘다.", "나는 우월하다.", "다른 사람들은 무책임하다.", "다른 사람들은 훌륭하다.", "세상은 정글이다."와 같은 것이다. 핵심 주위에 있는 첫 번째 층은 *조건적 신념*conditional beliefs으로 구성되며, "만약 …… 하면, …… 일 것이다."라는 용어로 공식화 될 수 있는 조건적 관계에 관한 신념이다. 예를 들면 "다른 사람들이 내가 진짜 누구인지 알게 되면, 그는 나를 거부 할 것이다.", "내가 다른 사람들에게 매달리면, 그들은 나를 버릴 것이다.", "약점을 보인다면, 다른 사람들이 나를 비웃을 것이다." 등이다. 흔히 *도구적 신념*instrumental beliefs으로 불리는 것이 바깥층을 구성한다. 이는 나쁜 일을 피하고 좋은 것을 얻기 위해 행동하는 방법에 대한 신념을 표상한다. 예를 들면 "다른 사람들의 숨겨진 동기를 확인 하라.", "감정을 피하라.", "우두머리가 되어라." 등이 있다. 이러한 신념의 순서는 다양한 유형의 신념을 반영할 뿐만 아니라 표면에서 명백한 것(도구적 신념을 반영하는 관찰 가능한 행동)과 표면 뒤에 있는 그 무엇과 구별해 준다.

인지이론은 핵심신념 수준의 변화가 일어나기 전에 외층에 있는 도구적 신념에 의해 지배되는 행동적, 인지적 전략을 변화시킬 필요가 있다고 가정한다. 대부분의 경우 도구적 신념에 대한 전략은 내담자가 어떤 상황에 들어갈지, 어떻게 상황을 조작할 것인지, 따라서 다른 사람들이 어떻게 행동할 것인지, 또는 어떤 정보를 택할지에 관한 것이다. 따라서 이 전략에서 변화가 일어나지 않으면 기존의 조건적 및 핵심신념이 틀렸음을 입증하는 정보가 오더라도 이를 이용할 수 없거나 처리하지 않으므로 도식의 변화로 이어질 수 없다.

핵심신념의 기원 Origins of Core Beliefs

도식과 핵심신념은 매우 어린 시절 심지어 언어 이전 단계에서 발달하기 시작한다. 잘 알려진 예는 애착이다. 양육자에 대한 근접성과 양육자의 위로 행동에 대한 필요가 인간의 타고난 욕구라는 점에 기초했을 때, 특히 스트레스 순간 아이는 자기 존중감, 감정 조절 및 친밀한 관계를 포함하여 이후 발달에 지속적인 영향을 미칠 수 있는 애착 표상을 개발하기 시작한다. 예를 들어 양육자로부터 안전한 애착을 경험한 어린이는 건강한 자기 가치와 다른 사람에 대한 긍정적 견해를 발전시키는 경향이 있으며, 이는 다른 사람을 신뢰하고 자기와 다른 사람의 욕구를 동등하게 존중하는 경향이 있다. 불안정한 애착을 경험한 어린이는 자기와 다른 사람에 대한 부정적 시각을 발달시킨다. 그러나 이후에 형성되는 도식 즉 핵심신념은 비언어적 의미를 포함할 수도 있다. 우리가 핵심신념을 말로 표현할 수는 있지만 이것이 반드시 기억 안에 언어적 방식으로 표상된다는 것을 의미하지는 않는다. 이것이 가지는 한 가지 함의는 신념을 바꾸려는 순수 언어적 방식이 실패할 수도 있다는 것이며 (내담자가 "선생님이 무슨 말씀을 하시는지 알겠습니다. 하지만 나에게는 그렇게 느껴지지 않아요."라고 말할 수 있다) 이때는 다른 방법이 필요하다.

도식을 형성하는 한 가지 방법은 직접적인 감각 경험을 통해서이다. 고전적 / 조작적 조건화가 작용한다. 예를 들어 어린이가 부정적 감정을 표현할 때 반복적으로 처벌을 받으면 "감정은 나쁜 것이다.", "나는 이 감정을 경험하기 때문에 나쁜 사람이다."와 같은 핵심신념이 생길 수 있다. 두 번째 방법은 모델링이다. 다른 사람들이 행동하는 방식을 보면서 아이는 내재화할 도식 모델을 제공받는다. 세 번째 방법은 이야기, 경고 또는 지침과 같은 언어적 정보를 통한 것이다. 마지막으로 사람들은 경험과 정보를 말이 되게 만들고 싶어 하기 때문에 개인적으로 합리화시키는 방식이 도식 형성에 중요한 역할을 한다. 이것은 지적 능력과 이에 영향을 미치는 모든 것 즉 발달 단계, 문화, 교육 등이 역할 한다는 의미이다. 그러나 이 마지막 방법은 사람들이 도식 표상으로 응축된 새로운 정보를 만드는 데 있어 우연한 요소가 끼어들 수 있음을 의미한다.

"경험을 말이 되게 하는 것"에 기여하는 요소를 이해하는 것이 핵심신념의 변화를 가져오는 데 도움이 된다. 예를 들어 부모에게 학대를 당하면 자녀들은 자신이 나쁜 사람임에 틀림없다고 결론 내리는 것이 일반적이다. 어린 시절과 청소년기는 기본 도식이 형성되는 발달 단계이며 성인기에 도식 변화는 불가능하지는 않지만 더 어렵다. 심리치료는 바로 그 일을 하도록 고안된 방법이다.

핵심신념 발견 및 공식화 Discovering and Formulating Core Beliefs

임상 실제에서 치료자는 내담자의 문제를 충분히 다룰 수 있게 문제의 기초가 되는 핵심신념을 발견하고 이를 적절하게 공식화할 필요가 있다. 이를 어떻게 할 수 있을까?

페데스키Padesky(1994)가 제안한 한 가지 방법은 치료자가 내담자에게 자기("이것은 당신에 대해 무엇을 말합니까?"), 타인("이것은 다른 사람에 대해 무엇을 말합니까?"),

그리고 세상("이것은 당신의 삶과 세상 그리고 그것이 어떻게 움직이는 지에 관해 무엇을 말합니까?")에 대해 가질 수 있는 핵심 아이디어를 직접 물어보는 것이다. 회피를 방지하고 진정한 핵심신념에 도달하려면 특정 문제를 논의하는 동안 충분한 정동이 활성화되는 것이 중요하다.

또 다른 방법은 하향식 화살 기법이라고 하는 구조화된 인지 기법을 사용하는 것이다. 출발점은 구체적인 상황에서 유발되는 자동사고나 감정이다. 그런 다음 치료자는 이 사고나 감정이 내담자에게 무엇을 의미하는지 물어보고 (치료자는 "그것이 사실이라면 …… "을 추가한다) 시작 상황에서의 감정반응에서 시작하여 그 뿌리에 명백하게 놓여있는 무조건적인 기본 아이디어를 발견할 때까지 질문을 이어가는 것이다. 다음은 그 예이다.

내담자 내담자 : 나는 승진에서 거절당했습니다.

치료자 치료자 : 그것은 당신에게 무엇을 의미합니까?

↓

내담자 저는 기대에 미치지 못합니다.

치료자 [그것이 사실이라면 ……] 그게 당신에게 무슨 의미합니까?

↓

내담자 나는 모든 것을 엉망으로 만듭니다.

치료자 [그것이 사실이라면 ……] 그게 당신에게 무슨 의미합니까?

↓

내담자 나는 실패자입니다.

치료자 [그것이 사실이라면 ……] 그게 당신에게 무슨 의미합니까?

↓

내담자 나는 아무것도 아닌 거죠.

치료자는 내담자가 표현한 중간 아이디어에 도전하지 않고 핵심신념이 확인될 때까지 그 순간 내담자의 표현을 수용한다. 매우 유사한 과정을 통해 다른 사람("그것이 다른 사람에 관해 의미하는 것은 무엇입니까?")과 일반적인 세상에 대한 핵심신념을 유발해 낼 수도 있다.

추가적 접근법은 내담자에게 현재 문제의 뿌리가 되는 상황을 상상해 보도록 요청하고 그들이 느끼고 생각하는 것을 질문하는 것이다. 예를 들어 치료자는 승진을 거부당한 내담자에게 눈을 감고 다시 부정적 감정이 일어났던 상황을 상상해 보라고 요청한다. 치료자는 내담자에게 가능한 생생하게 상황을 상상해 보라고 지시하고 그 다음 감정에 초점을 맞춘다. 그런 다음 치료자는 내담자에게 이미지를 흘러가게 하고 감정에 머물라고 하고 어떠한 초기(어린 시절)의 기억이 자발적으로 나타나는지 확인하도록 지시한다. 그것이 된다면 치료자는 내담자에게 지각의 세부 사항, 감정 및 사고에 초점을 맞춤으로써 경험을 재현하도록 지시한다. 이런 가운데 핵심신념이 드러날 수 있다. 그렇지 않다면 치료자는 내담자에게 경험이 자신에게 의미하는 바를 물어볼 수 있다. 승진하지 못한 내담자의 사례로 돌아가서 그는 특정 종류의 스포츠에 관해 "어리석은" 관심사라며 자신을 조롱하던 아버지의 기억을 가지고 있다고 말하면서 이 기억이 자신에게 "가치가 없다.", "아무 것도 아니다."라는 느낌을 준다고 하였다. 비슷한 이미지 기법을 사용하여 외상 경험에 초점을 맞추고, 이러한 경험과 관련된 "깊숙이 쌓여있던 신념"을 발견할 수도 있다.

핵심신념을 파악할 때 내담자에게 자신을 어떻게 바라보고 싶은지 그리고 다른 사람과 세상이 어떻게 되길 바라는지 내담자에게 물어보는 것이 도움이 될 수 있다. 이러한 소망은 보통 내담자의 부정적 핵심신념의 반대를 형성한다. 예를 들어 승진이 거절된 내담자는 남들이 환영하고 인정하는 확실한 역량을 지닌 사람으로 자신을 보기 원하며 세상이 정당해야 한다고 말할 수 있다.

신념과 도식 설문지 또한 어떤 핵심신념의 점수가 높은지 토론을 나누는 출발점으로 도움이 된다. 또한 높은 평점을 받은 특정 항목을 탐색하면 중요한 단서를 얻을 수 있다.

핵심신념은 내담자가 이해할 수 있는 방식의 말로 표현하는 것이 중요하다. 치료자는 내담자와 협력하여 최상의 공식화를 찾아내고 내담자에게 이에 대한 신뢰도를 0 에서 100 사이의 척도로 평점 하도록 요청한다(예, "나는 아무 것도 아니다."라는 신념을 믿는 정도는 얼마인가요?). 점수가 너무 높지 않은 경우 공식화는 일반적으로 다시 각색되어야하며 이것은 아직 핵심신념을 반영하지 않는다는 뜻이다. 그러나 때로 사람들은 특정 조건에서는 핵심신념을 믿지만 다른 조건에서는 그렇지 않은 이중 신념 체계를 가지고 있을 수 있다. 이 경우 두 가지 신뢰도 평점을 모두 얻는 것이 중요하다. 예를 들어 공황 환자가 평소에는 자신이 건강한 심장을 가지고 있다고 완전히 믿는다고 말할 수 있지만 특정 신체적 감각을 경험할 때에는 협심증과 같은 위험한 심장 상태를 앓고 있다고 믿을 수 있다.

핵심신념의 수정 Changing Core Beliefs

핵심신념을 바꾸는 세 가지 일반적인 방법은 논증, 경험적 검증 및 체험적 개입이 있다.

논증 Reasoning

치료자는 내담자가 핵심신념을 되돌아보도록 자극하는 소크라테스식 대화와 이외의 합리적 방법을 사용하여 스스로 신념에 의심을 던지면서 변화 과정이 일어나게 할 수 있다. 예를 들어 신념을 지지하고 반대하는 논쟁을 살펴보는 것(장단점 기법), 원래의 상황이나 신념의 기저에 있는 상황을 재해석할 수 있게 하는 것(기법의 더 많은 예는 21 장을 보라) 등이 있다. 다음 세 가지 특정 기법은 핵심신념을 바꾸는 데 특히 유용하다.

(인과) 관계 조사하기 Investigating a (causal) relationship

이 기법은 내담자가 역기능 관계를 강력하게 믿을 때 사용할 수 있다(Padesky, 1994; Arntz & van Genderen, 2009). 어떤 내담자가 다른 사람이 자신을 좋아하고 사랑할 수 있는 유일한 방법이 일에서의 성취라 믿는다고 가정해 보자. 두 가지 축이 화이트보드에 그려지는데 원인은 x축(일의 성공)이고 결과는 y축(사랑받는)이다. 내담자는 그의 가정을 나타내는 선인 대각선을 그린다. 치료자는 내담자가 자신의 가정이 사실이라면 모든 사람들이 대각선 주위에 분포할 것임을 동의하는지 확인한다. 다음으로 치료자는 내담자에게 매우 높은 성공을 거둔 성공한 사람, 매우 낮은 성공을 거둔 사람, 매우 사랑 받는 사람, 매우 혐오 받는 사람들을 생각해 보라고 요청한다. 여러 사람들을 이차원 공간에 배치해 보면 가정된 관계에 맞는 자료는 존재하지 않는다는 것이 명백해진다. 이것은 내담자가 직장에서의 성공이 사랑받음을 의미한다는 생각과 만약 가족과 친구들과 좋은 관계를 유지하는 것이 가치라면 그 가치를 어떻게 이룰 수 있을지 재평가하도록 도울 수 있다.

책임감의 파이 도표 Pie chart of responsibility

핵심신념을 바꾸기 위한 또 다른 시각적 도구는 파이 도표이다. 보통 과도한 책임감이라는 신념에 도전할 때 이용한다(Van Oppen & Arntz, 1994). 내담자가 지나치게 책임감(또는 죄책감 등)을 느끼는 경향이 있는 경우 치료자는 이 기법을 특정 상황에 반복적으로 적용할 수 있다. 우선 치료자는 내담자에게 자신에게 얼마나 책임이 있는 것으로 느끼는지를 백분율로 표시하게 한다. 다음으로 파이 도표를 그리고 특정 사건이 일어나는데 역할한 모든 요소를 나열한 후 그 각각의 책임 비율을 말하게 하고 이를 차트 위에 조각으로 표현한다. 내담자의 책임 부분은 다른 모든 요소가 추가된 후에만 원에 배치할 수 있다. 이렇게 하면 종종 내담자의 도식을 배치할 기회가 없어진다. 그들은 일어나는 모든 일이 의도적인 힘에 의한 것이라고 믿는 경향이 있다. 따라서 이 개념에 도전하는 작업을 해 나가기 위해서는 가능성 있는 요인을 원의 적절한 부분에 배치하는 것이 중요하다. 이 기법은 종종 내담자가 상황에 관해 느끼는 책임감의 비율을 엄청나게 변화시킨다.

다차원 연속 평점법 Multidimensional continuum rating

이 기법은 내담자가 이것 아니면 저것 또는 일차원적인 추론으로 결론 내리려는 것에 대해 좀 더 미세한 평가에 기반 하도록 할 때 사용할 수 있다(Padesky, 1994; Arntz & van Genderen, 2009). 예를 들어 내담자가 한 가지 속성만 가지고 자신은 다른 사람에게 아무런 가치가 없다고 말할 수 있으며 가치가 없거나 가치가 있는 단 두 가지 범주만 존재한다고 느낄 수 있다. 이 기법은 사람을 가치 있고 없게 만드는 데 기여하는 특성을 목록화하는 것으로 시작된다. 다음으로 각 속성을 시각적 아날로그 스케일visual analogue scale, VAS로 그리며 고정점은 속성의 극단 위치를 나타낸다. 이 기법은 내담자가 대부분의 결론이 여러 측면의 미묘한 평가를 기반으로 해야 한다는 사실을 깨닫도록 도와준다.

논증을 통해 핵심신념을 변화시키려는 시도에는 문제가 있다. 내담자는 논증 능력에 한계를 가질 수 있으며 합리적인 통찰은 도식에 영향을 미치지 않을 수 있다. 예를 들어 내담자가 "선생님이 무슨 말씀을 하시는지 알겠습니다. 하지만 나에게는 그렇게 느껴지지 않아요."라고 대답할 수 있다. 이런 경우에는 경험적 검증하기와 체험적 방법이 "느낌 수준"을 변화시키는 데 도움이 된다.

경험적 검증 **Empirical Testing**

실험을 통해 신념의 방어력tenability을 시험할 수 있다. 명확한 예측을 공식화하고 이를 관찰 가능한 실험 결과와 비교할 수 있도록 하는 것이 중요하다. 내담자가 다른 사람이 알면 자신을 거절할 수 있는 약점이 있다고 믿는다고 가정해 보자. 내담자가 자신의 약점이 드러날까 봐 걱정했다는 개인적 느낌을 다른 사람과 나눴을 때 그들이 어떻게 반응하는지 보는 것을 통해 이를 검증해 볼 수 있다. 내담자에게 오랜 신념과 대안적 신념, 예측과 자신이 어떻게 보일 것 같은지 적어보라고 하고 이후 검증 결과 무엇을 관찰했는지 적어보라고 하는 것이 도움이 된다. 내담자의 역기능 신념에 따른 예측은 다른 사람들이 자신을 거부할 것이며, 비난 받거나 대화가 끝나거나 또는 몇몇 다른 사람은 더 이상 그를 보지 않으려 한다는 것이었다. 대안적 예측은 다른 사람들이 공감적인 말을 하거나, 친밀한 느낌을 공유하거나, 관계를 지속함으로써 자신의 개방성을 높이 평가하고 수용을 보여준다는 것이었다. 내담자가 검증을 방해하는 안전 행동을 사용하지 못하도록 특별한 주의를 기울여야 한다. 예를 들어 사람들 대화의 초점이 다른 주제에 있는 동안 대수롭지 않게 자신의 "약점"을 언급한다면 다른 사람들이 그 진술을 무시할 확률이 높다. 그렇게 하고서 내담자는 이것이 바로 사람들이 자신의 약점을 근거로 거부한 증거가 된다고 말할 수 있다. 적절한 검증은 다른 사람들이 그가 말한 것에 충분히 조율해서 "약점"을 공유할 수 있을 때를 말하는 것이다.

더 심한 경우 내담자가 아직 좀 더 대안적이고 기능적인 신념을 공식화하지 못할 수도 있다. 이 경우 내담자의 핵심신념만이 유일하게 생각해 볼 수 있는 표상일 것이다. 그렇다면 기존의 신념이 논박될 때까지 아직 대안적인 신념을 공식화하지 않는 것이 좋다(다양한 임상 문제에 대한 실험 설정에 대한 확장된 지침을 위해서는 Bennett-Levy et al., 2004을 보라).

경험적 검증은 신념을 지지하거나 반대하는 강력한 증거를 제공하므로 신념을 변화시키는 데 있어 중요하다. 대부분의 내담자는 추상적 추론에 의한 것보다 자신이 경험한 증거에서 보다 확신을 가지게 될 것이다.

체험적 개입 **Experiential Interventions**

체험적 방법은 감각, 감정, 행동 및 인지 채널이 활성화되는 동안 새로운 정보를 *상상*으로 가져올 수 있는 인간의 능력에 의지한다. 체험적 방법은 1960년대와 1970년대 정제되지 않고 적용되었을 때 나쁜 평판을 받았지만 오늘날 일반적으로 인지행동치료와 근거 기반 치료에 완전히 통합되어 있다. 여기서는 세 가지 주요 기법을 논의한다.

이미지 기법 Imagery

연구 결과에 따르면 이미지 기법은 언어적 사고보다는 감정과 더 많이 연결되어 있고 더 깊고 오래 지속되는 변화를 가져올 수 있다(Hackmann, Bennett-Levy, & Holmes, 2011; Holmes & Mathews, 2010). 아마도 핵심신념을 변화하기 위한 가장 중요한 이미지 기법은 *이미지 재각본imagery rescripting*[1]이다(Arntz & Weertman, 1999). 이 기법에서는 어린 시절에 전형적으로 발달된 핵심신념이 형성되었던 근원인 과거 사건에 대한 기억을 찾으려 노력한다. 그런 기억을 찾는 좋은 방법은 내담자에게 눈을 감고 문제를 경험한 최근 사건을 상상하도록 요청하는 것이다. 치료자는 내담자에게 지각, 느낌 및 사고에 초점을 맞춰 가능한 생생하게 경험을 상상해 보도록 지시한다. 다음으로 치료자는 내담자에게 감정을 고수하지만 이미지는 흘러가게 지시하고, 어린 시절의 이미지가 떠오르는지(정서 가교affect bridge 만들기) 살펴보도록 한다. 다음으로 치료자는 내담자에게 그녀가 몇 살인지, 어떤 상황인 지를 보고하게 하고, 그녀가 지각하는 것("당신 몸에서 무엇을 보고, 듣고, 냄새를 맡고, 느끼고 등을 하는가?"), 감정적 경험, 생각 및 욕구에 집중할 것을 지시한다. 달리 말하면 치료자는 내담자가 지금 여기에서 일어나고 있는 것처럼 일인칭 관점에서 일련의 사건을 경험하도록 초대한다.

내담자가 종종 (심리적으로) 외상성을 띄는 기억을 떠올리고 감정적 각성이 충분히 높으면 치료자가 (판타지 상에서) 심상으로 들어가 학대와 방임을 중단시키고 가해자를 교정하면서 아이의 더 많은 욕구를 돌봐 주는 개입을 할 수 있다. 다시 말해 판타지에서 다른 결말을 가진 경험을 통해 원 경험의 의미가 교정된다. 비록 이 기법이 원 기억을 덮어쓰지는 않지만 (일어난 사실에 대한 지식이나 기억의 손실은 없다), 원 사건의 의미가 크게 변화하는 경우가 종종 있다(Arntz, 2012). 덜 심한 경우나 치료 후반부에 내담자가 가해자와 대면하는 성인으로서 그 장면 속으로 들어가 어린아이를 돌보는 장면을 상상할 수도 있다.

드라마 기법 Drama

이 기법은 핵심신념을 창조하거나 검증하는 것과 관련된 거의 모든 상황을 설정하는데 사용할 수 있다. 드라마 사용의 세 가지 예는 역사적 역할 연기, 상징적 역할 연기, 현재 초점 역할 연기가 있다.

*역사적 역할 연기historical role-plays*에서, 내담자와 치료자는 핵심신념 형성에 기여

1) 원 단어에 충실하고자 한 번역이고 실제 임상에서는 이미지 재구성법으로 부르기도 함.

한 내담자의 과거(보통 어린 시절) 상황을 재연한다(Padesky, 1994; Arntz & van Genderen, 2009). 내담자는 상황과 다른 사람의 행동을 설명한다. 꼭 그런 것은 아니지만 대개 부모가 된다(편의상 부모와 자녀 간의 상호 작용을 통한 역할 연기를 묘사하겠다). 다음으로 치료자가 부모 역할을 하고 내담자는 자녀역할을 연기한다. 이렇게 하면 보통 신념과 그와 동반된 감정이 빠르게 활성화된다. 이러한 신념을 다루기 위한 두 가지 옵션은 드라마 재해석drama reinterpretation과 드라마 재각본drama rescripting이다.

아이가 부모를 잘못 해석했을 것 같을 때 사용되는 드라마 재해석에서는 역할이 뒤바뀐다. 치료자는 내담자에게 부모 역할을 하도록 해서 부모의 관점에서 생각, 감정 및 의도를 알아차리게 한다. 치료자가 내담자(=자녀) 역할을 연기한다. 이후 그들은 부모 역할에 대한 내담자의 경험을 토론하고 원래의 해석과 비교한다. 치료자는 불일치를 강조하고 이 때 내담자는 원래 상황을 재해석하도록 자극 받게 된다. 새로운 해석에 따라 내담자가 자녀 역할을 하면서 이제 새로운 해석을 깨달아 부모에 대해 다르게 행동하는 세 번째 역할 연기 행위를 이어간다(예를 들어 내담자는 아버지가 자신을 무가치하다고 생각해서가 아니라 아버지 스스로 어려운 고민에 빠졌기에 반응이 없었다는 것을 깨닫고 본인이 더 주도적으로 관심을 요구한다).

드라마 재각본에서는 이미지 재각본에 상응하는 드라마를 연기한다. 역할 연기는 개입하기 좋은 순간으로 다시 가서 시작하며 치료자는 예컨대 학대를 막고 안전을 확보하는 식으로 부모를 교정하는 개입을 한다. 그 순간 누구도 부모 역할을 연기하지 않는다(그냥 부모는 빈 의자에 앉아있을 수 있다). 다음으로 치료자는 아이를 돌보고 진정시키는 말을 하고 잘못된 해석을 교정하고 건강한 설명을 제공한다(예, "네 잘못이 아니야, 네 아버지는 술 문제가 있고 좌절할 때는 통제력을 잃어 버려. 이게 그가 너를 때리고 끔직한 말을 하는 이유야. 네가 나쁜 아이이기 때문이 아니야."). 치료 후반이거나 더 건강한 내담자와 작업할 때 내담자가 연기 속 성인으로 등장해서 부모에게 말을 하고 자녀를 돌보게 할 수 있다. 치료자는 내담자의 코치로 행동한다.

상징적 역할 연기symbolic role-plays에서 치료자와 내담자는 핵심신념에 상징적으로 관련이 있지만 일어난 적이 없으며 앞으로도 일어나지 않을 상황을 설정한다. 예를 들면 책임감에 대한 핵심신념에 도전하기 위해 개발된 법정 연기court play(Van Oppen & Arntz, 1994)가 있다. 이 역할 연기에서 핵심신념과 관련된 구체적인 고소가 법정에 청구된 것처럼 진행된다(예, "피고인은 보행자가 보지 못했던 차로 보행자를 죽일 수도 있다는 침습 사고가 있었지만, 그 사고대로 행동하지 않아 교통사로를 막지 못하여 보행자가 사망했기에 유죄입니다."). 내담자와 치료자는 서로 다른 역할(검찰, 피고의 변호인, 판사, 배심원)을 연기하고 논쟁을 할 수 있다. 판타지 사례에 대한 여러 견해를 경험하는 것은 내담자가 그들의 원래의 신념을 재고하는 데 도움을 준다.

마지막으로 핵심신념을 현재 초점 역할 연기present-focused role-plays로 검증할 수 있다. 어떤 점에서 이것은 역할 연기로 행해지는 행동 실험이며 내담자는 역할을 변경하고 다른 관점을 취할 수 있으며 이를 통해 그들이 다른 사람들에게 어떤 인상을 주는지를 발견하는 데 도움이 된다.

다중 의자 기법 Multiple chairs

이 기법은 게슈탈트 치료법에서 파생되었으며 다양한 방식으로 적용할 수 있다. 기본적인 아이디어는 다른 의자에 다른 관점을 배치하고 내담자에게 이런 의자들에 앉게 하여 각각의 관점을 표현하도록 하는 것이다. 예를 들어 내담자는 한 의자에서 자기 처벌적 핵심신념을 표현하고 다른 의자에서 자기의 욕구와 자기에게 미치는 영향을 표현한다. 또 다른 의자에서 새롭고 건강한 시각을 표현할 수 있다. 다른 적용에서 치료자는 내담자가 관찰하는 동안 상징적으로 빈 의자에 놓인 핵심신념에 도전할 수 있다. 이런 식으로 내담자는 핵심신념과 거리를 둘 수 있으며 치료자의 도전을 개인적 비난으로 경험하지 않는다. 핵심신념에 도전하는데 있어 내담자는 치료자와 같은 편이 될 수 있고 치료 후반이 되면 어쩌면 치료자는 약간의 코칭만 하고 내담자 혼자 대부분의 도전적 작업을 할 수도 있다. 또 다른 변형으로 과거 또는 현재의 주요 인물을 상징적으로 빈 의자에 놓고 내담자가 자신의 견해를 표현해 보도록 한다.

변화 과정 Processes of Change

이 장에서 기술된 치료 방법은 핵심신념을 바꿔주기 때문에 임상적으로 도움이 되는 것으로 알려져 있다(예, Wild, Hackmann, & Clark, 2008). 이 책에서 논의하고 있는 과정 지향 연구로 크게 초점을 맞추어 본다면 이미지 재각본과 같은 방법이 인지적 탈융합(23장을 보라), 자기 수용(24장을 보라) 또는 마음챙김과 같은 과정을 변화시키는지 확인하는 것이 필요하겠고(26 장을 보라), 그런 방향으로의 초기 단계 연구에서 그러한 가능성을 지지한다(예, Reimer, 2014).

요약 Summary

핵심신념은 많은 개입을 통해 다룰 수 있는데 이 장에서 취한 입장은 논증, 경험적 검증 및 체험적 개입이라는 각기 다른 변화 수단을 사용하는 것이 좋다는 것이다. 내담자는 각 개입에 대한 민감도가 다를 수 있으므로 다양한 개입을 선택하고 다양한 수단을 통합하는 것이 좋다. 이 장에서 나는 내담자에게 단지 언어적 논증으로 설득하는 것뿐만 아니라 타당하지 않는 정보를 경험하는 것이 중요하다는 점을 강조했다. 그 이유는 치료자와 내담자가 핵심신념을 말로 공식화할 수는 있지만 이러한 표상은 언어적 논쟁에 항상 개방되어 있는 것이 아니기 때문이다. 내담자는 종종 감각적이고 감정적인 수준에서 틀렸음을 확인하는 경험을 할 필요가 있다.

심리 치료의 효과에 관한 최신의 생각은 오래된 역기능적 도식과 새로운 기능적 도식이 인출을 위해 경쟁한다는 것이다(Brewin, 2006). 다른 말로 하면 관련된 단서와 마주칠 때마다 오래된 도식이 활성화되고 역기능 핵심신념이 내담자를 지배할 가능성이 있다. 그러나 기초 연구는 원래의 지식 표상의 의미를 변경하는 것이 가능할 수 있다고 제안한다(Arntz, 2012). 그렇다면 이것은 임상 실제에서 중요한 함의를 가지게 될 것이다. 원래 표상을 변화하는 것이 이전 표상과 경쟁해야하는 새로운 표상을 만드는 것보다 선호되기 때문이다. 예를 들어 원래 표현이 변화 되는 것보다 두 표상이 경쟁해야하는 경우 재발 가능성이 훨씬 높을 것이다. 미래의 연구는 이 문제에 관심을 두게 될 것이다.

참고문헌

Arntz, A. (2012). Imagery rescripting as a therapeutic technique: Review of clinical trials, basic studies, and research agenda. *Journal of Experimental Psychopathology, 3*(2), 189–208.

Arntz, A., & van Genderen, H. (2009). *Schema therapy for borderline personality disorder*. Chichester, UK: Wiley-Blackwell.

Arntz, A., & Weertman, A. (1999). Treatment of childhood memories: Theory and practice. *Behaviour Research and Therapy, 37*(8), 715–740.

Beck, A. T. (1967). *Depression: Clinical, experimental, and theoretical aspects*. Philadelphia: University of Pennsylvania Press.

Bennett-Levy, J., Butler, G., Fennell, M., Hackmann, A., Mueller, M., & Westbrook, D. (Eds.).(2004). *Oxford guide to behavioural experiments in cognitive therapy*. Oxford: Oxford University Press.

Brewin, C. R. (2006). Understanding cognitive behaviour therapy: A retrieval competition account. *Behaviour Research and Therapy, 44*(6), 765–784.

Hackmann, A., Bennett-Levy, J., & Holmes, E. A. (Eds.). (2011). *Oxford guide to imagery in cognitive therapy*. Oxford: Oxford University Press.

Holmes, E. A., & Mathews, A. (2010). Mental imagery in emotion and emotional disorders. *Clinical Psychology Review, 30*(3), 349–362.

Padesky, C. A. (1994). Schema change processes in cognitive therapy. *Clinical Psychology and Psychotherapy, 1*(5), 267–278.

Piaget, J. (1923). *Langage et pensée chez l'enfant* (1st ed. with preface by É. Claparède). Paris: Delachaux et Niestlé.

Reimer, S. G. (2014). *Single-session imagery rescripting for social anxiety disorder: Efficacy and mechanisms*. Doctoral dissertation, University of Waterloo, Ontario. Retrieved from UWSPACE, Waterloo's Institutional Repository. (hdl.handle.net/10012/8583).

Van Oppen, P., & Arntz, A. (1994). Cognitive therapy for obsessive-compulsive disorder. *Behaviour Research and Therapy, 32*(1), 79–87.

Wild, J., Hackmann, A., & Clark, D. M. (2008). Rescripting early memories linked to negative images in social phobia: A pilot study. *Behavior Therapy, 39*(1), 47–56.

인지적 탈융합
Cognitive Defusion

블랙리지 J. T. Blackledge, PhD • 모어헤드주립대학 심리학부

정의와 배경 Definitions and Background

*인지적 탈융합*Cognitive defusion은 사고의 내용이나 문자적 의미를 넘어 생각하는 과정에 대한 알아차림을 통해 사고에 따른 자동적인 감정과 행동 기능을 줄이는 과정이다. 이는 원래 수용전념치료에서 탈문자화deliteralization (Hayes, Strosahl, & Wilson, 1999)로 불렸던 용어로서(Hayes & Strosahl, 2004), 거리두기distancing (Beck, 1976), 탈중심화 decentering (Fresco et al., 2007), 마음챙김 (Bishop et al., 2004), 메타 인지적 알아차림 metacognitive awareness (Wells, 2008), 정신화mentalization (Fonagy & Target, 1997) 등의 다른 과정과 밀접한 관련이 있다. 이 짧은 장에서는 이 용어를 의도적으로 여러 가지 개념과 방법의 일부 측면을 포함시켜 광범위하게 사용할 것이다. 일부 연구(예, Arch, Wolitzky-Taylor, Eifert, & Craske, 2012)에서 인지적 탈융합의 정도가 전통적인 인지행동치료의 결과를 매개하는 것을 보여주므로 이러한 광범위한 사용이 적절할 수 있다(역주, 이름만 달랐지 핵심 과정이 비슷하다면 같이 포함시켜 논의하는 것이 좋겠다. 이것이 과정 기반 치료의 입장이다).

인지적 탈융합의 기법과 전략은 정신치료를 받는 내담자가 문제 사고를 덜 문자적[1]으로 받아들이고, 레퍼토리를 좁히는 문제 사고에 대해 보다 효과적이고 건설적인 방식으로 행동하는 데 힘을 북돋워 주도록 고안된 것이다. 예를 들어 스스로 단점이 많다고 인식하여 자신은 사랑받을 수 없다고 믿는 내담자는 바라던 낭만적인 파트너를 찾지 않거나, 의미 있는 친밀감을 형성하기 위해 충분한 자기 공개를 못할 수 있다. 탈융합 방법은 내담자가 "나는 사랑스럽지 않아."라는 사고 또는 이와 관련된 사고를 덜 신뢰하고, 이러한 사고가 존재할 때에도 친밀감을 구축하고 사랑받는 다양한 방식으로 행동할 수 있도록 돕는다.

탈융합과 이와 관련된 과정을 구성할 때 기저에 깔려 있는 가정은 생각이나 단어는 직접적인 경험의 풍부함과 깊이를 포착할 수 없다는 것이다. 내담자는 생각이 인간 경험의 복잡성을 포착하지 못하는 경우에도 이를 (특히 설득력 있는 생각일 경우) 진실의 궁극적인 결정권자로 여기는 경우가 흔하다. 우리가 자신의 사고와 "융합"될 때(즉, 그것을 문자적으로 취할 때), "사고는 직접 경험으로부터 추가적인 어떠한 입력 없이도 우리의 행동을 조절하며, 행동의 직접적인 선행사건 및 결과와의 접촉을 압도한다." (Hayes , Strosahl, & Wilson, 2012, 244 쪽). 인간의 사고는 사건의 대리자 입장이지

1) 이장에서 문자적literally 이라는 말은 문자 그대로의 내용을 따르는 것을 말함

만, 은유적으로 이는 종종 삼차원 세계의 이차원적 스냅 샷이다(역주, 삼차원의 복잡다기한 현상을 몇 개의 단어로 인과관계를 지은 후 우리의 행동을 지배한다). 보다 엄밀히 말하자면 "인지 융합은 언어적 사건이 다른 변수를 배제하고 반응에 대한 강력한 자극 조절을 행사하는 과정이다."(Hayes et al., 2012, p.69). 탈융합 방법은 인지 유연성을 높이기 위해 고안된 것으로서 내담자가 직접적인 다른 경험 사건에 주의를 기울임으로써 보다 효과적인 행위를 가능케 하려는 것이다.

탈융합 전략과 전통적인 인지 재구조화는 둘 다 생각이 효과적인 행위를 가로막는 장벽으로 작용할 수 있고 잠재적으로 문제가 되는 감정반응을 일으킬 수 있다는 가정에 기반한다. 하지만 더 전통적인 인지적 관점(예, Beck, 1976)은 감정 및 행동 변화가 일어나기 위해서는 인지 내용에서의 변화가 중요함을 강조하지만(21 장을 보라), 탈융합, 탈중심화 또는 상위 인지적 알아차림은 개인과 그 개인이 가진 생각간의 관계에 훨씬 더 중점을 둔다. 즉 사고가 경험되는 *맥락*을 강조한다.

사람들이 단어를 문자적으로 취하는 방식으로 말할 때 다양한 맥락 요소가 존재한다. 사람은 어떠한 속도로 말을 한다. (경매인이 말하는 것처럼) 너무 빠르거나 너무 느리지 않게 (예를 들어 이 문장의 모든 음절을 몇 초 동안 늘어뜨린다고 상상해보라) 말을 할 것이다. 형용사, 부사, 명사, 동사가 의도한 의미를 전달하기 위해 올바르게 작동할 수 있게 다양한 문법 규칙이 적용된다. 말로 표현되는 다양한 "사물"을 언급하기 위해 "정확한 단어"가 사용될 필요가 있다. 사람들은 전형적으로 감정이 실린 생각을 말할 때 억양, 감정적 굴곡, 비언어적 행동이 표현되고 있는 감정과 일치한다(예를 들어 사람들이 진심으로 분노나 슬픔을 표현할 때 어떻게 보이고 들리는지 생각해 보라). 문자적으로 취하면서 말을 할 때 가장 중요한 것은 아마 그러한 단어들을 형성하고 말을 하는 과정보다는 말한 내용에 초점을 맞춘다는 것이다(즉, 청자는 단어를 형성하는 것과 관련된 신체적 감각 또는 각 음절이 만들어내는 소리의 음향적 특성에 초점을 맞추기보다 생각의 기차를 주의 깊게 따라간다). 말하는 동안 말하는 과정에 너무 많은 초점을 두면 사고의 기차에서 빨리 벗어나 버릴 것이다.

바꾸어 말하면 사람들은 언어 자극의 문자적 맥락과 마주치면 문자적 방식으로 행동하는 것을 강화 받아온 아주 오랜 역사를 가지고 있다. 그 "문자적 맥락"(Hayes et al., 1999, p. 64)은 언어 및 인지적 사건이 그것의 내용과 일치하는 방식으로 기능하게 만든다. 사고의 형태는 특징적인 정서, 인지, 행동적 반응을 부추기는 기능을 하지만, 이는 그 효과와 영향을 일으키기 위해 고안된 맥락에서만 그러하다(Hayes et al., 2012, pp. 27-59 또는 Hayes, Barnes-Holmes, & Roche, 2003을 보라). 탈융합 방법은 의도적으로 그 문자적 맥락에 변화를 주어, 앞에서 언급한 하나 또는 그 이상의 정상 조건 또는 언어의 매개 변수를 위반하여 그 순간 문제 사고의 기능에 혼란을 야기함으로써 내담자가 문자적 사고의 지시와는 상이한 방식으로 행동할 수 있게 한다.

고전적인 탈융합 방법은 단어 반복이다. 이것은 티체너Titchener(1907)가 백 년 전에 처음으로 설명한 방법이다. 한 사람이 "밀크[2)]milk"라는 단어를 한 번 큰 소리로 말했다고 하자. 그 결과 다양한 이미지가 떠오른다. 청자는 밀크가 채워진 유리잔을 그리거나, 먹을 때 밀크의 맛이나 느낌 같은 것을 상상할 수 있다. 독자는 다음 문장을 읽기 전에 밀크의 다양한 지각적 특성을 생각해 보는 짧은 시간을 가져보기 바란다. 이제 훈련 삼아 다음 단락을 읽기 전 "밀크"라는 단어를 약 30초 동안 상당히 크고 빠르게 반복하여 말해보라.

대략 20초 후에 "밀크"라는 단어가 원래 유도하던 이미지와 여타의 감각이 많이 사라 졌음을 알아차렸을 것이다. 남아 있는 것이라고는 반복적으로 "믹~믹" 같은 것으로 들리는 이상한 꽥꽥거리는 소리를 반복적으로 만들어내는 목과 입의 신체적 감각이다.

우리가 언어를 문자적으로 사용할 때 정상적으로는 반복해서 같은 단어를 말하지 않는다. 그렇게 하는 것은 문자적 맥락에 내재하는 중요한 언어 매개 변수를 위반하여, 단어를 있는 모양 그대로의 물리적 감각과 임의의 소리에 노출시킨다. 사람들은 문자적 맥락에서 말하거나 생각할 때 단어가 언급한 "그것"이 그 자리에 존재하지 않는 경우에도 심리적 이미지와 감각을 만들어낸다.

이 장의 나머지 부분에서는 치료 시 사용할 수 있는 탈융합 기법의 예시와 그것의 사용과 관련된 탈융합을 지지하는 실험적 문헌 및 주의 사항에 대한 간략한 검토를 할 것이다. 탈융합과 이를 실제 사용하는 것에 관한 책 한 권 분량의 내용은 블랙리지(Blackledge, 2015)를 참조하라.

실행 Implementation

탈융합 기법을 사용하는 것은 정상 규범에서 현저하게 이탈하는 방식으로 언어를 사용하기 때문에 내담자가 이를 이상하게 여기고 잠재적으로 불쾌할 수 있다. 종종 치료 동맹이 형성되고 내담자가 그러한 기법의 전제를 이해하기 시작할 때까지는 보다 미세한

2) 많은 수용전념치료 한글 번역서에 밀크를 우유로 번역해 놓았다. 그러나 역자들이 생각하기에 밀크라는 단어가 탈융합 연습의 대표적 단어로 선택된 것은 밀크가 가지는 발음의 특성이 상당한 역할을 한 것으로 보인다. 밀크를 크고 빠르게 말하다보면, 쉽게 꽥꽥거리는 소리와 비슷해지는 특성이 있어 보인다. 그런 이유로 밀크를 한글로 굳이 번역하지 않았다.

탈융합 전략을 사용하는 것이 바람직하다. 초진 때부터 가능한 빨리 사고를 실제의 반영이 아닌 마음의 산물로 파악하고 "마음", "사고"와 같은 언어 협약화language convention를 사용하여 그저 단순한 생각으로 명칭화하면 문제 사고에 관한 내담자의 융합이 줄어들기 시작한다. 다음의 간단한 필기록은 이러한 언어 관습을 사용하는 몇 가지 방법을 보여준다.

내담자 나는 대부분의 인생에서 어디를 가나 부적절한 사람처럼 느껴졌습니다. 나에게 뭔가 문제가 있습니다.

치료자 (공감적으로) "나는 어디를 가나 부적절한 사람처럼 느낀다. 나에게 뭔가 문제가 있다." 이런 것들은 가지고 있기에 상당히 힘든 생각들입니다. "나에게 뭔가 문제가 있다."고 생각할 때 떠오르는 또 다른 생각이 있나요?

내담자 무슨 말씀이시죠?

치료자 네, 저는 당신 스스로 잘못되어 있다고 보는 것이나 과거 잘못했던 일에 대해 생각할 것이라 추측하고 있어요.

내담자 아, 무슨 뜻인지 알겠어요. 그것만 생각하면 너무 불안해해요 …… 나는 항상 그것을 쥐어짜고 있어요.

치료자 얼마나 자주 그와 같은 사고가 나타나나요? 일정한가요? 아니면 특정 상황에서 일어날 가능성이 더 큰가요?

내담자 음, 일정하지 않은 것 같아요. 내가 다른 사람들 주위에 있을 때 더 많이 나타나는 것 같습니다 …… 특히 내가 좋아하거나 나를 좋아하도록 하고 싶은 사람들 앞에서요.

치료자 예, 그런 압력이 가해질 때 그 끔찍한 생각, 그런 불안, 그런 자기 의심이 나타나는 거군요.

내담자 바로 그거에요.

치료자 당신의 마음은 그럴 때 또 어떤 생각을 던지나요?

내담자 그 때 그 때 달라요. 보통 다른 사람이 나에 대해 어떻게 생각하는지 걱정합니다. 내가 바보 같은 말을 하면 그 사람들이 나를 좋아하지 않으면 어떡하나 하면서요.

치료자 알 것 같습니다. 잘못했다는 것에 관한 많은 비관적인 생각, 상황이 잘 풀리지 않으면 어떡할지에 관한 많은 생각이 있으신 것 같네요.

이러한 "생각"와 "마음"과 같은 언어 협약화는 실제로 여러 형태의 치료법에서도 흔히 볼 수 있으며, 이런 식의 치료에서 내담자가 경험하는 초기 이득의 일부를 설명해 준다. 협약화는 초기 평가(그리고 이후 회기)에 쉽게 통합될 수 있으며, 임상의가 내담자에 대한 적절한 정보를 수집하면서도 동시에 문제 사고를 다른 관점으로 보도록 돕는다. 이런 식의 언어 사용이 그것만으로는 전형적으로 대단한 영향을 미칠 수 없겠지만, 시간이 지나면서 내담자가 고통스런 생각을 보다 쉽게 개방할 수 있고, 생각이 더 이상 감정을 도발하지 않는 경우가 많다. 똑같이 중요한 점은 이런 협약화를 사용했을 때 내담자가 보다 일관되게 생각을 생각으로 인식하도록 조형함으로써 나중에 더 강력한 탈융합 기법을 사용할 수 있게 해 준다.

다른 문자적 언어 매개 변수를 변화시키기
Changing Other Literal Language Parameters

앞 절에 나온 간단한 언어 협약화를 사용하는 것보다 훨씬 강력하고 다양한 방식으로 내담자의 "문자적 맥락"을 약화시킬 수 있다. 여기에 몇 가지를 언급할 것이다. 내담자를 비수인화하는 것을 피하기 위해 치료자는 내담자와 좋은 공감이 나타낼 때까지 보다 침습적인 탈융합 기법을 사용해서는 안 된다는 사실이 강조되어야 한다. 내담자는 치료자가 개인의 인생사 자체를 묻고 있는 것이 아니라 일반적으로 언어와 생각이 얼마나 믿을 수 없는 것이며, 마음은 자신이 실제 아는 것보다 훨씬 많은 것을 주장하고 있다는 것을 보도록 내담자와 치료자가 함께 작업하고 있다는 것을 이해해야 한다. 마지막으로 이러한 기법은 사전에 계획되고 구조화된 방식으로 사용하는 것이 아니라 일반적으로는 내담자가 어떤 문제로 괴로워하면서 자신의 이야기 내용과 상대적으로 융합된 것으로 보일 때 유연하고 자연스러운 반응으로 사용하는 것이 가장 좋다.

단어반복 연습 The word repetition exercise
이 장 앞부분에 소개한 단어반복 또는 "밀크" 연습을 상대적으로 침습적인 탈융합 연습으로 사용할 수 있다. 이것이 가능한지 탐색하는 한 가지 방법은 일종의 실험으로 접근하는 것이다.

치료자 저는 당신이 괴로워하는 것을 약간 다른 관점에서 보고자 합니다. 다른 어떤 것이 생길 수 있을지 보는 것입니다. 저는 당신의 이러한 매우 어렵고 길들여진 생각들을 제거하는 방법은 모르지만, 우리가 이를 다르게 보는데 도움이 될 만한 방법은 알고 있습니다. 이 연습은 얼핏 보면 우리가 이야기하고 있는 것과 별 관련이 없어 보이긴 하겠습니다만, 일종의 실험처럼 기꺼이 한 번 해 보시겠습니까? 그런 다음 이것이 유용한 것인지 다시 돌아와서 살펴볼 것입니다.

실험의 개념을 소개한 후 바로 몇 페이지 위에 제시된 횟수로 "밀크" 연습을 시행한다. 그런 다음 치료자가 내담자에게 고통스런 핵심 사고를 한 두 단어로 압축하도록 요청한다(예, 자신이 나쁜 사람이라고 생각하는 사람은 그 생각을 "나는 나쁘다."로 압축할 수 있다). 밀크 예에서처럼 치료자는 내담자에게 단어 또는 구절을 한 번 크게 말하고 다양한 느낌, 사고 및 감각이 나타나는 것을 알아차리도록 요청한다. 그런 다음 내담자가 약 30초 동안 큰 소리로 빠르게 그 단어를 반복하고 나서 치료자는 내담자에게 경험과 감각이 어떠한지 알아차려 보라고 한다. 연구에 의하면 일정 시간이 지나면 더 이상 이득이 생기지 않는 점근선에 도달하는 것을 보여주기 때문에 보통 30초가 일반적이다(Masuda, Hayes, Sackett, & Twohig, 2004). 일반적으로 내담자는 이 시간이 끝날 무렵 단어 또는 구절에 관해 중요한 다른 경험을 한다. 이와 관련된 정서의 강도가 다소 감소되며 사고를 덜 진지하게 받아들일 수 있고, 적어도 그 단어가 얼마나 이상하거나 의심이 가는지 등을 볼 수 있다. 연습을 끝내는 좋은 방법은 다음 내용을 따라하는 것이다.

치료자 "나는 나쁘다."는 것이 "밀크"와 상당히 같을는지 모르겠습니다. 당신의 마음은 당신이 그 말을 생각할 때 당신을 확신시키는 데 아주 익숙합니다. 마음은 실제로는 그렇지도 않는데도 "밀크"가 방안에 있다고 확신시키는 것과 마찬가지로, "나쁨"이 방안에 있음을 당신에게 확신시키는 데 익숙합니다. 이게 단순히 단어가 하고 있는 것이라면 어찌 되는 것일까요? 실제로 단어는 단지 소리와 감각일 뿐인데 그것이 사물의 완전한 진리를 포착했다고 우리를 확신시키려 노력하는 것 아닐까요?

생각 "가지기" "Having" thoughts

위에 언급 된 "생각" 언어 협약화를 보다 명시적으로 할 수 있다. 내담자가 고통스럽거나 비생산적인 이야기와 융합되었을 때 그 이야기 중 각각의 생각 뒤에 " …… 라는 생각을 가지고 있습니다." 라는 구절을 넣도록 요청하면, 종종 자신의 사고로부터 탈융합하도록 도울 수 있다. 이 기법은 적어도 두 가지 이유로 탈융합을 촉진할 수 있다. 첫째, 이것은 각각의 생각을 "생각"으로 명시적으로 칭한다. 이는 사람들이 언어를 문자적으로 취할 때에는 하지 않는 것이다. 둘째, 이야기 중 모든 생각 뒤에 다소 시간이 걸리고 힘든 구절을 반복하게 하면 문자적 맥락의 징표인 빠른 생각의 흐름이 상대적으로 줄어들고, 전형적으로 생각이 경험되는 방식을 변화시켜 진행이 좀 더 어색하고 불안전해지면서 속도가 느려진다. 이 기법을 사용하는 치료자와 내담자 간의 대화는 다음과 같이 진행된다.

내담자 거의 20년 동안 이런 식이었습니다. 저는 거기서 빠져 나올 수 없습니다. 해 볼 수 있는 것을 다 해 봤지만 제대로 되지 않았어요. 희망이 없어요. 앞으로도 항상 그럴 거고요. 의미가 없죠. 어차피 내가 그걸 할 수 없을 거니까 나를 개선시키려 한들 아무 소용이 없어요.

치료자 제가 듣기로 이런 지가 아주 길고 오래 된 것 같네요. 혹시 이것을 조금 천천히 해 볼 수 있는지 궁금하네요. 당신이 생각들에 온통 갇혀져 있는 것 같아서요. 우리가 약간이라도 여유를 만들기 위해 조금 다른 관점에서 기꺼이 그것을 해 볼 수 있겠습니까?

내담자 네, 그런데 어떤 관점으로요?

치료자 음 …… 우리의 모든 생각을 액면 그대로 받아들이면 위험할 수 있습니다. 당신이 하고자만 하신다면 저는 당신이 처한 상황에 대해 저에게 계속해서 말해 주길 바랍니다. 그런데 이번에는 말씀하시는 모든 문장 뒤에 " …… 라는 생각을 가지고 있다."라고 해 주시기 바랍니다.

내담자 그걸로 어떻게 내가 이 문제에서 빠져나오게 된다는 것인지 이해가 안 됩니다. 이런 식으로 생각한 지가 한참이 됩니다.

치료자 제가 듣기로도 그 생각들은 아마 바뀌지 않을 것입니다. 그러나 당신이 그것을 어떻게 보느냐는 바뀔 수도 있습니다. 기꺼이 해 보실 의향이 있습니까?

내담자 네, 그러죠.

치료자 좋습니다. 그래서 당신은 모든 것이 희망이 없고 삶에서 아무 것도 이루어 낼 수 없다는 것에 대해 얘기하고 계셨죠.

내담자 맞아요. 제 말은 내가 아내와의 대화를 얼마나 많이 망쳐버렸는지에 관해 전에 말했듯이 저는...

치료자 아 네, 제가 잠깐 당신 말을 중단해도 될까요. "내가 아내와의 대화를 정말로 망쳤다는 생각을 하고 있는 중이다."라고 말할 수 있습니까?

내담자 나는 아내와의 대화를 정말로 망쳤다는 생각을 하고 있는 중이다.

치료자 그리고 " …… 라는 생각을 하고 있는 중이다."를 다음 생각에도 할 수 있으시다면

내담자 근데 그건 제가 정말 그렇게 생각하는 거에요. 제 말은 내가 정말 아내와의 일을 다 망쳐 놓았다는 생각을 하고 있는 중이란 말입니다. 그렇게 심하게 하지 말았어야 하는데...

치료자 지금 그 생각도 똑같이요.

내담자 나는 아내에게 그렇게 심하게 하지 말았어야 하는데 라는 생각을 하는 중이다.

치료자 그리고 다음 생각에도 똑같이요.

내담자 나는 항상 이러고 있구나 라는 생각을 하는 중이다 …… 나는 아내가 왜 아직 나와 같이 있는지 이해가 안 돼 라는 생각을 하는 중이다.

치료자 잘 하셨습니다.

내담자 나는 아내에게 충분한 사람이 아니다 라는 생각을 하는 중이다 …… 나는 어떤 일에도 충분한 사람이 아니다 라는 생각을 하는 중이다.

치료자 좋습니다.

느리게 말하기, 노래하기, 어색한 목소리 Slow speech, singing, and silly voices

말의 속도를 극적으로 변경하거나(Hayes et al., 1999), 내용과 현저하게 일치하지 않는 방식으로 생각을 표현하면 탈융합을 이루어낼 수 있다. 말하는 속도를 변경하는 것은 내담자에게 확실하게 느린 속도 대 충분히 빠른 속도로 말하게 하면 간단하다. 앞의 글에 열거한 것과 비슷한 합리적 근거를 사용하여 이러한 시도를 소개할 수 있다. 말의 속도는 매우 느려야만 한다. 이 기법을 사용할 때 음절 당 5를 빨리 셀 정도(약 2초)가 효과적인 속도로 보인다. 그것보다 더 빨리 말하면 단어의 의미 중 많은 부분이 유지되는 경향이 있다.

내담자가 자신의 생각 속에 있는 감정을 정확하게 전달할 때 그 생각을 표현하는 방식과 크게 다른 방식으로 표현하도록 도와주는 다양한 방법이 있다. 말해진 사고의 오디오 품질을 변형시키는 다양한 스마트폰 용 앱이 있다. 이러한 앱은 당신이 말한 내용을 임시로 녹음한 다음 변경된 음성으로 다시 재생시켜 준다. 이러한 앱의 장점 중 하나는 회기 사이에 내담자가 필요에 따라 쉽게 사용할 수 있다는 것이다. 많은 앱들이 녹음된 음성의 음색 및 음조를 대폭 변경하는 여러 사전 설정 옵션(예, '다람쥐', '로봇' 및 '헬륨' 음성) 기능을 가지고 있다. 앱 스토어 검색을 통해 수십 개의 앱이 공개되지만 많은 것들이 탈융합을 촉진할 만큼 충분히 크게 목소리를 변화시켜 주지 못한다는 점을 알아두어야 한다. 먼저 내담자에게 추천하는 앱을 시험해 보고, 선택한 앱 내에서 더 높은 수준의 탈융합을 유발하는 것으로 보이는 음성 설정을 내담자가 찾도록 도와줄 수 있다.

치료자가 내담자에게 직접적으로 "자신의 음색을 바꾸어 보라"고 요청할 수 있다. 내담자가 기꺼이 원한다면 치료자는 내담자가 좋아하는 만화 캐릭터 또는 슈퍼히어로(또는 매우 특이한 음색을 가진 TV 또는 영화 캐릭터 중 한 명)의 목소리로 힘든 생각을 말하도록 요청한다. 목소리의 음색과 전반적인 "느낌"은 그 생각의 원래 감정적 음색과는 적어도 상당히 불일치해야한다. 예를 들어 크리스찬 베일의 배트맨 목소리로 불안하거나 불안정한 사고를 말하게 하거나 미키 마우스의 목소리로 슬픔에 잠긴 사고를 말하게 하면 쉽게 탈융합을 촉진할 수 있다. 대안적으로 내담자는 오페라의 낙천적인 노래 음성이나 이를 다른 식으로 과장하거나, 정서와 일치하지 않는 목소리 또는 어떤 식으로든 생각의 문자적 기능과 일치하지 않는 방식으로 괴로운 생각을 노래할 수 있다. 이러한 침습적인 탈융합 기법은 좋은 공감적 치료관계와 내담자 자신의 이야기가 조롱당하지 않고 오히려 다른 관점으로 보고 있다는 분명한 이해를 바탕으로 시도해야 한다.

카드에 적힌 생각 Thoughts on cards

내담자의 고통스런 생각과 감정을 하나씩 차례대로 적어 내담자 앞 테이블이나 책상 위에 올려놓으면 탈융합이 촉진될 수 있다. 이 전략은 각각의 생각이 별도의 색인 카드나 낱장의 종이(여러 생각을 한 장에 계속 쓰지 말 것)에 써질 때 가장 효과적이다. 이것은 공간적으로 이야기를 나누고 각각의 생각을 시각적으로 구분하여 강조할 수 있게 한다. 모든 생각은 단지 생각일 뿐이라는 점을 강조하고 보다 일관적인 탈융합 맥락을 조성하기 위해, 연습에 대한 반응이나 논평조차도 카드에 적힌 생각으로 기록되어야 한다. " …… 라는 생각을 가지고 있습니다."와 같은 언어 협약화와 마찬가지로 일반적으로 치료자는 내담자가 터놓는 모든 생각을 적는데 주의를 기울여야 한다. 이것은 내담자가 말하면서 이를 문자적 수준에서 이야기하고자 하는 자연스러운 사회적, 치료적 끌림에 대항하도록 돕는다.

여러 장(아마도 수십 개의 카드)이 생성되면 여러 가지 방법으로 사용할 수 있다. 기록되어 테이블 위에 놓인 분리된 사고의 모음을 내담자가 단순히 바라보게 하는 것만으로도 강력한 탈융합 기능이 있다. 내담자가 기꺼이 하려고 한다면 카드를 접어 주머니에 휴대한 채로 유사한 사고와 느낌을 일으킬 수 있는 중요한 활동에 참여시킬 수 있다. 이 카드는 진료실에서의 경험이 준 교훈을 상기시키는 신호이면서 이를 확장시키는 역할을 하고, 살아가면서 힘든 사고가 그저 따라다닐 수 있다는 은유적 교훈으로 작용한다.

또 다른 실제 연습은 내담자는 그대로 앉아 있는 채로 치료자가 색인 카드를 던져 내담자의 무릎 위로 올리는 시도를 하면서 내담자로 하여금 그 다양한 생각과 접촉을 피할 수 있으면 그 무엇이든 해 보라고 한다. 그러고 나서 내담자에게 경험이 어떠했는지를 물어보면, 전형적으로는 자신이 얼마나 부산했던 지와 여전히 얼마나 원치 않는 많은 생각과 접촉하게 되는지에 관해 얘기를 한다. 그런 다음 훈련을 반복하면서 단순히 "생각"을 무릎에 놓아두는 것을 허용해 보라고 요청한다. 일반적으로 내담자는 힘든 생각을 단지 생각으로 무릎 위에 놓아둘 수 있다는 사실과 귀찮고 실익이 없는 노력에 참여할 필요가 없다는 것을 깨닫는다.

경험적 지지 Empirical Support

인지적 탈융합 개입의 효과는 출판된 연구, 치료 결과 연구, 개입 연구 및 아날로그 실험실 연구에서 수십 번 평가 되었다(예, 최근의 요약을 보려면 Blackledge, 2015를 보라). 이론적으로 일관된 방식으로 작동하는 새로운 인지적 탈융합 척도가 개발되었다(Gillanders et al., 2014). 최근의 메타 분석(Levin, Hildebrandt, Lillis, & Hayes, 2012)은 탈융합 방법이 힘든 생각과 고통을 믿는 것으로 나타나는 문제에 대해 일관되게 긍정적 영향을 미친다는 것을 보여준다.

주의 사항 Caveats

대부분의 탈융합 기법에서 강력한 치료 동맹이 없거나 치료의 이론적 근거가 명확하지 않은 경우 내담자가 비수인감을 느낄 수 있다(Blackledge, 2015를 보라). 다른 방법과 함께 탈융합 방법을 사용하는 경우 두 가지 추가적인 주의 사항이 있다.

탈융합과 사고 변화 전략을 혼합하기 Mixing defusion and thought change strategies

내담자가 자신의 경험에 대해 반드시 다르게 생각해 보아야 한다고 암시하면서 탈융합 기법을 사용하면 내담자와 치료자 모두 혼란스러울 수 있다. 치료에서 탈융합 기법을 사용하고자 하는 치료자는 혼란을 초래할 수 있는 직접적 또는 암시적인 모순이 있는지 확인하기 위해 자신들이 사용하고 있는 다른 기법들에 깔려 있는 가정을 주의 깊게 살펴보아야 한다. 치료자가 잠재적으로 모순된 가정을 가진 기법을 함께 사용하기로 결정한다면 그것 자체로 일관된 근거를 요구한다. 예를 들어 치료자는 사고에 관해 다르게 생각하는 것을 배우는 것이 새로운 정서적, 행동적 대안을 제공하는 데 도움이 될 수 있다고 보는지 내담자에게 물어볼 수 있다. 인지변화 전략이 도움이 된다면 그것을 사용하라. 생각을 단순히 생각으로 보는 법을 배우는 것이 더 잘 작동한다면 탈융합 전략을 사용하라.

단독으로 탈융합 사용하기 Using defusion in isolation

현대 과정 지향 인지행동치료의 맥락에서 인지적 탈융합은 내담자를 비생산적인 생각에서 "벗어나게" 하거나, 심리적 고통이 있을 때, 보다 큰 심리적 유연성을 촉진시키는 여러 심리 과정 중 하나이다. 아날로그 요소를 가진 탈융합에 관한 연구는 지금까지 적어도 일시적으로나마 탈융합이 심리적 고통을 감소시킬 수 있다고 제안했으며 치료 결과 연구에서도 반복적으로 탈융합이 시간이 지남에 따라 고통을 감소시키는 것으로 나타났다. 그러나 단기이든 장기이든 두 경우 모두 탈융합을 심리적 고통이 있을 지라도 충실하고 활력 있는 삶을 경험할 수 있는 방식으로 명시적이고 일관되게 사용하여야 한다. 탈융합 작업 중 일부 내담자는 판단과 의미 부여가 적절한 역할을 할 때도 있다는 문제를 제기할 수 있으며, 언제 탈융합을 사용하는지에 관해 혼란에 빠질 수 있다. 가치 주도 치료 전략(제 25 장을 보라)과 함께 탈융합을 사용하면 이러한 질문에 답할 수 있다. 즉 탈융합은 자동사고가 방해할 때 내담자가 추구하는 가치와 의미를 촉진시킬 수 있는 도구이다.

참고문헌

Arch, J. J., Wolitzky-Taylor, K. B., Eifert, G. H., & Craske, M. G. (2012). Longitudinal treatment mediation of traditional cognitive behavioral therapy and acceptance and commitment therapy for anxiety disorders. *Behaviour Research and Therapy, 50*(7–8), 469–478.

Beck, A. T. (1976). *Cognitive therapy and the emotional disorders*. New York: International Universities Press.

Bishop, S. R., Lau, M., Shapiro, S., Carlson, L., Anderson, N. D., Carmody, J., et al. (2004). Mindfulness: A proposed operational definition. Clinical Psychology: *Science and Practice, 11*(3), 230–241.

Blackledge, J. T. (2015). *Cognitive defusion in practice: A clinician's guide to assessing, observing, and supporting change in your client*. Oakland, CA: New Harbinger Publications.

Fonagy, P., & Target, M. (1997). Attachment and reflective function: Their role in self-organization. *Development and Psychopathology, 9*(4), 679–700.

Fresco, D. M., Moore, M. T., van Dulmen, M. H. M., Segal, Z. V., Ma, S. H., Teasdale, J. D., et al. (2007). Initial psychometric properties of the experiences questionnaire: Validation of a self-report measure of decentering. *Behavior Therapy, 38*(3), 234–246.

Gillanders, D. T., Bolderston, H., Bond, F. W., Dempster, M., Flaxman, P. E., Campbell, L., et al. (2014). The development and initial validation of the cognitive fusion questionnaire. *Behavior Therapy, 45*(1), 83–101.

Hayes, S. C., Barnes-Holmes, D., & Roche, B. (2003). *Relational frame theory: A post-Skinnerian account of human language and cognition*. New York: Kluwer Academic/Plenum Publishers.

Hayes, S. C., & Strosahl, K. (2004). *A practical guide to acceptance and commitment therapy*. New York: Springer.

Hayes, S. C., Strosahl, K. D., & Wilson, K. G. (1999). *Acceptance and commitment therapy: An experiential approach to behavior change*. New York: Guilford Press.

Hayes, S. C., Strosahl, K. D., & Wilson, K. G. (2012). *Acceptance and commitment therapy: The process and practice of mindful change* (2nd ed.). New York: Guilford Press.

Levin, M. E., Hildebrandt, M. J., Lillis, J., & Hayes, S. C. (2012). The impact of treatment components suggested by the psychological flexibility model: A meta-analysis of laboratory-based component studies. *Behavior Therapy, 43*(4), 741–756.

Masuda, A., Hayes, S. C., Sackett, C. F., & Twohig, M. P. (2004). Cognitive defusion and self-relevant negative thoughts: Examining the impact of a ninety year old technique. *Behaviour Research and Therapy, 42*(2), 477–485.

Titchener, E. B. (1907). *An outline of psychology*. New York: Macmillan.

Wells, A. (2008). Metacognitive therapy: Cognition applied to regulating cognition. *Behavioural and Cognitive Psychotherapy, 36*(6), 651–658.

심리적 수용의 함양
Cultivating Psychological Acceptance

존 포시쓰 John P. Forsyth, PhD
티모씨 릿저트 Timothy R. Ritzert, MA
뉴욕주립대학 올버니 심리학부

정의와 배경 Definitions and Background

수용acceptance에 대한 생각은 꽤 오래되었다. 이는 종교 전통, 동양의 명상 수행 그리고 정신치료에서 치료 동맹이나 과정을 논할 때 등장한다. 보다 최근에는 근거 기반 정신치료에서 정신병리와 치료 변화 모두의 핵심 과정으로 들어왔다. 여기서 우리는 심리적 *수용*을 "순간순간의 경험에 대해 의도적으로 개방하고 받아들이고 유연해지고 판단하지 않는 자세를 자발적으로 도입하는 것"으로 틀을 잡을 것이다(Hayes, Strosahl, & Wilson, 2012, p. 272). 경험은 생각, 감정, 기억, 신체 감각, 촉박감urges/충동impulse과 같은 *내적* 사건과 이와 밀접하게 연관되면서 이를 유도하는 *맥락* 상황을 포함한다. 이런 식으로 생각했을 때 심리적 수용은 삶이 제안하는 있는 그대로의 모습에 마음을 여는 것이다. 수용은 단지 일련의 기법을 모은 것이 아닌 하나의 기술이다. 단순한 결과가 아니라 하나의 과정이기도 하다.

수용이라는 용어는 흔히 오해 받는다. 수용은 그저 포기하거나 참거나 수동적으로 물러나는 것이 아니다. 오히려 하나의 행동이고 선택이다. 이는 심리적 사건과 이와 관련된 상황을 불필요하게 바꾸거나, 회피, 도피, 억제 또는 지연시키지 않고 다가가는(때로는 고통을 겪는) 것을 뜻한다. 힘든 심리적 경험에 다가가고 개방하는 선택은 역설적이게도 어떤 새로운 것을 하는 것이다.

수용은 심리적 사건에 대한 접근 *방법*을 바꾸어 개방성, 유연성, 자비로 반응함을 뜻한다(Cordova, 2001). 따라서 이러한 작업의 핵심 성분은 내담자가 진행 중인 자신의 경험과의 관계를 어떤 식으로든 바꾸도록 하는 것이다. 은유적으로 수용의 자세는 일어서서 눈을 크게 뜨고 다소 장난스럽게 자신이 할 수 있는 한 두 팔을 활짝 벌리는 간단한 자세를 경험하는 것으로 드러날 수 있다. 이러한 받아들이는 자세는 뻣뻣하게 서서 눈을 질끈 감고 팔을 가능한 세게 닫아 몸을 감싸는 것과 대조된다.

수용은 괴로움에 파묻혀 지내거나 반대로 힘든 개인적 내용을 조절하기 위해 잔꾀를 부리는 것이 아니다. 오히려 내담자가 불필요한 투쟁을 내려놓고, 현재를 살고, 개인적 가치에 따라 선택하고, 자신에게 중요한 것을 위해 행동하고, 삶의 질을 높이기 위해 이를 견디도록 도와주려는 과정이다. 힘든 심리 경험이 나타날 때, "이것이 진정 당신에게 중요한 것이라면, 방어하지 않고, 충분히 있는 그대로 가진 채로 기꺼이 앞을 향해 나아갈 수 있는가?"를 묻는 것이 수용이다.

연구에 따르면 수용 기반 개입은 생각이나 감정을 직접적으로 바꾸지 않고, 다만 그것이 행동에 도움이 되지 않는 *영향*을 줄여줌으로써 작동한다(Levin, Luoma, &

Haeger, 2015). 이 과정에서 새로운 가능성이 열리고, 변화의 노력이 활력, 기쁨, 의미와 목적에 초점이 맞추어진다.

수용이 때로 필요한 이유 Why Acceptance Is Often Needed

신경과학은 인간의 신경 시스템이 뺄셈이 아니라 덧셈으로 작동하는 역사적 존재임을 말해 준다. 뇌가 손상 받거나 하지 않는 한 뇌에 한 번 들어온 것은 계속된다. 이런 식으로 보면 지금 내담자가 경험하는 어려움은 간단히 말해 이전에 있었던 모든 것의 산물이다.

역사적 생명체로서 우리는 마치 빈 용기처럼 세상에 왔다. 우리 모두 유전적 성향은 다르지만 기본적으로 경험을 담는 의식적인 그릇이다. 요리사가 스프를 만드는 것처럼 경험은 우리의 용기에 다양한 재료를 추가하는 것이고 이는 계속된다. 어떤 재료는 분명한 외상 경험 또는 열다섯 번째 생일 같은 것이고, 각각의 재료는 (달콤하고, 시거나, 씁쓸한) 독특한 맛을 지닌다. 이들이 어느 시점에 섞이면서 무슨 일이 일어나는지에 따라 미묘한 풍미가 연출된다. 재료와 풍미가 한 번 첨가되면 이를 제거하는 건강한 방법은 없다. 새로운 재료가 추가될 수 있겠지만, 이미 존재했던 것을 뺄 수 없다.

언어와 인지는 우리의 역사에 접근할 수 있는 능력을 배가시킨다(7장을 보라). 언어가 가능한 인간은 고통을 피할 수 없다. 언어와 인지를 통해 어느 때이고 어느 곳에서든 고통이 떠올려질 수 있기 때문이다. 아이러니하게도 심리적 고통은 인간 경험의 정상적인 일부이지만(Eifert & Forsyth, 2005; Hayes et al., 2012), 경험을 수용할 수 없는 것으로 여길 때 경험 회피로 인하여 고통은 커질 확률이 높다. 경험 회피는 심리 사건을 회피하거나 도피하려는 노력이 행동적 위해를 가져왔음에도 불구하고 이를 경험하기 꺼려하는 것이다(Hayes, Wilson, Gifford, Follette, & Strosahl, 1996). 경험 회피가 *완고하고 경직되게* 적용되었을 때 고통과 괴로움이 늘어나고 의미 있는 행위를 방해하기 때문에 이는 다양한 형태의 심리적 고통을 떠받친다(예, Chawla & Ostafin, 2007; Eifert & Forsyth, 2005). 많은 증거가 경험 회피는 결국 대가를 치르고, 힘이 들고, 비효과적임을 시사한다(예, Gross, 2002; Wenzlaff, & Wegner, 2000).

조절 전략이 피부 바깥에는 잘 작동하지만, 생각, 기억, 감정이 쉽게 조절되거나 제거되지 않는 피부 안에서는 흔히 잘못 적용된다. 간단히 말해 원하지 않을수록 이를 가지게 된다. 우리가 할 수 있는 것은 생각과 느낌과의 관계를 변화시키는 것이다. 수용이 진정한 차이를 만들 수 있는 지점이 바로 이 곳이다.

심리적 수용의 함양 Cultivating Psychological Acceptance

수용의 함양은 생각과 감정을 경험하는 새로운 맥락을 만드는 것이다. 이 장의 나머지 부분은 어떻게 수용을 함양할 수 있는지에 관한 실제적 지침을 제공한다.

조절의 무용성을 직면시킨다 **Confront the Unworkability of Control**

수용 작업에서 선행되어야 할 중요한 것은 내담자가 자신의 경험에서 어떤 측면을 조절할 수 없는 것인지 알도록 돕고, 새로운 무엇인가를 하도록 가능성을 열어주는 것이다. 보통 이는 첫 회기나 두 번째 회기에서 이루어지고 이후 필요에 따라 다시 할 수 있다. 두 가지 간단한 질문이 이 과정의 핵심이다.

그 문제를 풀기 위해 이제까지 어떤 것을 시도해 보셨나요?

당신 경험으로 그것이 효과를 보았나요? 단기간? 장기간?

자비와 친절로 탐색해 나갈 때 이러한 질문은 투쟁 자체의 무용성과 그로 인한 대가를 드러내기 시작한다. 내담자 자신의 경험상 조절은 심리적 위안이라는 견지에서 단기간 효과를 본다. 하지만 이러한 잠깐의 고통이 없는 밀월은 대가를 치른다. 감정적으로, 신체적으로 그리고 중요한 무엇인가를 할 수 있는 순간을 앗아간다는 측면에서 그러하다. 아래 간단한 임상 대화에서 치료자는 사회불안증으로 오랜 기간 고통 받아 온 27세 여자 환자와 함께 이를 끌어내기 시작한다.

치료자 불안이 올라올 때 어떠신 거죠?

내담자 네, 가슴이 철렁하는 느낌이 들고 빠짝 긴장이 돼서 아무 것도 하고 싶지가 않죠. 그냥 혼자 TV만 보고 앉아 있어요.

치료자 그럼 제가 제대로 들은 거라면 불안이 올라올 때 당신이 하는 것 중 하나는 TV 앞에 혼자 앉아 있는 것이네요. 당신 경험상 이것이 불안을 다스리는데 얼마나 효과를 본 것일까요?

내담자 (혼란스러워하며) 솔직히 효과는 미미해요. 사실 저 자신을 안 좋게 느끼면서 그냥 거기 앉아 있는 거예요. 다들 바깥에서 즐기고 자신의 삶을 살아가는데, 전 그게 안 돼요.

치료자 그러면 아무 것도 하지 않고 TV를 보는 것은 도움이 되지 않고 심지어 당신 기분을 더 나쁘게 하는 것 같네요. 또한 당신 마음은 지금 당신이 뭔가 빠뜨렸다고 할 것 같아요. 또 다른 어떤 것을 시도해 보셨나요?

결국 치료자는 내담자가 하는 말을 단순히 되돌려 줄 수 있다(예, "경험은 당신에게 합리적 전략으로 보였던 것이 결국 작동하지 않은 것으로 끝이 났다고 말하는 것 같습니다만, 제 말이 맞나요?"). 이렇게 하려는 것은 내담자의 기분을 상하게 하려는 것이 아니라 투쟁으로 치른 대가를 드러나게 하고, 내담자가 마음은 무엇이라 하던 자신의 경험이 타당할 수 있음을 염두에 두도록 도우려는 것이다.

은유와 연습을 적소에 잘 쓰면 불필요한 조절 노력의 대가를 끄집어내고, 내담자를 새롭고 좀 더 희망적인 방향으로 향하게 할 수 있다. 수용전념치료는 이런 목적으로 바로 사용할 수 있는 많은 은유를 가지고 있다(Hayes et al., 2012; Stoddard & Afari, 2014를 보라). 예를 들어 내담자에게 짧은 밧줄을 주고, 감정과의 줄다리기를 시연해 볼 수 있다. 치료자는 대화를 통해 치료자 내담자 모두 밧줄의 끝을 잡아당기다 보니 좀 더 유용한 것을 할 수 있는 능력이 자꾸 미뤄지는데도 불구하고 내담자는 내부 "괴물"(감정)과의 줄다리기에서 이겨야만 할 것 같은 필요를 느끼고 있음을 보도록 한다.

치료자 당신의 마음은 당신의 길을 가기 전에 나를 이겨야 한다고 말하고 있습니다. 지금 당신에게 떠오르는 게 무엇인가요?

내담자 더 세게 당겨야 해요.

치료자 이것이 당신이 진짜 하고 있는 것과 비슷하지 않나요? 가끔 이런 식으로 느끼시나요?

내담자 딱 이런 식이에요.

치료자 (계속 당기면서) 이런 줄다리기에서 결국 이기신 적이 있나요? 동시에 당신이 가고 싶은 파티에 가고 있지 않다는 것을 알아차려 보세요.

이런 종류의 대화를 결국 내담자가 어떤 대안, 즉 밧줄을 내려놓는 것을 볼 때까지 주거니 받거니 계속한다(Eifert & Forsyth, 2005; Hayes et al., 2012를 보라). 나중에 이 행위는 수용 그리고 수용을 쓸 수 없게 막는 마음의 속임수를 보여주는 물리적 은유가 된다.

초기에 워크시트를 사용하는 것도 유용할 수 있다. 워크시트에는 (a) 힘든 상황, 드는 생각과 느낌, (b) 이에 반응하여 (예컨대 "밧줄을 집어들었을 때") 내담자가 하는 것, (c) 단기, 장기 결과(즉 내담자가 괴물과의 줄다리기에 잡혀 있을 때 포기해야 했던 것 또는 놓쳤던 것)를 적는다.

관점 취하기 기술을 가르친다 **Teach Perspective-Taking Skills**

사람은 자신이 알거나 본 것이 아니면 진정으로 수용할 수 없다. 이것이 수용을 위해 *관점 취하기 기술* 또는 심리적 경험을 있는 그대로 관찰하는 법을 익혀야 하는 까닭이다. 탈융합 기술(생각과 감정에 의해 보는 것이 아니라 생각과 감정을 보는 것, 23장을 보라)은 건강한 관점 취하기와 수용을 촉진시킨다.

형식적 / 비형식적 마음챙김 연습을 포함한 다양한 체험적 연습은 관점 취하기 기술을 만들어 낸다(26장을 보라). 전통적 호흡 중심 명상과 이외 구체적인 마음챙김 연습(Kabat-Zinn, 2005)은 생각과 느낌을 열린 마음으로 알아차리는 능력을 키운다. 또한 치료자는 회기 중에 내담자가 자신의 경험에 대한 관찰자로서 말해 보도록 함으로써 관점 취하기를 키울 수 있다(예, "나는 다 때려치우고 싶은 촉박감을 경험하고 있음을 알아차리고 있다."). 치료자는 자신의 말로 감정 개방과 관련된 관점 취하기의 본보기를 보이거나 이를 조형할 수 있다(예를 들어 "저는 제 속에서 당신에게 유용한 무엇인가를 빨리 해야 할 것 같은 다급함이 있음을 알아차립니다.").

자애와 자비를 북돋다 **Nurture Self- Kindness and Compassion**

많은 내담자들은 믿을 수 없을 만큼 자신에 대해 혹독하고, 자신의 역사와 심리적으로 힘든 감정 내용에 대해 저항하고 분노와 자책으로 대한다. 고통pain에 괴로움suffering을 더하고 있다. 수용 작업은 내담자에게 자신이 생각하는 것과 느끼는 것을 좋아하라고 요청하는 것이 아니다. 그 보다는 어떤 식으로든 내담자가 자신의 경험을 대하는 관계의 속성을 바꾸어 보라는 초대이다. 고개를 돌리는 대신 힘든 내용에 대해 내담자가 친절kindness, 호의friendliness, 관대함gentleness, 그리고 감히 말하건대 사랑love으로 누그러뜨리고, 마음을 열고, 만나보라고 요청한다.

*자애와 자기 자비*는 느낌이 아니다. 회기 안과 밖에서 실천해야 할 행위이다. (a) 인생에서 고통은 불가피한 것이고, (b) 모든 인간은 장애물과 문제 그리고 고통을 마주하고 있다는 알아차림의 확장이다(Neff, 2003).

우리는 이 작업을 시작할 때 흔히 힘든 아이를 대하는 부모의 은유를 쓴다.

아이가 화가 나거나 잘못된 일을 할 때, 부모가 소리치고 울지 말라고 말하는 것은 때에 따라 효과가 없고 상황을 더 악화시킬 뿐이지요. 때로는 부모가 좀 더 부드러운 접근을 택할 수 있습니다. 아이가 단지 나쁜 행동을 했다 해서 야단치거나 벌하지 않습니다. 부정적 에너지에 반응하려는 충동을 꿰뚫어보고 아이가 친절과 사랑을 알기 바라는 마음에서 먼저 다정한 방식으로 반응할 수 있습니다. 저는 당신이 당신 자신과 당신의 역사에 대해 이와 같은 방식으로 접근해 보는 것이 도움이 되지 않을까 합니다. 자책은 상황을 악화시키기만 하지 않던가요? 이제 새로운 것을 해 볼 시간이지 않나요?

심지어 내담자가 자신의 고통스러운 내용에 대해 마치 어린 아이를 대하듯 자비로움과 친절함으로 소중하게 보듬어주도록 요청한다. "불안을 관대하게 잡고 있기"와 같은 유도 명상 연습guided meditation exercise은 자비로운 반응을 함양시킬 때 사용한다(Forsyth & Eifert, 2016를 보라). 눈을 감고 개방된 알아차림 상태에서 아래와 같이 해보게 한다.

손바닥을 위로 향하게 하고 두 손을 동그랗게 모아서 그릇 모양을 만들어 보세요. 그 손을 무릎에 가볍게 받치세요. 손이 가지는 속성과 모양을 알아차려 보겠습니다. 열려 있고 무엇인가 담을 준비가 되어 있습니다. 그 담을 것과 접촉하면서 당신이 이 손을 여러 가지 방식으로 사용해 왔음을 알아차려 보겠습니다. 일과 사랑, 만지고, 만져지는 데 사용했습니다[비슷한 것으로 5,6개 더 계속하라]. 당신 손에 담겨진 이로움에 빠져 보세요.

바로 그 이로움의 장소에 잠깐이긴 하지만 [여기에 감정적 관심사(예를 들어 불안)를 불러주라]이 머무를 수 있을지 보세요. 깃털이 흘러내리듯이 내려오고 당신의 친절하고 사랑스러운 손이 그 가운데를 받치고 있다고 상상해 보세요.

그 속에 잠시 빠져 봅시다. [감정적 관심사]의 이 조각이 지금 당신 손의 이로움 안에 고이 있습니다. 그것을 이렇게 받치고 있는 느낌이 어떠신가요? 그냥 당신 손의 따뜻함과 이로움을 알아차리고, 숨 쉬고, 감지해 보세요. 여기서 다른 아무 것도 할 것은 없습니다.

기꺼이 하기와 마음챙김 수용을 조성한다 **Foster Willingness and Mindful Acceptance**

기꺼이 하기는 마음과 역사가 무엇을 꺼내놓든 이에 개방하려는 하나의 선택이다.

이는 일종의 믿음의 도약으로서 무엇이 일어날지 진정 알지 못하지만 개방된 채로 미래를 향해 뛰어드는 것이다. 따라서 우리가 내담자에게 무엇이 일어나는지 기꺼이 경험해 볼 수 있을지 물어볼 때, 이는 내담자가 모르는 곳으로 발을 들여 놓으면서 어떤 경험을 할지 모르지만 자신의 선택과 행동을 스스로 제어하는 연습을 하게 하는 것이다.

내담자에게 어떤 경험이 나타나든 이를 향해 마음챙김과 자비로운 입장을 기꺼이 취하게 하는 것이 목표이다. 이런 자세를 익히게 할 때에는 수용 기술을 개발하는 것에 초점을 두고 처음에는 작게 시작해서 나중에 좀 더 어려운 내용으로 확장해가는 것이 좋다. 마음챙김 실습은 기꺼이 하기를 적용하는 법을 익히는 유용한 구조를 제공한다(Brach, 2004, 26장을 보라). 예를 들어 마음챙김 수용 회기 중의 실습에서 한 번에 한 분야 또는 한 영역씩, 감정, 신체 감각, 생각 등에 주의를 두도록 지시하는 유도 명상을 사용할 수 있다(예, Forsyth & Eifert의 "acceptance of thoughts and feelings exercise", 2016을 보라). 예컨대 힘든 기억은 일련의 생각, 이미지, 신체 감각, 촉박감으로 분해될 수 있고, 각각의 부분을 기꺼이 마음챙김으로 자비롭게 탐색하고 접촉할 수 있다("깡통 괴물" 연습을 보라. Hayes, 2012). 이런 연습은 본질적으로 하나의 노출 연습으로서 기꺼이 하기와 자기 자비의 맥락에서 행해진다.

내담자 가치 맥락으로 수용을 구성하다

Frame Acceptance in the Context of Client Values

*내담자의 가치*나 다른 형태의 긍정적 동기(27장을 보라)와 연결시킴으로써 수용을 불러일으키는 것이 도움이 된다. 이때 가치에는 존재하기와 행위하기를 선택하는 속성이 있다(25장을 보라). 이렇게 할 때 수용이 새로운 형태의 회피나 자기 위안이 되지 않게 막을 수 있다.

내담자의 가치 맥락에서 수용을 구성하는 것은 노출 기반 작업을 할 때 특히 중요하다. 목적은 내담자 역사의 불쾌한 측면과의 *관계*를 바꿔볼 수 있도록 돕는 것이고, 이를 통해 행동의 선택지가 확장된다. 앞서 언급한 사회불안증 환자와 나눈 간단한 대화에서 치료자가 이를 어떻게 이끌어 낼 수 있는지 볼 수 있다.

치료자 지난 번 우리는 이번 주말 당신이 친구 몇 명과 파티에 나가보는 게 어떨지 한 번 생각해 보자고 했었는데요, 거기에 대해 당신이 어떤 생각을 하고 계신지 알고 싶습니다.

내담자 잘 모르겠어요. 한 주 내내 그 생각을 했어요. 정말 불안해요.

치료자 (진료실에서 힘든 내용이 나타남을 느끼고, 이때가 노출 기반의 수용 작업을 할 기회임을 본다) 지금 당신에게 어떤 것이 올라오시나요? 그러니까 당신 몸에서 그걸 어디서 느끼시나요?

내담자 (자신의 배를 가리킨다)

치료자 거기 어떤 감각이 있는 거죠?

내담자 두근거리고 …… 어디가 잘못된 것처럼 메스꺼워요. 남의 웃음거리가 될 것 같은 느낌이에요.

치료자 좋아요, 그걸 알아차려 봅시다. 당신은 몸에서 뭔가를 느끼고 계신 겁니다. 그리고 당신 마음은 늘 그렇듯 그것에 반대하면서 동시에 참견하겠죠. 이것은 받아들일 수 없고 괜찮지 않다고 말하면서요. 이걸 알아차리기 위해 잠시만 있어 보세요 …… 생각이 올라오고 …… 그 생각이 여기 있도록 할 수 있는지 보세요. 지금 당신이 하시겠다면 뭔가 해 보시도록 하고 싶습니다.

내담자 좋아요 …… 하지만 내가 그 밧줄을 다시 잡으라 하시려는 거 아닌가요? (웃음)

치료자 아닙니다. 이제 밧줄은 없습니다. 대신 거기에 진짜 무엇이 있는지 보기위해 잠시 같이 시간을 가져 봤으면 좋겠습니다. 우리가 이전에 여러 번 했던 것처럼 눈을 감고 당신의 호흡과 접촉해 보라고 하고 싶습니다. 당신의 호흡이 안전한 은신처와 연결된 느낌을 받기 시작할 때 배의 감각을 알아차려 보겠습니다. 단지 알아차리기만 하시고, 숨을 쉴 때 마다 당신 안에 그 감각이 거기 그대로 있도록 공간을 더 만들 수 있는지 보세요. (30초 정도 쉼) 감각을 부드럽게 대하면서 이 감각이 진짜 당신의 적인지 다시 한 번 보세요. 친구와 함께 밖으로 나가 파티와 자유를 만끽하는 모습을 그리면서 감각을 부드럽게 대하면서 친절을 담아 이를 살짝 잡고 있을 수 있을까요? 잠깐 시간을 가지시고, 어느 정도의 공간과 다정함을 알아차리셨으면 여기로 다시 돌아와서 준비되었으면 천천히 눈을 뜨세요.

그러고 나서 치료자는 내담자와 또 다른 감각, 촉박감, 생각을 마음챙김으로 알아차리고 부드럽게 허락하는 방법으로 한 번에 하나씩 탐색해 들어갔다. 내담자가 밖으로 나가 친구와 파티하면서 가깝게 지내는 것을 가로 막아 왔던 힘든 내용 또는 장벽을 탐색하면서 치료자는 그녀가 기꺼이 하고 있는지 그리고 경험에 있어 어떤 새로운 것이나 달라지는 것이 있는지 반복적으로 확인했다.

차례차례 우선 집에서 혼자 춤을 추면서 기꺼이 하기와 마음챙김 수용을 연습해 보라고 한 후 결국 밖으로 나가 친구와 춤을 추는 가치로운 방향으로 한 걸음 옮겨 나가도록 했다. 불안 괴물이 파티 장소에 나타났을 때 "밧줄을 드는" 대신 친절과 자비로 대하게 했다. 다음 주 회기에서 내담자는 심지어 "클럽에서 불안 괴물과 함께" 춤을 췄다는 농담을 했고, 그렇게 함으로써 힘과 살아있음을 느꼈다.

권장사항, 흔한 덫, 임상적 실수

Recommendations, Common Traps, and Clinical Errors

수용 작업은 치료자에게 도전적일 수 있다. 아래에 몇 가지 제안과 이 과정에서 경험할 수 있는 흔한 덫과 실수에 대해 설명하고자 한다.

치료적 자세와 치료자 개인의 작업 The therapeutic stance and your own personal work

수용 작업은 치료자가 개방되고, 받아들이며, 자비로운 자세로 모범을 보이면서 내담자와 함께 어려운 장소로 들어가기를 요구한다. *치료자*의 경험 회피는 노출 전략을 사용하는 것의 실패를 예측하기 때문에 이는 도전적일 수 있다(예, Scherr, Herbert, & Forman, 2015). 수용을 부추기고 본보기를 보이고 이를 지지하기 위해 치료자는 자신의 힘든 심리적 사건을 가지고 수용을 실습할 필요가 있다. 수용의 달인이 될 필요는 없다. 대처해 나가는 본보기가 실제로는 더욱 효과적이기 때문이다. 치료자로서 우리가 우리 자신의 역사와 불완전함을 친절, 자비, 인내로 작업해 나갈 때 내담자 또한 그렇게 하도록 돕는 것이 쉬워진다.

쉬운 설명이나 빠른 해결책을 제시하는 유혹에 저항하라

Resist the temptation to offer easy explanations or quick fixes

치료에서 더 좋은 생각과 느낌에 대한 해결책이나 설명, 약속을 바로 제시하고 싶은 마음이 매우 크겠지만, 수용 작업 맥락에서는 그렇게 하면 역효과가 날 수 있다. 내담자와 그들의 경험에 그대로 나란히 초점을 맞추고, 개방성의 토대에서 변화를 향해 움직이는 것이 중요하다. 이는 내담자의 경험상 작동하지 않았던 것을 용납한다거나, 건강하지 않은 내담자의 행동을 승인하거나, 좋지 않은 환경과 상황을 "수용하는" 것을 뜻하는 것이 아니다. 내담자의 경험을 수인하는 것으로 시작하여 치료가 작동하도록 이끌어 주려는 것이다.

체험적이도록 하라 Make it experiential

체험적 연습은 생각과 느낌을 수용하는 방법에 관한 단순한 지침보다 훨씬 효과적이다(McMullen et al., 2008). 수용에 관한 지적 대화는 치료 맥락에서는 거의 도움이 되지 않는다. 수용은 오히려 자전거 타기에 가깝다. 직접 경험을 해야만 배울 수 있기 때문이다. 자신이 수용을 설명하고 있다거나 내담자가 이를 받아들이도록 설득하고 있음을 알아차리게 되었을 때 이를 바로 멈추고, "방금 무엇이 일어났는지 알아차리셨나요? 저희 둘 다 마음이 딴 곳으로 가버렸네요." 같은 말을 하라. 그러고는 다시 체험적인 무엇인가로 돌아오라.

기본에 충실하고, 조절 맥락으로 수용을 사용하지 마라

Lay the groundwork, and avoid using acceptance in a control context

힘든 개인적 사건을 제거하려는 목표로 수용을 하는 것은 결국 도움이 되지 않을 확률이 높다. 불필요한 조절의 대가를 탐구하지 않고 곧장 수용으로 가는 것은 내담자가 (힘든 경험 안에 있는 선물을 받는 것이라는) "수용"이라는 단어의 어원대로 하기보다, "괴물과의 줄다리기"에서 승리하는 또 다른 하나의 참신하고 새로운 방법으로 여길 수 있기 때문에 역효과를 낸다. 선물이 주어지기 전 친절, 호기심, 자비, 개방성을 담은 자세가 필요하다.

수용은 하나의 과정이지 "한 번으로 끝나는" 기법이 아니다

Acceptance is a process, not a "one and done" technique

가끔 기법에 초점을 맞추려는 유혹이 매우 크고, 심지어는 수용이 하나의 기능적 과정임을 놓친 채 이를 선형적인 방식으로 한다. 과정으로서 수용은 종종 서서히 드러나고, 치료 과정 또는 전 인생에 걸쳐 다양한 방식으로 반복된다. 노출, 마음챙김, 행동 활성화와 같은 많은 근거 기반 방법들에는 수용을 하나의 과정으로 배울 수 있는 기회가 있다. 과정에 초점을 두는 치료자는 내담자의 수용을 함양시키는 작업을 훨씬 성공적으로 할 가능성이 높다.

내담자 가치의 맥락에서 수용을 구성하라 Frame acceptance in the context of client values

가치는 치료의 고된 작업 특히 수용 기반 작업의 품위를 살려준다. 긍정적 인생에 초점을 두지 않은 수용은 방향 없이 진흙탕에서 구르는 느낌이 들게 한다. 고통을 위한 고통이 목적이 아니다. 내담자가 진정 소중히 여기는 것을 북돋워 주는 것이 목적이다. 따라서 이 작업을 내담자에게 중요한 것과 연결시키고, 그것을 수용하는 작업이 되도록 하는 것이 중요하다.

적용과 금기 Applications and Contraindications

일반적으로 말하자면 직접적 변화의 노력은 *피부 바깥 세계*에 가장 잘 적용될 수 있는 반면, 수용은 *피부 안* 경험에 가장 잘 적용될 수 있다. 수용은 내담자가 환경이나 행동 일부를 바꾸어서 삶의 질을 효과적으로 개선시킬 수 있을 때에는 적응이 되지 않는다. 예를 들어 내담자가 직장에서 인종 차별과 관련된 일을 겪는다고 할 때 이 사태를 수용하는 것은 도움이 되지 않을 것이다. 이때는 차라리 내담자가 인적자원부에 차별을 신고하려 할 때 마주치는 불안을 수용하도록 돕는 작업을 할 수 있을 것이다. 한층 주의가 필요하긴 하지만 피부 안의 경험에 대해서도 같은 이야기를 할 수 있다. 내담자가 두통이 있고 이를 경험하고 있는데 아스피린이 피해 없이 이를 제거해 준다는 근거가 있다면 이를 복용하지 않을 이유가 없다. 반대로 예를 들어 만성 통증 증후군이 있는 사람에게 마약성 진통제의 장기적 영향이 도움이 되지 않는다면 이 환자는 통증과 함께 살아가는 법을 배울 필요가 있다.

이를 감별하기 위해 아래의 질문을 해 보면 기능적으로 생각하는 데 도움이 된다.

- 이것이 내담자의 오래된 역사의 일부로서 합리적 조절과 변화의 노력이 대체적으로 실패했던 문제인가(장기간으로 생각하라)?
- 조절과 변화 노력의 결과가 확장 / 활력의 증가 / 기능 범위의 증가 이 중 하나인가, 그렇지 않은 것인가?
- 이 문제와 관련하여 내담자의 경험에 기초했을 때, 똑같은 것을 계속하는 것에 어떤 희망이 있는가?
- 내담자가 투쟁과 조절 의제를 더 이상 추구하지 않는다면 지금은 가능할 것 같지 않았던 새로운 기회를 열어줄 수 있을까?

근거에 의하면 수용은 내담자와 임상의가 처음에 생각했던 것보다 더 넓게 적용 가능한 것으로 보인다. 그렇다 해도 수용 기반 작업과 기술을 위한 맥락을 개발하고, 대안에 대해 열린 자세가 중요하다. 일단 내담자에게 수용 기술이 전형적인 변화 의제에 대한 하나의 새롭고 잠재적으로 좀 더 활력적인 대안으로 자리 잡으면 그 이후로는 수용이 언제 가장 좋은 접근인지, 언제는 아닌지 내담자가 살아가면서 배운다.

결론 Conclusions

심리적 수용은 근본적으로 힘을 북돋워주는 임상 변화의 한 형태이다. 수용은 존재하는 것에 개방되기 전에 무언가를 바꾸려하기 보다, 지금 기능적으로, 전체적으로, 온전한 한 인간으로 있을 수 있는지에 초점을 둔다. 많은 내담자가 괴로움과 절망의 늪에 빠져 탈출구를 필사적으로 찾으려 찾아 치료에 오지만, 수용은 그간 내내 열려져 있었던 문을 밝힌다. 거기에는 무한한 자유가 있다. 늘어나는 근거 기반으로 볼 때 수용 기술은 심리적 안녕에 핵심적이며 많은 형태의 인간 괴로움에 대한 정신 치료의 영향을 설명하고 이를 안내한다.

참고문헌

Brach, T. (2004). *Radical acceptance: Embracing your life with the heart of a Buddha*. New York: Bantam Books.

Chawla, N., & Ostafin, B. (2007). Experiential avoidance as a functional dimensional approach to psychopathology: An empirical review. *Journal of Clinical Psychology, 63*(9), 871–890.

Cordova, J. V. (2001). Acceptance in behavior therapy: Understanding the process of change. *Behavior Analyst, 24*(2), 213–226.

Eifert, G. H., & Forsyth, J. P. (2005). *Acceptance and commitment therapy for anxiety disorders: A practitioner's treatment guide to using mindfulness, acceptance, and values-based behavior change strategies*. Oakland, CA: New Harbinger Publications.

Forsyth, J. P., & Eifert, G. H. (2016). *The mindfulness and acceptance workbook for anxiety: A guide to breaking free from anxiety, phobias, and worry using acceptance and commitment therapy* (2nd ed.). Oakland, CA: New Harbinger Publications.

Gross, J. J. (2002). Emotion regulation: Affective, cognitive, and social consequences. *Psychophysiology, 39*(3), 281–291.

Hayes, S. C., Strosahl, K. D., & Wilson, K. G. (2012). *Acceptance and commitment therapy: The process and practice of mindful change* (2nd ed.). New York: Guilford Press.

Hayes, S. C., Wilson, K. G., Gifford, E. V., Follette, V. M., & Strosahl, K. D. (1996). Experiential avoidance and behavioral disorders: A functional dimensional approach to diagnosis and treatment. *Journal of Consulting and Clinical Psychology, 64*(6), 1152–

1168.
Kabat- Zinn, J. (2005). *Wherever you go, there you are: Mindfulness meditation in everyday life* (10th anniversary ed.). New York: Hachette Books.
Levin, M. E., Luoma, J. B., & Haeger, J. A. (2015). Decoupling as a mechanism of change in mindfulness and acceptance: A literature review. *Behavior Modification, 39*(6), 870–911.
McMullen, J., Barnes- Holmes, D., Barnes- Holmes, Y., Stewart, I., Luciano, M. C., & Cochrane, A. (2008). Acceptance versus distraction: Brief instructions, metaphors and exercises in increasing tolerance for self- delivered electric shocks. *Behaviour Research and Therapy, 46*(1), 122– 129.
Neff, K. (2003). Self- compassion: An alternative conceptualization of a healthy attitude toward oneself. *Self and Identity, 2*(2), 85– 101.
Scherr, S. R., Herbert, J. D., & Forman, E. M. (2015). The role of therapist experiential avoidance in predicting therapist preference for exposure treatment for OCD. *Journal of Contextual Behavioral Science, 4*(1), 21– 29.
Stoddard, J. A., & Afari, N. (2014). *The big book of ACT metaphors: A practitioner's guide to experiential exercises and metaphors in acceptance and commitment therapy*. Oakland, CA: New Harbinger Publications.
Wenzlaff, R. M., & Wegner, D. M. (2000). Thought suppression. *Annual Review of Psychology, 51*, 59– 91.

25장

가치 선택과 명료화
Values Choice and Clarification

토비아스 룬드그랜 Tobias Lundgren, PhD
안드레아스 라르손 Andreas Larsson, PhD
카롤린스카 연구소 임상 신경과학부 및 정신건강의학 연구 센터, 스톡홀름 건강 관리 서비스

정의와 배경 Definitions and Background

내담자는 종종 성가신 감정, 생각, 기억, 신체적 통증으로 힘든 삶의 조건에 갇힌 채 치료를 찾아온다. 투쟁 가운데 삶에서 의미와 목적을 가져다주는 것과의 접촉을 잃어버리는 경우가 드물지 않다. 최근의 인지행동치료는 이제 점점 그들을 가치 선택으로 방향을 다시 잡아줌으로써 이러한 결핍을 다루려 한다.

가치와 가치 선택을 논하는 것이 수용전념치료(Hayes, Strosahl, & Wilson, 1999, 2011), 행동 활성화(19장을 보라), 동기 면담(27장을 보라) 그리고 다양한 다른 근거 기반 방법들에서 핵심이다. 역사적으로 보았을 때 정신치료에서의 가치작업은 인본주의 정신치료의 영역이었다. 빅터 프랭클Viktor Frankl은 2차 대전 나치 수용소에서의 본인의 경험을 그려내면서 *의미*를 향한 욕동drive for meaning을 광범위하게 기술했고, 이러한 생각을 의미 치료logotherapy에 적용했다(Frankl, 1984). 또 다른 유명한 인본주의자 칼 로저스Carl Rogers는 자기실현과 궁극적으로는 심리적 건강에 가치 추구가 핵심적이라 생각했다. 그는 치료 전후 이상적 자기에 대한 내담자의 자기 인식을 비교한 카드 분류 과업을 사용하여 자신의 인간 중심 접근을 지지하는 자료를 개발했다(Rogers, 1995). 이러한 로저스의 생각은 특히 동기 면담이라는 근거 기반 치료로 이어졌다(Miller & Rollnick, 2002).

인지 행동 문헌에서 *가치*는 다양하게 정의되어 왔지만(Dahl, Plumb, Stewart, & Lundgren, 2009; Hayes et al., 2011), 우리는 가치를 이 장의 목적에 맞게 “자유로운 선택으로서, 지속적이고 동적으로 진화하는 행위 패턴을 갖는 언어적 구성 결과이면서, 가치로운 행동 패턴 그 자체에 참여함으로써 그 활동에 내재적으로 존재하는 지배적인 강화를 확립한다.”라는 정의를 채택하고자 한다(Wilson & DuFrene, 2009, p. 64). 우리가 가치 작업을 어떻게 인도할지 알기 위해 이 정의를 풀어보는 것이 의미가 있을 것이다.

가치는 자유로운 선택이다 Values are freely chosen

“자유로운 선택”이라 함은 혐오적 조절을 벗어난 맥락에서 선택된다는 뜻이다. 되도록 혐오적 조절을 줄이는 것이 거의 항상 가치를 선택하기 위한 전제조건이다. 사람들은 가치를 자신의 것이라고 공식화하고 선택하는 것이고 치료자는 내담자의 선택보다 치료자 자신의 가치를 권하지 않도록 주의할 필요가 있다.

가치는 지속적이고 동적으로 진화하는 행위 패턴을 갖는 언어적 구성 결과이다 Values are verbally constructed consequences of ongoing, dynamic, evolving patterns of activity

가치는 행위 그대로의 직접적 결과가 아니라 구술과 상징적 사고를 통해 중요한 결과로 구성되는 것이다(7장을 보라). 가치는 행위 시스템의 맥락 일부이며 행위와 따로 떼어낼 수 없다. 외부의 독립적 단위이거나 부수적으로 매달려 있는 것이 아니다.

가치는 가치로운 행동 패턴 그 자체에 참여함으로써 그 활동에 내재적으로 존재하는 지배적인 강화를 확립한다 Values establish predominant reinforcers for that activity that are intrinsic in engagement in the valued behavioral pattern itself

가치는 중요하게 추구하는 것과 관련 있다. 어떤 행동이 일어나는 순간 그 행동을 강화하면서 행동과 분리되지 않는 한 부분이다.

예를 들어 당신이 아이와 함께 집에 있는데, 사무실에서 못다 한 많은 일이 쌓여 있다고 상상해 보라. 이 순간 아이가 당신의 관심을 필요로 하는 것을 보았고 당신은 노트북을 내려놓고 아이와 온전히 대화에 임하거나 같이 노는 것을 선택했다. 적극적 양육이라는 중요성과 연결되는 이 순간을 경험한 후 당신이 다음에 이와 같은 것을 하게 될 가능성이 높아진다면, 적극적 부모가 되는 것이 당신의 가치라고 말할 수 있다.

가치작업은 치료에서 하나의 변화의 동기이자, 행위의 효과성을 재는 자로, 새로운 행동 목록을 개발하는 안내자로 기능할 수 있다. 가치 작업은 치료 과정의 어떤 지점에서든 할 수 있다. 가치 개입은 내담자가 악순환하는 부정적 인생 사이클을 중단하고 좀 더 효과적인 행동 패턴과 접촉하도록 도울 때 사용한다.

실행 Implementation

우리는 가치 과녁지 작업(Bull' s Eye Values Survey, BEVS)을 통하여 가치 작업을 확장시키는 사례를 제시할 것이다. 가치 과녁지 작업은 지난 십 수 년 간 발전해 왔고 연구에서는 매개와 결과의 측정수단으로 이용되었다. 가치 과녁지 작업에서 측정된 가치로운 삶으로의 변화는 삶의 질과 우울, 불안, 스트레스를 줄이는 것과 관련이 있다(Lundgren, Luoma, Dahl, Strosahl, & Melin, 2012). 가치 과녁지 작업 점수는 행동 건강(Lundgren, Dahl, & Hayes, 2008)과 정신 건강(Hayes, Orsillo, & Roemer, 2010) 영역에서의 변화를 매개한다. 가치 과녁지 작업의 목적은 (1) 내담자가 자신의 가치를 명료화, (2) 자신의 가치와 부합된 삶을 얼마나 잘 살고 있는지 측정, (3) 가치로운 삶의 방해물을 다루고 그것을 인지하는 효과를 측정, (4) 드러난 방해물에 도전하는 대담하지만 합리적인 가치로운 행동 계획을 만드는 것에 있다. 다음 절에서 이 네 가지 가치 과녁지 작업 요소가 포함된 내담자 치료자 관계를 보여줄 것이다.

이 임상 사례는 40세 목수 에릭을 기초로 한 것이다. 에릭은 우울과 불안 증상을 겪고 있으며, 허리 부상 후 생긴 만성 통증에 대한 재활치료를 하고 있다. 그에겐 두 아이와 유치원에서 일하는 부인이 있다.

진료실로 왔을 때 에릭은 지쳐 보였다. 대답을 하긴 했지만 눈맞춤도 별로 없었고 몸짓 또한 반응적이지 않았다. 2회기 동안 치료 동맹을 형성하고 정보를 모은 후 치료자는 에릭에게 깊이 자리 잡은 가치를 명료화하고 그의 삶에 새로운 활동 경로가 일어날 가능성이 높아지도록 도우리라 결심했다.

치료자 에릭, 나는 당신이 우울, 불안, 통증과 싸우느라 잃어버린 것에 대해 이해해 보려고 합니다.

에릭 모든 것을 잃어버렸죠. 내 삶은 ……

치료자 (잠시 쉼) 당신의 잃어버린 인생에 대해 좀 더 얘기해 주세요.

에릭 아이들과 아내와의 접촉을 잃었고, 친구, 내가 좋아하던 스포츠 …… 저 자신을 돌보는 것을 잃었네요. 그러고 보니 예전 생각이 나네요. (치료자를 바라보며) 아이들과 운동하던 것, 아내와 인생에 대해 얘기하고, 친구들과 놀러 나가 농구하면서 웃던 일이 생각납니다. 그 때가 정말 그립군요.

치료자 좋습니다. 여기 뭔가 정말 중요한 것이 있는 것 같은데요. 좀 더 자세하게 들여다보는 것이 괜찮을까요?

에릭 물론이죠. 나아지는 데 도움이 된다면 전 뭐든 할 수 있습니다.

에릭은 우울 불안과 싸우느라 많은 것을 잃었다. 다음 절에서 가치 과녁지 작업이 이러한 주제를 탐색하는 데 어떻게 쓰일 수 있을지 설명할 것이다. 즉 가치를 명료화하고 가치 일관성을 살피는 것이다.

가치 과녁지 작업에서 사용하는 과녁판은 인생에서 중요한 네 가지 삶의 영역(일/교육, 여가, 관계, 개인적 성장/건강)을 시각적으로 나타낸다. 여기 정해진 영역을 그대로 사용하는 것도 좋고, 내담자와 이를 두고 다시 검토하거나, 차라리 영역을 미리 정하지 말고 내담자와 처음부터 정해도 된다. 이 네 가지 영역에 대한 아래 설명은 우리가 “가치"라고 할 때 무엇을 뜻하는지 명료하게 할 것이고 가치를 둘러싼 생각을 자극할 것이다.

1. *일/교육* 직업적 목표, 교육과 지식을 늘이는 것의 가치, 가까운 사람과 지역사회에 쓰임 받는 일반적인 느낌(자원봉사, 집안일 챙기기 등)을 말한다.
2. *여가* 무엇을 하며 놀고 즐기는지, 취미와 쉬는 시간을 보내는 다른 활동들(예, 정원 가꾸기, 뜨개질, 아이들 축구 팀 코치, 낚시, 스포츠)를 말한다.
3. 아이들, 원가족, 친구, 지역사회에서의 사회적 접촉 같은 삶의 친밀감을 말한다.
4. *개인적 성장/건강* 영적인 삶으로서 기성 종교 또는 개인적 영성 표현, 운동, 영양, 음주/약물/흡연/체중 등과 같은 건강 위험 인지를 다루는 것을 말한다.

가치를 명료화하라 **Clarify Your Values**

내담자에게 네 가지 각각의 가치 영역에서 자신의 가치를 묘사해 달라고 요청함으로서 가치 과녁지 작업을 시작한다. 치료자는 각 영역에 해당하는 내담자의 꿈에 대해 만약 자신이 바라던 것을 완전히 이루었다면 어떨 것 같은지 생각해 보도록 한다. 각 영역에서 내담자가 얻어 내고 싶은 속성이 무엇이며, 이러한 인생 영역에서 예상할 수 있는 것은 무엇인가? 가치는 어떤 특정한 목표라기보다는 오랜 시간 삶을 어떻게 살아갈지를 반영해야 한다. 예를 들어 결혼하기는 친밀하고 진실하고 사랑스러운 파트너가 되는 *가치*를 반영하는 하나의 *목표*이다. 아이와 야구 경기를 같이 하는 것은 *목표*이고, 곁에 있어주고 관심 있는 부모가 되는 것은 *가치*이다.

가치 작업의 깊이를 위한 제안 **Suggestions to Deepen Values Work**

경험을 확장하라 Expand on experiences

내담자의 지난 날 삶이 살아갈 가치가 있었던 적이 있었던가? 내담자에게 눈을 감게 하고 심호흡을 하게 한 후, 과거 삶이 좋았고 진짜 살아갈 가치가 있었던 상황과 연결하도록 요청하라. 그 상황들 중 한 순간에 있는 자신을 보도록 도우라. 그 때의 감정과 이미지를 떠올려 경험을 깊이 있게 하라. 그 삶은 어떠했나? 그 때 내담자는 어떻게 행동했나? 무엇이 보이는가? 그 기억과 관련된 다른 사람들이 있는가? 어떤 행동을 했고, 상호관계가 어떠했나? 살아갈 가치가 있었던 지난 경험과 진짜 연결할 수 있도록 노력하라.

여유를 가져라 Take your time

만약 내담자가 개방되고, 기꺼이 하는 자세로 인생에 목적과 의미가 있었던 과거 경험과 연결할 수 있다면, 서두르지 마라. 내담자가 가치 맥락 안에 머물도록 도우라. 당신은 내담자가 치료실 밖에서 이것을 할 수 있기를 원할 것인데, 그 과정을 치료 안에서 시작하라. 그 가치를 탐색하고, 느끼고, 추가적으로 찾아보도록 자극하라.

괴로움 안에서 가치를 찾는다 You find values in suffering

가치는 종종 괴로움 안에서 찾아진다. 예를 들어 관계가 중요하지 않다면 내담자는 다른 사람 또는 거절 받는 것을 두려워하지 않을 것이다. 이것은 가치 그 자체와 가치 대화는 괴로움을 일으킬 수 있음을 뜻한다. 속도를 늦추고 괴로움과 가치는 손을 잡고 온다는 것을 인정하라.

목표를 넘어 서라 Go beyond goals

내담자는 흔히 가치보다는 목표를 묘사하기 시작한다. 내담자가 목표를 넘어설 수 있게 도우라. 만약 내담자가 일주일 세 번 운동을 시작하고 싶다고 하면, 그렇게 하는 것이 왜 중요한지 물어라. 운동을 통해 몸을 돌보는 것이 왜 중요한가? 어떻게 그 운동이 하고 싶어졌나? 운동을 좋은 경험이게 하는 내담자의 행동이 가지는 중요한 속성은 무엇인가? 그것이 의미 있는 삶과 어떻게 관련되어 있나?

밀어붙이기와 선택하기의 균형을 가져라 Balance pushing and choosing

때때로 가치 작업이 앞으로 나아가는 최선의 방법이 아님을 알아차려라. 괴로움에 너무 압도당할 때 가치에 관한 질문은 무반응을 부른다. 가치를 너무 밀어붙였거나 그것이 작동하지 않을 때에는 접근을 바꿀 준비를 하라. 다른 치료적 개입을 먼저하고 가치는 나중에 되돌아와야 할 수 있다. 하지만 때로는 밀어붙이기가 효과적이다. 정신치료의 묘미는 내담자와 현재 순간에 있는 것이고 끊임없이 기능분석을 명심하는 데에 있다. 내담자에게 도움이 되려면 어떤 행동이 필요한지 알아내는 것이 필요하다.

아래 대화에서 에릭과 치료자는 가치 작업에 깊이를 더하고 있다.

치료자 이 연습에서 저는 당신과 함께 가치를 좀 더 자세히 들여다보고 싶습니다. 우선 다루어 보고 싶은 삶의 영역이 있나요?

에릭 나에게 가장 중요한 것은 아이들과의 접촉입니다. 물론 집사람도 있지만 아이들에 대해 먼저 얘기해 보고 싶습니다.

치료자 좋습니다. 거기서 시작합시다. 당신이 한 때 당신이 원하던 대로 아이들과 함께할 수 있었던 그 순간의 경험과 접촉할 수 있나요? 아이들과 당신이 원하는 접촉과 관계를 가질 수 있었던 때 말이죠. 천천히 하세요.

에릭 예. (웃음) 정원에서 축구하며 놀던 때가 생각나요. 재밌었고 같이 많이 웃었죠. 그 때는 고통이 올 거라 생각 못했죠. 자꾸 곱씹게 되네요. 우리는 그냥 같이 시간을 보내면서 거기 있었어요. 그 생각을 하니 약간 슬프기도 하네요. 그런 접촉이 그리워요.

치료자 여기 기쁨과 슬픔 두 가지 감정이 섞여 있는 것 같습니다. 그런 접촉이 당신에게 어떤 의미가 있습니까?

에릭 과거에도 그러했고 지금도 그것은 저에게 세상 모든 것입니다. 우리의 관계, 연결, 내 몸 안의 행복, 그들에 대한 사랑 그런 것을 진짜 느낄 수 있어요.

치료자 그런 관계를 당신 인생에서 되찾도록 우리가 노력할 수 있다면 기꺼이 해 보시겠습니까?

에릭 물론이죠. 어떤 것이라도 할 겁니다.

치료자 잠시 시간을 가지고 아이들과 맺고 싶은 관계를 간단히 적어 보세요. 접촉하는 경험 안에는 무엇이 있습니까? 그 순간 당신은 아이들과 어떤 활동을 하고 있을까요?

이에 따라 에릭은 아이들과의 관계에 대한 가치 진술을 적었다.

나는 같이 있어주는 아빠가 되고 싶다. 아이들과 놀아주고, 돌봐 주고, 즐거울 때만이 아니라 아이들이 힘든 시간을 보낼 때에도 같이 있고 싶다. 적극적이면서 들어주고 내가 그들을 소중히 여기는 것을 보여주고 싶다. 내가 비록 신체적으로는 예전의 내가 아니더라도 나는 아이들을 사랑하고 그들과 함께 할 수 있는 방법을 찾을 필요가 있고 그러고 싶다. 내가 매우 사랑하고 있음을 아이들이 알게 하고 싶다.

치료가 진행되면서 언제이든 에릭과 치료자는 가치를 재검토할 수도 있었겠지만 치료자는 그 지점에서의 에릭의 진술을 가지고 가치 과녁지 작업을 했다. 치료를 인도해 줄 가치를 확립하고 악순환 패턴을 끊고 새로운 가치를 확립하도록 동기화 시켰다. 이 장의 목적이 있으므로 가치 과녁지 작업의 모든 영역을 다 다루지는 않을 것이다. 대신

에릭과 아이들과의 관계를 가치 명료화 작업 방법에 대한 예시로 사용할 것이고, 가치 작업이 가지는 또 다른 기능에 대해 설명할 것이다.

그러고 나서 에릭과 치료자는 에릭의 행동이 자신의 가치와 어떻게 일치하는지를 살펴보았다.

치료자 이제 우리가 개발한 과녁판을 보세요. 관계 영역을 사용하겠습니다. 과녁판 중앙에 중심점이 있고 이는 함께 있어주는 적극적인 아빠를 나타냅니다. 지난 2주 동안 당신이 이 가치에 따라 얼마나 잘 행동하셨는지를 가장 잘 표현할 수 있는 곳에 X 표시를 하세요. 중심점에 X를 표시하는 것은 당신이 원하는 아빠와 완벽하게 일치된 삶을 살았다는 것을 뜻합니다. 중심점에서 멀수록 아이들과 관련해서 당신이 원하는 삶을 살지 못하고 있음을 뜻합니다.

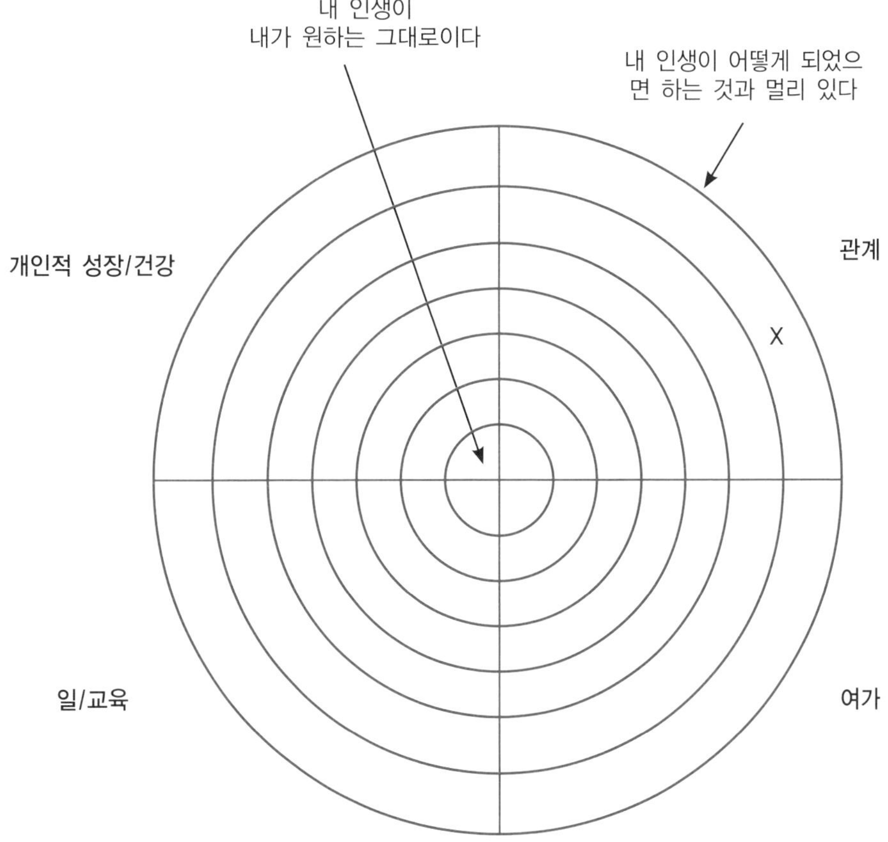

그림 1 에릭이 중심점에서 멀리 X를 두었다

그 다음 에릭과 치료자는 에릭이 아이들에게 되고 싶은 모습과 지난 2주간 그가 실제로 했던 것 사이의 불일치에 대해 얘기를 나누었다. 그의 행동은 가치와 일치하지 않았고, 이러한 불일치는 변화를 위한 동기를 불러일으켰다.

치료자 지난 번 얘기에서 당신은 최근 좋은 아빠가 되지 못하는 것과 관련된 수치심과 죄책감을 피해 오셨다고 했는데요. 과녁판을 보았을 때 무엇을 알 수 있나요?

에릭 내가 원하는 아빠와는 거리가 먼 것 같아요 …… 한편으로는 슬프지만 그래서 더 간절한 것 같습니다. 뭔가 다르기를 원합니다. 정중앙에 있고 싶습니다. 나는 오랫동안 내가 원하는 아빠 또는 우리가 함께 했던 순간들을 생각해 보지 못했습니다. 온통 불안과 나 자신이 충분치 못하다는 생각으로 가득 차 있었습니다. 오늘 아빠로서 나를 생각해 보았을 때 내가 원하는 것과는 거리가 멉니다. 변화하고 싶습니다.

치료자 당신이 아쉬워하는 것을 보니 그것이 아주 중요하면서 고통스럽게 들립니다.

에릭이 자신의 가치와 행위 사이의 불일치를 보았을 때 간절하게 의미와 가치 있는 행위로 채우고 싶은 공간이 만들어졌다. 이를 통해 가치와 부합하는 선택에 힘을 실어주는 언어 조작자verbal operant가 확립될 수 있다면 좋을 것이다.

다음으로 치료자와 에릭은 변화를 가로막는 방해물을 탐색했다.

치료자 에릭, 난 당신이 되고 싶은 아빠가 된다고 했을 때 머리 속에 떠오르는 방해물과 다시 한 번 접촉했으면 좋겠어요. 잠깐 시간을 가지고 그 방해물과 진정으로 접촉해 보세요.

에릭 (울음) 내가 좀 더 잘 하지 못했던 것이 부끄럽게 느껴집니다 …… 지치고 …… 희망이 없고 …… 내가 적극적으로 뭔가 하게 되면 고통이 커질 거고, 아이들이 나를 거절하면 어떡하나 하는 두려움이 듭니다.

치료자 당신이 꿈꿔 왔던 아빠가 되지 못할 것 같은 두려운 느낌과 생각이 뒤얽혀 있군요 …… 질문 하나 해도 될까요? 아이들과 관련된 상황에서 이런 생각과 느낌이 올라올 때 그것은 당신이 하려는 것을 얼마나 자주 가로막게 되나요?(치료자가 가로로 숫자를 쓰고 1은 전혀 가로막지 않음, 7은 완전히 가로막음이라고 표시한다. 에릭에게 떠오르는 생각과 느낌이 그가 원하는 아빠가 되기를 가로막는 정도를 가장 잘 표시하는 곳에 동그라미를 그리도록 한다).

1　　2　　3　　4　　5　　(6)　　7

전혀 가로막지 않음　　완전히 가로 막음

에릭은 아이와 관련된 상황에서 아빠로서의 역할을 생각할 때 방해물이 나타나고, 자신의 가치와 부합된 행동을 하기 보다는 피하기 시작했다. 회피는 공포와 고통을 잠시 줄여주지만, 결국 삶의 질을 떨어뜨린다. 그의 행동은 삶의 반경을 좁혔다. 치료자로서 우리는 인지적 행동적 치료에 관한 우리의 모든 지식을 동원하여 이러한 방해물과 작업할 필요가 있다. 가치 작업은 이를 보완해주고 지지해 준다.

가치 과녁지 작업의 마지막 단계는 가치로운 행동 계획을 만드는 것이다. 치료자는 에릭에게 그가 원하는 아빠가 되는 영역에서 과녁의 중앙을 조준하는 행동이 어떤 것이 될 수 있을지 개념화해 보라고 요청했다. 이 행동들은 특정 목표를 향하는 작은 단계일 수도 있고, 어떤 아빠가 되고 싶은지를 반영하는 행동일 수 있다. 가치 단계를 밟는다는 것은 보통 내담자가 이미 찾아 둔 방해물을 기꺼이 마주하는 것이고 어떠하든 행동을 취한다는 뜻이다. 치료자는 에릭에게 원하는 아빠가 되는 영역에서 기꺼이 취할 가치 기반 행동을 최소 하나 이상 찾아보라고 요청했다.

치료자　에릭, 감정적 어려움과 방해하는 생각을 마주하고 있을지라도, 당신이 되고 싶은 함께 있어주는 적극적인 아빠가 되는 방향으로 가도록, 당신이 기꺼이 취할 수 있는 단계는 무엇일까요? 그것이 커다란 발걸음일 필요는 없지만 대부분 그것은 두려움에 약간 도전하는 것을 뜻합니다.

에릭　내가 생각해 본 한 가지는 큰 아들에게 하키 시합에 가자고 해 보는 것입니다. 예전에는 가자고 했었는데, 이제 피곤해질까 두렵고 취소할지 몰라 말도 못 꺼냈습니다. 아들 루드비히와 나는 시합에 가는 것을 정말 좋아했었습니다. 아마 아들은 다시 가고 싶어 할 게 틀림없습니다.

치료자　훌륭합니다. 당신에게 그것이 뭔가 의미가 있어 보입니다. 그래서 갈 수 있는 시합이 언제 있나요? 아들에게는 언제 말하실 수 있나요?

에릭　이번 주말 집 근처에 시합이 있어요. 아마 즉시 표를 구해야 하니까 오늘 저녁 아들에게 물어볼 수 있겠습니다.

치료자 좋습니다. 오늘 저녁 아들에게 묻고 함께 표를 구하시겠군요. 아들과 이렇게 다시 연결되는 계획을 잡으니까 어떠세요?

에릭 근사하기도 하지만 좀 두렵기도 하네요. 불안해지거나 아들이 싫다면 어떡하죠?

치료자 이 과정에서 두려움은 언제든 일어날 것입니다. 루드비히와 다시 연결하는 동안 올 테면 오라고 할 수 있으시겠어요?

에릭 물론이죠. 아들을 위해서 꼭 그렇게 하겠습니다!

가치 과녁지 작업의 요약 Summary of Working with the BEVS

에릭은 성가신 생각과 감정에 사로잡혀 있었고, 가치 과녁지 작업은 그의 가치와 그의 행동이 단기 또는 장기간 무엇을 가져온 것인지 명료화하도록 도왔다. 에릭이 치료자와 만나기 전 그의 가치는 보류되어 온 것이다. 공동의 작업을 통하여 그의 가치가 다시 주목 받고, 새로운 행동을 자극하게 되었다. 이것으로 에릭의 치료 여정이 끝난 것은 아니다. 가치 작업이 한 번 시작되면 가치를 실행에 옮기면서 나타나는 방해물을 다루어야 할 개입의 장이 열리기 마련이다. 거기에 대한 방법은 이 책의 다른 곳에 다루어져 있다.

임상적 함정 Clinical Pitfalls

말은 교묘하다 Words are tricky

내담자가 자신의 가치에 대해 어떻게 말하는지 유념하라. "난 정말 더 나은 아빠가 될 필요가 있습니다.", "이것저것을 꼭 해야 합니다."와 같은 말은 가치가 회피와 괴로움으로 뒤엉켜 있음을 나타낸다.

결과가 과정을 집어삼킬 수 있다 Outcomes can dominate over process

가치 작업은 행동의 결과를 강요하는 것이 아니다. 종종 치료자가 목표와 행동을 제안하고 행동이 일어나면 치료가 성공한 것으로 간주한다. 가치로운 행위가 진정 가치로운 것이라면 그것은 내담자의 행동 레퍼토리의 자연스러운 부분이 될 것이기 때문에 행동을 어떻게 일으킬지에 초점을 두는 것이 중요하다.

그냥 해 보라! Just do it!

자칫 잘못하면 가치 작업은 마치 "고통은 무시하고 뭐가 되었든 앞으로 나아가라."는 말로 들린다. 이런 식의 이를 악무는 금욕적인 변화는 치료자로서 우리가 원하는 것이 아니다. 우리는 내담자가 새로운 기술을 개발하고 그렇게 함으로써 심리적으로 건강하고 의미 있는 삶을 살기 원한다.

목표 대 가치 Goals vs. values

이것은 특히 초보 치료자가 자주 갇히는 지점이다. 내담자가 가치 질문에 대해 구체적 목표로 대답하면, 존재하기와 행위하기 속성의 위계로 옮겨가려고 애쓰라(역주, 가치는 달성되었다거나 도달했다고 말할 수 없는 속성이 있음을 강조하라).

도덕 대 가치 Morals vs. values

가치를 말할 때 무엇이 옳고 그름에 갇히기 쉽다. 가치 작업에서 우리는 내담자가 개인적으로 바람직한 삶과 일치되는 행동에 동기를 부여해 주는 말을 만들어 내기를 바란다. 만약 내담자가 당신이 기꺼이 지지할 수 없는 가치를 말한다면, 다른 치료자에게 의뢰하는 것을 고려해야 한다. 자주 일어나는 일은 아니지만 그럴 경우 내담자에게 가장 좋은 것이 무엇이지 보려고 노력하라.

내담자는 내가 가치로 알고 있는 것을 가치로 말하지 않는다!
Clients are not stating values as I know values!

우리는 내담자의 경험과 밀접한 연관을 맺으면서 도움 되는 방향으로의 행동을 동기화시켜 줄 가치 진술이 개발되기를 바란다. 말의 형태 그 자체에는 관심을 두지 않는다. 만약 당신이 내담자와 "옳은" 말을 하는 것으로 씨름 중에 있음을 본다면 잠깐 중지 후 이를 반영하고, 내담자가 관심을 두는 것이 무엇인지, 삶에서 놓치고 있는 것이 무엇인지, 무엇이 중요한지에 대해 더 말해 달라고 요청하라. 어떠한 가치 언어를 만들도록 압박하지 않는다. 그렇게 하는 것은 내담자를 이해하고 그의 관점을 가지려고 시도해 보는 것보다 효과적이지 않다. 내담자가 그의 가치를 표현할 때 사용하는 언어를 이해하기 위해 궁금증을 가지고 배우라.

내담자가 막히면서 치료가 막힌다 Client barriers becoming therapy barriers

만약 *이 사람이 가치로운 방향으로 가기 위해선 우선 X가 필요해* 라는 생각이 든다면 당신은 아마 장애물을 만났을 가능성이 높고, 내담자 또한 장애물을 경험하고 있는 중일 것이다. 이는 때때로 방해물에 관한 내담자의 표현을 당신이 문자적 진실로 생각하면서 갇히게 되었음을 뜻한다. 그렇지 않다. 그 순간 내담자는 고통스럽고 경직되어 있음을 표현하고 있을 뿐이고, 당신은 이에 대해 기능적으로 대할 필요가 있다. 정상적인 치료 개입을 사용하면서 장애물과 함께 작업을 시도하라. 또한 표현된 장애물과 가치가 공존하면서 내담자를 도울 방법을 찾아볼 수 있을지 검토하라.

자신을 벌주는 새로운 방법이 되는 융합된 가치

Fused values becoming new ways to punish oneself

가치 진술이 경직되고 혐오적이게 되면 이는 더 이상 우리가 의미하는 가치가 아니다. 특히 자기 수치심에 취약하거나 수행에 기초한 자존감performance-based self esteem을 가졌을 때 가치는 자신을 벌하는 하나의 방법이 될 수 있다. 그 자체로 가치로운 방향으로의 움직임이 막히게 된다.

적용 Applications

가치 작업은 어떤 치료에서도 중요한 부분일 수 있다. 명시적으로 다루지 않더라도 치료자는 일반적으로 내담자의 행동과 그 기능에 관한 자신의 분석에 일정 부분 가치작업을 포함하게 된다. 가치는 종종 좀 더 전통적인 치료 목표를 잡을 때 유용하다. 다음은 문제 영역으로 나눌 수 있는 흔한 임상 예시이다.

직장 스트레스 Work- site stress

잘 짜인 조직이 개인보다 우위에 있다는 부담은 지극히 당연해 보인다. 이는 조직이 악이라는 말이 아니다. 단지 조직을 구성하게 되면 생산적으로 만들기 위해 사람들에게 어떠한 기능적 속성이 부여된다. 이는 일부 사람들에서 자신의 가치를 생산성에 기초하는 규칙을 만들게 한다. 어떤 이유에서건 생산성이 떨어질 때 자기 존중감에 상처를 받는다.

식이 장애 Eating disorders

폭식과 거식증 같은 식이 장애는 흔히 이상적인 외모를 충족시키려 음식 섭취를 통해 내적인 경험을 통제하려는 시도가 특징이다. 이는 사실상 가치와 정반대이다. 이환된 기간 내내 혐오적 조절 아래 있어왔기 때문에 식이 장애는 종종 가치 레퍼토리의 구축이 필요하다.

행동 의학 Behavior medicine

행동 의학 분야에서 통증, 당뇨, 간질과 같은 만성 조건에 가치 작업이 특히 중요하다. 의학적 조건을 다루면서 가치는 흔히 보류된다. 의학적 조건이 계속된다 할지라도 환자가 성장과 변화의 동기를 찾을 수 있게 개인적 맥락에서 가치를 떠올리도록 하는 것이 중요하다.

중독 Addiction

중독 치료를 할 때 중독으로 인한 과거의 실패(예, 부모역할)가 가치로운 영역에 매 순간 참여할 수 있는 기회(예, 지금 바로 앞에 있는 아이를 보살피는 일)를 지배하는 일이 흔하다. 가치로운 행동은 재발 기간 중 특히 중요하다. 중독에서 빠져 나오려 애쓰는 사람이 가치로부터 벗어났을 때, *규칙을 어겼으니 잘 하기는 글렀어!* 라고 생각하기 쉽다. 다시 가치 대화로 되돌아옴으로써 내담자의 현실적인 선택은 금주/재발/금주와 금주/재발/실패 사이에 있다는 것을 볼 수 있게 된다. 금주, 단주, 적정 음주 그 이면에 가치가 존재한다면 선택은 더 분명해 진다(Wilson, Schnetzer, Flynn, & Kurtz, 2012).

우울 Depression

가치에 부합하는 강화를 잘 접하지 못하는 것이 우울증을 유지하는 핵심 성분으로 보인다. 행동 변화를 즉각적인 강화의 속성과 연결 지을 때 가치 작업을 할 수 있다. 의미 있는 일을 많이 하는 것은 우울증에 도움이 되는데, 이는 단지 우울증에서 빠져 나오려는 것이 아니라 그들에게 이것이 매우 중요하고 좀 더 건강하고, 충족감을 주고 의미 있는 삶으로 이끄는 것이기 때문에 중요하다.

불안 문제 Anxiety problems

불안에서 노출과 가치 작업은 서로 관련될 수 있다. 가치 작업은 혐오적 조절을 줄여준다. 치료자로서 노출치료를 증상 감소보다 가치에 기반하여 수행한다면 이는 단지 비회피 행동을 지지해 주는 정도가 아니라 좀 더 광범위하게 혐오적 조절을 줄이도록 돕고, 앞서 가치를 정의할 때 "자유로운 선택"이라 했던 부분을 발전시키는 것이다.

요약 Summary

가치 작업은 행동 변화를 의미나 목적과 연결 지음으로써 대부분의 근거 기반 치료에 힘을 실어 줄 수 있다. 가치를 선택하고 명료화하는 것은 문제 유형과 치료 방법을 불문하고 범용성을 가지는 핵심 과정이다.

참고문헌

Dahl, J., Plumb, J. C., Stewart, I., & Lundgren, T. (2009). *The art and science of valuing in psychotherapy: Helping clients discover, explore, and commit to valued action using acceptance and commitment therapy*. Oakland, CA: New Harbinger Publications.

Frankl, V. E. (1984). *Man's search for meaning: An introduction to logotherapy* (Rev. and updated). New York: Pocket Books.

Hayes, S. A., Orsillo, S. M., & Roemer, L. (2010). Changes in proposed mechanisms of action during an acceptance- based behavior therapy for generalized anxiety disorder. *Behaviour Research and Therapy, 48*(3), 238– 245.

Hayes, S. C., Strosahl, K. D., & Wilson, K. G. (1999). *Acceptance and commitment therapy: An experiential approach to behavior change*. New York: Guilford Press.

Hayes, S. C., Strosahl, K. D., & Wilson, K. G. (2011). *Acceptance and commitment therapy: The process and practice of mindful change* (2nd ed.). New York: Guilford Press.

Lundgren, T., Dahl, J., & Hayes, S. C. (2008). Evaluation of mediators of change in the treatment of epilepsy with acceptance and commitment therapy. *Journal of Behavioral Medicine, 31*(3), 225– 235.

Lundgren, T., Luoma, J. B., Dahl, J., Strosahl, K., Melin, L. (2012). The Bull's- Eye Values Survey: A psychometric evaluation. *Cognitive and Behavioral Practice, 19*(4), 518– 526.

Miller, W. R., & Rollnick, S. (2002). *Motivational interviewing: Helping people change*. New York: Guilford Press.

Rogers, C. R. (1995). *On becoming a person: A therapist's view of psychotherapy*. New York: Houghton Mifflin.

Wilson, K. G., & DuFrene, T. (2009). *Mindfulness for two: An acceptance and commitment therapy approach to mindfulness in psychotherapy*. Oakland, CA: New Harbinger Publications.

Wilson, K. G., Schnetzer, L. W., Flynn, M. K., & Kurtz, S. (2012). Acceptance and commitment therapy for addiction. In S. C. Hayes & M. E. Levin (Eds.), *Mindfulness and acceptance for addictive behaviors: Applying contextual CBT to substance abuse and behavioral addictions* (pp. 27– 68). Oakland, CA: New Harbinger Publications.

마음챙김 실습
Mindfulness Practice

루쓰 베어 Ruth Baer, PhD • 켄터키대학 심리학부

정의와 배경 Definitions and Background

심리학 문헌에서 마음챙김mindfulness은 종종 현재 순간의 경험에 기울이는 비판단적 주의의 한 형태로 묘사된다. 여기에는 시각, 청각, 후각과 같은 환경 자극뿐만 아니라 감각, 인지, 감정, 충동과 같은 내부 현상도 포함된다. 이는 또한 현재의 활동을 알아차리는 것으로서 다른 곳에 자동적이고 기계적으로 주의를 기울이는 행동과 대비된다. 그간 마음챙김의 좀 더 정확한 정의에 관한 의견의 일치를 보기가 힘들었는데, 이는 부분적으로 이 용어가 각기 다른 이론적 기반에서 여러 가지 개입으로 사용되어 온 까닭이다. 현재 몇 가지 마음챙김 기반 방법들이 불교에 뿌리를 두고 있고, 현대적 마음챙김을 불교 수행에 기반을 둔 것으로 묘사하려는 시도 또한 정의에 관한 일치를 보기 힘들게 하는 점이다. 불교 경전에서조차 마음챙김을 여러 가지로 묘사하고 있어 문제는 더욱 복잡해진다(Dreyfus, 2011). 이러한 어려움에도 불구하고 마음챙김에 관한 현대 심리학적 설명을 정독해 보면 거기에는 크게 두 가지 일반적 요소가 있음을 볼 수 있고, 무엇을 하는가와 그것을 어떻게 하는가로 특징지을 수 있다. 이를 정리한 표 1의 예들을 보면 마음챙김은 일종의 개방/호기심/수용/우호/비판단/자비/친절을 가진 주의와 알아차림이라는 데 일반적으로 동의한다.

표 1 마음챙김에 관한 현대 심리학적 설명

저자	무엇을	어떻게
카밧진(Kabat-Zinn), 1994, 2003	주의를 기울이는 것 또는 주의 기울임을 통해 일어나는 알아차림 ……	…… 의도적으로, 현재 순간에, 비판단적으로 …… 애정 어리고 자비로운 속성, 마음을 열고 우호적인 참여와 호기심
말렛(Marlatt)과 크리스텔라(Kristeller), 1999	현재 경험에 온전한 주의를 두는 것 ……	…… 매 순간 수용과 자애심을 가지고
비숍(Bishop)등, 2004	즉각적인 경험으로 유지되는 주의의 자기 조절 ……	…… 호기심, 개방성, 수용의 특징을 가진 방향으로
거머(Germer), 시겔(Siegel), 풀턴(Fulton), 2005	현재 경험의 알아차림 ……	…… 수용으로, 친절과 우호심을 더한 비판단의 확장
리네한(Linehan), 2015	마음을 현재 순간에 집중하는 행위 ……	…… 판단과 애착 없이, 순간의 흐름에 개방된 채로

좀 더 기술적이고 이론에 기반한 정의를 수용전념치료에서 볼 수 있다(ACT; Hayes, Strosahl, & Wilson, 2012). 여기서는 마음챙김을 네 가지 요소(현재 순간과의 접촉, 수용, 탈융합, 맥락으로서의 자기)로 개념화하고 있다. 이들 각각을 수용전념치료와 관계구성이론의 용어로 정의해 놓았다(Fletcher & Hayes, 2005, 이 책 23장과 24장을 보라). 개념적으로 철저한 면이 있지만 마음챙김을 무엇을 어떻게로 정의하는 것과 큰 틀에서는 일치한다. 현재 순간의 경험 특히 생각과 느낌을 특정한 방식으로 관찰하라고 한다. 즉 그것들을 있는 그대로 기꺼이 경험하기, 이를 조절하는 행동이 필요 치 않다는 인식, 생각과 느낌은 이를 경험하는 사람을 규정짓지 않는다는 이해를 말한다. 다른 마음챙김 기반 개입에서도 핵심적인 개념은 비슷하다(Segal, Williams, & Teasdale, 2013).

많은 저자들이 무엇을 어떻게 이 두 가지가 마음챙김을 분명히 이해하는데 있어 필수적이라고 동의한다. 예를 들어 기분이 슬픈 사람은 슬픔 느낌을 강하게 알아차리는 것이긴 하지만 동시에 슬픈 기분은 말도 안 되는 것이고, 슬픈 기분에 빠진 자기는 약하고 멍청한 것으로 비난하거나, 어떻게 해서 이 슬픈 기분이 생겼는지 어떻게 하면 이를 제거할 수 있을지 반추한다거나, 해로운 방식으로 이를 억제하고 회피 도피하려는 시도를 하면서 슬픔에 반응할 수 있다. 슬픔에 관한 이러한 반응은 마음챙김과 부합하지 않으며, 우울증으로 가는 하향식 나선을 만들 위험을 높인다(Segal등, 2013).

슬픔을 마음챙김 한다고 하면 이와 관련된 감각 즉 그것이 몸 어디에서 느껴지는지, 시간이 지나면서 어떻게 바뀌는지 면밀하게 관찰하는 것을 포함한다. 슬픔을 마음챙김으로 관찰하는 사람은 슬픔이 있도록 하면서 이 경험에 자신을 개방하고, 우호적인 관심 및 자비로움으로 대하는 태도를 지닌다. 반추 사고 패턴이 생길 때 주의를 친절하게 현재 순간 감각으로 되돌려 준다. 슬픔을 마음챙김 하려는 목적은 잠재적으로 적응적인 반응을 더 잘 선택하도록 격려하는 것이다. 즉 문제를 건설적으로 처리하는 단계를 밟고, 기분을 북돋을 수 있는 활동에 참여하고, 해를 끼치거나 장기 목표와 가치와 부합하지 않는 방식으로 반응하지 않고 그저 슬픔 자체의 자연적 경과를 거치도록 한다.

실행 Implementation

마음챙김 기반 개입들은 점점 그 효과를 인정받고 있다(메타 분석을 위해서는 Khoury 등, 2013을 보라). 가장 강력한 증거를 인정받은 마음챙김 기반 개입으로는 수용전념치료와 그 사촌 격인 수용 기반 행동 치료(Roemer, Orsillo, & Salters- Pednault, 2008),

변증법 행동치료(DBT, Linehan, 1993, 2015), 마음챙김 기반 인지치료(MBCT, Segal 등, 2013)가 있고, 이 외 마음챙김 기반 스트레스 감소(MBSR, Kabat-Zinn, 1982), 마음챙김 기반 재발 방지(MBRP, Bowen, Chawla, & Marlatt, 2011), 자애 명상 및 자비 중심 치료(CFT, Gilbert, 2014; Hofmann, Grossman, & Hinton, 2011) 또한 그 근거를 더해가고 있다. 이러한 프로그램 각각은 마음챙김 기술을 진작시킬 다양한 연습과 실습을 포함하고 있다. 이 중 몇몇은 정식 명상을 하고 있고, 또 다른 몇몇은 일상의 활동에서 마음챙김으로서의 알아차림을 북돋는다.

명상 실습 Meditative Practices

좌식 명상sitting meditation은 명상 전통에서 깊은 뿌리를 가지고 흔히 사용되는 실습법이다. 편안하고 이완된 자세로 깨어 있고 각성된 상태에서 자신의 주의를 일련의 내적 외적인 초점으로 향하게 한다. 통상 시작은 호흡의 감각과 움직임에 둔다. 호흡을 조절하려 하지 않고 그것이 자신만의 속도와 리듬으로 몸으로 들어오고 나가는 것을 단지 관찰한다. 머지않아 주의는 방황할 가능성이 높다. 이런 일이 일어날 때 방황하는 마음에 대한 판단과 비난을 내려놓고, 마음이 어디로 갔는지(예, 계획, 회상, 백일몽)만 간단하게 언급하면서 마음이 방황했음을 인식하고 친절하게 다시 호흡으로 돌아온다. 실습이 계속되면서 주의 초점이 전형적으로 신체 감각, 소리, 생각, 감정과 같은 다른 현재 순간 경험으로 연속적으로 이동하게 된다. 이런 경험이 오고 갈 때 그것이 즐거운 것이든, 불쾌한 것이든, 중립적인 것이든 친절한 관심, 수용, 자비를 가지고 관찰한다. 관찰된 경험을 간단하고 조용하게 이름붙이는 것이 권장된다. 예를 들어 어떤 현상을 보았을 때 "관절이 쑤심", "자책하는 생각이 여기 있음", "화나는 감정이 올라옴"이라고 말할 수 있다.

바디스캔body scan은 널리 사용하는 또 다른 명상 실습이다. 앉거나 누운 자세로 눈을 감은 채 친절한 관심으로 감각을 알아차리면서 신체 각 부위에 연속적으로 주의를 기울인다. 마음이 방황할 때 이는 불가피한 것으로서 이를 알아차리고 판단과 자기 비난을 내려놓고 친절하게 주의를 신체로 되돌린다. 통증이 올라오면 할 수 있는 한 통증의 속성을 관찰한다. 움직이고 싶은 충동을 판단 없이 관찰한다. 충동에 따라 움직이기로 선택했다면 움직이려는 의도와 움직임 자체, 사후효과 및 결과를 친절한 호기심으로 알아차려 보도록 한다. 바디스캔은 주의가 산만할 때 이를 알아차리고, 현재 순간으로 상냥하게 되돌리고, 판단 없는 호기심을 가지고, 관찰되는 경험이 유쾌하든 불쾌하든 받아들이는 것 등의 몇 가지 핵심 마음챙김 기술을 함양한다.

움직임 기반 실습 Movement- Based Practices

몇 가지 마음챙김 기반 개입(MBIs)은 몸을 움직이거나 스트레칭하면서 마음챙김 알아차림을 함양하기 위해 부드러운 요가나 마음챙김 걷기mindful walking를 한다. 자비로운 알아차림으로 자신의 신체 감각을 관찰하고, 마음이 방황할 때를 알아차리고, 다시 감각으로 부드럽게 주의를 되돌려 보도록 한다. 일관된 실습을 했을 때 근육이 강화되거나, 유연성과 균형이 잡히고, 신체 건강physical fitness이 호전될 수 있지만 이것이 목표는 아니다. 유일한 목표는 마음챙김으로 알아차리는 것과 몸과 마음을 매 순간 있는 그대로 받아들이는 연습을 하는 것이다.

일상 활동의 마음챙김 Mindfulness of Routine Activities

많은 마음챙김 기반 개입들은 참여자들이 먹기, 운전, 설거지 등의 일상 활동을 순간순간 비판단적으로 알아차리도록 한다. 다른 실습과 마찬가지로 마음이 방황할 때 부드럽게 주의를 활동으로 돌리고 모든 관찰된 경험, 비록 그것이 원치 않고 불쾌하다 할지라도 수용, 허락, 개방, 호기심, 친절과 호의를 가진다. 일상생활에서 호흡 명상은 진행 중인 현재 순간을 알아차리도록 격려하는 또 다른 방법이다. 호흡은 쉼 없는 관찰 가능한 감각과 움직임을 만들기 때문에 마음챙김 관찰의 유용한 표적이다. 호흡은 수의적인 조절을 요구하지 않는 것이어서 이를 바꾸려는 시도 없이 일어나는 그대로의 경험을 관찰할 수 있는 기회를 제공한다. 게다가 호흡의 속성(속도, 깊이, 리듬)은 감정과 신체 상태에 따라 변한다. 이러한 패턴을 관찰함으로써 사람들은 자신이 매일 경험하는 감정과 감각은 항상 변하고 있음을 알 수 있다.

아이들이나 발달지체 또는 인지적 손상이 있는 사람들에게는 발바닥과 같은 주의를 둘 수 있는 다른 고정점anchor을 사용한다(Singh, Wahler, Adkins, & Myers, 2003). 이러한 표적은 이들이 운동장이나 사회적 관계를 하는 동안 발에 주의를 둘 수 있기 때문에 파괴적 행동을 조절하는 법을 익히게 도와 줄 수 있다.

호흡 공간 Breathing Spaces

마음챙김 기반 인지치료에서 시작된 호흡 공간은 일상생활 특히 스트레스 상황에서 마음챙김의 적용을 북돋아 주도록 고안된 3단계 실습이다. 첫째, 생각, 감정, 감각 등의 내적 풍경에 주의를 두도록 한다. 이것을 마치 날씨 패턴처럼 마음과 몸의 경험에 부드럽게 주목하고, 있는 그대로에 주의를 둔다. 그 다음 오직 호흡에만 좁게 주의를 기울인 후, 마지막으로 몸 전체로 확장하여 주의를 기울인다. 호흡 공간은 3분 연습으로 가르치는데, 상황 요구에 따라 좀 더 빨리 또는 천천히 행할 수 있다. 이것은 도피 또는 주의분산 전략이 아니라 자동 패턴에서 한 발 물러나는 기회인 것이고, 현재 순간이 담고 있는 것을 좀 더 분명하게 보고, 다음에 무엇을 할지에 대해 현명한 선택을 하는 것이다.

이외의 마음챙김 연습 **Other Mindfulness Exercises**

몇 가지 개입에서 마음챙김 기술을 진작시키도록 고안된 창의적인 연습을 개발했다. 예를 들어 변증법 행동치료에서는 집단에 있는 각자에게 레몬이나 연필 같은 어떤 사물이 주어진다. 잠깐 동안 그것의 모양, 크기, 색깔, 질감, 표시 등을 자세히 관찰하라 하고 주어진 물건을 모두 회수한 후 이를 뒤섞어서 탁자 중앙에 놓는다. 그리고 참석자들에게 방금 자신들이 자세히 보았던 물건을 찾을 수 있는지 물어본다. 또한 마음챙김으로 노래를 부르고 게임을 해 보도록 한다. 짧으면서도 좀 더 명상적인 실습은 변증법 행동치료에서 나온 컨베이어 벨트 연습이다. 참석자들은 눈을 감고 마음이 마치 생각, 감정, 감각을 알아차림으로 운반하는 컨베이어 벨트인 것처럼 상상해 보도록 한다. 부정적 생각(이것은 시간 낭비야) 또는 방황하는 마음을 포함하여 무엇이 일어나든 비판단적으로 관찰하도록 한다. 수용전념치료에도 구분하기cubbyholing라 불리는 비슷한 연습이 있다. 참석자들은 감각, 생각, 기억, 감정, 충동과 같은 몇 가지 간단한 범주를 생각한다. 그리고 나서 몇 분 간 눈을 감고 마음에서 일어나는 경험을 관찰하고 그 경험에 해당하는 범주를 언급해 보도록 한다.

자애와 자비 명상 **Loving- Kindness and Compassion Meditation**

자애 명상과 자비 명상은 마음챙김과 밀접한 관련이 있고 때때로 마음챙김 기반 개입에 포함된다. 전형적으로 참석자들은 조용히 앉은 채로 종종 눈을 감고 실습한다. 선의goodwill를 자신과 남들에게 순차적으로 확장시켜가면서 다음과 같은 짧은 어구를 반복한다. "내가(그가, 그녀가, 그들이) 안전하기를", "그가 건강하기를", "그가 행복하기를", "그가 평화롭기를" 최근의 보고에서 이러한 실습이 마음챙김 실습만큼 광범위하게 연구된 것은 아니지만 다양한 문제와 질환의 치료에 유용할 수 있다고 결론지었다(Hofmann et al., 2011).

경험적 지지 Empirical Support

정신 건강 맥락에서 마음챙김 기술은 심리적 증상과 안녕에 이로운 효과를 가지는 것으로 보이기 때문에 오로지 마음챙김을 위한 마음챙김은 하지 않는다. 실제 명상 연구에 대한 체계적인 고찰을 보면 마음챙김 기반 스트레스 감소나 마음챙김 기반 인지치료와 같은 개입들은 자가 보고식 마음챙김을 유의미하게 증가시키고, 이러한 기술의 습득이 정신 건강 증진과 강력한 관련성이 있음을 보고하고 있다(Gu, Strauss, Bond, & Cavanagh, 2015; Van der Velden et al., 2015). 어떤 마음챙김 기술이 이러한 이점을 가져오는지에 대한 특정한 심리적 과정은 아직 분명치 않다. 몇 몇 이론적 모델과 관련 문헌의 요약에서 잠재적 기전 목록을 제안하고 있다(Brown, Ryan, & Creswell, 2007; H lzel et al., 2011; Shapiro, Carlson, Astin, & Freedman, 2006; Vago & Silbersweig, 2012). 여기에는 알아차림의 몇 가지 형태(몸 알아차림, 일반적 자기 인식), 자기 조절의 몇 가지 형태(주의 조절, 감정 조절), 자기와 내적 경험에 관한 관점(메타인지, 거리두기, 재인식)등이 있다. 이 장의 나머지 부분은 마음챙김 기반 개입의 효과성에 관한 매개분석에서 경험적 지지를 받는 기전들을 논할 것이다(Ciarrochi, Bilich, & Godsell, 2010; Gu et al., 2015을 보라. 고찰을 위해서는 Van der Velden et al., 2015를 보라). 가장 지지를 받고 있는 기전은 반복적 부정적 생각(반추, 염려) 및 인지적 정서적 반응성의 변화, 자기 자비, 탈중심화(메타 인지적 알아차림metacognitive awareness 또는 메타 알아차림meta-awareness이라고도 불림), 심리적 유연성 등이 있다. 일부 연구에서 긍정적 정서의 역할 또한 검토되었다. 이러한 과정은 다양한 이론적 경험적 맥락에서 정의되면서 다루어졌고, 이들 중 몇몇은 개념과 기능에서 중첩된 것으로 보인다. 이에 대해 아래의 절에서 요약하고 있다.

인지 반응성 Cognitive Reactivity

애초에 정의했던 인지 반응성의 개념은 가벼운 불쾌 상태가 역기능적 사고 패턴을 활성화시키는 정도를 말한다(Sher, Ingram, & Segal, 2005). 이는 전형적으로 실험실 과제로 연구된 것이다. 연구자는 참여자가 우울한 음악을 듣거나 이와 비슷한 절차를 통해 슬픔 경험에 있도록 요청하면서 일시적으로 불쾌한 상태를 유도한다. 이때 참여자가 실험 전후 역기능적 태도 척도measure of dysfunctional attitudes를 평정하도록 한다(예, 행복은 어찌하든 성공을 필요로 한다. 도움을 요청하는 것은 약하다는 표시이다. 개인적 가치는 다른 사람의 의견에 달려 있다). 유도 직후 역기능적 태도가 증가하면 인지 반응성이 있는 것이다. 우울증의 과거력이 있는 사람은 시험 당시 관해 상태임에도 불구하고 유도된 기분에 높은 인지 반응성을 보였다. 또한 인지 반응성이 높은 것은 향후 우울증에 이환될 확률이 높은 것과 관련이 있었다(Segal et al., 2013).

인지 반응성은 개정판 라이든 우울 감수성 지표(Leiden Index of Depression Sensitivity-Revised, LEIDS-R, Van der Does, 2002)로도 평가할 수 있다. 기분이 저하되었을 때 비적응적 반응을 보일 수 있는 보다 광범위한 경향성을 보는 질문으로 구성되어 있다. 반추, 어려움에 대한 회피(과제 거부), 공격 행동(비꼼, 분노 폭발), 완벽주의 등이 있다. 라이든 우울 감수성 지표(LEIDS-R)는 우울증을 한 번도 경험하지 않았던 사람보다 이전에 우울증을 경험한 사람에게서 일관되게 높았다. 점수는 또한 부정적 기분의 유도에 따른 역기능적 사고의 변화량을 예측한다. 지역사회를 대상으로 한 최근 연구에서 마음챙김 기반 인지치료를 했을 때 라이든 우울 감수성 지표(LEIDS-R) 평가상 반응성의 현저한 감소를 보였고, 이 효과는 참여자가 개입 기간 동안 마음챙김 기술을 습득한 정도에 의해 매개되었다(Raes, Dewulf, van Heeringen, & Williams, 2009).

감정 반응성 **Emotional Reactivity**

몇몇 연구에서 마음챙김과 스트레스에 대한 감정 반응성의 감소 사이에 관련이 있다는 것을 보고하였다. 특히 부정적 기분 유도나 이외 다른 불쾌한 경험 이후 회복 시간이 줄어들었다(요약을 위해서는 Britton, Shahar, Szepsenwol, & Jacobs, 2012을 보라). 브리튼Britton등이 시행한 부분 관해 상태의 우울증 환자 무선 할당 연구에서 마음챙김 기반 인지치료 치료 전과 후 트라이어 사회 스트레스 시험(Trier Social Stress Test, Kirschbaum, Pirke, & Hellhammer, 1993)을 보았다. 이 시험은 참여자가 카메라와 심판원들이 있는 상황에서 5분 스피치를 한 후 어려운 수학문제를 큰 소리로 푸는 것이다. 감정 반응성은 고통의 정도를 자가 보고하는 것인데 과업 이전, 과업 동안, 과업 직후, 과업 40분, 과업 90분 이후에 측정한다.

8주 과정의 마음챙김 기반 인지치료 이후 참여자의 과업 직전과 직후 고통점수는 치료 이전과 비교하여 변화가 없었다. 하지만 과업 이후 40분 90분의 감정 반응성 점수에서 상당한 감소를 보였다. 이는 마음챙김 훈련 이후에도 과업은 여전히 고통을 유발했지만, 거기로부터 좀 더 빨리 회복했음을 시사한다. 8주간 대기 환자들에게서는 아무런 변화가 없었고, 단지 과업 후 점수가 증가했는데, 이는 한 번 과업을 경험한 이후 두 번째 경험에서 예기불안이 더 커진 것으로 볼 수 있다.

연구에서 과업 이후 시기 동안 치료 참여자에게 무엇이 일어났는지 검토하지는 않았지만, 마음챙김 기반 인지치료는 생각의 내용으로부터 탈중심화하고 반추 사고 패턴으로부터 빠져나오도록 하면서 감각과 감정을 친절하게 받아들이도록 가르친다. 따라서 마음챙김 훈련 이후 참여자들이 과업 관련 스트레스에 대한 몇 가지 형태의 반응성으로부터 거리를 두는 것이 좀 더 잘 된다고 보는 것이 맞을 것 같다.

반복적 부정적 생각 Repetitive Negative Thought

몇몇 연구에서 마음챙김 기반 개입이 우울, 불안, 스트레스와 같은 심리적 증상에서 보이는 치료적 효과를 설명함에 있어 반추rumination와 염려worry의 역할을 검토했다. 체계적 문헌 고찰에서 구Gu와 동료들은 반복적 부정적 생각의 감소가 마음챙김 기반 치료의 효과성을 중요하게 매개한다는 일관된 증거를 발견했다(2015). 반 데르 벨덴Van der Velden과 동료들은 우울증에 대한 마음챙김 기반 인지치료에서 매개변인으로서 반추와 염려의 증거는 엇갈린다고 보고했다(2015). 치료 후 반추의 빈도가 항상 감소하는 것은 아니었지만, 참여자들이 부정적 생각의 내용으로부터 탈중심화하는 기술을 개발한다면 반추와 이후 재발 간의 관계를 변화시킬 수 있는 것으로 보았다.

자기 자비 Self- Compassion

네프Neff에 따르면 자기 자비에는 세 가지 요소가 있다(2003). 괴로움 앞에서 자신에게 친절, 어려움을 더 큰 인간 경험의 일부분으로 보는 것, 고통스러운 생각과 느낌을 크게 부각시키지 않고 균형 잡힌 알아차림을 유지하는 것이다(223페이지). 구Gu와 동료들은 마음챙김 기반 개입의 효과를 매개하는 요인으로 자기 자비를 고찰한 세 개의 연구를 찾았는데, 결과는 서로 상충된다. 이 중 두 연구는 비임상 군을 사용했고, 마음챙김 기반 스트레스 감소가 자기 자비를 상당히 증가시켰지만, 이것이 분노 표출이나 불안에 대한 효과를 매개하지 않았다. 그러나 이 중 한 연구는 반복성 우울증 환자에서 마음챙김 기반 인지치료와 항우울제 치료를 비교했고, 8주 동안의 마음챙김 기반 인지치료가 자기 자비를 높여주었고 이후 15개월 이상 우울증 재발 감소를 매개했다고 보고했다(Kuyken et al., 2010).

쿠이켄Kuyken과 동료들 또한 앞에 설명한 인지 반응성 과업을 보는 연구에 참여했는데, 8주 치료가 끝났을 때 마음챙김 기반 인지치료 집단에서 인지 반응성이 예상 외로 약물치료 집단보다 높은 것을 알게 되었다. 하지만 마음챙김 기반 인지치료 집단의 치료 후 인지 반응성은 이후의 재발과 무관한 반면, 약물치료 집단에서의 치료 후 반응성의 증가는 15개월 이후의 재발을 예측할 수 있었다. 자기 자비가 이를 조절했다. 즉 치료 후 인지 반응성과 15개월 이후 우울증의 재발 사이의 치명적 관계가 자기 자비가 크게 개선된 사람들에게서는 보이지 않았다. 역기능적 사고가 일어났을 때 이에 대해 친절하고 비판단적인 반응을 보이는 것이 생각과 이후 우울증의 발생 간의 연결을 약화시키는 것 같다.

탈중심화 Decentering

탈중심화는 메타 알아차림, 메타 인지적 알아차림이라고도 알려져 있고 수용전념치료 문헌에서 정의한 탈융합과 비슷하다. 훼젤Holzel과 동료 또한 의식의 내용을 항상 변하는 일시적 경험으로 인식하는 관점의 변화가 이와 비슷할 것이라고 설명한다. 탈중심화는 마음챙김 기반 인지치료 문헌에 사용되는 용어로서 생각과 느낌이 사실이라거나 실제의 반영 또는 자신의 중요한 측면이 아니라 일시적 현상으로 보는 관점을 말한다. 탈중심화된 관점을 가지면 생각과 느낌을 덜 문자적으로 받아들이고 이에 덜 이끌릴 수 있다. 탈중심화는 우울증에 대한 마음챙김 기반 인지치료의 효과와(Van der Velden et al., 2015) 범불안장애에 대한 마음챙김 기반 스트레스 감소의 효과를(Hoge et al., 2015) 매개하는 것으로 나타났다.

심리적 유연성 Psychological Flexibility

심리적 유연성은 수용전념치료의 핵심 이론이고 여섯 가지 요소가 있다. 이 중 네 가지는 앞에서 언급한대로 마음챙김 구성 성분으로 개념화된다(현재 순간과의 접촉, 수용, 탈융합, 맥락으로서의 자기). 다른 두 가지 요소(가치와 전념 행동)는 행동 변화 과정이다. 따라서 심리적 유연성은 힘든 생각과 느낌이 있을 때에도 현재 순간을 마음챙김으로 알아차리고 가치 일관된 방식으로 행동할 수 있는 능력이다. 수용전념치료는 마음챙김 요소를 진작시키도록 고안된 여러 연습과 실습뿐 아니라 내담자들이 자신의 가치를 찾고, 가치 일관된 행동에 들어갈 수 있도록 돕는 전략들을 가지고 있다. 많은 문헌에서 심리적 유연성이 불안 및 기분 장애, 만성 통증, 자해 행동, 금연 및 체중 관리와 같은 건강 관련 목표 등 다양한 범위의 성인 집단에 수용전념치료의 치료 효과를 매개하는 것으로 보고한다(Ciarrochi et al., 2010).

긍정적 정서 Positive Affect

소수의 연구에서 마음챙김 훈련이 긍정적 정서의 일상 경험을 늘려주고, 이것이 우울증의 증상과 재발의 위험에 대한 마음챙김 기반 인지치료 효과의 중요한 매개인자

일 수 있다고 했다(Geschwind, Peeters, Drukker, van Os, & Wichers, 2011; Batink, Peeters, Geschwind, van Os, & Wichers, 2013). 어떤 과정을 통해 이런 일이 일어나는지는 잘 연구되어 있지 않지만, 새롭게 설명되고 있는 마음챙김에서 의미로의 이론 mindfulness-to-meaning theory에서는 마음챙김은 생각과 감정으로부터 탈중심화를 가져오고, 역경을 재평가하고 긍정적 경험을 음미할 수 있게 함으로써 삶의 목적 있는 참여를 늘려준다고 말하고 있다(Garland, Farb, Goldin, & Fredrickson, 2015). 이러한 유망한 이론이 추가적으로 연구될 필요가 있다.

마음챙김 과정 요약 **Summary of Mindfulness Processes**

앞에서 언급했듯이 마음챙김의 기전에 관한 문헌들에는 다양한 개념적 이론적 관점이 있고, 어느 정도 중첩되는 방식으로 각각 자신들의 용어와 구성요소를 사용하고 있다. 일반적으로 마음챙김 실습은 참여자들에게 자신의 내적 경험(감각, 인지, 감정 등)에 대한 새로운 관점과 새로운 관계를 가질 것을 가르치고 있다. 이러한 관점에는 탈중심화 또는 탈융합, 수용과 허용, 친절한 호기심, 자애와 자비, 생각과 느낌은 사실이 아니며, 이것이 행동을 통제할 필요도 없고, 이것을 가진 사람으로 정의되지 않는다는 이해를 포함한다. 이러한 관점을 취하는 것은 스트레스 사건 또는 이와 관련된 불편한 생각과 느낌에 대한 도움 되지 않는 반응을 줄여주는 것으로 보인다. 예를 들어 힘든 경험을 마음챙김으로 알아차리면 역기능적 태도나 반추가 생기는 것을 막거나 인지 패턴이 올라온다 해도 친절과 자비의 태도를 가지고 이로부터 좀 더 잘 탈중심화 또는 탈융합될 수 있다. 이는 스트레스와 통증으로부터의 빠른 회복, 증가된 긍정적 정서와 경험의 음미, 가치와 목표의 분명한 인식을 촉진하고 가치 일관된 행동을 늘려준다. 그림 1은 마음챙김이 어떻게 정신 건강에 영향을 줄 수 있는지에 대한 최근 문헌의 결론을 요약한 것이다.

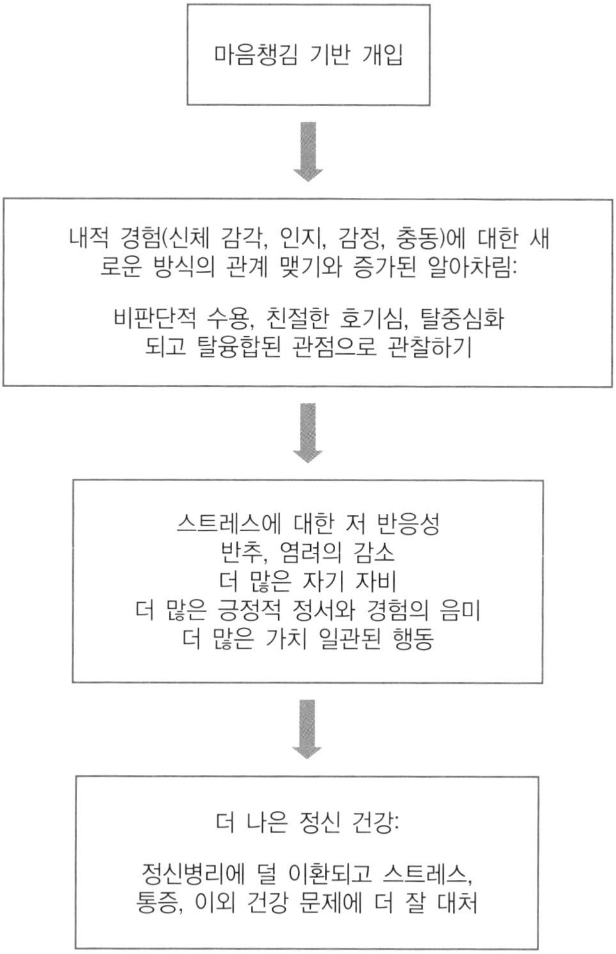

마음챙김 기반 개입

↓

내적 경험(신체 감각, 인지, 감정, 충동)에 대한 새로운 방식의 관계 맺기와 증가된 알아차림:

비판단적 수용, 친절한 호기심, 탈중심화 되고 탈융합된 관점으로 관찰하기

↓

스트레스에 대한 저 반응성
반추, 염려의 감소
더 많은 자기 자비
더 많은 긍정적 정서와 경험의 음미
더 많은 가치 일관된 행동

↓

더 나은 정신 건강:

정신병리에 덜 이환되고 스트레스, 통증, 이외 건강 문제에 더 잘 대처

그림 1 마음챙김 훈련의 기전에 관한 현대 경험적 문헌의 결론을 요약한 모델

결론 Conclusions

많은 시간 동안 인지행동치료는 주로 변화의 방법에 초점을 두었다. 방대한 양의 문헌이 행동, 인지, 감정 및 환경 일부를 바꾸는 전략의 효과성을 지지하고 있다. 하지만 최근까지 잘 바뀌지지 않는 고통스러운 현실이나 바꾸려는 시도를 했을 때 역설적으로 더 힘들어지는 생각이나 느낌을 다루는 데 유용한 전략들은 별로 없었다. 인지행동치료에 마음챙김이 소개되면서부터 이러한 경험을 다루는 기술을 개발하도록 돕는 원칙과 실제의 조합을 얻게 되었다. 이러한 이유에서 마음챙김 훈련은 흔히 수용 기반 접근으로 묘사되지만, 이는 수동성이나 무력감을 고취시키는 것이 아니다. 현재 순간 무엇이

일어나는지 보고 어떻게 반응할지에 관한 현명한 선택을 하는 능력을 진작시킨다. 그러므로 마음챙김으로 알아차리는 것은 이 책에서 이야기하는 기술과 방법의 효과적 사용을 위한 토대를 제공한다. 마음챙김 훈련은 내담자들이 자신의 내적 경험(생각, 감정, 감각, 충동)을 인식하고 이해한 후 이에 건설적으로 반응하는 방법을 선택하도록 돕는다. 어떤 조건에서는 각성 감소, 인지 재구성, 행동 활성화, 문제 해결법 또는 대인관계 기술 같은 변화 기반 전략이 더 도움 되는 반응일 것이다. 다른 조건에서는 탈융합과 수용 기술이 더욱 도움이 될 수 있다. 자신에게 자비롭고 개인적 가치와 목표에 일관된 반응은 삶의 풍요로움과 웰빙을 고취시켜 줄 가능성이 있다. 따라서 마음챙김은 어떻게 문제를 없애고 사람들을 버티게 도와주는지에 관한 관점을 넓혀 나가는 데 있어 핵심적일 수 있다.

참고문헌

Batink, T., Peeters, F., Geschwind, N., van Os, J., & Wichers, M. (2013). How does MBCT for depression work? Studying cognitive and affective mediation pathways. *PLoS One, 23*(8), e72778.

Bishop, S., Lau, M., Shapiro, S., Carlson, L., Anderson, N. D., Carmody, J., et al. (2004). Mindfulness: A proposed operational definition. *Clinical Psychology: Science and Practice, 11*(3), 230– 241.

Bowen, S., Chawla, N., & Marlatt, G. A. (2011). *Mindfulness- based relapse prevention for addictive behaviors: A clinician's guide*. New York: Guilford Press.

Britton, W. B., Shahar, B., Szepsenwol, O., & Jacobs, W. J. (2012). Mindfulness- based cognitive therapy improves emotional reactivity to social stress: Results from a randomized controlled trial. *Behavior Therapy, 43*(2), 365– 380.

Brown, K. W., Ryan, R. M., & Creswell, J. D. (2007). Mindfulness: Theoretical foundations and evidence for its salutary effects. *Psychological Inquiry, 18*(4), 211– 237.

Ciarrochi, J., Bilich, L., & Godsell, C. (2010). Psychological flexibility as a mechanism of change in acceptance and commitment therapy. In R. A. Baer (Ed.), *Assessing mindfulness and acceptance processes in clients: Illuminating the theory and practice of change* (pp. 51– 76). Oakland, CA: New Harbinger Publications.

Dreyfus, G. (2011). Is mindfulness present-centred and nonjudgmental? A discussion of the cognitive dimensions of mindfulness. *Contemporary Buddhism, 12*(1), 41– 54.

Fletcher, L., & Hayes, S. C. (2005). Relational frame theory, acceptance and commitment therapy, and a functional analytic definition of mindfulness. *Journal of Rational-*

Emotive and Cognitive- Behavioral Therapy, 23(4), 315– 336.
Garland, E. L., Farb, N. A., Goldin, P. R., & Fredrickson, B. L. (2015). Mindfulness broadens awareness and builds eudaimonic meaning: A process model of mindful positive emotion regulation. *Psychological Inquiry, 26*(4), 293– 314.
Germer, C. K., Siegel, R. D., & Fulton, P. R. (Eds.). (2005). *Mindfulness and psychotherapy*. New York: Guilford Press.
Geschwind, N., Peeters, F., Drukker, M., van Os, J., & Wichers, M. (2011). Mindfulness training increases momentary positive emotions and reward experience in adults vulnerable to depression: A randomized controlled trial. *Journal of Consulting and Clinical Psychology, 79*(5), 618– 628.
Gilbert, P. (2014). The origins and nature of compassion focused therapy. *British Journal of Clinical Psychology, 53*(1), 6– 41.
Gu, J., Strauss, C., Bond, R., & Cavanagh, K. (2015). How do mindfulness- based cognitive therapy and mindfulness- based stress reduction improve mental health and wellbeing? A systematic review and meta- analysis of mediation studies. *Clinical Psychology Review, 37*, 1– 12.
Hayes, S. C., Strosahl, K. D., & Wilson, K. G. (2012). *Acceptance and commitment therapy: The process and practice of mindful change* (2nd ed.). New York: Guilford Press.
Hofmann, S. G., Grossman, P., & Hinton, D. E. (2011). Loving- kindness and compassion meditation: Potential for psychological interventions. *Clinical Psychology Review, 31*(7), 1126– 1132.
Hoge, E. A., Bui, E., Goetter, E., Robinaugh, D. J., Ojserkis, R., Fresco, D. M., et al. (2015). Change in decentering mediates improvement in anxiety in mindfulness- based stress reduction for generalized anxiety disorder. *Cognitive Therapy and Research, 39*(2), 228–235.
Hölzel, B. K., Lazar, S. W., Gard, T., Schuman- Olivier, Z., Vago, D. R., & Ott, U. (2011). How does mindfulness meditation work? Proposing mechanisms of action from a conceptual and neural perspective. *Perspectives on Psychological Science, 6*(6), 537– 559.
Kabat- Zinn, J. (1982). An outpatient program in behavioral medicine for chronic pain patients based on the practice of mindfulness meditation: Theoretical considerations and preliminary results. *General Hospital Psychiatry, 4*(1), 33– 47.
Kabat- Zinn, J. (1994). *Wherever you go, there you are: Mindfulness meditation in everyday life*. New York: Hyperion.
Kabat- Zinn, J. (2003). Mindfulness- based interventions in context: Past, present and future. *Clinical Psychology: Science and Practice, 10*(2), 144– 156.
Khoury, B., Lecomte, T., Fortin, G., Masse, M., Therien, P., Bouchard, V., et al. (2013). Mindfulness- based therapy: A comprehensive meta- analysis. *Clinical Psychology Review, 33*(6), 763– 771.
Kirschbaum, C., Pirke, K. M., & Hellhammer, D. H. (1993). The "Trier Social Stress Test": A tool for investigating psychobiological stress response in a laboratory setting.

Neuropsychobiology, 28(1- 2), 76- 81.

Kuyken, W., Watkins, E., Holden, E., White, K., Taylor, R. S., Byford, S., et al. (2010). How does mindfulness- based cognitive therapy work? *Behaviour Research and Therapy, 48*(11), 1105- 1112.

Linehan, M. M. (1993). *Cognitive- behavioral treatment of borderline personality disorder.* New York: Guilford Press.

Linehan, M. M. (2015). *DBT skills training manual* (2nd ed.). New York: Guilford Press.

Marlatt, G. A., & Kristeller, J. L. (1999). Mindfulness and meditation. In W. R. Miller (Ed.), *Integrating spirituality into treatment: Resources for practitioners* (pp. 67- 84). Washington, DC: American Psychological Association.

Neff, K., (2003). The development and validation of a scale to measure self- compassion. *Self and Identity, 2*, 223- 250.

Raes, F., Dewulf, D., van Heeringen, C., & Williams, J. M. G. (2009). Mindfulness and reduced cognitive reactivity to sad mood: Evidence from a correlational study and a non- randomized waiting list controlled study. *Behaviour Research and Therapy, 47*(7), 623- 627.

Roemer, L., Orsillo, S. M., & Salters- Pednault, K. (2008). Efficacy of an acceptance-based behavior therapy for generalized anxiety disorder: Evaluation in a randomized controlled trial. *Journal of Consulting and Clinical Psychology, 76*(6), 1083- 1089.

Segal, Z. V., Williams, J. M. G., & Teasdale, J. D. (2013). *Mindfulness- based cognitive therapy for depression* (2nd ed.). New York: Guilford Press.

Shapiro, S. L., Carlson, L. E., Astin, J. A., & Freedman, B. (2006). Mechanisms of mindfulness. *Journal of Clinical Psychology, 62*(3), 373- 386.

Sher, C. D., Ingram, R. E., & Segal, Z. V. (2005). Cognitive reactivity and vulnerability: Empirical evaluation of construct activation and cognitive diatheses in unipolar depression. *Clinical Psychology Review, 25*(4), 487- 510.

Singh, N. N., Wahler, R. G., Adkins, A. D., & Myers, R. E. (2003). Soles of the feet: A mindfulness- based self- control intervention for aggression by an individual with mild mental retardation and mental illness. *Research in Developmental Disabilities, 24*(3), 158- 169.

Vago, D. R., & Silbersweig, D. A. (2012). Self- awareness, self- regulation, and self-transcendence (S- ART): A framework for understanding the neurobiological mechanisms of mindfulness. *Frontiers in Human Neuroscience, 6*(Article 296), 1- 30.

Van der Does, A. (2002). Cognitive reactivity to sad mood: Structure and validity of a new measure. *Behaviour Research and Therapy, 40*(1), 105- 120.

Van der Velden, A. M., Kuyken, W., Wattar, U., Crane, C., Pallesen, K. J., Dahlgaard, J., et al. (2015). A systematic review of mechanisms of change in mindfulness- based cognitive therapy in the treatment of recurrent major depressive disorder. *Clinical Psychology Review, 37*, 26- 39.

동기 강화
Enhancing Motivation

제임스 맥킬롭 James MacKillop, PhD
맥마스터대학 홈우드 연구소 홈우드 헬스센터,
정신건강의학 및 행동 신경과학부, 피터 보리스 중독 센터

로렌 반 덴 브로크 Lauren VanderBroek- Stice, MS
조지아대학 심리학부

캐서린 문 Catharine Munn, MD, MSc
맥마스터대학 홈우드 연구소 홈우드 헬스센터,
정신건강의학 및 행동 신경과학부, 피터 보리스 중독 센터

배경 Background

심리치료를 찾는 사람들이 표면적으로 하는 말은 자신들이 나아지고 싶다는 것이다. 이러한 가정을 따를 때 도달하는 당연한 결론은 정신 건강 전문가가 문제를 이해하는 방법, 특히 인지행동치료에서 이것을 다룰 수 있는 행동 계획을 펼쳐 보여주기만 하면 내담자는 괴로움을 제거하는 데 필요한 단계를 열렬히 받아들일 것이란 예상이다. 하지만 현실은 심리치료 과정이 그렇게 간단하거나 선형적이지 않다. 내담자는 다음 회기까지 해 오라는 활동을 회피하고, 숙제를 다 해오지 않으며, 결석하거나, 치료를 받으러 오게 된 괴로운 행동에 다시 스스로 빠져든다.

치료효과가 최대치에 미치지 못하는 하나의 이유는 근본적으로 행동 변화가 쉽지 않기 때문이다. 이는 부분적으로 겉으로는 역기능적 행동이 어떤 기능을 가진다는 말인데, 이것은 전형적으로 궁지에 몰려 증상이 발현되는 경험은 막아주기 때문이다. 다른 말로 하면 부적응 행동은 결국 악순환을 돌면서 악화될 것이겠지만 당장에는 일시적이고 단기간의 해법을 제공한다. 즉 이러한 기능적/역기능적 행동 간에 건강하지 않은 행동 항상성behavioral homeostasis이 이루어져, 변화에 도전하는 지속적인 동력을 얻는다. 이것이 난감한 이유는 현재 문제를 다루는 것에 대한 양가감정으로 치료에 참여하지 않을 수 있기 때문이다. 중요한 것은 그들이 결과에 무관심해서 양가적이지 않다. 내담자는 말 그대로 두 가지 방향으로 당겨지니까 양가적이다. 하나는 변화에 대한 열망이고 다른 하나는 현재 행동 패턴을 어찌할 수 없다는 무력감이다. 프로이트로 시작된 초기 심리 치료에서 이러한 양가감정이 만들어내는 "신경증적 역설neurotic paradox"을 인식했다. 행동 치료자 역시 이를 합리적 가정에 도전하는 학습된 행동으로 인식했다(Mowrer, 1948). 근본적으로는 부적응 행동이 괴로움을 가져오고 변화의 열망이 있는데 왜 실제적 행동 변화가 자연적으로 따라오지 않는가라는 질문이다.

현대적인 맥락에서 이러한 변화 능력의 부재를 동기의 문제로 이해할 수 있다. 피상적인 수준에서 종종 환자가 치료를 찾아 왔기 때문에 동기는 명백하다고 간주한다. 치료자는 이것이 안정적이고 흔들리지 않는 경향이라고 잘못 본다. 이보다는 이제 점점 변화의 동기는 동적이면서 변화무쌍한 과정으로서 주기적으로 오르락내리락 하는 것으로 이해하고 있다. 심리 치료에서 변화의 동기를 적극 고려하고 진작시키고자 하는 것이 이 장의 초점이고, 이는 동기 면담(Motivational Interviewing, MI; Miller & Rollnick, 2002, 2013)의 폭 넓은 연구에 의존하고 있다. 동기 면담은 내담자 행동 변화의 내재적 동기를 촉진시키기 위한 치료 방법이다. 치료 양식이나 정신병리의 유형을 불문하고 동기는 성공적 행동 변화의 필수요소이고 동기 면담은 그 자체로 또는 다른 심리 개입을 위한 플랫폼으로서 강력한 개입이라는 것이 밝혀졌다.

두말 할 것 없이 양가감정은 중독의 전형적인 특징이라 할 수 있기 때문에 처음에 동기 면담은 중독의 치료에서 개발된 것이지만 이제 그 유용성의 범위는 중독을 훨씬 넘어선다. 이 장에서 동기 면담의 언어와 개념 일부를 소개할 텐데, 이것을 정식 훈련과 혼동해서는 안 된다. 밀러Miller와 롤닉Rollnick이 지혜로우면서 간결하게 말했듯이 "동기 면담은 간단하지만 쉽지는 않다."(2009, 135페이지). 동기 면담을 익히는 것은 피상적은 훈련 이상을 요구한다(Barwick, Bennett, Johnson, McGowan, & Moore, 2012; Madson, Loignon, & Lane, 2009; Miller, Yahne, Moyers, Martinez, & Pirritano, 2004).

동기 면담은 1980년대 초반 알코올 사용 장애에 대한 윌리엄 밀러William Miller의 연구에 그 뿌리를 두고 있는데, 당시 치료 성과의 예측인자가 행동 치료의 적극적인 효과보다는 임상의의 공감에 있음이 밝혀졌다(Miller, Taylor, & West, 1980). 이런 뜻하지 않았던 발견으로 대인관계 과정과 임상의의 스타일이 어떻게 행동 변화를 고취시킬 수 있는지 잇달아 탐색하게 되었고, 초기의 동기 면담은 내담자 자신이 변화를 향한 주장을 하도록 유도하고 여기에 힘을 보태는 것에 초점을 두었다. 이는 공감적으로 내담자 중심의 치료를 강조하는 접근이라고 기술하고 있다(Miller, 1983). 이러한 접근에 깊이를 더해 주는 두 가지 주요한 이론적 기반이 있다. 첫 번째는 판단 받을 두려움 없이 자신의 느낌을 말하고 주제를 탐색할 수 있는 긍정적이고 공감적인 환경을 중시하는 로저스의 인본주의 전통이다(Rogers, 1959). 두 번째는 누군가 자신의 핵심신념과 가치와 상충되는 행위를 하면 행위와 신념 사이의 일관성을 회복하려는 동기가 생긴다고 하는 페스팅거Ferstinger(1957)의 인지 부조화 이론cognitive dissonance theory과, 누군가 스스로 자신을 변호하는 말을 하고 이를 들으면서 자신의 태도에 더욱 집중하게 된다고 주장한 벰Bem(1967)의 자기 인식 이론self perception theory이다. 이를 반영하여 동기 면담에서는 높은 수준의 공감을 특징으로 강력한 내담자-임상의 관계를 진작시키고, 소크라테스 방식을 사용하여 내담자의 현재 조건과 가치 사이의 불일치를 내담자 자신의 말로 유발시킨다(말을 해 주는 것이 아니라 유도하는 것이다). 보다 구체적으로 동기 면담은 공감적 치료 스타일과 변화를 선호하는 내담자의 말에 대한 의도적이고 선택적인 강화를 결합한다(Miller & Rose, 2009).

이러한 관점은 당시 중독 치료에 대한 주류 모델과 극적으로 달랐다. 1980년대 물질 사용 장애 환자를 보는 만연된 시각은 많은 환자들이 자신의 문제를 "부정denial"한다는 것이었고, 불행하게도 이런 꼬리표는 한참 지속되었지만 이에 대한 근거는 부족하다(Chiauzzi & Liljegren, 1993; MacKillop & Gray, 2014). 임상의는 흔히 내담자의 변화를 설득하고 저항에 반한 주장을 하게 되는데, 이는 의도치 않게 내담자가 현 상태를 방어하도록 도발한다. 동기 면담은 괴로워하는 많은 사람들이 변화의 필요를 알고 있고, 어느 정도는 그렇게 하고자 하는 내적 동기를 가지고 있다고 본다는 점에서 이와 질적으로 다르다. 이는 내담자들이 변화의 동기를 스스로 말하고 있다는 점에서 굳건한 지지를 받는다.

별개이긴 하지만 동기 면담이 변화의 범이론적 모델transtheoretical model(Prochaska & Di Clemente, 1982)과 동시대에 출현한 것도 도움이 되었다. 범이론적 틀에서는 변화의 동기는 연속선상에 있고, 임상의는 내담자를 전숙고precontemplation, 숙고contemplation, 준비preparation, 실행action, 유지maintenance(이전 단계로 되돌아온 사람을 추가적으로 재발relapse로 분류하기도 함)를 넘나드는 각각의 동기 수준에서 만난다는 점을 강조한다. 이러한 관점은 변화의 단계라는 용어가 내담자를 앞으로 나아가게 하는 전략이 될 수 있고 동기가 적은 내담자와 작업하기에도 용이하므로 동기 면담과 매우 잘 어울린다(Miller & Rollnick, 2013).

과정과 원칙 Processes and Principles

동기 면담은 치료 기법이라기보다 내담자와 관계하는 방법이다. "동기 면담 정신MI spirit"을 파악하는 것에는 네 가지 핵심 원칙이 있다(Miller & Rollnick, 2013). 내담자와 임상의의 관계를 전문가끼리 능동적으로 협력하는 *동반자 관계partnership* 로 본다. 임상의는 전문적 지식이 있는 사람이고, 내담자는 자신에 대한 전문가이다. 동기 면담 정신은 *수용acceptance*을 강조한다. 이는 내담자의 자율성을 존중하고, 내담자의 관점을 이해하며, 그의 힘과 노력을 인정하기 위해 적극 애쓰는 것을 의미한다(24장을 보라). 중요한 것은 수용이라 해서 치료자가 내담자의 신념과 행위에 무조건 동의하고 지지해야 함을 뜻하는 것이 아니다. 또 다른 원칙은 *자비compassion*로서 치료 과정이 내담자의 행동 변화와 건강한 결과를 향하고 있긴 하지만 내담자의 필요, 목표, 가치를 최우선하려는 진실한 노력이 있어야 한다고 본다. 마지막으로 *유도evocation*의 원칙은 내담자는 이미 변화에 필요한 모든 자질과 지혜를 가지고 있고, 임상의는 내담자가 목표를 달성하기 위해 자신의 동기와 힘을 불러내도록 돕는 안내자로 여기면 된다는 가정을 담고 있다.

내담자-임상의 의사소통에 있어 OARS라는 두음문자로 표현되는 몇 가지 결정적인 대인관계 요소가 있다(Miller & Rollnick, 2013). "개방형Open" 질문을 하고, "긍정해 주고Affirming", "반영적Reflective" 경청을 사용하여, "요약Summarizing"하는 것이다. 이 네 가지 요소로 특징지어지는 대인관계 스타일은 치료자가 내담자의 현재 상황과 그의 가치나 우선권 사이의 불일치를 개발하는 기반이 된다. 현재의 행동이 자신이 가치를 두는 것과 어떻게 충돌하는지를 이해하는 것이 이를 해소하고 변화의 방향으로 움직이게 하는데 있어 핵심이다(25장을 보라). 개방형 질문(예, "일 년 후 당신 삶이 어떻게 보여지기를 바라시나요?" "10년 후에는 어떠세요?")이나 아래에 나온 특정 기법을 통해 이것이 일어나게 할 수 있다.

임상의가 무엇을 말할지 생각하는 것에 더하여 내담자로부터 무엇을 듣고 있는지 아는 것 또한 중요하다. 동기 면담은 임상의가 내담자의 말을 어떤 주제로 접근해야 할지 알려주는 즉각적인 피드백으로 삼는다는 점에서 꽤 독특하다. *변화 대화change talk*는 그 어떤 말이든 내담자가 특정 행동을 긍정적으로 변화시킬 가능성을 고려하는 것이다. 반대로 *지속 대화sustain talk*는 현 상태를 선호하는 말이다.

변화 대화를 늘이는 것이 동기 면담의 효과를 조성하는 핵심 과정이다(Amrhein, Miller, Yahne, Palmer, & Fulcher, 2003; Moyers et al., 2007). 아포다카Apodaca와 론가바우Longabaugh가 물질 사용 치료에서 동기 면담의 변화 기전을 조사해 보았을 때, 회기 내 내담자의 변화를 선호하는 언급과 행동-가치간의 불일치를 경험한 것 두 가지는 좋은 결과와 관련이 있었고, 임상의의 직면, 지시, 경고와 같은 동기 면담 불일치 행동은 나쁜 결과와 관련이 있었다.

변화 대화가 효과를 보기 위해서는 일정 수준의 인지적 자질을 요하는 것으로 보인다. 코카인 사용에 대한 최근의 동기 면담 관련 연구에서 회기 내 내담자의 변화 대화와 긍정적 임상 결과 사이에 상관관계를 보였지만, 이것은 "관계 구성"과업 실험에서 코카인 관련 자극, 무의미 단어, 코카인 사용의 결과 사이의 상징적 관계를 유도하는 법을 익힐 수 있는 사람에게서만 그러했다.

어떤 내담자는 변화가 중요하다고 믿지만 자신들이 변화할 수 있다는 자신감이 부족하다. 게다가 잘 해 나가다가도 눈에 보이는 차질이 빚어지거나 방어벽을 만나면서 자신감이 떨어질 수 있다. 따라서 동기 면담의 이차적 목표는 변화 과정을 통하여 내담자의 자기 효능감self-efficacy을 지지하는 것이다. 내담자의 *자신감 대화confidence talk*또는 능력 언어ability language를 유도하는 과정은 변화 대화를 좀 더 넓게 유도하는 것이다. 임상의는 "할 수 있다", "가능", "능력 있는"과 같은 단어가 포함된 문장을 잘 듣고 이를 반영해 준다. 또한 임상의는 내담자가 긍정적인 삶의 변화를 성공적으로 만든 과거의 사례, 변화를 어떻게 만들지에 대해 내담자가 가진 생각들, 내담자가 만날 수 있는 장애물, 그것을 어떻게 다룰 수 있을지 등에 대한 정보를 유발하기 위해 개방형 질문을 던진다.

회기 중에 각기 다른 형태의 대화를 인식하는 법을 배우는 것에 대해 "잡음 속에서 신호를 감지하는 것이다. 잡음을 ⋯⋯ 꼭 제거할 필요가 없다. 단지 신호를 따라가면 된다."(Miller & Rollnick, 2013, p. 178)라고 적절히 기술하였다. 임상의는 내담자의 말 속에서 바꾸려는 열망과 의도, 자신을 바꿔낼 수 있을 거라는 낙관론, 바꾸어야 할 이유 또는 이익, 바꾸어야 할 필요, 하던 대로 계속했을 때 생길 수 있는 문제점 등을 알아차려야 한다(Rosengren, 2009). 지속 대화는 어떤 자세나 행동을 방어하거나, 임상의 말을 중간에 끊거나, 대화 흐름을 놓치는(예, 임상의 말을 무시해 버리거나 집중하지 않는 것) 형태로 나타날 수 있다. 지속 대화가 길어지면 임상의는 "저항과 함께 구르기roll with resistance"가 필요하다는 신호를 느껴야 한다. 즉 속도를 줄이고, 대화를 재평가하고, 문제 해결 과정에 내담자가 들어오게 한다(Miller & Rollnick, 2013). 임상의가 내담자를 오해했음을 사과하거나, 방어를 줄이기 위해 내담자의 관점을 긍정해 주거나, 민감한 주제를 심화시키지 말고 다른 대화로 옮겨보는 것이 적절할 수 있다. 임상의 스타일이 변화 대화 대 지속 대화의 비율에 영향을 주기 때문에 대화의 패턴을 알아차리는 것이 중요하다(예, Glynn & Moyers, 2010). 특히 물질 사용 환자들에게서 그러하다(예, Apodaca, Magill, Longabaugh, Jackson, & Monti, 2013; Vader, Walters, Prabhu, Houck, & Field, 2010). 기분장애, 불안장애, 정신증 및 공존 질환 등의 다른 임상 영역에서 출석이나 치료의 참여도는 중요했지만 이외 어떤 특정한 과정이 동기 면담 작업의 긍정적 결과에 기여하는지는 아직 불분명하다(Romano & Peters, 2015).

동기 면담이 예상했던 대로 작동한다면 대화는 내담자가 변화를 원하는지 아닌지로부터 어떻게 변화를 이룰 수 있는지로 옮겨갈 것이다. 이를 선택 지점choice point 또는 결정 지점decision point이라 한다. 때가 적절한지 알기 위해 임상의는 변화 대화가 늘어났는지(지속 대화가 줄어들었는지), 참여 언어가 강해졌는지, 개인적 결심이 더 분명한지, 변화에 대한 질문, 변화를 실험해 보기 위한 구체적 단계를 밟고 있는지 등을 들여다보아야 한다. 내담자가 충분히 준비된 것으로 보일 때 임상의는 변화를 위한 계획을 시작할 준비가 되었는지 직접 물어봄으로써 사정을 살펴야 한다. 내담자의 변화를 위한 동기를 요약하고, 핵심 질문을 해 본다(예, "그래서 당신이 하게 될 것 같습니까?", "이제 어디로 가고 싶으신가요?")

경험적 지지 Empirical Support

동기 면담의 효과와 관련한 초기 연구는 정규 알코올 중독 치료 프로그램에 들어가려는 내담자의 동기에 영향을 주는 요인을 찾아보려는 것이었다(Miller, Benefield, & Tonigan, 1993; Miller, Sovereign, & Krege, 1988). 이 연구는 환자 자신의 음주가 규준이나 권고에 비해 어느 정도인지 통상적인 피드백 받는 것("음주자의 체크 사항", Miller et al., 1988)과 여기에 한 회기의 동기 면담을 추가한 것 둘을 비교한 것이었다. 결과는 동기 면담을 추가했을 때 환자가 이후 정식 치료를 받는 비율을 높이지는 못했지만, 추후 관찰에서 전반적으로 의미 있게 자발적인 음주 행동의 감소를 보였다. 비슷한 연구를 고찰해 보았을 때 간단한 동기 면담 개입만 했던 군과 문제 음주를 줄이고자 좀 더 집중적인 치료를 했던 군의 성적이 비슷했다(Bien, Miller, & Tonigan, 1993). 이러한 고무적인 발견에 힘입어 동기 면담이 다양한 환자군과 조건에서 기존과 다른 가능성으로 독자적인 유용성이 있는지를 보는 연구로 확장되었다.

이러한 초기 발견 이래 말 그대로 수백 개의 연구가 동기 면담의 효과성을 평가했다. 가장 강력한 효과는 알코올, 마리화나, 담배, 이외 다른 약물 등의 물질 사용 장애에서 입증되었다(Heckman, Egleston, & Hofmann, 2010; Hettema, Steele, & Miller, 2005). 대규모 다기관 임상 연구에서 4회기의 동기 면담으로 8회기의 인지행동치료나 12단계 치료와 동등한 효과를 보였다(Project MATCH Research Group, 1997, 1998). 이에 더하여 문제 행동의 범위를 확장시킨 연구에서 동기 면담은 위험한 행동(예, 피임기구 없는 섹스, 주사 바늘 공유)을 줄이고, 건강한 행동을 고취하고(예, 운동, 좋은 식습관), 치료 참여를 높여주는 것을 포함한 행동 결과에 있어 유의미한 긍정적 효과를 보였다(메타분석을 위해서는 Lundahl & Burke, 2009를 보라). 모든 문제 행동에 있어 동기 면담은 표준 대조군보다 훨씬 나은 성적을 보였고, 다른 적극적 치료와 비교해서도 더 짧은 시간 안에 실행할 수 있었다(Lundahl, Kunz, Brownell, Tollefson, & Burke, 2010).

치료 구성 방식에 대해서는 동기 면담 단독으로 간단하게 실행할 수도 있지만, 가장 큰 효과를 보는 것은 인지행동치료와 같은 다른 적극적인 치료와 결합했을 때였다(Burke, Arkowitz, & Menchola, 2003). 다른 개입과 함께 사용될 때 동기 면담은 초반 내담자의 참여를 높여주는 선도자로서, 그리고 전체 치료의 동기를 유지해 주는 전략으로서 도움이 되었다(Arkowitz, Miller, & Rollnick, 2015). 동기 면담의 지지적이고, 비직면적인 말투가 비슷한 소통 패턴을 구사하는 미국 태생 등 일부 민족 집단에서 더욱 효과적이긴 했지만, 전반적으로는 문제의 심각도, 성별, 나이, 인종을 불문하고 긍정적 효과를 보였다(Hettema et al., 2005). 또한 동기 면담은 높은 수준의 기질적 분노나 의존을 보이는 알코올 사용 장애 환자에서 인지행동치료보다 더 효과적이었다(Project MATCH Research Group, 1997).

도구 Tools

회기 내 사용할 도구 중 가장 다재다능하고 효과적인 것은 아마 동기 "가늠자rulers" 또는 "사다리ladders"일 것이다(Boudreaux et al., 2012; Miller & Rollnick, 2013). 변화의 준비도를 평가하는 한 항목짜리 질문이 있다. 변화의 중요도 그리고/또는 변화의 능력이다(0 점에서 10 점으로 점수를 준다). 말로 물어볼 수도 있고, 종이나 컴퓨터로 물어볼 수도 있는데, 두 가지 주요한 기능이 있다. 첫째, 이런 방법을 통해 짧게 면전에서 확인하는 방식으로 내담자의 동기를 정량화한다. 둘째, 말한 숫자에 가지를 쳐서 얘기를 끌어낼 수 있다. 예를 들어 어떻게 자신감이 10 중에 8 이 될 수 있는지 또는 왜 중요도를 10 중에 9 라고 매겼는지 물어봄으로써 자기 효능감을 탐색해 볼 수 있다. 중요한 것은 어떻게 점수가 이렇게 높을 수 있는가라고 물어야 변화를 옹호하는 진술(예, 무엇이 내담자에게 준비된 느낌을 주고 자신감을 줄 수 있는지)을 유발시킬 수 있다. 동시에 그 역도 참이다. 내담자에게 왜 점수가 더 높지 않으냐고 물으면 변화하지 않아야 할 이유를 유발시킬 수 있으므로 피해야 한다.

동기 면담을 실행하는 또 다른 하나의 전략은 내담자와 함께 결정 저울 연습decisional balance exercise이나 변화 계획을 완성하는 것이다. 이는 문제 행동의 이익과 손해 또는 회기 이후에 취해져야 할 단계를 공식화하는 상대적으로 짧은 절차이다. 결정 저울 연습은 한 쪽에는 현 상태 유지 대 변화, 다른 한 쪽은 이익과 손해를 두고 2 × 2의 행렬을 만들어서 내담자와 함께 칸을 채워보는 것이다. 이것은 내담자와 임상의가 동기를 두고 손에 잡히도록 서로 밀고 당기면서 이를 말로 하거나 공식화하는 간단하고 솔직한 방법이다. 하지만 이 도구에 내장된 위험은 행렬이 교차하면서 변하지 않아야 할 이유와 변화의 대가에 초점을 두게 될 가능성도 있다. 따라서 요령 없이 사용하면 지속 대화를 유도하는 의도치 않은 결과가 생길 수 있다.

변화 계획change plan은 내담자가 임상의와 얘기하면서 작성하는 워크시트이다. 주로 기입하는 내용은 만들고 싶은 변화, 그렇게 하는 중요한 이유, 이미 해 본 단계, 잠재적 난관, 도와줄 수 있는 사람, 본받을 만한 성공 사례 등이다. 변화 계획의 이점은 내담자가 객관적 목표를 기술하도록 임상의가 옆에서 북돋워 줄 수 있는 시각을 제공하는 것이다. 바람직한 변화가 너무 모호하면 말만 거창할 뿐이지 성공인지 실패인지 불분명하기 때문에 목표는 약화된다. 예를 들어 "이제 술을 자제해야 할 때입니다."는 변화 대화의 훌륭한 예시이지만, 이는 대체로 불분명하다. 반대로 "난 진짜 평일에는 전혀 술을 마시지 말아야 하고, 금요일, 토요일 밤에는 네 잔 이상은 안 되겠어요."는 변화 대화인 동시에 표적으로서, 성취할 수 있는 분명하고 객관적인 목표이다.

이 두 가지 도구는 치료에서 자연적으로 출현하는 선택 포인트를 양쪽에서 떠받치는 북앤드라고 생각해 볼 수 있다. 결정 저울 연습은 변화의 최대 동기를 진작시키는 핵심 과정을 반영하는 것이고, 변화 계획은 내담자와 임상의가 변화가 최우선임에 동의한 이후 객관적인 목표와 계획을 찾기 위해 제공하는 양식이다. 임상의는 종종 이러한 워크시트를 내담자에게 주고, 이를 회기 사이에 기억해 낼 수 있는 강력한 자극 기능으로 활용할 수 있다.

더 긴 전략은 가치에 관한 구조화된 카드 분류 연습card-sorting exercise이다(25장을 보라). 이 연습에서 내담자는 직접 만들거나 이미 만들어진 100여개의 가치 목록을 자신에게 얼마나 중요한지에 기초하여 몇 개의 무더기로 분류한다. 여기에 대해 임상의는 내담자가 선택한 가치가 왜 중요한지, 내담자의 삶에서 어떻게 표현이 되는지(또는 안 되는지) 개방형 질문으로 탐구해 나간다. 이후 현재의 주 문제가 어떻게 내담자 개인의 가치와 부합하지 않는지에 관한 질문으로 이어 나간다. 이것만으로 한 회기가 다 채워질 수 있으며, 내담자가 자신의 가치를 다루고, 주 문제가 다른 가치와 같이 놓여있을 때 그 영향을 고려해 보도록 하는 강력한 방법을 제공한다.

두 가지 추가적인 실행 권고 또한 유용할 수 있다. 첫째, 매우 강력할 수 있는 미세기법은 내담자가 치료 대화 과정 전체에 직접 참여하도록 개방하는 것이다. 예를 들어 임상의가 비구조화된 대화를 좀 더 구조화된 측면으로 전환할 때 이를 해 볼 수 있다. 즉 음주 수준, 증상의 심각도 같은 특정 항목의 평가에 대하여 객관적인 피드백을 제안하면서 "이제 당신의 음주 행동이 여기 있는 다른 학생들과 비교해서 어느 정도인지 객관적인 피드백을 주고 싶은데, 한 번 해 보시겠어요?" (또는 "관심이 있나요?", "어떤 것 같아요?")라고 물어본다. 이 질문에 보통은 그러겠다는 반응을 보이고(안 하겠다고 하면 이는 아주 중요한 정보이다), 은연중에 내담자의 자율성과 주체성을 강조하고 진행은 내담자의 선택임을 알리는 효과가 있다. 이따금씩 이렇게 초대하는 방식은 내담자에 대한 존경을 전달하고 협력적 동반자 관계를 조성해 준다.

둘째, 임상의가 스스로 자신의 회기 내 행동이 동기 면담 요소의 견지에서 어떤 기능을 가지는지 고려해보는 것이다. 이것은 임상의가 방향을 잡게 도와주는 실행 전략이다. 즉 스스로 공감의 표현, 불일치를 발견, 저항과 함께 구르기, 자기 효능감을 지지하고 있는지 돌아본다(Miller & Rollnick, 2002). 예를 들어 변화 대화와 문제를 해결하는 특정한 행동 변화 전략을 개발했을 때 분명 치료자의 자기 효능감이 올라간다. 명시적으로 자신의 행동과 대화가 동기 면담의 어떤 영역에 해당하는지 고려해 보는 것은 초심자들에게 특히 유용하다.

동기 면담 작업을 지원해 주는 추가적인 도구와 수단이 상당히 많지만(http://www.motivationalinterviewing.org을 보라), 광범위한 고찰은 이 장의 범위를 넘어서는 것이다. 물론 풍부한 자료가 주어져있으므로 가능한 많이 습득하는 것이 좋다.

결론 Conclusions

변화의 동기는 모든 형태의 임상 개입에서 핵심 주제이다. 동기 면담은 내담자가 스스로를 돕도록 임상의가 어떻게 도울 수 있을지를 생각하는 하나의 틀이다. 이는 동기는 항상 오르락내리락 하는 것이며, 그것이 행동 변화에 있어 핵심적으로 중요하다고 인식하는 하나의 사고방식이다.

참고문헌

Amrhein, P. C., Miller, W. R., Yahne, C. E., Palmer, M., & Fulcher, L. (2003). Client commitment language during motivational interviewing predicts drug use outcomes. *Journal of Consulting and Clinical Psychology, 71*(5), 862–878.

Apodaca, T. R., & Longabaugh, R. (2009). Mechanisms of change in motivational interviewing: A review and preliminary evaluation of the evidence. *Addiction, 104*(5), 705–715.

Apodaca, T. R., Magill, M., Longabaugh, R., Jackson, K. M., & Monti, P. M. (2013). Effect of a significant other on client change talk in motivational interviewing. *Journal of Consulting and Clinical Psychology, 81*(1), 35–46.

Arkowitz, H., Miller, W. R., & Rollnick, S. (Eds.). (2015). *Motivational interviewing in the treatment of psychological problems* (2nd ed.). New York: Guilford Press.

Barwick, M., Bennett, L. M., Johnson, S. N., McGowan, J., & Moore, J. E. (2012). Training health and mental health professionals in motivational interviewing: A systematic review. *Children and Youth Services Review, 34*(9), 1786– 1795.

Bem, D. J. (1967). Self- perception: An alternative interpretation of cognitive dissonance phenomena. *Psychological Review, 74*(3), 183– 200.

Bien, T. H., Miller, W. R., & Tonigan, J. S. (1993). Brief interventions for alcohol problems: A review. *Addiction, 88*(3), 315– 335.

Boudreaux, E. D., Sullivan, A., Abar, B., Bernstein, S. L., Ginde, A. A., & Camargo Jr., C. A. (2012). Motivation rulers for smoking cessation: A prospective observational examination of construct and predictive validity. *Addiction Science and Clinical Practice, 7*(1), 8.

Burke, B. L., Arkowitz, H., & Menchola, M. (2003). The efficacy of motivational interviewing: A meta- analysis of controlled clinical trials. *Journal of Consulting and Clinical Psychology, 71*(5), 843– 861.

Carpenter, K. M., Amrhein, P. C., Bold, K. W., Mishlen, K., Levin, F. R., Raby, W. N., et al. (2016). Derived relations moderate the association between changes in the strength of commitment language and cocaine treatment response. *Experimental and Clinical Psychopharmacology, 24*(2), 77– 89.

Chiauzzi, E. J., & Liljegren, S. (1993). Taboo topics in addiction treatment: An empirical review of clinical folklore. *Journal of Substance Abuse Treatment, 10*(3), 303– 316.

Festinger, L. (1957). *A theory of cognitive dissonance*. Stanford, CA: Stanford University Press.

Glynn, L. H., & Moyers, T. B. (2010). Chasing change talk: The clinician's role in evoking client language about change. *Journal of Substance Abuse Treatment, 39*(1), 65– 70.

Heckman, C. J., Egleston, B. L., & Hofmann, M. T. (2010). Efficacy of motivational interviewing for smoking cessation: A systematic review and meta- analysis. *Tobacco Control, 19*(5), 410– 416.

Hettema, J., Steele, J., & Miller, W. R. (2005). Motivational interviewing. *Annual Review of Clinical Psychology, 1*, 91– 111.

Lundahl, B., & Burke, B. L. (2009). The effectiveness and applicability of motivational interviewing: A practice- friendly review of four meta- analyses. *Journal of Clinical Psychology, 65*(11), 1232– 1245.

Lundahl, B. W., Kunz, C., Brownell, C., Tollefson, D., & Burke, B. L. (2010). A meta-analysis of motivational interviewing: Twenty- five years of empirical studies. *Research on Social Work Practice, 20*(2), 137– 160.

MacKillop, J., & Gray, J. C. (2014). Controversial treatments for alcohol use disorders. In S. O. Lilienfeld, S. J. Lynn, & J. M. Lohr (Eds.), *Science and pseudoscience in clinical psychology* (2nd ed., pp. 322– 363). New York: Guilford Press.

Madson, M. B., Loignon, A. C., & Lane, C. (2009). Training in motivational interviewing: A systematic review. *Journal of Substance Abuse Treatment, 36*(1), 101– 109.

Miller, W. R. (1983). Motivational interviewing with problem drinkers. *Behavioural*

Psychotherapy, 11(2), 147– 172.

Miller, W. R., Benefield, R. G., & Tonigan, J. S. (1993). Enhancing motivation for change in problem drinking: A controlled comparison of two therapist styles. *Journal of Consulting and Clinical Psychology, 61*(3), 455– 461.

Miller, W. R., & Rollnick, S. (2002). *Motivational interviewing: Preparing people for change* (2nd ed.). New York: Guilford Press.

Miller, W. R., & Rollnick, S. (2009). Ten things that motivational interviewing is not. *Behavioural and Cognitive Psychotherapy, 37*(2), 129– 140.

Miller, W. R., & Rollnick, S. (2013). *Motivational interviewing: Helping people change* (3rd ed.). New York: Guilford Press.

Miller, W. R., & Rose, G. S. (2009). Toward a theory of motivational interviewing. *American Psychologist, 64*(6), 527– 537.

Miller, W. R., Sovereign, R. G., & Krege, B. (1988). Motivational interviewing with problem drinkers: II. The Drinker's Check- up as a preventive intervention. *Behavioural Psychotherapy, 16*(4), 251– 268.

Miller, W. R., Taylor, C. A., & West, J. C. (1980). Focused versus broad- spectrum behavior therapy for problem drinkers. *Journal of Consulting and Clinical Psychology, 48*(5), 590– 601.

Miller, W. R., Yahne, C. E., Moyers, T. B., Martinez, J., & Pirritano, M. (2004). A randomized trial of methods to help clinicians learn motivational interviewing. *Journal of Consulting and Clinical Psychology, 72*(6), 1050– 1062.

Mowrer, O. H. (1948). Learning theory and the neurotic paradox. *American Journal of Orthopsychiatry, 18*(4), 571– 610.

Moyers, T. B., Martin, T., Christopher, P. J., Houck, J. M., Tonigan, J. S., & Amrhein, P. C. (2007). Client language as a mediator of motivational interviewing efficacy: Where is the evidence? *Alcoholism: Clinical and Experimental Research, 31*(s3), 40s– 47s.

Prochaska, J. O., & Di Clemente, C. C. (1982). Transtheoretical therapy: Toward a more integrative model of change. *Psychotherapy: Theory, Research, and Practice, 19*(3), 276– 288.

Project MATCH Research Group. (1997). Project MATCH secondary a priori hypotheses. *Addiction, 92*(12), 1671– 1698.

Project MATCH Research Group. (1998). Matching alcoholism treatments to client heterogeneity: Project MATCH three- year drinking outcomes. *Alcoholism: Clinical and Experimental Research, 22*(6), 1300– 1311.

Rogers, C. R. (1959). A theory of therapy, personality, and interpersonal relationships, as developed in the client- centered framework. In S. Koch (Ed.), *Psychology: A study of a science* (Vol. 3, pp. 184– 256). New York: McGraw- Hill.

Romano, M., & Peters, L. (2015). Evaluating the mechanisms of change in motivational interviewing in the treatment of mental health problems: A review and meta- analysis. *Clinical Psychology Review, 38*, 1– 12.

Rosengren, D. B. (2009). *Building motivational interviewing skills: A practitioner workbook.* New York: Guilford Press.

Vader, A. M., Walters, S. T., Prabhu, G. C., Houck, J. M., & Field, C. A. (2010). The language of motivational interviewing and feedback: Counselor language, client language, and client drinking outcomes. *Psychology of Addictive Behaviors, 24*(2), 190– 197.

위기 관리와 행동학적 관점에서 자살경향성의 치료

Crisis Management and Treating Suicidality from a Behavioral Perspective

캐서린 안네 콤토이스 Katherine Anne Comtois, PhD, MPH
워싱턴대학 정신건강의학 및 행동 과학부

사라 랜데스 Sara J. Landes, PhD
아칸소의과학대학 정신건강의학부, 중앙 아칸소 보훈 건강관리 시스템

배경 Background

치료에서 자살경향성이 대두될 때 따라야 할 두 가지 경로가 있다. 하나는 자살 위험에 대한 관리와 다른 하나는 자살경향성suicidality을 해소시킬 변수를 조절하는 치료이다. 관리는 치명적 수단을 관리하고, 안전 계획을 개발하고, 희망을 만들어 내는 등의 자살과 자해의 급성 위험을 최소화하기 위해 취할 수 있는 단계이다. 위험의 관리가 중요하긴 하지만 많은 치료자는 이를 자살 예방 치료로 오인한다. 이에 반해 치료라는 것은 자살과 자해의 조절 변수 그리고 통증, 고립, 무의미 등과 같은 삶을 가치 없게 만드는 요인을 바꾸기 위해 치료자와 내담자 사이에서 꽤 장기간 만들어 가는 협력적인 과정이다.

관리와 치료 간 이러한 혼란이 생기는 이유는 종종 치료자가 자살과 자해를 자신들이 치료하고 있는 장애나 문제의 하나의 증상 또는 잠깐 곁길로 샌 것 정도로 보기 때문이다. 그들은 장애나 문제가 해소되면 자살경향성은 자연히 없어지리라 여기고, 그 자체로 치료가 필요할 것으로 생각하지 않는다.

이보다 더 강력한 대안은 자살경향성의 관리와 치료 모두를 직접적인 표적으로 삼는 것이다. 이 방법은 즉각적인 증상과 문제를 해소하도록 도울 수 있고, 급성 증상이 해소된 이후에도 자살경향성이 지속되는 것에 대해 치료가 되기 전에 자살을 시도하다가 죽을 수 있다는 염려 없이 이들 증상과 문제를 표적으로 삼을 수 있다.

이 장의 원칙과 지침은 변증법 행동치료의 원칙과 프로토콜(DBT; Linehan, 1993, 2015a, 2015b), 리네한 위험 평가 및 관리 프로토콜(Linehan Risk Assessment and Management Protocol, LRAMP)과 그 이전의 워싱턴대학 위험 평가 및 관리 프로토콜(University of Washinton Risk Assessment and Management Protocol, UWRAMP, Linehan, Comtois, & Ward- Ciesielski, 2012; Linehan Institute, Behavioral Tech, n.d.; Linehan, 2014)에 기초했다. 이 장은 자살경향성의 행동 관리와 치료를 위한 일반적 안내를 제공하려는 것이고, 변증법 행동치료(DBT)나 리네한 위험 평가 및 관리 프로토콜(LRAMP)에서 추가적인 정규 훈련을 받을 것을 권장한다.

자살 위험 관리 Managing Suicide Risk

자살 위험 관리를 위해 몇 가지 할 일이 있다. 즉 자살 위험 평가, 자살 위험 의사 결정, 안전 또는 위기 반응 계획, 수단 안전means safety이다. 이에 대해 아래에 자세히 기술하겠다.

자살 위험 평가 Suicide Risk Assessment

자살 위험 평가는 무엇이 과거의 자살 행동이나 현재의 자살 사고를 만들어내는지에 대한 내담자와 치료자의 공통의 이해에서 출발한다. 개입의 표적은 자살경향성과 관련된 감정, 인지, 신체 감각, 촉박감과 함께 자신과 타인의 행동을 포함한다. 면담 중에 자살 사고 설문지(Scale for Suicidal Ideation, Beck, Brown, & Steer, 1997; Beck, Kovacs, & Weissman, 1979) 같은 평가도구를 같이 하거나 작성하게 해서 정보를 모으는 것이 유용하다. 이 도구는 삶과 죽음의 열망, 자살 시도의 과거력, 죽음의 공포와 이외 자살의 걸림돌, 자살을 준비하는 노력 같은 핵심 영역을 점수로 매기고 있고, 이는 정신 건강 외래 환자에게서 자살로 인한 사망을 예측할 수 있는 것으로 나타났다(Beck, Brown, Steer, Dahlsgaard, & Grisham, 1999). 평가도구는 현재의 자살 생각과 가장 최악의 시점에서의 생각 둘 다에 적용할 수 있다. 이 중 나중의 생각은 후속 자살 시도의 강력한 예측인자이다(Beck et al., 1999).

모든 자살 시도와 비자살 자해nonsuicidal self-injuries, NSSI의 과거력을 모으는 것이 중요하다. 두 가지 측정도구를 고려할 수 있다. 자살 시도 자해 면담(The Suicide Attempt Self-Injury Interview, SASII, Linehan, Comtois, Brown, Heard, & Wagner, 2006)은 방법, 촉발 인자, 결과, 자해의 기능을 일련의 질문으로 재구성하여 핵심적인 기능분석을 담은 구조화된 면담이다. 자살 시도 자해 평생 수치(The Lifetime Suicide Attempt Self-Injury Count, L-SASI, Comtois & Linehan, 1999; Linehan & Comtois, 1996)는 자살 시도 자해 면담(SASII)의 단축형으로서 자살 시도 자해 면담 평점을 이용하여 평생 동안의(또는 최근 기간) 자살 행동의 범위를 조사한다. 자살 시도 자해 평생 수치(L-SASI)는 자살 행동의 빈도에 따라 3분에서 20분 만에 완성할 수 있는 효과적인 초기 평가도구이다. 첫 번째, 가장 최근 가장 심했던 자해에 관한 몇 가지 질문으로 시작하여 전체 자살 시도와 비자살 자해의 방법, 치명도, 내과적 치료 여부에 관한 정보를 효과적으로 모을 수 있다. 가장 최근 그리고 가장 심했던 자살 시도에 대해 자살 시도 자해 평생 수치(L-SASI)와 정식버전 자살 시도 자해 면담(SASII)을 결합하면 의사결정의 기초로 삼을 수 있는 광범위한 과거력이 얻어진다.

과거력에 더하여 내담자는 모를 수 있는 어떤 패턴을 관찰하는 것이 중요하다. 내담자의 환경이 자살경향성, 비자살 자해, 자살 의사소통을 조작적으로 강화하는 것일 수 있다. 예를 들어 청소년이 자해를 할 때 부모가 엄청난 반응을 보이면서 필요한 도움을 제공하다가, 자해하고 있지 않을 때에는 엉뚱한 곳에 관심을 기울일 수 있다. 청소년이 도움을 요청할 때 이를 간과하거나 심지어 처벌하고, 자살을 통한 의사소통 또는 행동이 일어나기 전까지 관심을 주지 않는다. 이렇게 되면 적응 행동에 대한 강화는 제한적이면서, 정상적으로 고통을 표현하거나 도움을 요청하는 것은 처벌하고, 자살 행동은 강화시킨다. 또 다른 사례는 높은 기능을 유지하다가 감정에 압도당하면서 자살 시도를 하는 경우이다. 자살 행동이 있기 전까지 배우자는 (이런 상황에 처한 경우 자주 그렇듯이) 남편이 스스로 힘겨워 하고 누군가의 도움을 필요로 한다는 것을 몰랐을 가능성이 높다. 지지를 제공하고 과도한 업무를 없애주려는 시도가 의도치 않게 자살 행동과 때를 같이 한다면, 앞으로 이와 같은 행동을 강화시킬 것이다. 이러한 패턴은 일반적으로 내담자나 다른 사람들의 의식적인 의도 없이 발생하기 때문에 치료자는 이런 사실을 내담자가 다른 사람들에게 분명히 해 줄 필요가 있다. 하지만 자살을 예방하기 위해서는 이것이 이해되거나 고쳐지는 것 못지않게 이러한 수반성이 있을 때 그것을 지나치거나 놓치지 않는 것이 중요하다.

자살 위험 의사 결정 **Suicide Risk Decision Making**

위험과 예방 인자를 알았으면 다음 단계는 위험의 수준과 즉각적인 치료 반응을 정하는 것이다. 경험적으로는 외래 기반 심리 사회적 치료가 자살 사고, 자살 시도, 사망을 줄이는 데 가장 효과적임이 분명해 보인다(Brown & Green, 2014; Comtois & Linehan, 2006; Hawton et al., 2000). 입원 환자와 외래 정신 건강 치료 간의 면밀한 비교 연구는 아직 수행되지 않았다. 입원 환자에 대한 단 하나의 무선 할당 연구가 있었는데(Waterhouse & Platt, 1990), 향후 자살 시도에 있어서 차이를 발견하지 못했다. 하지만 이 연구는 자살 위험이 낮은 사람들만을 포함시켰고 입원 기간 동안의 개입이 별로 없었다는 것이 흠이다. 따라서 어디에 근거하여 입원 치료를 할지 임상적 의사 결정에 관한 경험적 증거는 부족하다. 자살 시도와 자살의 기준율이 낮다는 것을 고려하면 개별적인 위험성을 예측한다는 것은 기본적으로 불가능하다.

자살경향성에 관한 근거 기반 치료는 임상적 의사 결정을 할 때 역학적 위험성 epidemiological risk과 방어 인자만이 아니라, 개별 자살 위험과 외래 치료 계획에 얼마나 참여할 지에 관한 조절 변수를 염두에 두라고 권장한다. 자살 위험이 높고 임박하지만 내담자가 단기간 즉각적인 위험을 기꺼이 줄이고 조치를 취하려는 의지가 있다면 외래 상황에서 관리해 볼 수 있는 반면, 위험이 낮다 해도 치료에 관심이 없고 외래로 오지 않으려 한다면 응급실이나 입원 치료를 의뢰하는 것이 낫다. 따라서 자살 행동의 조절 변수에 대한 지식은 의사 결정에 있어 핵심적이다. 각각의 조절 변수에서 개인의 역량과 변화를 위한 동기를 평가하는 것이 중요하다. 조절 변수를 스스로 또는 가족이나 주변 사람, 사회 서비스의 도움을 받아 조절할 수 있다면 외래 치료가 훨씬 용이하다. 조절 변수를 바꿀 능력이 있다는 것은 자살 환자와 작업하는 행동 심리 치료에서 대처 기술과 전략을 가르치는 것이 중요해지는 이유이다. 하지만 능력만 있고 변화 동기가 없다면 이 또한 제한적이다. 내담자의 능력과 무엇이 삶을 가치롭게 만드는지에 대한 감각, 변화에 대한 참여 여부를 평가하고, 이에 기초하여 처음의 치료 반응이 무엇이어야 하는지 정한다.

외래 치료 상황에서 특정 내담자의 자살 시도 가능성을 임상의에게 알려주는 공식은 없다. 이것은 어디까지나 최선의 평가에 기초한 임상 판단의 문제이다. 임상 팀의 자문을 받아 결정을 내리는 것이 가장 좋고, 최소한 친지들의 이야기를 들어보는 것이 좋다. 내담자가 자살을 감행했을 때 임상의, 가족, 친구에게 가장 필요한 것은 내담자와 함께 작업하는 임상의가 자신이 할 수 있는 한 최선을 다했다는 확신이다(이 상황에 대한 관리 지침을 위해서는 Sung, 2016을 보라). 임상의는 의사 결정을 할 때 조절 변수, 임상의가 평가한 내담자의 능력, 변화에 대한 참여 정도를 펼쳐 보여 주면서 다른 사람들이 추가적인 평가 질문을 하도록 하고, 동의하고, 계획 수정을 돕는 과정을 통해 이러한 확신을 가질 수 있다. 그러고 나서 이런 생각을 챠트에 기록한다. 의사 결정 과정이 투명하고 다수의 임상의가 그 계획에 동의할 때 의료 과실(즉 치료자를 향한 법적 조치의 근거)의 위험을 줄여주고, 이렇게 하는 것이 관련된 모든 사항에 확신을 높이고, 자살 이후에 올 수 있는 자기 회의나 자책을 경감시킨다.

계획을 철저하게 평가하려는 노력을 기울이는 것이 자기 회의나 자책을 막아줄 것 같지만 그 반대의 경우도 사실이다. 행동 원칙은 내담자만큼이나 임상의에게도 적용된다. 임상 기록을 향후에 검토하는 것은 자살 시도나 자살로 인한 죽음은 고사하고 그 자체로 직접적인 결과로 기능하는 경우가 드물다. 스스로의 안심이나 위로는 강력한 강화일 수 있지만, 계획 자체는 일이 잘못되었을 때에만 강화로 기능할 수 있다. 즉 그것을 검토할 만한 사람 예컨대 의료 과실 보험 담당, 변호사, 특별 기관의 위험 관리 요원, 정부 기관 대표, 자살 예방 전문가 등이 철저하게 보았을 때에라야 제대로 평가받을 수 있다. 이 때 계획을 세우는 일, 문서 작업, 관련된 사람들에게 그것을 보여주고 확인 받는 시간 동안 임상의에게 추가적인 안심과 위안을 줄 수 있고 이렇게 되면 이러한 자문과 문서 작업은 이후의 모든 환자에게도 행해질 가능성이 높다. 만약 계획으로 인해 부정적 결과가 오지 않았고, 의도한 대로의 결과로 이어지고 임상의가 이를 외상으로 여기지 않는다면, 계획을 따른 것으로 임상의가 느끼게 될 위안은 더 커질 것이다(역주, 통상 자살 위험성을 챠트에 기록하는 행위는 기록 이후에 취해야 할 절차들 때문에 임상의로서는 부담스러운 게 사실이다. 여기서는 하나의 해법으로 치료 팀을 꾸려서 대응하는 방법을 제시한 것이다. 아마도 변증법 행동치료의 자문팀을 염두에 둔 것 같다).

동시에 추가적인 문서 작업에 대한 혐오가 다루어져야 한다. 지침 또는 계획이 부담스러운 것으로 자리 잡으면 특히 자살과 같은 드문 결과에 대해서는 불가피하게 임상의가 이를 피하거나 최소화하는 행동이 강화될 것이다. 이때는 종이 형태가 되었든 전자식 건강 기록이 되었든 견본을 개발하는 것이 문서의 질을 높이고 빈칸을 정확하게 채울 가능성을 높인다. 예로는 자살 상태 양식(Suicide Status Form, Jobes, 2006; Jobes, Kahn- Greene, Greene, & Goeke- Morey, 2009), 리네한 자살 안전망(Linehan Suicide Safety Net, Linehan et al., 2012; Linehan Institute, Behavioral Tech, n.d.), 치료 위험 관리(therapeutic risk management, Homaifar, Matarazzo, & Wortzel, 2013; Wortzel, Matarazzo, & Homaifar, 2013), 자살 위험 평가 및 안전 계획을 위한 참전 업무 부서의 전자 건강 기록 견본(the Department of Veterans Affairs' electronic health record templates for suicide risk assessment and safety plans) 등이 있다. 견본은 몇 가지 이점이 있다. 예를 들어 모든 핵심 내용 영역(예, 자살 위험 또는 예방 요소)을 위한 개시어를 담고 있어 임상의가 중요한 요소를 놓칠까 걱정하지 않아도 된다. 게다가 자살 의사 결정에 관여하는 많은 항목이 꽤 표준적이어서 견본을 그대로 옮겨 써도 된다. 임상의는 이렇게 준비된 본문 중에 하나를 선택할 수도 있고(예, "위험과 예방 요인 평가 수행정도", "내담자 안전 계획 완성도" 등), 준비된 본문과 현장에서의 개방형 본문을 결합하여 쓸 수도 있다(예, "입원과 외래 치료를 계속하는 것을 고려했을 때, 입원은 하지 않기로 하셨고, 그 이유는 …… " 또는 "위험과 예방 요인은 지난번과 같은데 하나 다른 것이 있다면 …… "). 이런 선택은 임상의가 많은 정보를 전달하면서도 상당량 타자를 칠 수 있는 시간을 벌어준다.

안전 또는 위기 반응 계획 **Safety or Crisis Response Planning**

공개적으로 살기로 서약하는 것이 치료적일 수 있다(Rudd, Mandrusiak, & Joiner Jr., 2006). 내담자는 자신을 해하지 않겠다는 약속을 꼭 문서로 하지 않더라도 약속할 수 있다. 안전 또는 위기 반응 계획은 좀 더 효과적이고 유용한 방법이다. 계획에는 두 가지 요소를 포함한다. 스스로 무엇을 할 수 있는가와 어떻게 효과적으로 도움을 얻을 수 있는가이다. 예를 들어 그레그 브라운Greg Brown, 바바라 스텐리Barbara Stanley와 동료들은(Kayman, Goldstein, Dixon, & Goodman, 2015; B. Stanley et al., 2015) 내담자와 임상의가 (a) 자살경향성이 다시 나타났을 때 초기에 조치를 취하게 해 주는 경고 사인, (b) 내담자가 사용할 수 있는 대처 전략, (c) 내담자가 자살 (충동) 순간이 지나갈 때까지 주의를 다른 곳으로 둘 수 있는 사람과 장소와 같은 안전 계획을 개발했다. 이 전략은 내담자 쪽에서의 자신의 행동을 고취시키고 자살경향성을 어떻게 스스로 조절하는지를 배우도록 고안했다. 또한 전문적 도움을 포함하여 주변에 도움을 요청하는 것을 포함했다.

다음과 같은 이유로 임상의는 자살하려는 내담자가 응급실보다는 위기 전화를 사용하는 것을 진지하게 고려할 필요가 있다. 첫째, 응급실에 정신과 응급 서비스 또는 정신건강 전문가가 상주하고 있지 않다면 내과, 외과 의료진은 정신 건강 임상의보다 자살 예방에 대해서는 덜 전문적이고, 잠시 안정시키는 것 이외에 특별히 해 줄 것이 없다. 위기 전화에서는 자원자와 이들의 지도감독자가 결합하여 자살 위험을 평가하고 이에 반응한다. 물질 사용 및 정신 건강 지원부서의 기금을 받고 국립 자살 예방 생명의 전화와 제휴한 위기 전화에는 특정한 표준지침이 있고, 이들의 자살 예방 활동이 근거에 기반을 둔 것인지 정기적으로 평가받고 있다(예, Gould et al., 2016; Gould, Munfakh, Kleinman, & Lake, 2012; Joiner et al., 2007). 둘째, 응급실에 가는 것은 시간이 많이 소모되고 비용이 비싸다. 또한 종종 신체적 화학적 강박restraint등의 강압적 수단을 만나면 내담자가 고통스럽고 충격을 받는다. 위기 전화는 돈이 들지 않고 강압적 수단 없이 즉각적인 도움을 받을 수 있다. 위기 전화는 경찰과 응급 구조 서비스와 연계되어 있어서 위험 평가에서 (본인이 원하든 원치 않던) 즉각적인 구조가 필요하다고 판단되면 신속하고 효율적으로 이를 수행할 수 있다. 셋째, 내담자를 응급실로 후송하는 것은 의원성iatrogenic결과를 초래할 수 있다. 예를 들어 내담자는 치료자가 타병원으로 후송할 때 이를 더 이상 자신을 도와줄 수 없다는 의미로 받아들인다거나 심지어 포기한 것으로 여길 수 있다. 실제로 치료자가 도와줄 수 없는 것이 아니면, 응급실로 후송하는 것은 피해야 한다.

또한 위기 전화는 치료자가 없을 때 그를 대신하여 내담자에게 계속적인 지지를 제공할 수 있다. 이는 치료자가 급성 자살 환자와 작업하는 데 소모하는 시간과 감정적 요구를 줄여준다. 즉 정신치료 회기 안에서든, 회기 바깥에서 치료자의 개인적 직업적 경계 안에서 접촉하는 것이든 거기에 드는 시간과 감정적 에너지로부터 해방시킨다. 이는 다시금 치료자가 내담자의 자살경향성이 치료되고 해소될 때까지 내담자 옆을 지킬 수 있도록 돕는다. 따라서 자살 환자에게 추가적인 지지를 제공하고, 그들이 치료자 옆에 계속 있도록 하는 위기 전화와 같은 개입이 이상적이다.

수단 안전 Means Safety

안전 계획은 수단 안전을 포함한다. 이전에는 수단 제한means restriction이라고 불렸는데, 부정적이고 비생산적인 의미를 띈다고 해서 이 용어는 더 이상 쓰지 않는다(Anglemyer, Horvath, & Rutherford, 2014; I. H. Stanley, Hom, Rogers, Anestis, & Joiner, 2016; Yip et al., 2012). 외래 심리 사회 치료에서 충동적으로 내담자의 삶을 앗아갈 수 있는 수단이 없는 환경을 만드는 것이 매우 중요하다. 임상의가 이런 논의를 내담자와 쉽게 해 나가도록 조언해 줄 수 있는 수단 안전을 위한 몇 가지 지침이 있다(Harvard T. H. Chan School of Public Health, n.d.; Suicide Prevention Resource Center, n.d.). 치명적 수단에 대한 접근이 차단되는 것이 이상적인 시나리오이다. 하지만 내담자가 꺼려하거나 망설일 때 임상의는 내담자가 수단에 접근하지 못하도록 세게 밀어붙이면서 내담자와 접근을 잃게 되는 위험(예, 내담자가 치료를 떠나거나 임상의에게 거짓말하는 것)을 감수할 것인지 딜레마에 빠진다.

일반적으로 자살 의사 결정을 할 때 수단 안전에 있어서 따라야 할 규칙 같은 것은 없다. 다시 한 번 가장 효과적인 전략은 다른 임상의와 의견의 일치를 보는 것인데, 그들은 주어진 상황적 한계 안에서 여러 대안을 고려했을 때 치료자의 전략이 가장 효과적이라는 것에 동의한다. 임상의는 첫 결정을 만들기 위해 회기 내에서 내담자와 협력해야 한다. 임박하게 위험한 드문 경우가 아니라면 회기 이후 몇 시간 또는 며칠 사이 다른 임상의에게 자문을 구하거나 경우에 따라 내담자에게 연락을 취해 계획을 변경할 수도 있고, 다음 회기 때 이를 다룰 기회도 있을 것이다. 어떤 결정을 내리든 의사 결정 과정과 자문 받은 사람을 의무 기록에 분명히 기록한다. 비극적인 결과가 생겼을 때 검토 시 이용할 수 있는 생각과 정보를 담아두는 것이 중요하다. 이는 내담자와 작업하면서 안심을 느껴야 할 치료자에게도 그 기록을 검토하는 다른 사람들에게도 그러하다.

자살경향성의 치료 Treating Suicidality

자살 행동에 대해 반복적인 무선 할당 연구가 되고 있는 두 가지 주요한 행동 개입이 있다. 변증법 행동치료(Linehan, 1993; Linehan, Comtois, Murray et al., 2006; Stoffers et al., 2012)와 자살 예방을 위한 인지행동치료(Brown et al., 2005; Rudd et al., 2015; Wenzel, Brown, & Beck, 2009)이다. 두 개입 모두 임상의가 치료에 가져다 쓸 수 있는 공통 영역이 있다. 진단보다 자살에 초점을 두는 것, 적극적인 관여와 치료에 계속 잡아두는 것, 촉발 인자와 자살 행동의 조절 변수에 대한 기능 분석, 문제 해결법, 급성 감정적 고통 기간 동안 자살 행동에 가담하지 않고 대처 방법을 개발하도록 도우려는 직접적directive 자세, 미래를 위한 희망을 만들기 등이다.

공통적인 시작은 치료의 일차적인 표적으로 자살에 초점을 두는 것이다. 이는 치료에서 우울증, 물질 사용 또는 다른 진단을 다루긴 하지만, 이러한 일차 진단 조건이 좋아지면 자살경향성은 자연 해소될 증상 또는 합병증으로 여기지 않는다는 뜻이다. 이보다는 하나의 독립적인 주제일 뿐 아니라 해결될 때까지 치료에서 초점을 유지해야 할 주요 주제로 여긴다.

치료 목표를 자살 예방과 내담자의 죽고 싶은 욕구의 해소에 두려면 내담자 또한 이를 표적으로 삼아 참여하고 전념할 수 있어야 한다. 그러므로 내담자를 참여시키는 것 또한 하나의 초점이다. 변증법 행동치료와 인지행동치료 모두 내담자를 치료에 참여시키고, 탈락을 막고, 오류 수정 및 보살핌을 막는 장애물을 극복하는 명시적 전략을 가지고 있다. 변증법 행동치료의 틀은 내담자가 자기 스스로 조취를 취하는 것에 우선순위를 두는 반면, 인지행동치료에서는 적극적인 사례 관리를 하는 부분이 있다. 하지만 둘 다 내담자가 치료에 출석하는 데 있어 문제를 가지고 있음을 예상하고, 치료를 계속 유지하는 데 치료자와 내담자 공통의 책임이 있다고 본다. 또한 변증법 행동치료에는 내담자의 목표와 자살 예방과 연결시키는 잘 정의된 적극적 참여 전략이 있다. 인지행동치료에서는 내담자에게 자신의 자살 이야기를 공유할 기회를 주고, 적극적 수인과 정신교육을 통해 참여를 높인다.

자살 예방을 위한 행동 개입의 핵심 요소는 앞에서 자세히 얘기한대로 자살 사고 행동에 대한 기능 분석을 통해 조절 변수를 정하는 일이다. 목표는 개별 맞춤 해법을 얻을 수 있는 개별 사례에 대한 이해이다. 일단 문제가 확인되었을 때 중요한 치료 전략은 해결 가능한 조절 변수를 해소해 나가는 문제 해결법이다. 동시에 해결할 수 없는 것은 인내하고, 문제가 해결될 때까지 대처 전략을 가르친다. 목표는 자살 생각으로 몰고 갔던 문제를 가장 효과적으로 해결하는 방법을 내담자와 협력해서 찾고, 자살 위험 순간처럼 감정이 치솟고 관점이 제한될 때에도 이러한 해법을 사용할 수 있게 연습하는 것이다.

마지막으로 자살 예방 치료의 대단히 중요한 측면은 미래를 향한 비전과 희망을 만들어 내는 것이다. 이는 자살이 아닌 가치 있는 삶을 살도록 안내하고 자살에 대처할 필요를 줄인다. 변증법 행동치료의 중심 신조는 살아볼 만한 삶을 얻고 이것이 충분해져서 더 이상 자살이 주제가 아니도록 하는 것이다. 이렇듯 변증법 행동치료는 긴 시간의 치료이다. 일반적으로 첫 1~4개월 동안 자살 시도를 요령 있는 대처로 대체한다. 이는 인지행동치료나 다른 행동 기법에서도 전형적이다. 나머지 6개월이나 일 년 또는 그 이상 동안의 치료는 삶의 질에 초점을 둔다. 즉 삶을 살만한 것이 되지 못하게 막는 방해 행동을 다룬다. 치료 방해 행동은 치료의 초기에 시작해서 전체 치료 기간 동안 다루어서 내담자가 치료에 잘 참여하고 탈락을 막으려는 것인데, 일차 표적인 자살 및 위기 행동과 삶의 질이라는 표적 사이에 위치한다.

대조적으로 자살경향성에 대한 인지행동치료 접근은 16회기 또는 그 이하로 훨씬 짧고, 자살이라는 대처방식을 다루고 재발 방지에 초점을 둔다. 일반적인 삶의 질을 위해서는 다른 치료를 추가할 수 있다. 따라서 이러한 짧은 치료법에서는 살 만한 인생을 얻는다기보다 희망에 초점이 있다. 인지행동치료의 핵심 전략은 "희망 세트hope kit"이다. 박스 또는 다른 용기에 사진, 편지와 같은 살아야 할 이유를 상기시켜 주는 물품이나 기념품이 담겨 있다. 희망 세트는 자살하고 싶은 느낌이 올라올 때 내담자의 개인적 삶과 강력하게 연결점을 갖게 상기시킬 수 있는 것들이다. 내담자는 종종 희망 세트를 구성하는 과정이 매우 보람이 있다는 것을 알게 된다. 그들에게 살아야 할 이유를 발견 또는 재발견하도록 하기 때문이다.

참고문헌

Anglemyer, A., Horvath, T., & Rutherford, G. (2014). The accessibility of firearms and risk for suicide and homicide victimization among household members: A systematic review and meta- analysis. *Annals of Internal Medicine, 160*(2), 101– 110.

Beck, A. T., Brown, G. K., & Steer, R. A. (1997). Psychometric characteristics of the Scale for Suicide Ideation with psychiatric outpatients. *Behaviour Research and Therapy, 35*(11), 1039– 1046.

Beck, A. T., Brown, G. K., Steer, R. A., Dahlsgaard, K. K., & Grisham, J. R. (1999). Suicide ideation at its worst point: A predictor of eventual suicide in psychiatric outpatients. *Suicide and Life- Threatening Behavior, 29*(1), 1– 9.

Beck, A. T., Kovacs, M., & Weissman, A. (1979). Assessment of suicidal intention: The Scale for Suicide Ideation. *Journal of Consulting and Clinical Psychology, 47*(2), 343–352.

Brown, G. K., & Green, K. L. (2014). A review of evidence- based follow- up care for suicide prevention: Where do we go from here? *American Journal of Preventive Medicine, 47*(3, Supplement 2), S209– S215.

Brown, G. K., Ten Have, T., Henriques, G. R., Xie, S. X., Hollander, J. E., & Beck, A. T. (2005). Cognitive therapy for the prevention of suicide attempts: A randomized controlled trial. *JAMA, 294*(5), 563– 570.

Comtois, K. A., & Linehan, M. M. (1999). *Lifetime parasuicide count: Description and psychometrics*. Paper presented at the 9th Annual Conference of the American Association of Suicidology, Houston, TX.

Comtois, K. A., & Linehan, M. M. (2006). Psychosocial treatments of suicidal behaviors: A practice- friendly review. *Journal of Clinical Psychology, 62*(2), 161– 170.

Gould, M. S., Lake, A. M., Munfakh, J. L., Galfalvy, H., Kleinman, M., Williams, C., et al. (2016). Helping callers to the National Suicide Prevention Lifeline who are at imminent risk of suicide: Evaluation of caller risk profiles and interventions implemented. *Suicide and Life- Threatening Behavior, 46*(2), 172– 190.

Gould, M. S., Munfakh, J. L. H., Kleinman, M., & Lake, A. M. (2012). National Suicide Prevention Lifeline: Enhancing mental health care for suicidal individuals and other people in crisis. *Suicide and Life- Threatening Behavior, 42*(1), 22– 35.

Harvard T. H. Chan School of Public Health. (n.d.). Lethal means counseling. https://www.hsph. harvard.edu/means- matter/lethal- means- counseling/.

Hawton, K., Townsend, E., Arensman, E., Gunnell, D., Hazell, P., House, A., et al. (2000). Psychosocial versus pharmacological treatments for deliberate self harm. *Cochrane Database of Systematic Reviews, 2*(CD001764).

Homaifar, B., Matarazzo, B., & Wortzel, H. S. (2013). Therapeutic risk management of the suicidal patient: Augmenting clinical suicide risk assessment with structured instruments. *Journal of Psychiatric Practice, 19*(5), 406– 409.

Jobes, D. A. (2006). *Managing suicidal risk: A collaborative approach*. New York: Guilford Press.

Jobes, D. A., Kahn- Greene, E., Greene, J. A., & Goeke- Morey, M. (2009). Clinical improvements of suicidal outpatients: Examining Suicide Status Form responses as predictors and moderators. *Archives of Suicide Research, 13*(2), 147– 159.

Joiner, T., Kalafat, J., Draper, J., Stokes, H., Knudson, M., Berman, A. L., et al. (2007). Establishing standards for the assessment of suicide risk among callers to the National Suicide Prevention Lifeline. *Suicide and Life- Threatening Behavior, 37*(3), 353– 365.

Kayman, D. J., Goldstein, M. F., Dixon, L., & Goodman, M. (2015). Perspectives of suicidal veterans on safety planning: Findings from a pilot study. *Crisis: The Journal of Crisis Intervention and Suicide Prevention, 36*(5), 371– 383.

Linehan, M. M. (1993). *Cognitive behavioral treatment of borderline personality disorder*. New York: Guilford Press.

Linehan, M. M. (2014). Linehan Risk Assessment and Management Protocol (LRAMP). Seattle: Behavioral Research and Therapy Clinics. Retrieved from http://blogs.uw.edu/brtc/ files/2014/01/SSN- LRAMP- updated- 9– 19_2013.pdf.

Linehan, M. M. (2015a). *DBT skills training handouts and worksheets* (2nd ed.). New York: Guilford Press.

Linehan, M. M. (2015b). *DBT skills training manual* (2nd ed.). New York: Guilford Press.

Linehan, M. M., & Comtois, K. A. (1996). Lifetime Suicide Attempt and Self- Injury Count (L- SASI). (Formerly Lifetime Parasuicide History, SASI- Count). Seattle: University of Washington. Retrieved from http://depts.washington.edu/uwbrtc/resources/assessment – instruments/.

Linehan, M. M., Comtois, K. A., Brown, M. Z., Heard, H. L., & Wagner, A. (2006). Suicide Attempt Self- Injury Interview (SASII): Development, reliability, and validity of a scale to assess suicide attempts and intentional self- injury. *Psychological Assessment, 18*(3), 303– 312.

Linehan, M. M., Comtois, K. A., Murray, A. M., Brown, M. Z., Gallop, R. J., Heard, H. L., et al. (2006). Two- year randomized controlled trial and follow- up of dialectical behavior therapy vs. therapy by experts for suicidal behaviors and borderline personality disorder. *Archives of General Psychiatry, 63*(7), 757– 766.

Linehan, M. M., Comtois, K. A., & Ward- Ciesielski, E. F. (2012). Assessing and managing risk with suicidal individuals. *Cognitive and Behavioral Practice, 19*(2), 218– 232.

Linehan Institute, Behavioral Tech (n.d.). Linehan Suicide Safety Net. Retrieved from http:// behavioraltech.org/products/lssn.cfm.

Rudd, M. D., Bryan, C. J., Wertenberger, E. G., Peterson, A. L., Young- McCaughan, S., Mintz, J., et al. (2015). Brief cognitive- behavioral therapy effects on post- treatment suicide attempts in a military sample: Results of a randomized clinical trial with 2- year follow- up. *American Journal of Psychiatry, 172*(5), 441– 449.

Rudd, M. D., Mandrusiak, M., & Joiner Jr., T. E. (2006). The case against no- suicide contracts: The commitment to treatment statement as a practice alternative. *Journal of Clinical Psychology, 62*(2), 243– 251.

Stanley, B., Brown, G. K., Currier, G. W., Lyons, C., Chesin, M., & Knox, K. L. (2015). Brief intervention and follow- up for suicidal patients with repeat emergency department visits enhances treatment engagement. *American Journal of Public Health, 105*(8), 1570– 1572.

Stanley, I. H., Hom, M. A., Rogers, M. L., Anestis, M. D., & Joiner, T. E. (2016). Discussing firearm ownership and access as part of suicide risk assessment and prevention: "Means safety" versus "means restriction." *Archives of Suicide Research, 13*, 1– 17.

Stoffers, J. M., Völlm, B. A., Rücker, G., Timmer, A., Huband, N., & Lieb, K. (2012). Psychological therapies for people with borderline personality disorder. *Cochrane Database of Systematic Reviews, 8*(CD005652).

Suicide Prevention Resource Center. (n.d.). CALM: Counseling on Access to Lethal Means. http://www.sprc.org/resources- programs/calm- counseling- access- lethal-means.

Sung, J. C. (2016). Sample individual practitioner practices for responding to client suicide. March 21. http://www.intheforefront.org/sites/default/files/Sample%20 Individual%20Practices%20 - %20SPRC%20BPR%20- %20March%202016.pdf.

Waterhouse, J., & Platt, S. (1990). General hospital admission in the management of parasuicide: A randomised controlled trial. *British Journal of Psychiatry, 156*(2), 236–242.

Wenzel, A., Brown, G. K., & Beck, A. T. (2009). *Cognitive therapy for suicidal patients: Scientific and clinical applications*. Washington, DC: American Psychological Association.

Wortzel, H. S., Matarazzo, B., & Homaifar, B. (2013). A model for therapeutic risk management of the suicidal patient. Journal of Psychiatric Practice, 19(4), 323– 326.

Yip, P. S., Caine, E., Yousuf, S., Chang, S.- S., Wu, K. C.- C., & Chen, Y.- Y. (2012). Means restriction for suicide prevention. *Lancet, 379*(9834), 2393– 2399.

인지행동치료와 근거기반치료의 미래
Future Directions in CBT and Evidence-Based Therapy

스티븐 헤이즈 Steven C. Hayes, PhD
네바다대학 리노 심리학부

스테판 호프만 Stefan G. Hofmann, PhD
보스턴대학, 심리학 및 뇌 과학부

행동 치료의 태동기에 지금은 고인이 된 고든 폴Gordon Paul은 박사 학위를 받은 몇 년 후 근거기반치료가 과학으로서 가져야 할 적절한 목표에 관해 가장 많이 인용되는 다음과 같은 질문을 했다(1969, p. 44). "어떤 사람이 하는 어떤 치료가 특정한 문제가 있는 개인에게 가장 효과적이고, 그것은 어떤 일련의 상황에서 어떻게 일어날 수 있는가?" 이 질문은 맥락 특이적인 근거 기반 절차를 문제 해결 및 개별 인간의 번영을 도모하는 근거 기반 과정과 연결시켜, 치료 개입을 과학적으로 접근 가능하도록 문을 열어준 까닭에 우리는 이를 1장에서 인용했다. 하지만 행동 치료 초기 이러한 접근이 충분하지 못했던 것은 당시에는 학습 원리와 이론이 바로 임상 절차의 적절한 기반이 될 것이라고 너무 믿었기 때문이다. 실제로 폴은 그 말을 하기 2년 전에는 오로지 맥락 특이적인 근거 기반 절차에 치중한 나머지, "어떻게 일어날 수 있는가"라는 문구는 포함시키지 않았었다. 변화의 과정은 나중에 덧붙여진 생각이었다(역주, 초기의 행동치료는 과학적 방법론을 맹신한 나머지 동물실험을 통해 행동의 원리만 밝혀내면 그 즉시 인간에게도 그대로 적용 가능할 것이라고 보았다).

진정한 과정 기반 접근이라면 근거 기반 과정evidence-based processes만 아니라 이와 연결된 근거 기반 절차evidence-based procedures에도 우선권을 둘 것이다. 이 책에서 우리는 이에 대해 임상 변화 영역에서 과연 어디에 우선권을 둘지 관심을 가질 필요가 있을까라는 근본적인 질문에 도달하게 되었다. 현대 정신치료와 개입의 과학에서 핵심적인 질문은 이제 "이 내담자의 현재 상황에서 목표가 주어졌을 때 어떤 핵심 생물정신사회적 과정을 표적으로 해야 하며, 이를 어떻게 가장 효율적이며 효과적으로 바꿀 수 있는가?"가 될 것이다. 이 질문에 답하는 것이 모든 형태의 *과정 기반 경험적 치료*의 목표일 것이고, 우리는 특히 이것이 과정 기반 인지행동치료의 목표가 될 것이라 주장한다.

인간의 고통을 덜어주는 일은 모든 점에서 도전적인 목표이다. 이를 위해서는 인간의 복잡성을 몇 개의 주제로 나누어 이를 다룰 수 있게 만들어 주는 강력한 개념적 도구가 필요하다. 인간 기능의 핵심 영역과 차원을 성공적으로 표적 삼을 수 있는 임상적 창조성이 요구된다. 이는 수많은 사람들의 세세한 경험을 일반화 가능한 지식으로 개발해 내는 방법론적 도구에 달려 있다.

기능 분석에 대한 초기의 학습 원리와 기술적 접근은 이러한 접근을 취하기 위해 이용할 수 있는 것이 무엇인가를 묻는 정도였고, 간단히 말해 충분하지 않았다. 원리와 절차는 너무 제한적이었고, 이 둘을 개인에게 연결하는 것은 또 다시 과학의 뒷받침이 필요했다. 이후 수십 년 동안 행동주의 운동은 개념적 절차적 기반을 확장했고, 그 결과 인지행동치료가 되었다. 그것은 한 걸음 더 나아간 것이긴 하지만 우리가 2부에서 살펴본 것처럼 아직 이 분야는 어떻게 하면 좀 더 보편적인 원리의 조합을 개발하고 사용할 수 있을지, 이를 실용적으로 유용한 형태로 어떻게 가장 잘 조직화해 낼 수 있을지 여전히 배우는 중이다. 또한 3부에서 본 대로 많은 현대적 절차들이 이제 막 자신들만의 과학적 담화를 시작하고 있다.

정부 기관들 역시 근거 기반 치료의 개발을 학수고대했지만, 그것이 어떻게 되어야 하는지에 관해서는 자신들만의 생각이 있었다. 그들은 주로 정신과학의 확립을 통해 가능하다고 보았다. 1980년 미국 정신과 협회의 진단 통계 편람(DSM) 3판이 나온 이후 미국 국립보건원은(NIMH) 정신과 증후군에 특정 프로토콜의 무선 할당연구에 자원을 쏟아 붓기로 결정했다. 이 조합은(즉, 증후군 대 프로토콜) 인지행동치료 분야, 좀 더 일반적으로는 근거 기반 치료에 엄청난 영향을 줬고, 정신 치료 개발자에게 관심과 특권을 주었지만, 동시에 의도치 않게 시야를 좁혔다.

역사의 수레바퀴에서 보면 이러한 발전이 이 분야에 좋은 영향을 준 것은 사실이다. 증후군에 대한 프로토콜 연구는 폴이 제안한 의제의 몇 가지 핵심을 짚어 준 것이고, 정신치료와 다른 정신 사회 개입, 정신과 약물의 영향, 정신병리의 발전과 다른 핵심 주제들에 관해 이용 가능한 자료의 양을 엄청나게 늘려주었다. 다른 무엇보다 아이젱크에 의해 제기된 문제 즉 근거 기반 정신 치료가 아무 치료도 하지 않은 것보다 나은가에 대한 최종적인 결론이 났다(역주, 효과가 있다는 것은 사실이다). 근거로 보았을 때 인지행동치료가 최고의 수혜자로서 가장 지지받는 접근법의 위치를 점하게 되었다.

하지만 이러한 발전 기저에 깔린 인간 고통에 대한 생물의학화biomedicalization는 폴의 임상적 질문 중 몇 가지 핵심 양상을 놓쳤다. 개입 과학자들이 새롭게 던진 "이 증후군의 증상에 가장 좋은 프로토콜은 무엇인가?"라는 질문은 개인의 필요, 개입의 맥락, 절차의 특이도, 문제의 특이도, 변화 과정과의 연결 등을 적절히 짚어주는데 실패했다. 달리 말하자면 프로토콜 대 증후군 기반의 실험적 치료는 과정 기반의 경험적 치료 접근이 가지는 본질적 의미 몇 가지를 놓치고 있다.

여전히 이 분야는 그 사이 생겨난 실제적이고 지적인 도전을 치르고 있다. 순수한 기술적인technological 부분의 접근이 꽃을 피우면서 이론이 수난을 겪고 있다. 만약 과정과 원칙이 단지 기술을 위한 애매한 설정으로만 사용 되고, 개입의 중재자 또는 매개자로서 정식 검증을 거치지 못한다면 그것이 어떻게 중요할 수 있는가? 이론이 증후군과 관련된 실제 프로토콜 작업 전에 단순히 거치는 검증 받지 못한 의식에 그친다면 행동 변화의 건강한 이론은 발전할 수 없다는 점을 예상해야 한다.

1980년대에서 2010년대까지 30년간의 새로운 연구 프로그램의 전모가 드러나면서 그 결과는 매우 실망스러운 것이었다. 증후군에 초점을 맞추는 것으로는 원인, 경과, 치료 반응에 관한 결정적인 근거를 과학적으로 결코 얻을 수 없어 보인다. 다른 식으로 말하자면 증후군으로 분류하려는 궁극적인 목적이 질병을 찾으려는 것이었지만 이는 결코 이룰 수 없다. 같은 증후군 내에 공존 병리와 환자군의 이질성이 너무나 심해서 진단하는 작업이 매우 중요하고 진보적인 과정이라기보다는 마치 공허한 의식으로 느껴진다. 바로 이 접근법을 30년 전 인지행동치료 연구자들과 합세하여 발전 전략으로 삼았던 국립보건원은 2010년 이후 이를 버리고 이 접근의 효과성에 관한 관심을 거두기 시작했다. 2013년 이 분야의 거의 모든 방면에서 지독하게 공감을 받지 못한 채로 진단 편람 5판(DSM-5)이 출시되었다.

인지행동치료 또한 많은 변화를 겪었다. 우리는 이 책에서 "3동향"이라는 말이 이 분야의 일부 사람들에게 불쾌감을 줄 수 있기 때문에 피했다. 우리의 전체적인 목표는 좀 더 과정에 기반을 둔 접근 아래 함께 모여 이전과 다른 세력과 전통을 만들어보려는 것이다. 하지만 인지행동치료 안에서 떠오르는 새로운 세대의 작업을 뜻하는 특정 이름(역주, 3동향 또는 새로운 물결)에 대한 반감은 접어두고 이를 들여다 볼 가치는 여전히 있다(Hayes, 2004). 이러한 발전이 강조하는 핵심 양상은 환자를 이해하고 결과를 개선시킬 방법이 있을까 하는 것이었다. 3동향에서 떠오르는 것이라 강조한 바를 처음으로 이탤릭체로 요약한 문장은 "경험적이고 원칙에 초점을 둔 접근으로서 …… 심리 현상의 맥락과 기능에 특히 민감한 …… 이전 세대의 행동 인지 치료를 재구조화하고 종합하면서, 이전에 주로 다른 전통에서 다루어졌던 질문, 주제, 영역을 진척시킨다."이다(Hayes, 2004, p. 658). 달리 묘사하자면 인지행동치료는 이제 과정 기반 경험적 접근을 이용하여 근거 기반 치료에서 다루어야 할 모든 범위의 주제에까지 이르는 새로운 전통을 열어젖힐 수 있는 지점에까지 도달했다.

이 책은 이런 방식으로 나아가고자 한다. 과정 기반 접근은 국립보건원이 앞으로 나아갈 방법으로 진단편람(DSM)보다 연구 도메인 진단기준(Research Domain Criteria, RDoC)이 주도하는 틀에 초점을 두겠다는 압력을 어느 정도는 반영한다(Insel et al., 2010). 다만 과정 기반으로 방향을 잡고 개입의 과학을 보고자 한다. 우리는 인지 및 행동 심리학 박사 교육을 위한 조직간 특별 전문 위원회에서 최근에 나온 합의 문건(Klepac et al., 2012)을 가지고 이 책을 구성했다. 왜냐하면 이 문건은 진단편람 시대 이후 이 분야를 재정립하는 데 있어서 무엇이 필요한지에 관해 전체적으로 어떤 학문적 발전이 이루어지고 있는지 보여주기 때문이다.

변화의 이론과 과정이 더욱 중요해졌을 때 위원회는 과학의 철학, 과학적 전략, 윤리학, 그리고 이러한 원칙이 야기할 수 있는 광범위한 영역에 대해 추가적인 훈련이 필요할 것이라고 정확하게 주장했었다. 절차와 원칙을 연결시킬 때에는 절차를 특정 사례의 특정한 필요에 윤리적이고 근거에 민감한 방식으로 최적화시키는 추가적 훈련이 필요하다. 우리는 위원회의 결론에 동의한다. 또한 이 책의 각 장은 그러한 도전에 일정 부분 반응하려는 노력이다. 이 책이 전체를 포괄하는 반응은 아니다. 그러려면 전체 시리즈의 책이 나와야 할 것인데, 이것이 우선 우리가 출간하고자 계획한 첫 번째 책이다.

이 책의 이 지점에서 만약 이 분야가 발전해서 절차와 과정 사이에 더 큰 경험적 연계가 이루어지고, 문제를 해소하고 인간의 번영을 도모할 수 있다면, 미래는 어떤 모습일지 생각해 보는 것도 가치가 있을 것이다. 달리 말하자면 근거 기반 경험적 치료 시대에는 무엇이 드러날 것인가? 확실히 말할 수는 없지만 대강의 윤곽으로도 충분하리라 본다. 이 책 각 장에서 몇 가지 영역에서 앞으로 보여질 변화의 일부를 예고하고 있다.

예상되는 미래의 발전 Likely Future Developments

이름 붙은 치료법의 쇠퇴 The decline of named therapies

패키지 또는 프로토콜은 과정과 연결된 절차로 찢겨지면서 이름 붙은 치료법은 훨씬 덜 우세해질 것이다. 치료적 변화가 결코 인지 행동 과정에 국한되지 않을 것이기 때문에 이제 "인지행동치료"라는 말도 너무 좁다. 사회적/ 동기적/ 감정적/ 후생학적/ 신경생물학적/ 진화적 그리고 다른 근거 기반 과정을 포함할 것이다. 이 중 많은 부분이 이 책의 각 장에 설명되어 있다.

누군가 인지행동치료는 단수 명사가 아니라 그 안에 많은 인지행동치료법들이 있고, 그 중 어떤 것은 다른 것보다 좀 더 근거에 기반하고, 이론에 뿌리를 두고 과정을 향하고 있다는 주장을 할 수 있다. 하지만 근거 기반 치료를 특정 이름을 붙인 치료법(예, EMDR, 인지 처리 치료, 변증법 행동치료 등)의 우산 아래에서 계속 발전하도록 놔두는 것은 여전히 패키지와 프로토콜의 시대에 갇히는 것이다. 잘 발전되고 특정한 이론적 모델과 연결된 이름이라면 이론적 모델을 기리기 위해 이름을 붙여줄 여지가 있겠지만, 과정 기반 시대에는 기술적 조합과 순서에 매 번 이름을 붙일 필요가 없다. 마치 도시 안에 도로가 있다고 할 때 건축 설계나 구획에 따라 매 번 이름을 붙일 필요가 없는 것과 마찬가지이다.

3부의 아주 일부 장에서 설명한 방법은 효과를 위해 이름 붙인 치료법으로 연결할 필요가 있을 것이다. 3장에서는 임상의가 때로는 근거 기반 치료 표적이 어떻게 건강한 변화 과정과 연결될지를 특정하는 사례 개념화를 이용함으로써 프로토콜을 넘어 설 필요가 있음을 강조했다. 이름 붙은 프로토콜이 당분간은 어떤 역할을 하게 될 것이지만, 절차와 과정이 핵심 단계에 접어들면 그 중 대부분은 변방으로 밀려나기 시작할 것이다.

일반 이론의 쇠퇴와 검증 가능한 모델의 약진

The decline of general theories and the rise of testable models

비정형 시스템과 일반 이론적 주장은 좀 더 특정적이고 검증 가능한 모델로 접어들거나 그렇지 못할 경우 그저 광범위한 철학적 주장으로 인식될 것이다. 분명한 철학적 가정의 조합은 별개로 남을 것이다. 정확히 말하자면 가정이 경험적 검증의 기반을 확립하기 때문에 경험적 검증에 완전히 제한 받지 않는다(이 주제는 2장 과학 철학에서 자세히 다루었다). 이런 현실은 철학적으로 별개의 접근이 공존하지 못한다거나 협력할 수 없다는 뜻은 아니다. 이 책에서 우리는 가정의 차이가 이해되었을 때 협동이 더 잘 일어날 수 있다고 주장한다. 어떤 의미에서는 이 책이 바로 인지행동치료의 각기 다른 세력과 전통에서 나온 방법을 한 군데 모아놓고 그 생각을 검증해 보는 것이다.

검증 가능한 모델과 특정한 이론은 과학에 있어 매우 유익하다. 특히 유용성에 방점이 찍힐 때 그러하다. 증후군 프로토콜 시대에는 그것이 개입과 관련되면서 이론은 종종 찬밥신세였다. 변화가 일어나고 있는 것만은 분명하다. 실용적으로 유용한 모델 이나 이론이 되려면 아래에 언급된 네 가지를 포함하여 몇 가지 핵심 차원에 대한 매우 철저한 검토가 전제되어야 한다.

매개와 중재의 약진 The rise of mediation and moderation

심지어 지금도 미국심리학협회 12분과(임상 심리학)와 같은 근거 기반 개입 인증 단체나 협회가 자신들이 할당받은 치료 모델과 절차에 대해 주먹구구라도 좋으니 변화 과정과 관련된 근거를 대 달라는 요구를 하지 못하고 있다(Tolin, McKay, Forman, Klonsky, & Thombs, 2015). 과정 기반 시대에는 더 이상 이러지 못할 것이다. 개입 절차 기저의 이론 모델은 특정 문제를 위한 절차와 관련된 변화 과정을 특정할 필요가 있다. 비록 그 절차가 잘 작동한다 할지라도 특정지은 변화 과정을 일관성 있게 적용시키지 못한다면 기저 모델이 틀린 것이다. 이 분야에서 측정 문제(역주, 제대로 작동하는지 객관적으로 입증할 도구)가 해결될 때까지 약간의 지연은 참을 수 있다. 하지만 적절한 평가라는 것이 변화 과정의 근거에 부합한 것이어야지, 제안된 모델과 이론에 맞추어서는 곤란하다.

모델의 실패와 절차의 실패를 구분하는 것은 다른 방향에서와 마찬가지로 중요하다. 예를 들어 발달 정신병리의 종단 연구에서 중요하다고 여겨진 핵심 변화 과정을 어떤 추정된 절차를 통해 변경시키지 못했다면, 절차는 실패했으나 모델은 여전히 검증되지 않은 것이다. 이 경우 특정 영역의 변화 과정에 더 나은 영향이 갈 수 있게 절차의 세부사항이 해결될 때까지 약간의 지연은 참을 수 있다.

가장 중요한 점은 절차, 기저 모델 이 둘 사이의 연결이 과학적 지지를 받을 때에만 하나의 절차가 근거에 기반했다고 볼 수 있는 것이다. 하나의 절차가 믿을 만하게 좋은 결과를 만들고, 이 결과를 매개하는 과정을 조작할 수 있다면, 이는 과정 기반 경험적 치료의 기반이 갖추어진 것으로 인정받을 수 있다.

그런 다음에도 실제적 영역에서는 해야 할 것이 더 있다. 중재가 특정되지 않았으면 이를 끝까지 조사해 볼 필요가 있다. 왜냐하면 과정 기반 방법의 역사에서 맥락과 무관하게 과정이 항상 긍정적인 경우는 거의 없었기 때문이다(예, Brockman, Ciarrochi, Parker, & Kashdan, 2016). 따라서 성숙되고 과정을 지향하는 영역에서 이론적으로 일치하는 매개자와 중재자를 근거로 삼는 것은 절차가 주는 이점의 근거만큼이나 중요하다. 우리는 절차적 매개procedural mediation에 관한 메타분석이 절차적 영향procedural impact에 관한 메타분석만큼이나 흔하고 중요해지는 날이 오기 바란다.

새로운 형태의 진단과 기능분석 New forms of diagnosis and functional analysis

과정 기반 접근이 진화하면서 새로운 형태의 기능분석이 적용되는 핵심 과정과 개인에 기반을 둔 응용이 점점 더 중요해 질 것이다. 개인의 성장 곡선과 개인의 인지적 행동적 네트워크를 철저히 들여다 볼 수 있는 통계적 모델이 부상되면 근거 기반 접근에서 개인이 재출현할 수 있는 희망을 볼 수 있다. 예를 들어 복잡 네트워크 접근complex network approach은 잠재 질환 모델에 대한 하나의 대안으로 제시될 수 있다. 이 접근은 심리적 문제를 잠재된 독립 질환의 표현이 아니라 복잡 네트워크 요소들 간의 상호작용으로 본다. 이는 기능분석의 연장선에서 정신병리를 보는 틀을 제공할 뿐 아니라 특정 시점에서의 치료적 변화, 재발, 호전을 예측하는 데에도 쓰일 수 있다(Hofmann, Curtiss, & McNally, 2016).

이제 우리는 진단에 대한 하나의 대안으로 너무 초진단적(transdiagnostic, 이 단어를 쓰는 것은 곧 벌어질 경계선 위에 불편하게 발을 들여놓는 것이다)이지 않은 개입을 표적으로 삼을 수 있는 접근이 필요하다(역주, 현재 DSM 진단 체계에 불만인 사람들의 접근을 통칭하여 초진단적이라 할 수 있고, 본인들 스스로도 그런 용어를 쓰고 있지만

DSM이 왜 문제인지에 대해서는 각자 생각이 다를 것이다. 어떤 사람들은 잠재 질환 모델을 더욱 심화시켜 기저의 기전을 명확히 밝혀야 한다고 말할 것이고 일부는 세부적인 기전이 아니라 전체를 아우르는 몇 가지 핵심 기제를 제대로 제시하면 된다고 주장할 것이다. 또 이외의 생각도 있을 것이다. 곧 이들 간의 차이는 벌어질 것이고 각자의 길을 가게 될 것이다. 이 용어 아래에 모여 있는 것은 잠정적인 불편한 동거일 뿐이다). 과정 기반 인지행동치료와 근거 기반 치료가 번창하기 위해서는 진단편람(DSM) 이외의 연구와 실제를 잘 인도할 수 있는 발전된 대안이 필요하다.

규범적 접근에서 개별 기술적 접근으로 From nomothetic to idiographic approaches

정신과 문제를 잠재된 독립 질환의 표현으로 보는 현대 정신과 질병분류학은 인간의 고통에 대한 규범적 시스템을 강요한다. 증후군에 대한 프로토콜 시대의 인지행동치료에서는 이 접근과 부합되게 프로토콜 X가 정신 질환 X를 치료하기 위해 개발되었듯이, 인지행동치료 프로토콜 Y는 질환 Y를 치료하기 위해 개발되었다고 보았다. 여기서는 개인 간의 차이를 무시하고 있다.

하지만 폴의 임상 질문에 답하기 위해서는 순수 하향식으로 규범적 접근을 하는 것은 도움이 되지 않는다. 왜 특정 사례의 심리적 문제가 유지되고, 어떻게 변화 과정이 시작될 수 있는지를 이해하기 위해서는 상향식의 개별 기술적 접근이 요구된다. 규범적 원리가 중요하지만 그 기반과 응용에 있어서 개인에 관한 치열한 분석이 포함될 필요가 있다. 때로는 질적 연구qualitative research가 이러한 발전에 정보를 줄 수 있다. 심리학자들은 이미 단일 사례 실험 디자인에서부터(Hayes, Barlow, & Nelson- Gray, 1999), 생태 순간 평가ecological momentary assessments에 이르기까지 이러한 주제를 다루기 위한 많은 방법적 도구를 준비해 두었다. 또한 이러한 방법적 도구가 현대 통계적 방법과 연계되면서 바로 앞에서 우리가 예상한 대로 그 이용이 증가될 가능성이 있다.

과정은 변경 가능한 요소를 특정할 필요가 있다

Processes need to specify modifiable elements

임상가의 실제적 필요는 이 분야에 자연 분석 의제natural analytic agenda를 던진다. 과학의 다른 영역보다 인지행동치료 안에 각기 다른 과학 철학이 공존하는 것이(2장) 이렇게 된 하나의 이유이다. 맥락주의자들은 실용적 결과 그 자체를 진리의 기준으로 보겠지만, 요소주의적 실재론자들은 이를 존재론적 지식의 당연한 귀결로 볼 것이다. 하지만 어느 쪽이든 개입 작업에 있어 결과물의 실제적 중요성에는 모두 동의한다. 이것이 가지는 하나의 함의는 확실하게 변경 가능한 과정 그리고 변화 과정을 바꾸려 할 때 사용할 수 있는 맥락 요소를 특정해 주는 이론 또는 모델은, 과정 기반 접근에서 경험적 치료에까지 엄청난 혜택을 줄 것이라는 점이다. 인지, 감정, 행동은 모두 개입 과학의 종속 변수이다. 이런 간단한 사실을 알아차리면 다음의 핵심 양상으로 나아간다.

맥락의 중요성 The importance of context

심리학에서 종속 변수가 바뀌려면 궁극적으로 역사와 상황적 조건이 바뀌는 것이 필요하다. 다른 식으로 말하자면 맥락이 바뀔 필요가 있다. 이것이 정확하게 치료적 기법이 하는 일이다.

개입 과학자들은 역사적, 사회적, 상황적 맥락을 측정하기 보다는 감정, 인지 또는 행동 반응을 측정하는 것을 훨씬 더 잘 한다. 이것은 이해할 만하지만 과정 기반 접근에서는 전자에 계속 관심을 둘 필요가 있다.

뻔한 말이지만 변화의 과정과 이를 조작하는 방법 사이의 관계를 특정해 주는 이론과 모델은 이 중요 단계를 빼먹은 이론이나 모델보다 혜택이 많다. 이들 사이의 관계를 밝히는 것이 현재의 모델과 이론으로는 거의 충족시키기 힘든 부담스러운 기준이다. 개입 성분과 특정하게 묶지 않는 변화 모델을 개발하기가 더 쉽다.

과정 기반 치료는 이 문제를 어느 정도 경험적으로 해결할 수 있다. 즉 어느 성분이 어떤 변화 과정을 움직이게 할지 시행착오를 통해 정할 수 있다. 하지만 결국에는 우리가 어떤 방법은 왜 그 자체에 머물지 않고 어떤 과정을 움직이게 하는지 알 필요가 있다. 과정 기반 경험적 접근이 성숙함에 따라 과정 기반 과정과 과정 기반 절차 및 성분들 간의 연결을 설명해 주는 이론이 점점 더 중요해질 것이다.

성분 분석과 실험실 기반 연구의 재부상

Component analyses and the reemergence of laboratory- based studies

우리가 다루었던 고려사항들은 왜 세심하게 공들인 성분 연구가 인지행동치료에서 재부상하게 되었나하는 부분이다. 이런 연구는 실험실에서 임상 집단을 대상으로 특정한 과정 기반 질문에 대해 고운 결로 샅샅이 정보를 파고드는 것으로 가능한 것이지, 패키지와 프로토콜의 무선 할당 연구로는 어렵다(예, Campbell- Sills, Barlow, Brown, & Hofmann, 2006). 이제 어떤 치료 패키지가 근본이 흔들릴 때까지 수년 동안 존재하도록 두는 것은 현명하지 못하다. 과정 기반 시대에는 성분 과정에 관한 정보가 상향식으로 성립될 수 있고, 성분 분석에 관한 메타 분석만으로 임상 작업에 정보를 제공할 수 있다((Levin, Hildebrandt, Lillis, & Hayes, 2012). (역주, 치료 효과를 매개하는 과정에 대한 자료가 축적되면, 어떤 새로운 치료법이 나왔을 때 이를 증후군과 프로토콜로 일일이 검증하지 않고 치료 매개 인자만 가지고도 효과와 한계를 예측할 수 있을 것이다.)

행동 및 심리 과학과 여타 생활 과학 간의 통합

Integration of behavioral and psychological science with the other life sciences

행동 및 심리 과학은 그 자신만의 세상에 살지도 않고 살 수도 없다. 행동은 보다 일반적인 생활 과학의 일부분이다. 현대 개입 과학이 신경 과학에 지대한 관심을 가지는 것은 이러한 전인적이고 생물 친화적인 시대정신을 반영하는 것이다. 현 시대 우리는 심리적 사건이 유기체인 우리를 어떻게 변화시키는지 알고 싶어 한다. 그 역도 마찬가지이다. 하지만 여전히 같은 시대정신의 일부로서 언급해야 할 또 다른 것이 있다. 예를 들어 후생학적 과정이 뇌의 조직화에 영향을 주기도 하지만(Mitchell, Jiang, Peter, Goosens, & Akbarian, 2013), 동시에 정신 건강을 보호하는 경험으로부터 스스로 영향을 받기도 한다(예, Dusek et al., 2008; Uddin & Sipahi, 2013). (역주, 진화의 차원에는 유전 , 후생 유전, 행동, 상징의 네 가지가 있음을 상기하라.) 이 중 일부가 10장 진화 과학에 설명되어 있다.

생물학에 관심이 있다 해서 꼭 환원주의일 필요는 없다. 역사와 맥락이 중요한 것은 진화 생물학자만큼이나 정신치료자에게도 중요하다. 이것이 우리가 이 책에 진화 과학에 관한 장을 포함시킨 하나의 이유이기도 하다. 과학의 단일한 구조 안에서 분석의 모든 수준은 각자의 위치가 있다. 하지만 현 시대 개입 과학자들은 점점 더 생활 과학을 폭 넓게 훈련 받고 그 발전에 관한 지식을 쌓도록 요구받는다.

새로운 형태의 의료 전달 New forms of delivery of care

임상의 변화된 역할에 대해 4장에 나온 것처럼 어플, 웹사이트, 원격의료, 스마트폰 기반 개입의 세상이 우리 앞에 왔다. 수십 년간 정신치료 수련가들은 심리적 보살핌을 받아야 할 수많은 사람들의 필요에 맞춰 뛰어 다닐 정신치료자들이 턱 없이 부족하다는 걱정을 해 왔다. 전 세계 정신 건강의 수요를 생각해도 그렇고, 치료 방법이 사회적 문제(예, 선입견)와 인간의 번영(예, 긍정 심리학, 삶의 질)과 관련 있음을 알게 될수록 수요에 대한 압박감은 증가한다(역주, 어떤 경우는 선입견 때문에 치료가 필요함에도 오지 못하고, 어떤 경우는 치료 목표가 정상 심리를 더욱 개선함에 있는 것을 감안했을 때 정신 건강 수요는 늘어날 수밖에 없다).

다행인 것은 정신치료가 50분, 일대 일, 면대 면 개입으로 제한된다고 생각할 이유가 없다. 책을 읽거나(Jeffcoat & Hayes, 2012), 스마트폰의 어플을 사용하거나(Bricker et al., 2014), 간호사로부터 짧은 추후 경과 알림 문자를 받아서도(Hawkes et al., 2013) 인간은 변화할 수 있다. 과정 기반 접근에서 이것이 가능한 까닭은 이러한 방법을 사용할 때의 변화 과정을 기록하고 연구할 수 있는 상대적으로 통제된 전략이 있고, 여러 형태의 기술적 개입이 가지를 치고, 동적으로 상호작용할 수 있는 가능성을 허락하기 때문이다.

치료 관계의 과학 A science of the therapeutic relationship

3장에서 논의된 대로 치료 관계와 여타의 공통 핵심 과정은 그 자체로 분석을 요한다. 일반적인 치료 양상이 결과를 예측한다고 보는 것은 충분치 않다. 공통의 핵심 과정 또한 조작과 실험을 통해 그 중요성이 드러날 필요가 있다. 서론에서 언급했듯이 근거 기반 개입방법은 치료 관계 자체에 관한 우리의 이해에도 영향을 주고 있다(Hofmann & Barlow, 2014). 예를 들어 심리적 유연성은 수용전념치료의 영향도 설명해 주지만 이것으로 치료 동맹에 미치는 영향도 설명할 수 있다는 것을 경험적으로 보여주었다(예, Gifford et al., 2011).

클리닉을 정보의 원천으로 이용 Using the clinic as a source of data

인지행동치료 연구는 클리닉에서 시작되었다. 과정 기반 경험적 접근은 특히 좀 더 개인에 초점을 둔 분석 방법이 계속 출현함에 따라 임상가가 계속 지적인 세대로 머물 수 있는 힘을 보탠다. 과정에 초점을 둔 접근에는 다양성이 중요한데 최전선의 임상가들이 큰 도시의 학구적인 메디컬 센터에 있는 사람들보다 다양한 군의 내담자를 볼 가능성이 많다.

전 세계 커뮤니티를 정보의 원천으로 이용 Using the world community as a source of data

지구상의 소수 국가만이 대규모의 잘 통제된 결과 연구에 자본을 댈 수 있는 거대한 기반시설을 갖추고 있다. 대부분 서양이고 주로 백인이다. 하지만 동시에 세계는 정신 및 행동 건강을 포함한 건강에 관한 다양한 수요에 눈을 뜨고 있다.

근거 기반 치료에서 변화의 과정이 문화와 밀접한 관련이 있는지 검토해 보는 것이 중요하다. 그 대답은 현재로는 대체로 고무적이다(예, Monest s et al., 2016). 과정 기반 경험적 치료를 하면서 우리는 세계적 커뮤니티의 필요성과 이를 통해 추가적인 정보를 얻을 수 있을 것이라는 희망을 본다. 예를 들어 과정이 결과를 매개하고 그것이 문화적으로 유효하다면, 그 과정이 문화적으로 건전하고 맥락에 적절한 절차를 통해 특정한 필요에 맞게 적응할 수 있도록 임상적인 창조성을 발휘할 여지가 있다.

우리가 알고 있는 인지행동치료의 변화 The change of CBT as we know it

아이러니하게도 일반적인 근거 기반 치료와 분명히 구분된 접근이 대비되면서 과정 기반 접근이 인지행동치료의 수명을 줄이는 것으로 보일 가능성이 있다. 하지만 모든 근거 기반 방법들이 인지행동치료에서 보이기 때문에 이런 일은 일어나지 않을 것이다. 오히려 인지행동치료가 이전에는 다른 치료 전통에서 관심을 가졌던 주제로 방향을 틀어 인지행동치료와 정신 분석, 실존주의, 인본주의 또는 체계치료와 구분할 이유가 점점 줄어들 것이다.

항상 철학적 가정을 분명히 할 필요는 있다. 하지만 인지행동치료 안에는 이미 여러 가지 이론 체계가 존재해 왔고, 여기에 과학 철학에 대한 더 나은 훈련이 추가된다면 인지행동치료 연구자가 다양한 이론 체계라는 사자굴로 방향과 균형을 잃지 않고 걸어 들어갈 수 있을 것이다. 우리는 “인지행동치료”라는 용어를 더 이상 쓰지 말자는 것이 아니다. 하지만 이 책에 포함된 접근을 추구하다 보면 인지행동치료라는 분야에서 우리가 기술한 것 이상 별로 추가할 것이 없는 날이 올 것이다. 이 책에서 논의한 모든 추세가 다 드러난다면, 우리가 기존에 알고 있는 인지행동치료는 종말을 고할 수 있겠지만 이것은 오로지 넓고 깊은 형태의 근거 기반 치료라는 새롭고 힘찬 미래를 향한 상당한 진보가 이루어졌을 때 가능하다.

이런 모든 추세가 드러날 수 있을지, 아니면 언제든 일어날 수 있을지 확신할 수 없다. 하지만 이 중 많은 부분이 이미 진행 중이며, 심리 개입의 세계가 변화를 겪고 있다는 것만큼은 분명하다. 대체로 이러한 추세는 긍정적이라 믿으며, 좀 더 과정에 초점을 둔 접근은 오늘의 학생들을 내일의 의견 합치의 경계로 밀어주는데 도움이 될 것이다. 목표는 격변이 아니다. 과정이 목표이다. 심리치료 분야에서 많은 사람들이 해답이 필요하여 찾고 있다. 그들에게 답을 제공하는 것은 우리에게 달려있다. 우리는 이 책이 우리가 어디 있는지에 관한 스냅사진뿐 아니라 우리가 어디로 가야 할지 방향을 밝혀주는 등불이 되기 바란다.

Bricker, J. B., Mull, K. E., Kientz, J. A., Vilardaga, R. M., Mercer, L. D., Akioka, K. J., et al. (2014). Randomized, controlled pilot trial of a smartphone app for smoking cessation using acceptance and commitment therapy. *Drug and Alcohol Dependence, 143*, 87- 94.

Brockman, R., Ciarrochi, J., Parker, P., & Kashdan, T. (2016). Emotion regulation strategies in daily life: Mindfulness, cognitive reappraisal and emotion suppression. *Cognitive Behaviour Therapy, 46*(2), 91- 113.

Campbell- Sills, L., Barlow, D. H., Brown, T.A., & Hofmann, S. G. (2006). Effects of suppression and acceptance on emotional responses of individuals with anxiety and mood disorders. *Behaviour Research and Therapy, 44*(9), 1251- 1263.

Dusek, J. A., Otu, H. H., Wohlhueter, A. L., Bhasin, M., Zerbini, L. F., Joseph, M. G., et al. (2008). Genomic counter- stress changes induced by the relaxation response. *PLoS One, 3*(7), e2576.

Eysenck, H. J. (1952). The effects of psychotherapy: An evaluation. *Journal of Consulting Psychology, 16*(5), 319- 324.

Gifford, E. V., Kohlenberg, B. S., Hayes, S. C., Pierson, H. M., Piasecki, M. P., Antonuccio, D. O., et al. (2011). Does acceptance and relationship focused behavior therapy contribute to bupropion outcomes? A randomized controlled trial of functional analytic psychotherapy and acceptance and commitment therapy for smoking cessation. *Behavior Therapy, 42*(4), 700- 715.

Hawkes, A. L., Chambers, S. K., Pakenham, K. I., Patrao, T. A., Baade, P. D., Lynch, B. M., et al. (2013). Effects of a telephone- delivered multiple health behavior change intervention (CanChange) on health and behavioral outcomes in survivors of colorectal cancer: A randomized controlled trial. *Journal of Clinical Oncology, 31*(18), 2313- 2321.

Hayes, S. C. (2004). Acceptance and commitment therapy, relational frame theory, and the third wave of behavioral and cognitive therapies. *Behavior Therapy, 35*(4), 639- 665.

Hayes, S. C., Barlow, D. H., & Nelson- Gray, R. O. (1999). *The scientist practitioner: Research and accountability in the age of managed care* (2nd ed.). New York: Allyn and Bacon.

Hofmann, S. G., & Barlow, D. H. (2014). Evidence- based psychological interventions and the common factors approach: The beginnings of a rapprochement? *Psychotherapy, 51*(4), 510- 513.

Hofmann, S. G., Curtiss, J., & McNally, R. J. (2016). A complex network perspective on clinical science. *Perspectives on Psychological Science, 11*(5), 597- 605.

Insel, T., Cuthbert, B., Garvey, M., Heinssen, R., Pine, D. S., Quinn, K., et al. (2010). Research Domain Criteria (RDoC): Toward a new classification framework for research on mental disorders. *American Journal of Psychiatry, 167*(7), 748- 751.

Jeffcoat, T., & Hayes, S. C. (2012). A randomized trial of ACT bibliotherapy on the mental health of K- 12 teachers and staff. *Behaviour Research and Therapy, 50*(9), 571– 579.

Klepac, R. K., Ronan, G. F., Andrasik, F., Arnold, K. D., Belar, C. D., Berry, S. L., et al. (2012). Guidelines for cognitive behavioral training within doctoral psychology programs in the United States: Report of the Inter- Organizational Task Force on Cognitive and Behavioral Psychology Doctoral Education. *Behavior Therapy, 43*(4), 687– 697.

Levin, M. E., Hildebrandt, M. J., Lillis, J., & Hayes, S. C. (2012). The impact of treatment components suggested by the psychological flexibility model: A meta- analysis of laboratory- based component studies. *Behavior Therapy, 43*(4), 741– 756.

Mitchell, A. C., Jiang, Y., Peter, C. J., Goosens, K., & Akbarian, S. (2013). The brain and its epigenome. In D. S. Charney, P. Sklar, J. D. Buxbaum, & E. J. Nestler (Eds.), *Neurobiology of mental illness* (4th ed., pp. 172– 182). Oxford: Oxford University Press.

Monestès, J.- L., Karekla, M., Jacobs, N., Michaelides, M., Hooper, N., Kleen, M., et al. (2016). Experiential avoidance as a common psychological process in European cultures. *European Journal of Psychological Assessment*. DOI: 10.1027/1015– 5759/a000327.

Paul, G. L. (1967). Strategy of outcome research in psychotherapy. *Journal of Consulting Psychology, 31*(2), 109– 118.

Paul, G. L. (1969). Behavior modification research: Design and tactics. In C. M. Franks (Ed.), *Behavior therapy: Appraisal and status* (pp. 29– 62). New York: McGraw- Hill.

Tolin, D. F., McKay, D., Forman, E. M., Klonsky, E. D., & Thombs, B. D. (2015). Empirically supported treatment: Recommendations for a new model. *Clinical Psychology: Science and Practice, 22*(4), 317– 338.

Uddin, M., & Sipahi, L. (2013). Epigenetic influence on mental illnesses over the life course. In K. C. Koenen, S. Rudenstine, E. S. Susser, & S. Galea (Eds.), *A life course approach to mental disorders* (pp. 240– 248). Oxford: Oxford University Press.

찾아보기

C

E

F

G

H

I

Q

R

S

U

ㄱ

ㄹ

ㅁ

ㅂ

ㅈ

ㅎ

인간행동의 ABC

저자 조나스 람네로, 니클라스 퇴네케
역자 곽욱환, 박준성, 조철래
362쪽 / 21,600원

심리치료 역사에서 최근 10년은 '인지행동치료 그 이후'에 관한 것이다. 이것을 책임질 여러 가지 대표적인 심리치료를 통틀어 흔히 '3동향 인지행동치료'라고 부른다. 이 책은 '3동향 인지행동치료'의 공통적 이론적 바탕과 임상적 적용을 다룬다.

보통 행동치료 이론은 다른 심리치료보다 단순하다고 알려졌다. 또 이런 단순함으로 많은 오해를 받았고 임상적 적용에 한계를 지적당했다. 일부 심리치료 교재는 역사의 뒤안길로 사라져 가는 치료라는 식으로 말하기도 했다. 이 책은 이런 잘못된 평가에 대한 명쾌하고 단호한 대답이다. 행동치료의 부활과 확장을 말하는 풍부한 이론과 삽화가 책 대부분을 차지한다.

저자인 조나스람네로와 니클라스퇴네케는 자신의 임상 경험을 바탕으로 다양한 사례를 따라가며 어떻게 행동을 기술하는 것이 내담자의 변화를 이끄는지, 학습 이론으로 행동을 어떻게 설명할 수 있는지, 이러한 이론을 실제 임상에서 어떻게 적용하는지를 상세하고 알기 쉽게 설명한다. 독자들은 이런 설명을 들으며 행동 분석, 기능적 맥락주의라는 관점, 관계 구성이론이라는 최신 학습이론을 정확하게 이해하게 된다.

그동안 국내에는 행동치료에 관해 추천할 책이 많지 않았다. 이런 현실에서 이 책은 3동향 행동치료에 관심이 있는 학생이나 수용전념치료, 행동 활성화, 변증법적 행동치료, 기능분석 정신치료 및 마음 챙김 기반 심리치료 등을 상담 도구로 이용하려는 임상가에게 필독서가 될 것이다.

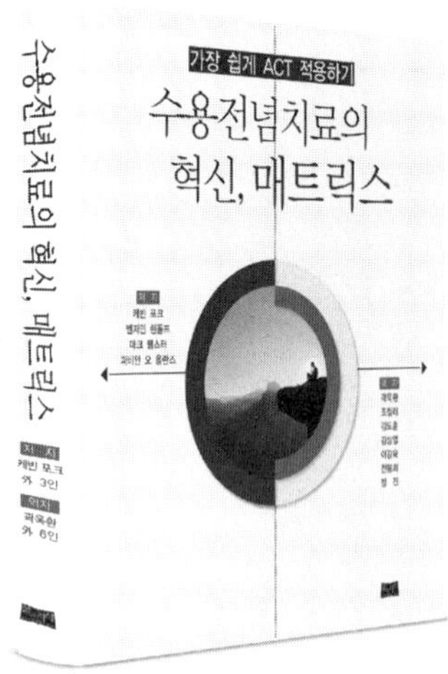

수용전념치료의 혁신, 매트릭스

저자 케빈 포크, 벤저민 쇤돌프, 마크 웹스터, 파비안 오 올란즈

역자 곽욱환, 조철래, 김도훈, 김상엽, 이강욱, 전봉희, 정 진

380쪽 / 21,600원

이 책은 수용전념치료에 대한 단순한 해설서가 아니다. 저자들이 수용전념치료의 발전 초기에서부터 이 치료법 기저의 철학과 관계구성이론을 17,000시간 이상 탐구한 끝에 발견한 하나의 관점을 제시하는 책이다.

수용전념치료가 행동주의 심리학에서 소위 말하는 "3동향" 내지는 "새로운 물결"을 만들어냈다는 사실은 이미 잘 알려져 있다. 하지만 극복하기 힘든 용어 정의에서부터 선문답 같은 은유와 연습을 접하다 보면 실제 적용에서는 막막함을 느끼게 된다.

이 책은 이러한 막막함을 해소해 주는 놀랍고도 새로운 책이다. 매트릭스란 행과 열을 뜻한다. 세로축에 오감 경험과 정신 경험을 표시할 수 있고, 가로축은 다가가기와 물러나기를 나타낸다. 종이 한 장에 간단하게 두 개의 선을 그음으로써 수용전념치료의 그 많은 메시지를 전달할 수 있다는 것이 놀랍다. 비단 하나의 치료법을 넘어서서 인생의 다양한 희로애락을 담을 수 있다는 것이 새롭다.

저자들은 매트릭스의 적용에 있어 수많은 시행착오를 거친 후 매우 정제된 형태로 여섯 가지 단계를 제시하고 있다. 처음에는 그저 이 단계만 따라가도 수용전념치료를 하는 것이 된다. 이후 단계마다 좀 더 넓은 시야로 볼 수 있는 심화하기를 제공하고 있다. 이해하기 힘들었던 수용전념치료의 개념과 은유들이 살아 움직이기 시작할 것이다. 또한 단계마다 실제 사용할 수 있는 워크시트와 치료자 스스로 자가 점검할 수 있는 목록이 있다.

마지막 장에는 여타의 주요 심리치료법들과 매트릭스를 병용해 나갈 수 있는 길을 모색하고 있다. 따라서 이 책은 수용전념치료의 초심자, 숙련자 및 여타의 치료법에 정통한 치료자에 이르기까지 충분한 효용성을 맛볼 수 있는 책이 될 것이다.

치료관계의 혁신, 기능분석정신치료

저자 가레스 홀먼, 조너선 칸터, 메이비스 차이, 로버트 콜렌버그, 스티븐 헤이즈
역자 나의현, 곽욱환, 노양덕, 서혁수, 이강욱, 전봉희, 전유진, 조철래, 정 진
340쪽 / 21,600원

그간 행동치료에서 치료자-내담자 간의 내밀한 관계를 다루는 것은 오랜 시간 난제로 남겨져 왔던 부분이었다. 기능분석정신치료는 이에 대한 해법을 제시하는 3동향 행동치료로서 치료 관계에서 일어나는 상호작용을 행동주의 심리학의 원칙에 따라 과학적으로 분석하는 기법을 제시한다.

이 책에서는 기능분석정신치료의 핵심 내용을 풍부한 예문과 임상 사례를 통해 알기 쉽게 소개한다. 책 전반부에서는 내담자의 대인관계에서 결정적인 역할을 하는 '임상 관련 행동'을 확인하고 이를 내담자와 공유하며 분석하는 과정을 다루고 있으며, 문제 행동을 줄이고 대안(호전) 행동을 키워가는 다섯 가지 규칙과 세 가지 개념으로 구성된 치료 개념을 제시한다. 책 후반부에서는 기능분석정신치료의 과정을 시작부터 종결까지 시간순으로 다루어 독자가 치료를 임상 현장에 곧바로 적용할 수 있도록 효율적으로 안내하며, 치료 관계에서 독자 자신의 '치료자 행동'을 들여다볼 수 있는 방법 또한 제공하고 있다.

기능분석정신치료를 비롯한 행동치료를 처음 접하는 초심자부터 여타 행동치료를 능숙하게 다뤄온 치료자까지, 대인관계에서 어려움을 호소하는 내담자를 만나는 모든 치료자에게 이 책은 도움이 될 것이다. 특히 내담자의 대인관계에 대해 어디서부터 어떻게 접근해야 할지 막막할 때, 치료 관계에서 진전의 실마리가 보이지 않을 때, 증상의 완화를 넘어 내담자의 삶 전반이 변화하기를 바랄 때, 기능분석정신치료의 실용적인 해법을 소개하는 이 책이 '인간적인 행동치료'를 독자의 치료 현장으로 가져가는 데 유용하게 쓰일 것이다.

수용전념치료의 혁신, 매트릭스2

저자 가레스 홀먼, 조너선 칸터, 메이비스 차이, 로버트 콜렌버그, 스티븐 헤이즈

역자 나의현, 곽욱환, 노양덕, 서혁수, 이강욱, 전봉희, 전유진, 조철래, 정 진

340쪽 / 21,600원

사람들은 보통 중요한 사람이나 대상에 다가가는 행동을 선택하기보다 자신이 지닌 생각과 감정, 욕구를 따른다. 대부분 사람은 평생 이렇게 하며 고통과 불안, 절망과 함께 살아간다. 저자들은 사람들이 이것을 깨달아 심리 유연성 향상과 가치 있는 삶으로의 나아가게 하려고 부단히 노력했다. 저자들은 수많은 책과 논문을 검토했고, 천 번이 넘는 ACT 회기와 수백 번의 심층 면담에 참여했다. 이 노력의 산물이 매트릭스이다. 종이 위에 단순히 선 두 개를 그은 다음에 오감 경험과 정신 경험의 차이를 알아차리고, 중요한 무언가로 다가갈 때의 느낌과 공포 같은 원치 않는 정신 경험에서 물러나는 느낌의 차이를 알아차리면 된다. 그러면 삶이 바뀐다.

이 책을 모두 읽은 다음에 사람들은 자신의 머릿속을 지배하는 생각이란 것의 본질을 알게 될 것이다. 이러한 생각이라는 내적 경험이 자신을 가로막는 것을 더는 허용하지 않을 것이다. 또 인생에서 중요한 사람이나 대상이 보이게 될 것이다. 이제는 기분에 휘둘려 자신을 망치지 않고 가치를 향해 뚜벅뚜벅 걸어가게 될 것이다. 또 정신보건과 관련한 일을 하는 사람들은 자신의 고객을 진정으로 돕는 즐거움을 느끼게 될 것이다. 또 자신도 행복해질 것이다.

심리치료에 가치를 도입하다

(가제, 2019년말 출간 예정)

저자 조앤 달 外 3인
역자 맥락적 행동과학 연구회 공역

오랫동안 심리치료를 해 온 사람이라면 인간 고통의 해결에 있어 가치문제가 핵심임을 알게 된다. 그렇지만 그동안 이를 드러내 놓고 얘기할 수 없었던 이유는 가치를 과학적으로 정의할 도구가 없었기 때문이다. 하지만 최근 관계구성이론이 등장하면서 인간의 언어와 고위인지에 관한 분석이 가능하고, 가치문제를 과학적으로 조망할 여지가 생겼다.

이를 통해 이제껏 종교 혹은 영적 영역에 머물렀던 가치에 관한 논의는 이제 일, 건강, 가정생활 영역으로 확장되고, 인간이 처한 정신 위기 극복에 도움을 주고자 삶의 가치와 목적을 치료의 필수 요소로 다룰 수 있다.

이 책은 가치 작업을 평가에서 사례 개념화, 개입에 이르기까지 모든 단계를 수용전념치료에서 채택하는 맥락주의에 따라 재구성하였다. 가치를 과학적으로 정의하고 실용적인 방식으로 표현하는 구체적인 방법을 제시한다. 이를 활용한다면 당신이 치료하는 사람들이 자신의 가치를 파악하고 가치와 일치된 삶을 함양하고 증진하는 것을 도울 수 있게 될 것이다.

노출치료의 혁신, 노출의 원리와 실제

(가제, 2020년 상반기 출간 예정)

저자 조나단 아브라모위츠 外 2인
역자 맥락적 행동과학 연구회 공역

그동안의 노출치료는 잊어라!

파블로프의 소거 학습으로 시작된 노출치료는 그 이론과 실제에서 많은 변화가 있었고, 이제 노출치료를 바라보는 패러다임이 변하고 있다. 예컨대 최근까지 정설로 인정받아 오던 감정처리이론emotional processing theory에 기반한 노출치료가 기초과학에 바탕을 둔 억제학습이론inhibitory learning theory과 기대위반 효과로 대체되어 가는 중이다. 따라서 이제 노출치료의 기법도 달라져야 한다.

그동안 노출치료는 노출 목록 위계를 정한 후 낮은 단계의 자극부터 시작해서 높은 단계까지 매 단계 SUDS가 낮아질 때까지 반복해서 노출하는 것이 효과를 가지는 것으로 알려져 왔다. 이 책은 이러한 방법이 왜 한계를 가질 수밖에 없는지 기초이론부터 임상실제에 이르기까지 자세한 예시를 들어 설명한다.

이 책 한 권이면 불안장애에서 가장 효과적이지만 가장 잘못 알고 있는 노출치료를 제대로 이해할 수 있을 것이다.